독자의 1초를 아껴주는 정성!

세상이 아무리 바쁘게 돌아가더라도
책까지 아무렇게나 빨리 만들 수는 없습니다.
인스턴트 식품 같은 책보다는
오래 익힌 술이나 장맛이 밴 책을 만들고 싶습니다.

길벗이지톡은 독자 여러분이
우리를 믿는다고 할 때 가장 행복합니다.
나를 아껴주는 어학도서,
길벗이지톡의 책을 만나보십시오.

독자의 1초를 아껴주는
정성을 만나보십시오.

미리 책을 읽고 따라해본 2만 베타테스터 여러분과
무따기 체험단, 길벗스쿨 엄마 2% 기획단,
시나공 평가단, 토익 배틀, 대학생 기자단까지!
믿을 수 있는 책을 함께 만들어주신 독자 여러분께 감사드립니다.

(주)도서출판 길벗 www.gilbut.co.kr
길벗이지톡 www.gilbut.co.kr
길벗스쿨 www.gilbutschool.co.kr

《시나공 JLPT 일본어능력시험 N1 문법》 학습계획표

《시나공 JLPT 일본어능력시험 N1 문법》을 학습하시는 분들을 위해 6주 완성으로 학습계획표를 짜보았습니다. 시험 6주 전에 시작해서 3~4일에 한 개의 시나공 문법을 학습하도록 설계한 학습 프로그램입니다. 12주 전에 시작하시는 분은 6주 완성 프로그램을 2회 반복하시거나 6주를 12주로 늘려 학습하시는 등 개인별 학습 시간과 학습 수준에 따라 자신만의 학습 계획을 세워보세요.

첫째 주	1일차	2일차	3일차	4일차	5일차	6일차	7일차
학습 내용	준비마당	시나공 01	시나공 01	적중 예상문제	시나공 02	시나공 02	적중 예상문제
둘째 주	**8일차**	**9일차**	**10일차**	**11일차**	**12일차**	**13일차**	**14일차**
학습 내용	시나공 03	시나공 03	적중 예상문제	시나공 04	시나공 04	적중 예상문제	시나공 05
셋째 주	**15일차**	**16일차**	**17일차**	**18일차**	**19일차**	**20일차**	**21일차**
학습 내용	시나공 05	적중 예상문제	시나공 06	시나공 06	적중 예상문제	시나공 07	시나공 07

무엇이든 물어보세요!

학습하다가 궁금한 점이 생기면 길벗 홈페이지(www.gilbut.co.kr)에 회원으로 가입한 후 '1:1 문의' 코너에 질문하세요. 여러분의 궁금증을 확실히 해결해 드립니다.

넷째 주	22일차	23일차	24일차	25일차	26일차	27일차	28일차
학습 내용	적중 예상문제	시나공 08	시나공 08	적중 예상문제	시나공 09	시나공 09	적중 예상문제
다섯째 주	**29일차**	**30일차**	**31일차**	**32일차**	**33일차**	**34일차**	**35일차**
학습 내용	시나공 10	시나공 10	적중 예상문제	시나공 11	시나공 11	적중 예상문제	시나공 12
여섯째 주	**36일차**	**37일차**	**38일차**	**39일차**	**40일차**	**41일차**	**42일차**
학습 내용	시나공 12	적중 예상문제	실전 모의고사1	실전 모의고사2	실전 모의고사3	총복습	총복습

성중경 지음

시나공 JLPT 일본어능력시험 N1 문법
Crack the Exam! – JLPT N1 Grammar

초판 발행 · 2021년 10월 10일

지은이 · 성중경
기획 · 북스코어
발행인 · 이종원
발행처 · (주)도서출판 길벗
브랜드 · 길벗이지톡
출판사 등록일 · 1990년 12월 24일
주소 · 서울시 마포구 월드컵로 10길 56(서교동)
대표전화 · 02)332-0931 | **팩스** · 02)323-0586
홈페이지 · www.gilbut.co.kr | **이메일** · eztok@gilbut.co.kr

기획 및 책임편집 · 오윤희(tahiti01@gilbut.co.kr) | **표지 디자인** · 최주연 | **제작** · 이준호, 손일순, 이진혁
마케팅 · 이수미, 장봉석, 최소영 | **영업관리** · 심선숙 | **독자지원** · 송혜란, 윤정아

편집진행 및 교정 · 정보경 | **본문 디자인** · 박찬진 | **전산편집** · 수(秀) 디자인
CTP 출력 및 인쇄 · 예림인쇄 | **제본** · 예림바인딩

ISBN 979-11-6521-671-9 04730
(길벗 도서번호 301079)

정가 16,000원

독자의 1초까지 아껴주는 정성 길벗출판사

길벗 | IT실용서, IT/일반 수험서, IT전문서, 경제경영서, 취미실용서, 건강실용서, 자녀교육서
더퀘스트 | 인문교양서, 비즈니스서
길벗이지톡 | 어학단행본, 어학수험서
길벗스쿨 | 국어학습서, 수학학습서, 유아학습서, 어학학습서, 어린이교양서, 교과서

페이스북 **www.facebook.com/gilbuteztok**
네이버 포스트 **http://post.naver.com/gilbuteztok**
유튜브 **https://www.youtube.com/gilbuteztok**

혼자서도 생생한 강의를 듣듯 바로바로 이해한다!

현재 다양한 종류의 일본어능력시험용 문법교재가 출판되고 있어 독학을 하려는 수험생들에게 많은 도움을 주고 있습니다. 그러나 현장에서 직접 이러한 교재들을 사용하면서 아쉬운 점을 많이 느꼈습니다. N1 문법에는 일상에서 쉽게 접하지 못하는 어려운 표현들이 많음에도 불구하고 문법들이 그저 무의미하게 어순에 따라 나열만 되어 있고 문법에 대한 자세한 설명이 되어 있지 않아 이해하기 어려울 뿐만 아니라 어떠한 점을 중점적으로 익혀야 하는지 설명이 부족한 교재가 대부분이었습니다. 무엇보다 문제 풀이에 있어 단순히 해석과 단어의 의미만 나열되어 있을 뿐 자세한 풀이 과정이나 정답을 찾는 순서와 요령 등을 언급한 교재가 없다는 점이 아쉬웠습니다. 그래서 필자는 풍부한 현장 강의 경험을 토대로 혼자서도 쉽게 문법을 익히고 시험에 효율적으로 대처할 수 있도록 자세한 설명과 풀이 방법을 덧붙인 N1 문법 교재를 집필하게 되었습니다.

N1 핵심 문법을 빠르게 정복한다!

N1 핵심 문법을 종류별로 각각의 시나공 문법으로 나누어 정리하였으므로 유사한 문법들의 차이점과 유사점을 이해하면서 학습할 수 있기 때문에 빠른 시간에 N1 문법을 익히는 데 많은 도움이 되리라 생각합니다. 그리고 연습문제는 지금까지의 기출문제를 철저히 분석해 최대한 실전과 유사한 난이도와 유형으로 만들었으며 각 문제에 대한 자세한 풀이법과 핵심 포인트를 적어 놓았기 때문에 누구나 쉽게 학습할 수 있도록 했습니다.

학습계획표대로 꾸준히 실천하세요!

JLPT N1 합격이라는 목표가 섰으면 학습 계획을 짜고 계획표대로 실천해 보세요. 이 책에서는 시험 두 달 전부터 시작할 수 있는 6주와 3주 기간으로 학습계획표를 짜놓았습니다. 그대로 활용하셔도 좋고 6주를 2번 반복하는 12주 완성프로그램으로 사용하셔도 좋습니다. 포기하지 말고 꾸준히 계획을 지키려고 노력하면 분명 좋은 성과를 얻을 수 있으리라 확신합니다.

끝으로 본 교재가 출판되기까지 많은 도움을 주신 분들에게 감사드립니다.

성중경

이 책의 구성 및 활용법

이 책은 N1의 가장 핵심이 되는 문법을 총 12개의 시나공 문법으로 나누어 엮었습니다. 모든 시나공 문법에는 '적중 예상 문제'를 수록하였으며, 실전처럼 풀어볼 수 있는 모의고사를 수록하였습니다.

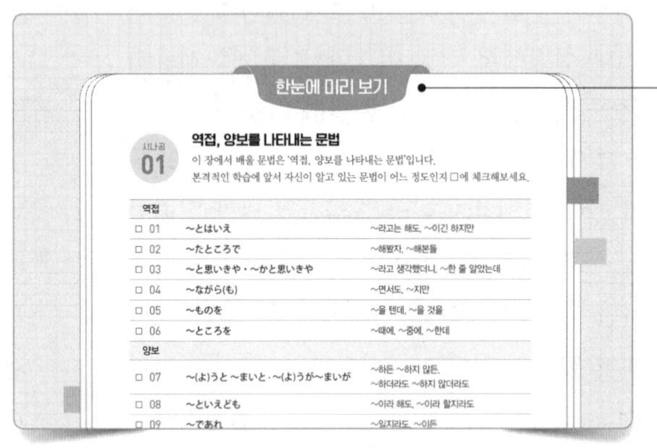

한눈에 미리 보기

시나공 01

역접, 양보를 나타내는 문법

이 장에서 배울 문법은 '역접, 양보를 나타내는 문법'입니다.
본격적인 학습에 앞서 자신이 알고 있는 문법이 어느 정도인지 □에 체크해보세요.

역접		
□ 01	～とはいえ	～라고는 해도, ～이긴 하지만
□ 02	～たところで	～해봤자, ～해본들
□ 03	～と思いきや・～かと思いきや	～라고 생각했더니, ～한 줄 알았는데
□ 04	～ながら(も)	～면서도, ～지만
□ 05	～ものを	～을 텐데, ～을 것을
□ 06	～ところを	～때에, ～중에, ～한데
양보		
□ 07	～(よ)うと～まいと・～(よ)うが～まいが	～하든 ～하지 않든, ～하더라도 ～하지 않더라도
□ 08	～といえども	～이라 해도, ～이라 할지라도
□ 09	～であれ	～일지라도, ～이든

① 한눈에 미리 보기

각 시나공 문법에서 배울 문법과 해석을 학습에 앞서 한눈에 확인할 수 있습니다. 공부 시작하기 전에 알고 있는 문법이 어느 정도인지 미리 체크해볼 수 있습니다.

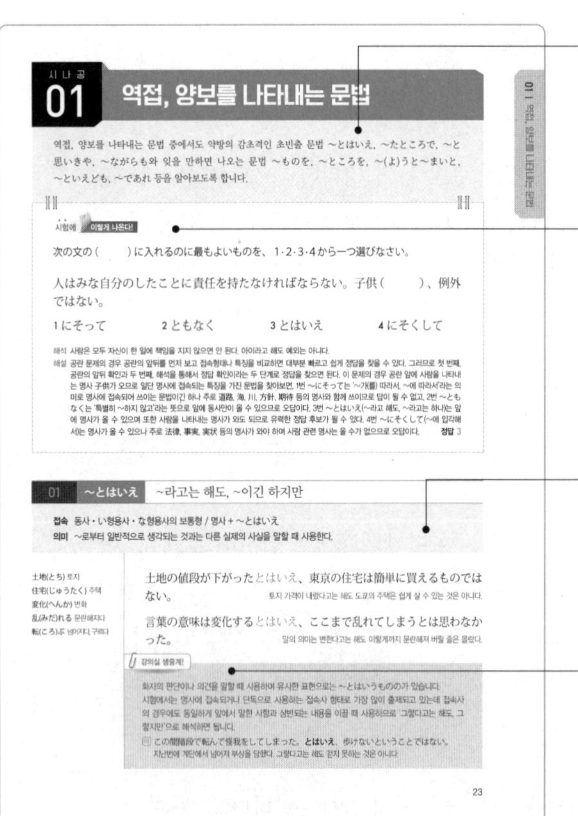

시나공 01 **역접, 양보를 나타내는 문법**

역접, 양보를 나타내는 문법 중에서도 약방의 감초격인 초빈출 문법 ～とはいえ, ～たところで, ～と思いきや, ～ながらも와 잊을 만하면 나오는 문법 ～ものを, ～ところを, ～(よ)うと～まいと, ～といえども, ～であれ 등을 알아보도록 합니다.

시험에 이렇게 나온다!

次の文の（　　）に入れるのに最もよいものを、1・2・3・4から一つ選びなさい。

人はみな自分のしたことに責任を持たなければならない。子供（　　）、例外ではない。

1 にそって　　2 ともなく　　3 とはいえ　　4 にそくして

해석 사람은 모두 자신이 한 일에 책임을 지지 않으면 안 된다. 아이라고 해도 예외는 아니다.

해설 공란 문제의 경우 공란의 앞뒤를 먼저 보고 접속형태나 특징을 비교하면 대부분 빠르고 쉽게 정답을 찾을 수 있다. 그러므로 첫 번째, 공란의 앞뒤 확인과 두 번째, 해석을 통해서 정답 확인이라는 두 단계로 정답을 찾으면 된다. 이 문제의 경우 공란 앞에 사람을 나타내는 명사 子供가 오므로 일단 명사에 접속되는 특징을 가진 문법을 찾아보면, 1번 ～にそっては '～가(를) 따라서, ～에 따라서'라는 의미로 명사에 접속되어 쓰이는 문법이긴 하나 주로 道路, 海, 川, 方針, 期待 등의 명사와 함께 쓰이므로 답이 될 수 없고, 2번 ～ともなく는 '특별히 ～하지 않고'라는 뜻으로 앞에 동사만이 올 수 있으므로 오답이다. 3번 ～とはいえ(～라고 해도, ～라고는 하나)는 앞에 명사가 올 수 있으며 또한 사람을 나타내는 명사가 와도 되므로 유력한 정답 후보가 될 수 있다. 4번 ～にそくして(～에 입각해서)는 명사가 올 수 있으나 주로 法律, 事実, 実状 등의 명사가 와야 하며 사람 관련 명사는 올 수가 없으므로 오답이다. **정답** 3

01 **～とはいえ** ～라고는 해도, ～이긴 하지만

접속 동사・い형용사・な형용사의 보통형 / 명사 + ～とはいえ
의미 ～로부터 일반적으로 생각되는 것과는 다른 실제의 사실을 말할 때 사용한다.

土地(とち) 토지
住宅(じゅうたく) 주택
変化(へんか) 변화
乱(みだ)れる 문란해지다
転(ころ)ぶ 넘어지다, 구르다

土地の値段が下がったとはいえ、東京の住宅は簡単に買えるものではない。 토지 가격이 내렸다고는 해도 도쿄의 주택은 쉽게 살 수 있는 것은 아니다.

言葉の意味は変化するとはいえ、ここまで乱れてしまうとは思わなかった。 말의 의미는 변한다고는 해도 이렇게까지 문란해져 버릴 줄은 몰랐다.

강의실 생중계!

화자의 판단이나 의견을 말할 때 사용하며 유사한 표현으로는 ～とはいうものの가 있습니다.
시험에서는 명사에 접속되거나 단독으로 사용하는 접속사 형태로 가장 많이 출제되고 있는데 접속사의 경우에도 동일하게 앞에서 말한 사항과 상반되는 내용을 이끌 때 사용하므로 '그렇다고는 해도, 그렇지만'으로 해석하면 됩니다.

예 この間階段で転んで怪我をしてしまった。**とはいえ**、歩けないということではない。
지난번에 계단에서 넘어져 부상을 당했다. 그렇다고는 해도 걷지 못하는 것은 아니다.

23

② 시나공 문법 소개

이 책은 시나공 01에서 시나공 12까지 총 12개의 시나공 문법으로 구성되어 있습니다. 각 시나공 문법에서 배울 학습 내용을 간단하게 요약 정리해두었습니다.

③ 시험에 이렇게 나온다!

각 시나공 문법에 대한 소개와 문제 유형을 살펴볼 수 있도록 예시 문제를 실었습니다. 본 학습 전에 가볍게 풀어보면서 정답 찾기 요령을 익혀보세요.

④ 문법 설명

각 문법의 접속형태와 의미를 정리했으며 예문과 예문에 나오는 어휘까지 꼼꼼하게 실었습니다.

⑤ 강의실 생중계!

현장 경험을 토대로 선생님만의 문제 풀이 비법을 실었습니다. 시험에 출제되는 형태, 학습 시 주의할 점, 정답을 찾는 포인트 등 강의실에서만 들을 수 있는 내용을 생생하게 공개합니다!

시나공 확인 문제

次の文の ＿★＿ に入る最もよいものを、1·2·3·4から一つ選びなさい。

あんなひどいことをしたんだから、いまさら涙を流して ＿＿ ＿★＿ ＿＿ ＿＿ だろう。

1 ところで　2 くれない　3 謝ってみた　4 許して

해석 그런 심한 짓을 했기 때문에 이제 와서 눈물을 흘리면서 사과해봤자 용서해주지 않을 것이다.

해설 문장의 완성 유형은 선택지 중에 문법을 먼저 찾아 문법을 기준으로 앞뒤 문장을 완성하는 것이 좋다. 1번 ～ところでが 문법
로 ～ところで를 기준으로 앞에는 동사 た형이 와야 하므로 3번이 앞에 와야 한다는 것을 알 수 있다. 또한 ～ところでは '～
자' 라는 의미로 어떤 행위를 해도 기대한 결과를 얻지 못할 때 사용하는 표현이므로 3번 謝る(사과하다) 뒤에 4번 許す(용서
가 위치해야 한다. 그리고 2번 くれない는 보조동사로 사용되고 있기 때문에 동사 て형인 4번과 짝이 되어야 한다. 그러므로
적으로 나열하면 ～謝ってみたところで、許してくれない～가 되므로 정답은 1번이다.

⑥ 시나공 확인 문제

학습 진행 사이사이에 문제를 실었습니다. 적중 예상 문제 풀이에 앞서 간단하게 문제 형태를 익히고 학습한 내용을 확인해볼 수 있습니다.

적중 예상 문제

問題　次の文の（　　）に入れるのに最もよいものを、1·2·3·4から一つ選びなさい。

01 報告（　　）しまいが、一応書類は整理しておいたほうが良かろう。

1 していても　2 しようが　3 するか　4 するにしても

02 これからはたとえ個人（　　）、二酸化炭素の排出量を減らすようにしなければならないだろう。

1 ならば　2 にてらし　3 であれ　4 だに

03 普通のサラリーマンが真面目に働いた（　　）、老後まで安泰に暮らせるという

⑦ 적중 예상 문제

실전에 강해지려면 실제 시험과 같은 형식의 문제를 풀어보는 것이 가장 좋습니다. 문제를 푼 다음에는 예문을 통째로 암기해보세요. 학습 효과 100%입니다.

첫째마당 | 총정리 적중 예상 문제 ①

問題　次の文の（　　）に入れるのに最もよいものを、1·2·3·4から一つ選びなさい。

01 最近はリサイクルに多少消極的な意見でも（　　）ものなら、まるで社会の敵であるかのように非難を受けてしまう。

1 言おう　2 言える　3 言わない　4 言ったら

02 佐藤候補者はマスコミの悪評（　　）知事選挙に再出馬する意向を示した。

1 を除いて　2 を限りに　3 をこめて　4 をよそに

⑧ 총정리 적중 예상 문제

각 마당 학습이 끝난 후에 다시 한번 총정리하기 위한 문제입니다. 모의고사 전 단계의 확인 학습 과정이라고 생각하시고 집중해서 풀어보세요.

실전 모의고사 1회

問題　次の文の（　　）に入れるのに最もよいものを、1·2·3·4から一つ選びなさい。

01 震災で、ふるさとを離れて、今なお避難生活（　　）余儀なくされている人々が約1万人に上っているという。

1 で　2 と　3 を　4 に

02 不況（　　）社員の息抜きは欠かせないので、社員旅行を敢行する企業も少なくない。

1 と思いきや　2 なしには　3 にかかわる　4 といえども

⑨ 실전 모의고사 3회분

실전과 똑같은 형태의 실전 모의고사 3회분을 실었습니다. 실전처럼 시간을 체크하면서 시험 직전에 풀어보세요.

정답 & 해설집

〈정답&해설집〉을 책 속의 책으로 넣어 학습 편의성을 높였습니다. 적중 예상 문제와 실전 모의고사에 대한 정답과 자세한 해설을 실었습니다. 왜 답이 되는지, 왜 답이 될 수 없는지, 상세한 해설을 통해 문제 풀이 요령을 터득할 수 있습니다.

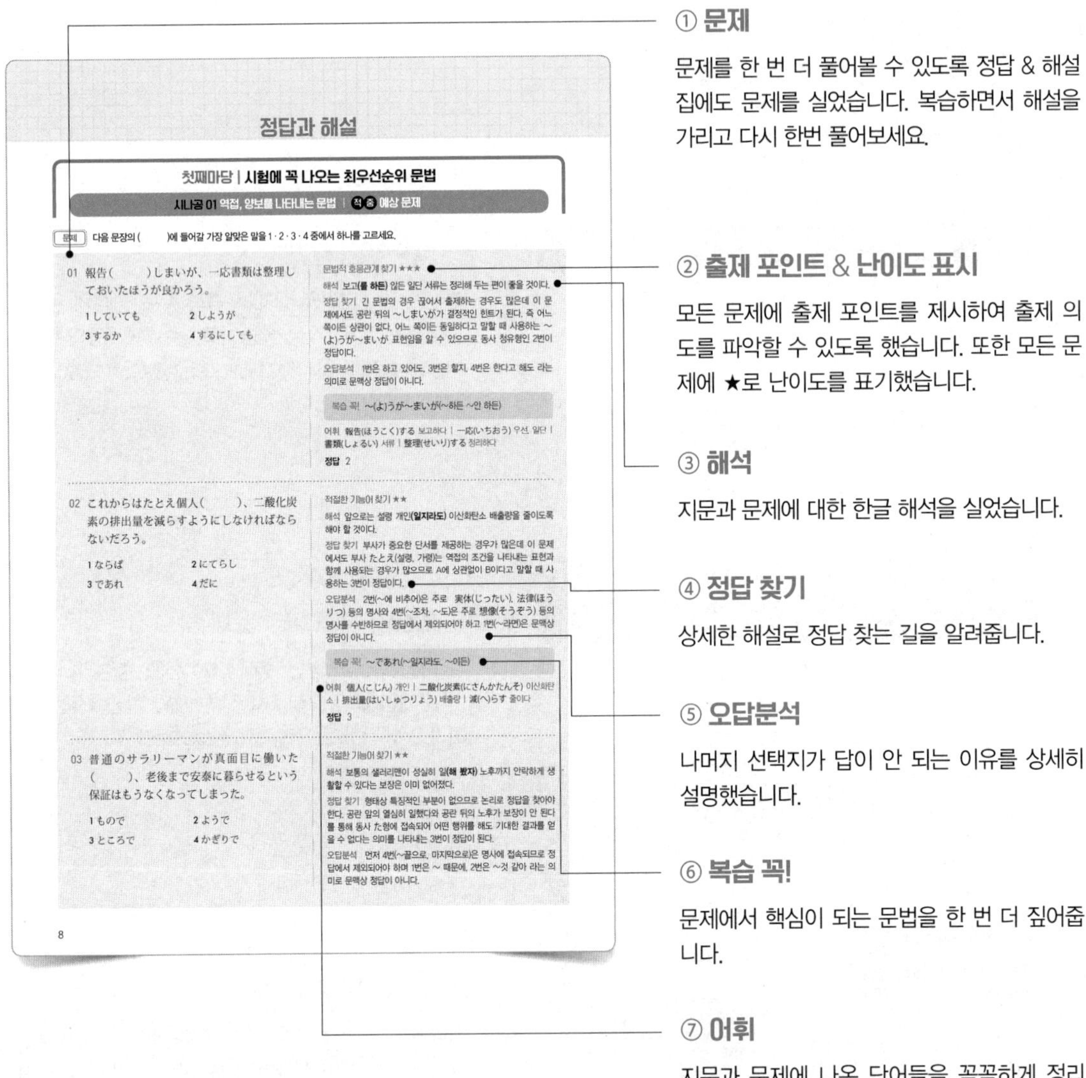

정답과 해설

첫째마당 | 시험에 꼭 나오는 최우선순위 문법

시나공 01 역접, 양보를 나타내는 문법 | 적중 예상 문제

문제 다음 문장의 (　　)에 들어갈 가장 알맞은 말을 1・2・3・4 중에서 하나를 고르세요.

01 報告(　　)しまいが、一応書類は整理しておいたほうが良かろう。

1 していても　　2 しようが
3 するか　　4 するにしても

문법적 호응관계 찾기 ★★★

해석 보고(**를 하든**) 않든 일단 서류는 정리해 두는 편이 좋을 것이다.

정답 찾기 긴 문법의 경우 끊어서 출제하는 경우도 많은데 이 문제에서도 공란 뒤의 ～しまいが가 결정적인 힌트가 된다. 즉 어느 쪽이든 상관이 없다, 어느 쪽이든 동일하다고 말할 때 사용하는 ～(よ)うが～まいが 표현임을 알 수 있으므로 동사 청유형인 2번이 정답이다.

오답분석 1번은 하고 있어도, 3번은 할지, 4번은 한다고 해도 라는 의미로 문맥상 정답이 아니다.

복습 꼭! ～(よ)うが～まいが(～하든 ～안 하든)

어휘 報告(ほうこく)する 보고하다 | 一応(いちおう) 우선, 일단 | 書類(しょるい) 서류 | 整理(せいり)する 정리하다

정답 2

02 これからはたとえ個人(　　)、二酸化炭素の排出量を減らすようにしなければならないだろう。

1 ならば　　2 にてらし
3 であれ　　4 だに

적절한 기능어 찾기 ★★

해석 앞으로는 설령 개인(**일지라도**) 이산화탄소 배출량을 줄이도록 해야 할 것이다.

정답 찾기 부사가 중요한 단서를 제공하는 경우가 많은데 이 문제에서도 부사 たとえ(설령, 가령)는 역접의 조건을 나타내는 표현과 함께 사용되는 경우가 많으므로 A에 상관없이 B이다고 말할 때 사용하는 3번이 정답이다.

오답분석 2번(～에 비추어)은 주로 実体(じったい), 法律(ほうりつ) 등의 명사와 4번(～조차, ～도)은 주로 想像(そうぞう) 등의 명사를 수반하므로 정답에서 제외되어야 하고 1번(～라면)은 문맥상 정답이 아니다.

복습 꼭! ～であれ(～일지라도, ～이든)

어휘 個人(こじん) 개인 | 二酸化炭素(にさんかたんそ) 이산화탄소 | 排出量(はいしゅつりょう) 배출량 | 減(へ)らす 줄이다

정답 3

03 普通のサラリーマンが真面目に働いた(　　)、老後まで安泰に暮らせるという保証はもうなくなってしまった。

1 もので　　2 ようで
3 ところで　　4 かぎりで

적절한 기능어 찾기 ★★

해석 보통의 샐러리맨이 성실히 일(**해 봤자**) 노후까지 안락하게 생활할 수 있다는 보장은 이미 없어졌다.

정답 찾기 형태상 특징적인 부분이 없으므로 논리로 정답을 찾아야 한다. 공란 앞의 열심히 일했다와 공란 뒤의 노후가 보장이 안 된다를 통해 동사 た형에 접속되어 어떤 행위를 해도 기대한 결과를 얻을 수 없다는 의미를 나타내는 3번이 정답이 된다.

오답분석 먼저 4번(～끝으로, 마지막으로)은 명사에 접속되므로 정답에서 제외되어야 하며 1번은 ～ 때문에, 2번은 ～것 같아 라는 의미로 문맥상 정답이 아니다.

8

① 문제

문제를 한 번 더 풀어볼 수 있도록 정답 & 해설집에도 문제를 실었습니다. 복습하면서 해설을 가리고 다시 한번 풀어보세요.

② 출제 포인트 & 난이도 표시

모든 문제에 출제 포인트를 제시하여 출제 의도를 파악할 수 있도록 했습니다. 또한 모든 문제에 ★로 난이도를 표기했습니다.

③ 해석

지문과 문제에 대한 한글 해석을 실었습니다.

④ 정답 찾기

상세한 해설로 정답 찾는 길을 알려줍니다.

⑤ 오답분석

나머지 선택지가 답이 안 되는 이유를 상세히 설명했습니다.

⑥ 복습 꼭!

문제에서 핵심이 되는 문법을 한 번 더 짚어줍니다.

⑦ 어휘

지문과 문제에 나온 단어들을 꼼꼼하게 정리하였습니다.

이 책의 차례

JLPT란 무엇인가요?

JLPT는 Japanese-Language Proficiency Test에서 따온 이름으로 일본어를 모국어로 하지 않는 사람을 대상으로 52개 국가에서 응시하고 있는 일본어능력을 평가하는 시험입니다. 일본어와 관련된 지식과 더불어, 실제로 사용할 수 있는 실용적인 일본어 능력을 중시하기 때문에, 문자 · 어휘 · 문법과 같은 언어 지식을 활용한 커뮤니케이션 상의 과제 수행능력을 측정합니다.

- **실시횟수** : 연 2회 (7월과 12월에 실시)
- **시험레벨** : N1, N2, N3, N4, N5의 5단계
- **시험접수** : 능력시험사무국 홈페이지 (http://www.jlpt.or.kr)에 안내
- **주의사항** : 수험표, 신분증 및 필기도구 (HB연필, 지우개)를 반드시 지참

N1 레벨은 구체적으로 어떤 수준인가요?

N1은 전체 레벨 중 최상위레벨로, 기존시험 1급보다 다소 높은 레벨까지 측정합니다. '폭넓은 분야의 일본어를 이해할 수 있는 수준'으로, 읽기와 듣기의 언어행동으로 나누어 제시한 인정기준은 아래와 같습니다.

읽기	• 논리적으로 약간 복잡하고 추상도가 높은 문장 등을 읽고, 문장의 구성과 내용을 이해할 수 있으며 다양한 화제의 글을 읽고, 이야기의 흐름이나 상세한 표현의도를 이해할 수 있다.
듣기	• 자연스러운 속도의 체계적 내용의 회화나 뉴스, 강의를 듣고, 내용의 흐름 및 등장인물의 관계나 내용의 논리구성 등을 상세히 이해하거나, 요지를 파악할 수 있다.

N1 레벨은 구체적으로 어떤 수준인가요?

입실	1교시	휴식	2교시
13:10	**언어지식**(문자 · 어휘 · 문법) · **독해** 13:30~15:20	15:20~15:40	**청해** 15:40~16:45
	(110분)	(20분)	(65분)

N1 합격기준은 어떻게 되나요?

일본어능력시험은 종합득점과 각 과목별 득점의 두 가지 기준에 따라 합격여부를 판정합니다. 즉, 종합득점이 합격에 필요한 점수(합격점) 이상이며, 각 과목별 득점이 과목별로 부여된 합격에 필요한 최저점(기준점) 이상일 경우 합격입니다.

구분	합격점	기준점		
		언어지식	독해	청해
N1	100	19	19	19

N1 구성과 득점범위는 어떻게 되나요?

교시	항목	시간	내용		문항	득점범위
1교시	언어지식 (문자 · 어휘)	110분	1	한자읽기	6	0~60
			2	문맥규정	7	
			3	유의표현	6	
			4	용법	6	
	언어지식 (문법)		5	문법형식 판단	10	
			6	문장 만들기	5	
			7	글의 문법	5	
	독해		8	단문이해	4	0~60
			9	중문이해	9	
			10	장문이해	4	
			11	통합이해	3	
			12	주장이해	4	
			13	정보검색	2	
2교시	청해	65분	1	과제이해	6	0~60
			2	포인트이해	7	
			3	개요이해	6	
			4	즉시응답	14	
			5	통합이해	4	
		총 175분			총 108	0~180

※ 문항 수는 매회 시험에서 출제되는 대략적인 기준으로 실제 시험에서의 출제 수는 다소 달라질 수 있습니다.

6주 완성 프로그램

본 교재의 가장 이상적인 학습 일자입니다. 시험 6주 전에 시작해서 3~4일에 한 개의 시나공 문법을 학습하도록 설계한 학습 프로그램입니다. 12주 전에 시작하시는 분은 6주 완성 프로그램을 2회 반복하시거나 6주를 12주로 늘리거나 하여 각자 자신만의 학습계획을 세워보세요.

첫째 주	1일차	2일차	3일차	4일차	5일차	6일차	7일차
학습 내용	준비마당	시나공 01	시나공 01	적중 예상문제	시나공 02	시나공 02	적중 예상문제
둘째 주	**8일차**	**9일차**	**10일차**	**11일차**	**12일차**	**13일차**	**14일차**
학습 내용	시나공 03	시나공 03	적중 예상문제	시나공 04	시나공 04	적중 예상문제	시나공 05
셋째 주	**15일차**	**16일차**	**17일차**	**18일차**	**19일차**	**20일차**	**21일차**
학습 내용	시나공 05	적중 예상문제	시나공 06	시나공 06	적중 예상문제	시나공 07	시나공 07
넷째 주	**22일차**	**23일차**	**24일차**	**25일차**	**26일차**	**27일차**	**28일차**
학습 내용	적중 예상문제	시나공 08	시나공 08	적중 예상문제	시나공 09	시나공 09	적중 예상문제
다섯째 주	**29일차**	**30일차**	**31일차**	**32일차**	**33일차**	**34일차**	**35일차**
학습 내용	시나공 10	시나공 10	적중 예상문제	시나공 11	시나공 11	적중 예상문제	시나공 12
여섯째 주	**36일차**	**37일차**	**38일차**	**39일차**	**40일차**	**41일차**	**42일차**
학습 내용	시나공 12	적중 예상문제	실전 모의고사1	실전 모의고사2	실전 모의고사3	총복습	총복습

3수 완성 프로그램

본 교재의 최단기 학습 일자입니다. 단기 학습 효과를 보려는 분들에게 적합한 학습 스케줄입니다.

첫째 수	1일차	2일차	3일차	4일차	5일차	6일차	7일차
학습 내용	준비마당	시나공 01 시나공 02	적중 예상문제	시나공 03 시나공 04	적중 예상문제	시나공 05 적중 예상문제	복습
둘째 수	**8일차**	**9일차**	**10일차**	**11일차**	**12일차**	**13일차**	**14일차**
학습 내용	시나공 06 시나공 07	적중 예상문제	시나공 08 시나공 09	적중 예상문제	시나공 10 적중 예상문제	복습	시나공 11
셋째 수	**15일차**	**16일차**	**17일차**	**18일차**	**19일차**	**20일차**	**21일차**
학습 내용	적중 예상문제	시나공 12	적중 예상문제	실전 모의고사1	실전 모의고사2	실전 모의고사3	총복습

: 준비마당 :

문제소개 및 완벽대비법

준비마당은 문법 문제 유형을 살펴보는 마당입니다. 앞으로 문제를 잘 풀어나가기 위한 준비운동이라고 생각하고 부담 없이 문제 유형을 살피는 데 초점을 두도록 합니다.

01 問題 5 문법형식 판단

問題 5 문장의 (　　　)에 들어갈 의미적으로 가장 적당한 문법 형식을 고르는 문제로 10문항이 출제됩니다.

문제 미리 풀어보기

問題 5 次の文の(　　　)に入れるのに最もよいものを、1·2·3·4から一つ選びなさい。

彼は一秒たりとも離れたくないと言わん(　　　)子供をギュッと抱き締めていた。

1 っぱなしで　　2 と相まって　　3 ばかりに　　4 ながらも

Tip 문법 형식을 묻는 공란 문제에서는 접속형태가 답을 고르는 중요한 단서가 되는 경우가 많다는 것, 꼭 기억하세요!

해석 그는 단 1초도 떨어지기 싫다고 말하기라도 하듯 아이를 꼭 껴안고 있었다.

해설 접속형태로 비교적 쉽게 해결할 수 있는 문제이다. 공란 앞의 言わん(동사 ない형 + ん)에 접속될 수 있는 것은 3번 ~ばかりに(~할 것처럼, ~할 듯이)뿐이므로 정답은 3번이 된다. 이처럼 접속형태가 중요한 단서가 되는 경우가 많으므로 특수한 형태는 꼭 기억해야 한다. 참고로 ~っぱなし(~한 채, 상태)는 동사 ます형에, ~と相まって(~와 더불어서, 어울려서)는 명사에, ~ながらも(~하면서도)는 동사 ます형에 각각 접속된다.

정답 3

문제분석과 완벽대비법

문법형식 판단 문제는 문장 내용에 알맞은 문법형식을 찾는 문제로 총 10문제가 출제되는데 출제경향을 분석해 보면 크게 두 가지 유형으로 나눌 수 있습니다.

중반까지는 상대적으로 난이도가 낮은 문제로 주로 문맥에 맞는 적절한 문법, 조사, 접속형태, 부사, 경어 등 다양한 문법관련 지식을 단편적으로 묻는 문제가 출제되고 있습니다. 이런 유형의 문제는 대부분의 경우 공란 앞뒤에 정답의 단서가 있는 경우가 많으므로 문제 전체를 전부 해석하지 않아도 되기 때문에 귀중한 시간을 아낄 수 있습니다. 이러한 유형에 대비하기 위해서는 각 문법의 의미뿐만 아니라 접속형태 및 접속되는 단어의 종류 등의 특징을 함께 숙지해 두시면 많은 도움이 될 것입니다.

중반에서 후반까지는 상대적으로 난이도가 높은 문제로 비교적 길이가 긴 문법이나 두 가지 이상의 문법이 합쳐진 형태로 출제되고 있습니다. 이러한 유형의 문제는 대부분의 경우 논리의 흐름이 중요한 단서가 되는 경우가 많으므로 문제를 해석할 때 가정, 이유, 조건 등의 표현이 있으면 특히 유의하면서 문맥을 파악해야 합니다. 그리고 두 가지 이상의 문법이 합쳐진 선택지는 단순히 해석에만 의존하면 혼돈하거나 실수하기가 쉬우므로 먼저 각 문법을 나누어 두고 문맥상 적절한 문법을 하나씩 찾아가거나 반대로 적절하지 않는 문법을 차례대로 삭제해 나가는 것도 하나의 방법이 되겠습니다.

02 問題 6 문장 만들기

問題 6 제시된 4개의 선택지를 문장 속에서 알맞게 나열한 후 ＿★＿ 부분에 들어갈 말을 고르는 문제로 5문항이 출제됩니다.

문제 미리 풀어보기

問題 6 次の文の ＿★＿ に入る最もよいものを、1·2·3·4から一つ選びなさい。

田中先生は ＿＿＿ ＿＿＿ ＿★＿ ＿＿＿ 方でした。

1 まして　　2 愛された　　3 学生たちを　　4 誰にも

Tip 공란에 번호를 써가면서 문장을 알맞게 배열해 가는 것이 머릿속으로만 배열하는 것보다 빨리 문장을 완성하는 요령이에요!

해석 다나카 선생님은 그 누구보다도 학생들을 사랑하신 분이었습니다.

해설 보기 중에서 문법인 1번 ～まして를 기준으로 생각하면 ～にもまして(～이상으로, ～보다 더) 형태로 사용하므로 4번이 앞에 와야 함을 알 수 있다. 그리고 마지막 공란 뒤에 명사 方가 있기 때문에 앞에는 명사를 수식할 수 있는 형태인 2번이 와야 한다. 마지막으로 존경용법으로 쓰인 される는 타동사이기 때문에 목적어 역할을 할 수 있는 3번을 취해서 전체적으로 나열하면 ～誰にもまして学生たちを愛された～가 된다.

정답 4

문제분석과 완벽대비법

문장 만들기 문제는 문장을 구성하는 단어의 조합이나 위치배열을 통해 의미가 통하는 문장으로 만드는 능력을 측정하기 위한 문제로 총 5문제가 출제되는데 출제유형은 크게 두 가지로 나눌 수 있습니다.

첫 번째는 주로 짧은 단어나 조사, 문법 위주로 나누어져 있는 형태로 비교적 난이도가 낮은 유형의 문제라고 할 수 있습니다. 이러한 유형의 문제는 전체적인 문맥파악과 함께 각각의 단어나 조사의 전후의 수식관계 및 문법의 접속형태가 결정적인 단서가 되는 경우가 많으므로 본 교재에서 다루는 각 문법의 접속형태 및 특징을 잘 숙지해야 하며 초급에서 다루는 각 품사의 명사수식형, 동사수식형과 같은 기초적인 문법이 도움이 되기도 합니다. 그리고 처음부터 한 번에 전체적으로 나열하려고 하지 말고 접속형태를 확실히 알고 있는 것을 기준으로 삼아 앞뒤의 수식관계를 생각하면서 문맥에 맞도록 하나씩 나열해 가는 것이 좋습니다.

두 번째는 두 개 이상의 단어나 문법 등이 포함된 상대적으로 긴 어구를 문맥의 흐름에 맞게 배열하는 유형으로 상대적으로 난이도가 높은 문제라고 할 수 있습니다. 이런 유형의 문제는 어느 정도의 독해력도 필요하다고 할 수 있습니다만 많은 경우 사용된 문법의 논리나 주로 함께 사용하는 조사, 호응하는 표현 등이 중요한 단서가 되는 경우가 많으므로 각 문법을 학습할 때 이러한 특징이 있을 경우 꼭 숙지해 두도록 합니다.

問題 7 글 전체의 흐름을 파악하는 능력과 함께 문장과 문장의 흐름 속에서 알맞은 표현이나 단어를 빈칸에 넣어 문장과 문장의 연결 방법을 이해할 수 있는지를 평가하는 문제로 5문항이 출제됩니다.

문제 미리 풀어보기

問題 7 次の文章を読んで、文章全体の趣旨を踏まえて[1]から[5]の中に入る最もよいものを、1·2·3·4から一つ選びなさい。

スーパーの自転車置き場の横を通ろうとしたところ、いつもは楽に通れるのに、その日は隙間無く置かれていてなかなか通れない。そのとき、"自転車置き場の乱雑さもエントロピーと同じ"と思ったわけだ。つまり、放ったらかしにしておくと乱雑さは増すばかりで、決して自然にキレイに並ぶことはない。

[1]、帰りに同じ場所を通ると、今度は楽に通れた。おそらく常駐の整理係の人が並べてくれたのだろう。これもエントロピーと同じで、乱雑になっても、誰かがエネルギーを注げば、キレイに元に戻る。

たとえばお肌の荒れの度合いをお肌のエントロピーと[2]、手入れをしないで放っておけば肌は荒れ、エントロピーは増すばかりだが、心血を注げば元の潤いを取り戻せる。自転車置き場の自転車も放っておけば次第に乱雑になり、決して自然にキレイになることはないが、係員が手を加えるときれいになる。

このように、放置自転車対策は、相手の手の甲を交互につまんで遊ぶいたちごっこのように、終わることがない。まるで下流の水を、自然の法則に逆らって上流に戻そうと[3]。力が尽きれば[4]である。

だから、自転車置き場の秩序を取り戻すためのエネルギーは、やはり自転車に乗っている人から取り出すのが一番安上がりであろう。しかし、モラルには期待出来ない。そこにきちんと置けば盗まれない。金もかからない。駅や店にも近い。この三つの条件が揃えば、自転車乗りは進んで整理する方向にエネルギーを注ぐはずだ。そのためには、駅や店の前に、鍵が掛かり一定時間までは無料の駐輪場を[5]だろう。

01 1 もしくは　　2 ところが
3 しかも　　4 だから

02 1 呼ぼうにも呼べなく　　2 呼ぶとすると
3 呼んでしかるべきで　　4 呼んだも同然で

03 1 したに違いない　　2 してみせる
3 したまでのことだ　　4 するかのようだ

04 1 元の木阿弥　　2 朝飯前
3 鬼に鉄棒　　4 二の次

05 1 作ってもしかたがない　　2 作れとは言えない
3 作るよりほかない　　4 作ったという

Tip 지문을 읽을 때 어휘 하나 하나에 너무 얽매이지 마세요. 문장 전체의 흐름, 즉 문맥 전체를 이끌어 나가는 요지를 파악하여 읽어나가는 것이 중요합니다!

해석　슈퍼에 있는 자전거 세워두는 곳(주륜장)을 지나가려고 했을 때 평소에는 쉽게 지나갈 수 있었는데 그날은 빈틈없이 세워져 있어서 쉽사리 지나갈 수가 없었다. 그때 '주륜장의 난잡함도 엔트로피와 동일하다'고 생각했다. 즉 방치해 두면 난잡함은 더 심해질 뿐 결코 저절로 질서정연해지는 법은 없다.

[그런데] 귀갓길에 같은 장소를 지나가는데 이번에는 쉽게 지나갈 수 있었다. 아마 상주하는 정리 담당자가 정리해 세워놓았을 것이다. 이것도 엔트로피와 같아서 엉망이 되어도 누군가가 에너지를 쏟으면 깨끗하게 원래대로 돌아간다.

예를 들면 피부의 거친 정도를 피부의 엔트로피라고 [부른다고 하면] 손질을 하지 않고 내버려 두면 피부는 거칠어져 엔트로피는 늘어날 뿐이지만, 심혈을 기울여 관리하면 원래의 촉촉함을 되찾을 수 있다. 주륜장의 자전거도 내버려 두면 점차 엉망이 되어 결코 저절로 정리되는 경우는 없지만 담당자가 관리하면 정리된다.

이처럼, 방치 자전거 대책은, 상대의 손등을 번갈아 잡으며 노는 어린이 놀이처럼 끝이 없다. 마치 하류의 물을 자연의 법칙을 거슬러 상류로 되돌리려고 [하는 것과 같다]. 힘이 다하면 [도로아미타불]이다.

그러므로 주륜장의 질서를 되찾기 위한 에너지는 역시 자전거를 타는 사람에게서 가져오는 것이 가장 싸게 먹힐 것이다. 그러나 도덕에는 기대할 수 없다. 그곳에 똑바로 세워두면 도둑맞지 않는다. 돈도 들지 않는다. 역이나 가게에서도 가깝다. 이 세 가지 조건이 갖춰지면 자전거 이용자는 틀림없이 스스로 정리하는 방향으로 에너지를 쏟을 것이다. 그러기 위해서는 역이나 가게 앞에 열쇠를 채울 수 있고 일정 시간까지는 무료인 주륜장을 [만들 수밖에 없을] 것이다.

Tip 접속사 공란 문제는 공란 앞문장과 뒷문장의 흐름의 변화, 논리의 흐름을 잘 살펴보고 답을 찾는 것이 중요합니다.

01 1 もしくは　2 ところが
3 しかも　4 だから

해설 선택지를 보면 접속사를 묻는 문제라는 것을 알 수 있다. 접속사 문제는 단순히 해석을 통해서 자연스러운 것을 찾기 보다는 앞뒤 문장의 논리의 흐름을 파악해서 찾는 것이 좋다. 문제에서 공란 앞에는 '통과하기 어려웠다', 뒤에는 '쉽게 통과했다'는 내용으로 '역접'의 관계임을 알 수 있기 때문에 정답은 2번 ところが(그런데)이다. 참고로 1번 もしくは(혹은, 또는)는 '선택', 3번 しかも(게다가)는 '첨가', 4번 だから(그러므로)는 '순접'을 나타내는 접속사이다. **정답** 2

Tip 답을 쉽게 찾을 수 있는 단서가 문장 속에 숨어 있어요. 보너스와 같은 단서를 놓치면 아깝겠죠! 절대 놓치지 마세요.

02 1 呼ぼうにも呼べなく　2 呼ぶとすると
3 呼んでしかるべきで　4 呼んだも同然で

해설 문장 첫머리에 있는 たとえば가 정답의 힌트가 된다. 왜냐하면 たとえば는 예를 들 때도 사용하지만 어떤 사항을 가정할 때도 사용하기 때문이다. 그리고 문맥상으로도 '피부의 거친 정도'를 '엔트로피'로 가정하고 이야기를 전개하고 있으므로 정답은 2번 呼ぶとすると(부른다고 하면)이다.
참고로 나머지 선택지의 의미를 살펴보면 1번은 '부르려고 해도 부를 수 없어', 3번은 '불러야 마땅해서', 4번은 '부른 바나 다름없어'이다. **정답** 2

03 1 したに違いない　2 してみせる
3 したまでのことだ　4 するかのようだ

해설 문맥을 파악할 시간이 없다면 특정 문법과 호응하는 단어를 단서로 답을 찾을 수도 있다. 이 문제에서도 まるで(마치, 흡사)는 비유를 나타내는 문장을 주로 수반하므로 정답은 4번 するかのようだ(하는 것 같다)가 되어야 한다는 것을 쉽게 알 수 있다.
참고로 1번은 '했음에 틀림없다', 2번은 '해 보이다', 3번은 '했을 따름이다, 뿐이다'라는 의미가 된다.
정답 4

Tip 평소에 관용표현이 나오면 메모를 해서 외우는 습관을 들여놓으면 좋습니다.

04 1 元の木阿弥　2 朝飯前
3 鬼に鉄棒　4 二の次

해설 관용표현을 묻는 조금 어려운 문제이다. 앞의 문장에서 방치된 자전거 문제는 현재의 정책으로는 '하류의 물을 상류에 보내는 것과 같다'라고 했기 때문에 그 힘이 다하면 원래의 상태로 되돌아가 버린다는 의미가 되어야 한다. 따라서 정답은 1번 元(もと)の木阿弥(もくあみ) '도로아미타불'이 된다.
참고로 2번 朝飯前(あさめしまえ)는 '식은 죽 먹기', 3번 鬼(おに)に鉄棒(かなぼう)는 '범에 날개', 4번 二(に)の次(つぎ)는 '두 번째, 나중 문제'라는 뜻이다. **정답** 1

Tip 지문의 핵심만 잘 파악하고 있으면 어렵지 않게 답을 찾을 수 있답니다.

05 1 作ってもしかたがない　2 作れとは言えない
3 作るよりほかない　4 作ったという

해설 마지막으로 필자는 무질서하게 방치된 자전거의 해결책을 제시하고 있다는 것을 알 수 있다. 그러므로 3번 作るよりほかない(만들 수밖에 없다)가 정답이 되어야 한다.
참고로 1번은 '만들어도 어쩔 수 없다', 2번은 '만들라고는 말할 수 없다', 4번은 '만들었다고 말하다'이다.
정답 3

어휘 **自転車置(じてんしゃお)き場(ば)** 자전거를 세워두는 곳 (주륜장) | **隙間(すきま)** 빈틈 | **乱雑(らんざつ)だ** 난잡하다 | **エントロピー** 엔트로피(물리용어:물체의 상태를 나타내는 열역학적 양) | **放(ほ)ったらかし** 아무렇게나 내버려 둠, 방치 | **整理係(せいりがかり)** 정리 담당자 | **エネルギー** 에너지 | **注(そそ)ぐ** 쏟다 | **荒(あ)れ** 피부가 거칠거칠해짐 | **度合(どあ)い** 정도 | **手入(てい)れ** 손질, 손봄 | **心血(しんけつ)を注(そそ)ぐ** 심혈을 기울이다 | **潤(うるお)い** (알맞은) 습기, 촉촉함 | **放置自転車対策(ほうちじてんしゃたいさく)** 방치 자전거 대책 | **手(て)の甲(こう)** 손등 | **つまむ** (손가락으로) 집다, 잡다 | **いたちごっこ** 서로의 손등을 번갈아 꼬집으며 손을 포개어 올라가는 어린이 놀이 | **逆(さから)う** 거스르다, 역행하다 | **力(ちから)が尽(つ)きる** 힘이 다하다 | **秩序(ちつじょ)** 질서 | **安上(やすあ)がり** 싼값으로 할 수 있음 | **モラル** 도덕, 윤리 | **盗(ぬす)む** 훔치다 | **揃(そろ)う** 갖추어지다, 구비되다 | **一定時間(いっていじかん)** 일정 시간

문제분석과 완벽대비법

글의 문법은 글 전체의 흐름을 파악하는 능력과 함께 문장과 문장의 흐름 속에서 알맞은 표현이나 단어를 빈칸에 넣어 문장과 문장의 연결 방법을 판단할 수 있는지를 평가하는 문제로 5문항이 출제되는데 독해문제와 유사하지만 주로 수필형식의 문장이 많이 출제되며 화자의 주장이나 요점, 내용 등을 묻는 독해와는 달리 문장을 이해한 후 내용이나 흐름에 맞는 단어나 문법이 사용된 표현 등을 찾아 빈칸에 채워 넣는 점이 차이라고 할 수 있습니다.

독해적인 요소가 많다고는 해도 정답을 찾을 수 있는 단서는 빈칸의 바로 앞 문장이나 뒤 문장에 있는 경우가 많으므로 빈칸이 없는 문장은 대략적인 이야기의 흐름만 이해하면서 읽고 빈칸이 있는 문장의 경우에는 앞 뒤 문장을 특히 앞 문장을 꼼꼼하게 해석하여 문맥의 흐름이나 논리를 파악한 후 그에 맞는 표현이나 단어를 선택하면 됩니다.

그리고 접속사나 부사와 관련된 문제는 매회 한 문제씩 출제되므로 꼭 학습해 두어야 하고 문법만의 난이도를 보면 오히려 N2와 N3에 관련된 표현도 많이 등장하고 있으므로 본 교재의 알아두면 든든한 기준 외 문법과 더불어 기초가 약하다면 N2, N3용 문법도 한번쯤은 복습해 두는 것이 좋습니다.

:: 첫째마당 ::

시험에 꼭 나오는 최우선순위 문법

01 역접, 양보를 나타내는 문법
02 가정조건과 이유, 목적을 나타내는 문법
03 관계와 평가시점을 나타내는 문법
04 문장 끝에 쓰이는 문법
〈문제풀이〉 적중 예상 문제

한눈에 미리 보기

역접, 양보를 나타내는 문법

이 장에서 배울 문법은 '역접, 양보를 나타내는 문법'입니다.
본격적인 학습에 앞서 자신이 알고 있는 문법이 어느 정도인지 □에 체크해보세요.

역접		
□ 01	~とはいえ	~라고는 해도, ~이긴 하지만
□ 02	~たところで	~해봤자, ~해본들
□ 03	~と思いきや・~かと思いきや	~라고 생각했더니, ~한 줄 알았는데
□ 04	~ながら(も)	~면서도, ~지만
□ 05	~ものを	~을 텐데, ~을 것을
□ 06	~ところを	~때에, ~중에, ~한데
양보		
□ 07	~(よ)うと ~まいと·~(よ)うが~まいが	~하든 ~하지 않든, ~하더라도 ~하지 않더라도
□ 08	~といえども	~이라 해도, ~이라 할지라도
□ 09	~であれ	~일지라도, ~이든

시나공

01 역접, 양보를 나타내는 문법

역접, 양보를 나타내는 문법 중에서도 약방의 감초격인 초빈출 문법 ～とはいえ, ～たところで, ～と思いきや, ～ながらも와 잊을 만하면 나오는 문법 ～ものを, ～ところを, ～(よ)うと～まいと, ～といえども, ～であれ 등을 알아보도록 합니다.

시험에 이렇게 나온다!

次の文の（　　）に入れるのに最もよいものを、1·2·3·4から一つ選びなさい。

人はみな自分のしたことに責任を持たなければならない。子供（　　　）、例外ではない。

1 にそって　　2 ともなく　　3 とはいえ　　4 にそくして

해석 사람은 모두 자신이 한 일에 책임을 지지 않으면 안 된다. 아이라고 해도 예외는 아니다.

해설 공란 문제의 경우 공란의 앞뒤를 먼저 보고 접속형태나 특징을 비교하면 대부분 빠르고 쉽게 정답을 찾을 수 있다. 그러므로 첫 번째, 공란의 앞뒤 확인과 두 번째, 해석을 통해서 정답 확인이라는 두 단계로 정답을 찾으면 된다. 이 문제의 경우 공란 앞에 사람을 나타내는 명사 子供가 오므로 일단 명사에 접속되는 특징을 가진 문법을 찾아보면, 1번 ～にそっては '～가(를) 따라서, ～에 따라서'라는 의미로 명사에 접속되어 쓰이는 문법이긴 하나 주로 道路, 海, 川, 方針, 期待 등의 명사와 함께 쓰이므로 답이 될 수 없고, 2번 ～ともなく는 '특별히 ～하지 않고'라는 뜻으로 앞에 동사만이 올 수 있으므로 오답이다. 3번 ～とはいえ(～라고 해도, ～라고는 하나)는 앞에 명사가 올 수 있으며 또한 사람을 나타내는 명사가 와도 되므로 유력한 정답 후보가 될 수 있다. 4번 ～にそくして(～에 입각해서)는 명사가 올 수 있으나 주로 法律, 事実, 実状 등의 명사가 와야 하며 사람 관련 명사는 올 수가 없으므로 오답이다. **정답** 3

01 ～とはいえ ～라고는 해도, ～이긴 하지만

접속 동사・い형용사・な형용사의 보통형 / 명사＋～とはいえ
의미 ～로부터 일반적으로 생각되는 것과는 다른 실제의 사실을 말할 때 사용한다.

土地(とち) 토지
住宅(じゅうたく) 주택
変化(へんか) 변화
乱(みだ)れる 문란해지다
転(ころ)ぶ 넘어지다, 구르다

土地の値段が下がったとはいえ、東京の住宅は簡単に買えるものではない。
토지 가격이 내렸다고는 해도 도쿄의 주택은 쉽게 살 수 있는 것은 아니다.

言葉の意味は変化するとはいえ、ここまで乱れてしまうとは思わなかった。
말의 의미는 변한다고는 해도 이렇게까지 문란해져 버릴 줄은 몰랐다.

강의실 생중계!

화자의 판단이나 의견을 말할 때 사용하며 유사한 표현으로는 ～とはいうものの가 있습니다.
시험에서는 명사에 접속되거나 단독으로 사용하는 접속사 형태로 가장 많이 출제되고 있는데 접속사의 경우에도 동일하게 앞에서 말한 사항과 상반되는 내용을 이끌 때 사용하므로 '그렇다고는 해도, 그렇지만'으로 해석하면 됩니다.

예 この間階段で転んで怪我をしてしまった。**とはいえ**、歩けないということではない。
지난번에 계단에서 넘어져 부상을 당했다. 그렇다고는 해도 걷지 못하는 것은 아니다.

02 ~たところで ~해봤자, ~해본들

접속 동사た형+~たところで
의미 ~한다고 해도 기대와는 달리 도움이 되지 않거나 효과가 없다는 의미이다.

必死(ひっし)になる 필사적이 되다
とっくに 훨씬 전에

僕一人が必死になったところで、この会社が大きく変わるとは思えない。 나 한 사람이 필사적으로 노력해봤자 이 회사가 크게 변하리라고는 생각하지 않는다.

バスの出発時間はとっくに過ぎたから、今から走っていったところで、間に合わないだろう。
버스 출발 시간은 훨씬 전에 지났기 때문에 지금부터 뛰어가봤자 늦을 것이다.

강의실 생중계!

시험에서는 동사 た형에 접속되는 특징이 정답을 찾는 힌트가 되는 경우가 많습니다. 참고로 동사, い형용사, な형용사, 명사의 보통형 + ~にしたところで(=にしたって, にしても), ~としたところで(=としたって, としても)의 형태로 사용되기도 하는데 이 경우에는 '~이라 해도, ~한다 해도'라고 해석하면 됩니다.

예 どちら**にしたところで**、結果にたいした差はないだろう。
어느 쪽이라 해도 결과에 큰 차이는 없을 것이다.

03 ~と思いきや・~かと思いきや ~라고 생각했더니, ~한 줄 알았는데

접속 동사・い형용사・な형용사의 보통형 / 명사+~と思(おも)いきや・~かと思いきや
의미 ~라고 생각했지만 사실은 그렇지 않았다는 의미이다.

追(お)い付(つ)く 따라잡다
速(はや)さ 속도
一気(いっき)に 단숨에
先頭(せんとう) 선두
博物館(はくぶつかん) 박물관
展示(てんじ)コーナー 전시 코너
一変(いっぺん)する 완전히 바뀌다

今日は寒くなるかと思いきや、むしろ暑いぐらいだった。
오늘은 추워질 거라 생각했는데 오히려 더울 정도였다.

もう追い付けないだろうと思いきや、驚くほどの速さで彼女は一気に先頭に走り出た。 이젠 따라잡을 수 없을 줄 알았는데 놀라운 속도로 그녀는 단숨에 선두로 뛰어나왔다.

昨日久しぶりに家の近くの博物館に行ったが、何も変わっていないだろうと思いきや、展示コーナーが一変していた。 어제 오래간만에 집 근처 박물관에 갔는데, 아무것도 변하지 않았을 거라고 생각했더니 전시 코너가 완전히 바뀌어 있었다.

강의실 생중계!

예상과는 반대의 결과가 발생했을 때 사용하는데 시험에서는 주로 ~かと思いきや 형태로 출제되고 있습니다. 유사한 표현으로는 ~(か)と思うと・思ったら・思えば도 있으니 참고하세요.

04 ～ながら(も) ～면서도, ~지만

접속 동사 ます형 / い형용사 기본형 / な형용사 어간 / 명사＋～ながら・～ながらも
의미 ～으로 예상되는 것과는 다르게 실제로는 ～하다는 의미이다.

貧(まず)しい 가난하다
温(あたた)かい 따뜻하다
育(そだ)つ 자라다, 성장하다
控(ひか)える 앞두고 있다
身(み) 처지, 입장
合間(あいま)を縫(ぬ)う 짬을 이용하다

彼女は貧しいながらも、温かい家庭で育った。
그녀는 가난하지만 따뜻한 가정에서 자랐다.

彼は先週ずっと授業を休んだ。卒業を控えた身でありながら、旅行に行っていたらしい。 그는 지난주 계속 수업을 쉬었다. 졸업을 앞둔 처지이면서도 여행을 갔던 것 같다.

彼女はいつも忙しいと言いながらも、合間を縫って映画を見たりする。
그녀는 항상 바쁘다고 말하면서도 짬을 이용해서 영화를 보기도 한다.

강의실 생중계!

- ～ながら는 동사에 접속될 경우 문맥에 따라서는 초급의 동시동작(~하면서 동시에)을 나타낼 수도 있으므로 주의해야 합니다.
- 유사한 표현으로 ～にもかかわらず (~임에도 불구하고)와 동사의 ます형에 접속되는 ～つつ・～つつも(~하면서도)가 있으니 함께 익혀두는 것이 좋습니다.
- しかしながら(그렇지만), 残念ながら(유감스럽게도) 등의 관용화된 형태로도 많이 사용됩니다.

☑ 시나공 확인 문제

次の文の ＿★＿ に入る最もよいものを、1·2·3·4から一つ選びなさい。

あんなひどいことをしたんだから、いまさら涙を流して ＿＿ ＿★＿ ＿＿ ＿＿ だろう。

1 ところで　　2 くれない　　3 謝ってみた　　4 許して

해석 그런 심한 짓을 했기 때문에 이제 와서 눈물을 흘리면서 사과해봤자 용서해주지 않을 것이다.
해설 문장의 완성 유형은 선택지 중에 문법을 먼저 찾아 문법을 기준으로 앞뒤 문장을 완성하는 것이 좋다. 1번 ～ところで가 문법이므로 ～ところで를 기준으로 앞에는 동사 た형이 와야 하므로 3번이 앞에 와야 한다는 것을 알 수 있다. 또한 ～ところで는 '~해봤자' 라는 의미로 어떤 행위를 해도 기대한 결과를 얻지 못할 때 사용하는 표현이므로 3번 謝る(사과하다) 뒤에 4번 許す(용서하다)가 위치해야 한다. 그리고 2번 くれない는 보조동사로 사용되고 있기 때문에 동사 て형인 4번과 짝이 되어야 한다. 그러므로 전체적으로 나열하면 ～謝ってみたところで、許してくれない～가 되므로 정답은 1번이다. **정답** 1

05 ～ものを ～을 텐데, ～을 것을

접속 동사・い형용사・な형용사의 명사 수식형＋～ものを
의미 실제로는 이루어지지 않은 일에 대한 불만, 아쉬움, 후회, 유감 등을 나타낼 때 사용한다.

迎(むか)える 맞이하다
痛(いた)み 통증, 고통
我慢(がまん)する 참다
悔(く)やむ 후회하다
素直(すなお)に 솔직하게
ミス 실수
認(みと)める 인정하다

雨の中を歩いていらしゃたんですか。電話をくだされば車でお迎えにまいりましたものを。 빗속을 걸어서 오셨습니까? 전화를 주셨더라면 자동차로 마중을 나갔을 텐데요.

もっと早く治療を受けていればすぐに治ったものを、痛みを我慢していたことが悔やまれる。
좀 더 일찍 치료를 받았더라면 금방 나았을 것을, 통증을 참고 있었던 것이 후회된다.

初めから素直に自分のミスを認めればよかったものを、どうして彼は嘘をついたんだろう。
처음부터 솔직하게 자신의 실수를 인정했으면 좋았을 텐데, 왜 그는 거짓말을 한 것일까.

강의실 생중계!

- 시험에서는 주로 동사나 い형용사에 접속되어 ～ば～ものを・～たら～ものを(～했으면 ～했을 텐데)의 형태로 출제되고 있습니다.
- 동정이나 현재의 반대 가정을 나타내는 ～だろうに(～텐데, ～이련마는)도 뉘앙스는 조금 다르나 비슷하게 해석되는 문법이므로 함께 익혀두면 좋습니다.

시나공 확인 문제

次の文の(　　　)に入る最もよいものを、1·2·3·4から一つ選びなさい。

定期点検をしていれば500円ぐらいの部品を交換すれば済んだ(　　　　)、しなかったので５万円も修理費がかかった。

1 ものか　　2 ものを　　3 ものともせず　　4 ものに

해석 정기 점검을 했더라면 5백 엔 정도의 부품을 교환하면 해결되었을 것을 하지 않았기 때문에 5만 엔이나 수리비가 들었다.

해설 보기에 모두 もの가 사용되고 있어 어려워 보이지만 의외로 간단히 정답을 찾을 수 있다. 왜냐하면 공란 앞에 있는 동사 た형에 접속될 수 있는 것은 '불만, 아쉬움, 유감' 등을 나타내는 2번 ～ものを(～했을 텐데, ～했을 것을)뿐이기 때문이다. 이처럼 가능하면 접속형태의 특징으로 정답을 찾는 것이 좋다. 참고로 1번 ～ものか(～할까보냐)는 동사의 경우 기본형에 접속되며, 3번 ～をものともせず(～에도 아랑곳하지 않고, ～에 굴하지 않고)는 명사에만 접속되고, 4번은 문법에서는 다루지 않는 형태이다. **정답** 2

06 ～ところを ～때에, ～중에, ～한데

접속 ① 동사・い형용사・な형용사의 명사 수식형 / 명사＋の＋～ところ(を)
② 동사 보통형 / ～ている, ～ていた＋～ところを
③ 동사 기본형 / 기타 명사 수식형＋～ところを

의미 ① 서두에 사용하여 감사, 의뢰, 사죄 등을 나타낸다.
② '마침 ～한 상황에, 중에'라는 의미이다.
③ '원래대로 라면 ～한데, ～인데'라고 화자의 유감, 불만을 나타낸다.

恐(おそ)れ入(い)る 죄송하다, 황송하다
申(もう)し上(あ)げる 말씀드리다, 아뢰다
ご多忙(たぼう) 대단히 바쁨
多数(たすう) 수가 많음
犯人(はんにん) 범인
警官(けいかん) 경찰관
逮捕(たいほ)する 체포하다
首相(しゅしょう) 수상
政権(せいけん) 정권
期待(きたい) 기대
原稿(げんこう) 원고
機械(きかい) 기계
完了(かんりょう) 완료

① お忙しいところを、恐れ入りますが、どうかよろしくお願い申し上げます。
바쁘신데 죄송합니다만, 아무쪼록 잘 부탁드립니다.

皆様ご多忙のところをこのように多数お集まりいただきましてありがとうございます。
여러분, 바쁘신데도 불구하고 이처럼 많은 분이 참석해 주셔서 감사합니다.

② 犯人は街を歩いていたところを警官に逮捕された。
범인은 거리를 걷고 있던 중에 경찰관에게 체포되었다.

③ 首相は「政権への期待もそこにある」と言うべきところを、「期待もそこそこにある」と原稿を読み間違えてしまった。
수상은 '정권에 대한 기대도 그것에 있다'라고 말해야 되는데 '기대도 그럭저럭 있다'라고 원고를 잘못 읽어버렸다.

新しい機械のおかげで以前の機械なら５日間はかかるはずのところを、２日間で完了できた。
새로운 기계 덕분으로 예전 기계라면 5일은 걸리는데 이틀 만에 완료할 수 있었다.

강의실 생중계!

- 주로 お忙しいところを, ご多忙のところを (바쁘신데, 바쁘신 중에)와 같이 관용적인 표현으로 많이 사용하며 を를 생략할 수도 있습니다.
- 후문에 見つかる・見つけられる・逮捕する・助ける 등의 동사가 오는 경우가 많습니다.
- 통상의 방식이나 예상, 예정 등에 반하는 결과가 발생했다는 의미로 ～べき(～해야 하는)나 ～はずの(～했어야 하는)와 함께 사용되는 경우가 많습니다.

07 ～(よ)うと～まいと・～(よ)うが～まいが ～하든 ～하지 않든, ～하더라도 ～하지 않더라도

접속 동사 청유형＋と ～まいと / 동사 청유형＋が ～まいが

의미 동작이나 작용, 상태를 대비시켜 ～해도 ～하지 않아도 어느 쪽이든 관계없다는 의미이다.

最善(さいぜん)を尽(つ)くす 최선을 다하다
成功(せいこう)する 성공하다

最善を尽くしてやれば、成功しようとしまいと、関係ないのではないか。
최선을 다해서 하면 성공하든 못하든 관계없지 않는가.

周(まわ)り 주위, 주변
謝(あやま)る 사과하다
正(ただ)しい 옳다, 바르다
進(すす)む 앞으로 나아가다

家族みんなが反対しようとしまいと、私の気持ちは変わらない。
가족 모두가 반대하든 안 하든 나의 마음은 변하지 않는다.

全員が集まろうが集まるまいが、授業は時間通りに始めます。
전원이 모이든 모이지 않든 수업은 원래 시간대로 시작합니다.

강의실 생중계!

- 시험에서는 앞뒤에는 동일한 동사가 들어가는 특징을 힌트로 삼으면 어렵지 않게 정답을 찾을 수 있습니다.
- 끊어서 ~(よ)うが 또는 ~(よ)うと(も)의 형태로 사용할 수도 있는데 '~하든, 하더라도'라는 동일한 의미입니다.
  예 周りの人が何と言**おうと**、僕は彼に謝る気は全くない。
  주위 사람들이 뭐라 하더라도 나는 그에게 사과할 생각은 전혀 없다.
  예 どんなに反対され**ようとも**、自分が正しいと思う道を進みたい。
  아무리 반대를 당하더라도 자신이 올바르다고 생각하는 길을 나아가고 싶다.
- か가 붙은 ~(よ)うか ~まいか 형태도 있는데 이 경우는 '~해야 할지 ~하지 말아야 할지'라는 의미로 어느 쪽이 좋을지 고민할 때 사용합니다.
- 참고로 まい의 '부정 추측(~하지 않을 것이다), 부정 의지(~하지 않겠다)'의 접속형태는 다양하지만, 표준적인 것은 1그룹동사(5단동사) 기본형, 2그룹동사(1단동사) ない형(간혹 기본형에 붙는 경우도 있음), 来る는 こ 이외에도 く, くる에 する는 し 이외에도 せ, す, する에 접속되기도 합니다.

08 ~といえども ~이라 해도, ~이라 할지라도

접속 명사 / 동사・い형용사・な형용사의 보통형＋~といえども
의미 특별한 입장의 사람이나 경우를 예로 들어 '~이지만 그렇더라도'라는 역접이나 양보의 의미이다.

たまる 쌓이다
連休(れんきゅう) 연휴
顔負(かおま)け 상대편의 훌륭함에 압도되어 부끄러워짐
サービス 서비스
求(もと)める 요구하다
悪人(あくにん) 악인
法(ほう) 법
裁(さば)き 재판, 판결
熟成(じゅくせい)する 성숙하다, 무르익다

仕事が山のようにたまっていて、連休といえども毎日会社に行かなければならない。
일이 산더미처럼 쌓여 있어서 연휴라 해도 매일 회사에 가지 않으면 안 된다.

最近は小学生といえども、おしゃれに対する気持ちは大人も顔負けである。
요즘은 초등학생일지라도 멋 부리기에 대한 마음은 어른도 무색할 정도이다.

昔とは違って病院といえども、サービスが求められる時代となった。
옛날과는 달리 병원이라 할지라도 서비스가 요구되는 시대가 되었다.

강의실 생중계!

역접이나 양보를 나타낸다는 측면에서는 ~とはいえ와 유사하지만 1단위 조수사+~といえども(~일지라도)+부정문의 형태로 강조하거나 たとえ, どんな, いかなる+~といえども (설령, 어떤, 어떠한 ~일지라도)의 형태로 극단적인 예를 들어 말하는 역접 가정조건으로도 사용할 수 있습니다.

예 どんな悪人**といえども**、法の裁きを受けさせるのが熟成した社会というものだ。
어떠한 악인일지라도 법의 재판을 받게 하는 것이 성숙된 사회인 것이다.

09 ～であれ ~일지라도, ~이든

접속 명사＋～であれ
의미 화자의 주관적 판단이나 추측을 나타낼 사용한다.

たとえ 설사, 설령, 비록
理由(りゆう) 이유
容赦(ようしゃ) 용서
役員(やくいん) (회사나 단체 등의) 간부, 임원
利益(りえき) 이익
つながる 연결되다
従(したが)う 따르다
無断(むだん) 무단
複製(ふくせい) 복제
禁止(きんし) 금지
不況(ふきょう) 불황

たとえ子供であれ、自分の行動に責任をとらなければならない。
설사 아이일지라도 자신의 행동에 책임을 지지 않으면 안 된다.

嘘をつくことは、どんな理由であれ容赦できない。
거짓말을 하는 것은 어떤 이유이든 용서할 수 없다.

たとえ社長であれ、役員たちが決めたことが会社の利益につながるのであれば従うべきだ。
비록 사장일지라도 임원들이 결정한 것이 회사의 이익으로 이어지는 것이라면 따라야 한다.

この資料の内容はいかなる目的であれ、無断で複製、引用することは禁止する。
이 자료의 내용은 어떠한 목적일지라도 무단으로 복제, 인용하는 것은 금지한다.

강의실 생중계!

- 주로 たとえ, いくら, どんなに, 의문사 등을 수반해서 사용되는 경우가 많습니다.
- 유사한 표현으로는 ～であろうと, ～であろうが 등이 있습니다.
- 몇 가지 예를 들어 '그 모두에 해당한다'라는 의미로 ～であれ～であれ(~이든 ~이든)와 같이 반복적으로 사용할 수도 있다는 점도 참고하세요.

  예 不況で男**であれ**女**であれ**、就職することは難しい。
  불황으로 남자든 여자든 취직하는 것이 어렵다.

✔ 시나공 확인 문제

次の文の ＿★＿ に入る最もよいものを、1·2·3·4から一つ選びなさい。

幼稚園や小学校に入り、集団生活が ＿＿ ＿★＿ ＿＿ ＿＿ ストレスに晒される。

1 様々な　　2 いえども　　3 始まると　　4 子供と

해석 유치원이나 초등학교에 들어가 집단생활이 시작되면 아이라고 할지라도 다양한 스트레스에 노출된다.

해설 문법인 2번 いえども는 ～といえども(~이라 해도, ~이라 할지라도) 형태로 사용되므로 3번이나 4번에 접속될 수 있으나 의미상 4번과 짝이 되어야 하고, 자동사인 3번은 첫 번째 공란에 들어가야 한다. 그리고 명사 수식형인 1번은 명사인 4번을 수식할 수도 있지만 마지막 공란에 들어가 ストレス를 수식하는 것이 더 자연스럽다. 전체적으로 나열하면 ～始まると子供といえども様々な～가 되므로 정답은 4번이다. 참고로 '스트레스에 노출되다'는 ストレスに晒(さら)される라고 표현한다. **정답** 4

적중 예상 문제

問題　次の文の(　　　)に入れるのに最もよいものを、1·2·3·4から一つ選びなさい。

01 報告(　　　)しまいが、一応書類は整理しておいたほうが良かろう。

1 していても　2 しようが　3 するか　4 するにしても

02 これからはたとえ個人(　　　)、二酸化炭素の排出量を減らすようにしなければならないだろう。

1 ならば　2 にてらし　3 であれ　4 だに

03 普通のサラリーマンが真面目に働いた(　　　)、老後まで安泰に暮らせるという保証はもうなくなってしまった。

1 もので　2 ようで　3 ところで　4 かぎりで

04 (会議で)役員の方々には昼間のお仕事でお疲れの(　　　)、ご参加いただき誠にありがとうございます。

1 ものを　2 ことを　3 ときを　4 ところを

05 昨日はものすごい雨が降っていて梅雨なのか(　　　)、今日は晴天だった。

1 と思いきや　2 と思うが　3 と思うまいが　4 と思おうとも

06 もっと早く私に話してくれたら、いくらでも助けて(　　　)、弟はどうして黙っていたのだろう。

1 あげているところに　2 あげないかぎりは
3 あげないのだから　4 あげたものを

07 古く狭い(　　　)やっと自分の家が持てて嬉しくてしょうがない。

1 ゆえに　2 ながらも　3 ばかりか　4 どころか

08 9月に入って連日の猛暑が一段落した(　　　)、まだまだ油断はできない。

1 というと　2 ばかりに　3 とはいえ　4 ともなく

問題　次の文の ＿★＿ に入る最もよいものを、1·2·3·4から一つ選びなさい。

01 木村選手の二塁打で ＿＿ ＿★＿ ＿＿ ＿＿ 9回裏で逆転ホームランを打たれて負けてしまった。

1 かと　2 勝った　3 ようやく　4 思いきや

02 長男の高校は進学校なので ＿＿ ＿＿ ＿★＿ ＿＿ 学校に通学して補習の授業をうける。

1 いえども　2 夏休みと　3 通りに　4 通常

03 （掲示板のあいさつで）

本日は ＿＿ ＿＿ ＿★＿ ＿＿ 誠にありがとうございます。またのご来店をお待ちしております。

1 ところを　2 遠い　3 いただき　4 ご来店

04 勉強にあまり興味のない娘に、こんなに ＿＿ ＿＿ ＿★＿ ＿＿ 猫に小判だ。

1 やったところで　2 買って　3 百科事典を　4 高価な

05 僕は不自由な ＿＿ ＿＿ ＿★＿ ＿＿ としている彼女の姿に感動を覚えた。

1 ながらも　2 一生懸命　3 体であり　4 生きていこう

06 作業員が倒れたとき、すぐ救急車を ＿＿ ＿＿ ＿★＿ ＿＿ ため、手遅れになってしまった。

1 助かった　2 呼んでいれば　3 放置された　4 ものを

07 定期検査で ＿＿ ＿＿ ＿★＿ ＿＿ ので母は少し嬉しそうにしていた。

1 久しぶりの　2 とはいえ　3 病院に行く　4 外出な

08 僕は ＿＿ ＿＿ ＿★＿ ＿＿ し、絶対に許されないことだと思っている。

1 あろうと　2 ならない　3 差別はあっては　4 どんな理由が

한눈에 미리 보기

가정조건과 이유, 목적을 나타내는 문법

이 장에서 배울 문법은 '가정조건과 이유, 목적을 나타내는 문법'입니다.
본격적인 학습에 앞서 자신이 알고 있는 문법이 어느 정도인지 □에 체크해보세요.

가정조건		
□ 10	～ものなら	～할 수 있으면 / ～ 하기만 하면
□ 11	～なくして(は)	～없이(는), ～가 없으면
□ 12	～が最後	～했다 하면, ～하기만 하면
□ 13	～とあれば	～라면
이유		
□ 14	～とあって	～라서, ～라고 해서
□ 15	～ゆえ(に)・～ゆえの	～ 때문에, ～이니까
□ 16	～ばこそ	～이기 때문에, ～이기에
□ 17	～ではあるまいし	～도 아니고, ～도 아닐 테고
□ 18	～こととて	～이라서, ～이므로
목적		
□ 19	～べく	～하기 위해, ～하고자
□ 20	～んがため(に)・～んがための	～하기 위해서, ～하기 위한

시나공
02 가정조건과 이유, 목적을 나타내는 문법

조건만 맞으면 결과는 명약관화! 가정조건 표현 ～ものなら, ～なくしては, ～が最後, ～とあれば 와 이유, 원인 표현 ～とあって, ～ゆえに, ～ばこそ, ～ではあるまいし, ～こととて 그리고 목적 표현인 ～んがために, ～べく 등에 관해서 알아봅니다.

시험에 이렇게 나온다!

次の文の ＿★＿ に入る最もよいものを、1·2·3·4から一つ選びなさい。

宿題が ＿＿＿ ＿＿＿ ＿＿＿ ＿★＿ 子供は一生懸命やっている。

1 遊びに　　2 終わったら　　3 とあって　　4 行ける

해석 숙제가 끝나면 놀러 갈 수 있다고 해서 아이는 열심히 하고 있다.

해설 선택지 중에 문법인 3번 ～とあって(～라서, ～라고 해서)를 중심으로 앞뒤를 완성하는 것이 좋다. ～とあって는 동사의 경우 보통형에 접속되므로 4번 行ける와 짝이 되어야 한다는 것을 쉽게 알 수 있고, 첫 번째 공란 앞에 주어 宿題が가 있으므로 뒤에는 자동사인 終わったら가 와야 한다. 마지막으로 1번 遊びに는 뒤에 이동 동사를 취하는 경우가 대부분이므로 行ける의 앞에 와야 한다. 전체적으로 나열하면 ～終わったら遊びに行けるとあって～가 되므로 정답은 3번이다. **정답** 3

10 ～ものなら ～할 수 있으면 / ～하기만 하면

접속 ① 동사 가능형 / 사전형＋～ものなら
② 동사 청유형＋～ものなら

의미 ① 만약 ～할 수 있다면 이라고 소원, 기대, 선동을 나타낸다.
② 만약 ～하면 큰일이 난다는 의미이다.

記憶(きおく) 기억
消(け)す 지우다
戦争(せんそう) 전쟁
叫(さけ)ぶ 외치다, 부르짖다
騒(さわ)ぐ 떠들다
叱(しか)る 혼내다
逆(ぎゃく)に 반대로
文句(もんく)を言う 불평하다
あっという間(ま)に 눈 깜짝할 사이에

子供の頃の辛い記憶は消せるものなら消してしまいたい。
어릴 적의 괴로운 기억은 지울 수만 있다면 지워버리고 싶다.

この戦争をやめさせられるものならやめさせたいと彼女は叫んだ。
이 전쟁을 그만두게 할 수만 있다면 그만두게 하고 싶다고 그녀는 외쳤다.

近頃は、喫茶店などで騒ぐ子供を叱ろうものなら、逆にこちらがその親に文句を言われてしまう。
요즘은 커피숍 등에서 떠드는 아이들을 꾸중하기라도 하면 반대로 이쪽이 그 부모에게 불평을 듣는다.

彼女に一言でも話そうものなら、あっという間にうわさが広がってしまうだろう。
그녀에게 한마디라도 이야기하기만 하면 눈 깜짝할 사이에 소문이 퍼져버릴 것이다.

강의실 생중계!

- ① 주로 동사 가능형과 함께 실현의 가능성이 낮은 일에 대한 희망 또는 기대를 나타내거나 상대를 선동할 때 사용합니다. 후문에는 일반적으로 ～たい, ～てごらん, ～てみろ 등이 오는 경우가 많습니다.
- ② 동사의 청유형에 접속되는 점이 ①번 용법과의 외형적 차이이며 후문에는 큰일, 불안, 걱정 등의 부정적인 결과가 나오는 특징이 있습니다.
- 회화체에서는 ～もんなら가 될 수도 있습니다.

11 ～なくして(は) ～없이(는), ～가 없으면

접속 명사＋～なくして(は)
의미 ～가 없으면 후문이 실현되지 않는다는 의미로 부정문을 수반하여 사용한다.

努力(どりょく) 노력
成功(せいこう) 성공
口癖(くちぐせ) 입버릇
励(はげ)まし 격려
作品(さくひん) 작품
完成(かんせい) 완성
いかに 아무리, 얼마나
両親(りょうしん) 부모
愛情(あいじょう) 애정
幸(しあわ)せ 행복

「努力なくして成功はない」という言葉は祖母の口癖だ。
'노력 없이 성공은 없다'라는 말은 할머니의 입버릇이다.

先生の励ましなくしては、作品の完成はなかっただろう。
선생님의 격려가 없었으면 작품의 완성은 없었을 것이다.

いかにお金がたくさんあろうと、両親の愛情なくして子供は幸せになることができない。 아무리 돈이 많이 있을지라도 부모의 애정 없이 아이들은 행복해질 수가 없다.

강의실 생중계!

- ～ないでは, ～なくては 등의 형태로 오답을 유도하는 경우가 많으니 유의하세요!
- 주로 문맥배열 파트에서 출제되는데 명사와 별도의 조사 없이 바로 접속된다는 점이 매우 중요하며 동사에 접속될 경우에는 동사 기본형＋こと＋～なくして(は)가 됩니다. 유사한 표현으로는 ～なしに(は)가 있습니다.

✔ 시나공 확인 문제

次の文の(　　)に入れるのに最もよいものを、1·2·3·4から一つ選びなさい。

小さいときは父に反抗しよう(　　)、すぐに怒鳴られたものだ。

1 べく　　2 ことなら　　3 ものだから　　4 ものなら

해석 어릴 적에는 아빠에게 반항하기라도 하면 바로 야단맞고는 했었다.

해설 이런 유형의 문제가 가장 쉽다고 말할 수 있다. 즉 공란의 앞에 나와 있는 동사의 청유형에 접속될 수 있는 문법을 찾으면 된다. 청유형에 접속할 수 있는 문법은 4번 ～ものなら(～하기만 하면)뿐이라는 것을 바로 알 수 있다. 이렇게 특징적인 접속형태를 가진 문법은 접속형태를 중심으로 암기하는 것이 좋다.

정답 4

12 ～が最後 ～했다 하면, ～하기만 하면

접속 동사 た형 + ～が最後(さいご)
의미 ～와 같은 일을 하면 모든 것이 끝장이다, 헛일이 된다는 의미이다.

信頼(しんらい) 신뢰
いったん 일단
失(うしな)う 잃다
取(と)り戻(もど)す 회복하다, 되찾다
友人(ゆうじん) 친구
壊(こわ)れる 깨지다
目(め)が合(あ)う 눈이 마주치다
放(はな)す 놓아주다

信頼というものは、いったん失ったが最後、取り戻すのは難しい。
신뢰라는 것은 한 번 잃어버리면 회복하기가 어렵다.

それを言ったが最後、その友人との友情は壊れてしまう恐れがある。
그것을 말하기만 하면 그 친구와의 우정은 깨져 버릴 우려가 있다.

강의실 생중계!

- 最後(최후, 마지막)이 사용되는 특징을 잘 기억하면 시험에서 쉽게 정답을 찾을 수 있습니다.
- 참고로 여기서 조사 が는 명사를 취할 때 사용하므로 해석하려고 하지 말고 앞뒤의 단어를 적절히 연결해 해석하면 됩니다.
- 회화체에서는 ～たら最後의 형태로 사용하기도 합니다.

예 田中さんは話し好きで、目が合った**が最後**、最低一時間は放してくれない。
다나카 씨는 말하기를 좋아해서 눈이 마주치기라도 하면 최소한 1시간은 놓아주지 않는다.

시나공 확인 문제

次の文の ＿★＿ に入る最もよいものを、1·2·3·4から一つ選びなさい。

人は誰しも人から評価されたり、褒められたりすることを潜在的に望んでおり、それ ＿＿ ＿＿ ＿★＿ ＿＿ ないと私は考えています。

1 異議を見出せ　　2 働く　　3 なくしては　　4 ことに

해석 사람은 누구나 남으로부터 평가받거나 칭찬받기를 잠재적으로 원하고 있어 그것 없이는 일하는 것에 의의를 찾을 수는 없다고 나는 생각합니다.

해설 선택지 중에서 명사가 필요한 3번 ～なくしては(～없이는, ～가 없으면)는 첫 번째 칸에 들어갈 수밖에 없음을 쉽게 알 수 있다. 그리고 1번은 見出(みいだ)す의 가능부정형으로 ない가 필요하므로 마지막 칸에 들어가야 하고 동사인 2번은 명사인 4번을 수식하게 해서 남은 칸에 넣어 전체적으로 나열하면 3-2-4-1이 되므로 정답은 4번이다.

정답 4

13 ～とあれば ~라면

접속 명사 / 동사・い형용사・な형용사의 보통형＋～とあれば
의미 ~라는 특별한 이유, 사정을 들어 말할 때 사용한다.

引(ひ)き受(う)ける (책임지고) 떠맡다
教育(きょういく) 교육
多少(たしょう) 다소
出費(しゅっぴ) 지출
仕方(しかた)がない 어쩔 수가 없다
部下(ぶか) 부하
上司(じょうし) 상사
協力(きょうりょく)する 협력하다

彼女はお金のためとあれば、どんな仕事でも引き受ける。
그녀는 돈을 위해서라면 어떤 일이라도 떠맡는다.

近頃の若い親たちは子供の教育のためとあれば、多少の出費も仕方がないと思う。 요즘 젊은 부모들은 아이의 교육을 위해서라면 다소의 지출도 어쩔 수 없다고 생각한다.

部下がよい結果を出すためとあれば、上司ほど熱心に協力する人はいない。 부하가 좋은 결과를 내기 위해서라면 상사만큼 열심히 협력하는 사람은 없다.

강의실 생중계!

다양한 품사에 붙어서 사용되나 일반적으로 명사＋のためとあれば(~을 위해서라면) 형태로 사용되는 경우가 많습니다. 참고로 ～とあらば라고 하기도 합니다.

14 ～とあって ~라서, ~라고 해서

접속 동사 보통형 / 명사＋～とあって
의미 ~라고 하는 이유 때문에 ~이다, ~하다는 의미로, 특별한 모습, 상황에 대한 화자의 묘사를 나타내는 표현이다.

遊園地(ゆうえんち) 유원지
相当(そうとう)だ 상당하다
混雑(こんざつ)だ 혼잡하다
売(う)り切(き)れる 매진되다
未曾有(みぞう) 아직 있어 본 적이 없음
不景気(ふけいき) 불경기
さすがの 그토록 대단한
銀座(ぎんざ) 긴자(지명)
人通(ひとどお)り 사람의 왕래

週末とあって、遊園地は相当な混雑だったようだ。
주말이라 유원지는 상당히 혼잡했던 것 같다.

世界的な歌手がくるとあって、このイベントのチケットはあっという間に売り切れた。 세계적인 가수가 온다고 해서 이 이벤트의 티켓은 눈 깜짝할 사이에 매진되었다.

未曾有の不景気とあって、さすがの銀座も人通りが少なくなった。
사상초유의 불경기여서 그 번화한 긴자도 사람의 왕래가 줄어들었다.

강의실 생중계!

- 화자 자신의 상황을 나타낼 때는 사용할 수 없습니다.
- 접속형태 등 뚜렷한 외형적 특징이 없는 문법이므로 의미를 중심으로 익혀두는 것이 좋으며, ～にあって(~에, ~에서)와 혼동하지 않도록 조사에 특히 주의해야 합니다.
- 참고로 ～は가 붙어 가정을 나타내는 ～とあっては(~라는 상황이라면, ~라면)로 사용할 수도 있는데 이 경우에는 주로 ～しかない(~할 수 밖에 없다), ～ないわけにはいかない(~하지 않을 수는 없다) 등의 표현과 함께 사용됩니다.

15 ~ゆえ(に)・~ゆえの ~ 때문에, ~이니까

접속 명사(であるが/である/の)/동사・い형용사 명사 수식형(が)/な형용사 어간(であるが/である/な)+~ゆえ(に)・~ゆえの

의미 이유를 나타내는 표현이다.

継(つ)ぐ 잇다, 계승하다
倒産(とうさん) 도산
危機(きき) 위기
知(し)り尽(つ)くす 잘 알다, 속속들이 다 알다
業績(ぎょうせき) 업적
悪化(あっか) 악화
人員整理(じんいんせいり) 정리해고
思(おも)い悩(なや)む 고민하다, 괴로워하다
開設(かいせつ) 개설
慣(な)れる 숙달되다
四苦八苦(しくはっく) 매우 고생하다
共同住宅(きょうどうじゅうたく) 공동주택
可能性(かのうせい) 가능성

彼は20代で父親の工場を継いで、倒産の危機を経験した。それゆえに、工場経営の厳しさを知り尽くしている。
그는 20대에 아버지의 공장을 이어받아 도산의 위기를 경험했다. 그렇기 때문에 공장 경영의 혹독함을 잘 알고 있다.

業績の悪化で人員整理をする立場になると、優しすぎるがゆえに、思い悩む人も少なくない。
업적 악화로 정리해고를 하는 입장이 되면 너무 마음이 여려서 괴로워하는 사람도 적지 않다.

最近自分のブログを開設したが、慣れぬことゆえ、作るのに四苦八苦した。
최근에 자신의 블로그를 개설했는데 익숙하지 않은 일이었기에 만드는 데 갖은 고생을 겪었다.

マンションは共同住宅であるがゆえに様々な問題が起こる可能性がある。
맨션은 공동주택이기 때문에 다양한 문제가 일어날 가능성이 있다.

강의실 생중계!

- ゆえは 故(이유, 까닭)에서 유래된 형식명사이므로 쉽게 의미를 파악할 수 있습니다.
- 시험에서는 주로 명사에 접속되는 형태로 출제되고 있으며 용언에 접속 될 때는 が가 첨가 되어 ~がゆえに 형태가 되는 경우가 많습니다.
- 뒤에 조사는 수식하는 대상에 따라 ~ゆえの+명사, ~ゆえ(に) + 용언으로 구분해서 사용하며 ゆえに(고로, 그러므로)로 접속사로도 많이 사용됩니다.

✔ 시나공 확인 문제

次の文の(　　)に入る最もよいものを、1·2·3·4から一つ選びなさい。

世界中の女性に影響を与え続けて、生きる伝説ともいえる彼女の来日コンサートが開催される(　　)、この機会を逃すわけにはいかない。

1 というより　　2 とあっては　　3 と思っても　　4 となってか

해석 전 세계 여성들에게 계속 영향을 주어 살아 있는 전설이라고 할 수 있는 그녀의 방일 콘서트가 개최된다고 하니 이 기회를 놓칠 수는 없다.

해설 선택지를 보면 접속형태에 특징적인 부분이 없으므로 문맥을 통해 접근해야 하는 문제인데 공란 앞을 보면 일반적인 콘서트가 아닌 매우 특별한 콘서트임을 알 수 있고 공란 뒤에는 놓칠 수 없다고 적혀 있으므로 어떤 특별한 상황에 대해 해야 하는 행동이나 저절로 일어나는 상태를 나타낼 때 사용하는 2번 ~とあっては(~라는 상황이라면, ~라면)가 정답이 된다.

정답 2

16 ～ばこそ ～이기 때문에, ～이기에

접속 동사・い형용사의 ば형 / 명사・な형용사 어간＋～であれ＋～ばこそ
의미 ～이기 때문이다. ～이외의 이유는 없다고 이유를 강조할 때 사용한다.

協力(きょうりょく) 협력
順調(じゅんちょう)だ 순조롭다
あれこれ 이것저것
当社(とうしゃ) 당사
整備(せいび) 정비
徹底(てってい)する 철저히 하다

彼の協力があればこそ、計画が順調に進んでいるのだ。
그의 협력이 있었기 때문에 계획이 순조롭게 진행되고 있는 것이다.

先生があれこれ言うのは君のことを心配していればこそだ。
선생님이 이것저것 말하는 것은 너를 걱정하고 있기 때문이다.

当社がこれほど車の整備に徹底しているのは、お客様の安全を思えばこそです。
당사가 이렇게 자동차의 정비를 철저히 하는 것은 고객님의 안전을 생각하기 때문입니다.

강의실 생중계!

- 일반적으로 긍정의 의미로 많이 사용되는데 가정형 ～ば에 こそ가 붙어서 강조되었다고 이해하면 됩니다.
- 시험에서는 주로 동사에 접속되는 형태가 출제되나 간혹 な형용사에 접속되는 형태도 출제되는데, 이 때는 ～だ 대신 ～である를 사용하여 ～であれば 형태에 접속된다는 점만 유의하면 되겠습니다.
- 동사의 경우 ～ば에는 행위, 동작의 동사가 아닌 상태를 나타내는 동사 ある, いる, 考える, 思う 등이 주로 옵니다.

17 ～ではあるまいし ～도 아니고, ～도 아닐 테고

접속 명사＋～ではあるまいし
의미 주로 화자의 판단, 주장, 충고, 불만 등을 나타낼 때 사용한다.

冷静(れいせい)だ 냉정하다
話(はな)し合(あ)う (서로) 이야기하다
歯(は)を磨(みが)く 이를 닦다
修学旅行(しゅうがくりょこう) 수학여행
国会議員(こっかいぎいん) 국회의원
大挙(たいきょ) 대거
訪問(ほうもん)する 방문하다

小学生ではあるまいし、もう少し冷静に話し合うべきだ。
초등학생도 아니고 좀 더 냉정하게 서로 이야기해야 한다.

子供じゃあるまいし、寝る前に歯を磨くことくらい、言われなくてもやりなさい。
아이도 아니고 자기 전에 이를 닦는 것 정도는 시키지 않더라도 하세요.

修学旅行ではあるまいし、なぜ国会議員が大挙して中国を訪問するのかわからない。
수학여행도 아닐 테고 왜 국회의원들이 대거 중국을 방문하는지 모르겠다.

강의실 생중계!

- 시험에는 주로 '～라면 이해할 수 있으나 ～가 아니기 때문에 그럴 수 없다, 이해가 안 된다'라는 불만을 나타내는 형태로 출제되고 있습니다.
- 참고로 회화체에서는 ～じゃあるまいし가 되며 ～でもあるまいし 형태로 사용하기도 하는데 あるまい는 ないだろう와 같은 의미입니다.

18 ～こととて ～이라서, ～이므로

접속 명사＋の / 동사・い형용사・な형용사의 명사 수식형＋～こととて
의미 ～이므로 그에 상응하게 라는 이유나 근거를 나타낼 때 사용한다.

いらっしゃる 오시다
急(きゅう)だ 갑작스럽다
おもてなし 대접, 대우
村(むら) 마을, 시골
あっけない 허망하다
人形(にんぎょう) 인형
怒(おこ)る 화내다
普段(ふだん) 평소
感情的(かんじょうてき) 감정적
怒鳴(どな)る 호통치다

連絡もなしに先生がいらっしゃったが、急なこととて、何のおもてなしもできなかった。 연락도 없이 선생님이 오셨는데 갑작스러운 일이어서 아무런 대접도 할 수 없었다.

医者のいない小さな村のこととて、病気の妹はあっけなく死んでしまった。 의사가 없는 작은 시골이라서 병든 여동생은 허망하게 죽고 말았다.

大切にしていた人形が壊れてしまった。でも幼い子供のしたこととて、怒るわけにもいかなかった。 아끼던 인형이 부서져 버렸다. 그렇지만 어린애가 한 일이므로 화를 낼 수도 없었다.

강의실 생중계!

- こと가 명사이므로 쉽게 접속형태를 이해할 수 있으며 초급의 ～ことだから, ～ことなので와 같은 의미로 이해하면 됩니다.
- 일반 명사 + ～とて만으로도 쓰이는데, 이때는 '다른 일반적인 경우와 동일한 사정에 속한다'는 의미로 '～라도, ～도 역시'라고 해석해야 하므로 주의해야 합니다.
  예 普段は冷静な先生**とて**、やはり人間だから、感情的に怒鳴ってしまうこともあるだろう。 평소에는 냉정한 선생님이라도 역시 인간이니까 감정적으로 호통치는 경우도 있을 것이다.

✔ 시나공 확인 문제

次の文の(　　　)に入る最もよいものを、1・2・3・4から一つ選びなさい。

社員旅行において、その社員の家族の分まで会社が負担するのは、家族の支えが(　　　)社員は仕事に集中して取り組めると考えるからである。

1 あるのみならず　　2 なかったなら　　3 あればこそ　　4 あるにせよ

해석 사원 여행에서 그 사원의 가족의 몫까지 회사가 경비를 부담하는 것은 가족의 뒷받침이 있기에 사원은 일에 집중해서 임할 수 있다고 생각하기 때문이다.

해설 문맥을 잘 파악할 수 있어야 하는데 공란 앞뒤를 살펴보면 가족들의 뒷받침, 지지, 도움 덕분에 그 사원이 일에만 전념할 수 있다는 것을 말하려고 함을 알 수 있다. 그러므로 이유나 원인을 강조할 때 사용하는 ～ばこそ(～이기 때문에, ～이기에)가 사용된 3번이 정답이 된다. 참고로 1번은 있을 뿐만 아니라 2번은 없었다면 4번은 있다고 해도 라는 의미로 문맥상 정답이 될 수 없다. **정답** 3

19 ～べく ～하기 위해, ～하고자

접속 동사 기본형＋～べく
의미 어떤 목적을 가지고 그렇게 한다는 의미이다.

ウイルス 바이러스
感染経路(かんせんけいろ) 감염 경로
究明(きゅうめい) 규명
政府(せいふ) 정부
乗(の)り出(だ)す (적극적으로) 나서다
締(し)め切(き)り (기한의) 마감
論文(ろんぶん) 논문
取(と)り組(く)む 몰두하다
消費者(しょうひしゃ) 소비자
ニーズに対応(たいおう)する 요구에 대응하다
手(て)に入(はい)る 손에 들어오다

ウイルスの感染経路を究明すべく、政府は調査に乗り出した。
바이러스의 감염 경로를 규명하기 위해 정부는 조사에 나섰다.

弟は締め切りに間に合わせるべく、昼も夜も論文に取り組んでいる。
남동생은 마감 날짜에 맞추려고 낮이나 밤이나 논문에 몰두하고 있다.

わが社は消費者の様々なニーズに対応するべく、新商品の開発を進めている。
우리 회사는 소비자의 다양한 요구에 대응하기 위해 신상품 개발을 진행시키고 있다.

강의실 생중계!

- 초급의 ～ために와 동일한 의미로 의지 동사에 접속되며 후문에 명령이나 의뢰 등의 문장은 올 수 없습니다.
- 의무를 나타내는 ～べき+명사(～해야 하는)와 혼돈하지 않도록 주의해야 하며 する와 접속될 때는 するべく, すべく 양쪽 모두를 사용할 수 있습니다.
- 참고로 ～べくもない(～할 수도 없다, ～할 수 있을 것 같지도 않다) 형태도 있으니 함께 익혀두도록 합니다.

예 土地が高い東京では、家などそう簡単に手に入る**べくもない**。
토지가 비싼 도쿄에서는 집 같은 것을 그렇게 쉽게 손에 넣을 수도 없다.

시나공 확인 문제

次の文の ＿★＿ に入る最もよいものを、1･2･3･4から一つ選びなさい。

彼は就任以来、市民の声を ＿＿＿ ＿＿＿ ＿★＿ ＿＿＿ 取り組んできた。

1 すべく　　2 行政に　　3 全力で　　4 反映

해석 그는 취임 이후 시민의 목소리를 행정에 반영하기 위해 전력을 다해 왔다.
해설 문법인 1번 すべく는 ～するべく(～하기 위해)와 같기 때문에 する에 접속될 수 있는 4번과 짝이 되어야 하며, 4번은 내용상 '시민의 목소리를 행정에 반영한다'는 의미이기 때문에 2번 뒤에 와야 한다. 마지막으로 3번은 자연스럽게 마지막 공란에 들어가야 한다. 전체적으로 나열하면 ～行政に反映すべく全力で～가 되므로 정답은 1번이다. **정답** 1

20 ~んがため(に)・~んがための ~하기 위해서, ~하기 위한

접속 동사 ない형 + ~んがため(に)・~んがための

의미 ~하기 위해서라는 적극적인 목적을 나타내는 표현이다.

原因を明らかにせんがため、あらゆる手を尽くしている。

원인을 밝히기 위해서 온갖 수단을 다 쓰고 있다.

あの選手は勝たんがためには、どんなひどい反則でもするだろう。

저 선수는 이기기 위해서는 어떤 심한 반칙도 할 것이다.

彼の言ったことは自分の行動を正当化せんがための弁解にすぎない。

그가 한 말은 자신의 행동을 정당화하기 위한 변명에 불과하다.

原因(げんいん) 원인
明(あき)らかにする 밝히다, 규명하다
あらゆる 온갖, 모든
手(て)を尽(つ)くす 갖은 수를 다 써보다
選手(せんしゅ) 선수
勝(か)つ 이기다
反則(はんそく) 반칙
正当化(せいとうか) 정당화
弁解(べんかい) 변명

강의실 생중계!

- 초급의 ~ために, ~ための(~위해서, ~위한)와 동일한 의미로 이해하면 됩니다. 다만, N1에서는 동사 ない형 + ん + がために・がための라는 접속형태만 유의하면 정답을 찾기가 어렵지 않을 것입니다.
- する와 접속할 때는 せんがため 형태가 된다는 점을 꼭 기억해두세요!

적중 예상 문제

問題　次の文の（　　　）に入れるのに最もよいものを、1・2・3・4から一つ選びなさい。

01 ここで勝てば16年ぶりにオリンピックに出場できる（　　　）、選手たちはかなり緊張していた。

1 とすれば　2 とあって　3 と思っても　4 というより

02 （インタビューで）地域の皆様のご支援が（　　　）、部員が奮い立ち、その能力をフルに発揮することができたのです。

1 あればこそ　2 あろうとも　3 あるべく　4 あるにせよ

03 この自動ドアは壊れていて外に出たら（　　　）、中に入れなくなってしまう。

1 そばから　2 とたんに　3 ところで　4 最後

04 前人未開拓の事業の（　　　）、最初に予期したほどの結果が得られなかった。

1 に過ぎなく　2 こととて　3 ようなのに　4 ではあるまいし

05 彼はお金のため（　　　）、どんな悪いことでもなんのためらいもなくやるだろう。

1 とあれば　2 をへて　3 をもとに　4 と相まって

06 たいていの人間は人生の大部分の時間を（　　　）んがために働いて費やす。

1 生き　2 生きよう　3 生きぬ　4 生きず

07 最近の若者は豊かな社会に生まれ育った（　　　）、生き方が個人志向になった。

1 ように　2 とはいえ　3 かというと　4 がゆえに

08 この情報は著者の事前の承諾（　　　）使用または転用することは禁じられている。

1 ならでは　2 にあって　3 なくして　4 によらず

問題　次の文の ＿★＿ に入る最もよいものを、1·2·3·4から一つ選びなさい。

01 この国は ＿＿ ＿＿ ＿★＿ ＿＿ いくのを手をこまぬいて見ているしかなかった。

1 破壊されて　2 環境が　3 貧しい　4 がゆえに

02 この仕事は周りの ＿＿ ＿＿ ＿★＿ ＿＿ 円滑に進まないだろう。

1 方　2 や指導　3 の協力　4 なくしては

03 ここの温泉は ＿＿ ＿＿ ＿★＿ ＿＿ 大変人気があるという。

1 高いとあって　2 女性客に　3 アルカリ性で　4 美肌効果が

04 彼は新しいビジネスを ＿＿ ＿＿ ＿★＿ ＿＿ 取引先を飛び回っている。

1 毎日のように　2 させんが　3 成功　4 ため

05 あくまで ＿＿ ＿＿ ＿★＿ ＿＿ 議員も少なからず存在する。

1 思えばこそ　2 国の発展を
3 批判的な発言をする　4 政府の主要政策に

06 夫に育児の ＿＿ ＿＿ ＿★＿ ＿＿ 仕事の方が何倍も大変だと怒る。

1 言おう　2 少しでも　3 大変さを　4 ものなら

07 毎日テレビに出る芸能人 ＿＿ ＿＿ ＿★＿ ＿＿ をすることに僕は反対だ。

1 まいし　2 整形手術　3 高校生の娘が　4 じゃある

08 政治家である以上、どんなに ＿＿ ＿＿ ＿★＿ ＿＿ に行動するべきである。

1 批判されようと　2 ためとあれば　3 それを恐れず　4 国家や国民の

한눈에 미리 보기

시나공 03

관계와 평가시점을 나타내는 문법

이 장에서 배울 문법은 '관계와 평가시점을 나타내는 문법'입니다.
본격적인 학습에 앞서 자신이 알고 있는 문법이 어느 정도인지 □에 체크해보세요.

관계		
□ 21	～いかんでは・～いかんによっては	～여하에 따라서는
□ 22	～いかんによらず・～いかんにかかわらず	～여하에 관계없이
□ 23	～はおろか	～은커녕, ～은 고사하고
□ 24	～をよそに	～을 아랑곳하지 않고, ～을 무시하고
□ 25	～にかかわる	～에 관계되는
□ 26	～をものともせず(に)	～에도 굴하지 않고
□ 27	～ならいざしらず	～라면 모르겠지만, ～라면 예외지만
평가시점		
□ 28	～ともなると・～ともなれば	～정도 되면, ～라도 되면
□ 29	～まじき	～해서는 안 되는
□ 30	～たる	～인, ～의 입장에 있는

시나공

03 관계와 평가시점을 나타내는 문법

전후 두 사항이 관련이 있을 수도 없을 수도 있는 법! 관계를 나타내는 문법 ~いかんでは, ~いかんによらず, ~はおろか, ~をよそに, ~にかかわる, ~をものともせず, ~ならいざしらず와 사물을 평가하는 시점을 나타내는 표현 ~ともなると, ~まじき, ~たる 등을 중점적으로 살펴봅니다.

시험에 이렇게 나온다!

次の文の(　　　)に入れるのに最もよいものを、1·2·3·4から一つ選びなさい。

製品のデザインは売れ行き(　　　　)大幅な手直しが行われることもある。

1 いかんでは　　2 のきわみで　　3 といえども　　4 なりの

해석 제품의 디자인은 판매 상황 여하에 따라서는 대폭적인 수정을 하는 경우도 있다.

해설 선택지에 나온 4개 모두 명사에 접속될 수 있으므로 의미로써 접근해야 한다. 문제의 내용상 디자인의 수정이 결정된 것이 아니라 얼마나 판매되느냐에 달려 있다는 의미이므로 정답은 1번 ~いかんでは(~여하에 따라서는)가 된다. 나머지 선택지의 뜻을 살펴보면, 2번 ~のきわみ(~의 극치, 최고의~), 3번 ~といえども(~이라 해도, ~이라 할지라도), 4번 ~なりの(~나름의)이다. **정답** 1

21 ~いかんでは・~いかんによっては　~여하에 따라서는

접속 명사 / 명사 + の + ~いかんでは・~いかんによっては

의미 ~의 경우에는 후문을 할 수도 있다고 여러 가능성 중에 하나를 들어 말할 때 사용한다.

交渉(こうしょう) 교섭
結果(けっか) 결과
ストライキ 파업
辞(じ)さない 불사하다
覚悟(かくご) 각오
当初(とうしょ) 당초
作戦(さくせん) 작전
出港(しゅっこう) 출항
天候(てんこう) 날씨
患者(かんじゃ) 환자
病状(びょうじょう) 병의 상태

交渉の結果いかんでは、ストライキも辞さない覚悟だ。
교섭의 결과 여하에 따라서는 파업도 불사할 각오다.

状況いかんでは当初の作戦を変える可能性もある。
상황에 따라서는 당초의 작전을 바꿀 가능성도 있다.

出港は午後4時だが、天候のいかんによっては出発が遅れることもある。
출항은 오후 4시이지만 날씨 여하에 따라서는 출발이 늦어질 수도 있다.

患者の病状のいかんによっては手術をすることもある。
환자의 병 상태에 따라서는 수술을 할 수도 있다.

강의실 생중계!

- 기본형으로 ~如何(いかん)だ(~여하이다, ~에 따른다, ~에 달려 있다) = ~如何による만 익혀두면 쉽게 이해할 수 있습니다. 참고로 명사와 접속할 때 조사 の가 들어갈 수도 있습니다.
- 유사한 표현으로 명사 + 次第(しだい)では(~에 따라서는)도 있으니 참고하세요.

22 ~いかんによらず・~いかんにかかわらず ~여하에 관계없이

접속 명사+の / 명사+~いかんによらず・~いかんにかかわらず
의미 ~와는 무관하게 ~한다는 의미이다.

奨学金(しょうがくきん) 장학금
本校(ほんこう) 본교
在学生(ざいがくせい) 재학생
国籍(こくせき) 국적
応募(おうぼ) 응모
会員登録(かいいんとうろく) 회원 등록
提出(ていしゅつ)する 제출하다
一切(いっさい) 일절, 전혀
受(う)け付(つ)ける 접수하다
当事者(とうじしゃ) 당사자
双方(そうほう) 양쪽
罰(ばっ)する 벌하다

この奨学金は本校の在学生なら、国籍のいかんにかかわらず応募できる。
이 장학금은 본교 재학생이면 국적에 상관없이 응모할 수 있다.

この情報は会員登録のいかんにかかわらず利用できます。
이 정보는 회원 등록 여하에 상관없이 이용할 수 있습니다.

申込書は締め切りのあさってまでに提出すること。遅れた場合は理由のいかんによらず、一切受け付けません。
신청서는 마감일인 모레까지는 제출할 것. 늦은 경우에는 이유 여하에 관계없이 일절 접수하지 않습니다.

강의실 생중계!

- 기본형 ~いかんによる・かかわる에 ず가 붙어 부정의 의미가 되었다고 보면 이해하기 쉽습니다.
- 유사한 표현인 ~いかんを問(と)わず(~여하를 불문하고)도 함께 알아두도록 합니다.
  예 本校では喧嘩をした者に対して理由の**いかんを問わず**、当事者の双方を罰する。
  본교에서는 싸움을 한 사람에 대해서 이유 여하를 막론하고 당사자 모두를 처벌한다.
- 명사와 접속할 때 조사 の는 생략될 수도 있으니 실수하지 않도록 주의하세요.

23 ~はおろか ~은커녕, ~은 고사하고

접속 명사+~はおろか
의미 '~은 당연하고 ~도'라고 강조할 때 사용한다.

足首(あしくび) 발목
痛(いた)める 다치다
後遺症(こういしょう) 후유증
日常生活(にちじょうせいかつ) 일상생활
治療法(ちりょうほう) 치료법

足首を痛めてしまい、歩くことはおろか立つことも難しい。
발목을 다친 바람에 걷는 것은 고사하고 일어서기도 어렵다.

交通事故の後遺症で、運動はおろか日常生活でも不便なことが多い。
교통사고의 후유증으로 운동은 고사하고 일상생활에서도 불편한 것이 많다.

この病気は現在も治療法はおろか原因すら分かっていない。
이 병은 현재도 치료법은커녕 원인조차 모른다.

강의실 생중계!

- 주로 ~はおろか~も・~さえも・~すら(~도 · ~조차도 · ~조차)+ない 형태로 부정적인 의미로 사용됩니다.
- 경우에 따라서는 '~은 물론이고, ~은 말할 것도 없이'라는 의미로도 사용할 수 있으며 유사한 표현으로 ~は言うまでもなく, ~はもとより 등이 있습니다.

24 ～をよそに ～을 아랑곳하지 않고, ～을 무시하고

접속 명사＋～をよそに
의미 자신과 관련된 사항임에도 신경 쓰지 않고 반대되는 행위를 한다는 의미이다.

周囲(しゅうい) 주위
好(す)き勝手(かって)に 제멋대로
振(ふ)る舞(ま)う 행동하다

佐藤君は周囲の心配をよそに、好き勝手に振る舞っている。
사토 군은 주위의 걱정을 아랑곳하지 않고 제멋대로 행동하고 있다.

親の期待をよそに、子供たちは勉強もせずに毎日遊んでばかりいる。
부모님의 기대를 아랑곳하지 않고 아이들은 공부도 하지 않고 매일 놀고만 있다.

まだ中学生の彼は、親の心配をよそに、一人で海外旅行に出た。
아직 중학생인 그는 부모님의 걱정을 무시하고 혼자서 해외여행을 떠났다.

강의실 생중계!

- 心配(걱정), 期待(기대), 反対(반대), 忠告(충고) 등의 명사와 함께 사용되는 경우가 많은데, 이것이 정답의 중요한 힌트가 됩니다.
- ～をものともせず가 주로 긍정적 의미로 사용되는 반면, ～をよそに는 부정적 의미로 주로 상대를 비난할 때 사용된다는 것이 차이점이라고 할 수 있습니다. 그러나 시험에서는 두 표현을 구분하라는 문제는 출제되지 않으니 크게 신경 쓰지 마세요.

☑ 시나공 확인 문제

次の文の ＿★＿ に入る最もよいものを、1･2･3･4から一つ選びなさい。

地元の住民の ＿＿＿ ＿★＿ ＿＿＿ ＿＿＿、強引に焼却場の建設が始まった。

1 後押しを得て　　2 反対の声　　3 議会の多数の　　4 をよそに

해석 현지 주민의 반대의 소리를 아랑곳하지 않고 의회에서 다수의 후원을 얻어 막무가내로 소각장 건설이 시작되었다.

해설 문법인 4번 ～をよそに(～을 아랑곳하지 않고, 무시하고)는 명사에 접속되므로 2번과 짝이 되어야 하고, 명사인 2번은 첫 번째 공란이나 3번 뒤에 올 수 있지만 의미적으로 첫 번째 공란에 들어가는 것이 자연스럽다. 나머지는 쉽게 3번과 1번이 짝이 되어야 한다는 것을 알 수 있다. 전체적으로 나열하면 ～反対の声をよそに、議会の多数の後押しを得て～가 되므로 정답은 4번이다.

정답 4

25 ～にかかわる ～에 관계되는

접속 명사＋～にかかわる
의미 그저 단순히 관계가 있는 것이 아니고 중대한 영향을 미친다는 의미로 사용된다.

穀物(こくもつ) 곡물
輸入規制(ゆにゅうきせい) 수입규제
緩和(かんわ) 완화
農業政策(のうぎょうせいさく) 농업정책
根本(こんぽん) 근본
重大(じゅうだい)だ 중대하다
一国(いっこく) 한 나라
将来(しょうらい) 장래
名誉(めいよ) 명예
反論(はんろん)する 반론하다

穀物の輸入規制の緩和は農業政策の根本にかかわる重大な問題である。
곡물의 수입규제 완화는 농업정책의 근본에 관계되는 중대한 문제이다.

大統領が誰になるかは、一国の将来にかかわることだ。
대통령이 누가 될 것인지는 한 나라의 장래가 걸린 일이다.

田中さんの発言は私の名誉にかかわることでもありますので反論させていただきます。
다나카 씨의 발언은 저의 명예에 관계되는 일이기도 하므로 반론하겠습니다.

강의실 생중계!

- 앞에 오는 명사에는 일반적인 사항이 아닌 특별하거나 중대한 사항이 오는 것이 특징입니다.
- 동사 関わる (연관되다, 관계되다, 구애되다)의 의미만 알면 쉽게 이해할 수 있으며 독해파트에서도 많이 등장하는 문법입니다.
- 파생된 문법인 ～にかかわらず(～에 관계없이), ～にもかかわらず (～임에도 불구하고, ～에도 상관없이)는 N2에서 주로 다뤄지는 문법이지만 만일을 위해서 확인해두는 편이 좋겠습니다.

26 ～をものともせず(に) ～에도 굴하지 않고

접속 명사＋～をものともせず(に)
의미 ～와 같은 곤란이나 역경이 있음에도 지지 않고 용감히 맞선다는 의미이다.

度重(たびかさ)なる 거듭되다
困難(こんなん) 곤란, 어려움을 겪음
意志(いし)を通(とお)す 의지를 관철하다
直前(ちょくぜん) 직전
負(お)う (상처를) 입다
見事(みごと)に 훌륭하게
金(きん)メダル 금메달
獲得(かくとく)する 획득하다

彼女は度重なる困難をものともせず、前に進んで行った。
그녀는 거듭되는 곤란에도 굴하지 않고 앞으로 나아갔다.

家族の反対をものともせず、彼は自分の意志を通してきた。
가족의 반대에도 굴하지 않고 그는 자신의 의지를 관철해 왔다.

彼は大会直前に負った怪我をものともせず見事に金メダルを獲得した。
그는 대회 직전에 입은 부상을 아랑곳하지 않고 훌륭하게 금메달을 획득했다.

강의실 생중계!

- 困難(곤란), 障害(장해), 怪我(부상) 등과 같은 역경과 관련된 명사가 앞에 오는 것이 중요한 특징이므로 정답을 찾는 힌트가 됩니다.
- 주로 긍정적인 의미로 사용하며 화자 자신의 일에는 사용할 수 없습니다.

27 ~ならいざしらず ~라면 모르겠지만, ~라면 예외지만

접속 명사＋~ならいざしらず
의미 극단적인 예나 특별한 경우를 들어 그 경우에는 예외지만이라는 의미로 사용된다.

計算(けいさん) 계산
神様(かみさま) 신
班長(はんちょう) 반장
無断欠席(むだんけっせき) 무단결석
もってのほかだ 당치도 않다

子供ならいざしらず、大人がこんな簡単な計算ができないなんて信じられない。 아이라면 모르겠지만 어른이 이런 간단한 계산을 못 하다니 믿을 수가 없다.

神様ならいざしらず、普通の人間にはあした何が起こるか分かりっこない。 신이라면 모르겠지만 평범한 인간은 내일 무슨 일이 일어날지 도저히 알 수가 없다.

강의실 생중계!

- ~なら에 접속되는 특징이 정답을 찾는 중요한 힌트가 됩니다.
- 참고로 ~はいざしらず(~은 어떨지 모르겠지만, ~은 어찌 되었건) 형태와 유사한 표현인 ~ならともかく(~라면 모르겠지만), ~はともかく(として)(~은 어쨌든, 여하튼)도 함께 익혀두세요.

예 班長である君が遅刻**ならともかく**、無断欠席するなんてもってのほかだ。
반장인 자네가 지각이라면 모르겠지만 무단결석을 하다니 당치도 않다.

✔ 시나공 확인 문제

次の文の(　　　)に入れるのに最もよいものを、1·2·3·4から一つ選びなさい。

公務員(　　　)、民間の会社に勤めている人にはリストラのリスクは常にある。

1 ならいざしらず　　2 なるがゆえに　　3 とすれば　　4 たるもの

해석 공무원이라면 모르겠지만 민간 회사에 근무하고 있는 사람에게는 정리해고의 위험은 항상 있다.

해설 선택지를 보면 2번을 제외한 나머지는 모두 명사에 접속될 수 있으므로 접속형태로는 정답을 찾을 수가 없다. 그러므로 이 문제에서는 문장의 내용을 파악해야만 한다. 즉 정리해고의 위험은 공무원이 아닌 민간 회사에 근무하는 사람에게 해당한다는 의미이므로 정답은 1번 명사 + ~ならいざしらず(~라면 모르겠지만, ~라면 예외지만)가 되어야 한다. 참고로 2번 ~(が)ゆえには ~ 때문에, ~이니까, 3번 ~とすれば는 ~이라 하면, 4번 ~たる(＋者)는 ~인(자)라는 의미이다. **정답** 1

28 ~ともなると・~ともなれば ~정도 되면, ~라도 되면

접속 명사/동사 기본형+~ともなると・~ともなれば
의미 ~ 정도의 높은 수준 · 단계가 되니까 그에 걸맞게 ~하다는 의미이다.

黙(だま)る 입을 다물다, 침묵하다
イエス 예스(YES)
ノー 노(NO)
博物館(はくぶつかん) 박물관
本格的(ほんかくてき) 본격적
修理(しゅうり) 수리
費用(ひよう) 비용
教授(きょうじゅ) 교수
年収(ねんしゅう) 연간 수입
前後(ぜんご) 전후

アメリカでの生活も10年ともなれば、相手が黙っていてもイエスかノーか分かるようになる。
미국에서의 생활도 10년 정도 되면 상대가 말없이 있어도 '예스'인지 '노'인지 알 수 있게 된다.

博物館の本格的な修理ともなると、かかる費用も相当なものだろう。
박물관의 본격적인 수리 정도 되면 드는 비용도 상당할 것이다.

大学によって違うが、教授ともなれば、年収は1000万円前後だそうだ。
대학에 따라 다르지만, 교수 정도 되면 연간 수입은 천만 엔 전후라고 한다.

강의실 생중계!

- 주로 명사에 접속되는 형태로 출제되는데 앞에는 낮은 단계나 수준이 아닌 어느 정도 높은 단계를 나타내는 명사가 오는 것이 가장 큰 특징입니다. 그러므로 幼稚園の子供ともなると, 素人ともなると 등의 형태로는 사용하지 않습니다. 참고로 조사 も는 생략할 수도 있습니다.

29 ~まじき ~해서는 안 되는

접속 동사 기본형+~まじき
의미 어떤 입장, 신분, 직위에 어울리지 않는 행위를 비난, 비판할 때 사용한다.

患者(かんじゃ) 환자
個人情報(こじんじょうほう) 개인정보
他人(たにん) 타인
漏(も)らす 누설하다
言動(げんどう) 언동
とうてい 도저히
許(ゆる)す 용서하다
訴(うった)える 호소하다
被害者(ひがいしゃ) 피해자
放置(ほうち)する 방치하다
行為(こうい) 행위

患者の個人情報を他人に漏らすなんて、医者としてあるまじきことだ。
환자의 개인정보를 타인에게 누설하다니 의사로서 해서는 안 되는 일이다.

彼女の言動は教授としてあるまじきもので、とうてい許すことができない。
그녀의 언동은 교수로서 해서는 안 되는 것으로 도저히 용서할 수 없다.

痛みを訴えている被害者を放置するとは、警察官としてあるまじき行為である。
통증을 호소하고 있는 피해자를 방치하다니 경찰관으로서 해서는 안 되는 행위이다.

강의실 생중계!

- 조동사 まじ의 명사 수식형으로 자체적으로 부정의 의미를 가지며 현대에서는 あるまじき, 許(ゆ)るすまじき와 같이 관용표현처럼 제한적으로만 사용됩니다.
- 시험에서는 명사+として+あるまじき+명사(~로서 해서는 안 되는)의 형태로 출제되었으므로 중점적으로 익혀두세요.

30 ～たる ～인, ～의 입장에 있는

접속 명사＋～たる
의미 어떤 높은 입장에 있으니, 그에 걸맞게 행동해야 한다라고 말할 때 사용한다.

国民(こくみん) 국민
政治家(せいじか) 정치가
使命(しめい) 사명
大臣(だいじん) 장관
違法行為(いほうこうい) 위법행위
番人(ばんにん) 파수꾼, 수호자
裁判官(さいばんかん) 재판관, 법관
不正(ふせい) 부정

国民が安心して生活できるようにすること、それが政治家たる者の使命だと考えます。
국민이 안심하고서 생활할 수 있도록 하는 것, 그것이 정치가인 자의 사명이라고 생각합니다.

大臣たる者、そのような犯罪にかかわってはいけない。
장관인 자, 그 같은 범죄에 관련되어서는 안 된다.

警察官たる者はいかなる違法行為もしてはなるまい。
경찰관인 자는 어떠한 위법행위도 해서는 안 될 것이다.

강의실 생중계!

- 주로 사람 명사+たる＋者(～인 자) 형태로 사용됩니다.
- 명사＋～ともあろう+명사(～와 같은, 정도 되는～) 라는 유사한 의미의 표현도 있으니 참고하세요.
  예 法の番人**ともあろう**裁判官が、不正を働くとは信じがたいことだ。
  법의 수호자 할 법관이 부정을 저지르다니 믿기 어려운 일이다.

✔ 시나공 확인 문제

次の文の＿★＿に入る最もよいものを、1･2･3･4から一つ選びなさい。

任期期間中には身を粉にして務めを ＿＿ ＿★＿ ＿＿ ＿＿ 者の使命である。

1 果たす　　2 たる　　3 というのが　　4 代表

해석 임기기간 중에는 사력을 다해 임무를 완수하는 것이 대표인 자의 사명이다.
해설 선택지 중에 문법인 2번 たる를 중심으로 생각하면 명사＋～たる＋者(～인 자) 형태로 사용되므로 4번이 者의 앞에 오며 제일 마지막 공란에 와야 함을 알 수 있다. 그리고 첫 번째 공란 앞에 ～を가 있기 때문에 뒤에는 타동사인 1번이 와야 한다. 전체적으로 나열하면 ～果たすというのが代表たる～가 된다.
정답 3

적중 예상 문제

問題　次の文の(　　　)に入れるのに最もよいものを、1·2·3·4から一つ選びなさい。

01 最近、子供たちの命(　　　)悲惨な事件や事故が多発している。

1 に基づく　2 に伴う　3 に相違ない　4 にかかわる

02 幼稚園の子供(　　　)、大学生にもなって自分の部屋の掃除もしないなんて信じられない。

1 ともなれば　2 ならいざしらず　3 につれて　4 にしてみれば

03 一流選手(　　　)、身体能力はもちろん頭脳プレーにも秀でていなければならない。

1 ともなれば　2 を機に　3 に限って　4 をよそに

04 （通販のホームページで）
一度使用した商品は理由いかん(　　　)返品、交換には一切応じることができません。

1 によっては　2 にかかわらず　3 をよそに　4 をひかえて

05 加害者は一生をかけて償うと言ったが、現在まで賠償(　　　)謝罪すらしようとしない。

1 を含めて　2 につき　3 といっても　4 はおろか

06 全国大会を控えて、木村選手は寒風(　　　)毎日スキーの練習に励んでいる。

1 をものともせず　2 に先立ち　3 に過ぎなく　4 のみならず

07 春の定期セールは今週末までだが、売れ行き(　　　)セール期間を一週間延ばすこともありうる。

1 ならではの　2 いかんによっては
3 にもなっておらず　4 までになったが

08 内閣総理大臣(　　　)者、こんな乱暴で感情的な発言をしてはいけない。

1 であろう　2 ざる　3 たる　4 ゆえに

▶ 정답과 해설 19쪽

問題　次の文の ＿★＿ に入る最もよいものを、1・2・3・4から一つ選びなさい。

01 学校で長いあいだ英語を ＿＿ ＿＿ ＿★＿ ＿＿ できないので、英語教育を見直す必要があると思う。

1 かかわらず　2 習っているにも　3 聞き取ることも　4 話すことはおろか

02 行楽 ＿＿ ＿＿ ＿★＿ ＿＿ の行列を覚悟しなければならないだろう。

1 ともなると　2 渋滞や空港　3 高速道路の　4 シーズンの連休

03 彼は家族や周囲の ＿＿ ＿＿ ＿★＿ ＿＿ を注ぎ込もうとしている。

1 無謀な事業に　2 どう考えても　3 反対をよそに　4 自分の全財産

04 ＿＿ ＿＿ ＿★＿ ＿＿ 人道的使命感を持って生徒を指導すべきである。

1 もっと　2 者　3 教師　4 たる

05 この食品は一度 ＿＿ ＿＿ ＿★＿ ＿＿ に食べたほうがいい。

1 保存方法の　2 開封したら　3 いかんによらず　4 なるべく早め

06 入社 ＿＿ ＿＿ ＿★＿ ＿＿ 田中さんが失敗するなんてことは絶対ないと思う。

1 新米なら　2 いざしらず　3 玄人の　4 したての

07 この展示会は、長引く ＿＿ ＿＿ ＿★＿ ＿＿ 誇っている。

1 高い　2 ものともせず　3 集客力を　4 不況を

08 今回の事件は人間 ＿＿ ＿＿ ＿★＿ ＿＿ 断じて許されるものではない。

1 まじき　2 として　3 行為であり　4 ある

한눈에 미리 보기

시나공 04

문장 끝에 쓰이는 문법

이 장에서 배울 문법은 '문장 끝에 쓰이는 문법'입니다.
본격적인 학습에 앞서 자신이 알고 있는 문법이 어느 정도인지 □에 체크해보세요.

불가능		
□ 31	～(よ)うにも～ない	～하려고 해도 ～할 수 없다
심정		
□ 32	～といったらない・～といったらありはしない	매우 ～하다
□ 33	～を余儀なくされる	어쩔 수 없이 ～하다
□ 34	～を禁じ得ない	～을 금할 수가 없다
□ 35	～てやまない	～해 마지않다, 진심으로 ～하다
□ 36	～ずにはおかない・～ないではおかない	반드시 ～한다, ～하게 한다
□ 37	～限りだ	너무 ～하다, 최고로 ～하다
□ 38	～ずにはすまない・～ないではすまない	～하지 않고서는 해결되지 않는다, 반드시 ～해야 한다
주장		
□ 39	～ばそれまでだ・～たらそれまでだ	～하면 그것으로 끝(장)이다
□ 40-1	～までだ・～までのことだ	～뿐이다, ～하면 그만이다
□ 40-2	～までだ・～までのことだ	～했을 뿐이다, ～할 따름이다
□ 41	～でなくてなんだろう	～이 아니고 무엇이겠는가
□ 42	～に(は)当たらない	～할 필요는 없다, ～할 만한 일은 아니다
기타		
□ 43	～ない(もの)でもない	～하지 않는 것은 아니다, ～할 수도 있다
□ 44	～きらいがある	～하는 경향이 있다
□ 45	～しまつだ	～라는 꼴이다, ～라는 형편이다
□ 46	～といったところだ・～というところだ	～정도다
□ 47	～にかたくない	～하기 어렵지 않다, 충분히 ～할 수 있다

시나공 04 문장 끝에 쓰이는 문법

문장 끝에 쓰인다고 무시할 수 없습니다! 불가능을 나타내는 ～(よ)うにも～ない, 심정을 나타내는 ～といったらない, ～を余儀なくされる, ～を禁じ得ない, ～てやまない, ～ずにはおかない, ～限りだ, ～ずにはすまない와 주장을 나타내는 ～ばそれまでだ, ～までだ, ～でなくてなんだろう, ～には当たらない와 기타 ～ないものでもない, ～きらいがある, ～しまつだ, ～といったところだ, ～にかたくない 등에 관해서 철저히 알아봅니다.

시험에 이렇게 나온다!

次の文の ＿★＿ に入る最もよいものを、1·2·3·4から一つ選びなさい。

僕は物好きだから何でも ＿＿＿ ＿＿＿ ＿★＿ ＿＿＿ がある。

1 つけるがすぐに　　2 きらい　　3 飽きてしまう　　4 手を

해석 나는 호기심이 많은 성격이어서 무슨 일이든 시작하지만 금방 싫증을 내는 경향이 있다.

해설 선택지 중에서 N1 문법은 ～きらいがある(～하는 경향이 있다) 형태로 사용하는 2번임을 알 수 있어야 한다. 이것을 기준으로 맞춰 나가면 앞에는 동사 기본형이 오므로 3번이 와야 하고, 나머지는 관용표현인 手をつける(손을 대다, 시작하다)이기 때문에 4번과 1번이 짝이 되어야 한다. 전체적으로 나열하면 ～手をつけるがすぐに飽きてしまうきらい～가 된다. **정답** 3

31 ～(よ)うにも～ない ～하려고 해도 ～할 수 없다

접속 동사 청유형＋にも＋동사 가능형 부정
의미 ～하고 싶어도 어떤 방해 요소로 인해서 그렇게 할 수가 없다는 의미이다.

喉(のど) 목
腫(は)れる 붓다
大雪(おおゆき) 폭설
急(きゅう)に 갑자기
冷蔵庫(れいぞうこ) 냉장고
冷(ひ)やす 차게 하다, 식히다

風邪で喉が腫れて、声を出そうにも出せない。
감기로 목이 부어서 목소리를 내려고 해도 낼 수가 없다.

大雪で、家から出ようにも出られなかった。
폭설로 집에서 나가려고 해도 나갈 수가 없었다.

急に冷蔵庫が壊れてしまってビールを冷やそうにも冷やせない。
갑자기 냉장고가 고장나 버려서 맥주를 차게 하려고 해도 차게 할 수가 없다.

강의실 생중계!

- 시험에서는 전후에 동일 동사가 들어가며 앞에는 동사 청유형이, 뒤에는 가능형의 부정이 온다는 점이 정답을 찾는 중요한 힌트가 됩니다.
- 부분 부분 끊어서 출제되는 경우도 많으므로 전체 형태를 명확히 숙지하는 것이 좋습니다.

32 ~といったらない・~といったらありはしない 매우 ~하다

접속 동사・い형용사의 기본형 / な형용사 어간 / 명사+~といったらない・~といったらありはしない
의미 말로 다 형언할 수 없을 만큼 매우 ~하다는 의미로 문맥에 따라 적절한 의역이 필요하다.

朝寝坊(あさねぼう)をする 늦잠을 자다
慌(あわ)てる 당황하다, 허둥거리다
うんざりする 진절머리나다, 지긋지긋하다
続(つづ)く 계속되다
特(とく)に 특히
世話(せわ) 도와줌, 보살핌
無責任(むせきにん) 무책임
単(たん)なる 단순한
食(た)べ過(す)ぎ 과식
胃(い) 위

試験の日に朝寝坊をした妹の慌てようといったらなかった。
시험날에 늦잠을 잔 여동생의 허둥대는 모습은 가관이었다.

毎日うんざりするような暑さが続いている。特に夜の暑さといったらありはしない。 매일 지긋지긋한 더위가 계속되고 있다. 특히 밤에는 견딜 수 없을 만큼 덥다.

親でありながら子供の世話さえもしないとは、無責任といったらありゃしない。 부모이면서도 아이를 돌보려고도 하지 않다니 매우 무책임하다.

강의실 생중계!

- 감탄, 불만, 비난, 기쁨, 괴로움 등을 강조하는 표현으로 ~ったらない・~といったらありゃしない라고 축약해서 사용하기도 합니다.
  예 単なる食べ過ぎのせいだと思うけど、朝から胃が痛い**ったらない**。
  단순한 과식 때문이라고 생각하지만 아침부터 위장이 너무 아프다.
- 시험에서는 주로 명사나 い형용사에 접속되는 형태로 출제되고 있으며 ない의 강조 형태가 ありはしない이며 축약형태가 ありゃしない라고 이해하면 쉽습니다.

33 ~を余儀なくされる 어쩔 수 없이 ~하다

접속 명사+~を余儀(よぎ)なくされる
의미 자신의 힘으로는 어떻게 할 수가 없어 어쩔 수 없이 ~한다라고 말할 때 사용한다.

不正(ふせい)だ 부정하다
賄賂(わいろ)を受(う)け取(と)る 뇌물을 받다
明(あき)らかになる 밝혀지다, 분명해지다
辞職(じしょく) 사직
変更(へんこう) 변경
吹(ふ)き付(つ)ける (바람 등이) 세차게 불어닥치다
強風(きょうふう) 강풍
中止(ちゅうし) 중지
資金不足(しきんぶそく) 자금 부족
閉鎖(へいさ) 폐쇄

不正な賄賂を受け取ったことが明らかになり、その警察官は辞職を余儀なくされた。 부정한 뇌물을 받은 사실이 밝혀져 그 경찰관은 어쩔 수 없이 사직했다.

工場移転の計画は、予算不足のため、変更を余儀なくされた。
공장 이전 계획은 예산 부족 때문에 어쩔 수 없이 변경되었다.

吹き付ける強風で工事は一時中止を余儀なくされた。
불어닥치는 강풍으로 공사는 부득이하게 일시 중지하게 되었다.

강의실 생중계!

- 주로 부정적 뉘앙스로 사용되며 中止(중지), 退学(퇴학), 退職(퇴직), 休業(휴업) 등과 같은 명사가 앞에 오는 경우가 많습니다.
- ~を余儀なくさせる라고 사역형을 사용할 수도 있는데, 어떤 일을 하게 만든 원인이 문장의 주어일 때 사용합니다.
  예 資金不足は工場の閉鎖**を余儀なくさせた**。 자금 부족은 공장의 폐쇄를 불가피하게 했다.

34 ～を禁じ得ない ～을 금할 수가 없다

접속 명사＋～を禁(きん)じ得(え)ない
의미 저절로 마음속에서 그 같은 감정이 일어나 억누를 수가 없다고 할 때 사용한다.

突然(とつぜん)だ 갑작스럽다
退職(たいしょく) 퇴직
戸惑(とまど)い 당황, 당혹
国会議員(こっかいぎいん) 국회의원
国会軽視(こっかいけいし) 국회 경시
国民無視(こくみんむし) 국민 무시
憤(いきどお)り 분노, 화

僕たちは、彼女の突然の退職に、戸惑いを禁じ得なかった。
우리들은 그녀의 갑작스러운 퇴직에 당혹감을 금치 못했다.

交通事故で家族を失った人の話を聞いて、涙を禁じ得なかった。
교통사고로 가족을 잃은 사람의 이야기를 듣고서 눈물을 금할 수가 없었다.

その国会議員の国会軽視、国民無視の発言に強い憤りを禁じ得ない。
그 국회의원의 국회 경시, 국민 무시의 발언에 강한 분노를 금할 수가 없다.

강의실 생중계!

- 주로 1인칭 문장에 사용되며 감정을 나타내는 명사 涙(눈물), 怒り(분노), 同情(동정) 등과 함께 사용됩니다.
- 전체 중에서 일부만 변형한 형태로 오답을 유도할 수도 있으니 정확한 형태를 기억하는 것이 좋습니다.

✔ 시나공 확인 문제

次の文の(　　　)に入れるのに最もよいものを、1·2·3·4から一つ選びなさい。

彼は何か悩みを抱えているみたいだが、相談に来ない限り、聞こう(　　　)聞けない。

1 かたわら　　2 つつも　　3 が早いか　　4 にも

해석 그는 무엇인가 고민을 안고 있는 것 같지만, 상담하러 오지 않는 한 물으려고 해도 물을 수가 없다.

해설 선택지를 보면 각각의 문법들의 접속형태가 다르다는 것을 알 수 있다. 즉 접속형태만 잘 알고 있으면 쉽게 풀 수 있는 유형의 문제이다. 1번 ～かたわら(～하는 한편)는 명사나 동사 기본형에, 2번 ～つつも(～하면서도)는 동사 ます형에, 3번 ～が早いか(～하자마자)는 동사 기본형에, 4번 ～にも는 N1 문법에서는 동사 청유형에 접속되어 '～하려고 해도(～할 수 없다)'라는 의미이다. 첫 번째 공란 앞에 청유형인 聞こう가 있으므로 정답은 4번임을 알 수 있다. **정답** 4

35 ～てやまない ~해 마지않다, 진심으로 ~하다

접속 동사 て형+～てやまない
의미 상대에 대한 기원이나 바람 등을 나타낼 때 사용하는 표현이다.

困難(こんなん) 곤란
努力(どりょく) 노력
就職(しゅうしょく) 취직
今後(こんご) 이후, 앞으로
活躍(かつやく) 활약
日本総理(にほんそうり) 일본총리
体制(たいせい) 체제
発足(ほっそく) 발족

多くの困難にもかかわらず、努力を続けている彼の成功を願ってやまない。 많은 곤란에도 불구하고 계속 노력하고 있는 그의 성공을 바라 마지않는다.

木村君は就職も決まり、もうすぐ卒業だ。今後の活躍を心より願ってやまない。 기무라 군은 취직도 정해졌고, 곧 졸업한다. 앞으로의 활약을 진심으로 바라 마지않는다.

新しい日本総理体制の発足を祝ってやみません。
새로운 일본총리 체제의 발족을 축하해 마지않습니다.

강의실 생중계!

- 祈る(기도한다, 기원하다), 願う(바라다), 祝う(축하하다)와 같은 동사와 함께 주로 관용적으로 사용되는 것이 특징입니다.
- 일반적으로 ～を願ってやまない(~을 바라마지 않는다) 형태로 사용하는 경우가 많습니다.

36 ～ずにはおかない・～ないではおかない 반드시 ~한다, ~하게 한다

접속 동사 ない형+～ずにはおかない・～ないではおかない
의미 ~하지 않고서 그냥 내버려 두지 않는다는 의미로, 강한 기분이나 의지, 방침 또는 자연히 그 같은 기분이 든다는 의미이다.

一流(いちりゅう) 일류
映画監督(えいがかんとく) 영화감독
きっと 틀림없이, 반드시
達成(たっせい) 달성
プロジェクト 프로젝트
担当(たんとう) 담당
ウィットに富(と)む 위트가 풍부하다
魅了(みりょう) 매료

息子は一流の映画監督になるといって家を出た。大変だが、きっと目的を達成せずにはおかないだろう。
아들은 일류 영화감독이 되겠다며 집을 나갔다. 힘들겠지만, 틀림없이 목적을 달성하고야 말 것이다.

プロジェクトの中止が決まろうとしているが、担当した者たちは反対せずにはおかないだろう。 프로젝트 중지가 결정되려고 하고 있는데, 담당한 사람들은 분명 반대할 것이다.

ウィットに富んだ彼の文章は見る者すべてを魅了せずにはおかないだろう。 위트가 풍부한 그의 글은 보는 사람 모두를 분명 매료시킬 것이다

강의실 생중계!

- 동작성 동사의 경우 반드시, 꼭 ~한다는 화자의 의지를 나타내며 심리, 심정을 나타내는 동사의 경우에는 자연히, 저절로 ~한 감정이 일어나게 한다는 것을 나타냅니다.
- 문맥에 맞게 다소의 의역이 필요한 표현이므로 의미로 정답을 찾기보다는 ～ずには, ～ないでは에 붙는 접속형태의 특징으로 정답을 찾는 것이 좋습니다.
- 그리고 ～ずには는 する와 접속될 때 せずには가 된다는 것을 꼭 기억해둡니다.

37 ~限りだ 너무 ~하다, 최고로 ~하다

접속 い형용사 기본형＋~限(かぎ)りだ
의미 화자가 현재 자신의 마음 상태를 나타낼 때 사용하는 표현이다.

幼(おさな)なじみ 소꿉친구, 어릴 때 친하던 아이
引(ひ)っ越(こ)す 이사하다
定時退社(ていじたいしゃ) 정시 퇴근
残業続(ざんぎょうつづ)き 계속하여 잔업이 있음

幼なじみの彼が遠くに引っ越すのは、寂しい限りだ。
소꿉친구인 그가 먼 곳으로 이사를 가는 것은 너무 쓸쓸하다.

1年ぶりに親友から電話があり、元気な声を聞けて嬉しい限りだ。
1년 만에 친구로부터 전화가 와서 건강한 목소리를 듣게 되어 너무 기쁘다.

田中君は毎日定時退社するという。残業続きの僕からすれば、うらやましい限りだ。 다나카 군은 매일 정시 퇴근을 한다고 한다. 잔업이 연속인 내 입장에서 보면 너무 부럽다.

강의실 생중계!

- 앞에는 주로 감정을 나타내는 い형용사 嬉しい(기쁘다), 羨ましい(부럽다), 寂しい(외롭다), 心細い(불안하다) 등이 오는 것이 특징입니다.

☑ 시나공 확인 문제

次の文の ＿★＿ に入る最もよいものを、1·2·3·4から一つ選びなさい。

このレストランは味の良さもさる ＿＿ ＿★＿ ＿＿ ＿＿ 限りだ。

1 値段設定も　2 ことながら　3 嬉しい　4 リーズナブルな

해석 이 레스토랑은 맛이 좋은 것은 물론이거니와 합리적인 가격 설정도 너무 기쁘다.

해설 이 문제처럼 선택지 중에서 기준으로 삼을 문법이 없을 경우에는 문제에서 단서를 찾는 것이 좋다. 우선 첫 번째 공란 앞에 있는 ~もさる를 근거로 ~もさることながら(~도 물론이거니와, ~도 그렇지만) 형태가 되어야 한다는 것을 알 수 있다. 그리고 문장 끝의 ~限りだ(너무 ~하다)는 주로 い형용사에 접속되므로 3번은 마지막 공란에 들어가야 한다. 마지막으로 4번 リーズナブル な는 명사인 1번과 짝이 되어야 한다. 따라서 전체적으로 나열하면 ~ことながらリーズナブルな値段設定も嬉しい~가 되므로 정답은 4번이다.

정답 4

38 ～ずにはすまない・～ないではすまない　～하지 않고서는 해결되지 않는다, 반드시 ～해야 한다

접속 동사 ない형＋～ずにはすまない・～ないではすまない
의미 상황이나 사회적 통념 등을 고려할 때 ～해야 한다라는 의미의 수동적이고 소극적인 표현이다.

税金(ぜいきん) 세금
私用(しよう)に 사적으로
処罰(しょばつ) 처벌
捕(つか)まる 붙잡히다
罰金(ばっきん) 벌금
医療(いりょう)を受(う)ける 진료를 받다
薬(くすり) 약
部長(ぶちょう) 부장

あの大臣は国民の税金を私用に使ったのだから処罰されずにはすまないだろう。
저 장관은 국민의 세금을 사적으로 사용했기 때문에 처벌 받아야 할 것이다.

交通違反をして捕まったのだから、罰金を払わずにはすまないだろう。
교통위반을 해서 붙잡혔기 때문에 벌금을 내지 않고서는 해결되지 않을 것이다.

강의실 생중계!

- 동사 済(す)む(끝나다, 해결되다)의 의미만으로도 충분히 문법의 뉘앙스를 유추할 수 있으며, ～ずには는 する와 접속할 때는 せずには가 됩니다.
- 이외에도 すむ / すませる・すます(끝내다, 해결하다)와 관련된 다음 표현도 같이 익혀두는 것이 좋습니다.

① **～ずに(ないで・なくて)すむ:** ～하지 않고도 해결되다, ～하지 않아도 되다.

② **～てすませる:** ～하고서만 끝내다(다른 노력을 하지 않고 단순히 그것만으로 끝내다)
예 医者なら、患者が安心して医療を受けられるよう努力すべきだが、そこまでせずに薬だけ出して**すませる**医者もいる。의사라면 환자가 안심하고서 진료를 받을 수 있도록 노력해야 하지만 그렇게까지 하지 않고서 약만 내주고 끝내는 의사도 있다.

③ **～ではすまされない:** ～로는 해결되지 않는다, ～만으로는 끝나지 않는다
예 部長である以上、そんな大事なことを知らなかった**ではすまされない**だろう。
부장인 이상 그런 큰일을 몰랐다는 것만으로는 해결되지 않을 것이다.

39 ～ばそれまでだ・～たらそれまでだ　～하면 그것으로 끝(장)이다

접속 동사 ば형＋～ばそれまでだ / 동사 た형＋～たらそれまでだ
의미 ～의 행위를 하면 모든 것이 헛일이 되어버린다는 의미이다.

いくら 아무리
指輪(ゆびわ) 반지
無(な)くす 잃다
健康(けんこう) 건강
受(う)かる (시험에) 붙다, 합격하다
銀行(ぎんこう) 은행
貸(か)す 빌려주다

いくら高い指輪を買っても、無くしてしまえばそれまでだ。
아무리 비싼 반지를 사도 잃어버리면 그것으로 끝이다.

勉強よりまず健康のことを考えるべきだ。大学に受かっても、病気になってしまったらそれまでだ。
공부보다 우선 건강을 생각해야 한다. 대학에 합격해도 병이 나면 헛일이다.

강의실 생중계!

- 가정형 ～ば, ～たら에 접속된다는 점이 가장 큰 특징이자 정답을 찾는 힌트가 될 수 있습니다.
- 참고로 동사 た형+以上(いじょう), これまでだ(～한 이상 이것으로 끝이다, 어쩔 도리가 없다) 형태로 사용할 수도 있습니다.

예 銀行がもう お金を貸してくれなくなった**以上**、うちの会社も**これまでだ**。
은행이 이젠 돈을 빌려주지 않게 된 이상 우리 회사도 이것으로 끝장이다.

40-1 ～までだ・～までのことだ ~뿐이다, ~하면 그만이다

접속 동사 기본형＋～までだ・～までのことだ
의미 '～이외에 적당한 방법이 없으므로 그렇게 한다' 혹은 '그것만으로도 아무런 문제가 되지 않는다'는 의미이다.

就職(しゅうしょく) 취직
困(こま)る 곤란하다
立(た)ち入(い)り禁止(きんし) 출입금지
見(み)つかる 발견되다
素直(すなお)に 순순히
謝(あやま)る 사과하다
戻(もど)る 되돌아오다

就職できなくても困らない。アルバイトをして生活するまでだ。
취직을 못 해도 곤란하지 않다. 아르바이트를 해서 생활하면 그만이다.

飛行機がだめなら、船で行くまでのことだ。 비행기가 안 된다면 배로 가면 그만이다.

「立ち入り禁止」と書いてあるが、誰かに見つかれば、素直に謝って戻るまでのことだ。 '출입금지'라고 적혀 있지만, 누군가에게 발견되면 순순히 사과하고 돌아오면 그만이다.

강의실 생중계!

まで가 한정의 의미로 사용되는 용법으로 화자의 최종 선택, 결론, 결의를 나타냅니다. ～までのことだ는 ～までだ의 강조표현으로 이해하면 됩니다.

40-2 ～までだ・～までのことだ ~했을 뿐이다, ~할 따름이다

접속 동사 보통형＋～までだ・～までのことだ
의미 어떤 행위를 한 사정이나 이유를 들어 그것뿐이지 다른 이유, 사정은 없다는 의미이다.

率直(そっちょく)だ 솔직하다
感想(かんそう) 감상
述(の)べる 말하다
別(べつ)に 별로, 특별히
責(せ)める 비난하다
意図(いと) 의도

私は率直な感想を述べたまでです。別にあなたを責める意図はありません。 저는 솔직한 감상을 말했을 뿐입니다. 특별히 당신을 비난할 의도는 없습니다.

私は言われた通りにやったまでのことです。 저는 시키는 대로 했을 뿐입니다.

강의실 생중계!

주로 문장 끝에 사용되며, 동사 た형에 접속되는 경우가 많습니다. 자주 출제되지는 않는 편이지만 만전을 기한다는 마음으로 익혀두는 것이 좋겠죠!

41 ~でなくてなんだろう ~이 아니고 무엇이겠는가

접속 명사+~でなくてなんだろう
의미 ~이 아니고 무엇이겠는가라고 반문하면서 화자의 주관적인 감동이나 생각을 강조해서 나타내는 표현이다.

墜落事故(ついらくじこ) 추락사고
悲劇(ひげき) 비극
曲(きょく) 곡
演奏(えんそう) 연주
天才(てんさい) 천재
愛(あい) 사랑

飛行機の墜落事故で多くの人が亡くなるなんて、これが悲劇でなくてなんだろう。 비행기 추락사고로 많은 사람들이 목숨을 잃다니 이것이 비극이 아니고 무엇이겠는가.

小学生でこんなに難しい曲を見事に演奏してしまうとは、これが天才でなくてなんだろう。
초등학생이 이렇게 어려운 곡을 훌륭하게 연주하다니 이것이 천재가 아니고 무엇이겠는가.

僕は彼女のためなら死んでもかまわない。これが愛でなくてなんだろう。
나는 그녀를 위해서라면 죽어도 상관없다. 이것이 사랑이 아니고 무엇이겠는가.

강의실 생중계!

~でなくて는 부정형 ~で(は)ない(~이 아니다)이므로 쉽게 그 의미를 유추할 수 있으며, 유사한 표현으로는 ~にほかならない(~이외의 것이 아니다, 바로 ~이다)가 있습니다.

42 ~に(は)当たらない ~할 필요는 없다, ~할 만한 일은 아니다

접속 동사 기본형+~に(は)当(あ)たらない
의미 ~라는 행위를 할 정도의 일에 해당하지 않는다는 의미이다.

試験(しけん)に落(お)ちる 시험에 낙방하다
非難(ひなん)する 비난하다
優秀(ゆうしゅう)だ 우수하다
卒業論文(そつぎょうろんぶん) 졸업논문
仕上(しあ)げる 일을 끝내다, 완성하다
親戚(しんせき) 친척

彼なりにできるだけの努力はしたのだから、試験に落ちたとしても、非難するにはあたらない。
그 나름대로 최대한의 노력은 했으니까 시험에 떨어지더라도 비난할 필요는 없다.

優秀な彼女のことだから、卒業論文を一週間で仕上げたと聞いても驚くにはあたらない。
우수한 그녀니까 졸업논문을 일주일 만에 끝냈다는 말을 들어도 놀랄 만한 일은 아니다.

강의실 생중계!

- 当たる의 여러 의미 중에 '해당하다'라는 의미로 생각하면 쉽게 이해할 수 있는 문법입니다.
- 주로 驚く(놀라다), 感心する(감탄하다), 誉める(칭찬하다), 非難する(비난하다) 등과 같은 단어와 함께 쓰이는 경우가 많습니다.
- 참고로 유사한 의미로는 ~ほどのことではない(~할 정도, 만큼의 일은 아니다)가 있습니다.

43 ～ない(もの)でもない ～하지 않는 것은 아니다, ～할 수도 있다

접속 동사 ない형＋～ない(もの)でもない
의미 전혀 ～하지 못하는 것은 아니다. 조금 ～할 가능성이 있다. 경우에 따라서는 ～한다는 의미이다.

工事(こうじ) 공사
景色(けしき) 경치
正直(しょうじき)だ 정직하다, 솔직하다
残念(ざんねん)だ 유감이다
体(からだ)を壊(こわ)す 건강을 해치다
確(たし)かに 분명히, 확실히
ローンを組(く)む 대출을 하다(받다)
多少(たしょう) 다소
古(ふる)びる 낡다
レトロ 복고풍
程度(ていど) 정도

工事でこの景色が見られなくなることは、正直なところ残念な気がしないでもない。 공사로 이 경치를 볼 수 없게 되는 것은 솔직히 아쉬운 생각이 안 드는 것은 아니다.

試合で勝ちたいという君の気持ちは分からないでもないが、体を壊したらいけないので、あまり無理をしないほうがいい。
시합에서 이기고 싶다는 자네의 기분을 이해할 수도 있지만, 건강을 해치면 안 되므로 너무 무리하지 않는 편이 좋다.

あの車は確かに高いが、ローンを組めば買えないものでもない。
저 자동차는 분명 비싸지만 대출을 하면 살 수 없는 것도 아니다.

강의실 생중계!

- 이중부정으로 단정하지 않고 소극적으로 긍정하거나 판단할 때 사용하는데 문맥에 따라 다소 의역이 필요하기도 하며 もの는 생략할 수도 있습니다.
- 유사한 표현으로는 ～なくはない・～なくもない와 객관적 사실일 경우 ～ないことはない・～ないなくもない도 있으니 함께 익혀두세요.

예 このホテルは多少古びている感じはするが、レトロと言え**なくはない**程度だ。
이 호텔은 다소 낡은 느낌은 나지만 복고풍이라고 말할 수는 있을 정도이다.

44 ～きらいがある ～하는 경향이 있다

접속 동사 보통형/명사の＋～きらいがある
의미 어떤 나쁜, 좋지 않은 경향이 있다는 부정적 의미로 사용한다.

年(とし)をとる 나이를 먹다
忠告(ちゅうこく) 충고
耳(みみ)を貸(か)す (상대편의 이야기를) 들어주다
物事(ものごと) 매사, 사물
サラリーマン 샐러리맨
追(お)われる 쫓기다
健康管理(けんこうかんり) 건강관리
怠(おこた)る 게을리하다

人間は誰でも年をとると、周りの人の忠告に耳を貸さないきらいがある。
인간은 누구라도 나이를 먹으면 주위 사람의 충고를 들으려고 하지 않는 경향이 있다.

僕の友達は、何でも物事を悪い方に考えるきらいがある。
내 친구는 뭐든 매사를 나쁜 쪽으로 생각하는 경향이 있다.

中高年のサラリーマンは仕事に追われて、健康管理を怠るきらいがあると言う。 중장년 샐러리맨은 일에 쫓겨서 건강관리를 게을리하는 경향이 있다고 한다.

강의실 생중계!

嫌い(싫다)와 같은 어원이지만 여기서는 명사로 쓰여 '어떤 좋지 않은 경향'이라는 전혀 다른 의미이므로 착각하지 않도록 주의하세요.

45 ～しまつだ ~라는 꼴이다, ~라는 형편이다

접속 동사 기본형 / 연체사 (この・あの) + ～しまつ(始末)だ
의미 여러 나쁜 과정을 거쳐서 결국 더 나쁜 결과가 되었다는 의미로 사용한다.

ジョギング 조깅
膝(ひざ) 무릎
通(かよ)う 다니다
散々(さんざん) 몹시
迷惑(めいわく)をかける 폐를 끼치다
経営赤字(けいえいあかじ) 경영적자
学費(がくひ) 학비
値上(ねあ)げする (가격을) 인상하다
数(かず) 숫자, 수
減(へ)る 줄어들다, 감소하다

ダイエットをしようとジョギングを始めたが、走りすぎて膝を痛めてしまい、病院に通うしまつだ。
다이어트를 하려고 조깅을 시작했지만 너무 많이 달려서 무릎을 다쳐 병원에 다니는 형편이다.

ああでもない、こうでもないと散々迷惑をかけたあげく、このしまつだ。
이것도 아니다, 저것도 아니다 하며 몹시 폐를 끼친 끝에 이 꼴이다.

経営赤字で学費を値上げしたら、入学生の数まで減ってしまう始末だ。
경영적자로 학비를 인상했더니 입학생의 수까지 감소해 버리게 됐다.

강의실 생중계!

- 부정적인 상태가 된 경위를 나타내며 ～あげく(に)(~한 끝에), ついには(결국에는), とうとう(결국, 마침내) 등과 함께 사용되는 경우가 많습니다.
- 직역을 하면 다소 어색한 경우가 많으므로 문맥에 따라 적절히 의역을 하는 것이 좋습니다.

46 ～といったところだ・～というところだ ~정도다

접속 명사 + ～といったところだ・～というところだ
의미 잘해봐야, 최대한으로 잡아도, 기껏해야 ~정도라는 의미이다.

住(す)む 살다
自己紹介(じこしょうかい) 자기소개
厳(きび)しい 힘겹다, 혹독하다
トレーニング 훈련
ちょうど 알맞은, 적당한
散歩(さんぽ) 산책
忘年会(ぼうねんかい) 망년회
参加(さんか) 참가
人数(にんずう) 인원수
割(わり)に 비해서
点数(てんすう) 점수

日本に住んだことのある彼だが、日本語でできるのは挨拶や自己紹介といったところだ。 일본에서 산 적이 있는 그이지만, 일본어로 할 수 있는 것은 겨우 인사나 자기소개 정도이다.

僕にとって厳しいトレーニングでも、あの運動は友達にとってはちょうどいい散歩といったところだ。
나에게 있어서 힘겨운 훈련이더라도 저 운동은 친구에게 있어서는 아주 적당한 산책 정도이다.

忘年会に参加する人数は多くて５人というところです。
망년회에 참가하는 인원수는 많아도 5명 정도입니다.

この店の料理は高い割にはまずくて、点数にすればせいぜい60点といったところだ。 이 가게의 요리는 비싼 것에 비해서는 맛이 없어서 점수를 매기면 잘해봐야 60점 정도이다.

강의실 생중계!

- 앞에는 그다지 많지 않은, 크지 않은 정도의 명사가 온다는 점이 특징입니다. 시험에는 ～といったところだ로만 출제되고 있으므로 이 형태를 우선적으로 암기하세요.
- 회화체에서는 ～ってところだ・～ってとこだ가 되기도 합니다.

47 ~にかたくない ~하기 어렵지 않다, 충분히 ~할 수 있다

접속 명사 / 동사 기본형＋～にかたくない
의미 어떠한 사실을 상황으로부터 생각하면 충분히 상상할 수 있다는 의미이다.

不満(ふまん)を持(も)つ 불만을 가지다
秘密(ひみつ) 비밀
想像(そうぞう) 상상
当(あ)たり前(まえ)だ 당연하다
電池(でんち) 건전지

会社に不満を持っている彼女が秘密を社外へ漏らしたことは想像にかたくない。 회사에 불만을 가지고 있는 그녀가 비밀을 사외로 누설했다는 것은 충분히 상상할 수 있다.

今は当たり前の電池がなければどんなに不便か想像にかたくないだろう。 지금은 당연한 것이 된 건전지가 없으면 얼마나 불편할지 상상하기에 어렵지 않다.

강의실 생중계!

- 여기서 かたい는 단단하다(堅い)가 아닌 어렵다(難い)라는 의미인 것만 알면 간단히 이해할 수 있는 문법입니다.
- 想像する(상상하다), 察する(헤아리다, 짐작하다)와 같은 동사에도 접속될 수 있으나 거의 관용적으로 想像にかたくない 형태로만 사용하므로 정답을 찾는 중요한 포인트가 됩니다.
- 참고로 동사 ます형 + がたい(~하기 힘들다, 어렵다)라는 용법과 혼돈하지 않도록 하세요.

✔ 시나공 확인 문제

次の文の(　　)に入れるのに最もよいものを、1·2·3·4から一つ選びなさい。

A「空港からロンドン市内まで、どのくらいかかりますか。」
B「車で1時間といった(　　)ですが、通勤渋滞に巻き込まれると、2時間以上もかかる場合もあります。」

1ところ　　2ばかり　　3こと　　4とき

해석 A: 공항에서 런던 시내까지 얼마나 걸립니까?
B: 차로 1시간 정도입니다만 통근 체증에 휘말리게 되면 2시간 이상 걸리는 경우도 있습니다.

해설 긴 문법의 경우 끊어서 출제되는 경우도 있으므로 항상 공란 앞뒤를 먼저 살펴보는 것이 중요하다. 이 문제에서도 공란 앞의 수량 명사+といった를 단서로 대략적인 범위나 정도를 나타낼 때 사용하는 ～といったところだ(~정도다)를 묻는 문제임을 알 수 있으므로 정답은 1번이다.

정답 1

적중 예상 문제

問題　次の文の(　　　)に入れるのに最もよいものを、1·2·3·4から一つ選びなさい。

01 円満に解決したほうがいいが、相手が暴力を振るったら、警察を呼ぶ(　　　)。

1 かわりだ　　2 までだ　　3 とおりだ　　4 ほどだ

02 ホテルに泊まるのはちょっと贅沢かなという気も(　　　)が、ほかに泊まるところがないから仕方がない。

1 するよりほかない　　2 するわけにはいかない
3 しないでもない　　4 しないことになる

03 多くの公立病院は経営状況の悪化により、診療体制の縮小(　　　)。

1 を禁じえなかった　　2 よりほかはない
3 と言っても過言ではない　　4 を余儀なくされた

04 次から次へとヘタレぶりが露呈する社会保険庁。あげくの果てには、職員による年金保険料の着服まで報じられる(　　　)。

1 ということだ　　2 しまつだ　　3 ものか　　4 に決まっている

05 大学生の僕がこんな簡単な問題も解けないなんて、自分としても情けない(　　　)。

1 にすぎない　　2 とは限らない
3 ほどのことではない　　4 といったらない

06 彼が合法的に税金を払わなかったとしたら、それは脱税でなく節税なので、非難(　　　)。

1 するには当たらない　　2 するはずがない
3 しそうですらない　　4 するにこしたことはない

07 不況が予想以上に長く続いているが、本格的な景気の回復を願って(　　　)。

1 ならない　　2 やまない　　3 みせる　　4 ばかりいる

08 田中さんは人に協力を求めず、いつも何でも自分一人で解決しようとする(　　　)。

1 きらいがある　　2 つもりはない　　3 といえるだろうか　4 きざしがある

▶ 정답과 해설 26쪽

09 彼は娘の看病のために会社をやめ、毎日病院に通っている。これが愛(　　　)。

1 でなくてなんだろう　　2 ですらないだろう
3 ならそれまでだろう　　4 にあるまじきことだろう

10 先週とても有能な以前の上司が現役の50歳で亡くなった。いくら出世しても、死んでしまえば(　　　)。

1 それっきりだ　2 このままだ　3 それまでだ　4 これだけだ

11 このアルバイトは、さほど難しくなく特別な資格も要らないので、時給はせいぜい500円(　　　)。

1 どころではない　2 いうほどだ　3 にものぼる　4 といったところだ

12 中国旅行中に道に迷ってしまったが、中国語が分からないから、道を聞こうにも(　　　)。

1 聞けなかった　　2 聞くしかなかった
3 聞きかねなかった　　4 聞こうとしなかった

13 あれほど注意したにもかかわらず、また校則に違反したとは、学校側は彼らを処罰(　　　)だろう。

1 せずにすむ　2 せずにはおかない　3 してはいられない　4 しがたい

14 これからさらに年金は先細りになっていきそうで、心細い(　　　)。

1 ほかない　2 にかぎる　3 かぎりだ　4 にほかならない

15 5年にわたる内戦で無防備な一般市民の犠牲を多く出している現状に怒り(　　　)。

1 を禁じえない　2 を余儀なくされる　3 の疑いがある　4 でもあるまい

16 彼の過ちで、こんなにたくさんの被害者が出ては、刑事上の責任を(　　　)。

1 問われるわけはないではないか　　2 問われずにはすまないだろう
3 問われるほどのことではないだろう　　4 問われずともよいのではないか

적중 예상 문제

問題　次の文の ＿★＿ に入る最も よいものを、1・2・3・4から一つ選びなさい。

01 夢を叶えるために、それが ＿＿ ＿★＿ ＿＿ ＿＿ ことだ。

1 そうする　2 最善で　3 までの　4 あれば

02 フランス語は習ってまだ3か月しか経って ＿＿ ＿＿ ＿★＿ ＿＿ ところだ。

1 簡単な　2 いないので　3 挨拶といった　4 話せるのは

03 去年は災害が多かったけど、今年は ＿＿ ＿＿ ＿★＿ ＿＿ 。

1 ことを祈って　2 穏やかな　3 やまない　4 年になる

04 親の離婚が幼い子供の ＿＿ ＿＿ ＿★＿ ＿＿ ないと思う。

1 かなりの悪影響を　2 想像にかたく　3 性格や精神面に　4 及ぼすことは

05 政府は景気悪化 ＿＿ ＿＿ ＿★＿ ＿＿ 中小企業を支援することにした。

1 事業活動の　2 余儀なくされた　3 縮小を　4 により

06 別れた彼女のことが ＿＿ ＿★＿ ＿＿ ＿＿ だから困っている。

1 出てくる始末　2 夜もろくに眠れず
3 忘れられなくて　4 さらには夢にまで

07 体重を理由に飛行機に乗せて ＿＿ ＿＿ ＿★＿ ＿＿ 。

1 でなくて　2 これが差別　3 なんだろう　4 くれないなんて

08 庭の池に、何日か前からどこから ＿＿ ＿＿ ＿★＿ ＿＿ ありはしない。

1 カエルたちが　2 うるさいといったら
3 やってきて　4 ともなく

09 男性ばかりの職場で働いている僕から見ると、＿＿ ＿＿ ★ ＿＿ 限りだ。

1 業界は　2 多い　3 うらやましい　4 女性の

10 その少年がおかれた家庭環境を ＿＿ ＿＿ ★ ＿＿ でもない。

1 親を騙して非行に　2 理解できない　3 考慮すれば　4 走るようになったのも

11 回答者の8割が残業を命じられたらすると答えたが、日本の ＿＿ ＿＿ ★ ＿＿ 当たらないのかもしれない。

1 驚くには　2 労働者の実情　3 それほど　4 からすれば

12 ここはとても ＿＿ ＿＿ ★ ＿＿ それまでだ。

1 踏み外せば　2 山道だから　3 険しい　4 一歩でも

13 この古墳に組み上げられた石の最大のものは50トンと ＿＿ ★ ＿＿ ＿＿ おかない。

1 者を　2 圧倒せずには　3 見る　4 推定され

14 想像もできない波乱万丈に ＿＿ ＿＿ ★ ＿＿ 禁じえなかった。

1 彼の人生を　2 満ちた　3 僕は涙を　4 聞くたびに

15 知り合いから借りた ＿＿ ＿＿ ★ ＿＿ だろう。

1 にはすまない　2 高価なカメラを　3 弁償せず　4 なくしてしまったから

16 書かなきゃいけない原稿がたくさん残って ＿＿ ★ ＿＿ ＿＿ 間に合わせられない。

1 ようにも　2 締め切りに　3 間に合わせ　4 いるので

問題　次の文の（　　）に入れるのに最もよいものを、1・2・3・4から一つ選びなさい。

01 最近はリサイクルに多少消極的な意見でも（　　）ものなら、まるで社会の敵であるかのように非難を受けてしまう。

1 言おう　2 言える　3 言わない　4 言ったら

02 佐藤候補者はマスコミの悪評（　　）知事選挙に再出馬する意向を示した。

1 を除いて　2 を限りに　3 をこめて　4 をよそに

03 新入社員（　　）早い段階から自分の素質をアピールし、会社で生き抜く基盤を作らなければならない。

1 とかなら　2 といえども　3 とかで　4 といったからには

04 生徒に暴言を吐いたり体罰を加えたりするなんて、教師として（　　）行為と言わざるをえない。

1 あろうとも　2 あるべき　3 あるまじき　4 あるような

05 小学生が読む本では（　　）、大学の教材の文章すべてにフリガナがふってあって、僕は驚いた。

1 あるだろうに　2 ありながらも　3 ありがちで　4 あるまいし

06 A市の医師会は町の人々の健康と医療を（　　）、様々な活動を行っている。

1 支えるにせよ　2 支えるがゆえに　3 支えるべく　4 支えるべからず

07 仕事柄、全国の顧客先へクレーム対応に飛び回っているから、彼女のストレスは想像（　　）。

1 すればいいというものではない　2 しようがない
3 にかたくない　4 させてもらおと思う。

▶ 정답과 해설 38쪽

問題　次の文の ＿★＿ に入る最もよいものを、1·2·3·4から一つ選びなさい。

01 ロックバンドAは、華やかなヴィジュアルと ＿＿ ＿＿ ＿★＿ ＿＿ いるといえるだろう。

1 強い支持を受け続けて　2 聴く者を魅了する
3 あればこそ　4 音楽的深みが

02 インターネットでは ＿＿ ＿＿ ＿★＿ ＿＿ 不特定多数の人に情報を伝えることができる。

1 短期間の　2 宣伝活動　3 うちに　4 いかんでは

03 まだ新緑の季節は遠いけど、明日は雨が ＿＿ ＿＿ ＿★＿ ＿＿ 久しぶりに散歩に行くことにした。

1 降るまいと　2 なければ　3 降ろうと　4 風さえ

04 スマートフォンの普及に伴い、他人を誹謗中傷したり ＿＿ ＿＿ ＿★＿ ＿＿ 問題が発生している。

1 するなど　2 かかわる　3 さまざまな　4 人権に

05 このゲームは一度やり ＿＿ ＿★＿ ＿＿ ＿＿ なかなかやめられない。

1 病み付きに　2 最後　3 なって　4 はじめたが

06 ここは ＿＿ ＿＿ ＿★＿ ＿＿ もあるが、研究に専念できる環境は整っている。

1 山奥の　2 不便なところ　3 いろいろ　4 こととて

07 人間には誰でも保守的なところがあり、とかく ＿＿ ＿＿ ＿★＿ ＿＿ きらいがある。

1 がちとなる　2 の対応が　3 変化へ　4 遅れ

問題　次の文の（　　　）に入れるのに最もよいものを、1·2·3·4から一つ選びなさい。

01 不況の影響で一部遅れている（　　　）、多くの企業が工場の自動化を進めている。

1 ことだから　2 とはいえ　3 どころか　4 からには

02 本来なら詳しく説明（　　　）、時間がなくてとりあえず用件だけ伝えておいた。

1 したとしても　2 したつもりはないが
3 するにかかわらず　4 するべきところを

03 税金は国民の義務ではあるが、（　　　）少しでも節税したいのは誰しもが思うところだろう。

1 払わずにすむほどだから　2 払わずにいることだから
3 払わずにいてもよくて　4 払わずにすむものなら

04 一日の出来事を振り返ってみるために、日記を書こうと思ったことは何度もあるが、いつも三日坊主でやめてしまう（　　　）だ。

1 思い　2 考え　3 始末　4 見込み

05 完成まであともう少しの報告書が、パソコンの操作ミスで消えたときの絶望感（　　　）。

1 といったらない　2 ともかぎらなかった
3 にすぎなかった　4 ほどのことではない

06 兄にひきかえ、弟は勝手に物事を決め付けてすぐ諦める（　　　）がある。

1 おかげ　2 きっかけ　3 きらい　4 むけ

07 今回のご宿泊、快適にお過ごしいただけたようで、私どもと致しましても嬉しい（　　　）ございます。

1 限りを　2 ばかりか　3 ばかりの　4 限りで

問題　次の文の ＿★＿ に入る最もよいものを、1・2・3・4から一つ選びなさい。

01 この遊牧民の少女は ＿＿ ＿＿ ＿★＿ ＿＿ 追われ、まともな教育も受けられずに忙しい日々を過ごしている。

1 家の手伝いに　2 学校に行きたい　3 ながらも　4 と切実に願い

02 店の前はイベントで新米が収穫されるこの時期に ＿＿ ＿＿ ＿★＿ ＿＿ のお客でいっぱいだった。

1 とあって　2 無料で試食できる
3 朝から開店待ち　4 美味しい新米を

03 失敗してもよいという意識を持った経営陣と ＿＿ ＿＿ ＿★＿ ＿＿ 革新を生み出すことができるのではないだろうか。

1 あればこそ　2 の信頼関係が
3 自律した開発チームと　4 試行錯誤を通じて

04 インターネットはその匿名性と ＿＿ ＿＿ ＿★＿ ＿＿ 様々な問題が発生している。

1 個人の名誉を侵害したり　2 情報発信の容易さから
3 人権にかかわる　4 差別的な表現を使ったりするなど

05 田中市長は記者会見で今回の事件は極めて悪質で ＿＿ ＿＿ ＿★＿ ＿＿ あるため、これから社会規範の厳守を徹底し、信頼回復に努めたいと語った。

1 公務員　2 行為で　3 あるまじき　4 として

06 彼は困難な状況に ＿＿ ＿＿ ＿★＿ ＿＿ 最後まで意欲的にチャレンジし、最善の結果を残した。

1 定めた　2 目標を達成　3 すべく　4 いても

07 試験までもう三日しか ＿＿ ＿＿ ＿★＿ ＿＿ どうにもならないだろう。それなら最初からもっと努力すべきだったのだ。

1 いまさら　2 ないのだから　3 ところで　4 後悔した

問題　次の文の（　　　）に入れるのに最もよいものを、1・2・3・4から一つ選びなさい。

01 あのデザイナーは洗練されたイメージからして、幼い頃から美術が（　　　）、高校時代までは陸上選手だったという。

1 苦手だったのかと思ったら　　2 得意だったのかと思いきや
3 嫌いだろうと思うが　　4 好きなこととは思い

02 この新素材は耐腐食性に優れているので、直接海水を（　　　）錆が発生しない。

1 浴びようとも　　2 浴びようにも　　3 浴びたといえば　　4 浴びるにつれて

03 4月の授業日程は下記のとおりですが、今後の情勢次第では、変更を（　　　）可能性もあります。

1 言っても過言ではない　　2 ものともせずに
3 きっかけにして　　4 余儀なくされる

04 現在も国際社会の懸念（　　　）国民の人権を著しく侵害した政治を行っている国がある。

1 をよそに　　2 を皮切りに　　3 を限りに　　4 を除いて

05 現場に配属された当初は知識不足のため、調べ方もわからなければ、先輩に（　　　）何をどう聞けばいいのかもわからなくて大変だった。

1 聞くので　　2 聞かずとも　　3 聞こうにも　　4 聞くには

06 会社は業務の質の向上のために従業員に資格取得を勧めるのが普通で、その資格を取るのが嫌なら（　　　）。

1 転職するはずがない　　2 転職するまでのことだ
3 転職したばかりだ　　4 転職したに違いない

07 昨日買ったタブレットケースは価格の割には安っぽい感じが（　　　）、非常に機能的なデザインで滑りにくく触り心地も悪くなかった。

1 しないでもないが　　2 しなければなるまいが
3 するよりほかはないが　　4 することはないが

問題　次の文の ＿★＿ に入る最もよいものを、1·2·3·4から一つ選びなさい。

01 今使っている機械も ＿＿ ＿＿ ＿★＿ ＿＿ 新しいのを開発しようとしているのか理解できない。

1 わざわざ大金をかけて　　2 改良して使い続ければ
3 いいものを　　4 性能は悪くないので

02 器用な人は、興味を持って ＿＿ ＿＿ ＿★＿ ＿＿ にある程度できてしまうため、すぐに飽きて別のことに目移りしてしまったりする。

1 器用である　　2 やり始めても　　3 わりと簡単　　4 がゆえに

03 今どき、手作業で決算書を ＿＿ ＿＿ ＿★＿ ＿＿ ２週間もあれば出てくるはずなのに２カ月もかかるとは到底理解できない。

1 わけでは　　2 大手の企業なら　　3 あるまいし　　4 作っている

04 小学生の ＿＿ ＿＿ ＿★＿ ＿＿ 応援客でいっぱいになる。

1 決勝戦ともなると　　2 野球といっても　　3 できるくらい　　4 臨時の駐車場が

05 大規模のシステム構築プロジェクトでは ＿＿ ＿＿ ＿★＿ ＿＿ ことは困難である。つまり、協力企業の社員は極めて大きな役割を担っているといえよう。

1 成功に導く　　2 協力企業の支援が
3 それなくしては　　4 不可欠であり

06 ポータブルスピーカの価格帯は安いものなら1,000円台後半から存在するし、高いものでも ＿＿ ＿＿ ＿★＿ ＿＿ と思う。

1 ２万円　　2 前後といった　　3 せいぜい　　4 ところだろう

07 面倒なことが嫌いな僕は最初は ＿＿ ＿＿ ＿★＿ ＿＿ 断るわけにはいかなかった。

1 とあれば　　2 親友である　　3 ためらっていたが　　4 彼の頼み

:: 둘째마당 ::

합격을 위한 필수 문법

05 대조, 대비, 예시를 나타내는 문법

06 강조, 한정을 나타내는 문법

07 때를 나타내는 문법

〈문제풀이〉 적중 예상 문제

한눈에 미리 보기

시나공 05

대조, 대비, 예시를 나타내는 문법

이 장에서 배울 문법은 '대조, 대비, 예시를 나타내는 문법'입니다.
본격적인 학습에 앞서 자신이 알고 있는 문법이 어느 정도인지 □에 체크해보세요.

대조, 대비		
□ 48	～にひきかえ	～와는 반대로, ～와는 대조적으로
□ 49	～にもまして	～이상으로, ～보다 더
□ 50	～ないまでも	～하지 않을지언정, ～까지는 아니더라도
예시		
□ 51	～といい～といい	～로 보나 ～로 보나, ～도 ～도
□ 52	～なり～なり	～든지 ～든지
□ 53	～といわず～といわず	～이며 ～이며, ～뿐만 아니라 ～뿐만 아니라

시나공 05

대조, 대비, 예시를 나타내는 문법

이번 장에서는 대조, 대비를 나타내는 ～にひきかえ, ～にもまして, ～ないまでも와 예시를 나타내는 ～といい～といい, ～なり～なり, ～といわず～といわず에 관해서 철저히 살펴봅니다.

시험에 이렇게 나온다!

次の文の(　　　)に入れるのに最もよいものを、1·2·3·4から一つ選びなさい。

これは使い心地といい品質(　　　)、細やかな心遣いが行き渡った逸品である。

1 とはいえ　　2 といえども　　3 といい　　4 といっても

해석 이것은 사용감으로 보나 품질로 보나 세심한 배려가 곳곳에 미쳐 있는 걸작품이다.

해설 선택지가 모두 유사한 표현들로만 나열되어 있어 상당히 까다로운 문제처럼 보이지만 이런 경우에는 공란의 앞뒤에서 단서가 될 만한 것을 찾는 것이 좋다. 문제에서는 使い心地 뒤에 있는 といい가 포인트가 된다. 왜냐하면 といい는 ～といい～といい(～도 ～도, ～로 보나 ～로 보나)의 형태로 사용되기 때문이다.

정답 3

48 ～にひきかえ ~와는 반대로, ~와는 대조적으로

접속 명사＋～にひきかえ

의미 대조적인 두 가지 사항을 대비시킬 때 사용한다.

退職(たいしょく)する 퇴직하다
のんびり 유유히, 한가로이
興奮(こうふん) 흥분
賞(しょう)をもらう 상을 받다
いたって 매우
冷夏(れいか) 평년보다 기온이 낮은 여름
史上最高(しじょうさいこう) 사상 최고

退職する前の忙しい生活にひきかえ、今の生活はのんびりしている。

퇴직하기 전의 바쁜 생활과는 대조적으로 지금의 생활은 한가롭다.

会場の人々の興奮にひきかえ、賞をもらった本人はいたって冷静だった。

회장 안 사람들의 흥분과는 대조적으로 상을 받은 본인은 매우 차분했다.

冷夏の去年にひきかえ、今年の暑さは史上最高と言われている。

서늘한 여름이었던 작년과는 반대로 올해의 더위는 사상 최고라고 한다.

강의실 생중계!

- '교환하다'라는 의미 외에도 '반대가 되다'라는 의미를 지닌 동사 引き換える만 숙지하면 쉽게 이해할 수 있는 문법입니다.
- 참고로 명사 이외의 품사가 올 경우 형식명사 の를 넣어 '명사수식형+の＋にひきかえ'가 됩니다.

49 ～にもまして ～이상으로, ~보다 더

접속 명사 / 의문사＋～にもまして
의미 ～도 그렇지만 그 이상으로라고 비교할 때 사용한다.

景気低迷(けいきていめい) 경기침체
予想(よそう) 예상
展示会(てんじかい) 전시회
前回(ぜんかい) 지난번
好評(こうひょう) 호평
半導体(はんどうたい) 반도체
製造(せいぞう) 제조
重要(じゅうよう)だ 중요하다
精度(せいど) 정밀도

景気低迷で、就職の状況は去年にもまして厳しくなると予想されている。
경기침체로 취업 상황은 지난해보다 더 힘들어질 것이라고 예상되고 있다.

今回の展示会は、前回にもまして好評だった。
이번 전시회는 지난번 이상으로 호평을 받았다.

강의실 생중계!

- 동사 増す(늘다, 증가하다)의 의미만 알면 쉽게 익힐 수 있는 문법입니다. 以前, 去年, 前, 前回와 같은 과거를 나타내는 명사와 함께 사용되는 경우가 많습니다.
- 참고로 何にもまして(그 무엇보다도 더, 다른 어떤 것보다, 가장)는 하나의 관용표현처럼 익혀두는 것이 좋습니다.
  예 半導体を製造する上で、重要なのは**何にもまして**精度である。
  반도체 제조에 있어서 중요한 것은 다른 어떤 것보다 정밀도이다.

50 ～ないまでも ～하지 않을지언정, ~까지는 아니더라도

접속 동사 ない형＋～ないまでも
의미 ～에는 좀 못 미치는 정도 혹은 최소한 그 정도까지는 해야 한다는 의미이다.

コック 요리사
腕(うで) 솜씨
見舞(みま)い 병문안
首相(しゅしょう) 수상
せめて 적어도, 하다못해

ホテルのコックとは言わないまでも、彼女の料理の腕はなかなかのものだ。
호텔 주방장 정도라고는 말할 수 없지만 그녀의 요리 솜씨는 상당한 것이다.

忙しかったら、見舞いに来ないまでも、電話ぐらいはしてほしかった。
바쁘면 병문안을 오지는 않더라도 전화 정도는 해주길 바랐다.

首相にはなれないまでも、せめて大臣になりたいと彼は頑張っている。
수상은 될 수 없더라도 적어도 장관이 되고 싶다고 그는 열심히 노력하고 있다.

강의실 생중계!

- 동사 ない형에 접속된다는 점이 중요한 특징이며, ～までもない(~할 것까지도 없다, ~할 필요도 없다)와 혼동하지 않도록 순서에 주의하여 암기합시다.
- 참고로 후문에는 せめて(적어도, 최소한), 少なくとも(적어도) 등의 부사가 사용되는 경우가 많습니다.

51 ~といい~といい ~로 보나 ~로 보나, ~도 ~도

접속 명사＋~といい~といい
의미 하나의 사물, 사항에 관련된 몇 가지 예를 들어 '어느 점에서 봐도'라고 평가할 때 사용한다.

ブランド 브랜드
品質(ひんしつ) 품질
申(もう)し分(ぶん)ない 나무랄 데가 없다
泊(と)まる 묵다
眺(なが)め 조망, 전망
満足(まんぞく) 만족
歌詞(かし) 가사
メロディー 멜로디
気(き)に入(い)る 마음에 들다

このブランドのかばんは、品質といいデザインといい、申し分ない。
이 브랜드의 가방은 품질로 보나 디자인으로 보나 나무랄 데가 없다.

去年泊まった旅館は、眺めといいサービスといい、本当に満足のいくものだった。
작년에 묵었던 여관은 전망으로 보나 서비스로 보나 정말 만족스러웠다.

この歌は日本的な歌詞といいメロディーといい、とても気に入った。
이 노래는 일본적인 가사도 멜로디도 매우 마음에 들었다.

강의실 생중계!

- 같은 표현을 반복적 사용한다는 점이 가장 큰 특징이며 긍정적으로도 부정적으로도 사용할 수 있습니다.
- 화자의 평가, 기분, 생각을 말할 때 사용하며 유사한 표현으로는 ~も~も, ~だって~だって(~도 ~도)가 있습니다.

52 ~なり~なり ~든지 ~든지

접속 동사 기본형 / 명사＋~なり~なり
의미 ~이라도 좋고 ~이라도 좋으니 어느 것이든이라고 몇 가지 예를 들 때 사용한다.

美術館(びじゅつかん) 미술관
気分転換(きぶんてんかん) 기분전환
図(はか)る 도모하다, 꾀하다
事実(じじつ) 사실
反対(はんたい) 반대
賛成(さんせい) 찬성
ご馳走(ちそう)する 음식을 대접하다, 한턱내다
和食(わしょく) 일식
洋食(ようしょく) 양식
選(えら)ぶ 선택하다

休みの日は映画を見るなり、美術館に行くなりして、気分転換を図ったほうがいい。
쉬는 날에는 영화를 보든지 미술관에 가든지 해서 기분전환을 하는 것이 좋다.

事実を良く知った上で、反対するなり賛成するなりしたほうがいい。
사실을 잘 안 후에 반대하든지 찬성하든지 하는 편이 좋다.

今日は私がご馳走します。和食なり、洋食なり、お好きなものを選んでください。
오늘은 제가 대접하겠습니다. 일식이든 양식이든 좋아하시는 것을 고르십시오.

강의실 생중계!

- 표현이 반복적으로 쓰인다는 점이 특징이며 주로 동사에 접속되는 형태로 출제되고 있습니다.
- 동사 기본형＋~なり(~하자마자)와 혼동하지 않도록 주의하세요.

53 ～といわず～といわず ～이며 ～이며, ～뿐만 아니라 ～뿐만 아니라

접속 명사＋～といわず～といわず
의미 ～도 ～도 가릴 것 없이 모두, 전부라고 예를 들어 강조할 때 사용한다.

事務室(じむしつ) 사무실
めちゃくちゃ 엉망진창임
借金(しゃっきん) 빚
取(と)り立(た)てる (강제로) 거두다, 징수하다
相次(あいつ)ぐ 잇달다
居間(いま) 거실
蟻(あり) 개미
現(あらわ)れる 나타나다
気(き)が変(へん)になる 정신이 이상해지다

事務室の中のものは、机といわずいすといわず、めちゃくちゃに壊されていた。 사무실 안의 물건은 책상이며 의자며 할 것 없이 전부 엉망진창으로 부서져 있었다.

最近昼と言わず、夜と言わず、借金を取り立てる電話が相次いでかかってくる。 요즘 낮이며 밤이며 빚을 추심하는 전화가 잇달아 걸려온다.

夏になると居間といわず台所といわず、蟻が現れて気が変になりそうだ。 여름이 되면 거실이며 부엌이며 할 것 없이 개미가 나타나 정신이 이상해질 것 같다.

강의실 생중계!

- 반복적으로 사용되는 점이 특징이며 부정적 뉘앙스로 사용되는 경우가 많습니다.
- 후문에는 주로 상태, 동작, 평가 등의 내용이 옵니다.

적중 예상 문제

▶ 정답과 해설 55쪽

次の文の ___★___ に入る最もよいものを、1·2·3·4から一つ選びなさい。

01 英語が流暢に(　　　)、せめてコミュニケーションが取れるぐらいにはなりたい。

1 話せないまでも　2 話しながら
3 話したかいがあって　4 話せないほど

02 仕事に慣れるまでは、上司に聞く(　　　)先輩に聞く(　　　)して仕事を覚えていくしかあるまい。

1 やら/やら　2 というか/というか　3 にも/にも　4 なり/なり

03 昨日買った携帯電話は大きさ(　　　)性能(　　　)、大満足だ。

1 だの/だの　2 といい/といい　3 とも/とも　4 なり/なり

04 アメリカの失業率は8.8%と高い数字であるが、それ(　　　)わが国の失業率はわずか1.5%にすぎない。

1 のみならず　2 なくしては　3 はもとより　4 にひきかえ

次の文の ___★___ に入る最もよいものを、1·2·3·4から一つ選びなさい。

01 石碑には ______ ______ ___★___ ______ 成就しがたいという内容の詩が刻まれていた。

1 それにひきかえ　2 少年は年を　3 学問はなかなか　4 取りやすく

02 あの新入社員は ______ ___★___ ______ ______ いい、本当に心強い。

1 責任感と　2 ぶり　3 といい　4 仕事

03 社会が高度化、複雑化すればするほど、健康へ ______ ______ ___★___ ______ と思う。

1 前にも　2 高まってくる　3 まして　4 の関心は

04 いつも会議のあとは、______ ______ ___★___ ______ が染み付いて嫌になる。

1 いわず髪の毛　2 タバコの臭い　3 といわず　4 制服と

한눈에 미리 보기

시나공 06

강조, 한정을 나타내는 문법

이 장에서 배울 문법은 '강조, 한정을 나타내는 문법'입니다.
본격적인 학습에 앞서 자신이 알고 있는 문법이 어느 정도인지 □에 체크해보세요.

강조		
□ 54	～たりとも	～(라)도, 비록 ～일지라도
□ 55	～極まりない・～極まる	～하기 짝이 없다, 너무 ～하다
□ 56	～にして	～이 되어서 / ～이니까 / ～이면서도
□ 57	～すら・～ですら	～조차(도), ～(라)도
□ 58	～あっての	～이 있어야 성립하는, ～이 있어서 가능한
□ 59	～からある・～からの	～이상 되는, ～이나 되는
□ 60	～だに	～하기만 해도, ～(조차)도
□ 61	～というもの	무려 ～동안
한정		
□ 62	～をおいて	～이외에는, ～을 제외하고서는
□ 63	～ならでは	～이 아니고서는 안 되는, ～(에서)만의
□ 64	ただ～のみ(だ)	그저 ～ 뿐이다, 오직 ～할 따름이다

시나공 06 강조, 한정을 나타내는 문법

이번 장에서는 강조를 나타내는 ～たりとも, ～極まりない, ～にして, ～すら, ～あっての, ～からある, ～だに, ～というもの와 한정을 나타내는 문법 ～をおいて, ～ならでは, ただ～のみ(だ) 등에 관해서 집중적으로 알아봅니다.

시험에 이렇게 나온다!

次の文の ＿★＿ に入る最もよいものを、1･2･3･4から一つ選びなさい。

今が ＿＿＿ ＿★＿ ＿＿＿ ＿＿＿ 絶好の時期である。

1 ならではの　　2 が楽しめる　　3 雪景色　　4 北海道

해석 지금이 홋카이도가 아니면 볼 수 없는 설경을 즐길 수 있는 절호의 시기이다.

해설 선택지 중에 문법인 1번 ～ならではの(～이기에 가능한, ～이 아니고서는 불가능한)를 기준으로 우선 나열하는 것이 좋다. 명사 + ～ならではの + 명사의 형태로 사용하므로 명사인 3번과 4번이 관련 있다는 것을 알 수 있다. 그런데 앞에는 주체가 되는 명사가 와야 하므로 4번이 앞에 와야 한다. 나머지 2번은 동사의 명사 수식형이기 때문에 뒤에 명사가 와야 하므로 자연스럽게 마지막 공란에 들어가야 한다. 따라서 전체를 나열하면 ～北海道ならではの 雪景色 が楽しめる～가 된다. **정답** 1

54 ～たりとも ～(라)도, 비록 ～일지라도

접속 명사＋～たりとも
의미 최소 단위의 수량을 들어 전면적인 부정을 강조하는 표현이다.

一瞬(いっしゅん) 한순간
油断(ゆだん)する 방심하다
心臓(しんぞう) 심장
働(はたら)く 일하다
続(つづ)ける 계속하다
命(いのち) 생명
維持(いじ)する 유지하다
税金(ぜいきん) 세금
無駄遣(むだづか)い 낭비

大事な試合なので、選手たちは一瞬たりとも油断できない。
중요한 시합이므로 선수들은 단 한순간도 방심할 수 없다.

心臓は一秒たりとも休むことなく働き続け、私たちの命を維持してくれます。 심장은 단 1초도 쉬지 않고 계속 일하며 우리들의 생명을 유지시켜 줍니다.

税金の無駄遣いは一円たりとも許せない。 세금의 낭비는 단 1엔이라도 용납할 수 없다.

강의실 생중계!

～たりとも～ない 형태로 사용하며 최소 단위의 조수사 一分, 一秒, 一日 등과 함께 사용되는 점이 정답을 찾는 중요한 힌트가 됩니다.

55 ~極まりない・~極まる ~하기 짝이 없다, 너무 ~하다

접속 な형용사 어간+~極(きわ)まりない・~極まる
의미 화자의 감정을 강조해서 나타내는 표현이다.

信号(しんごう) 신호
危険(きけん)だ 위험하다
知事(ちじ) 지사, 책임자
発言(はつげん) 발언
言動(げんどう) 언동
批判(ひはん)する 비판하다
女優(じょゆう) 여배우
直接(ちょくせつ) 직접
感激(かんげき) 감격

小学校の前なのに、信号がないのは危険極まりない。
초등학교 앞인데 신호등이 없는 것은 위험하기 짝이 없다.

知事の発言に対して新聞は公人として非常識極まる言動だと批判した。
지사의 발언에 대해서 신문은 공인으로서 매우 비상식적인 언동이라고 비판했다.

강의실 생중계!

- 危険(위험), 失礼(실례), 不愉快(불쾌) 등과 같은 부정적 의미의 な형용사와 함께 쓰인다는 점이 중요한 포인트입니다.
- 부정과 긍정의 형태로 되어 있으나 결국은 같은 의미로 사용되므로 다른 의미로 착각해서는 안 되며, 특히 極まらない가 아니고 極まりない라는 점을 꼭 기억해둡니다.
- 명사를 수식하는 경우 주로 ~極まる+명사 형태를 쓰는 경향이 있습니다.
- 참고로 유사하게 강조를 나타내는 표현으로 감정의 명사+の極み(~의 극치, 극도의~, 최고의~)도 있습니다.

예 世界的に有名な女優に直接会うことができるなんて、感激**の極み**だ。
세계적으로 유명한 여배우를 직접 만날 수 있다니 너무 감격스럽다.

56 ~にして ~이 되어서 / ~이니까 / ~이면서도

접속 명사+~にして
의미 다양한 의미로 사용되므로 문맥과 특징을 통해서 의미를 파악해야 한다.

資格試験(しかくしけん) 자격시험
ようやく 간신히
ベテラン 베테랑
俳優(はいゆう) 배우
小説家(しょうせつか) 소설가

この資格試験は大変に難しく、私も3回目にしてようやく合格できた。
이 자격시험은 대단히 어려워서 나도 세 번째가 되어서 간신히 합격할 수 있었다.

こんな危険な仕事はベテランの鈴木さんにしてはじめてやれることだと思う。
이런 위험한 일은 베테랑인 스즈키 씨이기에 비로소 할 수 있는 일이라고 생각한다.

彼は世界的に有名な俳優にして小説家でもある。
그는 세계적으로 유명한 배우이자 소설가이기도 하다.

강의실 생중계!

명사의 종류에 따라 크게 세 가지가 의미로 사용됩니다.
① **~이 되어서, ~에 와서:** 주로 횟수, 연령 등과 같은 수량명사
② **~이니까, ~정도 되니까, ~의 경우에도:** 정도가 높은 명사
③ **~이면서도, ~이자:** 두 가지의 상태, 성질의 명사

57 ~すら・~ですら ~조차(도), ~(라)도

접속 명사+~すら・~ですら
의미 극단적인 예를 들어 '그 이외도 물론'이라고 말할 때 사용한다.

大規模(だいきぼ) 대규모
研究(けんきゅう) 연구
関(かか)わる 관여하다
患者(かんじゃ) 환자
恥(は)ずかしい 창피하다

こんな大規模の研究に自分が関わることになろうとは想像すらしていなかった。 이런 대규모의 연구에 자신이 관여하게 될 것이라고는 상상조차 하지 못했다.

あの患者は重い病気のため、一人では歩くことすらできない。 저 환자는 중병이기 때문에 혼자서는 걸을 수조차 없다.

子供ですら知っているようなことを大人の僕が知らなかったのは恥ずかしいことだ。 아이조차 알고 있을 것 같은 것을 어른인 내가 몰랐던 것은 창피한 일이다.

강의실 생중계!

- 문법적으로는 ~も(~도)와 동일한 것으로 보면 되는데 주로 ~すら ~ない・~ですら~ない 형태로 부정문이 뒤에 오는 경우가 많으며 유사한 표현으로는 ~さえ(~마저, ~조차, ~도)가 있습니다.
- 참고로 앞의 명사가 행위의 주체가 되는 경우에는 ~ですら 형태로 で가 붙는다는 것에 주의하세요.

✔ 시나공 확인 문제

次の文の(　　　)に入る最もよいものを、1·2·3·4から一つ選びなさい。

こんな複雑で繊細な作業は、長い経験の熟練者(　　　)はじめてできることだ。

1 にして　　2 だけが　　3 もがな　　4 ともなると

해석 이런 복잡하고 섬세한 작업은 오랜 경험의 숙련자이어야 비로소 가능한 일이다.

해설 우선 선택지에서 접속형태상 어울리지 않는 3번이 제외된다. 왜냐하면 현대에서는 주로 ~ず와 함께 ~ず+もがな 형태를 취해 강한 희망을 나타내는 표현인 言わずもがな(말하지 않는 편이 좋다), あらずもがな(없는 편이 좋다) 정도를 관용표현으로 사용하고 있기 때문이다. 그런데 1번 '~이니까, ~정도 되니까', 2번 '~만이', 4번 '~정도 되면, 되니까' 모두 문맥상 어울릴 것 같아 보여 선택하기 어렵다. 이런 경우에는 해석에만 의존하지 말고 공란의 앞뒤에서 힌트를 찾아야 한다. 즉 공란 뒤의 はじめて가 포인트가 된다. 그 이유는 1번만 ~て로 끝나므로 ~て+はじめて 형태로 '~하고 나서 비로소, 겨우'의 의미를 가질 수 있기 때문에 문맥상 정답이 된다. 2, 3번의 경우에 はじめて는 단순히 부사의 역할로 '처음, 처음으로(첫경험)'의 의미밖에 없으므로 문맥상 맞지 않아 정답이 될 수 없다.

정답 1

58 ~あっての ~이 있어야 성립하는, ~이 있어서 가능한

접속 명사+~あっての

의미 ~가 있다는 전제 조건이 있어야 비로소 가능한, ~가 있으니까 성립하는, ~가 없으면 안 되는이라는 의미로, 꼭 필요하다는 것을 강조하는 표현이다.

成功(せいこう) 성공
皆様(みなさま) 여러분
感謝(かんしゃ) 감사
克服(こくふく)する 극복하다
励(はげ)まし 격려
政治(せいじ) 정치
国民(こくみん) 국민

こうして私どもが成功できたのも、皆様あってのものと感謝しております。
이렇게 저희들이 성공할 수 있었던 것도 여러분이 있어서 가능했기에 감사드립니다.

僕が病気を克服することができたのは、家族の励ましあってのことだ。
내가 병을 극복할 수 있었던 것은 가족의 격려가 있었기에 가능했던 일이다.

国民あっての政治だ。国民の考えを大切にしなければならない。
국민이 있어야 정치가 있는 것이다. 국민의 생각을 소중히 하지 않으면 안 된다.

강의실 생중계!

- 문맥에 따라 적절한 의역이 필요하며 명사 + あっての + 명사와 같이 앞뒤에 명사가 오는 것이 중요한 특징입니다.
- 참고로 가장 많이 사용하는 형태는 ~あってのこと, ~あってのもの입니다.

59 ~からある・~からの ~이상 되는, ~이나 되는

접속 명사+~からある・~からの

의미 크기, 길이, 무게 등의 정도가 큰 것을 강조하는 표현이다.

機械(きかい) 기계
運(はこ)ぶ 운반하다
足腰(あしこし) 다리와 허리
身長(しんちょう) 키
大男(おおおとこ) 덩치가 큰 사나이
現(あらわ)れる 나타나다
びっくりする 깜짝 놀라다
こしらえる 만들다
夜逃(よに)げ 야반도주

50キロからある機械を５階まで運ぶには、足腰の強い人が３人以上は必要だ。
50킬로 이상 되는 기계를 5층까지 운반하려면 건장한 사람이 3명 이상은 필요하다.

身長が２メートルからある大男が、突然目の前に現れてびっくりした。
키가 2미터나 되는 큰 남자가 갑자기 눈앞에 나타나 깜짝 놀랐다.

彼は2千万円からの借金をこしらえたあげく、夜逃げしてしまった。
그는 2천만 엔 이상의 빚을 진 끝에 야반도주해버렸다.

강의실 생중계!

수량을 나타내는 명사와 함께 사용되는 점이 중요한 힌트가 됩니다. 참고로 여기에서 ~から(~부터)는 '이상'의 의미라는 사실만 알면 이해하는 데 도움이 될 것입니다.

60 ~だに ~하기만 해도, ~(조차)도

접속 명사 / 동사 기본형 + ~だに
의미 강조해서 나타내는 표현이다.

地震(じしん) 지진
想像(そうぞう)する 상상하다
死(し) 죽음
俳優(はいゆう) 배우

地震のことなど想像するだに恐ろしい。 지진 등은 상상하기만 해도 무섭다.

僕は小さい頃、死については考えるだに恐ろしかった。
나는 어릴 적에 죽음에 대해서는 생각하는 것만으로도 두려웠다.

まさか彼が俳優になるなんて、僕は想像だにしなかった。
설마 그가 배우가 되리라고 나는 상상조차 하지 못했다.

강의실 생중계!

- 크게 명사와 동사에 접속되는 형태가 있습니다. 명사에 접속되는 경우는 부정문을 수반하여 ~だに ~ない(~조차도 ~않다) 형태로 사용하며 동사에 접속되는 경우는 '~하는 것만으로도, ~하기만 해도'라는 의미가 됩니다.
- 일반적으로 想像, 夢に / 想像する, 聞く, 考える 등과 같은 단어와 함께 관용적으로 사용됩니다.

61 ~というもの 무려 ~동안

접속 명사 + ~というもの
의미 어떤 시간, 기간이 길다는 것을 강조한다.

大型台風(おおがたたいふう) 대형 태풍
上陸(じょうりく) 상륙
海沿(うみぞ)い 바닷가
人々(ひとびと) 사람들
恐怖(きょうふ) 공포
おびえる 무서워서 벌벌 떨다, 겁내다

彼はここ1か月というもの、授業を休んでいる。
그는 최근 무려 한 달 동안 수업을 쉬고 있다.

僕はこの2週間というもの、仕事どころではなかった。
나는 최근 무려 이주일 동안 일을 할 상황이 못 되었다.

大型台風が上陸してこの1週間というもの、海沿いに住む人々は恐怖におびえていた。 대형 태풍이 상륙해서 일주일 동안이나 바닷가에 사는 사람들은 공포에 떨고 있었다.

강의실 생중계!

- ここ, この와 함께 앞에는 시간이나 기간을 나타내는 명사가 오는 점이 중요한 특징입니다.

62 ～をおいて ～이외에는, ～을 제외하고서는

접속 명사＋～をおいて

의미 ～와 비교할 만한 것은 달리 없다는 의미로 높이 평가할 때 사용한다.

観光開発(かんこうかいはつ) 관광개발
地域(ちいき) 지역
ふさわしい 걸맞다
人物(じんぶつ) 인물
天才(てんさい) 천재
最(もっと)も 가장, 제일
似合(にあ)う 어울리다
アーティスト 아티스트

新しく観光開発をするなら、この地域をおいてほかにはない。
새롭게 관광개발을 할 거라면 이 지역을 제외하고서는 없다.

次の首相にふさわしい人物は、彼をおいてほかにはいないだろう。
차기 수상에 걸맞은 인물은 그 사람 이외에는 없을 것이다.

天才という言葉が最も似合うアーティストといえば、彼女をおいてほかにはいないだろう。 천재라는 말이 가장 어울리는 아티스트라고 하면 그녀를 제외하고서는 없을 것이다.

강의실 생중계!

- 주로 뒤에 부정문을 수반해서 ～をおいて＋～ない(ほかにはない, ほかにはいない)의 형태로 사용하는 점이 매우 중요한 특징입니다.
- 사람을 나타내는 명사와 함께 사용되는 경우가 많습니다.
- 참고로 상황, 장소를 나타내는 ～において(～에서, ～에 있어서)와 혼동하지 않도록 조사에 유의하세요.

63 ～ならでは ～이 아니고서는 안 되는, ～(에서)만의

접속 명사＋～ならでは

의미 ～이외에는 불가능하다, 단지 ～만이 할 수 있다고 감탄할 때 사용한다.

ごちそうになる 대접받다
素朴(そぼく)だ 소박하다
味(あじ)わい 맛
雑誌(ざっし) 잡지
眺望(ちょうぼう) 조망
洗練(せんれん) 세련
魅力(みりょく)さ 매력됨
厳選(げんせん) 엄선
徒歩(とほ) 도보
風情(ふぜい) 풍치, 정취

友達の家でごちそうになった料理は、家庭料理ならではの素朴な味わいだった。 친구 집에서 대접받은 요리는 가정요리가 아니고서는 맛볼 수 없는 소박한 맛이었다.

この雑誌は東京ならではの眺望と洗練さが魅力のホテルを厳選して紹介している。 이 잡지는 도쿄에서만 볼 수 있는 조망과 세련미가 매력인 호텔을 엄선해서 소개하고 있다.

徒歩でないと、京都ならではの風情は体験できないだろう。
걷지 않으면 교토만의 정취는 체험할 수 없을 것이다.

강의실 생중계!

- 국가, 지역, 장소를 나타내는 명사와 함께 긍정적인 의미로 사용하는 경우가 많고 직역으로는 어색한 경우도 있으니 문맥에 따라 적절히 의역하는 것이 좋습니다.
- 시험에서는 대부분 명사+ならではの+명사 형태로 출제되고 있으니 이 형태를 잘 익혀두면 정답 찾기가 한결 쉬워질 것입니다.

64 ただ～のみ(だ) 그저 ~ 뿐이다, 오직 ~만이다

접속 ただ+동사・い형용사 기본형 / な형용사 어간+である / 명사+～のみ(だ)
의미 ~이외에는 없다, ~밖에 없다고 강조할 때 사용한다.

あまりにも 너무나도
呆然(ぼうぜん) 맥이 빠져 멍함
期末(きまつ)テスト 기말고사
結果(けっか) 결과
チンパンジー 침팬지
模倣(もほう)する 모방하다
互(たが)い 서로
協力(きょうりょく) 협력
協同作業(きょうどうさぎょう) 협동 작업
財産(ざいさん) 재산
肉親(にくしん) 육친
重要(じゅうよう)だ 중요하다

あまりにも怖くて、私は何もできず、ただ呆然とするのみだった。
너무나도 무서워서 나는 아무것도 하지 못하고 그저 멍하니 있을 뿐이었다.

期末テストは終わった。あとはただ結果を待つのみだ。
기말고사는 끝났다. 나머지는 그저 결과를 기다릴 뿐이다.

강의실 생중계!

- のみ는 だけ(뿐, 만)의 문어체 표현으로 이해하면 되며 ただ는 생략할 수도 있습니다.
- 참고로 동사성명사(명사+する)는 명사+ある를 사용하는 경우가 더 많습니다.
- 이 외에도 のみ와 관련된 표현은 N1에서도 많이 사용되므로 ～のみか(~뿐만 아니라, ~뿐더러), ～のみならず, ～のみで(は)なく(~뿐만 아니라)도 복습을 겸해서 다시 한 번 익혀두는 것이 좋습니다.

예 研究によると、チンパンジーは人間の模倣をする**のみならず**、互いに協力して協同作業もするらしい。
연구에 의하면 침팬지는 인간을 모방할 뿐만 아니라 서로 협력해서 협동 작업도 하는 것 같다.

예 地震により、財産**のみか**肉親までも失った。 지진으로 인해 재산뿐만 아니라 육친까지 잃었다.

예 携帯電話は電話として**のみではなく**重要なコミュニケーションツールとなっている。
휴대 전화는 전화로서 뿐만 아니라 중요한 커뮤니케이션 도구가 되고 있다.

시나공 확인 문제

次の文の(　　)に入れるのに最もよいものを、1･2･3･4から一つ選びなさい。

東京ディズニーがここまで成功できたのは日本(　　)細かい心配りがあったからである。

1 ならではの　　2 めく　　3 ごとき　　4 なみに

해석 도쿄 디즈니랜드가 여기까지 성공할 수 있었던 것은 일본이기에 가능한 세심한 배려가 있었기 때문이다.

해설 공란의 앞뒤에 명사(細かい는 心配り를 꾸미는 말이므로 의미적으로는 명사에 연결된다)가 있으므로 선택지 중 접속형태로 따져보면 명사 + ～のごとき(~와 같은) 형태로 사용되는 3번은 제외된다. 그리고 2번 ～めく는 '~다워지다, ~처럼 보이는'이라는 의미로 문맥상 적절하지 않다. 간혹 '~다운'으로 해석해서 정답으로 착각하는 경우가 있는데 기본적으로 めく는 장소명사에는 사용할 수 없다. 4번 ～なみ는 명사에 붙어 '~와 같은 수준이다, 동등하다'라는 의미이기 때문에 정답이 될 수 없다. 그러므로 명사 + ～ならではの + 명사의 형태로 '~이기에 가능한, ~이 아니고서는 불가능한, ~만의'라는 의미의 1번이 정답이 된다. **정답** 1

적중 예상 문제

問題　次の文の(　　　)に入れるのに最もよいものを、1·2·3·4から一つ選びなさい。

01 どんな小さな成功も努力(　　　)。一日でも練習を怠ってはいけない。

1 あるかのようだ　2 ありがちだ　3 あってのことだ　4 あっては困る

02 大気がなければどんな生物だって一刻(　　　)生存することができない。

1 たりとも　2 ことなく　3 ごとく　4 とあって

03 この一ヶ月(　　　)、ダイエットとは無縁の生活をしていたら、あっという間に60キロ台に逆戻りしてしまった。

1 としては　2 ともなると　3 というもの　4 といえば

04 当時、多くの戦争孤児たちはまともな服(　　　)与えられず、奴隷のように働かされたという。

1 だけでも　2 のみも　3 ごとき　4 すら

05 食堂などで、となりの席の人の顔をじろじろ見るのは失礼(　　　)。

1 というべきではない　2 極まりない

3 でならない　4 になりかねる

06 昨日の花火大会では500発(　　　)花火が打ち上げられ、夜空を美しく彩った。

1 だけあって　2 ならともかく　3 に先立って　4 からある

07 僕にできることは全部やった。あとはただ成功を祈る(　　　)。

1 までもない　2 に決まっている　3 ものか　4 のみだ

08 娘を失った父親の心を想像する(　　　)胸がえぐられるような思いがする。

1 だに　2 べく　3 なり　4 次第

問題　次の文の ＿★＿ に入る最もよいものを、1·2·3·4から一つ選びなさい。

01 この時計はデザインは平凡だが、防水性能に ＿＿＿ ＿＿＿ ＿★＿ ＿＿＿ 海の中でも使える。

1 深い　　2 100メートル　　3 優れていて　　4 からある

02 彼は昨年、脳硬塞で倒れ、寝たきりで一人では歩く ＿＿＿ ＿＿＿ ＿★＿ ＿＿＿ 状態だ。

1 できない　　2 車椅子に乗る　　3 ことすら　　4 ことはおろか

03 9時発の予定だったが、悪天候で乗り継ぎの飛行機が ＿＿＿ ＿＿＿ ＿★＿ ＿＿＿ のみだ。

1 再開を待つ　　2 欠航となり　　3 今はただ　　4 運航の

04 田中さんは40年間もの転勤生活の ＿＿＿ ＿★＿ ＿＿＿ ＿＿＿ 自宅を持つことができた。

1 60歳に　　2 ようやく　　3 あと　　4 して

05 ここ一週間 ＿＿＿ ＿＿＿ ＿★＿ ＿＿＿ 毎日嫌な夢を見る。

1 仕事の　　2 もの　　3 ストレスのせいか　　4 という

06 彼は不法な要求には ＿＿＿ ＿★＿ ＿＿＿ ＿＿＿ と確固たる信念を示した。

1 妥協する　　2 たりとも　　3 気はない　　4 一歩

07 もともと僕は引っ込み思案の人間で、人前で ＿＿＿ ＿＿＿ ＿★＿ ＿＿＿ 恐ろしい。

1 だに　　2 発表する　　3 考える　　4 ことなど

08 東京で最高のイタリア料理を味えるところは、僕の ＿＿＿ ＿＿＿ ＿★＿ ＿＿＿ と思う。

1 ほかにはない　　2 知っている限りでは

3 をおいて　　4 このレストラン

한눈에 미리 보기

시나공 07

때를 나타내는 문법

이 장에서 배울 문법은 '때를 나타내는 문법'입니다.
본격적인 학습에 앞서 자신이 알고 있는 문법이 어느 정도인지 □에 체크해보세요.

기점 등		
□ 65	**~てからというもの**	~하고 나서(부터)
□ 66	**~を皮切りに(して)・~を皮切りとして**	~을 시작으로, ~부터 시작해서
□ 67	**~にあって**	~에(있어서), ~(상황)에서
□ 68	**~ながらに・~ながらの**	~한 채로, ~하면서, ~그대로
□ 69	**~を限りに**	~을 끝으로, ~을 마지막으로
동시성		
□ 70	**~や否や・~や**	~하자마자, ~함과 동시에
□ 71	**~そばから**	~해도 곧, ~하자마자
□ 72	**~が早いか**	~하자마자, ~하기가 무섭게
□ 73	**~なり**	~하자마자, ~함과 거의 동시에
부대		
□ 74	**~かたわら**	~하는 한편, ~하면서
□ 75	**~がてら**	~을 겸해서, ~하는 김에
□ 76	**~かたがた**	~도 겸해서, ~도 할 겸

시나공 07

때를 나타내는 문법

이번 장에서는 기점 등을 나타내는 ~てからというもの, ~を皮切りに, ~にあって, ~ながらに, ~を限りに와 동시성을 나타내는 ~や否や, ~そばから, ~が早いか, ~なり, 부대를 나타내는 ~かたわら, ~がてら, ~かたがた 등에 관해서 살펴봅니다.

시험에 이렇게 나온다!

次の文の(　　)に入れるのに最もよいものを、1·2·3·4から一つ選びなさい。

僕は会社を(　　)、いまだに親のすねをかじっている。

1 やめたところで　　2 やめたかと思うと
3 やめてからというもの　　4 やめないまでも

해석 나는 회사를 그만두고 나서부터 아직까지 부모님에게 의지한 채 살고 있다.

해설 선택지에는 문법들이 동사와 함께 제시되어 있으므로 의미로 접근할 수밖에 없다. 공란의 전문이 '회사를 그만둔다', 후문이 '아직까지 부모에게 의지한다'이므로 '회사를 그만둔 이후부터 쭉 부모에게 의지했다'라는 내용이 된다. 따라서 정답은 3번 ~てからというもの(~한 뒤로, ~하고 나서부터 쭉)이다. 참고로 2번 ~(か)と思うと・~(か)と思ったら(N2)는 '~라고 생각했더니, 생각했는데'라는 의미이다. 그리고 ~のすねをかじる는 관용표현으로 '독립적인 생활을 하지 못하고 도움을 받는다'라는 의미이다. **정답** 3

65 ~てからというもの ~하고 나서(부터)

접속 동사 て형+~てからというもの
의미 후문 변화의 계기가 된 시점을 나타낼 때 사용한다.

ほとんど 거의
囲碁(いご) 바둑
暇(ひま) 틈, 짬, 기회
碁(ご)を打(う)つ 바둑을 두다
全然(ぜんぜん) 전혀

Eメールを使うようになってからというもの、ほとんど手紙を書かなくなった。
이메일을 사용하게 되고 나서부터 거의 편지를 쓰지 않게 되었다.

囲碁の面白さを知ってからというもの、暇さえあれば碁を打っている。
바둑의 재미를 알게된 후부터 틈만 나면 바둑을 두고 있다.

子供は中学校に入ってからというもの、全然言うことを聞かなくなった。
아이는 중학교에 들어가고 나서부터 전혀 말을 듣지 않게 되었다.

강의실 생중계!

동사 て형에 접속되는 특징을 잘 숙지하면 정답을 찾기는 어렵지 않습니다. 그리고 ~というもの(~라는 긴 시간 동안)와 혼동하지 않도록 각별히 주의하세요.

66 ～を皮切りに(して)・～を皮切りとして ~을 시작으로, ~부터 시작해서

접속 명사＋～を皮切(かわき)りに(して)・～を 皮切りとして
의미 ~으로부터 시작해서 그다음 차례차례로, 계속해서라는 의미이다.

まわる 순회하다
記念公演(きねんこうえん) 기념 공연
コンサート 콘서트
発表会(はっぴょうかい) 발표회
連日(れんじつ) 연일
予定(よてい) 예정
監督(かんとく) 감독
全国(ぜんこく) 전국
順次(じゅんじ) 순차적으로, 차례로
上映(じょうえい) 상영

その画家の絵はあしたの展示会を皮切りに、５都市をまわるそうだ。
그 화가의 그림은 내일의 전시회를 시작으로 5개 도시를 순회한다고 한다.

５日の記念公演をかわきりに、コンサートや発表会などが連日予定されている。
5일의 기념 공연을 시작으로 콘서트와 발표회 등이 연일 예정되어 있다.

あの監督の映画があす東京を皮切りに、全国13か所で順次上映されるという。
저 감독님의 영화가 내일 도쿄를 시작으로 해서 전국 13개소에서 차례로 상영된다고 한다.

강의실 생중계!

- 다소 생소해 보이는 표현이지만 皮切り(일의 시작, 개시)의 의미만 익혀두면 쉽게 이해할 수 있습니다.
- 이 문형은 동일하거나 유사한 일이 계속해서 일어날 때 사용하므로 이 부분만 잘 확인하면 간단하게 정답 여부를 알 수 있습니다.

67 ～にあって ~에 (있어서), ~(상황)에서

접속 명사＋～にあって
의미 어떤 특별한 사태, 상황, 입장에서라는 의미이다.

責任者(せきにんしゃ) 책임자
立場(たちば) 입장
惜(お)しむ 아까워하다
状況(じょうきょう) 상황
諦(あきら)める 포기하다
我々(われわれ) 우리들
不可欠(ふかけつ) 불가결
存在(そんざい) 존재

当時の僕は責任者という立場にあって、寝る時間も惜しんで働かなければならなかった。
당시의 나는 책임자라는 입장에서 잠자는 시간도 아까워하면서 일하지 않으면 안 되었다.

どのような困難な状況にあっても、簡単に諦めてはいけない。
어떠한 곤란한 상황에서도 쉽게 포기해서는 안 된다.

現代にあって自動車は我々の生活に不可欠な存在になっている。
현대에 있어서 자동차는 우리들 생활에 불가결한 존재가 되고 있다.

강의실 생중계!

- ～で(에서), ～において(~에서, ~에 있어서)와 같은 의미로 좀 더 문어체적 표현이며 문맥에 따라 ～にあっては(~에서는), ～にあっても(~에서도)가 될 수도 있습니다.
- 일반적으로 非常時(비상시), 状況(상황), 立場(입장), 時期(시기) 등과 같은 명사에 접속되어 사용되는 경우가 많습니다.

68 ～ながらに・～ながらの ～한 채로, ~하면서, ~그대로

접속 명사 / 동사 ます형 + ～ながらに・～ながらの
의미 ～한 채로의 상태 그대로라는 의미이다.

政府(せいふ) 정부
対策(たいさく)を立(た)てる 대책을 세우다
被害者(ひがいしゃ) 피해자
訴(うった)える 호소하다
手法(しゅほう) 수법, 방법
自然発酵(しぜんはっこう) 자연 발효
無添加(むてんか) 무첨가
肌美人(はだびじん) 피부미인
絶賛(ぜっさん) 극찬, 절찬
話題(わだい) 화제
呼(よ)ぶ 불러일으키다

政府は一日も早く対策を立ててほしいと、被害者たちは涙ながらに訴えた。 정부는 하루라도 빨리 대책을 세워 주길 바란다고 피해자들은 눈물을 흘리면서 호소했다.

これは昔ながらの手法で自然発酵させた無添加の安全で美味しいみそです。
이것은 옛날 그대로의 방법으로 자연 발효시킨 무첨가의 안전하고 맛있는 된장입니다.

あの女優は生まれながらの肌美人と絶賛され、話題を呼んでいる。
저 여배우는 선천적인 피부미인이라고 절찬을 받으며 화제를 불러일으키고 있다.

강의실 생중계!

- 직역으로는 의미가 모호해지는 경우가 많으니 의역을 잘 해야 합니다. 그러나 관용적으로 사용되는 경우가 대부분이므로 昔ながら(옛날 그대로의), 涙ながら(눈물을 흘리며), 生まれながら(선천적으로) 등과 같은 표현을 익혀두면 정답을 찾는 데 도움이 될 것입니다.
- 뒤에 수식하는 품사에 따라 ～ながらに + 동사, ～ながらの + 명사가 됩니다. 다만 역접의 의미인 ～ながら・ながらも(～하면서도, ～이면서도) 용법과 혼동하지 않도록 주의합니다.

69 ～を限りに ～을 끝으로, ~을 마지막으로

접속 명사 + ～を限(かぎ)りに
의미 ～을 기점으로 지금까지 계속되던 것이 더 이상 계속되지 않고 끝나다라는 의미이다.

アナウンサー 아나운서
中継放送(ちゅうけいほうそう) 중계방송
引退(いんたい) 은퇴
営業不振(えいぎょうふしん) 영업부진
閉鎖(へいさ) 폐쇄

そのアナウンサーは昨日の野球の試合の中継放送を限りに引退した。
그 아나운서는 어제의 야구시합 중계를 마지막으로 은퇴했다.

営業不振でその遊園地は５月末を限りに閉鎖されることになった。
영업부진으로 그 유원지는 5월 말을 끝으로 폐쇄되게 되었다.

강의실 생중계!

- 앞에는 일반명사가 올 수 없고 기점을 나타내는 今日, 今月, 今年, 今日の試合, これ 등과 같은 명사와 함께 사용하므로 익혀두면 실전에 도움이 많이 됩니다.
- 경우에 따라서는 '～한계까지'라는 의미로도 쓰이나 声を限りに(목청껏) 정도만 관용적인 표현으로 암기해두세요. 유사한 표현으로는 ～を最後(さいご)に가 있으니 참고하세요.

70 ～や否や・～や ～하자마자, ~함과 동시에

접속 동사 기본형＋～や否(いな)や・～や
의미 ～가 일어난 직후에 후문이 일어났다는 의미이다.

ホーム 플랫폼, 승강장
止(と)まる 멈추다, 서다
ドアが開(あ)く 문이 열리다
飛(と)び出す 뛰어나가다
名乗(なの)る 이름을 대다
用件(ようけん) 용건
ずいぶん 상당히
せっかちだ 성급하다
喧嘩(けんか) 싸움
教師(きょうし) 교사
逃(に)げ出(だ)す 도망치기 시작하다

電車がホームに止まり、ドアが開くや否や、彼女は飛び出していった。
전철이 승강장에 멈춰서 문이 열리자마자 그녀는 뛰어나갔다.

最近、電話に出るや否や、名前も名乗らず用件だけを言うずいぶんせっかちな人が多くなった。
최근에 전화를 받자마자 자기 이름도 대지 않고 용건만 말하는 상당히 성급한 사람이 많아졌다.

喧嘩をしていた生徒たちは教師が来たとみるや、いっせいに逃げ出した。
싸움을 하고 있었던 학생들은 교사가 오는 것을 보자마자 일제히 도망치기 시작했다.

강의실 생중계!

- 주로 과거의 시설에 사용하며 ～や의 경우 초급의 명사＋や(~랑)로 착각하지 않도록 주의하세요!
- ～とたん(に), ～が早いか, ～か～ないかのうちに, ～そばから, ～なり, ～次第 등 유사한 표현들이 있으나 함께 출제되어 뉘앙스를 구분하도록 하는 문제는 잘 출제되지 않습니다. 만약 함께 출제되는 경우에는 접속형태로 정답을 찾을 수 있으므로 뉘앙스의 차이보다는 접속형태를 주의해서 암기하는 것이 좋습니다.

71 ～そばから ～해도 곧, ~하자마자

접속 동사 기본형・た형＋～そばから
의미 ～해도 ～해도 곧 다음과 같은 일이 발생한다고 말할 때 사용한다.

語学(ごがく) 어학
才能(さいのう) 재능
単語(たんご) 단어
習(なら)う 배우다
片付(かたづ)ける 정리하다, 치우다
散(ち)らかす 어지르다
注意(ちゅうい) 주의
過(あやま)ちを犯(おか)す 실수를 저지르다

僕は語学の才能がないようで、新しい単語を習うそばから忘れてしまう。
나는 어학에 재능이 없는 듯해서 새로운 단어를 배워도 곧 잊어버린다.

片付けるそばから子供が部屋を散らかすので、いやになってしまう。
정리해도 곧 아이가 방을 어지럽히므로 넌더리가 난다.

注意されたそばから、また同じ過ちを犯すなんて、馬鹿としか言いようがない。
주의를 받자마자 또 같은 실수를 저지르다니 멍청하다고밖에는 말할 방법이 없다.

강의실 생중계!

일회성이 아닌 반복적이고 일상적인 사항에 불만과 비난의 기분으로 주로 사용합니다. '곁에서'라고 잘못 해석하지 않도록 주의합니다.

72 ～が早いか ～하자마자, ～하기가 무섭게

접속 동사 기본형・た형＋～が早(はや)いか
의미 ～이 일어난 직후에 후문이 일어났다고 할 때 사용한다.

授業終了(じゅぎょうしゅうりょう) 수업 종료
ベル 벨
鳴(な)る 울리다
着(つ)く 도착하다
お弁当(べんとう) 도시락
青年(せいねん) 청년
大声(おおごえ) 큰 소리
叫(さけ)ぶ 외치다

授業終了のベルが鳴るが早いか、生徒たちは教室を飛び出していった。
수업 종료 벨이 울리기가 무섭게 학생들은 교실을 뛰쳐나갔다.

学生たちは動物園に着くが早いか、お弁当を食べ出した。
학생들은 동물원에 도착하자마자 도시락을 먹기 시작했다.

青年は二人の顔を見るが早いか、大声で叫んだ。
청년은 두 사람의 얼굴을 보자마자 큰 소리로 외쳤다.

강의실 생중계!

- 早くて, 早いが 등의 형태로 오답을 유도하는 경우도 있으니 주의해야 합니다.
- 대부분 동사 기본형에 접속되며 과거형에 접속되는 빈도는 매우 낮습니다.

73 ～なり ～하자마자, ～함과 거의 동시에

접속 동사 기본형＋～なり
의미 ～의 행위를 함과 거의 동시에 일반적이지 않은 행위를 했다는 의미이다.

一口(ひとくち) 한 입
顔(かお)をしかめる 얼굴을 찡그리다
おぼれる 물에 빠지다
湖(みずうみ) 호수
飛(と)び込(こ)む 뛰어들다
駆(か)け寄(よ)る 달려가다, 달려오다
声(こえ)をかける 말을 걸다

僕の料理を一口食べるなり、弟は顔をしかめて席をたってしまった。
내 요리를 한 입 먹자마자 남동생은 얼굴을 찡그리며 자리를 떠버렸다.

「あっ、誰かおぼれてる!」と言うなり、木村さんは湖に飛び込んだ。
"앗, 누군가 물에 빠졌다!"라고 말하자마자 기무라 씨는 호수로 뛰어들었다.

彼は僕を発見するなり、こちらへ駆け寄って声をかけた。
그는 나를 발견하자마자 이쪽으로 달려와서 말을 걸었다.

강의실 생중계!

이 문형은 3인칭에만 사용하며 전문과 후문의 행위의 주체는 동일한 점이 특징입니다. 동사나 명사에 접속되어 예시를 나타내는 ～なり～なり(～든지～든지), 명사에 접속되어 ～나름의 의미가 되는 ～なり와 혼동하지 않도록 주의하세요.

74 ~かたわら ~하는 한편, ~하면서

접속 동사 기본형 / 명사＋の＋~かたわら
의미 어떤 일을 하면서 또 한편으로는 다른 일을 한다는 의미이다.

画家(がか) 화가
小説家(しょうせつか) 소설가
活躍(かつやく) 활약
会社勤(かいしゃづと)め 회사 근무
福祉活動(ふくしかつどう) 복지활동
積極的(せっきょくてき) 적극적
取(と)り組(く)む 몰두하다
家計(かけい) 가계
担(にな)う 짊어지다, 떠맡다
通(かよ)う 다니다

彼女は画家としての活動のかたわら、小説家として活躍している。
그녀는 화가로서 활동하는 한편 소설가로서 활약하고 있다.

彼女は会社勤めのかたわら、福祉活動に積極的に取り組んでいる。
그녀는 회사에 근무하는 한편 복지활동에 적극적으로 몰두하고 있다.

その学生は家計を担っているために昼間働くかたわら、夜は学校へ通っている。
그 학생은 가계를 떠맡고 있기 때문에 낮에 일하면서 밤에는 학교에 다니고 있다.

강의실 생중계!

- 주로 '직업, 취미' 등을 나타낼 때 사용하는 표현이며 앞뒤에는 서로 상반되는, 어울리지 않는 사항이 오는 것이 특징입니다.
- 동사 ます형 / 명사에 접속되는 유사한 표현인 ~かたがた・~がてら와 구분하는 문제는 출제되지 않으나 혹시 출제되더라도 접속형태로 구분하면 되므로 접속형태에 주의합니다.

75 ~がてら ~을 겸해서, ~하는 김에

접속 명사 / 동사 ます형＋~がてら
의미 하나의 행위를 할 때 부가적으로 다른 행위를 한다는 의미이다.

ドライブ 드라이브
スーパー 슈퍼마켓
散歩(さんぽ) 산책
公園(こうえん) 공원

あしたはドライブがてら、新しくできた美術館まで行ってみようと思う。
내일은 드라이브를 겸해서 새로 생긴 미술관까지 가보려고 생각한다.

駅前にあるスーパーにまで散歩がてら買い物に行った。
역 앞에 있는 슈퍼마켓까지 산책을 겸해서 쇼핑을 하러 갔다.

僕は朝起きて散歩がてら、犬をつれて近くの公園に行った。
나는 아침에 일어나 산책하는 김에 데리고 근처 공원에 갔다.

강의실 생중계!

- 후문에는 주로 行く, 出かける 등과 같은 이동동사가 옵니다.
- 散歩(산책), 買い物(쇼핑), 花見(벚꽃놀이) 등과 함께 쓰이는 경우가 대부분이므로 익혀두는 것이 좋습니다.

76 ～かたがた ～도 겸해서, ～도 할 겸

접속 명사＋～かたがた
의미 두 가지의 목적을 갖고 어떤 행위를 한다는 의미로 격식을 차린 표현이다.

先日(せんじつ) 일전
お世話(せわ)になる 신세를 지다
お礼(れい) 답례인사
お宅(たく) 댁
寄(よ)る 들르다
部長(ぶちょう) 부장
お祝(いわ)い 축하
伺(うかが)う 찾아뵙다 ('방문하다'의 겸사말)

先日お世話になったお礼かたがた、木村さんのお宅にお寄りしました。

일전에 신세진 인사도 할 겸 기무라 씨 댁에 들렀습니다.

帰国のあいさつかたがた、お土産を持って社長のお宅を訪問した。

귀국 인사도 할 겸 선물을 들고 사장님 댁을 방문했다.

部長になられたとのことで、お祝いかたがたお伺いいたしました。

부장님이 되셨다고 해서 축하드릴 겸해서 찾아뵈었습니다.

강의실 생중계!

お見舞い(병문안), お礼(답례인사), ご報告(보고) 등의 명사와 함께 사용되는 경우가 많으며, 후문에는 주로 訪問する, 訪ねる, 寄る, 伺う 등과 같은 동사가 오는 것이 특징입니다.

시나공 확인 문제

次の文の ＿★＿ に入る最もよいものを、1·2·3·4から一つ選びなさい。

総会で会長として承認されましたので、＿＿＿ ＿★＿ ＿＿＿ ＿＿＿ 申し上げます。

1 就任の　2 ご報告　3 ご挨拶を　4 かたがた

해석 총회에서 회장으로서 승인받았으므로 보고를 겸해서 취임 인사를 드립니다.

해설 이 문제는 단순히 단어의 품사에만 집착하면 실수할 수도 있으므로 단어의 앞뒤에 있는 조사까지 주의 깊게 봐야 한다. 즉 4번 ～かたがた(～도 겸해서, ～할 겸)는 명사에 접속되어야 하는데 1, 2, 3번이 모두 명사이지만 1, 3번은 조사가 붙어 있으므로 부적절하므로 2번과 짝을 이루어야 한다. 그리고 문장 끝에 타동사인 申し上げる가 있으므로 앞에는 ～を를 가진 3번이 와야 한다. 그러면 1번은 말할 것도 없이 3번을 수식해야 한다. 전체적으로 나열하면 ～ご報告かたがた就任のご挨拶を～가 되므로 정답은 4번이다.

정답 4

적중 예상 문제

問題　次の文の（　　）に入れるのに最もよいものを、1·2·3·4から一つ選びなさい。

01 昼の休憩時間に合わせて、昼食後の運動（　　）、周辺道路のボランティア清掃活動に参加してきた。

1 かたがた　　2 くらいでは　　3 のみならず　　4 のごとく

02 ネイルアートに興味を持っている娘は、高校に通う（　　）ネイルスクールで技術を学んでいる。

1 か否か　　2 がゆえに　　3 かたわら　　4 からには

03 掃除しても掃除する（　　）子供がおもちゃを取り出して散らかすので、きりがない。

1 そばから　　2 というより　　3 だけあって　　4 とあって

04 旅行でくたくたになった僕はホテルの部屋に入る（　　）、ベッドに倒れてそのまま眠ってしまった。

1 ことなしに　　2 につれて　　3 寸前に　　4 や否や

05 職場の環境改善のための補助金制度は2010年度を（　　）廃止されたという。

1 限りに　　2 皮切りに　　3 よそに　　4 問わず

06 まさかこんなことになるとは夢にも思わなかったと、生徒は涙（　　）心境を告白した。

1 こそ　　2 をめぐって　　3 どころか　　4 ながらに

07 事業に成功して（　　）、僕は欲しいものは何でも手に入れることができた。

1 ばかりいても　　2 からというもの　　3 いないように　　4 いるともかぎらなく

08 人々に大きな衝撃を与えた先月の事件（　　）新興企業の問題点が次々と露呈してきた。

1 にしても　　2 を最後に　　3 にあたって　　4 を皮切りに

問題　次の文の ＿★＿ に入る最もよいものを、1·2·3·4から一つ選びなさい。

01 あの果樹園は ＿＿ ＿★＿ ＿＿ ＿＿ ができるので、幼児を持つ地元の母親たちに大好評だ。

1 ミカン　2 散歩　3 狩り　4 がてら

02 人間は ＿＿ ＿＿ ＿★＿ ＿＿ 表現ではない。とりわけ短期記憶は繰り返すのが，記憶を定着させる鉄則である。

1 決して大げさな　2 覚えたそばから
3 記憶は時間との戦いといっても　4 忘れていく生き物なので

03 きのう一歳の娘の定期検診に行ったが、白衣姿の ＿＿ ＿＿ ＿★＿ ＿＿ 大変だった。

1 泣き出して　2 否や　3 見るや　4 先生を

04 木村選手は、日本ラグビー界のアイコン的存在として ＿＿ ＿★＿ ＿＿ ＿＿ に現役を引退すると発表した。

1 を限り　2 ひざの負傷が完治しないため
3 活躍してきたが　4 2021シーズン

05 駐車場で何かを食べていた野良猫は ＿＿ ＿＿ ＿★＿ ＿＿ 逃げて出した。

1 目が合う　2 一目散に　3 なり　4 僕と

06 彼女は健康の大切さを ＿＿ ＿＿ ＿★＿ ＿＿ 運動を続けている。

1 というもの　2 自覚してから　3 休むことなく　4 一日たりとも

07 鈴木食品会社は新製品を ＿＿ ＿＿ ＿★＿ ＿＿ へ発売エリアを拡大していくことにした。

1 を皮切りに　2 静岡県　3 全国　4 順次

08 核家族化や ＿＿ ＿＿ ＿★＿ ＿＿ 生活スタイルによって保育士の需要は年々増加している。

1 にあって　2 現代社会　3 少子化が進む　4 多様化する

問題　次の文の（　　　）に入れるのに最もよいものを、1・2・3・4から一つ選びなさい。

01 このチームの主将は田中君（　　　）ほかに適任者はいないだろう。

1 をもって　　2 をおいて　　3 にあって　　4 につけ

02 小学生の娘は学校から帰ってきて玄関にかばんを置く（　　　）、遊びに行ってしまった。

1 あまり　　2 とすれば　　3 なり　　4 次第

03 企業の情報化への投資は年々増加しており、以前（　　　）情報通信システムへの依存度は高まっている。

1 ならではの　　2 にかけては　　3 にもまして　　4 ばかりか

04 東京ディズニーの成功の裏には日本（　　　）細かい心配りがあったからこそではないだろうか。

1 ならではの　　2 次第で　　3 なしには　　4 ながらに

05 海へ行ってきたのか、田中さんは顔（　　　）腕（　　　）、真っ赤に日焼けしていた。

1 によらず/によらず　　2 というか/というか

3 といわず/といわず　　4 においても/においても

06 キノコは場所や時期で形が異なり、専門家（　　　）毒キノコを見分けるのが困難とのことで、野生キノコをむやみに食べてはいけない。

1 ですら　　2 ならではの　　3 だけに　　4 なりに

07 責任者はどんな非常時（　　　）も平常心を保つようにせねばならない。

1 によって　　2 にあって　　3 とともに　　4 とあって

問題　次の文の ＿★＿ に入る最もよいものを、1·2·3·4から一つ選びなさい。

01 この店は、各地方の美味しい素材と ＿＿ ＿★＿ ＿＿ ＿＿ ローカロリーメニューがたくさんある。

1 ならではの　2 調理法を　3 日本　4 駆使した

02 精神的に疲れているときは、＿＿ ＿＿ ＿★＿ ＿＿ メンタルのケアになるような活動をしたほうがいい。

1 趣味に没頭する　2 しばらく旅行に　3 なりして　4 行くなり

03 山本選手は引退後 ＿＿ ＿＿ ＿★＿ ＿＿ 全国の地方をまわり野球教室を開いて積極的に活動している。

1 かたわら　2 として　3 活動する　4 野球評論家

04 彼女は ＿＿ ＿★＿ ＿＿ ＿＿ 努力で23歳という若さで放送作家としてデビューすることができた。

1 血の滲む　2 生まれ　3 才能と　4 ながらの

05 (メールで)こうして現在があるのも弊社をご支援 ＿＿ ＿＿ ＿★＿ ＿＿ 深くお礼申し上げます。

1 あっての　2 お客様　3 ことと　4 くださった

06 今年こそ、禁煙 ＿＿ ＿＿ ＿★＿ ＿＿ 以下に減らすつもりだ。

1 まではしない　2 せめて　3 本数でも半分　4 までも

07 小学校からずっと野球一筋だった木村選手は ＿＿ ＿＿ ＿★＿ ＿＿ と表明した。

1 限りに　2 引退する　3 今シーズンを　4 記者会見を開き

問題　次の文の（　　　）に入れるのに最もよいものを、1·2·3·4から一つ選びなさい。

01 調査によると、団体旅行は2010年から18年にかけて減少しているの（　　　）、家族、友人と旅行する小単位の旅行は増加してきたそうだ。

1 にわたって　　2 にひきかえ　　3 に先立ち　　4 にそって

02 雨の日にレインコートで電車に乗ってそのまま座っている人を見かけるが、（　　　）極まりない行為であると思う。

1 非常識の　　2 非常識な　　3 非常識に　　4 非常識

03 世界的に有名なイギリスの劇作家の最高傑作である「探偵物語」が、来年1月より東京公演（　　　）全国７都市で上演される。

1 を皮切りに　　2 をもって　　3 を受けて　　4 を最後に

04 悲惨な戦争の歴史を学んだ小学生たちは、世界中のみんなで手をつなぎ、平和を守ってほしい（　　　）訴えた。

1 涙なしでは　　2 涙ながらに　　3 涙ばかりでは　　4 涙とともに

05 彼女は、一時は寝たきりになった実母を自宅に迎えて、（　　　）在宅リハビリを支え続けて今では、ある程度歩けるくらいまで回復したという。

1 仕事からして　　2 仕事がてら　　3 仕事にかけては　　4 仕事のかたわら

06 自然建材へのこだわりをこれほどまで妥協せずに追求する建築家は、彼（　　　）ほかにはいないだろう。

1 において　　2 としては　　3 をおいて　　4 はもとより

07 就活当初は手当たり次第に20社以上に履歴書を送ったが、面接を（　　　）、ストレスで体調まで崩してしまった。

1 受けたことだけなくて　　2 受けることすらできなくて
3 受けさえすればよくて　　4 受けられそうになって

問題　次の文の ＿★＿ に入る最もよいものを、1･2･3･4から一つ選びなさい。

01 この展示会ではアーティスト・西岡さんが ＿＿ ＿＿ ＿★＿ ＿＿ 油絵を中心に漫画など多岐にわたる作品を展示している。

1 挑戦する　2 作家活動20年目　3 はじめて　4 にして

02 (広告で)おかげさまで、6月で創立3周年を迎えました。＿＿ ＿＿ ＿★＿ ＿＿ 感謝いたしております。

1 ご協力あっての　2 多くの皆様の　3 利用者をはじめ　4 賜物と心より

03 第50回ベルリン国際映画祭にも出品されたこの映画は ＿＿ ＿＿ ＿★＿ ＿＿ 最高の作品と評価されている。

1 ならではの　2 光っている　3 繊細な表現が　4 女性監督

04 価値観が ＿＿ ＿＿ ＿★＿ ＿＿ 何でもありが現代なのである。

1 世界を包み込むことなどは　2 もはや近代のように一つの原則やスタイルが
3 ありえないのだし　4 多様化した現代にあっては

05 印刷業界はデジタル化や少子化による市場規模の ＿＿ ＿＿ ＿★＿ ＿＿ さらなる競争激化の状況であるという。

1 まして　2 縮小に加え　3 価格下落が進み　4 従来にも

06 妹は結婚が ＿＿ ＿＿ ＿★＿ ＿＿ 言動がものすごく落ち着いてきたように見える。

1 したのか　2 精神的に安定　3 決まってから　4 というもの

07 近年その便利さから ＿＿ ＿＿ ＿★＿ ＿＿ 行えるようになった。その一方でトラブルも増加しているので注意が必要だ。

1 インターネット通販が　2 海外からの購入も手軽に
3 国内のみならず　4 広く普及しており

問題　次の文の(　　　)に入れるのに最もよいものを、1・2・3・4から一つ選びなさい。

01 高齢者の方は座ってばかりいないで、軽く(　　　)してなるべく身体を動かして筋力が衰えないようにしなければならない。

1 運動するなり散歩するなり　　2 運動しても散歩しても
3 運動するのも散歩するのも　　4 運動というか散歩というか

02 この店は全国各地から取り寄せる旬の食材が絶品で、老舗(　　　)佇まいなので接待や宴会に最適である。

1 にすぎない　　2 ではあるまい　　3 ならではの　　4 ほどまでの

03 埼玉県はゴミの放置と騒音による近隣住民への悪影響を理由に、県内の無料キャンプ場3カ所を本年度(　　　)に廃止すると発表した。

1 をはじめ　　2 を限り　　3 をめぐって　　4 を問わず

04 閉講になった授業の授業料は詳細の確認ができ次第、ご返金させていただきますので、今しばらくご猶予をお願いしたく、お詫び(　　　)謹んでお願い申し上げます。

1 かたがた　　2 かねて　　3 ついでに　　4 せざる

05 先週、発売されたB社のスマートホンを実際使ってみたところ、(　　　)製品としての魅力は抜群だと思う。

1 性能でもなくデザインでもなく　　2 性能だろうとデザインだろうと
3 性能ともデザインとも　　4 性能といいデザインといい

06 選挙が(　　　)が早いか市はガス料金や下水道料金など、次々と公共料金を引き上げているが、このような弱者に冷たい市政は許せない。直ちに撤回すべきだと思う。

1 終わろう　　2 終わらない　　3 終わってから　　4 終わる

07 今年10月で人気バンド「ムク」を脱退する西尾さんは記者会見で「(　　　)できるだけのことはやったつもりです。悔いはありません」と言った。

1 自分さえも　　2 自分なりに　　3 自分ごとき　　4 自分にせよ

問題　次の文の ＿★＿ に入る最もよいものを、1·2·3·4から一つ選びなさい。

01 「ヒヤリハット」とは重大な ＿＿ ＿＿ ＿★＿ ＿＿ 言葉で、文字どおりミスによって「ヒヤリ」としたり「ハッ」としたりすることである。

1 それらに直結したかもしれない　　2 事故や災害には
3 一歩寸前を意味する　　4 至らないまでも

02 座って作業することは、思う以上に腰に負担がかかる。腰の痛みがあるとスポーツ ＿＿ ＿＿ ＿★＿ ＿＿ 苦労するようになるので気をつけたほうがいい。

1 どころか　　2 ですら　　3 程度によっては　　4 日常動作

03 語りかけ育児の目的は、子供の言葉 ＿＿ ＿＿ ＿★＿ ＿＿ 通わせ自己肯定感も育むことができる。

1 子供と心を　　2 育む　　3 のみではなく　　4 そのものを

04 180年前の戦争と人間を描いたこの映画は日本で ＿＿ ＿＿ ＿★＿ ＿＿ を得て大ヒットとなった。

1 や否や　　2 圧倒的な支持　　3 公開される　　4 男性ファンの

05 古代エジプト展は ＿＿ ＿＿ ＿★＿ ＿＿ 開催を予定している。

1 全国約８都市での　　2 皮切りに
3 開催を　　4 大阪博物館での

06 彼女はグループからソロでの活動に移ることについて全てを ＿＿ ＿＿ ＿★＿ ＿＿ と心境を明かした。

1 緊張を緩められない　　2 一人でする
3 必要があるため　　4 たりとも

07 時間の許す限り勉強しているのに、＿＿ ＿＿ ＿★＿ ＿＿ 気がして、試験前はいつも不安でしかたがない。

1 いるような　　2 覚えた　　3 忘れてしまって　　4 そばから

셋째마당

고득점을 위한 핵심 문법

한눈에 미리 보기

모습, 상태를 나타내는 문법

이 장에서 배울 문법은 '모습, 상태를 나타내는 문법'입니다.
본격적인 학습에 앞서 자신이 알고 있는 문법이 어느 정도인지 □에 체크해보세요.

모양, 모습		
□ 77	～んばかりに・～んばかりの・～んばかりだ	～듯이, ～듯한, ～듯하다
□ 78	～ともなく・～ともなしに	무심코～, 문득～
□ 79	～とばかりに	(마치) ～라는 듯이
□ 80	～ごとき・～ごとく・～ごとし	～같은 / ～따위 · ～같이 · ～같다
□ 81	～つ～つ	～하기도 하고 ～하기도 하고
상태		
□ 82	～ずくめ	～뿐, ～일색의, ～가 계속 발생하는
□ 83	～まみれ	～범벅, ～투성이
□ 84	～めく	～다워지다, ～처럼 보인다

시나공 08

모습, 상태를 나타내는 문법

이번에는 다양한 모양이나 모습을 나타내는 ~んばかりに, ~ともなく, ~とばかりに, ~ごとく, ~つ~つ와 상태를 나타내는 ~ずくめ, ~まみれ, ~めく 등에 관해서 집중적으로 공략해봅니다.

시험에 이렇게 나온다!

次の文の ＿★＿ に入る最もよいものを、1·2·3·4から一つ選びなさい。

僕は子供のころ、大空を ＿＿ ＿★＿ ＿＿ ＿＿が夢だった。

1 鳥の　　2 飛ぶの　　3 一羽の　　4 ごとく

해석 나는 어릴 적에 넓은 하늘을 한 마리 새처럼 나는 것이 꿈이었다.

해설 문법인 4번 ~ごとく(~같이, ~처럼)으로 문장을 구성해 보면 ごとく는 명사 + の + ごとく + 동사(문장) 형태로 사용되므로 1번과 3번이 올 수 있지만 의미적으로는 1번이 적당함을 쉽게 알 수 있다. 또 一羽(いちわ: 한 마리)는 조류를 세는 조수사이기에 1번 앞에 위치하는 것이 좋다. 마지막으로 동사인 2번은 ごとく 뒤에 와야 하므로 전체적으로 나열하면 ~一羽の 鳥の ごとく 飛ぶの~가 된다.

정답 1

77 ~んばかりに・~んばかりの・~んばかりだ ~듯이, ~듯한, ~듯하다

접속 동사 ない형＋~んばかりに・~んばかりの・~んばかりだ

의미 실제로 그렇게 한 것이 아니고 마치, 흡사, 곧 ~하는 듯하다는 의미이다.

チャンス 찬스
必死(ひっし) 필사
面持(おもも)ち (감정이 나타난) 얼굴, 표정
懇願(こんがん)する 간청하다
コーチ 코치
態度(たいど) 태도
認(みと)める 인정하다
夕立(ゆうだち) 소나기
空模様(そらもよう) 날씨

もう一度チャンスをくださいと彼は必死の面持ちで泣かんばかりに懇願した。 다시 한 번 기회를 주십시오라고 그는 필사적인 표정으로 울기라도 할 듯이 간청했다.

自分は関係ないと言わんばかりの妻の言動に腹が立つ。 마치 자신은 관계없다고 말하는 듯한 아내의 언동에 화가 난다.

新しく来たコーチに対する彼女の態度は、コーチとして認めないと言わんばかりだった。 새로 온 코치에 대한 그녀의 태도는 마치 코치로 인정할 수 없다고 말하는 듯했다.

出かけようとしたら、今にも夕立が降り出さんばかりの空模様だった。 외출하려고 했더니 당장이라도 소나기가 내릴 것 같은 날씨였다

강의실 생중계!

- まるで(마치, 흡사), 今にも(당장이라도)와 함께 쓰이는 경우가 많으며, 수식하는 단어에 따라 ~んばかりの + 명사, ~んばかりに + 동사로 구분해서 사용합니다. 접속형태의 특징으로 정답을 찾을 수 있는 경우가 많으므로 꼭 익혀둡시다.
- する에 접속될 때는 せんばかり가 됩니다.

78 ～ともなく・～ともなしに 무심코~, 문득~

접속 동사 기본형＋～ともなく・～ともなしに

의미 의도하지 않고, 별생각 없이 ~하고 있었더니 또는 했더니, 의외의 일이 일어났다는 의미이다.

高校時代(こうこうじだい) 고등학교 시절
同級生(どうきゅうせい) 동급생
姿(すがた) 모습
目(め)に入(はい)る 눈에 들어오다
向(む)こう 건너편, 저쪽
虹(にじ)がかかる 무지개가 걸리다
食堂(しょくどう) 식당
驚(おどろ)く (깜짝) 놀라다

バスの窓から外を見るともなく見ていたら、高校時代の同級生の姿が目に入った。 버스 창문 너머로 밖을 멍하니 보고 있었더니 고등학교 시절 동급생의 모습이 보였다.

喫茶店で窓の外を見るともなく見ていると、山の向こうに虹がかかっているのが見えた。 찻집에서 문득 창밖을 보고 있었더니 산 너머에 무지개가 걸려 있는 것이 보였다.

食堂で、隣の席の話を聞くともなしに聞いていると、娘のことだったので驚いた。 식당에서 옆자리의 이야기를 무심코 듣고 있었더니 딸의 이야기였기에 깜짝 놀랐다.

강의실 생중계!

- 문맥에 따라 적절히 의역을 해야 자연스럽습니다. 특징으로 전후에 동일 동사가 오며, 주로 見る, 聞く, 考える, 読む와 같은 동사와 함께 사용되는 점을 알면 정답을 찾기 쉽겠죠?
- ～ともなしに의 경우 ～ことなしに(~하지 않고)와 혼동하지 않도록 주의하세요.

79 ～とばかりに (마치) ~라는 듯이

접속 명사/인용구＋～とばかりに

의미 ~라고 실제로 말하지는 않았으나 마치 그러한 태도나 모습으로 행동한다는 의미이다.

求(もと)める 요구하다
説(せつ) 의견, 주장
展開(てんかい)する 전개하다
届(とど)く 닿다
声(こえ)を限(かぎ)りに 목청껏
応援(おうえん) 응원
全(まった)く 전혀

佐藤さんは、意見を求められると、待っていましたとばかりに自分の説を展開し始めた。 사토 씨는 의견을 묻자 기다리고 있었다는 듯이 자신의 주장을 펴기 시작했다.

天まで届けとばかりに、声を限りに応援を始めた。 하늘 끝까지 닿으라는 듯이 목청껏 응원을 시작했다.

彼はこちらが聞いていようがいまいが、そんなことは全く関係ないとばかりに話し続けた。 그는 이쪽이 듣고 있든 말든 그런 것은 전혀 상관없다는 듯이 계속 이야기했다.

강의실 생중계!

ばかり 용법 중에서 と를 수반하는 것은 이 문법뿐이고 앞에 명령형이나 정중형이 올 수 있다는 점이 매우 중요한 특징이 되므로 실전에서도 적극 활용해보세요.

80 ～ごとき・～ごとく・～ごとし ～같은/~따위・~같이・~같다

접속 명사＋の / 동사 보통형(＋が/かの) / 명사＋である(+が/かの)＋～ごとき・～ごとく・～ごとし
명사＋～ごとき

의미 ～ような・～ように・～ようだ의 문어체 표현으로, 비유나 예시를 할 때 사용한다.

真夏(まなつ) 한여름
畑仕事(はたけしごと) 밭일
滝(たき) 폭포
政府(せいふ) 정부
対岸(たいがん)の火事(かじ) 강 건너 불
眺(なが)める 바라보다
楽観視(らっかんし) 낙관시
知(し)らぬふりをする 모르는 체하다
未熟者(みじゅくもの) 미숙자
任務(にんむ) 임무
果(は)たす (의무,역할 등을) 완수하다, 다하다

真夏に畑仕事をしていたら、汗が滝のごとく流れてきた。
한여름에 밭일을 하고 있었더니 땀이 폭포처럼 흘렀다.

政府は今回の事件を対岸の火事を眺めるがごとく楽観視している。
정부는 이번 사건을 강 건너 불 보듯이 낙관하고 있다.

その男は事件には関係していないかのごとく、知らぬふりをしていた。
그 남자는 사건에는 관여하지 않았다는 듯이 모른 체하고 있었다.

강의실 생중계!

- 특히 접속형태에 유의하면서 익혀두세요. 참고로 수식하는 단어에 따라 ～ごとき + 명사, ～ごとく+동사(용언), 문미에는 ～ごとし로 구분하여 사용하며, 동사에 접속될 경우에는 が또는 かの가 첨가되는 경우가 많습니다.
- ～ごときの 경우 명사에 바로 접속되면 '~따위, ~같은 사람' 등의 겸손이나 경시를 나타낼 때 사용하는 전혀 다른 표현이 되므로 특히 주의해야 합니다.
  예 私ごとき未熟者にこんな重要な任務が果たせるとは思いませんが。
  저 같은 미숙자가 이런 중요한 임무를 완수할 수 있을 것이라고는 생각하지 않습니다만.

81 ～つ～つ ～하기도 하고 ~하기도 하고

접속 동사 ます형＋～つ～つ

의미 두 가지 동작이 번갈아 행해지는 모습을 나타낼 때 사용한다.

廊下(ろうか) 복도
マラソン 마라톤
予想通(よそうどお)り 예상대로
大接戦(だいせっせん) 대접전

先生に事実を言おうか言うまいかと、廊下を行きつ戻りつ考えた。
선생님에게 사실을 말할까 말까 하며 복도를 왔다갔다하며 생각했다.

今回のマラソンは、予想通りに抜きつ抜かれつの大接戦だった。
이번 마라톤은 예상대로 앞서거니 뒤서거니 하는 대접전이었다.

강의실 생중계!

- 나열의 ～たり～たり와 유사한 표현으로 서로 상반되는 동사가 사용되는 점이 특징입니다. 대부분 관용적 표현으로 위에 제시한 예문 정도가 가장 많이 사용됩니다.
- 직역을 하면 다소 어색한 경우도 있으므로 문맥에 따라 적절히 의역하는 것이 좋습니다.

82 ～ずくめ ～뿐, ～일색의, ～가 계속 발생하는

접속 명사＋～ずくめ
의미 전부～이다, ～뿐이다는 의미를 나타낸다.

孫(まご) 손자
誕生(たんじょう) 탄생
開発(かいはつ)する 개발하다
燃料(ねんりょう) 연료
汚(よご)す 오염시키다
費用(ひよう) 비용
抑(おさ)える 억제하다
大柄(おおがら)だ 몸집이 보통 사람보다 크다
がっちりとした体型(たいけい) 다부진 체형
全身(ぜんしん) 전신
服装(ふくそう) 복장

今年は、娘の結婚、孫の誕生など、めでたいことずくめの一年だった。
올해는 딸의 결혼, 손자의 탄생 등 경사스러운 일뿐인 한 해였다.

今回開発された燃料は、空気も汚さないし、費用も安く抑えられる。本当にいいことずくめだ。
이번에 개발된 연료는 공기도 오염시키지 않고 비용도 싸게 할 수 있다. 정말 장점뿐이다.

犯人は大柄でがっちりとした体型に全身黒ずくめの服装だった。
범인은 몸집이 크고 다부진 체형에 전신이 검은색 일색의 복장이었다.

강의실 생중계!

- 주로 사건, 색상 등의 명사와 함께 쓰이며 사건의 경우 いいこと(좋은 일), めでたいこと(경사스러운 일) 등과 같이 좋은 일에 사용합니다.
- 참고로 눈에 보이는 이물질에만 쓰이는 ～まみれ(～투성이, ～범벅)와 혼동하지 않도록 각별히 주의하세요.

83 ～まみれ ～범벅, ～투성이

접속 명사＋～まみれ
의미 액체 등과 같은 이물질이 전체에 묻어 있는 모습을 나타내는 표현이다.

泥(どろ) 진흙
夜中(よなか) 한밤중
わずかだ 얼마 안 되다, 매우 적다
最適(さいてき) 최적
季節(きせつ) 계절

僕は子供の頃、よく泥まみれになって兄とけんかをしたものだ。
나는 어린 시절 종종 흙투성이가 되어 형과 싸움을 하고는 했다.

夜中まで泥まみれになって働いても、もらえる金はわずかだ。
한밤중까지 흙투성이가 되어 일해도 받을 수 있는 돈은 아주 적다.

体を動かしても夏のように汗まみれになることもないから、秋は運動をするには最適の季節だ。
몸을 움직여도 여름처럼 땀투성이가 되는 경우는 없으니까 가을은 운동하기에 최적의 계절이다.

강의실 생중계!

- 泥(진흙), 埃(먼지), 血(피), 汗(땀) 등과 같은 명사와 함께 쓰이는 경우가 많습니다.
- ～だらけ(～투성이)와 거의 같은 의미로 구분할 필요는 없으나 ～まみれ는 穴(구멍) 등과 같이 표면에 붙을 수 없는 것에는 사용하지 않습니다.

84 ～めく ~다워지다, ~처럼 보인다

접속 명사+～めく
의미 충분하지는 않으나 그런 느낌이 난다고 말할 때 사용한다.

雪(ゆき)がとける 눈이 녹다
野(の) 들
花(はな)が咲(さ)く 꽃이 피다
日差(ひざ)し 햇살
菊(きく)の花(はな) 국화꽃
満開(まんかい)になる 만개하다, 만발하다
すっかり 완전히

３月に入ると、雪がとけ、野の花も咲き始め、日差しも春めいてきた。
3월로 들어서자 눈이 녹고 들꽃도 피기 시작하고 햇살도 봄다워졌다.

菊の花も満開になり、すっかり秋めいてまいりました。
국화꽃도 활짝 펴서 완연히 가을다워졌습니다.

강의실 생중계!

- ～めく가 붙으면 1그룹동사(5단동사) 활용을 한다는 점이 중요하며, 春めく(봄다워지다), 冗談めく(농담인 듯하다), 皮肉(ひにく)めく(비꼬는 듯하다), 謎(なぞ)めく(수수께끼처럼 보인다, 신비하다), 親めく(부모인 듯하다) 등과 같은 형태로 많이 사용됩니다.
- 뒤에 명사를 수식하는 경우에는 ～めいた + 명사 형태가 되는 경우가 많습니다.

☑ 시나공 확인 문제

次の文の(　　　)に入れるのに最もよいものを、1·2·3·4から一つ選びなさい。

人工繊維であるエコファーは、天然毛皮の様々なデメリットをカバーでき、耐久性があり、手入れも簡単でいいこと(　　　)だ。

1 ならでは　　**2** まみれ　　**3** ずくめ　　**4** がらみ

해석 인조섬유인 에코퍼는 천연모피의 다양한 단점을 커버할 수 있고 내구성이 뛰어나며 손질도 간편해 장점뿐이다.
해설 선택지를 보면 접미어와 관련된 문제임을 알 수 있는데 접미어 문제는 대부분의 경우 명사의 종류가 중요한 단서가 된다. 이 문제에서도 공란 앞의 いいこと(좋은 일, 장점)를 통해 색상, 사건 등에 접속되어 전부 ~이다, ~뿐이다는 것을 의미할 때 사용하는 3번 ~ずくめ(~뿐, 일색)가 정답이 됨을 알 수 있다. **정답** 3

적중 예상 문제

問題　次の文の(　　　)に入れるのに最もよいものを、1·2·3·4から一つ選びなさい。

01 今日本で、高橋さんの(　　　)高い教養と知識を兼ね備えた作家はいないだろう。

1 なりに　　2 ごとき　　3 らしく　　4 にしろ

02 閉店間際に行ったからか、食べている最中、店員たちは早く帰れ(　　　)の冷ややかな視線で僕らを見ていた。

1 っぱなし　　2 とばかり　　3 ながらも　　4 ないまでも

03 緑の芝生の運動場で、子供たちは裸足で(　　　)鬼ごっこをしながら遊んでいた。

1 追うやら追われるやら　　2 追っても追われても
3 追うなり追われるなり　　4 追いつ追われつ

04 5年ぶりに倉庫の中の荷物を整理していたら、全身が埃(　　　)になってしまった。

1 ぎみ　　2 がち　　3 まみれ　　4 ごとき

05 公演が終わると、劇場内には(　　　)んばかりの拍手が鳴り響いた。

1 割れよう　　2 割れざる　　3 割れた　　4 割れ

06 僕より一つ年上の兄は、いつも親(　　　)口ぶりで僕に説教しようとする。

1 めいた　　2 ずくめの　　3 だの　　4 っぽく

07 信号待ちで見る(　　　)前の車の運転席を見ていたら、驚いたことに、運転手の女性は化粧の真っ最中だった。

1 ことなしに　　2 がゆえに　　3 あげくに　　4 ともなしに

08 これは肉の余分な脂肪分を減らし、美味しくて体にも良いまさにいいこと(　　　)の調理法と言える。

1 ずくめ　　2 まみれ　　3 あって　　4 なし

問題　次の文の ＿★＿ に入る最もよいものを、1·2·3·4から一つ選びなさい。

01 ソファーに座って、雑誌を ＿＿＿ ＿＿＿ ＿★＿ ＿＿＿ 軽く眠気を催してきた。

1 ラジオを聞く　2 見ながら　3 聞いていたら　4 ともなしに

02 きのうの土偶展には多くの人々が押し寄せ、狭い展示室内で ＿＿＿ ＿★＿ ＿＿＿ ＿＿＿ ので大変だった。

1 押されつで　2 押しつ　3 鑑賞した　4 人波に

03 水田を疾走し、パイプを奪い合うイベント大会に参加した選手たちは ＿＿＿ ＿＿＿ ＿★＿ ＿＿＿ を繰り広げた。

1 なりながら　2 まみれに　3 熱戦　4 泥

04 家に帰ると、高校生の娘は ＿＿＿ ＿★＿ ＿＿＿ ＿＿＿。

1 叱られていた　2 妻に　3 ほとんど泣かん　4 ばかりの表情で

05 この番組は黄金のマスク、ピラミッドなど ＿＿＿ ＿＿＿ ＿★＿ ＿＿＿ エジプト文明に迫る。

1 を通して　2 めいた　3 壮大で　4 謎

06 部長は僕が何かを ＿＿＿ ＿＿＿ ＿★＿ ＿＿＿ 睨み付けた。

1 とばかりに　2 黙れ　3 言おう　4 とすると

07 時代は ＿＿＿ ＿＿＿ ＿★＿ ＿＿＿ 同じ姿をとどめないので、時代と共に変化し、進化すべきである。

1 ごとく流れ　2 たりとも　3 一瞬　4 川の

08 警察の調べでは、二人は ＿＿＿ ＿＿＿ ＿★＿ ＿＿＿ ようなものを持っていたという。

1 服装で　2 全身黒　3 一人はナイフの　4 ずくめの

한눈에 미리 보기

시나공 09

기타 다양한 문법

이 장에서 배울 문법은 '기타 다양한 문법'입니다.
본격적인 학습에 앞서 자신이 알고 있는 문법이 어느 정도인지 □에 체크해보세요.

부정		
□ 85	～なしに(は) / ～ことなしに(は)	～없이(는) / ～하지 않고서(는)
화제		
□ 86	～ときたら	～은(는), ～로 말할 것 같으면
경과		
□ 87	～に至って(は)	～에 이르러서(는)
범위		
□ 88	～に至るまで	～에 이르기까지, ～까지도
감탄		
□ 89	～とは	～하다니, ～할 줄이야
입장		
□ 90	～なりに・～なりの	～나름대로, ～나름의
부가		
□ 91	～と相まって	～와 어울려서, ～가 더해져서
불가능, 가능		
□ 92	～にたえる / ～にたえない	～할 만하다 / ～할 가치가 없다
수단		
□ 93	～をもって	～으로, ～로써
첨가		
□ 94	～もさることながら	～도 그렇지만, ～도 물론이거니와
필요, 불필요		
□ 95	～にたる / ～にたりない	～할 수 있다, ～할 만하다 / ～할 가치가 없다, ～할 필요 없다
방치		
□ 96	～っぱなし	～한 채로, ～한 상태로
기준		
□ 97	～に即して	～에 입각해서, ～에 따라서
금지		
□ 98	～べからず・～べからざる	～해서는 안 된다, ～할 수 없는

시나공

09 기타 다양한 문법

기타 부정, 화제, 경과, 범위 등을 나타내는 다양한 문법을 살펴볼 차례입니다. ～なしには, ～ときたら, ～とは, ～にたえない, ～にたる, ～なりに, ～に至って, ～をもって, ～もさることながら, ～と相まって, ～っぱなし, ～に即して, ～べからず, ～に至るまで 등에 관해서 집중적으로 공략해봅니다.

시험에 이렇게 나온다!

次の文の（　　　）に入れるのに最もよいものを、1·2·3·4から一つ選びなさい。

弟（　　　）性格が優柔不断で、一度決めてからもグズグズすることが多い。

1 となると　　2 とみるや　　3 ときたら　　4 とあれば

해석 남동생은 성격이 우유부단해서 한번 정하고 나서도 꾸물거리는 경우가 많다.

해설 선택지에 제시된 4개 모두 조사 と를 가지고 있으므로 의미로 정답을 찾아야 한다. 이 문제의 경우는 공란 앞뒤의 관계를 잘 파악하는 것이 중요하다. 즉 남동생에 대한 불만의 내용이 후문에 온다는 것을 알 수 있으므로 앞의 명사를 화제로 삼아 그에 대한 불만 등을 나타내는 '～은(는), ～로 말하자면'이라는 의미인 3번 ～ときたら가 정답이 된다.

정답 3

85 ～なしに(は) / ～ことなしに(は)　～없이(는) / ～하지 않고서(는)

접속 명사＋～なしに(は) / 동사 기본형＋～ことなしに(は)

의미 부정을 나타내며, 일반적으로는 '～하는 것을 하지 않고'라는 의미이다.

細(こま)かい 자세하다
貸(か)す 빌려주다
事前(じぜん) 사전
ビジネス社会(しゃかい) 비즈니스 사회
信頼関係(しんらいかんけい) 신뢰관계
築(きず)く 쌓다, 구축하다
成(な)り立(た)つ 성립되다

友達は細かい事情を聞くことなしに、私にお金を貸してくれた。

친구는 자세한 사정을 묻지도 않고 나에게 돈을 빌려주었다.

彼女は、事前の連絡なしに学校を休んだ。　그녀는 사전연락 없이 학교를 쉬었다.

ビジネス社会は他人との信頼関係を築くことなしには成り立たない。

비즈니스 사회는 타인과의 신뢰관계를 쌓지 않고서는 성립되지 않는다.

강의실 생중계!

- 별도의 조사 없이 바로 명사에 접속되고, 동사의 경우에는 こと가 첨가되는 점을 주의하세요.
- 조사 は가 붙으면 후문에는 부정문이 오며 ～가 없이는 ～할 수 없다 라는 의미로 ～가 꼭 필요하다는 것을 강조할 때 사용하는 표현이 됩니다. 유사한 표현으로는 ～なしで(は), ～なくして(は)가 있습니다.

86 ～ときたら　~은(는), ~로 말할 것 같으면

접속 명사＋～ときたら
의미 어떤 것을 화제로 삼아 그에 대한 화자의 비난, 불만 등을 말할 때 사용하는 표현이다.

泥棒(どろぼう) 도둑
吠(ほ)える (개, 맹수 등이) 짖다, 으르렁거리다
若(わか)い 젊다
騒(さわ)ぐ 떠들다
ちっとも 조금도
気(き)にする 신경 쓰다

まったく、うちの犬ときたら、泥棒が入ってきても全然吠えないんですよ。 정말, 우리집 개는 도둑이 들어와도 전혀 짖지 않아요.

最近の若い親ときたら、子供が食堂の中で騒いでいても、ちっとも注意しようとしない。 요즘 젊은 부모는 아이가 식당 안에서 떠들어도 조금도 주의를 주려고 하지 않는다.

うちの母ときたら、最近おしゃれのことばかり気にしている。
우리 엄마는 요즘 멋부리는 것만 신경 쓰고 있다.

강의실 생중계!

- 来る와 관련된 문법은 이것 하나뿐이므로 ～にくれば, ～にきたら 등과 같은 오답 유도 형태를 조심하세요.
- 유사한 표현으로는 명사＋～ったら(~도 참, ~말야)가 있습니다.

87 ～に至って(は)　~에 이르러서(는)

접속 명사 / 동사 기본형＋～に至(いた)って(は)
의미 ~라는 중대한 사태가 되어서(는) 라는 의미이다.

やむをえない 어쩔 수 없다, 부득이하다
判断(はんだん)する 판단하다
素人(しろうと) 경험이 없는 미숙한 사람
大規模(だいきぼ) 대규모
デモが起(お)こる 데모가 일어나다
労働環境(ろうどうかんきょう) 노동환경
改善(かいぜん) 개선

ここまで業績が悪化するに至っては、工場の閉鎖もやむをえないと社長は判断した。 이렇게까지 업적이 악화되어서는 공장의 폐쇄도 부득이하다고 사장은 판단했다.

ことここに至っては、素人の僕にはどうすることもできない。
일이 이 지경에 이르러서는 미숙한 나로서는 어쩔 도리가 없다.

大規模なデモが起こるに至って、会社側はようやく工場の労働環境の改善を約束した。
대규모의 데모가 발생하기에 이르러서 회사 측은 겨우 공장 노동환경의 개선을 약속했다.

강의실 생중계!

- 至る(어떤 장소, 시간, 상태에 이르다, 도달하다, 닥쳐오다)의 의미만 파악하면 쉽게 이해할 수 있습니다.
- 앞에는 일반적인 것이 아닌 손쓸 수 없는 중대한 사항, 사태, 사건이 온다는 점이 정답을 찾는 중요한 힌트가 되므로 적극 활용하세요. 참고로 ～に至る(~에 이르다) 또는 ～に至っても(~에 이르러서도) 형태로도 사용할 수 있습니다.
- ことここに至っては(일이 이 지경에 이르러서는)는 해석이 어려우므로 하나의 관용표현으로 암기해두는 편이 좋습니다.

88 ～に至るまで ～에 이르기까지, ~까지도

접속 명사＋～に至(いた)るまで
의미 '일반적인 ～뿐만 아니라(～은 물론이고) 극단적인 ～까지도'라고 강조할 때 사용한다.

控(ひか)える (시간, 공간적으로) 가까이에 있다
スプーン 스푼
買(か)い揃(そろ)える 사서 고루(모두) 갖추다
企画(きかく) 기획
製造(せいぞう) 제조
納品(のうひん) 납품
アジア 아시아
ヨーロッパ 유럽
進出(しんしゅつ) 진출

結婚を控えた姉は、家具はもちろん、皿やスプーンに至るまで新しいのを買い揃えた。 결혼을 앞둔 누나는 가구는 물론 접시랑 스푼에 이르기까지 새것으로 사서 갖추었다.

あの企業は企画から製造、納品に至るまで一度にやってくれるのでとても楽だ。 저 기업은 기획에서부터 제조, 납품에 이르기까지 한 번에 해주므로 매우 편하다.

その企業は国内は言うに及ばず、アフリカに至るまで進出している。 그 기업은 국내는 물론이고, 아프리카에까지도 진출해 있다.

강의실 생중계!

일반적으로 ～から～に至るまで(～부터 ～에 이르기까지), ～はもちろん～に至るまでも(～은 물론 ～까지도)의 형태로 많이 사용되므로 참고하세요.

89 ～とは ～하다니, ~할 줄이야

접속 동사・い형용사・な형용사・명사의 보통형 / 명사＋～とは
의미 놀람, 분노, 감동 등의 기분을 표현할 때 사용한다.

おとなしい 얌전하다
怒(おこ)る 화내다
よほど 상당히
部下(ぶか) 부하
さぞ 틀림없이, 필시
不愉快(ふゆかい)だ 불쾌하다
問題(もんだい)を解(と)く 문제를 풀다
情(なさ)けない 한심하다

普段はおとなしい彼女があんなに怒るとは、よほどひどいことを言われたのだろう。 평소에는 얌전한 그녀가 저렇게 화를 내다니 상당히 심한 말을 들었을 것이다.

自分の部下からそんなことを言われるとは、さぞ不愉快だっただろう。 자신의 부하로부터 그런 말을 듣다니 틀림없이 불쾌했을 것이다.

大学生がそんな簡単な数学問題も解けないとは、本当に情けない。 대학생이 그런 간단한 수학문제도 풀지 못하다니 정말 한심하다.

강의실 생중계!

- 이 자체의 문법도 중요하지만 비난, 불만, 의외의 결과 등이 오는 문장에서 다른 문법과 함께 쓰이는 경우가 매우 많으므로 꼭 익혀두어야 합니다.
- 참고로 문맥에 따라서는 초급의 '～은, ～라고 하는 것은'라는 의미로 정의나 설명을 나타내는 ～というのは와 동일한 의미로 사용될 수도 있으니 유의하세요.

90 ～なりに・～なりの ~나름대로 · ~나름의

접속 명사 / い형용사・동사의 보통형 / な형용사 어간＋～なりに・～なりの
의미 ～의 힘, 능력이 미치는 범위에서라는 의미이며 보통 생각, 의견을 나타낼 때 사용한다.

事業(じぎょう) 사업
工夫(くふう)する 궁리하다, 고안하다
重(かさ)ねる 거듭하다
微力(びりょく) (자기 힘의 겸사말) 미약한 힘, 미력
的確(てきかく) 정확함
述(の)べる 말하다, 진술하다
知事(ちじ) 지사
政策(せいさく) 정책
効果(こうか) 효과
評価(ひょうか)する 평가하다

彼が事業で成功できたのは、自分なりに工夫を重ねたからだと思います。
그가 사업에서 성공할 수 있었던 것은 자기 나름대로 궁리를 거듭했기 때문이라고 생각합니다.

微力ながら、私は私なりに努力してきたと思います。
미력하나마 저는 제 나름대로 노력해 왔다고 생각합니다.

的確かどうかわかりませんが、この問題について私なりの考えを述べようと思います。 정확한지 어떤지 모르겠습니다만, 이 문제에 관해서 제 나름의 생각을 말하려고 합니다.

木村知事は今回の政策はそれなりの効果はあったと評価した。
기무라 지사는 이번 정책은 그 나름대로의 효과는 있었다고 평가했다.

강의실 생중계!

- 다양한 형태의 품사에 접속될 수 있으나 사람을 나타내는 명사에 접속되는 형태로 사용되는 경우가 가장 많습니다.
- ～なりの＋명사, ～なりに＋동사, ～なりに＋문장과 같이 뒤에 수식할 단어에 따라 조사가 바뀔 뿐 의미의 변화는 없습니다.

91 ～と相まって ~와 어울려서, ~가 더해져서

접속 명사＋～と相(あい)まって
의미 어떤 사항에 또 다른 사항이 더해져서 보다 높은 효과를 나타낸다는 의미이다.

彫刻(ちょうこく) 조각
複雑(ふくざつ)だ 복잡하다
華(はな)やかだ 화려하다
色彩(しきさい) 색채
祭(まつ)り 축제
好天(こうてん) 좋은 날씨
賑(にぎ)わう 북적이다
温暖(おんだん)だ 온난하다
気候(きこう) 기후
適度(てきど) 알맞은, 적당한
雨量(うりょう) 강우량
豊作(ほうさく) 풍작
世界情勢(せかいじょうせい) 세계정세

この彫刻は、複雑なデザインが華やかな色彩と相まって、素晴らしい作品となっている。
이 조각은 복잡한 디자인이 화려한 색채와 어우러져 매우 훌륭한 작품이 되었다.

今日の祭りは好天と相まって、町はたくさんの人で賑わっている。
오늘 축제는 좋은 날씨와 더불어 마을은 많은 사람들로 북적였다.

강의실 생중계!

- 문맥에 따라 적절히 의역을 해야 해석이 자연스러우며 ～と ～とが相まって, ～も相まって, ～と～が相まって 형태로 사용되기도 하므로 유의해야 합니다.
  - 예 今年の米は温暖な気候**と**適度な雨量**とが相まって**豊作となった。
    올해 쌀(농사)은 온난한 기후와 적당한 강우량이 더해져 풍작이 되었다.
  - 예 厳しい経済状況**も相まって**、日々変化する世界情勢を分析するのは難しいことである。
    힘든 경제상황과 더불어 매일매일 변화하는 세계정세를 분석하는 것은 어려운 일이다.

92 ～にたえる / ～にたえない ～할 만하다 / ～할 가치가 없다

접속 동사 기본형 / 명사＋～にたえる / ～にたえない
의미 ～을 할 만한, 상응하는 값어치가 있거나 없을 때 사용하는 표현이다.

絵本(えほん) 그림책
鑑賞(かんしょう) 감상
きざだ 아니꼬움, 비위에 거슬림
絶大(ぜつだい)だ 지대하다
ご支援(しえん) 지원
賜物(たまもの) 덕분, 은혜
存(ぞん)じる (思う·考える의 겸사말) 생각하다

昨日買った絵本は子供のために買ったが、大人の鑑賞にもたえる。
어제 산 그림책은 아이를 위해서 샀지만, 어른도 볼 만하다.

あの生徒のきざな格好は、まったく見るにたえない。
저 학생의 옷차림이 거슬려서 차마 볼 수 없다.

これはひとえに皆様の絶大なるご支援の賜物と存じ、感謝にたえない次第でございます。
이것은 오로지 여러분들의 크나큰 지원 덕분이므로 감사하기 그지없을 따름입니다.

강의실 생중계!

～にたえない의 경우 ～할 가치가 없다는 의미 이외에도 앞에 오는 단어의 종류에 따라 크게 두 가지로 해석될 수 있습니다.

① **앞 문장에 불쾌감이나 심리적 압박의 표현이 나오는 경우:** 차마 ～할 수 없다, ～하고 있기 힘들다
② **앞에 감정을 나타내는 명사가 나오는 경우:** ～을 억누를 수 없다, 매우 ～하다, ～해 마지 않는다

✔ 시나공 확인 문제

次の文の ＿★＿ に入る最もよいものを、1·2·3·4から一つ選びなさい。

その問題 ＿＿＿ ＿＿＿ ＿★＿ ＿＿＿ を述べたいと思う。

1 僕　　2 意見　　3 なりの　　4 について

해석 그 문제에 관해서 내 나름대로의 의견을 말하고 싶다고 생각한다.
해설 선택지에 중에서 문법인 3번 ～なりの는 주로 사람을 나타내는 명사에 접속되어 '～나름의 + 명사'라는 의미를 나타내므로 1번 僕가 앞에 나와야 함을 알 수 있다. 그러면 당연히 뒤에 올 명사는 2번이 되며, 4번은 문맥상 자연스럽게 첫 번째 공란에 들어간다. 따라서 전체적으로 나열하면 ～について僕なりの意見～가 된다.
정답 3

93 ～をもって ～으로, ～로써

접속 명사＋～をもって
의미 ～기한 / 수단 · 방법, 기준을 나타낼 때 사용한다.

当店(とうてん) 이 가게, 우리 가게
閉店(へいてん) 폐점
電車事故(でんしゃじこ) 전차 사고
世界中(せかいじゅう) 전 세계
衝撃(しょうげき) 충격
当選者(とうせんしゃ) 당선자
賞品(しょうひん) 상품
発送(はっそう) 발송
代(か)える 대신하다
画期的(かっきてき) 획기적
理論(りろん) 이론
打(う)ち立(た)てる 확립하다
頭脳(ずのう) 두뇌
意外(いがい)だ 의외다

当店は１１月30日をもって閉店いたしました。
저희 가게는 11월30일로써 폐점하였습니다.

昨日の電車事故は、世界中に衝撃をもって伝えられた。
어제의 전철 사고는 전 세계에 충격으로 전해졌다.

当選者の発表は賞品の発送をもって代えさせていただきます。
당선자 발표는 상품의 발송으로 대신하겠습니다.

강의실 생중계!

- 시간(때)의 명사에 접속되면 기한을 나타내는데 ～로써, ～을 끝으로, ～을 시점으로라고 문맥에 맞게 해석해야 하며 정중형은 ～をもちまして를 사용합니다.
- 참고로 ～をもってすれば(～으로 하면, ～라면) 형태로도 사용할 수 있습니다.
  예 木村教授が画期的な理論を打ち立てたと新聞に出ていた。教授の頭脳と実力をもってすれば、それは意外なことではない。기무라 교수가 획기적인 이론을 확립했다고 신문에 나와 있었다. 교수의 두뇌와 실력이라면 그것은 의외의 일은 아니다.

94 ～もさることながら ～도 그렇지만, ～도 물론이거니와

접속 명사＋～もさることながら
의미 ～도 물론이지만 그뿐만 아니라 다른 것도라는 의미이다.

個人(こじん) 개인
心掛(こころが)け 마음가짐
空腹(くうふく) 공복, 배고픔
辛(つら)い 괴롭다
研究能力(けんきゅうのうりょく) 연구 능력
人柄(ひとがら) 인품
魅力的(みりょくてき) 매력적

ゴミを減らすためには、市や町の取り組みもさることながら、個人の心掛けも大切だと言えよう。
쓰레기를 줄이기 위해서는 시나 마을의 대처도 물론 중요하지만, 개인의 마음가짐도 중요하다고 말할 수 있을 것이다.

あの時は空腹や寒さもさることながら、話せる相手のないことが最も辛いことだった。
그때는 배고픔과 추위도 물론 괴로웠지만, 이야기할 수 있는 상대가 없는 것이 가장 괴로운 일이었다.

彼女は、研究能力もさることながら、人柄も魅力的な女性だ。
그녀는 연구 능력도 물론이거니와 인품도 매력적인 여성이다.

강의실 생중계!

연체사 然(さ)る(그와 같은, 그런), 然(さ)ること(그럴 만한 일, 당연한 일)의 의미만 알아두면 쉽게 이해할 수 있는 표현입니다.

95 ～にたる / ～にたりない

~할 수 있다, ~할 만하다 /
~할 가치가 없다, ~할 필요 없다

접속 동사 기본형 / 명사 + ～にたる / ～にたりない
의미 ～하면 그만큼의 가치는 있다는 의미이다.

作品(さくひん) 작품
芸術的価値(げいじゅつてきかち) 미술적 가치
展覧会(てんらんかい) 전람회
出品(しゅっぴん)する 출품하다
恐(おそ)れる 겁내다
弊社(へいしゃ) 자기 회사에 대한 겸사말
企業理念(きぎょうりねん) 기업 이념
基(もと)づく 근거하다
ベストパートナー 베스트 파트너
目指(めざ)す 목표로 하다

この作品の芸術的価値は高く、今年の展覧会に出品するにたる。
이 작품의 예술적 가치는 높아서 올해 전람회에 출품할 만하다.

この程度の実力ならば、君は恐れるにたりない。
이 정도의 실력이라면 자네는 겁낼 필요 없다.

弊社は企業理念に基づき、お客様の信頼に足るベストパートナーを目指しております。
저희 회사는 기업이념에 따라 고객님이 신뢰할 수 있는 베스트 파트너를 목표로 하고 있습니다.

강의실 생중계!

- 足(た)る는 足(た)りる(충분하다, 가치가 있다)와 동일한 의미이지만 현재는 잘 사용하지 않으며 일부 관용표현으로 사용되고 있습니다.
- 주의할 점은 부정의 경우 ～にたらない, ～にたらぬ(~할 가치가 없다(없는)가 아닌 ～にたりない 형태로 출제된 적이 있으니 참고하세요.

☑ 시나공 확인 문제

次の文の ＿★＿ に入る最もよいものを、1·2·3·4から一つ選びなさい。

ここのヘアサロンの魅力は、技術の ＿＿＿ ＿★＿ ＿＿＿ ＿＿＿ のすばらしさだと思う。

1 ながら　　2 サービス　　3 さること　　4 高さも

해석 이 미장원의 매력은 기술이 뛰어난 것도 물론이거니와 서비스가 훌륭한 것이라고 생각한다.

해설 긴 문법의 경우 끊어서 출제되는 경우가 많으므로 일부 단어를 통해서 관련된 문법을 생각해낼 수 있어야 한다. 이 문제에서도 3번 ～さること를 근거로 ～もさることながら(~도 그렇지만, 물론이거니와)를 묻는 문제라는 것을 간파할 수만 있으면 간단히 해결할 수 있다. 즉 4-3-1번 순서가 되어야 한다는 것을 쉽게 알 수 있다. 마지막으로 2번은 첫 번째 공란과 마지막 공란에 들어갈 수 있으나 의미적으로나 문법적으로나 마지막 공란에 들어가야 한다. 전체적으로 나열하면 ～高さもさることながら、サービス～가 되므로 정답은 3번이다.

정답 3

96 ～っぱなし ～한 채로, ～한 상태로

접속 동사 ます형+～っぱなし
의미 ～한 채로 당연히 해야 하는 일을 하지 않았다는 부정적 의미로 사용되는 표현이다.

叱(しか)る 혼내다
流(なが)し台(だい) 개수대
シャツ 셔츠
脱(ぬ)ぐ 벗다

姉はいつも部屋の電気をつけっぱなしにするので、母に叱られる。
누나는 항상 방의 불을 켜놓기 때문에 엄마에게 꾸중 듣는다.

流し台の水を出しっぱなしにして出かけてしまった。
개수대의 물을 틀어놓은 채 외출해 버렸다.

うちの娘はいつもシャツなどを脱ぎっぱなしでだらしがない。
우리 딸은 언제나 셔츠 등을 벗어놓은 채로 두어서 칠칠치 못하다.

강의실 생중계!

- 일반적으로 ～っぱなしにする(～한 채로 놓아두다), ～っぱなしにして(～한 채로 놓아두고서) 형태로 사용하는 경우가 많습니다.
- 의미적으로는 ～た+まま(～한 채)와 동일하지만 부정적인 의미로만 사용되는 점이 다릅니다.

97 ～に即して ～에 입각해서, ～에 따라서

접속 명사+～に即(そく)して
의미 어떤 규칙이나 상황에 꼭 맞게, 벗어나지 않게 ～한다는 의미이다.

再開発(さいかいはつ) 재개발
進(すす)める 추진하다
実状(じつじょう) 실상
計画(けいかく)を練(ね)る 계획을 짜다
左右(さゆう) 좌우
法律(ほうりつ) 법률
方針(ほうしん) 방침
計画(けいかく)を立(た)てる 계획을 세우다

都市の再開発を進めるためには実状に即して計画を練らなければならない。
도시 재개발을 추진하기 위해서는 실상에 입각해서 계획을 짜지 않으면 안 된다.

その事件は感情に左右されず、法律に即して判断すべきだ。
그 사건은 감정에 좌우되지 말고 법률에 입각해서 판단해야 한다.

강의실 생중계!

- 即する(꼭 맞다, 입각하다, 의거하다)라는 동사에서 나온 표현이므로 동사의 의미만 기억하면 어렵지 않게 이해할 수 있는 문법입니다.
- 특징으로 앞에 方針(방침), 実状(실상), 実態(실태), 事実(사실), 法律(법률) 등의 명사가 오는 경우가 많으므로 익혀두면 실전에 많은 도움이 됩니다.
- ～に即した형태로는 명사를 수식할 경우에 주로 사용합니다.

  예 英語教育について、政府の方針**に即した**計画を立てた。
  영어교육에 관해서 정부의 방침에 입각한 계획을 세웠다.

98 ～べからず・～べからざる ~해서는 안 된다, ~할 수 없는

접속 동사 기본형＋～べからず・～べからざる
의미 금지를 나타내는 옛 표현이다.

壁(かべ) 벽
工事中(こうじちゅう) 공사 중
立(た)ち入(い)る 안으로 들어가다
諺(ことわざ) 속담

壁には「危険!工事中につき、立ち入るべからず」と書かれていた。
벽에는 '위험! 공사 중이므로 출입하지 말 것'이라고 적혀 있었다.

日本には「働かざる者、食うべからず」という諺がある。
일본에는 '일하지 않는 자, 먹어서는 안 된다'라는 속담이 있다.

彼女は学生として許すべからざる行為を行ったとして退学させられた。
그녀는 학생으로서 용납할 수 없는 행위를 했다고 해서 퇴학당했다.

강의실 생중계!

- ～べからずは ～べき(だ)(~해야 한다)의 부정형인 ～べきではない의 문어체 표현이라는 것만 알면 쉽게 이해할 수 있습니다.
- 문말에 쓰이는 표현으로 벽보나 게시판 등에 주로 사용하며, ～べからざる는 명사를 수식할 때 사용합니다.
- 참고로 する에 접속되는 경우 するべからず이지만 すべからず라고도 하므로 주의하세요.

☑ 시나공 확인 문제

次の文の(　　　)に入れるのに最もよいものを、1·2·3·4から一つ選びなさい。

猛暑のなか、エンジンを切って窓を閉め切った車内の温度はグングン上昇する。アルコール消毒液やライターなどは爆発する危険性があるので、暑い車内に(　　　)のは禁物である。

1 置くどころではない　　2 置きっぱなしにする
3 置く恐れがある　　4 置かれつつある

해석 무더운 날씨에 시동을 끄고 창문을 닫은 차량 내부 온도는 쑥쑥 올라간다. 알코올 소독액이나 라이터 등은 폭발할 위험이 있으므로 더운 차내에 방치하는 것은 금물이다.
해설 문맥을 살펴보면 더운 차내에 폭발의 가능성이 있는 물건을 놓아두는 것은 위험하다는 의미가 되어야 하므로 ~한 채로 방치해둔다는 의미인 ～っぱなし가 사용된 2번이 정답이 된다. 참고로 1번 ～どころではない는 ~할 때는 아니다, ~할 처지가 못된다 3번 ～おそれがある는 ~할 우려, 염려가 있다 4번 ～つつある는 ~중이다, ~하고 있다는 의미로 문맥상 정답이 될 수 없다. **정답 2**

적중 예상 문제

問題　次の文の(　　　)に入れるのに最もよいものを、1·2·3·4から一つ選びなさい。

01 彼女の作品は大変素晴らしく、十分称賛に(　　　)ものだった。

1 おける　　2 関する　　3 いたる　　4 たる

02 A公園は500本の冬桜が花を咲かせ、周囲の紅葉(　　　)格別な風情であった。

1 と相まって　　2 ともなると　　3 に対して　　4 に即して

03 あんな危険なところへ子供を一人で(　　　)、無責任としか言いようがない。

1 行かせてまで　　2 行かせるには　　3 行かせるかどうか　　4 行かせるとは

04 いじめられた学生が自殺する(　　　)、やっと学校側はことの重大さを知った。

1 につけ　　2 ついでに　　3 に至って　　4 からには

05 ゲーム好きの息子が一日中パソコンを(　　　)ので、電気代もばかにならない。

1 消してばかりだった　　2 つけつつある
3 消しとく　　4 つけっぱなしにする

06 どしゃ降りの雨に降られて、あっという間に頭から爪先に(　　　)ずぶ濡れになってしまった。

1 いたりで　　2 いたるまで　　3 いたっては　　4 いたっても

07 まったくうちの社長と(　　　)、あんなに大きいビルの掃除を一人で、しかも一日で終わらせろなんて無茶なことを言う。

1 きたら　　2 あれば　　3 いえども　　4 思いきや

08 彼女が偉大な登山家として活躍できたのは、20年間一日も(　　　)磨いたクライミングの腕前によるものだった。

1 欠かしたつもりでも　　2 欠かすことなしに
3 欠かしてもいないくせに　　4 欠かすかと思えば

▶ 정답과 해설 94쪽

問題　次の文の ＿★＿ に入る最もよいものを、1·2·3·4から一つ選びなさい。

01 姉 ＿＿＿ ＿＿＿ ＿★＿ ＿＿＿ な性格で他人の言うことは一度だっておとなしく聞いたことがない。

1 頭は　2 ときたら　3 いいが　4 ひどく強情

02 今の宇宙ロケットや衛星の技術には ＿＿＿ ＿＿＿ ＿★＿ ＿＿＿ が確立されていないような気がする。

1 たる技術　2 十分に　3 未だに　4 信頼するに

03 わが社は社員のニーズや会社の ＿＿＿ ＿＿＿ ＿★＿ ＿＿＿ を図っている。

1 社内制度の　2 現状　3 見直し　4 に即して

04 彼の歌はひどく音程が ＿＿＿ ＿＿＿ ＿★＿ ＿＿＿ が、何か込み上げてくるものがあった。

1 外れていて　2 にたえない　3 聞く　4 ほどだった

05 僕はいつも初心 ＿＿＿ ＿＿＿ ＿★＿ ＿＿＿ 頑張っていくつもりだ。

1 という言葉を　2 忘れる　3 肝に銘じて　4 べからず

06 新しい方式の信号機は ＿＿＿ ＿＿＿ ＿★＿ ＿＿＿ や消費電力の小ささというエコ効果も見逃せない。

1 さること　2 見やすさも　3 ながら　4 寿命の長さ

07 彼はリポートに、周囲に見られる日本語の ＿＿＿ ＿＿＿ ＿★＿ ＿＿＿ 見解を述べた。

1 問題点を見つけて　2 表現や理解に関する
3 自分なりの　4 その原因と解決法について

08 (大学ラグビー部のお知らせで)今シーズンは ＿＿＿ ＿＿＿ ＿★＿ ＿＿＿ 新たな歴史を刻むべく、来シーズンも精進して参ります。

1 本日の試合　2 この経験を生かして
3 終了いたしますが　4 をもって

한눈에 미리 보기

시나공 10

경어 표현

이 장에서 배울 문법은 '경어 표현'입니다.
본격적인 학습에 앞서 자신이 알고 있는 경어 표현이 어느 정도인지 □에 체크해보세요.

존경 표현		
□ 99	お·ご~になる	~하시다
□ 100	お·ご~くださる	~해 주시다
□ 101	お·ご~になる	~하시다
□ 102	れる·られる 형태	~하시다
겸양 표현		
□ 103	~(さ)せていただく	~하다
□ 104	お·ご~する·いたす	~하다, ~해 드리다
□ 105	お·ご~申し上げる	~해 드리다
□ 106	お·ご~いただく	~해 받다, ~해 주시다
□ 107	お·ご~願う	~하시기 바라다
주의해야 할 경어 표현		
□ 108	ござる	있습니다, 있사옵니다
□ 109	~でござる	~입니다, ~이옵니다
□ 110	~でいらっしゃる	~이십니다
□ 111	召す	드시다
□ 112	伺う	여쭙다, 찾아뵙다
□ 113	あがる	찾아뵙다, 방문하다
□ 114	あずかる	받다
□ 115	ぞんじる	생각하다, 알다
□ 116	ちょうだいする	받다
□ 117	うけたまわる	듣다, 받다
□ 118	差し上げる	드리다

시나공 10 경어 표현

경어와 관련된 문제는 문법파트에서 매회 꾸준히 출제되고 있을 뿐만 아니라 독해 파트 청해 파트에서도 경어 표현이 많이 등장합니다. 그러므로 단순히 문법 파트만을 위한 것이 아니라 일본어 전반에 걸쳐 경어 표현은 필수적이므로 익숙해지도록 반복해서 학습하는 것이 좋습니다.

시험에 이렇게 나온다!

次の文の(　　　)に入れるのに最もよいものを、1·2·3·4から一つ選びなさい。

それでは、ご連絡を(　　　)おります。

1 お待ちになって　2 お待ちして　3 ご待ちになって　4 ご待ちにして

해석 그럼 연락을 기다리고 있겠습니다.

해설 선택지 중에서 우선 정답에서 제외되어야 하는 것이 있다. 동사의 경우에는 お + 동사 ます형 + する / になる 공식을 이용하므로 3번, 4번은 접두어가 잘못되었으므로 제외해야 한다. 그리고 내용상 기다리는 주체가 자신이므로 자신의 행위에 사용하는 겸양 공식 お + 동사 ます형 + する / 致す를 써야 한다. **정답** 2

次の文の ＿★＿ に入る最もよいものを、1·2·3·4から一つ選びなさい。

お申し込みの ＿＿＿ ＿＿＿ ＿★＿ ＿＿＿ ください。

1 点に　2 下記の　3 際は　4 ご注意

해석 신청하실 때는 아래에 적은 사항에 주의해 주세요.

해설 문장 끝에 くださいが 있으므로 ご + 명사(한자어) + くださいの 형태가 되는 4번이 들어가야 한다는 것은 쉽게 알 수 있다. 그리고 첫 번째 공란 앞에 お申し込みの가 있으므로 뒤에는 명사가 와야 하는데 의미적으로 맞는 것은 3번뿐이다. 나머지는 자연스럽게 2번과 1번이 짝이 된다. 따라서 전체적으로 나열하면 ～際は下記の点にご注意～가 된다. **정답** 1

경어

경어는 상대의 행위를 높이는 '존경어'와 자신이나 자기 쪽의 행위를 낮추는 '겸양어', 표현을 공손하게 하는 '정중어'로 나눌 수 있습니다. 그리고 미리 정해놓은 '특정형 경어'와 공식을 이용한 '일반형 경어' 이렇게 두 종류로 나눌 수 있다는 것이 일본어 경어의 특징입니다.

특정형 경어는 일상에서 사용하는 동사 중 몇 개를 미리 정해놓은 것으로 자주 사용하는 것은 다음 표에 제시된 내용만 알아두면 됩니다. '일반형 경어'는 '특정형 경어' 이외의 경어가 이에 해당되며 정해진 공식을 이용합니다.

특정형 경어

기본형	존경어	겸양어(정중어)
行く	いらっしゃる おいでになる	参(まい)る
来る	いらっしゃる おいでになる お越(こ)しになる お見(み)えになる	参(まい)る
いる	いらっしゃる おいでになる	おる
言う	おっしゃる	申(もう)す 申(もう)し上(あ)げる
する	なさる	致(いた)す
くれる	くださる	×
もらう	×	頂(いただ)く 頂戴(ちょうだい)する
食べる・飲む	召(め)し上(あ)がる	頂(いただ)く
見る	ご覧(らん)になる	拝見(はいけん)する
見せる	×	ご覧(らん)に入(い)れる お目(め)にかける
知る	ご存(ぞん)じだ	存(ぞん)じる 存(ぞん)じ上(あ)げる
思う	×	存(ぞん)じる 存(ぞん)じ上(あ)げる
会う	×	お目(め)にかかる
借りる	×	拝借(はいしゃく)する

일반형 경어

존경 표현

99 お・ご〜になる ~하시다

공식 お + 동사 ます형 + になる
ご + 명사(한자어) + になる

참고 동사, 명사의 주체는 상대방이다. 현재 가장 일반적으로 널리 사용되는 존경 공식이다.

参加(さんか) 참가

お名前はお書きになりましたか。 성함은 적으셨습니까?

明日、ご参加になりますか。 내일 참가하십니까?

100 お・ご〜くださる ~해 주시다

공식 お + 동사 ます형 + くださる
ご + 명사(한자어) + くださる

참고 동사, 명사의 주체는 상대방이다.
의뢰, 부탁을 할 경우에는 ～くださる를 ～ください(~해 주십시오), ～くださいませんか(~해 주시지 않겠습니까?)로 바꾸면 되며 더 정중히 ～くださいますようお願い申し上げます(~해 주시길 부탁드립니다)를 사용할 수도 있다.

意見(いけん) 의견
差(さ)し上(あ)げる 드리다
出席(しゅっせき) 출석
申(もう)し上(あ)げる 말씀드리다

ご意見をお送りくださった方にはプレゼントを差し上げます。
의견을 보내주신 분에게는 선물을 드리겠습니다.

ぜひご出席くださいますようお願い申し上げます。
아무쪼록 출석해 주시길 부탁드립니다.

101 お・ご〜なさる ~하시다

공식 お+동사 ます형+なさる
ご+명사(한자어)+なさる

참고 동사, 명사의 주체는 상대방이다.
なさる는 독립적으로 사용하면 する의 존경어이지만 상대의 행위를 높이기 위한 존경 공식으로도 사용할 수 있으나 빈도는 상대적으로 낮고 명사에 접속되는 경우가 대부분이며 동사에 접속되는 경우 현재는 일부 제한적으로만 사용된다.

来店(らいてん) 내점
予(あらかじ)め 미리, 사전에
労働(ろうどう) 노동
研究(けんきゅう) 연구

ご来店なさるお客様はお電話で予めご予約ください。
내점해 주실 손님은 전화로 미리 예약해 주세요.

あの方はいろいろな国の労働問題についてご研究なさっています。
저 분은 여러 나라의 노동문제에 관해서 연구하고 계십니다.

102 れる·られる 형태 ~하시다

공식 동사 ない형 + れる・られる

참고 동사의 주체는 상대방이다.
수동 동사는 '수동, 가능, 자발' 이외에 '존경'의 용법으로도 쓰일 수 있다.

ますます 더욱더, 점점 더
健勝(けんしょう) 건승(건강)
お慶(よろこ)び申(もう)し上(あ)げます 축하의 말씀을 올립니다

先生におかれましては、ますますご健勝のこととお慶び申し上げます。
선생님께서는 더욱더 건승(건강)하시길 바랍니다.

部長、どちらへ行かれますか。 부장님, 어디 가십니까?

木村さんは、もう帰られました。 기무라 씨는 이미 집에 가셨습니다.

겸양 표현

103 ~(さ)せていただく ~하다

공식 사역동사 て형+いただく

참고 동사의 주체는 자신이다.
상대의 허가를 얻거나 그 은혜를 받아서 자신이 어떤 행위를 할 때 사용하는 겸양표현이다. 직역으로는 '~하게 해 받다, 시켜 받다'가 되는데 결국 '자신이 ~하다'는 뜻이므로 문맥에 따라 적절히 의역을 해야 한다.

後(のち)ほど 뒤에, 나중에
体調(たいちょう) 몸 상태, 컨디션
早退(そうたい) 조퇴

それでは後ほど、お電話させていただきます。 그렇다면 나중에 연락드리겠습니다.

朝から体調がよくないので、早退させていただけますか。
아침부터 몸 상태가 좋지 않은데 조퇴시켜 주시겠습니까?

104 お·ご~する·いたす ~하다, ~해 드리다

공식 お+동사 ます형+する・いたす
ご+명사(한자어)+する・いたす

참고 동사, 명사의 주체는 자신이다.
현재 가장 일반적으로 널리 사용되는 겸양 공식이며 ~する 대신에 ~致(いた)す를 사용하면 더 정중해진다.

後日(ごじつ) 후일, 장래
改(あらた)めて 다시
詳細(しょうさい) 상세한 것
報告(ほうこく)する 보고하다
予定(よてい) 예정

後日改めて詳細についてご報告する予定です。
나중에 다시 상세한 사항에 관해서 보고드릴 예정입니다.

皆様のお越しを心よりお待ち致しております。
여러분의 방문을 진심으로 기다리고 있습니다.

105 お·ご~申し上げる ~해 드리다

공식 お+동사 ます형+申(もう)し上(あ)げる
ご+명사(한자어)+申(もう)し上(あ)げる

参考 동사, 명사의 주체는 자신이다.
申し上げる는 독립적으로 사용하면 言う의 겸양어이지만 자신의 행위를 매우 정중하게 나타내는 겸양 공식으로도 사용할 수 있다. 매우 정중한 표현이지만 전달, 의뢰, 축하, 사죄 등을 나타내는 말과 비교적 제한적으로 사용된다.

たび 때, 번
重(かさ)ねる 겹치다, 되풀이하다
詫(わ)びる 사죄하다
結果(けっか) 결과
報告(ほうこく) 보고
何(なに)かと 여러모로
世話(せわ) 신세
存(ぞん)じる 생각하다
師走(しわす)の候(こう) 섣달 그믐날
貴社(きしゃ) 귀사
盛栄(せいえい) 성영, 번성

このたびの件につきまして、重ねてお詫び申し上げます。
이번 건에 관해서 거듭 사죄드립니다.

今回の結果について、皆様にご報告申し上げます。
이번 결과에 관해서 여러분에게 보고 드리겠습니다.

何かとお世話になることと存じますが、宜しくお願い申し上げます。
여러모로 신세지리라 생각합니다만 잘 부탁드리겠습니다.

師走の候、貴社ますますご盛栄のこととお喜び申し上げます。
올해의 마지막 달을 맞이하여 귀사의 날로 번창하심을 경하드립니다.

106 お·ご~いただく ~해 받다, ~해 주시다

공식 お + 동사 ます형 + いただく
ご + 명사(한자어) + いただく

参考 동사, 명사의 주체는 상대이다.
직역하면 자신이 상대로부터 ~해 받다는 의미이지만, 대부분의 경우 상대가 자신에게~해 주시다로 해석하는 편이 자연스러운 경우가 많으므로 문맥에 따라 적절히 의역을 하는 것이 좋다. 부탁, 의뢰에 사용할 경우 매우 공손하게 ~いただきたく存じます, ~いただければと存じます、~いただきたくお願い申し上げます, ~いただきますようお願い申し上げます, ~いただければ幸いです 등을 사용한다.

資料(しりょう) 자료
確認(かくにん) 확인
予定(よてい) 예정
変更(へんこう)する 변경하다
幸(さいわ)い 다행, 행운
参考(さんこう) 참고
資料(しりょう) 자료
添付(てんぷ) 첨부
検討(けんとう) 검토

サンプルをお送りいただきまして、ありがとうございます。
샘플을 보내주셔서 감사합니다.

資料をご確認いただきたく、お願い申し上げます。
자료를 확인해 주시길 부탁드립니다.

予定を変更していただければ幸いです。
예정을 변경해 주시면 감사하겠습니다.

参考資料を添付いたしましたので、ご検討いただければ幸いに存じます。
참고 자료를 첨부하였으므로 검토해 주시면 감사하겠습니다.

107 お·ご~願う ~하시기 바라다

공식 お+동사 ます형+願(ねが)う
ご+명사(한자어)+願(ねが)う

참고 동사, 명사의 주체는 상대이다.
願う는 독립적으로 사용하면 원하다, 바라다는 의미이지만 겸양 공식으로도 사용할 수 있다. 상대가 ~하기를, ~해 주기를 화자가 바란다는 의미이므로 문맥에 따라 적절히 의역해야 하는 경우도 있다.

足元(あしもと) 발밑
詳(くわ)しい 상세하다
理由(りゆう) 이유
方々(かたがた) 분들, 여러분
出席(しゅっせき) 출석

足元にお気をつけてお乗り願います。 발밑을 조심해서 승차해 주십시오.

もう少し詳しい理由をお聞かせ願えますか。 좀 더 상세한 이유를 들려주실 수 있으십니까?

ぜひ多くの方々にご出席願いたいのですが。 아무쪼록 많은 분들이 참석해 주시길 바랍니다만.

주의해야 할 경어 표현

108 ござる 있습니다, 있사옵니다

참고 ござる는 ある(있다)의 정중어이다.

資料(しりょう) 자료
準備(じゅんび)する 준비하다

資料は、ここにございます。 자료는 여기에 있습니다.

お飲み物はすでに準備してございます。 음료는 이미 준비되어 있습니다.

109 ~でござる ~입니다, ~이옵니다

참고 ~だ(~이다)의 문장체가 ~である(~이다)인 사실만 알면 간단히 이해할 수 있다. 즉 ある의 정중어가 ござる이므로 ~である를 더 정중하게 말하면 ~でござる가 되는 것이다. ござる와 ~でござる의 차이점을 정확하게 이해해 혼동하지 않도록 해야 한다.

集合(しゅうごう) 집합
課長(かちょう) 과장
次第(しだい) ~여하에 결정됨, ~나름

集合時間は午後５時でございます。 집합시간은 오후 5시입니다.

私は課長の鈴木でございます。 저는 과장인 스즈키입니다.

どの道を選ぶのかは、あなた次第でございます。 어느 길을 선택할지는 당신에게 달려 있습니다.

110 ～でいらっしゃる ～이십니다

참고 ～である의 존경어로 ～でござる와 같은 원리이나 상대와 관련된 사항은 ござる가 아닌 いらっしゃる를 사용한다는 점만 유의하면 된다.

奥様(おくさま) (남의 아내의 높임말) 부인, 사모님

あの方が先生の奥様でいらしゃいます。 저분이 선생님의 사모님이십니다.

どちら様でいらっしゃいますか。 누구십니까?

111 召す 드시다

참고 召(め)す는 食べる, 飲む의 존경어로도 쓰이지만, 대동사 즉 다른 동사 대신으로 사용함으로써 존경의 의미를 나타낼 수도 있다. 일종의 관용표현으로 암기해두면 된다.

婦人(ふじん) 부인

お気に召す 気に入る : 마음에 들다

お年を召す 年を取る : 나이를 먹다

お風呂を召す 風呂に入る : 목욕하다

お風邪を召す 風邪を引く : 감기에 걸리다

社長の奥様は、あそこのお年を召していらっしゃるご婦人です。
사장님 사모님은 저곳에 계신 연세가 드신 부인이십니다.

いかがですか。こちらのかばんはお気に召したでしょうか。
어떠십니까? 이 가방은 마음에 드셨는지요?

112 伺う 여쭙다, 찾아뵙다

참고 伺(うかが)う는 여러 가지 의미 중에서 聞く, 尋ねる, 訪問する의 겸양어로 사용되는 부분이 주로 출제된다. 그리고 세 가지 의미가 있으니 문맥에 따라 적절하게 해석해야 한다.

意見(いけん) 의견
宜(よろ)しい (よい 좋다, 괜찮다)의 공손한 표현
勤務(きんむ) 근무
発電器(はつでんき) 발전기
開発(かいはつ) 개발
研究(けんきゅう) 연구

その問題について、皆様のご意見を伺いたいです。
그 문제에 관해서 여러분의 의견을 듣고 싶습니다.

では、何時ごろ伺えば宜しいでしょうか。 그럼, 몇 시경에 찾아뵈면 되겠습니까?

勤務時間について伺いたいことがございます。
근무시간에 관해서 여쭤보고 싶은 것이 있습니다.

今日は発電器を開発、研究されている田中社長にお話を伺います。
오늘은 발전기를 개발, 연구하시고 계시는 다나카 사장님에게 말씀 여쭙겠습니다.

113 あがる 찾아뵙다, 방문하다

참고 あがる는 여러 가지 의미가 있으나, 경어에서는 行く, 訪問する의 겸양어로도 쓰인다는 점이 중요하다. 그 중에서도 ~にあがる(~하러 방문하다, ~하러 가다)의 형태가 주로 시험에 출제된다.

注文(ちゅうもん) 주문
詳(くわ)しい 상세하다

ご注文の本を今度の日曜日にお届けにあがっても宜しいでしょうか。
주문하신 책을 이번 일요일에 배달하러 방문해도 괜찮으시겠습니까?

一度詳しいお話を伺いにあがりたいのですが、いかがでしょうか。
한번 상세한 말씀을 여쭤보러 가고 싶습니다만 어떠신지요?

114 あずかる 받다

참고 あずかる(与る)는 독립적으로 사용하면 관여하다, 관계하다는 의미이지만 お・ご ~にあずかる 형태로 상대의 은혜, 호의 등을 자신이 받은 것에 대한 감사의 뜻을 전할 때 주로 사용하는 겸양 공식으로도 사용하는데 ~해 받다 또는 ~해 주시다의 의미로 이해하면 된다.

紹介(しょうかい) 소개
機械(きかい) 기계
先日(せんじつ) 전번, 일전
褒(ほ)める 칭찬하다
光栄(こうえい) 영광

ただいまご紹介にあずかりました、ヤマダ機械の田中と申します。
방금 소개받은 야마다기계의 다나카라고 합니다.

先日の契約の件でお褒めにあずかり光栄です。
일전의 계약 건으로 칭찬해 주셔서 영광입니다.

115 ぞんじる 생각하다, 알다

참고 存(ぞん)じる(存ずる)는 思う・知る의 겸양어로 이러한 동사가 필요한 경어 문장에서 사용하면 더 정중해진다. 주로 ~いただければと存じます, ~いただければ・いただけると幸いに存じます, ~いただきたく存じます 등으로 사용하는데 문맥에 맞게 완전히 의역해야 하는 경우가 많으며 대상이 사람일 경우에는 같은 의미인 存(ぞん)じ上(あ)げる를 사용하는 편이 좋다.

弊社(へいしゃ) 폐사, 저희회사
問(と)い合(あ)わせる 문의하다
幸(さいわ)い 다행, 행운
活躍(かつやく) 활약
~を通(つう)じて ~을 통해서
前向(まえむ)き 적극적, 긍정적
検討(けんとう) 검토

皆様お元気でお過ごしのことと存じます。
여러분들께서는 잘 지내고 계시리라 생각합니다.

弊社にお問い合わせいただければ幸いに存じます。
저희 회사에 문의해 주시면 감사하겠습니다.

先生の活躍は新聞などを通じて存じ上げております。
선생님의 활약은 신문을 통해서 알고 있습니다.

前向きにご検討いただきたく存じます。
긍정적으로 검토해 주시면 좋겠습니다.

116 ちょうだいする 받다

参고 頂戴(ちょうだい)する는 もらう의 겸양어이며 유사한 단어로는 いただく가 있다. 다만 いただく는 먹다, 마시다는 의미로도 사용할 수 있으나 頂戴する는 사용할 수 없는 차이점이 있다.

株式(かぶしき) 주식
確認(かくにん) 확인
心暖(こころあたた)まる 마음이 훈훈해지다

株式会社タミヤ様より頂戴したメールです。ご確認ください。
타미야 주식회사로부터 받은 메일입니다. 확인해 주세요.

お客様より心暖まるお手紙を頂戴しました。
손님으로부터 마음이 훈훈해지는 편지를 받았습니다.

117 うけたまわる 듣다, 받다

参고 承(うけたまわ)る는 상대의 의뢰, 주문, 상담 등을 '듣다, 받다'라는 겸양어이며 물건의 경우 한자는 주로 受け賜る라고 쓴다.

率直(そっちょく)だ 솔직하다
意見(いけん) 의견
大変(たいへん) 대단히, 매우
近日中(きんじつちゅう) 근일중

田中さんの率直な意見をうけたまわり、大変勉強になりました。
다나카 씨의 솔직한 의견을 들을 수 있어 대단히 유익했습니다.

ご注文はうけたまわりましたので、近日中に送らせていただきます。
주문을 받았으니 근일중에 보내드리겠습니다.

118 差し上げる 드리다

参고 差(さ)し上(あ)げる는 あげる, 与える의 겸양어로 물건이나 연락, 전화, 메일 등에 사용할 수 있다. 일반적으로 상대가 기대하거나 상대에게 이익이 되는 사항에 사용하는 것이 좋다.

荷物(にもつ) 짐
運(はこ)ぶ 나르다, 옮기다
当選者(とうせんしゃ) 당첨자
賞金(しょうきん) 상금
先着(せんちゃく) 선착, 선착순
謝礼(しゃれい) 사례
記念品(きねんひん) 기념품

その荷物、重そうですが、車で運んで差し上げましょうか。
그 짐 무거울 것 같은데 차로 옮겨 드릴까요?

当選者には賞金10万円を差し上げます。 당첨자에게는 상금 10만 엔을 드립니다.

先着40名様に、謝礼と記念品を差し上げます。
선착순으로 40분에게 사례와 기념품을 드립니다.

적중 예상 문제

問題　次の文の（　　）に入れるのに最もよいものを、1·2·3·4から一つ選びなさい。

01 （ホームページで）下記のとおり臨時休業とさせていただきますので、お知らせいたします。何卒ご了承（　　）よろしくお願い申し上げます。

1 差し上げたく　2 いただきたく　3 致したく　4 拝見したく

02 （メールで）現在、部品調達の遅れに加え、部品メーカの倒産などにより、大幅に納期が遅れますこと、深く（　　）。

1 お詫び申し上げます。　2 詫びていただきます
3 お詫びくださいます　4 詫びていらっしゃいます

03 （製品カタログで）お客様へのご連絡なしに変更、または追加（　　）場合がありますので、ご了承ください。

1 していただく　2 させられてくださる
3 させていただく　4 してくださる

04 この店の主人は、お客様に（　　）、食材の安全性を最優先させなければ、という強い信念のもと、自分で納得できる食材しか使わないという。

1 お出しするとはいえ　2 お出しになるとはいえ
3 お出しになる以上は　4 お出しする以上は

05 （広告で）お客様より（　　）ご意見・ご要望を反映してさらに使いやすく改良しました。

1 差し上げた　2 頂戴した　3 なさった　4 致した

06 学校へは徒歩でお越し（　　）のですが、やむを得ず自転車で来校される時は、運動場の駐輪場に停めてください。

1 なさりたい　2 伺いたい　3 願いたい　4 くださりたい

07 最近、「お荷物のお届けに（　　）が、不在のため持ち帰りました」という内容の虚偽のメッセージが多いので注意が必要だ。

1 上がりました　2 見えました　3 差し上げました　4 召し上がりました

08 （履歴書で）営業部門は経験がないですが、今までの経験を活かして、早く仕事に対応できるよう努めて（　　）。

1 願います　2 ございます　3 頂戴します　4 まいります

問題　次の文の ___★___ に入る最もよいものを、1·2·3·4から一つ選びなさい。

01 田中先生も ______ ___★___ ______ ______ 少々お待ちください。

1 になると　2 間もなく　3 思いますので　4 お見

02（手紙で）ご多忙とは ______ ______ ___★___ ______ お願い申し上げます。

1 いただけます　2 存じますが　3 よう　4 ぜひご出席

03（会議で）それでは、会議に先立ち、本日の委員の ______ ______ ___★___ ______ と存じます。

1 いただきたい　2 させて　3 ご報告　4 出欠状況を

04（メールで）先生の論文を ______ ______ ___★___ ______ 奥深さに触れることができました。

1 及ばず　2 拝見し　3 数学の　4 ながら

05（電話で）個人的なことになりますが、______ ___★___ ______ ______ でしょうか。

1 ご相談に　2 よろしい　3 今晩　4 あがっても

06（メールで）誠に申し訳ないんですが、先日の ______ ______ ___★___ ______ んですが。

1 変更して　2 お約束の日時を　3 いただけると　4 助かる

07（会議で）その件について ______ ______ ___★___ ______ でしょうか。

1 いただいても　2 一言　3 よろしい　4 言わせて

08（ネットストアの利用ガイドで）お客様から ______ ______ ___★___ ______ ので、あらかじめご了承ください。

1 責任を負いません　2 投稿につきましては

3 頂戴した　4 当社は一切の

問題　次の文の（　　　）に入れるのに最もよいものを、1・2・3・4から一つ選びなさい。

01 妻と話しながら、テレビを見る（　　　）見ていたら、寿司屋のＣＭに中学の同級生が出演中でびっくりした。

1 のを基にして　2 ことなしに　3 のをめぐって　4 ともなしに

02 （就任の挨拶で）赫々たる業績を残された、歴代の会長を思い浮かべますと、私（　　　）者が会長を引き受けていいものか、ためらいもありました。

1 ゆえに　2 ごとき　3 はともかく　4 ならではの

03 （休業のお知らせで）休業期間中は何かとご不便をおかけすることと（　　　）が、何卒ご理解の程よろしくお願い申し上げます。

1 存じます　2 申し上げます　3 いたします　4 承ります

04 現代の医療技術（　　　）すれば、心臓移植手術はそんなに難しいことではない。

1 をもって　2 を控えて　3 をピークに　4 を受けて

05 社会人になったら、自分に何ができるのか、自分（　　　）目標を定め、積極的に努力する必要があると思う。

1 なくして　2 ずくめの　3 なりの　4 という

06 昨日見に行った陶器展は、鑑賞（　　　）高級品ではなく、瓦など江戸時代の庶民の生活に密着した日用品が中心だった。

1 しかねる　2 せざるをえない　3 にするがゆえに　4 にたえるような

07 デザインや価格（　　　）、車を買うときに気になるのは、やはり性能である。

1 だろうと何だろうと　2 に基づいて
3 もさることながら　4 を抜きにして

問題　次の文の ＿★＿ に入る最もよいものを、1·2·3·4から一つ選びなさい。

01 彼のこれまでの ＿＿ ＿＿ ＿★＿ ＿＿ の成功は間違いないだろう。

1 もって　　2 新規事業　　3 すれば　　4 経験と実績を

02 田植え体験に参加した学生たちは、初めての ＿＿ ＿＿ ＿★＿ ＿＿ なって稲を植えた。

1 泥まみれに　　2 地元農家の方から
3 体験に苦戦しながらも　　4 丁寧な指導を受け

03 (取扱説明書で) 弊社製品をご購入いただき誠にありがとうございます。＿＿ ＿＿ ＿★＿ ＿＿ 正しくお使いください。

1 お読みの上　　2 製品をご使用に　　3 必ず本書を　　4 なる前に

04 定期的に賄賂を渡したという ＿＿ ＿＿ ＿★＿ ＿＿ なかろう。

1 認めるしか　　2 証言まで出る　　3 彼も罪を　　4 に至っては

05 昨今は企業間の競争が激化しつつあるので ＿＿ ＿＿ ＿★＿ ＿＿ は望めない。

1 ことなしには　　2 売上を伸ばす　　3 企業の成長　　4 顧客を確保し

06 この温泉街の中心には、大きい川が流れ ＿＿ ＿＿ ＿★＿ ＿＿ くれる。

1 を与えて　　2 静かな安らぎ　　3 と相まって　　4 周囲の山々

07 この仕事は女性に大変人気があるが、＿＿ ＿★＿ ＿＿ ＿＿ が欠かせない。

1 めげない体力　　2 接客などで何時間も
3 サービス精神と激務に　　4 立ちっぱなしなので

問題　次の文の（　　　）に入れるのに最もよいものを、1・2・3・4から一つ選びなさい。

01 きのう隣の小学校で、恒例の「泥んこバレーボール大会」が開かれた。猛暑の中、出場者は泥（　　　）なりながら熱戦を繰り広げた。

1 だけに　　2 むけに　　3 まみれに　　4 がらみに

02 一方的なゲームになると、今まで応援していたファンも、こんな試合を最後まで見続けてはいられないと（　　　）次々と席を立っていった。

1 言うとなると　　2 言おうものなら　　3 言わんばかりに　　4 言いようによって

03 最近、駅に学校、コンビニから住宅街（　　　）防犯カメラが普及することにより、地域の安全性は高まってきた。

1 に至るまで　　2 に対してしか　　3 に基づくまで　　4 に応えてしか

04 全ての人間は生まれながらにして平等であり、生命、自由、そして幸福の追求という（　　　）権利を与えられている。

1 侵すまでもない　　2 侵すべからざる　　3 侵すのをよそに　　4 侵すか否かの

05 （雑誌のインタビューで）田中先生は現在も横山学院の理事長を務めておられ、私は個人的によく（　　　）が、まず先生の生い立ちからお話を伺いたいと思います。

1 ご覧になっています　　2 ご存じです
3 知っていただけます　　4 存じ上げています

06 （生け花教室のお知らせで）お申し込みから24時間以内にこちらから連絡がない場合は、大変お手数ですが、お電話かメールにてお知らせ（　　　）。

1 申し上げます　　2 願います　　3 いたします　　4 まいります

07 不景気による影響を詳細に把握し、支援制度を柔軟に運用するなど、企業の実態（　　　）対策を進める必要がある。

1 に先立つ　　2 にわたる　　3 に限る　　4 に即した

問題　次の文の ＿★＿ に入る最もよいものを、1·2·3·4から一つ選びなさい。

01 N社は、家庭用ゲーム機の修理受付を当初は６月30日の ＿＿ ＿＿ ＿★＿ ＿＿ が、予測を上回る修理依頼があり、前倒しで５月15日修理受付を終了すると発表した。

1 をもって　2 していた　3 到着分　4 終了すると

02 野性動物を飼育するのを非難する人もいるが、動物園は自然環境や野性動物の保全思想の ＿＿ ＿＿ ＿★＿ ＿＿ きたと思う。

1 それなりの　2 基盤を　3 役割を果たし　4 作るために

03 インターネット上の発言や主張などには論理的 ＿＿ ＿＿ ＿★＿ ＿＿ だけで、その実ひどく論理性が欠如しているものが多いと思う。

1 かの　2 装っている　3 ごとく　4 である

04 散歩の途中、＿＿ ＿＿ ＿★＿ ＿＿ 薄桃色の桜の花びらが川面を染めて流れていて、しばし感傷に浸って見とれていた。

1 見るとも　2 川に目を　3 やると　4 なしに

05 （実習の感想文で）一週間という短い期間の実習でしたが、＿＿ ＿＿ ＿★＿ ＿＿ 考え方や責任感を学ぶことができました。

1 体験させて　2 仕事に対する　3 様々な業務を　4 いただく中で

06 ご利用の際には以下の注意事項の内容を ＿＿ ＿＿ ＿★＿ ＿＿ お申し込みをお願いいたします。

1 ご覧に　2 十分に　3 上で　4 なった

07 事業活動を展開する国や地域の多様な ＿＿ ＿＿ ＿★＿ ＿＿ することはできない。

1 真の国際化を実現　2 理解すること
3 文化や生活を　4 なしには

問題　次の文の（　　　）に入れるのに最もよいものを、1·2·3·4から一つ選びなさい。

01 健康にいいと人気を呼んでいる自転車だが、都市部での自転車運動は自動車の排ガスなどによって肺や心臓に負担が大きいというので、（　　　）らしい。

1 結構ずくめではない　　2 結構なことだらけ
3 結構ともいえなくもない　　4 結構ではなかろうか

02 相手の声が聞き取りにくい場合は「恐れ入りますが、もう一度（　　　）」と聞き返して確認したほうがいい。

1 申し上げてもよろしいですか　　2 伺ってもらえませんか
3 聞かれたらいかがでしょうか　　4 おっしゃっていただけますか

03 契約が成立する前に違約金について何の（　　　）、なんと不誠実な不動産業者なんだろう。

1 説明をしようがなくて　　2 説明もしないとは
3 説明するかと思えば　　4 説明するもしないも

04 大方の予想に反して、この漢詩集は現代人の鑑賞（　　　）魅力的なものである。

1 にたえる　　2 してまでの　　3 にほかならない　　4 すべからず

05 場合によっては、エアコンは頻繁につけたり消したりを繰り返すより、（　　　）ほうが電気代が安いという。

1 つけたままではない　　2 つけるなりつけないなりする
3 つけっぱなしにしておく　　4 つけるに決まっている

06 当院は健診バスが事務所までお迎えに（　　　）、当院まで送迎するサービスも実施しておりますので、ご予約時にご相談ください。

1 願い　　2 差し上げ　　3 お越し　　4 上がり

07（年賀状で）新しい年が素晴らしい一年になりますよう、皆様のご健康とご多幸を心より（　　　）。

1 お祈り申し上げます　　2 祈っていただきます
3 祈っていらっしゃいます　　4 お祈りいたしたでしょう

問題　次の文の ＿★＿ に入る最もよいものを、1・2・3・4から一つ選びなさい。

01 このアニメは独特な作風の音響効果と ＿＿ ＿＿ ＿★＿ ＿＿ 国内外でも高く評価されている。

1 一層の臨場感を　2 迫力ある映像とが　3 与えるので　4 相まって

02 景気の低迷でアメリカの大学では今年の新学期の学生登録数が ＿＿ ＿＿ ＿★＿ ＿＿ 20%の減少となった。

1 至っては　2 短大に　3 比べ10%減少し　4 前年に

03 無駄遣いすることを ＿＿ ＿＿ ＿★＿ ＿＿ が、水がただで手に入る価値のないものということからできた表現である。

1 という　2 ごとく　3 湯水の　4 お金を使う

04 裁判員制度は課題も指摘されるものの、肯定的な評価が多い。＿＿ ＿＿ ＿★＿ ＿＿ の職務を果たした市民の力によるものであろう。

1 さること　2 専門家の努力も　3 誠実に裁判員　4 ながら

05 山の村の古老は自分の家に初めて電気が引かれたときのことを昨日の ＿＿ ＿＿ ＿★＿ ＿＿ なり、感銘を受けた。

1 鮮明に　2 覚えて　3 おいでに　4 ことのように

06 研修会の終了後に懇親会を行いますので ＿＿ ＿＿ ＿★＿ ＿＿ 存じます。

1 お時間の　2 幸いに　3 ご参加いただければ　4 許す限り

07（会議で）英語教育は、実際に英語を使う機会を確保することが大切ですが、今後、英語で話す機会の拡充などを ＿＿ ＿＿ ＿★＿ ＿＿ のですが、よろしいでしょうか。

1 願いたい　2 どのように　3 ご説明　4 図っていくのか

:: 넷째마당 ::

알아두면 든든한 기준 외 문법

11 알아두면 든든한 75가지 문법

〈 문제풀이 〉 적중 예상 문제

시나공 11

알아두면 든든한 75가지 문법

이번 장에서는 기준 외 문법이나 빈출 N2용 문법을 다루고 있습니다. 기준 외 문법은 어려워 보일 수 있지만 일부 관용표현을 제외하고는 대부분 사용되는 단어의 의미만 알면 쉽게 이해할 수 있을 것입니다. N2용 문법은 N2에서 다루는 문법이지만 실제 N1 시험에서 많이 출제되거나 선택지에 자주 등장하는 문법을 중심으로 정리했으니 복습을 겸해서 다시 한번 익혀두는 것이 좋습니다.

01 いざ～となると・～となれば 막상 ~하려고 하면

접속 いざ 동사 기본형 / 명사＋～となると・～となれば

참고 실제로 그 행동을 하려고 했을 때 그 어려움을 깨닫는다는 의미이며 부사 いざ(막상, 정작)와 함께 사용하는 점이 특징이다.

免税店(めんぜいてん) 면세점
品(しな) 상품
決心(けっしん)がつく 결심이 서다
寝床(ねどこ) 잠자리, 침상
寝付(ねつ)く 잠들다

免税店には多くの品が並んでいたが、いざ買うとなるとなかなか決心がつかない。 면세점에는 많은 상품이 진열되어 있었는데 막상 사려고 하면 좀처럼 결심이 서지 않는다.

疲れて早く寝床に入ったが、いざ眠るとなるとなかなか寝付けない。
피곤해서 일찍 잠자리에 들었는데 막상 자려고 하면 좀처럼 잠이 오지 않는다.

02 ～かいがある/～かいがない ~한 보람이 있다/~한 보람이 없다

접속 명사の / 동사 た형＋～かいがある・～かいがない

참고 보람, 효과라는 의미의 명사 かい(甲斐)만 알면 쉽게 이해할 수 있으며 동사 ます형에 접속되면 ～がい가 되기도 한다. が를 생략하고 ～かいあって(~한 보람이 있어서)로 사용하기도 하며 부정의 경우 ～かいもない(~한 보람도 없다), ～かいもなく(~한 보람도 없이)가 될 수도 있다.

苦労(くろう) 고생
志望(しぼう) 지망
合格(ごうかく) 합격
必死(ひっし)だ 필사적이다
国家(こっか) 국가
代表選手(だいひょうせんしゅ) 대표선수

３年間苦労したかいがあって、第一志望の大学に合格できた。
3년간 고생한 보람이 있어 제1지망 대학에 합격할 수 있었다.

必死の努力のかいもなく、国家代表選手には選ばれなかった。
필사적으로 노력한 보람도 없이 국가대표 선수에는 뽑히지 못했다

03 ~か否か ~할지 않을지, ~인지 아닌지

접속 동사・い형용사 보통형 / な형용사 어간・명사(+である/なの)+~か否(いな)か
참고 초급의 ~かどうか의 문어체 형태로 이해하면 된다.

プログラム 프로그램
参加(さんか)する 참가하다
政策(せいさく) 정책
有効(ゆうこう) 유효

このプログラムに参加するか否かは、完全に個人の自由です。
이 프로그램에 참가할지 않을지는 완전히 개인의 자유입니다.

その政策が有効であるか否か、結果が出るのはまだ先のことだ。
그 정책이 유효할지 않을지 결과가 나오는 것은 아직 훗날의 일이다.

04 欠かせない 빠트릴 수 없다, 필수적이다

접속 명사+~が・~は・~に+欠(か)かせない
참고 동사 欠(か)かす(빠뜨리다, 빼다)만 알면 가능 부정형이므로 쉽게 이해할 수 있다.

筋肉(きんにく) 근육
関節(かんせつ) 관절
日常(にちじょう) 일상
国際交流(こくさいこうりゅう) 국제교류
姿勢(しせい) 자세

筋肉や関節の働きを良くするには、日常の運動が欠かせない。
근육이랑 관절의 기능을 좋게 하는 데는 평상시 운동이 필수적이다.

国際交流には、相手を理解しようという姿勢が欠かせない。
국제교류에는 상대를 이해하려고 하는 자세가 필수적이다.

05 ~(が)まま(に) ~대로

접속 동사 수동형+~(が)まま(に)
참고 자신의 의지가 아닌 타인의 의도나 흐름에 따라 어떤 일을 한다는 의미로 주로 부정적으로 사용된다. 조사 が와 に는 생략될 수도 있다.

上司(じょうし) 상사
勤勉(きんべん) 근면
高価(こうか) 고가
指輪(ゆびわ) 반지
後悔(こうかい) 후회

ただ上司に言われるがままに仕事をこなすことが勤勉ではない。
그저 상사가 시키는 대로 일을 처리하는 것이 근면한 것은 아니다.

友達に勧められるまま高価な指輪を買ってしまい、後悔している。
친구가 권유하는 대로 값비싼 반지를 사 버려 후회하고 있다.

06 ～ことだし ~이니, ~이고

접속 동사・い형용사・な형용사의 명사 수식형＋～ことだし
참고 ~이기 때문에 라고 제안이나 판단의 이유를 나타낼 때 사용한다. 정중하게는 ～ことですし를 사용하면 된다.

そろそろ 슬슬
後片付(あとかたづ)け 뒤처리, 설거지

お腹もいっぱいになったことだし、カラオケでも行こうか。
배도 부르고 하니 가라오케라도 갈까?

お客さんもみんなお帰りになったことだし、そろそろ後片付けをしましょう。
손님들도 모두 가셨으니 슬슬 뒷정리를 합시다.

07 ～てしかるべきだ ~하는 것이 마땅하다, ~하는 것이 당연하다

접속 동사 て형＋～てしかるべきだ
참고 しかる(그러하다)＋べき(해야 하는)가 합쳐져서 하나의 연체사로 사용된다. 'しかるべき＋명사' 형태로 바로 명사를 취할 수 있는데 이때는 '적합하다, 어울리다'로 해석하는 것이 좋다.

規制(きせい) 규제
緩和(かんわ) 완화
対応(たいおう)する 대응하다
教育(きょういく) 교육
進展(しんてん) 진전, 발전

安全に大きな問題がなければ、規制は緩和されてしかるべきだろう。
안전에 큰 문제가 없으면 규제는 완화되는 것이 마땅할 것이다.

時代や社会の変化に対応してしかるべき教育の進展が必要である。
시대나 사회의 변화에 대응하기에 적합한 교육의 발전이 필요하다.

08 ～ては～ては ~하고(서는) ~하고(서는)

접속 동사 て형＋～ては＋동사 ます형
참고 동작이 여러 번 반복되는 것을 강조하는 표현이다.

連続(れんぞく) 연속
アイデアが浮(う)かぶ 아이디어가 떠오르다
繰(く)り返(かえ)す 되풀이하다, 반복하다

冬休み中、食べては眠り、食べては眠りの連続で、すっかり太ってしまった。
겨울방학 동안 먹고 자고 먹고 자고의 연속으로 완전히 살이 쪄버렸다.

なかなかいいアイデアが浮かばなくて、何度も書いては消し、書いては消しの繰り返しだ。
좀처럼 좋은 아이디어가 떠오르지 않아서 몇 번이나 썼다 지웠다 썼다 지웠다를 반복했다.

09 ～てはかなわない ~해서는 견딜 수가 없다

접속 동사・い형용사・な형용사의 て형＋～て(は)かなわない
참고 필적하다, 당해내다는 의미인 敵(かな)う의 부정형이다. 동사의 경우 수동형과 함께 사용하는 경우가 많으며 ～ては(～では)는 축약으로 ～ちゃ(～じゃ)가 될 수도 있다.

引(ひ)き下(さ)げる (값을) 낮추다
所得税(しょとくぜい) 소득세

好きな歌だが、同じ歌を何度もかけられちゃかなわない。
좋아하는 노래이지만 같은 노래를 몇 번이나 틀어서 견딜 수가 없다.

今年引き下げられた所得税が、来年から上がるそうだ。短期間で何度も変えられてはかなわない。
올해 인하된 소득세가 내년부터 오른다고 한다. 단기간에 몇 번이나 바꿔서는 견딜 수가 없다.

10 ～ても差し支ない ~해도 상관없다, ~해도 지장이 없다

접속 동사・い형용사・な형용사・명사 て형＋～ても差(さ)し支(つか)えない
참고 지장이 있다는 의미인 差(さ)し支(つか)える의 부정형이다. 초급의 ～てもいい와 같은 의미로 이해하면 된다.

経過(けいか) 경과
退院(たいいん)する 퇴원하다
履物(はきもの) 신발
濡(ぬ)れる 젖다
用意(ようい) 준비, 채비

手術後の経過が順調だから、来週退院しても差し支えないでしょう。
수술 후의 경과가 순조롭기 때문에 다음 주에 퇴원해도 지장이 없을 것입니다.

履物は濡れても差し支えないものをご用意ください。
신발은 젖어도 지장이 없는 것을 준비해 주세요.

11 ～てもやむをえない ~해도 어쩔 수가 없다

접속 동사 て형＋～てもやむをえない
참고 止(や)むを得(え)ない는 할 수 없다, 어쩔 수 없다는 의미로 しかたがない로 이해하면 된다. やむをえず(어쩔 수 없이) 형태로 부사적으로도 사용하기도 한다.

豊(ゆた)かだ 풍요롭다, 풍족하다
ミス 실수
責任(せきにん)を問(と)う 책임을 묻다

経済的に豊かな時代になったから、ものの大切さがわからない若者が増えてもやむをえない。
경제적으로 풍요로운 시대가 되었기 때문에 물건의 소중함을 모르는 젊은이들이 늘어나도 어쩔 수가 없다.

僕のミスでこうなったのだから、責任を問われてもやむをえない。
내 실수로 이렇게 되었기 때문에 책임을 추궁당해도 어쩔 수가 없다.

12 ～というか～というか ~이랄까 ~이랄까

접속 명사 / 동사・い형용사・な형용사의 보통형＋～というか～というか

참고 사람이나 사물에 대해 자신이 느낀 인상을 예를 들어 어느 쪽이 적절한지 확실하지 않을 때 사용한다. 뒷부분이 생략되거나 ～というか何というか(~이랄까 뭐랄까) 형태로 사용하기도 한다.

勇敢(ゆうかん) 용감
無謀(むぼう) 무모
微妙(びみょう)だ 미묘하다
心境(しんきょう) 심경

そんな危険なことをするとは、勇敢というか無謀というか、とにかく私には理解できない。

그런 위험한 짓을 하다니 용감하다고 할까 무모하다고 할까, 하여튼 나로서는 이해할 수 없다.

卒業式のとき、嬉しいというか悲しいというか、微妙な心境であった。

졸업식 때 기쁘다고 할까 슬프다고 할까, 미묘한 심경이었다.

13 ～とはうらはらに ~와는 정반대로, ~와는 거꾸로

접속 명사＋～とはうらはらに

참고 裏腹(うらはら)는 '거꾸로 되다, 정반대다'라는 의미이며 조사 は는 생략될 수도 있다.

見(み)た目(め) 겉보기, 외관
焦(あせ)る 초조하게(조급하게) 굴다, 안달하다
ペース 일의 진행도

昨日食べた料理は、見た目とはうらはらにとても美味しかった。

어제 먹은 요리는 겉보기와는 정반대로 매우 맛있었다.

焦る気持ちとはうらはらに、仕事のペースは落ちる一方だ。

조급한 마음과는 정반대로 일의 속도는 떨어져 가기만 한다.

14 ～に～ない ~하려고 해도 ~할 수 없다

접속 동사 기본형＋に＋동사 가능형＋ない

참고 어떤 이유로 ~하고 싶은데 ~할 수 없다는 의미로 동일 동사가 반복적으로 사용되는 점이 특징이다.

企画書(きかくしょ) 기획서
無(な)くす 잃어버리다
有様(ありさま) 모양, 형편, 상태, 꼴

彼女が彼との結婚を諦めたのには、言うに言えない事情があったに違いない。

그녀가 그와의 결혼을 단념한 것에는 말하려 해도 말할 수 없는 사정이 있었음에 틀림없다.

何時間もかけて作成した企画書を無くすなんて泣くに泣けない有様だ。

몇 시간이나 걸려서 작성한 기획서를 잃어버리다니 울려고 해도 울 수 없는 상황이다.

15 ～に越したことはない ～가 최고다, ~보다 더 나은 것은 없다

접속 동사・い형용사 기본형 / な형용사 어간・명사(である) + ～に越(こ)したことはない
참고 越(こ)す는 넘기다, 앞지르다는 의미 이외에도 낫다, 더 좋다는 의미로도 사용한다는 것만 알면 쉽게 이해할 수 있다.

比較的(ひかくてき) 비교적
常(つね)に 항상
用心(ようじん)する 조심하다, 주의하다
消費者(しょうひしゃ) 소비자

この国は比較的安全だが、常に用心するに越したことはない。
이 나라는 비교적 안전하지만 항상 조심하는 것이 가장 좋다.

消費者としては同じものならば、値段は安いに越したことはないだろう。
소비자로서는 같은 물건이라면 가격이 싼 것보다 더 나은 것은 없을 것이다.

16 ～にてらし(て) ～에 비추어

접속 명사 + ～に照(て)らし(て)
참고 비추다, 참조하다, 대조하다는 의미인 照(て)らす만 알면 쉽게 이해할 수 있다. 명사를 수식할 경우에는 '～に照らした+명사' 형태를 사용한다.

犯罪者(はんざいしゃ) 범죄자
厳正(げんせい)だ 엄정하다
処罰(しょばつ) 처벌
客観的(きゃっかんてき) 객관적
過失(かしつ) 과실

犯罪者は法にてらして、厳正に処罰するべきだ。
범죄자는 법에 비추어 엄정하게 처벌해야 한다.

客観的事実に照らして、彼には過失がなかったことが認められた。
객관적 사실에 비추어 그에게는 과실이 없었다는 사실이 인정되었다.

17 ～にとどまらず ～에 그치지 않고

접속 명사 + ～にとどまらず
참고 머물다, 그치다는 의미인 止(とど)まる의 부정형으로 '～뿐만 아니라 더 나아가 ～도'라는 의미이다. 반대로 좁은 범위에 그치다, 머무르다는 의미일 경우에는 ～にとどまる를 사용한다.

世界的規模(せかいてききぼ) 세계적 규모
深刻化(しんこくか) 심각화
単(たん)なる 단순한
文化財(ぶんかざい) 문화재
新概念(しんがいねん) 신개념

日本国内にとどまらず、世界的規模で食糧問題がますます深刻化している。
일본 국내에 그치지 않고 세계적 규모로 식량 문제가 더욱더 심각해지고 있다.

ここは単なる文化財の展示にとどまらず、様々な体験もできる新概念の博物館である。
이곳은 단순한 문화재 전시에 그치지 않고 다양한 체험도 할 수 있는 신개념 박물관이다.

18 ～に(は)及ばない ～하지 않아도 된다, ～에는 미치지 못한다

접속 동사 기본형 / 명사＋～に(は)及(およ)ばない

참고 이르다, 미치다는 의미인 及ぶ의 부정형으로 상대의 기분이나 제안을 완곡하게 부정, 거부하거나 ～만큼 뛰어나지 못하다, ～를 능가하지 못한다 라는 두 가지의 의미로 사용된다.

恥(は)じる 부끄러워하다, 부끄럽게 생각하다
処理(しょり) 처리
本場(ほんば) 본고장

人間は誰でも失敗するものだ。そんなことで恥じるには及ばない。
인간은 누구라도 실수하기 마련이다. 그런 일로 부끄러워할 필요는 없다.

僕一人でも処理できることだ。君が行くにはおよばない。
나 혼자서도 처리할 수 있는 일이다. 네가 갈 필요는 없다.

彼女の作ったカレーは本場の味には及ばないにしてもなかなか美味しかった。
그녀가 만든 카레는 본고장의 맛에는 미치지 못해도 꽤 맛있었다.

19 ～のももっともだ ～하는 것도 당연하다

접속 동사・い형용사 기본형 / な형용사 어간＋な＋～のももっともだ

참고 지당하다는 의미의 な형용사 もっともだ만 알면 쉽게 이해할 수 있다.

同僚(どうりょう) 동료
裏切(うらぎ)る 배신하다
落(お)ち込(こ)む 침울해지다(하다)

信じていた同僚に裏切られたんだから、彼女が落ち込むのももっともだ。
믿고 있었던 동료한테 배신을 당했기 때문에 그녀가 침울해 하는 것도 당연하다.

弟からあんなひどいことを言われたから、彼女が怒るのももっともだ。
남동생으로부터 그런 심한 말을 들었기 때문에 그녀가 화를 내는 것도 당연하다.

20 ～も同然だ ～이나 마찬가지다

접속 동사 た형・ない형/명사＋～も同然(どうぜん)だ

참고 同然だ는 같다, 다름없다는 의미이므로 실제로는 다르지만 거의 같은 상태, 상황이라고 할 때 사용한다. 명사의 경우 조사 も는 생략될 수도 있다.

表紙(ひょうし) 표지
報告書(ほうこくしょ) 보고서
才能(さいのう) 재능

あとは表紙をつけるだけだから、報告書はもうできたも同然だ。
나머지는 표지를 붙이는 것뿐이니까 보고서는 이제 완성된 것이나 마찬가지다.

これだけの才能のある選手が集まったんだから、試合は勝ったも同然だ。
이렇게 재능 있는 선수가 모였기 때문에 시합은 이긴 것이나 마찬가지다.

21 ~ようによっては ~하는 방법 · 방식에 따라서는

접속 동사 ます형+~ようによっては

참고 동사 ます형+よう(~하는 법 · 방식)에 ~によっては(~에 따라서는)가 합쳐진 형태로 ~하는 방식이나 방법을 바꾸면 결과가 변한다는 의미이다.

毒(どく) 독
乱用(らんよう) 남용
禁物(きんもつ) 금물
済(す)ませる 끝내다

薬も使いようによっては毒にもなるので、乱用は禁物だ。
약도 사용하는 방법에 따라서는 독도 되므로 남용은 금물이다.

やりようによっては、その仕事は今日中に済ませることもできる。
하는 방법에 따라서는 그 일은 오늘 중으로 끝낼 수도 있다.

22 ~をおして ~을 무릅쓰고

접속 명사+~を押(お)して

참고 押す는 밀다는 의미 외에도 무릅쓰다, 강행하다는 의미가 있어 ~라는 어려운 상황임에도 불구하고 강행할 때 사용하며 유사한 표현으로는 ~を押し切って가 있다. 주로 反対, 病気 등과 함께 사용된다.

主催者(しゅさいしゃ) 주최자
風雨(ふうう) 강한 바람을 동반한 비
開催(かいさい)する 개최하다
控(ひか)える (시간 · 공간적으로) 가까이에 있다

主催者側は風雨をおして野外コンサートを開催した。
주최자 측은 비바람을 무릅쓰고 야외 콘서트를 개최했다.

彼は結婚を控えた娘のために病気をおして記念写真を撮った。
그는 결혼을 앞둔 딸을 위해서 병을 무릅쓰고 기념사진을 찍었다.

23 ~を踏まえ(て) ~에 근거해서, ~에 입각하여

접속 명사+~を踏(ふ)まえ(て)

참고 근거하다, 입각하다는 의미의 동사 踏まえる만 알면 쉽게 이해할 수 있는데 ~을 생각하고서, 고려하고서라는 의미이다. 명사를 수식할 경우에는 ~を踏まえた+명사가 된다.

組織(そしき) 조직
再編成(さいへんせい) 재편성
開発(かいはつ) 개발
都市事情(としじじょう) 도시사정
観点(かんてん) 관점

現在の状況を踏まえて、組織の再編成を行う必要がある。
현재의 상황에 입각하여 조직의 재편성을 할 필요가 있다.

開発は都市事情を踏まえて、長期的な観点行われるべきだ。
개발은 도시사정에 의거해서 장기적인 관점에서 실행되어야 한다.

24 ~を経て ~을 거쳐서

접속 명사 + ~を経(へ)て

참고 경과하다, 거치다는 의미인 経る가 사용된 표현으로 시간이나 장소, 수단 등 후문의 상태가 되기까지의 과정을 말할 때 사용한다.

予算案(よさんあん) 예산안
国会(こっかい) 국회
承認(しょうにん) 승인
移(うつ)す 옮기다
厳正(げんせい)だ 엄정하다
審査(しんさ) 심사
最優秀賞(さいゆうしゅうしょう) 최우수상
選定(せんてい) 선정

予算案は最終的に国会の承認を経て、実行に移されることとなる。
예산안은 최종적으로 국회의 승인을 거쳐서 실행에 옮겨지게 된다.

厳正な審査を経て、木村さんの作品が最優秀賞に選定された。
엄정한 심사를 거쳐서 기무라 씨의 작품이 최우수상으로 선정되었다.

25 ~やら ~やら ~이며 ~이며, ~인지 ~인지

접속 명사 / 동사・い형용사・な형용사 기본형 + ~やら~やら

참고 여러 가지 중에서 대표적 사항이나 한정하기 어려운 두 가지 사항을 열거할 때 사용한다.

洋服(ようふく) 양복, 옷
片付(かたづ)ける 정리하다, 치우다
大変(たいへん)だ 큰일이다, 힘들다
お土産(みやげ) 선물
複雑(ふくざつ)だ 복잡하다

娘の部屋はおもちゃやら洋服やらがたくさんあって、片付けるのが大変だ。
딸아이의 방은 장난감이며 옷 등이 많이 있어서 치우기가 힘들다.

ダイエットをしているのにドーナツのお土産をもらって、嬉しいやら悲しいやら複雑な気持ちだ。
다이어트를 하고 있는데 도넛 선물을 받아서 기쁘기도 하며 슬프기도 하며 복잡한 마음이다.

26 ~をいいことに ~을 기회로, ~을 핑계로

접속 명사(な/である+の) / 동사・い형용사・な형용사 명사 수식형+の+~をいいことに

참고 いいこと는 구실, 핑계라는 의미가 있는데 ~라는 기회를 이용해서 어떤 부정적인 행위를 하는 것을 나타낸다.

全然(ぜんぜん) 전혀
連絡(れんらく) 연락
店主(てんしゅ) 점주

田中君は忙しいのをいいことに全然僕に連絡をくれない。
다나카 군은 바쁘다는 핑계로 전혀 나에게 연락을 주지 않는다.

彼は店主がいないのをいいことに、携帯電話でゲームばかりやっていた。
그는 점주가 없는 것을 기회로 휴대 전화로 게임만 하고 있었다.

27 ~かというと・~かといえば ~이냐 하면

접속 동사・い형용사 보통형 / な형용사 어간(なの) / 명사(なの/であるの)＋~かというと・~かといえば

참고 전제로 든 사실로 당연히 예상되는 결과를 부정할 때 사용한다. 회화체에서는 ~かっていうと・~かっていえば가 되기도 한다. ~たら(~하면), ~からといって・~からって(~라고 해서)와 함께 사용되는 경우가 많다.

画家(がか) 화가
~とは限(かぎ)らない ~라고는 할 수 없다
成績(せいせき) 성적
成功(せいこう)する 성공하다
必(かなら)ずしも 반드시, 꼭

絵が上手だからといって誰でも画家になるかといえば、そうとは限らない。 그림을 잘 그린다고 해서 누구라도 화가가 되느냐 하면 꼭 그렇다고는 할 수 없다.

成績のいい人が成功するかっていうと、必ずしもそうではないだろう。 성적이 좋은 사람이 성공하느냐 하면 꼭 그렇지는 않을 것이다.

28 ~たら~で ~하면 ~하는 대로, ~하다고 해도

접속 동사・い형용사・な형용사・명사 た형 + ~たら, 동사・い형용사・な형용사・명사 보통형＋~で

참고 설령, 설사 ~한다고 해도 ~라는 문제가 있다 또는 관계없다는 의미로 사용한다. 참고로 ~ば~で, ~なら~で 형태로 사용하기도 한다.

合格(ごうかく) 합격
悩(なや)み 고민
尽(つ)きる 다하다, 바닥나다
失敗(しっぱい)する 실패하다

大学に合格したら合格したで親の悩みは尽きることはない。 대학에 합격한다고 해도 부모의 걱정은 끝나지 않는다.

失敗したら失敗したで、また次に頑張ればいいと思う。 실패하면 실패한 대로 다음에 또 열심히 하면 된다고 생각한다.

29 ~以上(は) ~한 이상(은)

접속 동사・い형용사・な형용사・명사 보통형＋~以上(いじょう)(は)

참고 ~이니까 당연히, 반드시 라는 의미이며 は는 생략될 수도 있다. 유사한 표현으로는 ~からには, ~上(うえ)は가 있다.

反対(はんたい)する 반대하다
やり抜(ぬ)く 끝까지 하다, 해내다
食材(しょくざい) 식자재
安全性(あんぜんせい) 안전성
最優先(さいゆうせん) 최우선

家族に反対されようが自分でやると決めた以上は最後までやり抜くべきだ。 가족이 반대할지라도 자신이 하겠다고 결심한 이상 끝까지 해내야 한다.

お客様にお出しする以上、食材の安全性を最優先させなければならない。 손님에게 내놓기 때문에 당연히 식자재의 안전성을 최우선시하지 않으면 안 된다.

30 ～上で ～하고 나서, ～한 후에

접속 동사 た형 / 명사の + ～上(うえ)で

참고 후문을 하기 위해서는 먼저 ～을 하지 않으면 안 된다는 의미이다. ～上に(～한데다가, ～하고 게다가)와는 전혀 다른 의미이므로 조사에 주의해야 한다.

現状(げんじょう) 현상, 현재 상태
正確(せいかく)だ 정확하다
把握(はあく)する 파악하다
計画(けいかく) 계획
開催(かいさい) 개최
趣旨(しゅし) 취지
参加(さんか) 참가

現状を正確に把握した上で計画を立てることが大事だ。

현재의 상태를 정확하게 파악하고 나서 계획을 세우는 것이 중요하다.

開催の趣旨をご理解になった上での参加をお願いいたします。

개최 취지를 이해하신 후에 참가하시길 부탁드립니다.

31 ～おそれがある ～할 우려・염려가 있다

접속 동사 기본형 / 명사の + ～恐(おそ)れがある

참고 ～かもしれない(～일지도 모른다)와 유사한 표현이지만 恐れ는 두려움, 염려, 걱정이라는 의미이므로 부정적인 의미로만 사용한다.

過熱(かねつ) 과열
原因(げんいん) 원인
発火(はっか)する 발화하다
発表(はっぴょう)する 발표하다
大雨(おおあめ) 호우
影響(えいきょう) 영향
災害(さいがい) 재해
避難(ひなん) 피난
指示(しじ) 지시

A社はバッテリの過熱が原因で発火する恐れがあるとして、リコールすると発表した。 A사는 배터리의 과열이 원인으로 발화할 염려가 있어서 리콜한다고 발표했다.

大雨の影響で災害の恐れがあるとき、市は避難指示を出すことになっている。 호우의 영향으로 재해의 염려가 있을 시는 피난지시를 내리도록 되어 있다.

32 ～限り(は) ～하는 한(은)

접속 동사・い형용사・な형용사 명사 수식형 / 명사 + である + ～限(かぎ)り(は)

참고 ～의 상태가 계속되는 동안에는 계속, 절대로 라는 의미이다.

適切(てきせつ) 적절
使用(しよう)する 사용하다
安全(あんぜん) 안전
有効(ゆうこう)だ 유효하다
医薬品(いやくひん) 의약품
当社(とうしゃ) 당사, 우리 회사

これは適切に使用される限りは安全かつ有効な医薬品である。

이것은 적절하게 사용되는 한은 안전하고도 유효한 의약품이다.

就労(しゅうろう) 취로
可能(かのう) 가능
職場(しょくば) 직장
実現(じつげん)する 실현하다

当社は働ける限り就労が可能な職場を実現している。
당사는 일할 수 있는 한 계속 다닐 수 있는 직장을 실현하고 있다.

33 ~がたい ~하기 어렵다, ~할 수 없다

접속 동사 ます형+~がたい
참고 어렵다, 힘들다는 難(かた)い만 알면 쉽게 이해할 수 있는데 ~하는 것은 어렵다, ~하려고 해도 할 수 없다는 의미이다.

死(し) 죽음
受(う)け入(い)れる 받아들이다
教育(きょういく) 교육
価値(かち) 가치
測(はか)る 측정하다, 재다
許(ゆる)す 용서하다

まだ小学生の子供にとっては、父親の死は受け入れがたいものだった。
아직 초등학생인 아이에게 있어서 아빠의 죽음은 받아들이기 힘든 것이었다.

お金で教育の価値を測ろうとするのは許しがたいことだ。
돈으로 교육의 가치를 매기려고 하는 것은 용서할 수 없는 일이다.

34 ~がち ~하기 쉽다, ~이 잦다

접속 동사 ます형 / 명사+~がち
참고 ~의 상태가 되기 쉽다, ~하는 경향이 많다는 의미로 주로 부정적으로 사용한다.

奥(おく) 속, 안
放置(ほうち)する 방치하다
親知(おやし)らず 사랑니
定期的(ていきてき) 정기적
診療(しんりょう) 진료
外出(がいしゅつ) 외출
機会(きかい) 기회
運動不足(うんどうぶそく) 운동부족
室内(しつない) 실내
簡単(かんたん) 간단

一番奥にあるため放置されがちな親知らずは定期的に診療を受けたほうがいい。
가장 안쪽에 있기 때문에 방치되기 쉬운 사랑니는 정기적으로 진료를 받는 편이 좋다.

これは寒さのために外出の機会が減少し、運動不足になりがちな冬に室内で簡単にできる運動です。
이것은 추위 때문에 외출의 기회가 감소해 운동부족이 되기 쉬운 겨울에 실내에서 간단히 할 수 있는 운동입니다.

35 ～かねる・～かねない ～할 수 없다, ～할지도 모른다

접속 동사 ます형+～かねる・～かねない

참고 능력이 아닌 화자의 입장이나 상황상 ～하는 것은 불가능하다, ～하고 싶어도 할 수 없다 또는 좋지 않은 가능성이나 위험성이 있다는 것을 나타낼 때 사용한다. 긍정형이 부정의 의미를 가지고 있으니 주의해야 한다.

製品(せいひん) 제품
製造方法(せいぞうほうほう) 제조방법
比較的(ひかくてき) 비교적
怪我(けが) 부상

ご質問いただいた製品の製造方法に関しましてはお答えいたしかねます。
질문하신 제품의 제조방법에 관해서는 말씀드릴 수 없습니다.

比較的安全なスポーツであるが、無理な登り方をすれば怪我につながりかねない。
비교적 안전한 스포츠이지만 무리하게 오르면 부상으로 이어질 수도 있다.

36 ～からには ～한 이상은

접속 동사・い형용사 보통형 / な형용사 어간・명사+である+～からには

참고 주로 동사 과거형과 함께 ～이니까 반드시, 당연히 라는 의미로 결의, 의지, 의무, 명령 등의 문장에서 사용된다.

努力(どりょく) 노력
大事(だいじ)だ 중요하다
工事(こうじ) 공사
任(まか)せる 맡기다
期待(きたい) 기대
裏切(うらぎ)る 배반하다

自分でやると決めたからには最後までやり続ける努力が大事である。
스스로 하겠다고 정한 이상 마지막까지 계속 하려는 노력이 중요하다.

工事をお任せいただいたからには、ご期待を裏切らないように頑張ります。
공사를 맡은 이상 기대를 저버리지 않도록 노력하겠습니다.

37 ～次第で(は) ～에 따라서(는)

접속 명사 + ～次第(しだい)で(は)

참고 ～에 의해서 후문의 결과가 여러 가지 변한다는 의미인데 조사 は가 붙으면 후문이 될 가능성이 있다고 할 때 사용한다. 문미에서는 ～次第だ(～여하이다, ～따름이다)가 된다. 동사 ます형+次第(～하는 즉시)와 혼동하지 않도록 주의해야 한다.

焼(や)く 굽다
堪能(かんのう)する 충분히 만족하다
現時点(げんじてん) 현시점
通常(つうじょう) 통상
通(どお)り ～대로
開催(かいさい)する 개최하다
状況(じょうきょう) 상황
変更(へんこう) 변경
可能性(かのうせい) 가능성

安い肉でも焼き方次第でもっと美味しさを堪能できる。
싼 고기라도 굽는 방식에 따라서 더 맛있게 즐길 수 있다.

試合は現時点では通常通りに開催する予定だが、台風の状況次第では変更になる可能性もあるそうだ。
시합은 현시점에서는 통상대로 개최될 예정이지만 태풍의 상황에 따라서는 변경될 가능성도 있다고 한다.

38 ~だけに・~だけあって ~한 만큼, ~하므로 더욱

접속 동사・い형용사・な형용사・명사 기본형 + ~だけに・~だけあって

참고 어떤 결과나 상태가 ~이기 때문에 그에 상응하게, 걸맞게 라고 평가할 때 사용한다. 단 ~だけには ~이니까 더욱 더, 더더욱 이라는 강조의 의미로도 사용할 수 있으니 주의해야 한다.

時期(じき) 시기
観光客(かんこうきゃく) 관광객
高級(こうきゅう) 고급
居心地(いごこち) 있는 느낌
団長(だんちょう) 단장
協定(きょうてい) 협정
合意(ごうい) 합의
至(いた)る 이르다, 도달하다
期待(きたい) 기대
残念(ざんねん)だ 유감이다

桜を見に公園に行ったら、時期が時期だけに観光客が多かった。

벚꽃을 보러 공원에 갔더니 시기가 시기이니만큼 관광객이 많았다.

ここは高級ホテルだけあって、居心地がいい。

이곳은 고급호텔인 만큼 지내기가 좋다.

吉村団長は協定が合意に至らなかったことに対し、期待が大きかっただけにきわめて残念であると語った。

요시무라 단장은 협정이 합의에 이르지 못한 것에 대해 기대가 컸으니 만큼 대단히 유감이라고 말했다.

39 ~つつ(も) / ~つつある ~하면서도 / ~하고 있다

접속 동사 ます형 + ~つつ(も) / ~つつある

참고 ~つつ는 동시동작의 의미 이외에도 ~하면서도, ~하지만 이라는 역접의 의미로도 사용할 수 있는데 조사 も가 붙을 수도 있다. ~つつある는 ~하고 있다는 진행 중임을 나타내거나 어떤 상태로 되어 간다는 의미이다.

余裕(よゆう) 여유
現実(げんじつ) 현실
少子化(しょうしか) 저출산
高齢(こうれい) 고령
進行(しんこう)する 진행하다
都市(とし) 도시
老巧化(ろうこうか) 노후화
課題(かだい) 과제, 문제

心の余裕が必要と思いつつ現実は忙しい毎日を送っている。

마음의 여유가 필요하다고 생각하면서도 현실은 바쁜 나날을 보내고 있다.

少子化や高齢社会が進行する中、都市インフラの老巧化が大きな課題となりつつある。

저출산과 고령사회가 진행되는 가운데 도시 인프라의 노후화가 큰 문제가 되어 가고 있다.

40 ～つもり(だ) ～한 셈치다, ～라고 여기다, ～라고 생각하다

접속 동사 た형(ている형)・い형용사・な형용사 어간+な・명사の+～つもり(だ)
참고 동사 기본형에 접속되어 의지를 나타내는 ～つもりだ(～할 생각이다) 이외에도 주위의 생각 또는 사실과 다른 화자만의 생각이나 신념을 나타내기도 하므로 시제와 품사를 잘 살펴야 한다.

地図(ちず) 지도
回(まわ)る 돌다
機能(きのう) 기능
盛(も)り込(こ)む 담다, 포함시키다
かえって 도리어, 오히려
場合(ばあい) 경우

地図を見ながら歩いてきたつもりだったが、気がつくと同じところをぐるぐる回っていた。
지도를 보면서 걸어왔다고 생각했는데 알고 보니 같은 곳을 빙글빙글 돌고 있었다.

多くの機能を盛り込んで使いやすいようにしたつもりが、かえって使いにくくなってしまう場合が多くある。
많은 기능을 포함시켜 사용하기 편하도록 한 것이 도리어 사용하기 불편해져 버리는 경우가 많이 있다.

41 ～まい ～않을 것이다, ～않겠지/～않겠다

접속 1그룹동사(5단동사) 기본형 / 이외의 동사 및 조동사의 ない형+～まい
참고 부정 추측(～ないだろう : ～않을 것이다, ～않겠지)이나 부정 의지(～ないつもりだ : ～않겠다) 등의 의미로 사용되는데 문법파트에서는 주로 추측의 의미로 출제되고 있다. する의 경우에는 する, す, せ에 くる의 경우에는 く・くる에 접속되기도 한다.

仕業(しわざ) 소행
断言(だんげん) 단언
無関係(むかんけい) 무관계
格付(かくづ)け 등급 매김
快適(かいてき)さ 쾌적함
基準(きじゅん) 기준
漠然(ばくぜん) 막연

彼の仕業であると断言はできないが絶対無関係とも言えまい。
그의 소행이라고 단언할 수는 없지만 전혀 무관하다고도 말할 수 없을 것이다.

ホテルの格付けは快適さを基準にしているというが、それではあまりに漠然としすぎてはいまいか。
호텔의 등급은 쾌적함을 기준으로 하고 있다고 하는데 그래서는 너무 막연한 것은 아닐까.

42 ～ものの ～하지만, ～이지만

접속 동사・い형용사・な형용사 명사 수식형 / 명사 + である + ～ものの
참고 역접표현으로 ～이지만, ～했지만 의외의 일이나 예상과는 다른 결과가 뒤따를 때 사용한다.

報道(ほうどう) 보도
真実(しんじつ) 진실
具体的(ぐたいてき) 구체적
避(さ)ける 피하다, 꺼리다
外出時(がいしゅつじ) 외출 시

彼は報道された内容は事実と違うところがあるとしたものの、具体的な説明は避けた。 그는 보도된 내용은 사실과 다른 부분이 있다고 했지만 구체적인 설명은 피했다.

雨は長い時間降り続くことはないものの、外出時は傘を忘れないようにしてください。 비는 오랜 시간 계속 내리지는 않겠지만 외출 시에는 우산을 잊지 않도록 하세요.

43 ～ようがない・～ようもない ～할 수가 없다, ~할 수도 없다

접속 동사 ます형 + ～ようがない・～ようもない
참고 어떤 방법을 사용해도 ~할 수 없다고 불가능을 나타낼 때 사용한다.

真偽(しんぎ) 진위
確(たし)かめる 확인하다
不動産 부동산
投資(とうし) 투자
巨額(きょがく) 거액
資産(しさん) 자산
積(つ)み上(あ)げる 쌓아 올리다
症状(しょうじょう) 증상

話の真偽は確かめようがないものの、彼は不動産投資で巨額の資産を積み上げたという。
이야기의 진위는 확인할 수 없지만 그는 부동산 투자로 거액의 자산을 쌓아 올렸다고 한다.

ここまで症状が進んでしまっていては、もうどうしようもなかった。
이렇게까지 증상이 진행되어 버려서는 더 이상 어떻게 할 수도 없었다.

44 ～わけにはいかない ～할 수는 없다

접속 동사 사전형 + ～わけにはいかない
참고 능력이 아닌 어떤 사정이 있어서 ~할 수 없다는 의미이다.

活動(かつどう) 활동
全(すべ)て 전부
監視(かんし)する 감시하다
自主性(じしゅせい) 자주성
任(まか)せる 맡기다
確(たし)かだ 확실하다
証拠(しょうこ) 증거
事実(じじつ) 사실
認(みと)める 인정하다

サークル活動の全てを監視するわけにはいかず、学生の自主性に任せるしかない。
서클활동 전부를 감시할 수는 없어 학생들의 자주성에 맡길 수밖에 없다.

確かな証拠がない以上、事実と認めるわけにはいかないだろう。
확실한 증거가 없는 이상 사실이라고 인정할 수는 없을 것이다.

45 ～わけではない ～하는 것은 아니다

접속 동사・い형용사 기본형 / な형용사・명사 +な/である + ～わけではない
참고 부분 부정이나 완곡한 부정을 나타낼 때 사용하며 회화체로는 ～わけじゃない가 된다. 문맥에 따라 ～わけでもない(~하는 것도 아니다)가 되기도 하고 ～というわけではない, ～ってわけではない(~라는 것은 아니다) 형태를 사용하기도 한다.

遺産(いさん) 유산
建築(けんちく) 건축(물)
価値(かち) 가치
上昇(じょうしょう) 상승
節約(せつやく) 절약
志向(しこう) 지향
全(まった)く 전혀
消費(そうひ) 소비

世界遺産に認定されたからといって建築の価値が上昇するわけではない。
세계유산으로 인정되었다고 해서 건축물의 가치가 상승하는 것은 아니다.

節約志向の若者が増えているとはいえ、そのような若者たちも全く消費をしないわけではない。
절약을 지향하는 젊은이들이 늘고 있다고는 해도 그 같은 젊은이들도 전혀 소비를 하지 않는 것은 아니다.

46 ～ように ~하시길

접속 조동사 ます・ません / 동사 사전형・ない ＋ ～ように
참고 주로 문미에 사용되어 기원이나 희망을 나타낼 때 사용한다. 문중에서 사용될 경우 に가 생략될 수도 있다.

皆様(みなさま) 여러분
希望(きぼう) 희망
満(み)ちる 가득 차다
酷暑(こくしょ) 혹서, 심한 더위
体調(たいちょう) 몸 상태
崩(くず)す 무너뜨리다

来年も皆様にとって希望に満ちた年になりますように。
내년도 여러분에게 있어 희망이 가득 찬 해가 되시길 (기원합니다).

毎日40度近い酷暑になっておりますが、体調を崩されませんように。
매일 40도 가까운 혹서입니다만 몸 컨디션을 해치지 않으시길 (기원합니다).

47 ～ないものか・～ないものだろうか ~하지 못할까

접속 동사 ない형 ＋ ～ないものか・～ないものだろうか
참고 어떤 일의 실현이 곤란한 상황에서 ~하고 싶다, ~했으면 좋겠다고 강하게 희망할 때 사용한다. 유사한 표현으로 ～ないものかな, ～ないものかしら 등이 있다.

海外出張(かいがいしゅっちょう) 해외출장
風邪(かぜ) 감기
治(なお)る 낫다
都心(としん) 도심
駐車料金(ちゅうしゃりょうきん) 주차요금

来週、海外出張があるのに風邪を引いてしまい、早く治らないものかいらいらしている。
다음 주 해외출장이 있는데 감기에 걸려서 빨리 나을 수 없을까 초조해 하고 있다.

都心とはいえ駐車料金が高すぎる。もう少し安くならないものか。
도심이라고는 해도 주차요금이 너무 비싸다. 조금 더 내릴 수는 없을까?

48 ～ものか ~할까 보냐, ~할게 뭐냐

접속 동사・い형용사 기본형 / な형용사 어간・명사+な+～ものか
참고 주로 동사에 접속되어 결코 ~하지 않겠다는 강한 부정, 반발, 거절의 감정을 나타낼 때 사용한다. 정중하게는 ～ものですか를 사용하며 회화체로 ～もんか, ～もんですか가 되기도 한다.

家族(かぞく) 가족
失(うしな)う 잃어버리다
悲(かな)しみ 슬픔
子連(こづ)れ 아이 동반
理由(りゆう) 이유
入店(にゅうてん) 입점
拒否(きょひ)する 거부하다
絶対(ぜったい) 절대
誓(ちか)う 맹세하다

家族を失った悲しみを誰が忘れるものか。 가족을 잃어버린 슬픔을 누가 잊겠느냐.

子連れというだけの理由で入店拒否されて絶対に二度と来るもんかと心に誓った。
아이가 있다는 이유만으로 입점거부 당해서 절대로 두 번 다시 오나 봐라 라고 마음속으로 맹세했다.

49 ~において ~에서, ~에 있어서

접속 명사 + ~において

참고 어떤 일이 일어나는 장면이나 장소, 방면을 나타낼 때 사용한다. 일반적으로 뒤에 명사를 수식하는 경우 '~における+명사'가 되며 문맥에 따라 조사가 첨가되어 ~においては, ~においても가 될 수도 있다.

貧(まず)しい 가난하다
地域(ちいき) 지역
安定(あんてい) 안정
普及(ふきゅう) 보급
現状(げんじょう) 현상, 현재의 상태
方向性(ほうこうせい) 방향성
見直(みなお)す 다시보다, 재검토하다

世界の最も貧しい地域においてさえ、より速く安定したインターネットが普及している。 세계에서 가장 가난한 지역에서까지 보다 빠르고 안정된 인터넷이 보급되고 있다.

小学校における英語教育の現状とこれからの方向性を見直すべきである。 초등학교에서의 영어교육의 현상과 앞으로의 방향성을 재검토해야 한다.

50 ~にしても・~にせよ・~にしろ ~라고 해도

접속 동사・い형용사・な형용사・명사 보통형 + ~にしても・~にせよ・~にしろ

참고 '설령 ~라고 해도, ~하는 경우라도, ~라고는 인정하지만' 라는 의미로 유사한 표현으로는 ~としても, ~にしたって가 있다. 반복적으로 사용해서 ~의 경우라도 ~의 경우라도 라는 의미로 사용할 수도 있다.

症状(しょうじょう) 증상
悪化(あっか)する 악화되다
感染(かんせん) 감염
勢(いきお)い 기세
警戒(けいかい) 경계
緩(ゆる)める 풀다, 늦추다

すぐには生命にかかわることはないにしても症状が悪化すれば危険になる場合もある。 당장은 생명에 관계되지는 않더라도 증상이 악화되면 위험해지는 경우도 있다.

感染の勢いは以前ほどではないにしろ、まだまだ警戒を緩めてはいけない。 감염의 기세는 이전만큼은 아니더라도 아직 경계를 늦추어서는 안 된다.

51 ~だろうと ~이더라도, ~이든

접속 명사+~だろうと

참고 ~이더라도 상관없다, 영향을 주지 않는다, 변함없다 라는 의미로 주로 たとえ, どんな, どういう 등과 함께 사용하는 경우가 많다. ~だろうと~だろうと(~이든 ~이든)와 같이 반복적으로도 사용할 수 있는데 어느 쪽이라도 결과는 변하지 않는다는 의미이다. 유사한 표현으로는 ~だろうが・~であろうと・~であろうが・~であれ 등이 있다.

暴力(ぼうりょく) 폭력
訴(うった)える 호소하다, 쓰다
許(ゆる)す 용서, 허용하다
欠(か)かす 빠트리다, 거르다

どんな理由だろうと暴力に訴えるのは許されないことだ。 어떤 이유일지라도 폭력을 쓰는 것은 용서받지 못할 일이다.

彼は雨だろうと雪だろうと毎日欠かさず散歩に出かける。 그는 비가 오든 눈이 오든 매일 거르지 않고 산책을 나간다.

52 ~を機に ~을 계기로, ~을 기회로

접속 명사 / 동사 사전형 + の + ~を機(き)に
참고 새로운 사항이 시작되는 기점을 나타내며 유사한 표현으로는 ~をきっかけに, ~を契機(けいき)に가 있다.

合併(がっぺい) 합병
人件費(じんけんひ) 인건비
削減(さくげん) 삭감
行政(ぎょうせい) 행정
効率化(こうりつか) 효율화
図(はか)る 꾀하다, 도모하다
迎(むか)える 맞이하다
決断(けつだん)する 결단하다

A市は今回の合併を機に人件費の削減など行政の効率化を図ろうとしている。 A시는 이번 합병을 계기로 인건비 삭감 등 행정의 효율화를 도모하려고 하고 있다.

彼は30歳の誕生日を迎えたのを機に禁煙と禁酒を決断したそうだ。
그는 30세 생일을 맞이한 것을 기회로 금연과 금주를 결단했다고 한다.

53 ~んじゃなかった ~하는 게 아니었다, 괜히 ~했다

접속 동사 사전형 + ~んじゃなかった
참고 '~하지 않았으면 좋았을 텐데'라고 자신이 한 행위에 대해 후회의 기분을 나타낼 때 사용한다. 유사한 표현으로는 ~なければよかった, ~なきゃよかった(~ 않았으면 좋았다), ~べきではなかった(~해서는 안 되었다) 등이 있다. 반대로 '~했어야 했다'라고 하지 못한 것에 대한 후회는 ~んだった를 사용한다.

無理(むり) 무리
後悔(こうかい)する 후회하다
迷惑(めいわく) 폐
連(つ)れる 동반하다

彼は無理して家なんか買うんじゃなかったと後悔している。
그는 무리해서 집 같은 것 사는 게 아니었다고 후회하고 있다.

迷惑ばかりかけるお前なんか連れてくるんじゃなかった。
폐만 끼치는 너 같은 녀석 데려 오는 게 아니었어.

54 ~ざるをえない ~하지 않을 수 없다

접속 동사 ない형 + ~ざるをえない
참고 어떤 이유나 사정으로 하고 싶지 않으나 어쩔 수 없이 ~하지 않으면 안 된다는 의미이다. する의 경우 せざるをえない가 되므로 주의해야 한다.

断念(だんねん)する 단념하다
手段(しゅだん) 수단
模索(もさく) 모색
大型(おおがた) 대형
影響(えいきょう) 영향
中止(ちゅうし)する 중지하다

芸術大学への進学を希望したが、父親の反対で断念せざるをえなくなった。 예술대학에 진학을 희망했지만 부친의 반대로 단념하지 않을 수 없었다.

あらゆる手段を模索したが、大型台風の影響で大会は中止せざるをえなくなった。 모든 수단을 모색했지만 대형 태풍의 영향으로 대회는 중지하지 않을 수 없게 되었다.

55 ～すえ(に) ～한 끝에

접속 동사 た형 / 명사の + ～すえに

참고 여러 가지로 오랫동안 ～한 후에 라는 의미이며 に는 생략될 수도 있다. 유사한 표현으로는 ～あげく(に)가 있으나 부정적인 의미로 주로 사용한다.

苦(くる)しむ 괴로워하다, 애쓰다
～抜(ぬ)く 끝까지 ～하다, 몹시 ～하다
初優勝(はつゆうしょう) 첫 우승
掴(つか)む 잡다, 손에 넣다
長(なが)らく 오랫동안
交渉(こうしょう) 교섭
著作者(ちょさくしゃ) 저작자
了解(りょうかい) 양해
得(え)る 얻다

西岡選手は苦しみ抜いた末に初優勝を掴んだ。
니시오카 선수는 몹시 고전한 끝에 첫 우승을 거머쥐었다.

長らく交渉した末にやっと著作者の了解を得た。
오랫동안 교섭한 끝에 겨우 저작자의 양해를 얻었다.

56 ～ところを見ると ～한 것을 보면

접속 동사・い형용사・な형용사 명사수식형 +～ところを見(み)ると

참고 어떤 상황이나 모습을 근거로 화자가 주관적으로 추측할 때 사용한다.

準備(じゅんび) 준비
試験(しけん) 시험
上司(じょうし) 상사
迅速(じんそく) 신속
回答(かいとう) 회답
歴史(れきし) 역사
信頼(しんらい) 신뢰

彼女が全然準備をしないところを見ると、試験を受ける気がないらしい。
그녀가 전혀 준비를 하지 않는 것을 보면 시험을 칠 마음이 없는 것 같다.

上司や先輩社員が迅速に回答しているところを見ると、歴史と信頼のある会社であることが感じられる。
상사와 선배사원이 신속하게 회답해 주는 것을 보면 역사와 신뢰가 있는 회사라는 것이 느껴진다.

57 ～をひかえて ～을 앞두고

접속 명사 + ～を控(ひか)えて

참고 控(ひか)える(기다리다, 삼가다)는 '앞두다'는 의미도 있으므로 쉽게 이해할 수 있다. 유사한 표현으로는 ～を前にしてが 있다.

女優(じょゆう) 여배우
出演(しゅつえん) 출연
減量(げんりょう) 감량
話題(わだい) 화제
集(あつ)める 모으다
資格(しかく) 자격
励(はげ)む 힘쓰다

あの女優はドラマの出演を控えて、20Kgを減量して話題を集めた。
저 여배우는 드라마 출연을 앞두고 20Kg을 감량해서 화제를 모았다.

弟は資格試験を控えてアルバイトもやめて毎日勉強に励んでいる。
남동생은 자격시험을 앞두고 아르바이트도 그만두고 매일 공부에 힘쓰고 있다.

58 ～をうけて ～의 영향으로, ～에 따라서

접속 명사 + ～を受(う)けて
참고 외부로부터의 영향, 작용 등을 받아 ～하다는 의미이다.

都心回帰(としんかいき) 도심회귀
傾向(けいこう) 경향
増加(ぞうか) 증가
物流(ぶつりゅう) 물류
高騰(こうとう) 고등, 급등
製品(せいひん) 제품
値上(ねあ)げ 인상

東京の人口は、都心回帰の傾向を受けて増加傾向が続いている。
동경의 인구는 도심회귀 경향의 영향으로 증가경향이 이어지고 있다.

ほとんどの化粧品会社が物流コストや原材料価の高騰を受けて、一部製品の価格を値上げした。
대부분의 화장품회사가 물류비용과 원자재의 급등에 따라 일부제품의 가격을 인상했다.

59 ～はしない / ～もしない ～하지는 않는다 / ～하지도 않는다

접속 동사 ます형 + ～はしない・～もしない
참고 ～はしない(회화체 ～やしない)는 ～할 가능성은 없다, ～할 가능성은 있을 수 없다고 강조할 때 사용하며 ～もしない는 전혀 ～하지도 않는다고 강조하거나 화자의 불만을 나타낼 때 사용한다.

技術的(ぎじゅつてき) 기술적
詳(くわ)しい 상세하다
理解(りかい) 이해
謝(あやま)る 사과하다
作品(さくひん) 작품
先入観(せんにゅうかん) 선입관
判断(はんだん)する 판단하다

子供に技術的なことを詳しく説明しても、おそらく全然理解できはしないだろう。
아이에게 기술적인 것을 상세히 설명해도 아마 전혀 이해할 수는 없을 것이다.

彼は遅刻をしても連絡もせず謝りもしない。
그는 지각을 해도 연락도 하지 않고 사과하지도 않는다.

作品をろくに読みもしないで先入観をもって判断してはいけない。
작품을 제대로 읽지도 않고서 선입관을 가지고 판단해서는 안 된다.

60 ～てならない 매우 ～하다

접속 동사・い형용사・な형용사 て형 + ～てならない
참고 주로 감정이나 감각을 나타내는 단어에 접속되어 감정을 제어할 수 없을 정도로 매우 ～하다, 저절로 ～라는 기분이 든다는 의미이므로 사물의 평가에는 사용하지 않는 것이 좋다. 문맥에 따라 다소의 의역이 필요하다.

遺(のこ)す 남기다
財産(ざいさん) 재산
兄弟(きょうだい) 형제
争(あらそ)う 다투다, 싸우다
悲(かな)しい 슬프다
情報(じょうほう) 정보
伝達(でんたつ) 전달
手段(しゅだん) 수단
発達(はったつ) 발달
~とともに ～와 함께, 동시에
処理(しょり) 처리
能力(のうりょく) 능력
低下(ていか) 저하

父親の遺した財産を兄弟が争っているのは悲しくてならない。
부친이 남긴 재산을 형제가 싸우고 있는 것은 너무 슬프다.

情報伝達手段の発達とともに、人々の情報処理能力が低下してしまっているように思えてならない。
정보전달수단의 발달과 함께 사람들의 정보처리능력이 저하해 버린 것 같은 생각이 든다.

61 ～にしてみれば・～にしてみると ～입장에서 보면

접속 명사 + ～にしてみれば
참고 사람 명사와 함께 쓰여 ～의 입장에서 생각하면 이라는 의미이다. 유사한 표현으로는 ～にとっては, ～としては, ～にすれば, ～にしたら가 있다.

地名(ちめい) 지명
発音(はつおん) 발음
一目(ひとめ) 한눈
非常(ひじょう)に 매우, 대단히
経験(けいけん) 경험
完走(かんそう) 완주
価値(かち) 가치

ローマ字は外国人にしてみれば地名の発音が一目でわかる非常に便利なものだろう。
영어표기는 외국인의 입장에서 보면 지명의 발음을 한눈에 알 수 있는 대단히 편리한 것일 것이다.

マラソンの経験のない人にしてみれば、完走メダルに何の価値も感じないかもしれない。
마라톤 경험이 없는 사람 입장에서 보면 완주 메달에 아무런 가치도 느끼지 못할 지도 모른다.

62 ～ばかりに ～했기 때문에, ~한 탓에

접속 동사・い형용사 ・な형용사・명사 보통형 + ～ばかりに

참고 주로 동사 과거형에 접속된 형태로 사용하는 경우가 많으며 ~만의 이유로 나쁜 결과가 되었다고 불만, 유감, 후회 등을 나타낼 때 사용한다.

手続(てつづ)き 수속, 절차
先延(さきの)ばし 연기
余計(よけい)だ 불필요하다
費用(ひよう) 비용
契約書(けいやくしょ) 계약서
確認(かくにん)する 확인하다
重大(じゅうだい)だ 중대하다
損失(そんしつ) 손실
生(しょう)じる 생기다

やるべき手続きを先延ばしにしたばかりに、余計に費用がかさんでしまった。 해야 하는 절차를 연기한 탓에 불필요하게 비용이 늘어나 버렸다.

契約書をしっかり確認しなかったばかりに、重大な損失が生じた。 계약서를 제대로 확인하지 않은 탓에 중대한 손실이 생겼다.

63 ～につけ ～하면 항상, ~할 때마다

접속 동사 사전형 + ～につけ

참고 ~하면 항상, 언제나 라는 의미로 주로 見るにつけ, 聞くにつけ, 考えるにつけ 등과 같이 관용적으로 사용하며 ～につけて, ～につけても 형태로 사용할 수도 있다.

自主的(じしゅてき) 자주적
思(おも)いやる 배려하다, 헤아리다
光景(こうけい) 광경
頼(たの)もしい 믿음직하다
戦争(せんそう) 전쟁
悲惨(ひさん)だ 비참하다
体験(たいけん) 체험
平和(へいわ) 평화

社員たちが自主的にみんなで思いやりながら仕事をする光景を見るにつけ、とても頼もしく感じる。 사원들이 자주적으로 서로 배려하면서 일을 하는 광경을 볼 때마다 매우 믿음직스럽게 느낀다.

戦争の悲惨さを体験した人の話を聞くにつけ、平和の大切さをつくづく感じる。 전쟁의 비참함을 경험한 사람의 이야기를 들을 때마다 평화의 소중함을 절실히 느낀다.

64 ~に伴い・~に伴って ~에 따라

접속 동사 사전형 / 명사+~に伴(ともな)い・~に伴(ともな)って

참고 伴う(동반하다, 따르다)의 의미만 알면 쉽게 이해할 수 있는데 ~가 변화하면 후문도 함께 변화한다는 비례변화를 나타낸다. 명사를 수식할 때는 '~に伴う+명사'가 된다. 유사한 표현으로는 ~に従(したが)って, ~につれて가 있다.

企業の成長に伴い、システム管理運用の負担が増している。

가업이 성장함에 따라 시스템 관리운용의 부담이 증가하고 있다.

海外に在住する日本人の数が増えるに伴って、海外で事件・事故に巻き込まれるケースが増加している。

해외에 거주하는 일본인수가 증가함에 따라 해외에서 사건, 사고에 휘말리는 경우가 증가하고 있다.

企業(きぎょう) 기업
成長(せいちょう) 성장
管理(かんり) 관리
運用(うんよう) 운용
負担(ふたん) 부담
増(ま)す 늘다, 커지다
海外(かいがい) 해외
在住(ざいじゅう) 거주
事件(じけん) 사건
事故(じこ) 사고
巻(ま)き込(こ)む 말려들게 하다
増加(ぞうか) 증가

65 ~にほかならない 바로 ~이다, ~임에 틀림없다

접속 명사 / 조사 + ~にほかならない

참고 ~이외의 것이 아니다, 바로 ~이다 라고 강하게 단정하거나 강조할 때 사용한다. 명사를 수식하는 경우 '~にほかならぬ+명사' 형태가 된다.

失敗とは一つの教訓にほかならないし、好転する第一歩である。

실패란 바로 하나의 교훈이고 호전의 첫걸음이다.

南米で彼が成功できたのは地元の農家との協力関係があったからにほかならない。

남미에서 그가 성공할 수 있었던 것은 바로 현지 농가와의 협력관계가 있었기 때문이다.

失敗(しっぱい) 실패
教訓(きょうくん) 교훈
好転(こうてん) 호전
第一歩(だいいっぽ) 제일보, 첫걸음
南米(なんべい) 남미
成功(せいこう) 성공
地元(じもと) 그 고장
農家(のうか) 농가
協力(きょうりょく) 협력
関係(かんけい) 관계

66 ~とは限らない・~とも限らない ~라고는 할 수 없다, ~라고도 할 수 없다

접속 동사・い형용사・な형용사・명사 보통형 + ~とは限(かぎ)らない・~とも限らない
参고 대부분 ~하지만 예외의 경우도 있다는 의미이며 必(かなら)ずしも, いつも, 誰でも 등과 함께 사용되는 경우가 많다. 유사한 표현으로는 ~とは言えない가 있다.

事実(じじつ) 사실
客観的(きゃっかんてき) 객관적
に対(たい)し ~에 대해, 비해
真実(しんじつ) 진실
主観的(しゅかんてき) 주관적
外食(がいしょく) 외식
好(この)み 기호, 취향
選(えら)ぶ 고르다
栄養(えいよう) 영양

事実は客観的なものであり、一つしかないのに対し、真実は主観的なもので一つとは限らない。
사실은 객관적인 것이고 하나밖에 없는 것에 비해 진실은 주관적인 것이어서 하나라고는 할 수 없다.

外食は自分好みのメニューを選ぶことが多く、栄養のバランスが悪くならないとも限らない。
외식은 자기 취향의 메뉴를 선택하는 경우가 많아 영양 밸런스가 나빠지지 않는다고도 할 수 없다.

67 ~にもほどがある ~에도 정도가 있다

접속 동사・い형용사・な형용사 기본형 / 명사 +~にもほどがある
참고 ~하는 것에도 한도가 있다는 의미로 주로 상대의 행위의 정도가 도를 넘은 것을 비난할 때 사용한다.

税金(ぜいきん) 세금
湯水(ゆみず) 더운물과 찬물
図々(ずうずう)しい 뻔뻔하다
政治(せいじ) 정치
活動(かつどう) 활동
非難(ひなん) 비난
駐車料金(ちゅうしゃりょうきん) 주차요금
けちる 인색하게 굴다
制度(せいど) 제도
悪用(あくよう)する 악용하다
ただ 무료, 공짜
好(ず)き ~을 좋아하는 사람

税金を湯水のように使っておいて、図々しいにもほどがあると彼の政治活動に非難の声もある。
세금을 물 쓰듯 해 놓고서 뻔뻔함에도 정도가 있다고 그의 정치활동을 비난하는 의견도 있다.

数百円の駐車料金をけちるため制度を悪用することがあるそうだが、タダ好きにもほどがあると思う。
수백 엔의 주차요금을 아끼기 위해 제도를 악용하는 경우가 있다는데 공짜를 좋아하는데도 정도가 있다고 생각한다.

68 ~は否めない ~은 부정할 수 없다

접속 명사＋~は否(いな)めない

참고 부정하다는 의미의 동사 否む만 알면 쉽게 이해할 수 있는데 단정을 피해 완곡하게 부정할 때 사용한다.

市場(しじょう) 시장
関係者(かんけいしゃ) 관계자
程度(ていど) 정도
経済対策(けいざいたいさく) 경제대책
不足感(ふそくかん) 부족감
~において ~에서
未(いま)だに 여지껏
学歴(がくれき) 학력
尊重(そんちょう) 존중
風潮(ふうちょう) 풍조
事実(じじつ) 사실

市場関係者からは10兆円程度の経済対策では不足感は否めないとの声も上がる。

시장 관계자로부터는 10조엔 정도의 경제대책으로는 부족한 느낌은 부정할 수 없다는 소리도 터져 나온다.

社会生活においては未だに学歴尊重の風潮があることは否めない事実である。

사회생활에서는 아직까지도 학력존중의 풍조가 있다는 사실은 부정할 수 없는 사실이다.

69 ~に決まっている ~임에 틀림없다, 분명 ~이다

접속 동사・い형용사 기본형 / な형용사 어간・명사+~に決(き)まっている

참고 분명 ~임에 틀림없다고 화자의 확신을 나타낼 때 사용한다. 유사한 표현으로는 ~に違いない, ~に相違(そうい)ない가 있다.

一般的(いっぱんてき) 일반적
訴(うった)える 고소하다
正(ただ)しい 옳다, 바르다
勝(か)つ 이기다
揚(あ)げる 튀기다
~たて 갓 ~함
天(てん)ぷら 튀김

一般的に訴える側にしてみれば、自分が正しいのだから勝つに決まっていると思いがちだ。

일반적으로 고소하는 쪽으로서는 자신이 옳으므로 이길 것임에 틀림없다고 생각하기 쉽다.

揚げたての天ぷらだから絶対おいしいに決まっている。

갓 튀긴 튀김이니까 틀림없이 맛있을 것이다.

70 ～に先立ち, ～に先立って ～하기에 앞서, ～하기 전에

접속 동사 사전형 / 명사+～に先立(さきだ)ち, ～に先立(さきだ)って
참고 ～하기 전에 사전준비로서 후문을 한다는 의미로 주로 행사나 의식 등의 특별한 장면에서 사용된다.

迎(むか)える 맞이하다
鉄道(てつどう) 철도
記念日(きねんび) 기념일
映写会(えいしゃかい) 영사회
開催(かいさい)する 개최하다
卒業式(そつぎょうしき) 졸업식
様々(さまざま)だ 다양하다
活躍(かつやく) 활약
生徒(せいと) 학생
特別賞(とくべつしょう) 특별상
渡(わた)す 건네주다

今年で140回目を迎える鉄道記念日に先立ち、映写会が開催された。
올해로 140회를 맞이하는 철도기념일에 앞서 영사회가 개최되었다.

卒業式に先立ち、3年間様々な分野で活躍してくれた生徒に特別賞が渡された。
졸업식에 앞서 3년간 다양한 분야에서 활약해준 학생들에게 특별상이 수여되었다.

71 ～とたん(に) ～하자마자, ～한 순간

접속 동사 た형 + ～とたん(に)
참고 찰나, 순간의 途端(とたん)만 알면 쉽게 이해할 수 있는데 ～하자 바로, ～한 것과 동시에 의외의 일이 발생했다는 의미이므로 후문이 화자의 의지적 행위인 경우에는 사용하지 않는 것이 좋다.

定年(ていねん) 정년
踏(ふ)み出(だ)す 내디디다
未曾有(みぞう) 미증유
不況(ふきょう) 불황
現状(げんじょう) 현상
維持(いじ) 유지
進歩(しんぽ) 진보

定年後、第2の人生に踏み出そうとしたとたんに、未曾有の不況がやってきた。
정년 후 제2의 인생에 발을 내디디려 하자마자 미증유의 불황이 찾아왔다.

現状維持でいいと思ったとたんに、進歩は止まる。
현상유지로 괜찮다고 생각하는 순간 진보는 멈춘다.

72 ～っこない ～할 리가 없다

접속 동사 ます형 + ～っこない
참고 화자의 판단을 나타내는 표현으로 주로 동사 가능형에 접속되어 절대로 ～할 리가 없다고 가능성을 강하게 부정할 때 사용한다. 유사한 의미로는 ～はずがない, ～わけがない가 있다.

感情(かんじょう) 감정
高(たか)ぶる 흥분하다
冷静(れいせい)だ 냉정하다
判断(はんだん) 판단
絶対(ぜったい)に 절대로

感情が高ぶっているときは、冷静な判断なんてできっこないだろう。
감정이 흥분되어 있을 때는 냉정한 판단 같은 건 할 수 있을 리가 없을 것이다.

この料理は量が多すぎて、女一人では絶対に食べきれっこないと思う。
이 요리는 양이 너무 많아서 여자 혼자서는 절대로 다 먹을 수 있을 리가 없다고 생각한다.

73 ～ところだった ～할 뻔했다

접속 동사 기본형 / ない + ～ところだった
참고 실제로는 하지 않았지만 거의 ～할 뻔했다는 의미로 주로 危(あや)うく(하마터면), もう少しで 같은 부사와 함께 사용되며 정중형은 ～ところでした를 사용한다.

大切(たいせつ)だ 중요하다
書類(しょるい) 서류
調子(ちょうし) 상태, 말솜씨
高価(こうか) 고가
置物(おきもの) 실내 장식물

もう少しで大切な書類をタクシーの中に忘れるところだった。
자칫했으면 중요한 서류를 택시에 두고 내릴 뻔했다.

店員の調子に乗せられて、危うく高価な置物を買わされるところだった。
점원의 말솜씨에 넘어가서 하마터면 고가의 장식품을 살 뻔했다.

74 ～とする ～라고 하다

접속 동사・い형용사・な형용사・명사(だ) 보통형 + ～とする
참고 '～라고 하다'는 ～라고 가정하다, ～라고 결정하다, ～라고 판단하다, ～라고 간주하다 등 다양한 의미를 내포하고 있으며 する는 ～として(～라고 해서), ～と致す(～라고 하다), ～とすれば(～라고 하면) 등등 여러 가지 형태로 활용될 수 있으므로 문맥을 잘 파악해야 한다.

案件(あんけん) 안건
承認(しょうにん)する 승인하다
致(いた)す する의 겸양어
弁護士(べんごし) 변호사
多額(たがく) 고액, 거액
奪(うば)い取(と)る 빼앗다, 탈취하다
起訴(きそ)する 기소하다

では、この案件は承認されたことと致します。
그렇다면 이 안건은 승인된 것으로 결정하겠습니다.

あの弁護士は企業から多額の金を奪い取ろうとしたとして起訴された。
저 변호사는 기업으로부터 거액의 돈을 빼앗으려고 했다고 해서 기소되었다.

自分の仕事にやりがいや喜びが感じられないとすれば、毎日が苦痛になってしまうだろう。 자신의 일에 보람이나 기쁨이 느껴지지 않는다고 하면 매일이 고통스러울 것이다.

75 ～よりほか(は)ない・～ほかない・～よりしかたがない ～할 수밖에 없다

접속 동사 사전형 + ～よりほか(は)ない・～ほかない・～より仕方(しかた)がない
참고 ～이 외에는 가능한 방법이나 수단이 없다는 의미이다. 유사한 표현으로는 초급의 ～しかない가 있다.

転職(てんしょく) 전직
選択(せんたく) 선택
価値観(かちかん) 가치관
従(したが)う 따르다
判断(はんだん)する 판단하다
既(すで)に 이미
絶版(ぜっぱん) 절판
古書店(こしょてん) 고서점

転職するかどうかという選択は最終的には自分の価値観に従って判断するよりほかはない。
전직할지 말지의 선택은 최종적으로는 자신의 가치관에 따라 판단할 수밖에 없다.

既に絶版になった本は古書店で買うか、図書館で借りるほかない。
이미 절판된 책은 고서점에서 사든지 도서관에서 빌릴 수밖에 없다.

적중 예상 문제 ①

問題　次の文の（　　　）に入れるのに最もよいものを、1·2·3·4から一つ選びなさい。

01 日常会話でよく使っている表現でも、いざ（　　　）文法的に正しいかどうか迷ってしまう。

1 教えんばかりに　2 教えようとも　3 教えるとなると　4 教えづらい

02 前もっていろいろ準備した（　　　）、面接では緊張することなく、落ち着いて受け答えができた。

1 かいがあって　2 からといって　3 きらいがあって　4 だけなのに

03 （ホテルの予約サイトで）こちらからお電話差し上げても（　　　）方は、連絡可能な電話番号を書き添えてください。

1 しかたない　2 むりである　3 さしつかえない　4 やむをえない

04 卒業間際になって、大学生の息子が学校に行かなくなったから、親として心配やいらだちを抑え（　　　）。

1 きってはならない　2 きってもしょうがない
3 きればきりがない　4 きれないのももっともだ

05 業務の処理上知り得た顧客の情報は、それが秘密（　　　）を問わず、個人に関する全ての情報が個人情報なので他人に漏らしてはならない。

1 と言えないではないか　2 にあたったからこそ
3 と言えるだろうか　4 にあたるか否か

06 日本銀行の大幅な金融緩和政策にもかかわらず、物価は依然として目標には遠く（　　　）状況である。

1 及ばない　2 限らない　3 たまらない　4 差し支えない

07 農業も（　　　）によっては将来性がある、というふうに考える農家が約5割を占めていることが今回の調査でわかった。

1 やりかけ　2 やりよう　3 やりそう　4 やりがち

問題　次の文の ＿★＿ に入る最もよいものを、1·2·3·4から一つ選びなさい。

01 差別は個人の尊厳に ＿＿ ＿★＿ ＿＿ ＿＿ 無くさなければならない。

1 一日も早く　2 にてらして　3 反しており　4 平等の原則

02 主体的に働いている人は ＿＿ ＿＿ ＿★＿ ＿＿ 人の幸福度は低いという研究結果がある。

1 がままに　2 幸せを感じる一方
3 受動的に働いている　4 会社や上司に言われる

03 様々な ＿＿ ＿＿ ＿★＿ ＿＿ 食事療法の重要性を考えていくのが臨床栄養学である。

1 として　2 病気の病態を　3 医療の一環　4 踏まえて

04 同僚の西村君は会社のためなら、＿＿ ＿＿ ＿★＿ ＿＿ と思っているらしい。

1 多少は自分の　2 犠牲にしても　3 私生活を　4 やむを得ない

05 学問に王道がない ＿＿ ＿★＿ ＿＿ ＿＿ はなかろう。

1 それに　2 楽しくできれば　3 越したこと　4 とはいえ

06 これは百年以上の ＿＿ ＿＿ ＿★＿ ＿＿ で生み出された最高の品質の製品である。

1 技術と製法　2 歳月を　3 培われた　4 経て

07 人手不足は営業現場にとっては ＿＿ ＿＿ ＿★＿ ＿＿ とも言えるので、よい面もある。

1 によっては　2 一大事だが　3 効率化が進む　4 考えよう

적중 예상 문제 ②

問題　次の文の（　　　）に入れるのに最もよいものを、1・2・3・4から一つ選びなさい。

01 最近、ある企業の顧客情報が流出された事件が大きく話題になってから、多くの企業で内部犯行による重要情報の漏洩や消失に対する問題意識が（　　　）。

1 高める始末だ　2 高まろうとしない　3 高めきれる　4 高まりつつある

02 部屋や教室で椅子に座っているとそれだけで勉強していると勘違いしている生徒が非常に多いが、（　　　）典型的なパターンと言える。

1 勉強するつもりじゃなかった　2 勉強しないつもりだった
3 勉強しているつもりの　4 勉強するつもりはない

03 年功序列のシステムを維持するには、売上を高い水準で現状維持することが必須だが、この条件を満たせる企業は数える（　　　）。

1 ほどしかあるまい　2 どころではなかろう
3 ことすらできない　4 だけのことはある

04 海に沈んでいく夕日の美しさは、どれだけ言葉を尽くしたって（　　　）ほどの絶景であった。

1 伝えっぱなしの　2 伝えてもしかたない
3 伝えきれっこない　4 伝えさせられない

05 電気製品を買うたびに、初耳の単語の羅列の分厚い取扱説明書にうんざりするが、何とか簡単に（　　　）と思う。

1 できないものだ　2 できないものか　3 できないものの　4 できないものを

06 このドラマの主人公は、感情を表に出さないためつかみどころがなく、相手が誰（　　　）本音を吐露する変わった性格の人物である。

1 とともに　2 かといえば　3 だろうと　4 はおろか

07 大阪府警は絶滅危惧種のニホンウナギの稚魚を不正に国外に（　　　）、60歳の男性を税関法違反の疑いで逮捕した。

1 持ち出したとするのに対して　2 持ち出したとするとして
3 持ち出そうとしたのに対して　4 持ち出そうとしたとして

問題　次の文の ＿★＿ に入る最もよいものを、1·2·3·4から一つ選びなさい。

01 今朝、庭の草むしりを1 時間 ＿＿ ＿＿ ＿★＿ ＿＿ 腰に激痛がはしりしゃがみこんでしまった。

1 とした　2 立ち上がろう　3 ほどして　4 とたんに

02 昨日行った病院は ＿＿ ＿＿ ＿★＿ ＿＿ もう少し誠意を持ってやってほしかった。

1 診察はよかったが　2 受付が残念というか
3 何というか　4 それに至るまでの

03 高血圧などの生活習慣病は ＿＿ ＿＿ ＿★＿ ＿＿ 最終的には深刻な状態に至る怖い疾患である。

1 放置すれば　2 無症状ゆえに　3 がちだが　4 軽視され

04 B県は2005年以降、老年人口は緩やかに ＿＿ ＿＿ ＿★＿ ＿＿ 総人口は減少している。

1 年少・生産年齢人口の　2 増加する一方
3 を受けて　4 急激な減少傾向

05 普段はものを捨てられない人でも ＿＿ ＿＿ ＿★＿ ＿＿ をつけ、分けていけば簡単に断捨離できる。

1 優先順位　2 持ち物に　3 を機に　4 引っ越し

06 渋滞にはまり、ほとんどの時間を車で過ごすことになって、妻に ＿＿ ＿＿ ＿★＿ ＿＿ と怒られてしまった。

1 来るんじゃ　2 なんて　3 紅葉狩り　4 なかった

07 研究費の獲得に過度の ＿＿ ＿＿ ＿★＿ ＿＿ ことはとんでもないことだと教授は主張した。

1 競争があることは　2 としても
3 否めない事実　4 これを不正要因とする

적중 예상 문제 ③

問題　次の文の（　　　）に入れるのに最もよいものを、1·2·3·4から一つ選びなさい。

01 （入院の案内で）盗難や紛失に対する責任は（　　　）ので、金品や貴重品は必ず金庫に保管するようお願いします。

1 負いかねます　2 負いかねません　3 負ってやみません　4 負ってみせます

02 田村「みんな、だいぶ酔ってるし、そろそろこの辺で（　　　）。」
鈴木「そうだね、明日も仕事があるし。」

1 お開きはするから　2 開こうとしているか
3 開いてはいるから　4 お開きとするか

03 Z社は移転（　　　）、保管している文書類を整理し、保存する書類は電子化することによりペーパーレス化を推進している。

1 につれ　2 に限って　3 に先立ち　4 に相違なく

04 （お知らせで）本日の運動会は時間を変更して10時からとします。なお、その後の天候（　　　）、更なる変更がございますことをご了承ください。

1 次第では　2 次第　3 次第には　4 次第に

05 今朝、怪しい電子メールが一通来ていて、よく見ると詐欺メールだったので読まずに削除したが、あやうく（　　　）。

1 騙しようがなかった　2 騙されるところだった
3 騙されなかったことにした　4 騙すわけにいかなかった

06 ハーフマラソン大会で17km地点でもう足も呼吸も限界に近いところまできていたが、「ここまで走ってきて（　　　）」と出せる力を全部出し切ってなんとか完走できた。

1 諦めたりもするのか　2 諦めはしたか
3 諦めこそすることか　4 諦めなどするものか

07 中学校においては、学校への生徒の携帯電話の持ち込みは原則的には禁止であるが、緊急の連絡手段（　　　）場合は例外的に認められる。

1 であるがゆえの　2 とせずにおく
3 とせざるをえない　4 であるかのごとき

問題　次の文の ＿★＿ に入る最もよいものを、1・2・3・4から一つ選びなさい。

01 体にいいからといって、健康食品を毎日たくさん食べて ＿＿ ＿＿ ＿★＿ ＿＿ そうではない。個人差もあるので、バランスよく食べることが重要であろう。

1 必ずしも　　2 いれば　　3 いえば　　4 いいかと

02 先日、海外出張のときに利用した飛行機は、さすが ＿＿ ＿＿ ＿★＿ ＿＿ も全く感じなかった。

1 席がゆったりで　　2 だけあって
3 世界最大の席数を誇る　　4 飛行機独特の窮屈さ

03 昨日は母親の ＿＿ ＿＿ ＿★＿ ＿＿ ほったらかして普段できないゲームを思う存分やった。

1 いい　　2 宿題を　　3 留守を　　4 ことに

04 最近、消費者がお客様窓口などの従業員に過剰な ＿＿ ＿＿ ＿★＿ ＿＿ ということもあるだろう。

1 腹が立ってしまった　　2 消費者にしてみれば
3 言い分を理解してもらえず　　4 要求や暴力行為が増えているが

05 交換留学は ＿＿ ＿＿ ＿★＿ ＿＿ 滞在した国に対する文化理解への深まりといったメリットもあると思う。

1 語学の上達はもちろん　　2 当然ながら
3 ないにしろ　　4 語学留学では

06 現在 ＿＿ ＿＿ ＿★＿ ＿＿ 地域で水不足が深刻になりつつある。

1 はじめとする　　2 アジアを　　3 世界人口の増加　　4 に伴い

07 僕の新しい提案 ＿＿ ＿＿ ＿★＿ ＿＿ 誰も異議はないようだ。

1 に対して　　2 見ると　　3 ところを　　4 何も言わない

:: 다섯째마당 ::

만점을 위한 문장 문법력

12 만점을 위한 문장 문법력

〈문제풀이〉 적중 예상 문제

시나공

12 만점을 위한 문장 문법력

2010년 新 일본어능력시험이 시행되면서 신설된 파트로 독해와 문법을 합쳐 놓은 형식이지만 독해적인 요소가 강하다고 볼 수 있습니다. 기존의 시험과는 달리 단순 암기가 아닌 전체 문장의 논리 흐름을 제대로 파악할 수 있는지를 측정하는 것이 목적입니다. 즉, 제시된 지문의 내용과 흐름을 파악하여 그것에 맞는 적절한 문법, 단어, 접속사, 부사와 더불어 표현 등을 묻는 형식입니다. 그렇기 때문에 경우에 따라서는 초급적인 문법의 뉘앙스를 묻거나 문맥에 맞는 단어 선택 등 문제 자체의 난이도는 그다지 높지 않다고 말할 수도 있겠습니다. 문제 수는 하나의 지문당 5문제가 출제됩니다.

이 파트에 대비하기 위해서는 우선 N1 문법을 암기해야 하는 것은 말할 필요도 없고, 독해 파트를 공부할 때 단순히 내용과 정답만 쫓아가지 말고 논리의 전개 방식과 세부적으로 사용되는 문법, 부사, 관용표현 등을 꼼꼼히 확인하고 학습해 놓는 것이 좋습니다.

여기에서는 단락의 흐름을 규정 짓는 접속사, 부사, 그리고 필자가 자신의 주장을 나타낼 때 많이 사용하는 표현에 대해서 간단히 알아보도록 합니다.

시험에 이렇게 나온다!

次の文章を読んで、文章全体の趣旨を踏まえて［ 1 ］から［ 5 ］の中に入る最もよいものを、1·2·3·4から一つ選びなさい。

僕は学生との年齢差など普段は忘れている。だが、コンパなど、くだけた場で会話をするときには、彼らとの間に深い溝を感じるときがある。

活字離れやメール文化による若者の言葉の「乱れ」が［ 1 ］。たしかに伝統ある日本語が失われていくのは残念だ。言語が思考や認識のあり方を支配するという点では「通じればよい」で片付く問題でもない。

しかし、社会や価値観が変容する中で、言葉だけが不変と［ 2 ］。ルネサンス期の英国ではシェイクスピアが無数の新語を編み出し、すさまじい勢いで変貌を遂げ行く当時の人間と社会を見事に表現した。近代英語の確立と成熟に彼が及ぼした影響は［ 3 ］。

現代日本の新語にも、時々刻々移り行く世相や人間を風刺する新鮮な表現が存在する。［ 4 ］、優れたものだけが生き残るだろう。［ 5 ］楽観的な考えだろうか。

01　1 危惧されて久しい　　2 危惧されたことがない
　　3 危惧する人はいない　　4 危惧とはうらはらだ

02 1 いうわけである　2 いうわけにはいかない
3 いうことはない　4 いわざるをえない

03 1 計ろうと思えば計れる　2 計ろうともしない
3 計りきったのである　4 計り知れない

04 1 目くじらを立てずとも　2 目くじらを立てずに
3 目くじらを立てて　4 目くじらを立てるから

05 1 あながち　2 とかく
3 一概に　4 あまりにも

해석　나는 학생들과의 연령차 같은 것은 평소에는 잊고 있다. 하지만 다과회 등 격의 없는 장소에서 대화를 할 때에는 그들과 깊은 틈을 느낄 때가 있다.

책 기피 현상과 e-mail 문화에 의한 젊은이의 언어 '파괴'가 걱정된 지 오래다 . 분명 전통 있는 일본어가 없어져 가는 것은 유감이다. 언어가 사고나 인식 본연의 모습을 지배한다는 점에서는 '통하면 된다'로 끝날 문제도 아니다.

하지만 사회와 가치관이 변모하는 속에서 언어만이 불변 할 수는 없다 . 르네상스 시대의 영국에서는 셰익스피어가 무수한 신조어를 생각해 내 엄청난 기세로 변모해 가는 당시의 인물과 사회를 훌륭하게 표현했다. 근대 영어의 확립과 성숙에 그가 끼친 영향은 헤아릴 수 없다 .

현대 일본의 신조어에도 시시각각 변해 가는 세태와 인간을 풍자하는 신선한 표현이 존재한다. 트집을 잡지 않더라도 우수한 것만이 살아남을 것이다. 너무나도 낙관적인 생각일까?

해설 01

이 문제는 단어의 의미를 모르고서는 정답을 찾기가 어렵다. 危惧(きぐ)위구는 '걱정, 불안'을 의미한다. 앞의 내용을 보면 현대 젊은이들의 언어 파괴에 대한 우려를 나타내고 있으므로 정답은 1번 危惧されて久しい(걱정된 지 오래다 → 오래전부터 걱정되었다)가 되어야 한다.

정답 1

02

보기를 보면 그다지 어렵지 않는 문법들이 사용되고 있어 해석상의 어려움은 없을 것이다. 앞의 내용을 보면 '사회 등 모든 것이 바뀌고 있는데 언어만이 불변일 수는 없다'라는 논리가 되어야 한다. 그러므로 정답은 2번 いうわけにはいかない (~할 수는 없다)가 된다.

정답 2

03

비슷해 보이는 표현들만 제시되어 있으므로 각각이 나타내는 의미를 꼼꼼히 살펴보아야 한다. 우선 본문을 보면 셰익스피어가 근대 영어에 미친 영향은 크다는 의미가 되어야 한다. 그렇기 때문에 '헤아릴 수 없다'라는 의미를 가지는 4번이 정답이 된다. 설령 4번의 의미를 몰랐다고 하더라도 計る(재다, 측정하다, 헤아리다)를 가지고 생각해 보면 '크다, 많다'라는 의미가 되기 위해서는 부정의 형태가 되어야 하므로 4번이 답이라는 것을 예측할 수 있다.

정답 4

04

보기를 보면 우선 관용표현부터 해결해야 문제를 풀 수가 있다. 目くじらを立てる는 '흠을 찾다, 트집을 잡다, 나무라다'라는 의미이다. 마지막 단락의 내용을 종합해 보면 '어차피 우수한 것만이 살아남을 것이기 때문에 젊은이들의 언어 파괴는 크게 우려할 필요가 없다'라는 논리를 펴고 있다. 그렇기 때문에 1번 目くじらを立てずとも(트집을 잡지 않더라도)가 정답이 된다.

정답 1

05

보기 중에서 쓰임새가 다른 부사가 있으므로 우선 정답에서 제외시킬 수가 있다. 즉 1번 あながち(반드시, 꼭)와 3번 一概(いちがい)に(일률적으로, 무조건)는 부정문을 수반하므로 정답이 될 수 없다. 그리고 2번 とかく(자칫하면)는 어울리지 않기 때문에 4번 あまりにも(너무나도)가 정답이 된다.

정답 4

어휘 年齢差(ねんれいさ) 연령차
溝(みぞ) (사람 사이의 의견 · 감정 등의) 틈
思考(しこう) 사고
あり方(かた) 마땅히 그러하여야 할 상태 (자세 · 태도)
片付(かたづ)く 정리되다, 해결되다
不変(ふへん) 불변
新語(しんご) 신조어
変貌(へんぼう) 변모
確立(かくりつ) 확립
時々刻々(じじこっこく) 시시각각
風刺(ふうし)する 풍자하다
コンパ 친목회, 다과회
活字(かつじ)離(ばな)れ 활자 기피 현상
認識(にんしき) 인식
価値観(かちかん) 가치관
ルネサンス期(き) 르네상스 시대
編(あ)み出(だ)す 생각해 내다, 고안해 내다
遂(と)げ行(ゆ)く 이루다, 달성하다
成熟(せいじゅく) 성숙
移(うつ)り行(ゆ)く 변해 가다, 바뀌어 가다
楽観的(らっかんてき)だ 낙관적이다
くだけた場(ば) 허물없는 자리
乱(みだ)れ 흐트러짐, 혼란
支配(しはい)する 지배하다
変容(へんよう) 변용
シェイクスピア 셰익스피어
すさまじい 엄청나다
見事(みごと)だ 훌륭하다
影響(えいきょう) 영향
世相(せそう) 세상, 세태

문장 문법력 문제 공략을 위한 2가지 핵심

핵심 01 접속사

Tip
문장과 문장을 이어주는 역할을 하는 접속사는 '순접, 역접, 병렬, 화제, 첨가' 등 저마다 문장에서의 수행임무가 정해져 있습니다. 접속사에 따라 문맥의 흐름이 좌지우지되는 만큼 문장에서 접속사의 쓰임을 잘 파악해야 합니다.

01 순접 : 앞의 글과 뒤의 글이 의미상 순리적으로 연결되는 경우

だから	그러니까, 그래서
そこで	그래서
それで	그래서, 그러므로
すると	그랬더니, 그러자
したがって	따라서, 그러므로
ゆえに・それゆえに	그러므로, 그런 까닭으로
そのために・そのため	그 때문에

02 역접 : 앞의 글에 대해 뒤의 글이 모순, 대립되는 관계로 연결되는 경우

が / だが	그러나, 그렇지만
ところが	그런데, 그러나
それでも	그런데도, 그래도
それなのに・なのに	그런데도
それを	그런데도, 그런데
それにしても	그렇다고 하더라도
しかるに	그런데, 그런데도
とはいえ	그렇다고 하더라도
にもかかわらず	그럼에도 불구하고

03 병렬 : 가치, 순서 등에 차이가 없이 동렬로 나란히 연결되는 경우

そして	그리고
また	또, 다시
ならびに	및, 또다시
及(およ)び	및, 또

04 선택 : 두 개 이상의 것 중에서 조건에 맞거나 더 좋은 것을 골라내는 경우

それとも	그렇지 않으면, 아니면
または	또는, 혹은
なお	또는, 혹은
もしくは	또는, 혹은
ないし	또는, 혹은
あるいは	또는, 혹은

Tip
접속사에 강해지려면 신문이나 잡지, 드라마 등 글이나 대화문을 접할 때 어떤 접속사를 사용하고 있는지 유심히 살펴보고 익혀두는 습관이 필요합니다.

05 화제 전환 : 화제를 바꾸어서 이야기를 시작하는 경우

さて	그런데
ところで	그런데

06 첨가 : 덧붙이는 경우

おまけに	게다가, 그 위에
そして	그리고
その上(うえ)	게다가, 또한
それどころか	그뿐 아니라, 그렇기는커녕
それに	게다가, 더욱이
さらに	게다가
しかも	게다가, 그 위에

07 설명 : 이유, 예시, 보충을 하는 경우

なぜなら	왜냐하면
なぜならば	왜냐하면
なぜかというと	왜냐하면

だって	왜냐하면, 그렇지만
というのは	그 이유는
例(たと)えば	예를 들면
いわば	말하자면
但(ただ)し・ただ	단, 다만
もっとも	단, 다만
なお	또한, 덧붙여서 말하면
ちなみに	덧붙여서 말하면

08 기타

その上(うえ)で	그리고 나서, 그런 후에
一方(いっぽう)・一方で	한편

핵심 02 부사

Tip
일부 부사는 특정 문법과 호응해서 사용되는 경우가 있기 때문에 문법을 묻는 문제에서는 문장을 모두 해석해야 하는 수고를 덜 수도 있습니다.

01 부정문을 수반하는 부사

決(けっ)して	결코, 절대로
絶対(ぜったい)に	절대로
全(まった)く	전혀
ちっとも	조금도, 전혀
たいして	그다지, 별로
それほど	그렇게, 그다지
ろくに	제대로, 변변히
めったに	좀처럼, 거의
必(かなら)ずしも	반드시
あながち	반드시, 꼭
一概(いちがい)に	일률적으로, 무조건, 한마디로
到底(とうてい)	도저히
なかなか	좀처럼
一切(いっさい)	일절, 전혀

まるで	전혀
二度(にど)と	두 번 다시
どうしても	아무리 하여도
とても	도저히
なんら	아무런, 조금도
なにも	굳이, 그렇게

Tip
부사는 다음에 나올 문맥을 미리 예측할 수 있다는 점에서 실전에서 시간을 절약하게 해주는 매우 중요한 요소입니다. 그러므로 단순히 의미를 암기하는 것에만 급급하지 말고 각 부사의 용법을 잘 숙지해두는 것이 좋습니다.

02 추량을 나타내는 부사

たぶん	아마
おそらく	아마, 필시
やがて	이윽고, 머지않아
きっと	꼭, 틀림없이
ひょっとすると/ひょっとしたら	어쩌면, 혹시
もしかしたら/もしかすると	어쩌면, 혹시
さぞ/さだめし/さぞや/さぞかし	틀림없이, 아마
まず	아마도, 대체로
どうやら	아무래도, 어쩐지

03 감탄을 나타내는 부사

なんと	어쩌면 이렇게, 참으로
なんて	어쩌면, 어쩌면 그렇게
どんなに	얼마나
どれほど	얼마나

04 가정, 이유를 나타내는 부사

もし·もしも	만약
仮(かり)に	만일, 만약
万一(まんいち)	만약, 만의 하나
一旦(いったん)	일단

05 특정의 행위, 사항을 나타내는 부사

特(とく)に	특히
何(なに)より	무엇보다도, 더할 나위 없이
何(なに)にもまして	다른 어떤 것보다도
敢(あ)えて	감히, 굳이, 결코
とりわけ	특히, 유난히
ことに	특히, 각별히

06 예상, 상상한 결과를 나타내는 부사

やはり/やっぱり	역시, 예상대로
さすが/さすがに	과연, 역시
なるほど	과연, 정말
相変(あいか)わらず	여전히, 변함없이

Tip
특히 양보, 비유를 나타내는 문법이 자주 출제되고 있기 때문에 양보문과 비유문을 이끄는 부사들은 암기해두면 실전에서 유용하게 쓸 수 있습니다.

07 양보를 나타내는 부사

たとえ	설령, 비록
いくら	아무리
どんなに	아무리
いかほど	아무리
なにほど	아무리

08 말을 바꿀 때 사용하는 부사

つまり	즉, 요컨대
すなわち	바꿔 말하면, 즉, 곧
要(よう)するに	요컨대, 결국

09 비유를 나타내는 부사

まるで	흡사, 마치, 꼭
さも	자못, 아주
あたかも	마치, 흡사
いわゆる	소위, 이른바
いわば	말하자면, 이를테면

10 기타 부사

ともすると/ともすれば	자칫하면, 걸핏하면
あやうく	자칫하면, 하마터면
いかにも	아무리 봐도, 정말로
いかに	어떻게, 얼마나, 아무리
といっても	그렇다고 해도
まして	하물며
むしろ	오히려, 차라리
果(は)たして	과연, 정말
とうとう	드디어, 마침내
ついに	드디어, 마침내
確(たし)かに	분명히, 확실히
何(なに)しろ	어쨌든, 여하튼
かえって	도리어, 반대로
まさか	설마
あまりにも・あまりに	너무나도
なかなか	상당히, 꽤, 좀처럼
そのうち	머지않아, 곧
実(じつ)は	실은, 사실은

적중 예상 문제 ①

問題　次の文章を読んで、文章全体の趣旨を踏まえて［ 1 ］から［ 5 ］の中に入る最もよいものを、1・2・3・4から一つ選びなさい。

日ごろ、渋滞に悩まされ、幹線道の早期整備を強く望むことと［ 1 ］が、クルマの走行に快適な道路が人に優しいか、安全かどうかは別問題だと思っている。時と場所によってはクルマが不便な思いをする町や道が必要ではなかろうか。

そんな思いを現実化させ、新しい取り組みを始めた県がある。センターラインを消すことでクルマのスピードを抑え、交通事故を減らそうというのだ。ドライバーは運転しにくさを感じるが、［ 2 ］狙いなのだ。

クルマは対向車に注意して速度を落とし、実際に事故も減少したという。全国初の取り組みは功を奏している。

センターラインがあると、対向車を［ 3 ］スピードを出し、交差点での事故も多かった。そこで、県警はセンターラインを［ 4 ］、道の両わきに路側帯を設けて車道を狭くする試みに着手した。先行導入した豊田市などの15路線では年間に120件あった事故が、導入後の59件と半減。路側帯を設けたことで歩行者からも「歩きやすくなった」と好評だ。

クルマ優先の道路を人とクルマの共存空間にしようとする一つの試みは、だれがまちの主人公かを考えれば、そう不思議な発想ではない。ドライバーもクルマを降りたら生活者であり歩行者なのだ。県警は同様の道路を140カ所まで増やす方針で県などと調整を進めているという。［ 5 ］。

▶ 정답과 해설 141쪽

01

1 矛盾しているわけではない　　2 矛盾するかもしれない
3 矛盾してはいまい　　4 矛盾してほしくない

02

1 そこが　　2 あれは
3 別の　　4 そんなに

03

1 気にする一方で　　2 気にするからといって
3 気にするはずで　　4 気にすることなく

04

1 消した上に　　2 消した横に
3 消したそばに　　4 消した以上に

05

1 注目するまでもない　　2 注目すべきではない
3 注目するだろう　　4 注目に値する

적중 예상 문제 ②

問題　次の文章を読んで、文章全体の趣旨を踏まえて［ 1 ］から［ 5 ］の中に入る最もよいものを、1・2・3・4から一つ選びなさい。

親の世代より生活水準は下がりそうだし、デフレでこれからも物の値段は［ 1 ］、お金は使わずに現金で持っておいた方がいい。若い人たちがそうした行動をとるのは当然という気もするが、下がっているのは生活水準だけではないようだ。

脳もそうだという話がある。原因はITで、かつては自分で考えなければならなかったことを、コンピューターが代行するようになった。使わなくなれば、脳も退化を始めるというわけだ。例えば文書を書く場合、［ 2-a ］、［ 2-b ］、携帯電話の順で脳内の血流量が減っていくという。血流が多いほど脳は活発に動いており、携帯電話でメールを打っている時が、活性化の度合いが一番低いのだそうだ。

キーボードで入力した後に変換キーを押し、候補となる文字が示されるパソコンに比べ、携帯電話の場合は、入力を始めると予測変換で次々に候補が表示される。表示された候補の文字をつないでつくるのが、携帯電話での文書作成だ。手書きは［ 3 ］パソコンと比べても、脳を使わないというのは、そうしたことからのようだ。

［ 4 ］、省エネ家電の普及を促すためのエコポイント制度が、住宅にも拡大される。省エネ効果だけでなく段差をなくしたり、手すりを設置するといったバリアフリーのための改修も対象となる。

しかし、使わなくなれば退化を始めるのは脳だけでなく手足も同じ。バリアフリーで体が楽になると、お年寄りの体力の衰えが加速するという。バリアフリーの結果、要介護のお年寄りが増えるということに［ 5 ］。

▶ 정답과 해설 143쪽

01

1 下がるのであれば　　2 下がらないのなら
3 上がったとしたら　　4 上がろうとも

02

1 a IT / b コンピューター　　2 a コンピューター / b IT
3 a 手書き / b パソコン　　4 a パソコン / b 手書き

03

1 言うのがやっとで　　2 言うにおよばず
3 言わんがため　　4 言うや否や

04

1 それどころか　　2 しかも
3 とはいえ　　4 さて

05

1 ならねばよいのだが　　2 なってもよいのだろうが
3 なるきらいがあるだろう　　4 ならなくてよかった

적중 예상 문제 ③

問題　次の文章を読んで、文章全体の趣旨を踏まえて［ 1 ］から［ 5 ］の中に入る最もよいものを、1･2･3･4から一つ選びなさい。

人間の「心のもち方」や「前向きな考え方」が、ものごとの結果に大きな影響を与えることがよくある。

受験でも、「合格圏内」の生徒が不合格になり、「とても無理」と思われた生徒が合格するケースは実際によくある。そんな時、あとで生徒にどんなミスがあったのか、どんな気持ちで受験したのかを、自然な形で聞き出すようにしている。

［ 1 ］言えることは、不合格だった生徒の場合は「もし不合格になったらどうしよう」とか、「はじめに手をつけた問題が難しくパニックに陥ってしまった」、あるいは「不安で、注意力が欠けてケアレスミスをしてしまった」などが原因になっていたことだ。逆に合格した生徒の場合は、もともと合格［ 2 ］わからなかったので、いい意味で開きなおって、「とにかく一生懸命、集中して取り組んだ」という答えが多かったのだ。

このことからも、生徒自身の「心のもち方」が結果に影響を与えていることがよくわかる。生徒が「プラス思考」か「マイナス思考」かによって、目には見えない「偏差値＋α」の力の大きさは異なるようだ。受験だけでなく、この「＋αの力」は、将来にわたっていろいろな局面で、結果に大きな影響を［ 3 ］。

［ 4 ］出来事にみまわれた時、それを不運と嘆くのではなく、まず冷静に受け止めて考えてみる。「これはきっと、神さまが自分に何かを教えようとしているのだ。何かを学ぶチャンスなのだ」。前述したことと、多少類似しているが、そういう考え方がすぐできるようになれば、もはや優れた「［ 5 ］」人間なのだ。

▶ 정답과 해설 145쪽

01

1 かりに　2 おおむね　3 必ずしも　4 あえて

02

1 できると思わせたいか　2 できたはずだと
3 できたからだと　4 できるかどうか

03

1 与えることはなかろう　2 与える可能性は低いだろう
3 与えるものであろう　4 与えないに違いない

04

1 予期せぬ　2 予期すべからざる
3 予期すべく　4 予期せず

05

1 心の持ち方　2 プラス思考型
3 マイナス思考型　4 合格圏内

적중 예상 문제 ④

問題　次の文章を読んで、文章全体の趣旨を踏まえて［　1　］から［　5　］の中に入る最もよいものを、1・2・3・4から一つ選びなさい。

入館料は500円、高くて千円程度というから、持てる人にとってはそう［　1　］。東京など大都市の施設では、倍近くかかる場合も珍しくはない。その500円をめぐって高松市美術館が逡巡している。

市美術館が、今は入館無料としている65歳以上の高齢者から、［　2　］に限って入館料を徴収する方針を示した。それが500〜1000円。有識者の検討委員会がまとめた提言に沿った形だ。

ご多分に漏れず、市の財政状況は芳しくはない。加えて入館者も低迷中。わずかであっても財源を確保できればと考えるのも無理はない。高齢者の入館は年間およそ6千人。［　3　］が、それでも有料にすることで500万円程度の増収が見込めるという。

しかしそれに待ったをかけたのが、やはり有識者でつくる美術館協議会だ。［　4　］の主張も理解できる。そもそも美術館は市民と美術を結びつけ、文化的活動を促す役割を果たしている。それを弱めるような方向に進むのが本当にいいのか。

仮に徴収するとしても、税負担をしている市民とそうでない人が同じでいいのか。11年前までは市美術館も市民かどうかで区別し、高齢者を無料としていた。

市が今後どんな結論を出したとしても、有識者のお墨付きを得ていることにはなる。ただ同時に、市がどんな哲学を持っているのか、芸術にどう向き合っているのか、市民が見ていることも［　5　］。

01

1 大した額だからであろう
2 大した額ではなかったためだ
3 大した額ではないだろう
4 大した額だったのである

02

1 大都市
2 委員会
3 美術館
4 特別展

03

1 決して多い数ではないが
2 果たして少なかったのだろうか
3 全然少なくなかったので
4 まだ多くなりそうだったのに

04

1 どちら
2 こちら
3 これまで
4 どれほど

05

1 知っておいたとは思えなかった
2 知っていないはずだろう
3 知るわけにもいかなかった
4 知っておくべきだろう

적중 예상 문제 ⑤

問題　次の文章を読んで、文章全体の趣旨を踏まえて［ 1 ］から［ 5 ］の中に入る最もよいものを、1・2・3・4から一つ選びなさい。

アインシュタインは、「［ 1 ］、18歳までに身につけた偏見のコレクションのことをいう」という言葉を残しているそうだ。しかしこのアインシュタインの言葉はとても奇妙に感じられる。［ 2 ］、常識＝偏見と言っているのだから。常識というのは、広く行き渡った考え方の枠組みだったり基準などのことだし、偏見というのはその真逆で偏った独りよがりの考え方やものの見方の基準のことをいうはずだ。なぜこの相反する二つのものが［ 3 ］。実はこう解釈するといいのかもしれない。それは、ある事柄について自分の中で広く行き渡った考え方の枠組みや基準だと信じていることは、ほんの少しだけ立場を変えてみることで独りよがりの偏見とも受け取れるのだと言っているのではないかと思う。

では、なぜ私たちは常識という偏見をコレクションしてきたのだろうか。それは怖れから自分の身を守るためだったのかもしれない。常識を身にまとい、その枠の中で生きていくことで安全を手に入れられると思っているのだ。常識としてこうする、常識としてこう考える、そうやって生きることが安全と勘違いしてきたのである。それは結局、常識という偏見をベースにした生き方であり、本質的には少しも安泰な生き方ではないということに気づく必要が［ 4 ］。自分の中にコレクションしてきてしまった、沢山の常識や非常識というレッテルをできるだけはずしていくことだ。そうすると、自分の中にあった偏見がどんどん減っていき、色めがねで物事を見ることから解放されて、結局は自分自身の人生が解放された気持ちのいいものに［ 5 ］。

▶ 정답과 해설 150쪽

01

1 常識とは　　2 常識といっても
3 常識では　　4 常識とて

02

1 もしかしたら　　2 なぜならば
3 とはいえ　　4 ゆえに

03

1 等しいというのだろうか　　2 等しいときもあるほどだ
3 等しくするべきである　　4 等しくなるまでもなかろう

04

1 あってもかまわない　　2 あったのだろうか
3 あるのではないか　　4 あってはなるまい

05

1 変えていくだろう　　2 変えていくだけである
3 変わっていこうとしない　　4 変わっていくはずだ

적중 예상 문제 ⑥

問題　次の文章を読んで、文章全体の趣旨を踏まえて［ 1 ］から［ 5 ］の中に入る最もよいものを、1·2·3·4から一つ選びなさい。

夕日が丘なら赤い夕日がよく見える。［ 1 ］なら月の出ない夜にきっと星が良く見えるのだろう。それならば、自由が丘からは何が見えるのだろうか？

試験から解放された学生たちがしばし息抜きに遊ぶ姿とか、校則の許される範囲で、髪の毛を赤くしたりスカート丈を短くしたりとか、［ 2 ］仕事帰りのサラリーマンが、道草をする姿が見られるのかもしれない。

いずれも試験や校則や仕事などのしばりがあって、そこから離れた分だけ自由があるような気がしてくる。つまり髪の毛を赤くした分だけ、あるいはスカート丈を短くした分だけ自由がある。しかしそれにも限度があるので、許される範囲を実際に試しながら模索する。それが自由を［ 3 ］。

今は恋愛も自由。結婚も自由。しかし結婚に踏み切る人は少なくなってきている。自由だと言われると、逆に結婚に踏み切るのが難しくなる。どちらでもかまわないのなら、［ 4 ］からだ。しかし、子供が出来ると話が違ってくる。子供とともに世間の目というしばりが生まれ、そのしばりのなかで解決策を探すので、結婚を決めるカップルが増える。

まるで鎖につながれた犬のように、くさりの長さの範囲で自由を味わっているようにみえる。しかし、犬と人間には決定的な違いがある。それは、犬は飼い主によって鎖につながれたが、人間は自分で自分を鎖につないだからだ。［ 5 ］ルールをつくり、自分たちの行動範囲を制限している。

それは、その方がより「自由」にやってゆけるということに気がついたからではなかろうか。

▶ 정답과 해설 152쪽

01

1 星が丘　　2 夕日が丘
3 自由が丘　　4 月が丘

02

1 すなわち　　2 あるいは
3 といっても　　4 なにしろ

03

1 感じない限度である　　2 感じたくない自由だ
3 感じさせる校則である　　4 感じられる瞬間だ

04

1 今のままの方が楽だ　　2 そのまま踏み切ってしまう
3 結婚を決められる　　4 子供の方を選んだりする

05

1 他人の意思で　　2 飼い主の意思で
3 親の意思で　　4 自らの意思で

적중 예상 문제 ⑦

問題　次の文章を読んで、文章全体の趣旨を踏まえて［ 1 ］から［ 5 ］の中に入る最もよいものを、1·2·3·4から一つ選びなさい。

「あれ、どうなっている？」と聞かれて、「何とかめどが立ってきました」とか「今週中にはめどをつけるつもりです」などと答えたりする。こんな時、しばしば?“めどは立てるのかつけるのか、［ 1 ］めどって何？”という疑問がよぎったりする。

大辞林や広辞苑には、目あてや目標を意味し、例文として、「めどが付く」とか「めどが立たない」などが記載されている。慣用句辞典には「目処を付ける」、「目処を取る」の例もあり、［ 2 ］目標をはっきりさせること、などとある。これから何か新しいことをやろうというときに、やる気はあっても、何から手をつければ良いのかわからないことが多い。［ 3 ］いろいろなところをつついて模索する準備段階が必要になる。そうこうしているうちに、なんとなくやるべきことが見えてきたり、目標がはっきりしてきたり、［ 4 ］ときに使う。

「めど」は日本古来の大和言葉で、漢字が入った後に「目処」の字をあてたものと思われる。縫い物をするときには、その準備段階として縫い針の孔に糸を通すが、その針の孔も「針孔」と書いて「めど」と呼ぶらしい。たいていの針の孔は楕円形であるため、糸を通すときには孔が上下方向に長くなるように「針孔」を立ててから糸を通すことになる。もし針に孔が無いのなら、針に「針孔」を付けてから糸を通すことになる。こう考えると、「目処」は［ 5 ］。

01

1 すると　　2 むしろ
3 そもそも　　4 まして

02

1 明らかになっていた　　2 ぼんやりしていた
3 すでに決めていた　　4 例文に書いてあった

03

1 ところで　　2 かえって
3 そこで　　4 ただし

04

1 めどが立たない　　2 新しいことをやる
3 辞書に記載する　　4 見通しがついた

05

1 立てても付けても良さそうだ　　2 立ててもいいけど、付けてはいけない
3 付けたり立てたりしてはだめだ　　4 付けてもいいけど、立ててはいけない

적중 예상 문제 ⑧

問題　次の文章を読んで、文章全体の趣旨を踏まえて[1]から[5]の中に入る最もよいものを、1·2·3·4から一つ選びなさい。

「ありがとう」とお礼を言いたいのに、それがなかなか言えなかったりすることがある。言葉は喉の辺りまで出てきていても、照れくささが言いたい気持ちに蓋をする感じだ。このとき、何が照れくさいのだろうか。

たとえば、親が子供を育てるのは当たり前、あるいはそこにさえ考えが至らないのであれば、当然親に感謝する気持ちも湧いてこないので、お礼を言おうとは[1]。この段階では、「お礼を言いたいのに」というレベルに達していないことになる。

そのうちに「礼」について学校で習ったりする。孔子というえらい人が言ったように、お礼を言いたいと[2]不十分で、その気持ちを口に出して相手に伝える必要がある。それが世の中を丸く治めるコツだと教わったりする。

飲み込みの良い奴は、世の中を丸く治めようとして先走り、愛嬌を振りまき、要領よく立ち回る人もいるだろう。しかし、この段階でも、心の底から感謝しての行為ではないので、ためらいがない。

結婚式の日に、「お父さん、お母さん。これまで育ててくれてありがとうございます」と、ここでまとめてお礼を言って、嬉し涙で親を泣かせる場面がよくある。そんな[3]の中には、感謝の気持ちはそこそこでも、親がかわいそうだからと世間並みに「ありがとう」と言ってあげよう、と考える人がいるのかもしれない。[4]これは一つの照れ隠しだと思う。

「ありがとう」と口に出して言うことは、「おかげさまで私は人に感謝することができる人間になり、しかもその気持ちをこのように言葉と態度で表現できるまでに成長しました」と主張していることに等しいのだ。照れくさくて[5]。

▶ 정답과 해설 156쪽

01

1 考えかねないだろう　2 考えてみようともした
3 考えたおかげである　4 考えないはずだ

02

1 思っているだけでは　2 思うだけでも
3 思うようになっては　4 思っていたほどに

03

1 親　2 花嫁
3 結婚式　4 お父さん

04

1 それどころか　2 したがって
3 それでも　4 あるいは

05

1 当然だと思ってもよかった　2 当然であろうか
3 当然だそうだ　4 当然だと思う

적중 예상 문제 ⑨

問題　次の文章を読んで、文章全体の趣旨を踏まえて［ 1 ］から［ 5 ］の中に入る最もよいものを、1・2・3・4から一つ選びなさい。

冷蔵庫

「電気なければただの箱」、どこかで聞いたことのあるこの言葉どおり、朝、目覚めてみると、冷蔵庫がただの箱になっていた。周囲水浸しというおまけつき。真夏まっ只中というダメ押し付きで。もはや絶望を通り越して、笑いが込み上げてきた。冷蔵庫の扉を開ける時は、未知との遭遇にワクワクすらした。庫内の様子は、［ 1 ］惨状だった。想定内のこととはいえ、文句を言う相手もなく、広げたゴミ袋の中に溶けた食品を放り込むだけの、ため息の出る作業だった。［ 2 ］冷凍食品たち。

そんなことより、この猛暑の中、冷蔵庫なしで一時もいられはしない。すぐに調達しなければと思い、近所の電器店に電話で尋ねたら、数日はかかるとの返事だった。それは困る、一日も［ 3 ］。時間を見計らって、郊外の大型家電店へ車を走らせ、開店と同時に冷蔵庫売り場へまっしぐら。どうせなら、最新の多機能なものが欲しかったのだが、現状ではそのような選択肢などない。何でもいい、今日中に欲しいのだ。交渉の結果、今日中に届けられるのは、展示品の一、二種に限られた。それは、長く展示されていたらしく、型も古くうっすら埃すら被っているようだった。それでも今日のうちに届く［ 4 ］、まあいいか、と即決した。

その日の午後、新しい冷蔵庫はやって来た。

「変な色だなあ」「製氷器が自動じゃないか…」「使い勝手が悪いなあ」、家族の散々な雑言の中、新冷蔵庫は、一言の反論もせず、黙々と仕事を始めた。

昨日までの、隙間もなくぎゅうぎゅう詰めの庫内に比べれば、広びろと明るく、何と自由で爽やかなことだろう。改めて眺めてみれば、茶色のボディーも個性的で素敵ではないか。製氷も、水を入れる一手間だけで、何よりも静かでとても気に入った。

扉の内側に貼ってある説明書を剥がしながら、乾いたタオルで丁寧に、内から外へと拭いた。「［ 5 ］」と、扉を静かに閉めた時、「まかせて下さい」と、小麦色の肌の彼女は、力強く答えてくれた。

01

1 思ってもみなかった　2 想像とは裏腹に
3 想像した通りの　4 思いもよらない

02

1 さよなら　2 おはよう
3 ごちそうさま　4 おかまいなく

03

1 待ってもよかったかもしれない　2 待ちに待ったからである
3 待たないわけにもいかなかった　4 待ってなどいられるものか

04

1 からには　2 とあって
3 どころか　4 ばかりでなく

05

1 長い間ご苦労様でした　2 いつでも壊さないように
3 これから宜しく頼みます　4 一生懸命働いていたのに

적중 예상 문제 ⑩

問題　次の文章を読んで、文章全体の趣旨を踏まえて［ 1 ］から［ 5 ］の中に入る最もよいものを、1・2・3・4から一つ選びなさい。

バナナ

少し前のことだが、台所の片隅で3、4本ひと括りしたバナナが黒くなっていた。「もったいない」との思いから、わが子に声をかけたら「いらんよ」、いとも簡単に返ってきた。そうなると、ついいつもの論法が飛び出す。「運動会や遠足のとき、一本のバナナを兄弟で半分ずつ…」と、［ 1 ］であったかを解説する。すると、「お父さん、そのバナナ、いくらか知ってる？」、逆に問いかけがくる。「［ 2 ］最近、バナナを買ったことがないなぁ」などと思っているうちに、「100円だよ」、予想外の答えが返ってきた。もちろんこの安さは、広告商品としての目玉価格であると解釈するが、スーパーにも100円均一コーナーがあることを、このやり取りによって知ることとなる。「バナナ価値」は暴落だ。

それでも、何かいい話はないものかと昔を振り返る。そうだ。例えば遠足のとき、先生が持参できるお菓子の金額などについて説明すると、「先生、バナナはおやつに入るんですか？」こんな質問が飛び出すことも珍しくなかった。もちろん、これはお笑いのネタなどではなく、質問者は実に大真面目で、「バナナがおやつに含まれるとなると、決められたおやつ代の中で、お菓子の割合が少なくなる。［ 3 ］バナナのない遠足などは考えにくい。できることなら、バナナをおやつにカウントしないでほしい。」これは、当時の子供たちにとっては極めて重要な事であり、バナナの存在はさように大きかったのだ。しかし、このような話を持ち出してみても、納得するのはこちらばかりで、相手にとってはそれこそ「笑いばなし」の類いに過ぎず、目的である「バナナの価値」の［ 4 ］。それどころか、逆に100円という分かりやすい「価値」の前にこちらが納得をしてしまう始末だ。

このように「価値」というものは、テレビの影響もさることながら、時代の変遷によっても姿を変える。ましてや、めまぐるしく変化する現代社会においては、まさに「価値観」は「多様化」する一方だ。そうした現状を目の当たりにするとき、前述の「バナナの価値」はさておき、先人から引き継ぐ普遍的な価値観を、次世代へどう繋ぐかは重要な課題だ。「まちづくり」の意味を「地域の価値を創造していくプロセス」とすれば、今後私たちに求められるのは、今まで以上に

▶ 정답과 해설 161쪽

新たな「価値」を創造するための柔軟な発想力と、いつの世も変わることのない「価値観」を尊重できる感覚を合わせ持つ 5 。

01

1 果たして安い果物　　2 いかに貴重な食べ物
3 どんなに美味しくないもの　　4 どれほど平凡なバナナ

02

1 かえって　　2 そういえば
3 ただし　　4 おそらく

03

1 だからといって　　2 だからこそ
3 それゆえに　　4 ひょっとすると

04

1 説明になりうる　　2 説明のしようがない
3 説明に十分であろう　　4 説明には程遠い

05

1 ことにしようともしない　　2 ことになると考えるはずだ
3 ことにほかならない　　4 こともあるべきである

실전 모의고사

: 3회분 :

실전 모의고사 1 회

問題　次の文の（　　）に入れるのに最もよいものを、1·2·3·4から一つ選びなさい。

01 震災で、ふるさとを離れて、今なお避難生活（　　）余儀なくされている人々が約1万人に上っているという。

1 で　　2 と　　3 を　　4 に

02 不況（　　）社員の息抜きは欠かせないので、社員旅行を敢行する企業も少なくない。

1 と思いきや　　2 なしには　　3 にかかわる　　4 といえども

03 自然を保護するため（　　）、人の出入りを制限してもやむを得ないと思う。

1 とあれば　　2 を含めて　　3 に沿って　　4 といっても

04 田中君は、時間の経つのも忘れ実験に没頭していたが、笑みをたたえているところを見ると、（　　）実験がうまくいったようだ。

1 どうやら　　2 必ずしも　　3 まさか　　4 いったい

05 （手紙で）年末に向け、何かとご多忙のことと（　　）が、皆様健康には十分注意してお過ごしくださいませ。

1 存じます　　2 申し上げます　　3 なさいます　　4 おいでになります

06 （広告で）本店は専門店（　　）品揃えと接客で、お客様のご期待におこたえいたします。

1 によらず　　2 にあって　　3 ならではの　　4 ならともかく

07 幼稚園の子供（　　）自分の身の回りの始末ぐらいは自分でやりなさい。

1 をかわきりに　　2 をもとに　　3 にすぎず　　4 じゃあるまいし

▶ 정답과 해설 167쪽

08 この町は紅葉で有名で、シーズン(　　　)山奥にもかかわらず見物客の車やバイクで大変込み合う。

1 ともなれば　　2 をよそに　　3 をもって　　4 となるからには

09 力仕事は若いうちはいいが、いつまでも続けられないので、年を取って自分には出来ないことは他人に(　　　)。

1 やれるに決まっている　　2 やってもらうしかない

3 やれないこともない　　4 やってしまうきらいがある

10 勉強時間は、(　　　)。十分な睡眠時間を確保しながら短時間にしっかり集中して勉強した方が身につくと思う。

1 長くしようがない　　2 長いことだと言ってもおかしくない

3 長ければいいというものではない　　4 長いに越したことはない

問題　次の文の ＿★＿ に入る最もよいものを、1･2･3･4から一つ選びなさい。

(問題例)

あそこで ＿＿ ＿＿ ＿★＿ ＿＿ は木村さんです。

1 ご飯　　2 人　　3 を　　4 食べている

(解答の仕方)

01 正しい文はこうです。

> あそこで ＿＿ ＿＿ ＿★＿ ＿＿ は木村さんです。
> 1 ご飯　　3 を　　4 食べている　　2 人

02 ＿★＿ に入る番号を解答用紙にマークします。

解答用紙　例　① ② ③ ●

11 これほど繊細でパワフルに歌える ＿＿ ＿★＿ ＿＿ ＿＿ いないだろう。

1 おいて　　2 歌手は　　3 ほかには　　4 彼を

12 政府は、訓練が計画どおり、滞りなく行われている ＿＿ ＿＿ ＿★＿ ＿＿ 遺憾を表明した。

1 制限があるかのように　　2 にもかかわらず

3 報じられた　　4 ことに対して

13 子供は ＿＿ ＿＿ ＿★＿ ＿＿ の感覚が薄いのである。

1 自己防衛　　2 幼いが　　3 について　　4 ゆえに

14 企業は社会の ＿＿＿ ＿＿＿ ＿★＿ ＿＿＿ 生き残れない。

1 得ること　　2 共感を　　3 なしには　　4 信頼と

15 パソコンが壊れて、古いノートパソコンを ＿＿＿ ＿＿＿ ＿★＿ ＿＿＿ 結局使えなかった。

1 仕事に使おうとしたが
2 引っ張り出してきて
3 インターネットの設定ができなかったりで
4 最新のソフトが入っていなかったり

問題　次の文章を読んで、文章全体の趣旨を踏まえて［16］から［20］の中に入る最もよいものを、1・2・3・4から一つ選びなさい。

体験は自分で直接見たり聞いたり触れたりやってみること。だから、たとえば海外旅行に行けば誰でも海外旅行体験者になれる。でも、［16］海外旅行経験者だと胸は張れない。

海外旅行に行ったことはあっても、それが至れり尽くせりのパック旅行だったりすると、チケットの買い方や出入国の仕方、ホテルのチェックインの方法も［17］。しかし個人旅行やカップルで行動する新婚旅行ではそうはいかない。何もできなければ花嫁に愛想をつかされるかもしれない。

経験という場合には、［18］自分でやってみたり感じるだけでは不十分で、そこから知的な何かを掴みとることが必要になる。現場に放り込まれたら、嫌でもそこでやってゆくためにノウハウを身につける必要が出てくる。そうなれば、体験＝経験となる。しかしもちろん、そうならないこともある。

結婚して子供が出来れば親にはなれる。いや結婚しなくても親にはなれる。だが、この段階では親を［19］。よく考えてみると、体験の段階にあるのは「親としての自分」のみならず、「子供としての自分」もそうなんだと思う。

子供を育てていると、子供の頃の親の気持ちが良く分かる、という人がいる。そこで、自分が子供の頃に、親にどんな気持ちで育てられていたのかが、理解できるようになる。これは時を経てから、「子供としての自分」を経験していることになる。

子供を体験して大人になり、親を体験しながら「子供を経験」する。それならば、親を経験するときはどんなときなのだろうか。それは子供の気持ちを理解できたときかもしれない。しかし多くの場合、親としての経験を積み、子育てのノウハウを［ 20 ］には、子育ては終わっている。

16

1 それどころか　　2 その結果

3 それだけでは　　4 そういう

17

1 知らずに済んだりする　　2 知らなくて良かった

3 知ってもさしつかえない　　4 知り尽くしているだろう

18

1 それなら　　2 その上で

3 ゆえに　　4 ただ

19

1 体験してみたくてしかたがない　　2 体験しているに過ぎない

3 体験するのかと思った　　4 体験させられるおかげだ

20

1 身につける頃　　2 身につく前の頃

3 身につけようとする頃　　4 身につきもしない頃

실전 모의고사 2회

▶ 정답과 해설 175쪽

問題　次の文の（　　）に入れるのに最もよいものを、1・2・3・4から一つ選びなさい。

01 ファン（　　）プロ野球だから、球団は利益追求のみを目標にしてはいけない。

1 あっての　2 なくしては　3 でありつつも　4 であろうが

02 この会社は、創業約90年にわたり、伝統を（　　）添加物を一切使用せずに商品を作るよう、心掛けてきたという。

1 守りうる　2 守るべく　3 守ろうとも　4 守るにせよ

03 ナトリウムと高血圧との関係はよく論じられるが、1日10グラム以下の摂取量では人の健康に（　　）影響はないといわれている。

1 あまりにも　2 かりに　3 なにも　4 なんら

04 昨日行った神社は、さすが日本一の神社だけあって、多くの初詣客でいっぱいで、はやく（　　）歩けない状態だった。

1 歩こうにも　2 歩いては　3 歩くには　4 歩かずとも

05 生徒のため（　　）、先生は時には厳しい指摘もするのだ。

1 と思うことなく　2 と思うまじき　3 と思えばこそ　4 と思いきや

06 このごろ、急に夏日で暑くなったり、（　　）突然寒くなったり、天候が不安定で困る。

1 そうかと思えば　2 そうだと思って

3 こうかと見れば　4 こうだと見て

07 子育てや夫の転勤によって、彼女は自分の意志に反して退職を(　　　)。

1 余儀なくされた　　2 余儀がなければした
3 余儀なくさせた　　4 余儀がさせた

08 日本人の麺食文化の代名詞(　　　)うどんは全国各地で愛され続け、いまや和食として世界に誇れる逸品になっている。

1 でもなるような　　2 にするべく　　3 ともいうべき　　4 があるらしい

09 電車の中で隣の高校生の会話を(　　　)聞いていたら、学校の先生の悪口だった。

1 聞かないともかぎらなく　　2 聞くともなしに
3 聞いているはずがなく　　4 聞かれないように

10 このリゾートは、温かく親切な専門スタッフが毎日身の回りの世話をしてくれるので、完璧(　　　)滞在を満喫することができる。

1 と言ってもしかたがない　　2 としか言いようがない
3 とすら言おうとしない　　4 とでも言えばいい

▶ 정답과 해설 175쪽

問題　次の文の ＿★＿ に入る最もよいものを、1・2・3・4から一つ選びなさい。

(問題例)

あそこで ＿＿ ＿＿ ＿★＿ ＿＿ は木村さんです。

1 ご飯　　2 人　　3 を　　4 食べている

(解答の仕方)

01 正しい文はこうです。

あそこで ＿＿ ＿＿ ＿★＿ ＿＿ は木村さんです。
1 ご飯　　3 を　　4 食べている　　2 人

02 ＿★＿ に入る番号を解答用紙にマークします。

解答用紙　例　①　②　③　●

11 今年は、金融市場がさらに活況を呈し、日本経済の再生を ＿＿ ＿★＿ ＿＿ ＿＿ である。

1 やまない次第　　2 牽引する　　3 ことを願って　　4 きっかけになる

12 全国から大勢の若者が歌手 ＿＿ ＿＿ ＿★＿ ＿＿ オーディションに挑戦した。

1 叶える　　2 夢を　　3 べく　　4 になる

13 昨夜起きた地震では ＿＿ ＿＿ ＿★＿ ＿＿ が崩れ、多くの命が失われた。

1 ビル　　2 ごとく　　3 夢の　　4 一瞬の

14 この化粧水はは ＿＿＿ ＿★＿ ＿＿＿ ＿＿＿ 肌に潤いを与えて肌荒れを防いでくれる。

1 とした　　2 使用感で　　3 さっぱり　　4 ありながらも

15 温度は生物的 ＿＿＿ ＿＿＿ ＿★＿ ＿＿＿ 極めて重要な環境因子である。

1 反応に影響を及ぼす　　2 非生物的の

3 あらゆる　　4 いかんによらず

問題　次の文章を読んで、文章全体の趣旨を踏まえて［16］から［20］の中に入る最もよいものを、1･2･3･4から一つ選びなさい。

ある日の夕方、ターミナル駅の始発電車に乗り込んだ。七人掛けのロングシートに僅かな隙間があり、何とか座れるだろうと思ってそこに腰を下ろした。ところが意外なことが起きた。すんなりと［16］。特に両脇の人が大きく譲ってくれたわけでもないようだ。そのとき思ったのは、自分は思ったより小さいということだった。これはまさに自分が自分に対して抱いているイメージが想像より小さいことを意味する。

通常、席の隙間に座ろうとするとき、人はそこにイメージした自分を座らせ、それが無理がないかどうかのシミュレーションを行う。瞬時に行われるこのシミュレーションの結果によって、席に座るかどうかを決定している。席に着くかどうかは、ここで描く自己イメージが大きくかかわっていることがわかる。

それから数日後、やはり夕方の同じ電車で、私の横に座っていた若い女性が途中駅で降りた。その後、買い物帰りらしいちょっと騒がしいおばさんたちの中の一人が空いたその席に腰を降ろした。ところが、これが結構きつい。ぐいぐいとおばさんはおしりを押し付けてきた。

［17］こんな場面に出くわしたら、世のおばさんたちは、僅かな隙間でもあれば座ろうとする図々しい人たちだと考える人がいるかもしれない。しかし私はその時、これは［18a］の問題ではなく［18b］の問題なのだと思った。

▶ 정답과 해설 175쪽

そのおばさんも、途中駅で若い女性が席を立ったとき、その空いた隙間に自分が座れるかどうかシミュレーションをしたに違いない。つまり若い女性の代わりにまずイメージした自分を座らせ、その結果、座れるという結論[19]。ところが実際は思ったよりきつかった。この食い違いの原因は何なのか。それが自己イメージの問題、つまり実際の自分はイメージしている自分より太いことになるが、それを[20]、いや認めたくないのが女心というもの。おしりを押し込む行為には、こうした自己イメージへの願望が込められているような気がする。

16

1 座れるのだろうか　　2 座ろうと思った

3 座れたのだ　　4 座ってほしい

17

1 あってはならない　　2 ありがちな

3 あるがままの　　4 ありながらも

18

1 a 騒がしさ / b おばさん　　2 a おばさん / b 騒がしさ

3 a 自己イメージ / b 図々しさ　　4 a 図々しさ / b 自己イメージ

19

1 に達したのだろう　　2 に達したかなんだ

3 に達してもよかろう　　4 に達していなかった

20

1 認めたに相違ない　　2 認めずには済まなかった

3 認めるわけにはいかない　　4 認めたかのようだ

실전 모의고사 3 회

問題　次の文の（　　　）に入れるのに最もよいものを、1・2・3・4から一つ選びなさい。

01 これは幼少期に勉強を許されなかったケニアのある女性が90歳（　　　）初めて小学校に入り、卒業のため奮闘する日々を追ったドキュメンタリーである。

1 にあって　2 にして　3 となれば　4 につき

02 信頼できる製品を選べばいいと口で言うのは簡単だが、では、何（　　　）信頼できると判断するのかは難しいと思う。

1 はともかく　2 といえば　3 にむけて　4 をもって

03 多様な用途に応じる注文家具を短時間に作るこの工房の能力は、日本最高峰といっても（　　　）過言ではないだろう。

1 はたして　2 どうやら　3 あえて　4 いっさい

04 自然豊かな北海道には、動物本来の習性を活かして展示する北海道（　　　）動物園や水族館が多いのも魅力の一つである。

1 ならではの　2 とあっては　3 とばかりの　4 なくして

05 この会社に入ってから、自分の中に眠っていた可能性や、自分が（　　　）もしなかった適性を見いだし広げることができた。

1 気づこう　2 気づか　3 気づいて　4 気づき

06 （チラシで）新春福袋を事前予約制で販売させていただきます。数量限定につき、なくなり次第終了となりますので、予めご了承（　　　）。

1 願います　2 なさいます　3 くださいます　4 致します

07 25センチもある新しいマットレスを注文したので、さぞかし配送も大きな(　　　)圧縮されてくるくる丸められていて一人でも簡単に運べた。

1 荷物ってわけがないから　　2 荷物ではなかろうが

3 荷物だろうと思いきや　　4 荷物とも限らなく

08 昨日初めて炊き込みご飯に挑戦してみた。若干少な目の水加減(　　　)、野菜からの水分のせいか、かなりの柔らか目になってしまった。

1 になろうともかまわず　　2 にしたくないにも関わらず

3 になってはならないが　　4 にしたつもりだったが

09 映画に字幕をつける際、日本語にある微妙なニュアンスや文化を英語に翻訳することの難しさ(　　　)。

1 といったところだった　　2 といったらない

3 といいようもない　　4 といったかいがある

10 明らかな事実を自分の好きなように考えるわけにはいかない。ありのままに(　　　)だろう。

1 受け取ったらそれまで　　2 受け取らずにすむ

3 受け取りがたいこと　　4 受け取るよりほかはない

問題　次の文の ＿★＿ に入る最もよいものを、1・2・3・4から一つ選びなさい。

(問題例)

あそこで ＿＿ ＿＿ ＿★＿ ＿＿ は木村さんです。

1 ご飯　2 人　3 を　4 食べている

(解答の仕方)

01 正しい文はこうです。

あそこで ＿＿ ＿＿ ＿★＿ ＿＿ は木村さんです。
1 ご飯　3 を　4 食べている　2 人

02 ＿★＿ に入る番号を解答用紙にマークします。

解答用紙　例　①　②　③　●

11 骨は硬いのでそう簡単には折れない。加齢に伴い ＿＿ ＿＿ ＿★＿ ＿＿ 運動選手はよほどの衝撃が加わらない限り骨折が生じることはあまりない。

1 日頃身体を鍛えている　2 高齢者なら

3 骨がもろくなっている　4 ともかく

12 弁護士が凶悪犯に愛想が尽き、弁護の余地はないと ＿＿ ＿＿ ＿★＿ ＿＿ 処分を受けるという。命と人権はこうしてまで保護され、尊重されているのである。

1 あるまじき　2 弁護士に　3 態度として　4 放棄すれば

13 ある企業の商品広告がインターネット上に掲載されると事故を連想させる ＿＿ ＿＿ ＿★＿ ＿＿ 非難コメントが殺到した。

1 不愉快　2 広告といった　3 として　4 極まりない

▶ 정답과 해설 183쪽

14 自然災害は ＿＿＿ ＿＿＿ ＿★＿ ＿＿＿ 努力次第でかなり防げる部分があるはずだ。

1 防ぎようが　　2 察知できたら　　3 人災は危険を事前に　　4 ないものの

15 生きる力を養うとは、非合理や理不尽に ＿＿＿ ＿＿＿ ＿★＿ ＿＿＿ 人間に成長することである。

1 真っ正面から立ち向かい　　2 負ける
3 乗り越える　　4 ことなく

問題　次の文章を読んで、文章全体の趣旨を踏まえて［16］から［20］の中に入る最もよいものを、1・2・3・4から一つ選びなさい。

上司を出せ

クレームを言うお客様が、往々にして［16］セリフの一つが「上司を出せ！」だ。自分の意見、要求を受け入れてもらえない場合や、役所側の説明や回答に納得がいかない場合に言われることが多い。クレームを言う人は、自らの言い分に正当性があると思っている。だから、自分の言い分が通らない、何らかの制限や条件が付くと不満になる。また、圧力をかけることで議論を有利に展開したいと考える。

クレームを言う人にとっては、自分の意見、主張、要求を通してくれない職員は、ものわかりの悪い人ということになる。他にものわかりがよい人がいないのか、ということで上司との面会を要求してくる。少なくとも、担当者レベルの人よりは、上司の方が自分を理解してくれるだろう、［17］例外を認めてくれるかもしれない、という意識がある。上司であれば、例外を認める権限があるだろうという感覚もある。

いくら「上司を出せ」と言われても、こちらは、すぐに「はい、呼んできます」［18］。すべてのクレームやトラブルに、いちいち上司が出ていては、組織は成り立たない。業務にはそれぞれ担当者がいるのだから、上司は原則として出ない、出さないことが常識だ。

今回の状況のように、お客様が始めから怒鳴って来るような場合は、こちらはまだ何も説明しているわけではない。だから、このお客さまは、今回のこちら側の対応について不満があるわけではなく、このこと以前に何らかの事情を抱えているのだろうと思われる。このような場合、まずはその点を聞いてみる必要がある。「どのような、ご用件でいらっしゃいましたか」「上司に取り次ぐにしても、用件を［19］何ともできません」「まずは、私にご用件をおっしゃってくださいませんか」などと、聞いてみる。

相手が、にわかに反応しなくても、丁寧に粘り強く聞き続ける。その上で、上司を呼ぶか、その前に誰か適任者がいるかを判断する。現実には、よほどの事情がない限り、すぐに直接上司に引き合わせることはないし、［20］。

16

1 目にする　　2 口にする　　3 耳にする　　4 手にする

17

1 とはいえ　　2 実は　　3 もしかしたら　　4 確かに

18

1 というわけにもいかない　　2 といったらきりがない

3 といわないでいられない　　4 といったに違いない

19

1 おっしゃらなくても　　2 申し上げる前は

3 お越しにならなくて　　4 伺わないことには

20

1 その必要もないだろう　　2 この必要も十分あるだろう

3 必要であるか否かはわかるまい　　4 必要であるに決まっている

N1 문법 일람표

- 이 책에 실린 N1 문법 전체 항목을 오십음도 순으로 정리했습니다. 색인이나 총정리용으로 활용하세요.

あ행

□ ～あっての	～이 있어야 성립하는, ～이 있어서 가능한	▶ 88쪽
□ ～いかんでは・～いかんによっては	～여하에 따라서는	▶ 45쪽
□ ～いかんによらず・～いかんにかかわらず	～여하에 관계없이	▶ 46쪽
□ いざ～となると・～となれば	막상 ～하려고 하면	▶ 152쪽
□ ～以上(は)	～한 이상(은)	▶ 161쪽
□ ～上で	～하고 나서, ～한 후에	▶ 162쪽
□ ～おそれがある	～할 우려 · 염려가 있다	▶ 162쪽
□ ～(よ)うと～まいと・～(よ)うが～まいが	～하든 ～하지 않든 · ～하더라도 ～하지 않더라도	▶ 27쪽
□ ～(よ)うにも～ない	～하려고 해도 ～할 수 없다	▶ 55쪽

か행

□ ～か否か	～할지 않을지, ～인지 아닌지	▶ 153쪽
□ ～かいがある/～かいがない	～한 보람이 있다 / ～한 보람이 없다	▶ 152쪽
□ 欠かせない	빠트릴 수 없다, 필수적이다	▶ 153쪽
□ ～限りだ	너무 ～하다, 최고로 ～하다	▶59 쪽
□ ～限り(は)	～하는 한(은)	▶ 162쪽
□ ～が最後	～했다 하면, ～하기만 하면	▶ 35쪽
□ ～がたい	～하기 어렵다, ～할 수 없다	▶ 163쪽
□ ～かたがた	～도 겸해서, ～도 할 겸	▶ 101쪽
□ ～かたわら	～하는 한편, ～하면서	▶ 100쪽
□ ～がち	하기 쉽다, ～이 잦다	▶ 163쪽
□ ～がてら	～을 겸해서, ～하는 김에	▶ 100쪽
□ ～かというと・～かといえば	～이냐 하면	▶ 161쪽
□ ～かねる・～かねない	할 수 없다, 할지도 모른다	▶ 164쪽
□ ～が早いか	～하자마자, ～하기가 무섭게	▶ 99쪽
□ ～(が)まま(に)	～대로	▶153 쪽
□ ～からある・～からの	～이상 되는, ～이나 되는	▶ 88쪽
□ ～からには	～한 이상은	▶ 164쪽
□ ～きらいがある	～하는 경향이 있다	▶ 63쪽

さ행

た행

な행

わ행

기타

완벽 해설

혼 자 서 도
찰 떡 같 이
이 해 한 다

시험에 잘 나오는 N1 핵심 문법만 모아, 현장 강의를 그대로 옮긴 듯 꼼꼼한 해설로 풀어냈다!

성중경 지음

정답 & 해설

시험에 나오는 것만 공부한다!

시나공 일본어능력시험 JLPT N1 문법

성중경 지음

:: 시나공 문법 ::

적중 예상 문제
정답과 해설

정답 한눈에 보기

첫째마당 | 시험에 꼭 나오는 최우선순위 문법

시나공 01 역접, 양보를 나타내는 문법 적중 예상 문제

문제	01 2	02 3	03 3	04 4	05 1	06 4	07 2	08 3
문제	01 2	02 4	03 4	04 2	05 2	06 4	07 1	08 3

시나공 02 가정조건과 이유, 목적을 나타내는 문법 적중 예상 문제

문제	01 2	02 1	03 4	04 2	05 1	06 1	07 4	08 3
문제	01 2	02 2	03 1	04 4	05 4	06 1	07 3	08 2

시나공 03 관계와 평가시점을 나타내는 문법 적중 예상 문제

문제	01 4	02 2	03 1	04 2	05 4	06 1	07 2	08 3
문제	01 4	02 3	03 1	04 2	05 3	06 2	07 1	08 1

시나공 04 문장 끝에 쓰이는 문법 적중 예상 문제

문제	01 2	02 3	03 4	04 2	05 4	06 1	07 2	08 1
	09 1	10 3	11 4	12 1	13 2	14 3	15 1	16 2
문제	01 4	02 1	03 1	04 4	05 3	06 2	07 1	08 3
	09 1	10 4	11 3	12 4	13 3	14 4	15 3	16 2

첫째마당 총정리 적중 예상 문제 ①

문제	01 1	02 4	03 2	04 3	05 4	06 3	07 3
문제	01 3	02 1	03 4	04 2	05 2	06 3	07 4

첫째마당 총정리 적중 예상 문제 ②

문제	01 2	02 4	03 4	04 3	05 1	06 3	07 4
문제	01 3	02 1	03 1	04 4	05 3	06 2	07 4

첫째마당 총정리 적중 예상 문제 ③

문제	01 2	02 1	03 4	04 1	05 3	06 2	07 1
문제	01 3	02 4	03 3	04 4	05 3	06 2	07 4

둘째마당 | 합격을 위한 필수 문법

시나공 05 대비와 예시를 나타내는 문법 적중 예상 문제

문제	01 1	02 4	03 2	04 4
문제	01 1	02 2	03 3	04 3

시나공 06 강조, 한정을 나타내는 문법 적중 예상 문제

문제	01 3	02 1	03 3	04 4	05 2	06 4	07 4	08 1
문제	01 4	02 3	03 4	04 1	05 1	06 2	07 3	08 3

시나공 07 때를 나타내는 문법 적중 예상 문제

문제	01 1	02 3	03 1	04 4	05 1	06 4	07 2	08 4
문제	01 4	02 3	03 2	04 2	05 3	06 4	07 4	08 1

둘째마당 총정리 적중 예상 문제 ①

문제	01 2	02 3	03 3	04 1	05 3	06 1	07 2
문제	01 1	02 1	03 3	04 4	05 1	06 2	07 1

둘째마당 총정리 적중 예상 문제 ②

문제	01 2	02 4	03 1	04 2	05 4	06 3	07 2
문제	01 3	02 1	03 3	04 1	05 1	06 2	07 3

둘째마당 총정리 적중 예상 문제 ③

문제	01 1	02 3	03 2	04 1	05 4	06 4	07 2
문제	01 1	02 4	03 3	04 4	05 2	06 4	07 3

정답 한눈에 보기

셋째마당 | 고득점을 위한 심화 문법

시나공 08 모습, 상태를 나타내는 문법 적중 예상 문제

문제	01 2	02 2	03 4	04 3	05 4	06 1	07 4	08 1
문제	01 4	02 2	03 1	04 4	05 4	06 2	07 3	08 1

시나공 09 기타 다양한 문법 적중 예상 문제

문제	01 4	02 1	03 4	04 3	05 4	06 2	07 1	08 2
문제	01 3	02 4	03 1	04 2	05 1	06 3	07 4	08 3

시나공 10 경어 표현 적중 예상 문제

문제	01 2	02 1	03 3	04 4	05 2	06 3	07 1	08 4
문제	01 4	02 1	03 2	04 4	05 1	06 3	07 1	08 4

셋째마당 총정리 적중 예상 문제 ①

문제	01 4	02 2	03 1	04 1	05 3	06 4	07 3
문제	01 3	02 4	03 3	04 3	05 1	06 2	07 4

셋째마당 총정리 적중 예상 문제 ②

문제	01 3	02 3	03 1	04 2	05 4	06 2	07 4
문제	01 4	02 1	03 3	04 2	05 4	06 4	07 4

셋째마당 총정리 적중 예상 문제 ③

문제	01 1	02 4	03 2	04 1	05 3	06 4	07 1
문제	01 1	02 2	03 4	04 4	05 2	06 3	07 3

넷째마당 | 알아두면 든든한 기준 외 문법

시나공 11 알아두면 든든한 75가지 문법 적중 예상 문제 ①

문제	01 3	02 1	03 3	04 4	05 4	06 1	07 2
문제	01 4	02 1	03 3	04 2	05 2	06 3	07 1

시나공 11 알아두면 든든한 75가지 문법 적중 예상 문제 ②

문제	01 4	02 3	03 1	04 3	05 2	06 3	07 4
문제	01 1	02 2	03 3	04 4	05 2	06 1	07 2

시나공 11 알아두면 든든한 75가지 문법 적중 예상 문제 ③

문제	01 1	02 4	03 3	04 1	05 2	06 4	07 3
문제	01 3	02 1	03 4	04 3	05 2	06 2	07 3

다섯째마당 | 만점을 위한 문장 문법력

시나공 12 만점을 위한 문장 문법력 적중 예상 문제 ①

문제	01 2	02 1	03 4	04 1	05 4

시나공 12 만점을 위한 문장 문법력 적중 예상 문제 ②

문제	01 1	02 3	03 2	04 4	05 1

시나공 12 만점을 위한 문장 문법력 적중 예상 문제 ③

문제	01 2	02 4	03 3	04 1	05 2

시나공 12 만점을 위한 문장 문법력 적중 예상 문제 ④

문제	01 3	02 4	03 1	04 2	05 4

시나공 12 만점을 위한 문장 문법력 적중 예상 문제 ⑤

문제	01 1	02 2	03 1	04 3	05 4

시나공 12 만점을 위한 문장 문법력 적중 예상 문제 ⑥

문제	01 1	02 2	03 4	04 1	05 4

시나공 12 만점을 위한 문장 문법력 적중 예상 문제 ⑦

문제	01 3	02 2	03 3	04 4	05 1

시나공 12 만점을 위한 문장 문법력 적중 예상 문제 ⑧

문제	01 4	02 1	03 2	04 3	05 4

시나공 12 만점을 위한 문장 문법력 적중 예상 문제 ⑨

문제	01 3	02 1	03 4	04 2	05 3

시나공 12 만점을 위한 문장 문법력 적중 예상 문제 ⑩

문제	01 2	02 2	03 1	04 4	05 3

정답과 해설

첫째마당 | 시험에 꼭 나오는 최우선순위 문법

시나공 01 역접, 양보를 나타내는 문법 | 적중 예상 문제

문제 다음 문장의 (　　)에 들어갈 가장 알맞은 말을 1·2·3·4 중에서 하나를 고르세요.

01 報告（　　　）しまいが、一応書類は整理しておいたほうが良かろう。

1 していても　　2 しようが
3 するか　　4 するにしても

문법적 호응관계 찾기 ★★★

해석 보고**(를 하든)** 않든 일단 서류는 정리해 두는 편이 좋을 것이다.

정답 찾기 긴 문법의 경우 끊어서 출제하는 경우도 많은데 이 문제에서도 공란 뒤의 ～しまいが가 결정적인 힌트가 된다. 즉 어느 쪽이든 상관이 없다, 어느 쪽이든 동일하다고 말할 때 사용하는 ～(よ)うが～まいが 표현임을 알 수 있으므로 동사 청유형인 2번이 정답이다.

오답분석 1번은 하고 있어도, 3번은 할지, 4번은 한다고 해도 라는 의미로 문맥상 정답이 아니다.

복습 꼭! ～(よ)うが～まいが(～하든 ～안 하든)

어휘 報告(ほうこく)する 보고하다 | 一応(いちおう) 우선, 일단 | 書類(しょるい) 서류 | 整理(せいり)する 정리하다

정답 2

02 これからはたとえ個人（　　　）、二酸化炭素の排出量を減らすようにしなければならないだろう。

1 ならば　　2 にてらし
3 であれ　　4 だに

적절한 기능어 찾기 ★★

해석 앞으로는 설령 개인**(일지라도)** 이산화탄소 배출량을 줄이도록 해야 할 것이다.

정답 찾기 부사가 중요한 단서를 제공하는 경우가 많은데 이 문제에서도 부사 たとえ(설령, 가령)는 역접의 조건을 나타내는 표현과 함께 사용되는 경우가 많으므로 A에 상관없이 B이다고 말할 때 사용하는 3번이 정답이다.

오답분석 2번(～에 비추어)은 주로 実体(じったい), 法律(ほうりつ) 등의 명사와 4번(～조차, ～도)은 주로 想像(そうぞう) 등의 명사를 수반하므로 정답에서 제외되어야 하고 1번(～라면)은 문맥상 정답이 아니다.

복습 꼭! ～であれ(～일지라도, ～이든)

어휘 個人(こじん) 개인 | 二酸化炭素(にさんかたんそ) 이산화탄소 | 排出量(はいしゅつりょう) 배출량 | 減(へ)らす 줄이다

정답 3

03 普通のサラリーマンが真面目に働いた（　　　）、老後まで安泰に暮らせるという保証はもうなくなってしまった。

1 もので　　2 ようで
3 ところで　　4 かぎりで

적절한 기능어 찾기 ★★

해석 보통의 샐러리맨이 성실히 일**(해 봤자)** 노후까지 안락하게 생활할 수 있다는 보장은 이미 없어졌다.

정답 찾기 형태상 특징적인 부분이 없으므로 논리로 정답을 찾아야 한다. 공란 앞의 열심히 일했다와 공란 뒤의 노후가 보장이 안 된다를 통해 동사 た형에 접속되어 어떤 행위를 해도 기대한 결과를 얻을 수 없다는 의미를 나타내는 3번이 정답이 된다.

오답분석 먼저 4번(～끝으로, 마지막으로)은 명사에 접속되므로 정답에서 제외되어야 하며 1번은 ～ 때문에, 2번은 ～것 같아 라는 의미로 문맥상 정답이 아니다.

복습 꼭! ～たところで(～해 봤자, ～해 본들)

어휘 普通(ふつう) 보통 | 老後(ろうご) 노후 | 安泰(あんたい) 안전무사함 | 保証(ほしょう) 보증

정답 3

04 (会議で)役員の方々には昼間のお仕事でお疲れの(　　　)、ご参加いただき誠にありがとうございます。

1 ものを　　2 ことを
3 ときを　　4 ところを

적절한 기능어 찾기 ★★

해석 (회의에서) 임원 여러분께서는 낮 시간의 업무로 피로**(하신데도)** 참가해 주셔서 정말로 감사합니다.

정답 찾기 공란 앞의 명사 の～가 결정적인 단서로 명사에도 접속될 수 있으며 상대의 상황을 배려해서 화자의 감사 등의 마음을 나타낼 때 사용할 수 있는 4번이 정답이 된다.

오답분석 1, 2, 3번 모두 명사에 접속될 경우 단순한 명사로서의 의미밖에 가지지 않으므로 문맥상 정답이 될 수 없다.

복습 꼭! ～ところを(～한데, ～인 중에)

어휘 会議(かいぎ) 회의 | 役員(やくいん) 임원 | 参加(さんか) 참가 | 誠(まこと)に 정말로

정답 4

05 昨日はものすごい雨が降っていて梅雨なのか(　　　)、今日は晴天だった。

1 と思いきや　　2 と思うが
3 と思うまいが　　4 と思おうとも

적절한 기능어 찾기 ★★★

해석 어제는 엄청난 비가 내려서 장마인가 **(생각했더니)** 오늘은 화창하게 개었다.

정답 찾기 공란 앞의 ～なのか(～인가)를 통해 주로 불확실한 추측의 표현과 함께 화자의 생각과는 다른 의외의 결과가 나타났을 때 사용하는 1번 ～と思いきや(～라고 생각했는데)가 정답임을 알 수 있다.

오답분석 2번은 ～라고 생각하지만, ～라고 생각하든, 3번은 ～라고 생각하지 않든, 4번은 ～라고 생각할지라도, ～라고 생각하든 이라는 의미가 되므로 문맥상 정답이 아니다.

복습 꼭! ～と思いきや・～かと思いきや(～라고 생각했는데, ～한 줄 알았는데)

어휘 梅雨(つゆ) 장마 | 晴天(せいてん) 맑게 갠 하늘

정답 1

06 もっと早く私に話してくれたら、いくらでも助けて(　　　)、弟はどうして黙っていたのだろう。

1 あげているところに
2 あげないかぎりは
3 あげないのだから
4 あげたものを

의미적 호응관계 파악하기 ★★★

해석 좀 더 일찍 나에게 말했더라면 얼마든지 도와주었**(을 텐데)**, 남동생은 왜 가만히 있었을까?

정답 찾기 선택지를 보면 보조동사 あげる가 공통적으로 사용되고 있으므로 문맥의 논리로 답을 찾아야 하는데 후문을 통해 남동생이 화자에게 상담하지 않았음을 알 수 있으므로 실제로 일어나지 않은 일에 대한 불만, 비난, 아쉬움 등을 나타낼 때 사용하는 4번이 정답이 된다.

오답분석 1번은 ～해 주고 있는 때에, 2번은 ～해 주지 않는 한은, 3번은 ～해 주지 않기 때문에 라는 의미이므로 문맥상 정답이 아니다.

복습 꼭! ～ものを(～을 텐데, ～을 것을)

어휘 助(たす)ける 돕다 | 黙(だま)る 말을 하지 않다

정답 4

07 古く狭い(　　　)やっと自分の家が持てて嬉しくてしょうがない。

1 ゆえに　　2 ながらも
3 ばかりか　　4 どころか

적절한 기능어 찾기 ★★★

해석 낡고 좁(**지만**) 겨우 자신의 집을 장만하여 너무나 기쁘다.

정답 찾기 선택지를 보면 접속형태의 특징이 없으므로 논리를 잘 파악해야 하는데 공란 앞의 낡고 좁다와 후문의 기쁘다를 통해 일반적으로 예상되는 것과는 다른 결과임을 알 수 있으므로 역접을 나타낼 때 사용하는 2번이 정답이다.

오답분석 1번은 ~ 때문에, 3번은 ~뿐 아니라, 4번은 ~은커녕 이라는 의미이므로 문맥상 정답이 아니다.

복습 꼭! ～ながらも・～ながら(~면서도, ~지만)

어휘 狭(せま)い 좁다 | 嬉(うれ)しい 기쁘다 | ～てしょうがない ~해서 어쩔 수가 없다, 매우 ~하다

정답 2

08 ９月に入って連日の猛暑が一段落した(　　　)、まだまだ油断はできない。

1 というと　　2 ばかりに
3 とはいえ　　4 ともなく

적절한 기능어 찾기 ★★★

해석 9월에 들어서 연일 계속되던 무더위가 누그러졌다(**고 하지만**) 아직 방심할 수는 없다.

정답 찾기 먼저 접속형태가 맞지 않는 1, 4번을 제외하면 공란 앞에는 사실이라고 생각하는 내용이 있고 후문에는 그 사실과는 상반되는 화자의 의견이나 판단이 적혀 있으므로 역접을 나타내는 3번이 정답이 된다.

오답분석 주제와 화제를 나타내는 1번(~라고 하면)은 주로 명사에 접속되고 4번(무심코~)은 동사 기본형에 접속되므로 제외해야 하고 2번은 동사 보통형에 접속될 경우 ~탓에, ~때문에 라는 이유, 원인을 나타내므로 문맥상 정답이 아니다.

복습 꼭! ～とはいえ(~라고는 해도, ~이긴 하지만)

어휘 連日(れんじつ) 연일 | 猛暑(もうしょ) 심한 더위 | 一段落(いちだんらく) 일단락 | 油断(ゆだん) 방심

정답 3

문제 다음 문장의 ＿★＿에 들어갈 가장 알맞은 말을 1・2・3・4 중에서 하나를 고르세요.

01 木村選手の二塁打で＿＿ ＿★＿ ＿＿ ＿＿、９回裏で逆転ホームランを打たれて負けてしまった。

1 かと　　2 勝った
3 ようやく　　4 思いきや

단어 바르게 배열하기 ★★★

문장 배열 木村選手の二塁打で ようやく(3) 勝った(2) かと(1) 思いきや(4)、９回裏で逆転ホームランを打たれて負けてしまった。

해석 기무라 선수의 2루타로 간신히 이겼다고 생각했더니 9회 말에 역전 홈런을 맞아 패하고 말았다.

정답 찾기 4번을 단서로 보통형+かと思いきや의 끊어진 형태임을 알 수 있으므로 2-1-4가 되어야 하며 마지막으로 부사인 3번(겨우, 간신히)을 동사인 2번을 수식하게 해서 전체적으로 나열하면 3-2-1-4가 되어 정답은 2번이다.

복습 꼭! ～(か)と思いきや(～라고 생각했더니, ～한 줄 알았더니)

어휘 二塁打(にるいだ) 2루타 | 裏(うら) 뒤, 말 | 逆転(ぎゃくてん) 역전 | 負(ま)ける 지다

정답 2

---

02 長男の高校は進学校なので ＿＿ ＿＿ ★ ＿＿ 学校に通学して補習の授業をうける。

1 いえども　　2 夏休みと

3 通りに　　4 通常

단어 바르게 배열하기 ★★

문장 배열 長男の高校は進学校なので 夏休みと(2) いえども(1) 通常(4) 通りに(3) 学校に通学して補習の授業をうける。

해석 장남의 고등학교는 입시학교이기 때문에 여름방학일지라도 보통 때와 같이 학교에 가서 보충수업을 받는다.

정답 찾기 선택지 중에서 1번은 ～といえども(～이라 해도, ～이라 할지라도) 형태로 사용하므로 2-1이 되어야 함을 쉽게 알 수 있고 3번(～대로)은 동사나 명사에 접속되므로 4-3이 되어야 한다. 그리고 문맥상 방학에도 학교에 간다가 되어야 하므로 4-3은 2-1 뒤에 들어가야 한다. 전체적으로 나열하면 2-1-4-3이 되어 정답은 4번이다.

복습 꼭! ～といえども(～이라 해도, ～이라 할지라도) /～通りに(～대로)

어휘 進学校(しんがくこう) 대학 진학을 위한 학교 | 通常(つうじょう) 통상 | 通学(つうがく)する 통학하다 | 補習(ほしゅう) 보습

정답 4

---

03 (掲示板のあいさつで)本日は ＿＿ ＿＿ ★ ＿＿ 誠にありがとうございます。またのご来店をお待ちしております。

1 ところを　　2 遠い

3 いただき　　4 ご来店

단어 바르게 배열하기 ★★

문장 배열 本日は 遠い(2) ところを(1) ご来店(4) いただき(3) 誠にありがとうございます。またのご来店をお待ちしております。

해석 (게시판의 인사말에서) 오늘 먼 곳임에도 불구하고 찾아와 주셔서 정말로 감사합니다. 또 방문해 주시길 기다리겠습니다.

정답 찾기 먼저 화자의 감사 등을 나타내는 1번 ～ところを(～한데, ～인 중에)에 접속될 수 있는 것은 2번뿐이므로 2-1이 되어야 하고 4번은 ご+명사+いただく(～해 받다, ～해 주다)로 사용하므로 4-3이 되어 논리상 2-1 뒤에 들어가야 한다. 전체적으로 나열하면 2-1-4-3이 되므로 정답은 4번이다.

복습 꼭! ～ところを(～한데, ～인 중에 /ご+명사+いただく(～해 받다, ～해 주다)

어휘 掲示板(けいじばん) 게시판 | 来店(らいてん) 내점 | 誠(まこと)に 정말로

정답 4

04 勉強にあまり興味のない娘に、こんなに ____ ____ __★__ ____ 猫に小判だ。

1 やったところで　　2 買って
3 百科事典を　　4 高価な

단어 바르게 배열하기 ★★

문장 배열 勉強にあまり興味のない娘に、こんなに 高価な(4) 百科事典を(3) 買って(2) やったところで(1) 猫に小判だ。

해석 공부에 별로 흥미가 없는 딸에게 이렇게 비싼 백과사전을 사 줘 봤자 돼지 목에 진주이다.

정답 찾기 1번 やる는 보조동사로도 사용할 수 있으므로 2번과 함께 ～てやる가 되어야 하고 동시에 목적어로 3번을 취해야 하므로 3-2-1이 된다. 그리고 뒤에 명사가 필요한 な형용사인 4번을 문맥상 3번 앞에 넣어 전체적으로 나열하면 4-3-2-1이므로 정답은 2번이다.

복습 꼭! ～たところで(~해 봤자, ~해 본들)

어휘 興味(きょうみ) 흥미 | 高価(こうか) 고가 | 百科事典(ひゃっかじてん) 백과사전 | 猫(ねこ)に小判(こばん) 고양이한테 금화

정답 2

05 僕は不自由な ____ ____ __★__ ____ としている彼女の姿に感動を覚えた。

1 ながらも　　2 一生懸命
3 体であり　　4 生きていこう

단어 바르게 배열하기 ★★★

문장 배열 僕は不自由な 体であり(3) ながらも(1) 一生懸命(2) 生きていこう(4) としている彼女の姿に感動を覚えた。

해석 나는 불편한 몸이면서도 열심히 살아가려고 하고 있는 그녀의 모습에 감동을 느꼈다.

정답 찾기 가능하면 정형화된 문법을 먼저 나열하는 것이 좋은데 1번은 동사 ます형에 접속될 수 있으므로 3번과 짝이 되어 3-1이 된다. 그리고 4번은 노력이나 직전을 나타내는 ～ようとする(~하려고 하다)의 일부분이므로 마지막 칸에 들어가야 하며 마지막으로 2번은 문맥상 4번을 수식하는 것이 적절하므로 전체적으로 나열하면 3-1-2-4이 되어 정답은 2번이다.

복습 꼭! ～ながらも(~면서도, ~지만) / ～ようとする(~하려고 하다)

어휘 不自由(ふじゆう) 부자유 | 姿(すがた) 모습 | 感動(かんどう) 감동 | 覚(おぼ)える 기억하다, 느끼다

정답 2

06 作業員が倒れたとき、すぐ救急車を ____ ____ __★__ ____ ため、手遅れになってしまった。

1 助かった　　2 呼んでいれば
3 放置された　　4 ものを

단어 바르게 배열하기 ★★★

문장 배열 作業員が倒れたとき、すぐ救急車を 呼んでいれば(2) 助かった(1) ものを(4) 放置された(3) ため、手遅れになってしまった。

해석 작업자가 쓰러졌을 때 즉시 구급차를 불렀다면 살았을 것을 방치되었기 때문에 때를 놓쳐 버렸다.

정답 찾기 4번은 주로 가정표현과 함께 ～ば・～たら～ものを 형태로 실제로는 일어나지 않은 일에 대한 아쉬움, 불만, 후회 등을 나타낼 때 사용하므로 문맥상 2-1-4가 되는 것이 적절하다. 그리고 3번은 이유를 나타내기 위해 마지막 칸에 넣어 전체적으로 나열하면 2-1-4-3이 되므로 정답은 4번이다.

복습 꼭! ～ものを(～을 텐데, ～을 것을)

어휘 作業員(さぎょういん) 작업자 | 倒(たお)れる 쓰러지다 | 救急車(きゅうきゅうしゃ) 구급차 | 放置(ほうち)する 방치하다 | 手遅(ておく)れ 치료나 처치 등의 때를 놓침

정답 4

07 定期検査で ＿＿ ＿＿ ★ ＿＿ ので母は少し嬉しそうにしていた。

1 久しぶりの　　2 とはいえ
3 病院に行く　　4 外出な

단어 바르게 배열하기 ★★

문장 배열 定期検査で 病院に行く(3) とはいえ(2) 久しぶりの(1) 外出な(4) ので母は少し嬉しそうにしていた。

해석 정기검사로 병원에 가는 것이지만 오랜만의 외출이기 때문에 어머니는 조금 기뻐하는 것 같았다.

정답 찾기 선택지 중에서 먼저 역접을 나타내는 2번 ～とはいえ(～라고는 해도, ～이긴 하지만)는 보통형에 접속되므로 3-2가 되어야 하고 명사가 필요한 1번 뒤에는 3번과 4번이 올 수 있으나 문맥상 4번이 오는 것이 적절하므로 1-4가 되어 마지막 칸에 들어가 이유를 나타내면 된다. 그러므로 전체적으로 나열하면 3-2-1-4가 되어 정답은 1번이다.

복습 꼭! ～とはいえ(～라고는 해도, ～이긴 하지만)

어휘 定期検査(ていきけんさ) 정기검사 | 外出(がいしゅつ) 외출 | 嬉(うれ)しい 기쁘다

정답 1

08 僕は ＿＿ ＿＿ ★ ＿＿ し、絶対に許されないことだと思っている。

1 あろうと　　2 ならない
3 差別はあっては　　4 どんな理由が

단어 바르게 배열하기 ★★★

문장 배열 僕は どんな理由が(4) あろうと(1) 差別はあっては(3) ならない(2) し、絶対に許されないことだと思っている。

해석 나는 어떤 이유가 있든 차별은 있어서는 안 되고 절대 용서받지 못할 일이라고 생각하고 있다.

정답 찾기 동사 청유형+と 형태로 관계없음을 나타내는 1번은 결국 あるI므로 주어로 4번을 취해 4-1이 되어야 한다. 그리고 2번은 금지를 나타내는 ～てはならない(～해서는 안 된다)의 일부분이므로 3번과 짝을 지어 열거의 접속조사 ～し(～하고)가 있는 마지막 칸에 넣어 전체적으로 나열하면 4-1-3-2가 되므로 정답은 3번이다.

복습 꼭! ～(よ)うと(～하든, ～하더라도)

어휘 理由(りゆう) 이유 | 差別(さべつ) 차별 | 許(ゆる)す 용서하다

정답 3

시나공 02 가정조건과 이유, 목적을 나타내는 문법 | 적중 예상 문제

문제 다음 문장의 (　　　)에 들어갈 가장 알맞은 말을 1・2・3・4 중에서 하나를 고르세요.

01 ここで勝てば16年ぶりにオリンピックに出場できる(　　　)、選手たちはかなり緊張していた。

1 とすれば　　2 とあって
3 と思っても　　4 というより

의미적 호응관계 파악하기 ★★★

해석 이 경기에서 이기면 16년 만에 올림픽에 나갈 수 있다**(고 해서)** 선수들은 상당히 긴장하고 있었다.

정답 찾기 선택지를 보면 모두 ～と가 있어 접속형태로는 찾을 수 없으므로 문맥을 잘 파악해야 하는데 앞 문장이 뒷 문장의 이유가 됨을 알 수 있다. 그러므로 이유를 들어 특별한 상황에 대해 묘사할 때 사용하는 2번이 정답이 된다.

오답분석 1번은 ～라고 하면, 한다면, 3번은 ～라고 생각해도, 4번은 ～라기 보다 라는 의미가 되므로 문맥상 정답이 아니다.

복습 꼭! ～とあって(～라고 해서, ～라서)

어휘 勝(か)つ 이기다 | 出場(しゅつじょう) 출장 | 緊張(きんちょう)する 긴장하다

정답 2

02 (インタビューで)地域の皆様のご支援が(　　　)、部員が奮い立ち、その能力をフルに発揮することができたのです。

1 あればこそ　　2 あろうとも
3 あるべく　　4 あるにせよ

적절한 기능어 찾기 ★★★

해석 (인터뷰에서) 지역 주민들의 지원이 **(있었기 때문에)** 부원들이 분발해 그 능력을 최대한 발휘할 수 있었던 것입니다.

정답 찾기 선택지를 보면 공통적으로 ある가 사용되고 있으므로 문맥의 흐름을 파악해 정답을 찾아야 한다. 즉 공란 앞의 支援(지원)과 후문의 관계를 보면 이유가 되어야 한다는 것을 알 수 있으므로 이유를 강조할 때 사용하는 ～ばこそ가 있는 1번이 정답이다.

오답분석 2번 ～(よ)うとも는 ～하든, ～하더라도, 3번 ～べく는 ～하기 위해, 4번 ～にせよ는 ～라고 해도 라는 의미이므로 문맥상 정답이 될 수 없다.

복습 꼭! ～ばこそ(～이기 때문에, ～이기에)

어휘 地域(ちいき) 지역 | 支援(しえん) 지원 | 奮(ふる)い立(た)つ 분발하다 | 能力(のうりょく) 능력 | 発揮(はっき)する 발휘하다

정답 1

03 この自動ドアは壊れていて外に出たら(　　　)、中に入れなくなってしまう。

1 そばから　　2 とたんに
3 ところで　　4 最後

적절한 접속형태 찾기 ★★

해석 이 자동문은 고장이 나서 일단 밖에 나갔**(다 하면)** 안으로 들어갈 수 없게 되어버린다.

정답 찾기 어려워 보이지만 접속형태를 알면 쉽게 정답을 찾을 수 있는데 ～が나 ～たら에 접속되어 A하면 B와 같은 나쁜 결과가 된다는 의미인 4번이 정답이다.

오답분석 2번 ～とたんに(～하자마자)와 3번 ～ところで(～한들, ～한다 해도)는 동사 た형에 1번 ～そばから(～하자마자)는 동사 기본형이나 た형에 접속되므로 정답이 될 수 없다.

복습 꼭! ～が・～たら＋最後(さいご)(～했다 하면, ～하기만 하면)

어휘 自動(じどう) 자동 | 壊(こわ)れる 부서지다, 고장나다

정답 4

04 前人未開拓の事業の(　　　)、最初に予期したほどの結果が得られなかった。

1 に過ぎなく　　2 こととて
3 ようなのに　　4 ではあるまいし

적절한 기능어 찾기 ★★

해석 아무도 개척하지 않은 사업**(이므로)** 처음에 예상했던 만큼의 결과는 얻을 수 없었다.

정답 찾기 해석보다는 접속형태의 특징을 이용하면 더 쉽게 답을 찾을 수도 있다. 이 문제에서도 공란 앞의 조사 ～の에 접속될 수 있는 있는 것은 2번과 3번뿐인데 논리상 이유가 필요하므로 정답은 2번이 되어야 한다.

오답분석 1번(～에 불과하고, ～에 지나지 않고)과 4번(～도 아니고)은 조사에 접속될 수 없으므로 제외해야 하고 3번은 ～같은데 라는 의미로 문맥상 정답이 아니다.

복습 꼭! ～こととて(～이므로)

어휘 前人(ぜんじん) 이전 사람 | 未開拓(みかいたく) 미개척 | 事業(じぎょう) 사업 | 予期(よき) 예기 | 得(え)る 얻다

정답 2

05 彼はお金のため(　　　)、どんな悪いことでもなんのためらいもなくやるだろう。

1 とあれば　　2 をへて
3 をもとに　　4 と相まって

적절한 기능어 찾기 ★★

해석 그는 돈을 위해서**(라면)** 어떤 나쁜 일이라도 아무런 망설임 없이 할 것이다.

정답 찾기 특징적인 단어에 접속될 경우 그 특징도 함께 익혀두는 편이 좋다. 이 문제에서도 선택지의 표현은 모두 명사에 접속될 수 있으나 주로 ～ため와 함께 A라는 특별한 사정이나 이유라면 B한다고 할 때 사용할 수 있는 것은 ～とあれば뿐이므로 정답은 1번이다.

오답분석 2번(～을 거쳐서, ～을 통해서)은 장소나 시간, 경험을 나타내는 명사에, 3번(～을 근거로, ～을 기초로)은 근거, 토대를 나타내는 명사에 접속되며 4번은 ～와 더불어, ～와 어울려 라는 의미이므로 정답이 아니다.

복습 꼭! ～とあれば(～라면)

어휘 ためらう 주저하다, 망설이다

정답 1

06 たいていの人間は人生の大部分の時間を(　　　)んがために働いて費やす。

1 生き　　2 生きよう
3 生きぬ　　4 生きず

적절한 접속형태 찾기 ★★

해석 대개의 인간은 인생의 대부분의 시간을 **(살)**기 위해서 일하면서 소비한다.

정답 찾기 선택지에 공통적으로 生きる가 사용되고 있으므로 접속형태를 묻는 문제임을 알 수 있는데 공란 뒤의 목적을 나타내는 ～んがために는 동사의 ない형에 접속되므로 정답은 1번이 된다.

오답분석 生きる의 ～ない형은 生き이므로 나머지는 정답이 될 수 없다. 참고로 3번의 ～ぬ는 ～ない와 마찬가지로 부정을 의미하며 주로 명사를 수식할 때 사용한다.

복습 꼭! ～んがために(～하기 위해서)

어휘 大部分(だいぶぶん) 대부분 | 費(つい)やす 쓰다

정답 1

07 最近の若者は豊かな社会に生まれ育った（　　　）、生き方が個人志向になった。

1 ように　　2 とはいえ

3 かというと　　4 がゆえに

적절한 기능어 찾기 ★★★

해석 요즘 젊은이들은 풍요로운 사회에서 태어나 자랐기 때문에 살아가는 방식이 개인 지향적이 되었다.

정답 찾기 이 문제는 접속형태로는 찾을 수 없으므로 문맥을 잘 파악해야 한다. 후문의 개인주의의 성향은 앞 문장 때문이므로 이유, 원인을 나타낼 때 사용하는 4번이 정답이 된다.

오답분석 1번(~처럼, ~같이)은 비유, 예시, 2번(~라고는 해도)은 역접, 3번(~인가 하면, ~냐 하면)은 반대결과나 사정 설명을 나타내므로 문맥상 정답이 아니다.

복습 꼭! ~ゆえに・~がゆえに(~ 때문에, ~이니까)

어휘 豊(ゆた)かだ 풍족하다 | 志向(しこう) 지향

정답 4

08 この情報は著者の事前の承諾（　　　）使用または転用することは禁じられている。

1 ならでは　　2 にあって

3 なくして　　4 によらず

적절한 기능어 찾기 ★★★

해석 이 정보는 저자의 사전승낙 **(없이는)** 사용 또는 전용하는 것은 금지되어 있다.

정답 찾기 선택지의 표현 모두 명사에 접속될 수 있으므로 문맥을 통해서 풀어야 하는 문제인데 공란 앞의 승낙과 후문의 금지를 통해 승낙이 없으면 후문이 실현될 수 없다고 말하고 있음을 알 수 있으므로 정답은 3이 된다.

오답분석 1번은 ~만의, ~가 아니고서는 안 되는, 2번은 ~에서, ~에 있어서, 4번은 ~에 관계없이, ~에 의하지 않고 라는 의미이므로 문맥상 정답이 아니다.

복습 꼭! ~なくして(は)(~없이는, ~가 없으면)

어휘 情報(じょうほう) 정보 | 著者(ちょしゃ) 저자 | 事前(じぜん) 사전 | 承諾(しょうだく) 승낙 | 転用(てんよう)する 전용하다 | 禁(きん)ずる 금하다

정답 3

문제 다음 문장의 ＿★＿에 들어갈 가장 알맞은 말을 1・2・3・4 중에서 하나를 고르세요.

01 この国は ＿＿ ＿＿ ＿★＿ ＿＿ いくのを手をこまぬいて見ているしかなかった。

1 破壊されて　　2 環境が

3 貧しい　　4 がゆえに

단어 바르게 배열하기 ★★★

문장 배열 この国は 貧しい(3) がゆえに(4) 環境が(2) 破壊されて(1) いくのを手をこまぬいて見ているしかなかった。

해석 이 나라는 가난하기 때문에 환경이 파괴되어 가는 것을 수수방관하고 보고 있을 수밖에 없었다.

정답 찾기 먼저 이유를 나타내는 4번 ~がゆえに에 접속될 수 있는 것은 3번뿐이므로 3-4가 되어야 한다. 그리고 문맥상 2번은 동사인 1번의 주체가 되는 것이 적절하므로 2-1이 되어 보조동사 ~ていく(~해 가다) 형태가 되는 마지막 칸에 들어가면 된다. 전체적으로 나열하면 3-4-2-1이 되므로 정답은 2번이다.

복습 꼭! ~ゆえ(に)(~때문에, ~이니까)

어휘 貧(まず)しい 가난하다 | 環境(かんきょう) 환경 | 破壊(はかい)する 파괴하다 | 手(て)をこまぬく 수수방관하다

정답 2

---

02 この仕事は周りの ＿＿ ＿＿ ★ ＿＿ 円滑に進まないだろう。

1 方　　2 や指導
3 の協力　　4 なくしては

단어 바르게 배열하기 ★★★

문장 배열 この仕事は周りの 方(1) の協力(3) や指導(2) なくしては(4) 円滑に進まないだろう。

해석 이 일은 주변 분들의 협력과 지도가 없이는 원활하게 진행되지 않을 것이다.

정답 찾기 먼저 열거의 ～や(～이랑)의 앞뒤에는 같은 종류의 명사가 와야 하므로 3-2가 됨과 동시에 앞에 명사가 필요하므로 1번 뒤에 들어가면 된다. 마지막으로 역시 명사가 필요한 4번을 가장 뒤에 넣어 전체적으로 나열하면 1-3-2-4가 되어 정답은 2번이다.

복습 꼭! ～なくして(は)(～없이는, ～가 없으면)

어휘 協力(きょうりょく) 협력 | 指導(しどう) 지도 | 円滑(えんかつ)に 원활하게 | 進(すす)む 나아가다, 진척하다

정답 2

---

03 ここの温泉は ＿＿ ＿＿ ★ ＿＿ 大変人気があるという。

1 高いとあって　　2 女性客に
3 アルカリ性で　　4 美肌効果が

단어 바르게 배열하기 ★★★

문장 배열 ここの温泉は アルカリ性で(3) 美肌効果が(4) 高いとあって(1) 女性客に(2) 大変人気があるという。

해석 이곳의 온천은 알칼리성으로 피부미용 효과가 높다고 해서 여성손님에게 대단히 인기가 있다고 한다.

정답 찾기 먼저 주격조사 ～が가 있는 4번은 い형용사인 1번의 주어가 되어야 하므로 4-1이 되어야 하고 2번은 인기의 대상이 필요한 마지막 칸에 들어가면 된다. 마지막으로 문맥상 3번은 4-1 앞에 들어갈 수밖에 없으므로 전체적으로 나열하면 3-4-1-2가 되어 정답은 1번이다.

복습 꼭! ～とあって(～라고 해서)

어휘 温泉(おんせん) 온천 | 美肌(びはだ) 아름다운 살결 | 大変(たいへん) 매우, 대단히 | 人気(にんき) 인기

정답 1

---

04 彼は新しいビジネスを ＿＿ ＿＿ ★ ＿＿ 取引先を飛び回っている。

1 毎日のように　　2 させんが
3 成功　　4 ため

단어 바르게 배열하기 ★★

문장 배열 彼は新しいビジネスを 成功(3) させんが(2) ため(4) 毎日のように(1) 取引先を飛び回っている。

해석 그는 새로운 비즈니스를 성공시키기 위해 매일같이 거래처를 바쁘게 뛰어다니고 있다.

정답 찾기 선택지의 2번과 4번을 단서로 ～んがため(～하기 위해서)를 묻는 문제임을 알 수 있으므로 2-4가 되어야 하고 2번의 원래 동사는 する이므로 3번 뒤에 들어가 成功する가 되도록 해야 한다. 마지막으로 비유를 나타내는 1번은 문맥상 가장 뒤에 들어가야 하므로 전체적으로 나열하면 3-2-4-1이 되어 정답은 4번이다.

복습 꼭! ～んがため(～하기 위해서)

어휘 成功(せいこう)する 성공하다 | 取引先(とりひきさき) 거래처 | 飛(と)び回(まわ)る 뛰어다니다

정답 4

---

05 あくまで ____ ____ ★ ____ 議員も少なからず存在する。

1 思えばこそ　　2 国の発展を
3 批判的な発言をする　　4 政府の主要政策に

단어 바르게 배열하기 ★★★

문장 배열 あくまで 国の発展を(2) 思えばこそ(1) 政府の主要政策に(4) 批判的な発言をする(3) 議員も少なからず存在する。

해석 어디까지나 국가발전을 생각하기 때문에 정부의 주요정책에 비판적인 발언을 하는 의원도 많이 있다.

정답 찾기 어려운 단어가 많아 복잡해 보이지만 가장 기본적인 문법을 이용하는 것만으로도 쉽게 나열할 수 있는 문제이다. 먼저 목적격 조사 ～を가 있는 2번은 타동사인 1번 앞에 들어가 2–1이 되어야 하고 3번은 발언을 하기 위해서는 대상이 필요하므로 대상의 조사 ～に(～에, ～에게)가 있는 4번 뒤에 들어가야 하고 문맥상 2–1은 후문의 이유가 되어야 하므로 4–3 앞쪽에 들어가야 한다. 전체적으로 나열하면 2–1–4–3이 되어 정답은 4번이다.

복습 꼭! ～ばこそ(～이기 때문에, ～이기에)

어휘 あくまで 어디까지나 | 発展(はってん) 발전 | 政府(せいふ) 정부 | 主要(しゅよう) 주요 | 政策(せいさく) 정책 | 批判的(ひはんてき) 비판적 | 発言(はつげん) 발언 | 議員(ぎいん) 의원 | 少(すく)なからず 적잖이, 많이

정답 4

---

06 夫に育児の ____ ____ ★ ____ 仕事の方が何倍も大変だと怒る。

1 言おう　　2 少しでも
3 大変さを　　4 ものなら

단어 바르게 배열하기 ★★

문장 배열 夫に育児の 大変さを(3) 少しでも(2) 言おう(1) ものなら(4) 仕事の方が何倍も大変だと怒る。

해석 남편에게 육아의 어려움을 조금이라도 말하기만 하면 직장일이 몇 배나 더 힘들다고 화낸다.

정답 찾기 만약 ～ものなら가 어떤 행위를 하면 부정적인 결과가 발생한다는 의미로 사용될 경우 4번 ～ものなら는 동사 청유형에 접속되므로 4–1이 되어야 한다. 그리고 명사가 필요한 첫 번째 칸에 な형용사의 전성명사인 3번을 넣고 부사인 2번은 동사인 1번을 수식하게 해서 전체적으로 나열하면 3–2–1–4가 되므로 정답은 1번이다.

복습 꼭! ～ものなら(～하기만 하면)

어휘 夫(おっと) 남편 | 育児(いくじ) 육아 | 何倍(なんばい) 몇 배 | 怒(おこ)る 화내다

정답 1

---

07 毎日テレビに出る芸能人 ____ ____ ★ ____ をすることに僕は反対だ。

단어 바르게 배열하기 ★★★

문장 배열 毎日テレビに出る芸能人 じゃある(4) まいし(1) 高校生の娘が(3) 整形手術(2) をすることに僕は反対だ。

1 まいし　　2 整形手術
3 高校生の娘が　　4 じゃある

해석 매일 텔레비전에 나오는 연예인이도 아니고 고등학생인 딸이 성형수술을 하는 것에 나는 반대다.

정답 찾기 먼저 1번은 주로 비난이나 충고, 주의를 줄 때 사용하는 명사+じゃあるまいし의 끊어진 형태이므로 4-1이 되어 문맥상 첫 번째 칸에 들어가는 것이 적절하고 2번은 조사 ~を가 있어 명사가 필요한 마지막 칸에 들어가야 한다. 마지막 남은 칸에 3번을 넣어 전체적으로 나열하면 4-1-3-2가 되어 정답은 3번이다.

복습 꼭! ~ではあるまいし・~じゃあるまいし(~도 아니고, ~도 아닐 테고)

어휘 芸能人(げいのうじん) 연예인 | 高校生(こうこうせい) 고등학생 | 成形手術(せいけいしゅじゅつ) 성형수술 | 反対(はんたい) 반대

정답 3

---

08 政治家である以上、どんなに ＿＿ ＿＿ ＿★＿ ＿＿ に行動するべきである。

1 批判されようと　　2 ためとあれば
3 それを恐れず　　4 国家や国民の

단어 바르게 배열하기 ★★

문장 배열 政治家である以上、どんなに 批判されようと(1) 国家や国民の(4) ためとあれば(2) それを恐れず(3) に行動するべきである。

해석 정치가인 이상 아무리 비판받더라도 국가와 국민을 위해서라면 그것을 두려워하지 않고 행동해야 한다.

정답 찾기 먼저 뒤에 명사가 필요한 4번은 문맥상 형식명사 ~ため가 있는 2번을 취해 4-2가 되어야 한다. 그리고 주로 いくら, どんなに 등의 부사와 함께 사용하는 1번은 첫 번째 칸에 넣고 마지막으로 3번은 마지막 칸에 넣어 ~ずに(~않고서)가 되도록 해야 한다. 전체적으로 나열하면 1-4-2-3이 되어 정답은 2번이다.

복습 꼭! ~とあれば(~라면)

어휘 政治家(せいじか) 정치가 | どんなに 아무리 | 批判(ひはん) 비판 | 国家(こっか) 국가 | 恐(おそ)れる 두려워하다 | 行動(こうどう) 행동

정답 2

시나공 03 관계와 평가시점을 나타내는 문법 | 적중 예상 문제

문제 다음 문장의 (　　)에 들어갈 가장 알맞은 말을 1・2・3・4 중에서 하나를 고르세요.

01 最近、子供たちの命(　　　)悲惨な事件や事故が多発している。

1 に基づく　　2 に伴う
3 に相違ない　　4 にかかわる

적절한 기능어 찾기 ★★

해석 요즘 아이들의 생명(**에 관계되는**) 비참한 사건이나 사고가 다발하고 있다.

정답 찾기 선택지를 보면 공란 앞뒤의 명사를 수식하는 문법을 찾는 문제임을 알 수 있는데 공란 뒤에 나오는 사건과 사고는 생명에 영향을 미치는 것이므로 단순한 관계가 아닌 중대한 영향을 미친다고 할 때 사용하는 4번이 정답이다.

오답분석 1번은 ~에 근거하다, ~에 기초를 두다, 2번은 ~에 따르다, ~을 수반하다, 3번은 ~임에 틀림없다는 의미이므로 문맥상 정답이 아니다.

복습 꼭! ~にかかわる(~에 관계되는, ~에 관련되는)

어휘 命(いのち) 생명 | 悲惨(ひさん)だ 비참하다 | 多発(たはつ) 다발

정답 4

---

02 幼稚園の子供(　　　)、大学生にもなって自分の部屋の掃除もしないなんて信じられない。

1 ともなれば　　2 ならいざしらず
3 につれて　　4 にしてみれば

적절한 기능어 찾기 ★★

해석 유치원 아이**(라면 모르겠지만)** 대학생이나 되어서 자신의 방청소도 하지 않다니 믿을 수 없다.

정답 찾기 공란 앞뒤의 아이와 대학생의 관계를 보면 화자가 실제로 말하고자 하는 사람은 대학생이며 아이는 하나의 예임을 알 수 있다. 즉 A라면 허용, 이해할 수 있지만, 모르겠지만 B는~ 이라고 할 때 사용하는 2번이 정답이 된다.

오답분석 1번은 ~정도 되면, ~라도 되면, 3번은 ~함에 따라서, 4번은 ~에게 있어서는, ~의 입장에서는 라는 의미이므로 문맥상 정답이 아니다.

복습 꼭! ~ならいざしらず(~라면 모르겠지만, ~라면 예외지만)

어휘 幼稚園(ようちえん) 유치원 | 掃除(そうじ) 청소 | 信(しん)じる 믿다

정답 2

---

03 一流選手(　　　)、身体能力はもちろん頭脳プレーにも秀でていなければならない。

1 ともなれば　　2 を機に
3 に限って　　4 をよそに

적절한 기능어 찾기 ★★★

해석 일류선수 **(정도 되면)** 신체능력은 물론 두뇌 플레이에도 뛰어나지 않으면 안 된다.

정답 찾기 선택지의 표현들은 모두 명사에 접속될 수 있으므로 문맥을 통해 정답을 찾아야 하는데 후문의 내용은 일류선수로서의 조건, 자질을 말하고 있으므로 A라는 상황, 입장, 단계가 되면 그에 걸맞게, 당연히 B 하다고 할 때 사용하는 1번이 정답이 된다.

오답분석 2번은 ~을 기회로, 계기로, 3번은 ~에 한해서, 4번은 ~을 아랑곳하지 않고, ~을 무시하고 라는 의미이므로 문맥상 정답이 아니다.

복습 꼭! ~ともなると・~ともなれば(~정도 되면, ~라도 되면)

어휘 一流(いちりゅう) 일류 | 身体(しんたい) 신체 | 能力(のうりょく) 능력 | 頭脳(ずのう) 두뇌 | 秀(ひい)でる 빼어나다

정답 1

---

04 (通販のホームページで)一度使用した商品は理由いかん(　　　)返品、交換には一切応じることができません。

적절한 기능어 찾기 ★★

해석 (통신판매 홈페이지에서) 한번 사용한 상품은 이유 **(여하에 관계없이)** 반품, 교환에는 일절 응할 수 없습니다.

1 によっては　　2 にかかわらず
3 をよそに　　4 をひかえて

정답 찾기 공란 앞의 ～いかん(～여하)에 접속될 수 있는 것은 1번과 2번인데 후문의 반품, 교환은 불가능하다를 통해 논리적으로 이유에 관계없다가 되어야 하므로 정답은 2번이다.

오답분석 1번(～에 따라서는)은 가능성이 있다는 논리가 되므로 정답이 될 수 없고 3번은 ～을 아랑곳하지 않고, ～을 무시하고, 4번은 ～을 앞두고 라는 의미이므로 정답이 아니다.

복습 꼭! ～いかんにかかわらず・～いかんによらず(～여하에 상관없이)

어휘 通販(つうはん) 통신판매 | 使用(しよう)する 사용하다 | 商品(しょうひん) 상품 | 理由(りゆう) 이유 | 返品(へんぴん) 반품 | 交換(こうかん) 교환 | 一切(いっさい) 일절, 전혀 | 応(おう)じる 응하다

정답 2

---

05 加害者は一生をかけて償うと言ったが、現在まで賠償(　　)謝罪すらしようとしない。

1 を含めて　　2 につき
3 といっても　　4 はおろか

적절한 기능어 찾기 ★★

해석 가해자는 일생을 다 바쳐서 보상하겠다고 말했지만, 현재까지 배상**(은커녕)** 사죄조차 하려고 하지 않는다.

정답 찾기 공란 앞뒤의 배상과 사죄의 관계를 보면 사죄조차 하지 않고 있으므로 배상은 말할 필요도 없이 이루어지지 않았다는 것을 알 수 있으므로 주로 부정적인 의미로 강조할 때 사용하는 4번이 정답이 된다.

오답분석 1번은 ～을 포함해서, 2번은 ～ 때문에, ～에 관해서, 3번은 ～라고 해도 라는 의미이므로 문맥상 정답이 아니다.

복습 꼭! ～はおろか(～은커녕, ～은 고사하고, ～은 말할 것도 없이)

어휘 加害者(かがいしゃ) 가해자 | 償(つぐな)う 보상하다 | 賠償(ばいしょう) 배상 | 謝罪(しゃざい) 사죄 | ~すら ~조차, ~까지도

정답 4

---

06 全国大会を控えて、木村選手は寒風(　　)毎日スキーの練習に励んでいる。

1 をものともせず　　2 に先立ち
3 に過ぎなく　　4 のみならず

적절한 기능어 찾기 ★★

해석 전국대회를 앞두고 기무라 선수는 겨울 찬바람**(에도 아랑곳하지 않고)** 매일 스키 연습에 힘쓰고 있다.

정답 찾기 공란 앞의 찬바람이 중요한 단서가 되는데 문맥을 보면 찬바람이 부는데도 연습한다는 의미이므로 어떤 역경, 장애 등이 있음에도 굴하지 않고 ～한다고 긍정적인 의미로 사용하는 1번이 정답이 된다.

오답분석 2번(～하기에 앞서)은 개업, 유학 등 특별한 일에 접속되므로 제외되어야 하며 3번은 ～에 불과하고, 4번은 ～뿐만 아니라는 의미이므로 문맥상 정답이 아니다.

복습 꼭! ～をものともせず(に)(～에도 굴하지 않고)

어휘 控(ひか)える 삼가다, 앞두다 | 寒風(かんぷう) 찬바람 | 励(はげ)む 힘쓰다

정답 1

07 春の定期セールは今週末までだが、売れ行き(　　　)セール期間を一週間延ばすこともありうる。

1 ならではの　　2 いかんによっては
3 にもなっておらず　　4 までになったが

적절한 기능어 찾기 ★★

해석 봄 정기세일은 이번 주말까지지만 판매상황 여하에 따라서는 세일기간을 일주일 연장할 경우도 있을 수 있다.

정답 찾기 문맥을 통해 답을 찾을 수밖에 없는데 세일기간이 판매상황에 따라 연장될 수 있다는 의미이므로 명사의 조건에 따라 결과가 변할 수 있다고 말할 때 사용하는 2번이 정답이 된다.

오답분석 1번은 ~이 아니고서는 안 되는, ~만의, 3번은 ~도 되지 않고, 4번은 ~까지 되었지만 이라는 의미가 되므로 문맥상 정답이 아니다.

복습 꼭! ~いかんによっては・~いかんでは(~여하에 따라서는)

어휘 定期(ていき) 정기 | 売(う)れ行(ゆ)き 팔리는 상태 | 延(の)ばす 연장하다

정답 2

08 内閣総理大臣(　　　)者、こんな乱暴で感情的な発言をしてはいけない。

1 であろう　　2 ざる
3 たる　　4 ゆえに

적절한 기능어 찾기 ★

해석 내각총리대신**(인)** 자는 이런 난폭하고 감정적인 발언을 해서는 안 된다.

정답 찾기 공란 앞뒤를 보면 간단히 해결할 수 있는 문제이다. 즉 앞뒤에 조사 없이 바로 명사를 취해 어떤 높은 입장에 있으니 그에 걸맞게 행동해야 한다고 할 때 사용하는 3번이 정답이다.

오답분석 부정을 나타내는 2번(~않다)은 동사의 ない형에 접속되고 추측의 1번(~것이다)과 이유의 4번(~때문에)은 뒤에 명사를 수식할 수 없으므로 정답이 아니다.

복습 꼭! ~たる(~인, ~의 입장에 있는)

어휘 内閣総理(ないかくそうり) 내각총리 | 大臣(だいじん) 대신, 장관 | 乱暴(らんぼう) 난폭 | 感情的(かんじょうてき) 감정적 | 発言(はつげん) 발언

정답 3

문제 다음 문장의 ＿★＿에 들어갈 가장 알맞은 말을 1・2・3・4 중에서 하나를 고르세요.

01 学校で長いあいだ英語を＿＿ ＿＿ ＿★＿ ＿＿できないので、英語教育を見直す必要があると思う。

1 かかわらず　　2 習っているにも
3 聞き取ることも　　4 話すことはおろか

단어 바르게 배열하기 ★★

문장 배열 学校で長いあいだ英語を 習っているにも(2) かかわらず(1) 話すことはおろか(4) 聞き取ることも(3) できないので、英語教育を見直す必要があると思う。

해석 학교에서 오랫동안 영어를 배우고 있음에도 불구하고 말하기는커녕 알아듣지도 못하기 때문에 영어 교육을 재검토할 필요가 있다고 생각한다.

정답 찾기 비교적 긴 문장이지만 각 문법의 특징에 맞게 나열하면 된다. 먼저 1번은 ~にもかかわらず(~에도 불구하고)로 사용하므로 2-1이 되어야 하고 4번 ~はおろか(~은 커녕, ~은 고사하고)는 뒤에 ~も나 ~さえも 등과 함께 사용되는 경우가 많으므로 4-3이 되어 가능표현인 ~ことができる가 되도록 마지막 칸에 들어가야 한다. 전체적으로 나열하면 2-1-4-3이 되므로 정답은 4번이다.

복습 꼭! ～にもかかわらず(～에도 불구하고) / ～はおろか(～은 커녕, ～은 고사하고)

어휘 習(なら)う 배우다 | 教育(きょういく) 교육 | 見直(みなお)す 재검토하다

정답 4

---

02 行楽 ＿＿ ＿＿ ★ ＿＿ の行列を覚悟しなければならないだろう。

1 ともなると　　2 渋滞や空港
3 高速道路の　　4 シーズンの連休

단어 바르게 배열하기 ★★★

문장 배열 行楽 シーズンの連休(4) ともなると(1) 高速道路の(3) 渋滞や空港(2) の行列を覚悟しなければならないだろう。

해석 행락 시즌의 연휴라도 되면 고속도로의 정체나 공항의 긴 줄을 각오하지 않으면 안 될 것이다.

정답 찾기 어떤 상황, 단계가 되면 ~하다는 의미인 1번은 주로 수준이나 정도가 높은 단계의 명사에 접속되므로 4번 뒤에 들어가는 것이 적절하며 계절을 나타내는 シーズン은 명사에 바로 접속될 수 있으므로 의미상 첫 번째 칸에 들어가야 한다. 그리고 2번은 뒤에 명사가 필요한 3번에 접속되어 역시 명사가 필요한 마지막 칸에 들어가면 된다. 전체적으로 나열하면 4-1-3-2가 되므로 정답은 3번이다.

복습 꼭! ～ともなると(~정도 되면, ~라도 되면)

어휘 行楽(こうらく) 행락 | 連休(れんきゅう) 연휴 | 高速道路(こうそくどうろ) 고속도로 | 渋滞(じゅうたい) 정체 | 行列(ぎょうれつ) 행렬, 줄 | 覚悟(かくご) 각오

정답 3

---

03 彼は家族や周囲の ＿＿ ＿＿ ★ ＿＿ を注ぎ込もうとしている。

1 無謀な事業に　　2 どう考えても
3 反対をよそに　　4 自分の全財産

단어 바르게 배열하기 ★★★

문장 배열 彼は家族や周囲の 反対をよそに(3) どう考えても(2) 無謀な事業に(1) 自分の全財産(4) を注ぎ込もうとしている。

해석 그는 가족과 주위의 반대를 아랑곳하지 않고 아무리 생각해도 무모한 사업에 자신의 전재산을 쏟아 부으려 하고 있다.

정답 찾기 먼저 3번의 ～をよそに는 주로 부정적인 의미로 A를 무시하고, 신경 쓰지 않고 B를 한다고 할 때 사용하므로 문맥상 명사가 필요한 첫 번째 칸에 넣는 것이 적절하다. 그리고 명사가 필요한 마지막 칸에는 4번이 들어가야 하고 재산을 쏟아 부을 대상이 되도록 1번을 앞에 넣으면 된다. 마지막으로 2번은 의미상 1번 앞이 적당하므로 전체적으로 나열하면 3-2-1-4가 되어 정답은 1번이다.

복습 꼭! ～をよそに(~을 무시하고, ~을 아랑곳하지 않고)

어휘 周囲(しゅうい) 주의 | 反対(はんたい) 반대 | 無謀(むぼう)だ 무모하다 | 事業(じぎょう) 사업 | 全財産(ぜんざいさん) 전재산 | 注(つ)ぎ込(こ)む 쏟아 넣다

정답 1

04 ____ ____ ★ ____ 人道的使命感を持って生徒を指導すべきである。

1 もっと　2 者
3 教師　4 たる

단어 바르게 배열하기 ★

문장 배열 教師(3) たる(4) 者(2) もっと(1) 人道的使命感を持って生徒を指導すべきである。

해석 교사된 자 더욱더 인도적 사명감을 가지고 학생들을 지도해야 한다.

정답 찾기 결정적인 단서가 되는 4번은 주로 명사+たる+者(~인, ~의 입장에 있는)로 사용되므로 3-4-2가 되어야 하고 부사인 1번은 문맥상 마지막 칸에 들어가는 것이 적절하므로 전체적으로 나열하면 3-4-2-1가 되어 정답은 2번이다.

복습 꼭! 명사+たる+者(~인, ~의 입장에 있는)

어휘 教師(きょうし) 교사 | 人道的(じんどうてき) 인도적 | 使命感(しめいかん) 사명감 | 指導(しどう) 지도

정답 2

05 この食品は一度 ____ ____ ★ ____ に食べたほうがいい。

1 保存方法の　2 開封したら
3 いかんによらず　4 なるべく早め

단어 바르게 배열하기 ★★

문장 배열 この食品は一度 開封したら(2) 保存方法の(1) いかんによらず(3) なるべく早め(4) に食べたほうがいい。

해석 이 식품은 한번 개봉하면 보존방법 여하에 관계없이 가능한 한 빨리 먹는 편이 좋다.

정답 찾기 A에 상관없이, 좌우되지 않고 B 한다는 의미인 3번 ~いかんによらず(~여하에 관계없이)는 명사(の)에 접속되므로 1-3이 되어야 함을 쉽게 알 수 있다. 그리고 一度(한번)가 있는 첫 번째 칸에는 조건을 나타내는 2번이 적절하며 4번은 부사가 되도록 ~に가 있는 마지막 칸에 넣어 전체적으로 나열하면 2-1-3-4 이므로 정답은 3번이다.

복습 꼭! ~いかんによらず(~여하에 관계없이)

어휘 食品(しょくひん) 식품 | 開封(かいふう)する 개봉하다 | 保存方法(ほぞんほうほう) 보존방법

정답 3

06 入社 ____ ____ ★ ____ 田中さんが失敗するなんてことは絶対ないと思う。

1 新米なら　2 いざしらず
3 玄人の　4 したての

단어 바르게 배열하기 ★★

문장 배열 入社 したての(4) 新米なら(1) いざしらず(2) 玄人の(3) 田中さんが失敗するなんてことは絶対ないと思う。

해석 갓 입사한 신참이라면 모르겠지만 전문가인 다나카 씨가 실패하거나 하는 일은 절대 없다고 생각한다.

정답 찾기 2번은 ~ならいざしらず(~라면 모르겠지만, ~라면 예외이지만)의 일부분이므로 1-2가 되어야 하고 4번은 동사 ます형+たて(~한지 얼마 되지 않은, 갓 ~한)이므로 첫 번째 칸에 들어가면 된다. 마지막으로 뒤에 명사가 필요한 3번을 마지막 칸에 넣어 전체적으로 나열하면 4-1-2-3이 되어 정답은 2번이다.

복습 꼭! ~ならいざしらず(~라면 모르겠지만, ~라면 예외이지만)

어휘 入社(にゅうしゃ) 입사 | 新米(しんまい) 햅쌀, 신참 | 玄人(くろうと) 전문가

정답 2

07 この展示会は、長引く ____ ____ ★ ____ 誇っている。

1 高い　2 ものともせず
3 集客力を　4 不況を

단어 바르게 배열하기 ★★

문장 배열 この展示会は、長引く 不況を(4) ものともせず(2) 高い(1) 集客力を(3) 誇っている。

해석 이 전시회는 오랜 불경기에도 아랑곳하지 않고 높은 집객력을 자랑하고 있다(관람객이 많이 찾아온다).

정답 찾기 먼저 2번 ～をものともせず(～을 아랑곳하지 않고, ～에도 굴하지 않고)는 조사 ～を를 필요로 하는데 주로 역경, 곤란, 악조건 등의 명사에 접속되므로 4번과 짝이 되어 4-2가 되어야 한다. 그리고 뒤에 명사가 필요한 1번은 문맥상 3번을 수식하면서 목적어가 필요한 마지막 칸에 들어가야 한다. 전체적으로 나열하면 4-2-1-3가 되어 정답은 1번이다.

복습 꼭! ～をものともせず(～을 아랑곳하지 않고, ～에도 굴하지 않고)

어휘 展示会(てんじかい) 전시회 | 長引(ながび)く 오래 끌다 | 不況(ふきょう) 불황 | 集客力(しゅうきゃくりょく) 집객력 | 誇(ほこ)る 자랑하다

정답 1

08 今回の事件は人間 ____ ____ ★ ____ 断じて許されるものではない。

1 まじき　2 として
3 行為であり　4 ある

단어 바르게 배열하기 ★★★

문장 배열 今回の事件は人間 として(2) ある(4) まじき(1) 行為であり(3) 断じて許されるものではない。

해석 이번 사건은 인간으로서 해서는 안 되는 행위여서 결코 용서되어서는 안 된다.

정답 찾기 특정형태로 관용표현처럼 사용되는 1번만 숙지되어 있으면 매우 간단히 해결할 수 있는 문제인데 주로 ～に・～として+あるまじき+명사 형태로 사용하므로 전체를 나열하면 2-4-1-3이 되어 정답은 1번이다.

복습 꼭! ～まじき(～해서는 안 되는)

어휘 事件(じけん) 사건 | 行為(こうい) 행위 | 断(だん)じて 결코 | 許(ゆる)す 용서하다

정답 1

시나공 04 문장 끝에 쓰이는 문법 | 적중 예상 문제

문제 다음 문장의 (　　　)에 들어갈 가장 알맞은 말을 1·2·3·4 중에서 하나를 고르세요.

01 円満に解決したほうがいいが、相手が暴力を振るったら、警察を呼ぶ(　　　)。

1 かわりだ　　2 までだ
3 とおりだ　　4 ほどだ

적절한 기능어 찾기 ★★

해석 원만하게 해결하는 것이 좋지만 상대가 폭력을 휘두른다면 경찰을 부르(**면 된다**).

정답 찾기 ～まで와 같이 초급적인 의미 외에도 다른 의미로도 사용되는 문법은 주의해야 한다. 문맥상 다른 방법이 없으므로 그렇게 할 수밖에 없다는 의미가 되어야 하므로 2번 ～までだ(~뿐이다, ~하면 된다, ~하면 그만이다)가 정답이다.

오답분석 1번은 ~대신이다, 3번은 ~대로이다, 4번은 ~할 정도이다는 의미이므로 문맥상 정답이 될 수 없다.

복습 꼭! ～までだ・～までのことだ(~뿐이다, ~하면 된다, ~하면 그만이다)

어휘 円満(えんまん)だ 원만하다 | 解決(かいけつ) 해결 | 暴力(ぼうりょく) 폭력 | 振(ふ)るう 휘두르다 | 警察(けいさつ) 경찰

정답 2

---

02 ホテルに泊まるのはちょっと贅沢かなという気も(　　　)が、ほかに泊まるところがないから仕方がない。

1 するよりほかない　　2 するわけにはいかない
3 しないでもない　　4 しないことになる

적절한 기능어 찾기 ★★★

해석 호텔에 묵는 것은 좀 사치일까 하는 생각도 들(**지 않는 것도 아니**)지만 달리 묵을 곳이 없으니까 하는 수 없다.

정답 찾기 뚜렷한 외형적 특징이 없기 때문에 문맥을 잘 이해해야 한다. 공란 앞뒤의 조금 사치이다와 어쩔 수 없다를 통해 화자가 상대적으로 비싼 호텔에 숙박하는 것에 대해 주저했음을 알 수 있으므로 이중부정을 사용해 조금은 ~하다 라고 느낀다는 의미인 ～ないでもない가 있는 3번이 정답이다.

오답분석 1번은 ~할 수밖에 없다, 2번은 ~할 수는 없다, 4번은 ~하지 않은 것이 된다는 의미가 되므로 문맥상 정답이 아니다.

복습 꼭! ～ないでもない(~하지 않는 것은 아니다)

어휘 贅沢(ぜいたく) 사치 | 仕方(しかた)がない 어쩔 수 없다 | 泊(と)まる 묵다, 머물다

정답 3

---

03 多くの公立病院は経営状況の悪化により、診療体制の縮小(　　　)。

1 を禁じえなかった
2 よりほかはない
3 と言っても過言ではない
4 を余儀なくされた

적절한 기능어 찾기 ★★★

해석 대부분의 공립병원은 경영상태의 악화로 인해 진료체제의 축소(**가 불가피하게 되었다**).

정답 찾기 선택지 중에서 명사에 접속될 수 없는 2번은 제외시키고 문맥을 살펴보면 논리상 경영악화 때문에 진료를 축소할 수밖에 없다가 되어야 하므로 주위의 상황으로 어쩔 수 없이 ~하다, 불가피하게 ~하다고 할 때 사용하는 4번이 정답이다.

오답분석 2번(~할 수 밖에 없다)은 동사의 기본형에 접속되므로 우선 제외시켜야 하고 1번은 ~을 금할 수 없다, 3번은 ~라고 말해도 과언이 아니다는 의미가 되므로 정답이 아니다.

복습 꼭! ～を余儀(よぎ)なくされる(어쩔 수 없이 ~하다)

어휘 公立(こうりつ) 공립 | 経営(けいえい) 경영 | 状況(じょうきょう) 상황 | 悪化(あっか) 악화 | 診療(しんりょう) 진료 | 体制(たいせい) 체제 | 縮小(しゅくしょう) 축소

정답 4

04 次から次へとヘタレぶりが露呈する社会保険庁。あげくの果てには、職員による年金保険料の着服まで報じられる(　　　)。

1 ということだ　　2 しまつだ

3 ものか　　4 に決まっている

적절한 기능어 찾기 ★★★

해석 계속해서 역량부족의 모습을 드러내는 사회보험청. 결국에는 직원에 의한 연금보험료 착복까지 보도되**(는 지경이다)**.

정답 찾기 부사가 있는 경우 중요한 단서가 되는 경우가 많은데 이 문제에서도 あげくの果(は)てには 결국에 라는 의미로 여러 나쁜 과정을 거쳐 결국 더 나쁜 결과가 되었다는 부정적인 의미로 사용하는 ~しまつだ와 함께 사용되므로 정답은 2번이다.

오답분석 1번(~라고 한다)은 전문, 3번(~할까 보냐)은 강한 부정, 4번(~임에 틀림없다)은 화자의 확신을 나타내므로 문맥상 정답이 될 수 없다.

복습 꼭! ~しまつだ(~라는 꼴이다, ~라는 형편이다, ~라는 지경이다)

어휘 へたれ 나약하거나 기준 이하의 것 | 露呈(ろてい) 드러냄 | 社会保険庁(しゃかいほけんちょう) 사회보험청 | 職員(しょくいん) 직원 | 年金(ねんきん) 연금 | 着服(ちゃくふく) 착복 | 報(ほう)ずる 보도하다

정답 2

05 大学生の僕がこんな簡単な問題も解けないなんて、自分としても情けない(　　　)。

1 にすぎない

2 とは限らない

3 ほどのことではない

4 といったらない

의미적 호응관계 ★★★

해석 대학생인 내가 이런 간단한 문제도 풀지 못하다니 나 스스로도 **(너무)** 한심**(하다)**.

정답 찾기 접속형태의 특징이 없으므로 문맥을 통해 답을 찾을 수 밖에 없는데 화자가 매우 자책하고 있기 때문에 情(なさ)けない(한심하다)를 강조할 수 있는 표현이 필요하므로 감탄, 불만, 비난 등을 강조할 때 사용하는 4번이 정답이 된다.

오답분석 1번은 ~에 불과하다, 2번은 ~라고는 할 수 없다, 3번은 ~정도의 일은 아니다는 의미가 되므로 문맥상 정답이 아니다.

복습 꼭! ~といったらない(매우 ~하다)

어휘 解(と)く 풀다 | ~なんて ~하다니 | ~として ~로서

정답 4

06 彼が合法的に税金を払わなかったとしたら、それは脱税でなく節税なので、非難(　　　)。

1 するには当たらない

2 するはずがない

3 しそうですらない

4 するにこしたことはない

의미적 호응관계 파악하기 ★★

해석 그가 합법적으로 세금을 내지 않았다고 한다면 그것은 탈세가 아니고 절세이므로 비난**(할 필요는 없다)**.

정답 찾기 문맥을 통해 공란 앞의 비난과의 관계를 잘 파악해야 하는데 세금을 내지 않았지만 합법적인 일이므로 논리적으로 비난할 수 없다가 되어야 함을 알 수 있으므로 그렇게 까지 ~할 필요는 없다, ~할 만큼 큰 문제는 아니라고 할 때 사용하는 1번이 정답이다.

오답분석 2번은 ~할 리가 없다, 3번은 ~할 것 같지도 않다, 4번은 하는 것이 최고다, 하는 것보다 나은 것은 없다는 의미가 되므로 문맥상 정답이 아니다.

복습 꼭! ~には当(あ)たらない(~할 필요는 없다, ~할 만한 일은 아니다)

어휘 合法的(ごうほうてき) 합법적 | 税金(ぜいきん) 세금 | 脱税(だつぜい) 탈세 | 節税(せつぜい) 절세 | 非難(ひなん)する 비난하다

정답 1

---

07 不況が予想以上に長く続いているが、本格的な景気の回復を願って(　　　)。

1 ならない　　2 やまない
3 みせる　　4 ばかりいる

적절한 기능어 찾기 ★★

해석 불황이 예상보다 길어지고 있는데 본격적인 경기회복을 바라 **(마지 않는다)**.

정답 찾기 문법의 의미적 특성에 의해 일부 한정된 단어만이 올 수 있는 경우도 많으므로 함께 익혀두는 것이 좋다. 이 문제에서도 공란 앞의 願う(바라다, 원하다)만 보고도 기원이나 바람 등을 강하게 나타낼 때 사용하는 2번이 정답임을 알 수 있다.

오답분석 1번(매우 ~하다, ~해서 어쩔 수가 없다)은 의미상 답이 될 것 같지만 의지동사에는 사용할 수 없으므로 주의해야 한다. 3번(~해 보이다)은 실현의 강한 의지, 4번(~하기만 하고 있다)은 반복적인 사항에 대한 화자의 불만, 비판을 나타내므로 문맥상 정답이 될 수 없다.

복습 꼭! ~てやまない(~해 마지 않다, 진심으로 ~하다)

어휘 不況(ふきょう) 불황 | 予想(よそう) 예상 | 本格的(ほんかくてき) 본격적 | 景気(けいき) 경기 | 回復(かいふく) 회복

정답 2

---

08 田中さんは人に協力を求めず、いつも何でも自分一人で解決しようとする(　　　)。

1 きらいがある　　2 つもりはない
3 といえるだろうか　　4 きざしがある

적절한 기능어 찾기 ★★

해석 다나카 씨는 다른 사람에게 협력을 구하지 않고 항상 무엇이든 자기 혼자서 해결하려는 **(경향이 있다)**.

정답 찾기 문제의 의도를 잘 파악할 수 있어야 하는데 いつも(항상), 何でも(무엇이든), ~ようとする(~하려고 하다) 등을 통해 주어의 성격을 말하고 있음을 알 수 있으므로 좋지 않은 경향이나, 특징을 나타낼 때 사용하는 1번이 정답이 된다.

오답분석 2번은 ~할 생각은 없다, 3번은 ~라고 말할 수 있을까, 4번은 ~ 징조가 있다는 의미이므로 문맥상 정답이 아니다.

복습 꼭! ~きらいがある(~하는 경향이 있다)

어휘 協力(きょうりょく) 협력 | 求(もと)める 구하다 | 解決(かいけつ)する 해결하다

정답 1

---

09 彼は娘の看病のために会社をやめ、毎日病院に通っている。これが愛(　　　)。

1 でなくてなんだろう　2 ですらないだろう
3 ならそれまでだろう　4 にあるまじきことだろう

적절한 기능어 찾기 ★★

해석 그는 딸의 간병을 위해서 회사를 그만두고 매일 병원에 다니고 있다. 이것이 사랑**(이 아니고 무엇이겠는가)**.

정답 찾기 외형적인 특징이 없으므로 문맥으로 접근해야 하는데 회사도 그만두고 매일 딸을 간병하고 있기 때문에 논리적으로 사랑이다는 의미가 되어야 하므로 반문을 통해 화자의 감동, 생각을 강조할 때 사용하는 1번이 정답이 된다.

오답분석 2번은 ~이지도 않을 것이다, 3번은 ~라면 그뿐일 것이다, 4번은 ~에 있어서는 안 되는 일일 것이다는 의미가 되므로 문맥상 정답이 아니다.

복습 꼭! ～でなくてなんだろう(~이 아니고 무엇이겠는가)

어휘 看病(かんびょう) 간병 | 通(かよ)う 다니다 | 愛(あい) 사랑

정답 1

---

10 先週とても有能な以前の上司が現役の50歳で亡くなった。いくら出世しても、死んでしまえば(　　　)。

1 それっきりだ　　2 このままだ
3 それまでだ　　4 これだけだ

적절한 기능어 찾기 ★★

해석 지난주 아주 유능한 예전 상사가 현역인 50세에 돌아가셨다. 아무리 출세해도 죽으면 **(소용없다)**.

정답 찾기 단순한 해석만으로는 틀리기 쉬우니 주의해야 한다. 공란 앞의 ～ば와 いくら～ても(아무리 ~해도)를 통해 ~하면 모든 것이 헛일이 되어 버린다, 그것으로 끝장이다, 모든 것이 끝나버린다라고 할 때 사용하는 3번이 정답이다.

오답분석 1번은 그뿐이다, 그것이 마지막이다 2번은 이 상태이다 4번은 이것뿐이다는 의미이므로 문맥상 정답이 아니다.

복습 꼭! ～ばそれまでだ(~하면 그것으로 끝장이다)

어휘 有能(ゆうのう)だ 유능하다 | 上司(じょうし) 상사 | 現役(げんえき) 현역 | 亡(な)くなる 죽다 | 出世(しゅっせ)する 출세하다

정답 3

---

11 このアルバイトは、さほど難しくなく特別な資格も要らないので、時給はせいぜい500円(　　　)。

1 どころではない　　2 というほどだ
3 にものぼる　　4 といったところだ

적절한 기능어 찾기 ★★★

해석 이 아르바이트는 그다지 어렵지 않고 특별한 자격도 필요없으므로 시급은 기껏해야 500엔 **(정도이다)**.

정답 찾기 부사 せいぜい(기껏, 겨우, 고작)와 500円(수량명사)가 결정적인 단서가 되어 정도가 크지 않은 명사와 함께 생각만큼 많지 않음을 나타낼 때 사용하는 4번이 정답임을 알 수 있다.

오답분석 1번은 ~할 상황, 형편이 아니다, 2번은 ~라고 할 정도이다는 의미이고 3번 ～にものぼる(~이나 되다)는 많음을 나타내므로 문맥상 정답이 아니다.

복습 꼭! ～といったところだ(~정도다)

어휘 さほど 그다지 | 特別(とくべつ)だ 특별하다 | 資格(しかく) 자격 | 時給(じきゅう) 시급

정답 4

---

12 中国旅行中に道に迷ってしまったが、中国語が分からないから、道を聞こうにも(　　　)。

1 聞けなかった　　2 聞くしかなかった
3 聞きかねなかった　　4 聞こうとしなかった

적절한 기능어 찾기 ★★★

해석 중국 여행 중에 길을 잃어버렸지만 중국어를 모르기 때문에 길을 물으려고 해도 **(물을 수가 없었다)**.

정답 찾기 긴 문법의 경우 끊어서 일부분을 묻는 경우도 있는데 이 문제에서도 공란 앞의 聞こうにも가 결정적인 힌트가 된다. 즉 ～(よ)うにも～ない를 묻는 문제임을 알 수 있으므로 뒤에는 가능형의 부정인 1번이 정답이 된다.

오답분석 2번은 물을 수밖에 없었다, 3번은 물을 수도 있었다, 4번은 물으려 하지 않았다는 의미가 되므로 문맥상 정답이 아니다.

복습 꼭! ～(よ)うにも～ない(～하려고 해도 ～할 수 없다)

어휘 旅行(りょこう) 여행 | 迷(まよ)う 헤매다

정답 1

---

13 あれほど注意したにもかかわらず、また校則に違反したとは、学校側は彼らを処罰(　　　)だろう。

1 せずにすむ　　2 せずにはおかない

3 してはいられない　　4 しがたい

의미적 호응관계 파악하기 ★★

해석 그만큼 주의를 줬음에도 불구하고 또 교칙을 위반했다니 학교 측은 그들을 **(반드시)** 처벌**(할 것)**이다.

정답 찾기 선택지를 보면 이미 완성된 형태이기 때문에 문맥을 통해 풀어야 하는데 거듭 교칙을 어겼다고 했으므로 논리적으로 처벌해야 한다, 처벌할 수밖에 없다 등의 표현이 필요함을 알 수 있으므로 강한 기분이나 의지, 방침 등을 나타낼 때 사용하는 2번이 정답이 된다.

오답분석 1번은 하지 않고 끝나다, 하지 않고 해결되다, 3번은 하고 있을 수는 없다, 4번은 하기 어렵다는 의미가 되므로 문맥상 정답이 아니다.

복습 꼭! ～ずにはおかない・～ないではおかない(반드시 ～한다, ～할 수밖에 없다)

어휘 注意(ちゅうい)する 주의를 주다 | 校則(こうそく) 교칙 | 違反(いはん)する 위반하다 | 処罰(しょばつ) 처벌

정답 2

---

14 これからさらに年金は先細りになっていきそうで、心細い(　　　)。

1 ほかない　　2 にかぎる

3 かぎりだ　　4 にほかならない

적절한 기능어 찾기 ★★

해석 앞으로 더욱더 연금은 줄어들 것 같아서 **(너무)** 불안**(하다)**.

정답 찾기 공란 앞의 い형용사인 心細い(불안하다)가 중요한 힌트가 됨을 알 수 있어야 하는데 먼저 접속형태가 맞지 않는 1번과 4번을 제외할 수 있고 주로 감정을 나타내는 い형용사와 함께 화자의 마음상태를 강조할 때 사용하는 3번이 정답이 된다.

오답분석 먼저 동사에 접속되는 1번(～할 수밖에 없다)과 명사나 조사에 접속되는 4번(바로 ～이다, ～임에 틀림없다)은 제외시켜야 하고 2번은 ～하는 것이 제일이다는 의미이므로 문맥상 정답이 아니다.

복습 꼭! ～限(かぎ)りだ(너무 ～하다, 최고로 ～하다)

어휘 さらに 더욱더 | 年金(ねんきん) 연금 | 先細(さきぼそ)り 점점 쇠퇴해 감 | 心細(こころぼそ)い 불안하다

정답 3

---

15 5年にわたる内戦で無防備な一般市民の犠牲を多く出している現状に怒り(　　　)。

1 を禁じえない　　2 を余儀なくされる

3 の疑いがある　　4 でもあるまい

적절한 기능어 찾기 ★★

해석 5년에 걸친 내전으로 무방비 상태의 일반시민의 희생을 많이 내고 있는 현상에 분노**(를 금치 못한다)**.

정답 찾기 문맥으로 접근해야 하는 문제이지만 공란 앞의 명사 怒り(분노)만으로도 어느 정도 답을 예측할 수 있어야 하는데 주로 눈물, 분노, 동정 등의 감정을 나타내는 명사와 함께 감정을 억누를 수 없음을 나타내는 1번이 정답이 된다.

오답분석 2번은 어쩔 수 없이 ～하다, 3번은 ～의 혐의가 있다, ～일지도 모른다, 4번은 ～이지도 않을 것이다는 의미가 되므로 문맥상 정답이 아니다.

복습 꼭! ～を禁(きん)じえない(～을 금할 수가 없다)

어휘 ～にわたる ～에 걸친 | 内戦(ないせん) 내전 | 無防備(むぼうび) 무방비 | 一般市民(いっぱんしみん) 일반시민 | 犠牲(ぎせい) 희생 | 現状(げんじょう) 현상 | 怒(いか)り 분노

정답 1

16 彼の過ちで、こんなにたくさんの被害者が出ては、刑事上の責任を(　　　)。

1 問われるわけはないではないか

2 問われずにはすまないだろう

3 問われるほどのことではないだろう

4 問われずともよいのではないか

적절한 기능어 찾기 ★★★

해석 그의 과실로 이렇게 많은 피해자가 생겨서는 형사책임을 **(물어야만 할 것이다)**.

정답 찾기 문맥을 통해서 해결해야 하는 문제이지만 수동동사까지 사용되어 직역하면 어색해서 오히려 정답을 찾기 어려우므로 ～ではないか나 ～だろう는 긍, 부정에 영향을 미치지 않으므로 무시하고 결국 어떤 결과가 되는지만 파악하는 것이 좋다. 문맥을 살펴보면 책임을 물어야 한다가 되어야 하는 것을 알 수 있으므로 사회통념상 ～하지 않고서는 해결되지 않는다, 반드시 ～해야 한다는 의미인 ～ずにはすまない가 사용된 2번이 정답이 된다.

오답분석 먼저 긍, 부정에 영향을 미치지는 않지만 ～ではないか(～이지 않느냐?, ～이잖아?)는 반론, 강한 의견을 표현할 때 ～のではないか(～이지는 않을까?, ～한 것은 아닐까?)은 완곡한 주장을 할 때 사용한다. 1번은 물을 리는 없지 않겠는가, 3번은 물을 정도의 일은 아닐 것이다, 4번은 묻지 않아도 되지 않을까 라는 의미이므로 결국 묻지 않는다는 의미이므로 문맥상 정답이 아니다.

복습 꼭! ～ずにはすまない・～ないではすまない(～하지 않고서는 해결되지 않는다, 반드시 ～해야 한다)

어휘 過(あやま)ち 과오, 실수 | 被害者(ひがいしゃ) 피해자 | 刑事上(けいじじょう) 형사상 | 責任(せきにん)を問(と)う 책임을 묻다

정답 2

문제 다음 문장의 ＿★＿에 들어갈 가장 알맞은 말을 1・2・3・4 중에서 하나를 고르세요.

01 夢を叶えるために、それが＿＿ ＿★＿ ＿＿ ＿＿ことだ。

1 そうする　　2 最善で

3 までの　　4 あれば

단어 바르게 배열하기 ★★

문장 배열 夢を叶えるために、それが 最善で(2) あれば(4) そうする(1) までの(3) ことだ。

해석 꿈을 실현시키기 위해서 그것이 최선이라면 그렇게 하면 된다.

정답 찾기 3번을 단서로 동사 기본형+までのことだ임을 알 수 있으므로 1–3이 되어 마지막 칸에 들어가면 된다. 나머지는 ～である(～이다)의 가정형에 불과하기 때문에 2–4가 되어야 하므로 전체적으로 나열하면 2–4–1–3이 되어 정답은 4번이다.

복습 꼭! ～までのことだ(～뿐이다, ～하면 그만이다)

어휘 叶(かな)える 이루어 주다 | 最善(さいぜん) 최선

정답 4

02 フランス語は習ってまだ3か月しか経って ____ ____ ★ ____ ところだ。

1 簡単な　2 いないので
3 挨拶といった　4 話せるのは

단어 바르게 배열하기 ★★★

문장 배열 フランス語は習ってまだ3か月しか経って いないので(2) 話せるのは(4) 簡単な(1) 挨拶といった(3) ところだ。

해석 프랑스어는 배운 지 아직 3개월밖에 지나지 않았으므로 할 수 있는 것은 기껏해야 간단한 인사정도이다.

정답 찾기 いる가 있는 2번은 첫 번째 칸에 들어가 ～ている가 되어야 하고 な형용사인 1번은 뒤에 명사가 필요하므로 1-3이 됨과 동시에 ～といったところだ의 끊어진 형태이므로 마지막 칸에 넣고 4번을 남은 칸에 배치하여 전체적으로 나열하면 2-4-1-3이 되어 정답은 1번이다.

복습 꼭! ～といったところだ(~정도다)

어휘 経(た)つ 지나다 | 簡単(かんたん)だ 간단하다 | 挨拶(あいさつ) 인사

정답 1

---

03 去年は災害が多かったけど、今年は ____ ____ ★ ____。

1 ことを祈って　2 穏やかな
3 やまない　4 年になる

단어 바르게 배열하기 ★★

문장 배열 去年は災害が多かったけど、今年は 穏やかな(2) 年になる(4) ことを祈って(1) やまない(3)。

해석 작년에는 재해가 많았지만 올해는 평온한 해가 될 것을 기원해 마지않는다.

정답 찾기 기원이나 바람 등을 나타내는 ～てやまない(~해 마지않다, 진심으로 ~하다)만 알면 쉽게 1-3이 됨을 알 수 있고 な형용사인 2번은 뒤에 명사가 필요한데 문맥상 1번보다는 4번과 짝이 되어 1번을 수식하는 것이 적절하므로 전체적으로 나열하면 2-4-1-3이 되어 정답은 1번이다.

복습 꼭! ～てやまない(~해 마지않다, 진심으로 ~하다)

어휘 災害(さいがい) 재해 | 穏(おだ)やかだ 평온하다, 온화하다 | 祈(いの)る 기도하다, 기원하다

정답 1

---

04 親の離婚が幼い子供の ____ ____ ★ ____ ないと思う。

1 かなりの悪影響を　2 想像にかたく
3 性格や精神面に　4 及ぼすことは

단어 바르게 배열하기 ★★

문장 배열 親の離婚が幼い子供の 性格や精神面に(3) かなりの悪影響を(1) 及ぼすことは(4) 想像にかたく(2) ないと思う。

해석 부모의 이혼이 어린 자녀의 성격과 정신면에 상당한 악영향을 미친다는 것은 상상하기 어렵지 않다고 생각한다.

정답 찾기 2번은 ～にかたくない(~하기 어렵지 않다, 충분히 ~할 수 있다)의 일부분이므로 마지막 칸에 들어가면 명사가 필요한 첫 번째 칸에는 3번이 들어갈 수밖에 없다. 그리고 나머지는 1-4로 관용표현 影響を及ぼす가 되도록 하면 된다. 전체적으로 나열하면 3-1-4-2가 되므로 정답은 4번이다.

복습 꼭! ～にかたくない(~하기 어렵지 않다, 충분히 ~할 수 있다)

어휘 離婚(りこん) 이혼 | 幼(おさな)い 어리다 | 性格(せいかく) 성격 | 精神面(せいしんめん) 정신면 | 悪影響(あくえいきょう) 악영향 | 及(およ)ぼす 끼치다, 미치다 | 想像(そうぞう) 상상

정답 4

---

05 政府は景気悪化 ＿＿ ＿＿ ＿＿ ＿★＿ 中小企業を支援することにした。

1 事業活動の　　2 余儀なくされた
3 縮小を　　4 により

단어 바르게 배열하기 ★★★

문장 배열 政府は景気悪化 により(4) 事業活動の(1) 縮小を(3) 余儀なくされた(2) 中小企業を支援することにした。

해석 정부는 경기악화로 인해 사업 활동의 축소가 불가피 해진 중소기업을 지원하기로 했다.

정답 찾기 우선 2번은 ～を余儀(よぎ)なくされる의 끊어진 형태이므로 3-2가 되어야 하고 1번 뒤에는 명사가 필요하므로 3번 앞에 넣어주면 된다. 마지막으로 이유, 원인을 나타낼 수 있는 4번 ～により・～によって(~에 의해서, 인해서)는 명사에 접속되므로 첫 번째 칸에 넣어 전체적으로 나열하면 4-1-3-2가 되므로 정답은 3번이다.

복습 꼭! ～を余儀(よぎ)なくされる (어쩔 수 없이 ~하다)

어휘 政府(せいふ) 정부 | 景気(けいき) 경기 | 悪化(あっか) 악화 | 事業(じぎょう) 사업 | 縮小(しゅくしょう) 축소 | 中小企業(ちゅうしょうきぎょう) 중소기업 | 支援(しえん)する 지원하다

정답 3

---

06 別れた彼女のことが ＿＿ ＿★＿ ＿＿ ＿＿ だから困っている。

1 出てくる始末　　2 夜もろくに眠れず
3 忘れられなくて　　4 さらには夢にまで

단어 바르게 배열하기 ★★★

문장 배열 別れた彼女のことが 忘れられなくて(3) 夜もろくに眠れず(2) さらには夢にまで(4) 出てくる始末(1) だから困っている。

해석 헤어진 그녀를 잊을 수 없어 밤에도 제대로 못 자고 심지어 꿈에까지 나와서 난감하다.

정답 찾기 가능동사인 3번은 대상을 나타내는 ～が가 있는 첫 번째 칸에 들어가야 하고 관용표현인 夢(ゆめ)に出(で)る(꿈에 나오다)가 되도록 4-1로 만들어 조동사 ～だ(~이다)가 있는 마지막 칸에 넣어주면 된다. 2번은 마지막 남은 칸에 넣어 전체적으로 나열하면 3-2-4-1이 되므로 정답은 2번이다.

복습 꼭! ～始末(しまつ)だ(~라는 꼴이다, ~라는 형편이다)

어휘 別(わか)れる 헤어지다 | ろくに 제대로, 충분히 | 眠(ねむ)る 잠자다 | さらに 게다가 | 夢(ゆめ) 꿈

정답 2

---

07 体重を理由に飛行機に乗せて ＿＿ ＿＿ ＿★＿ ＿＿。

1 でなくて　　2 これが差別
3 なんだろう　　4 くれないなんて

단어 바르게 배열하기 ★★

문장 배열 体重を理由に飛行機に乗せて くれないなんて(4) これが差別(2) でなくて(1) なんだろう(3)。

해석 체중을 이유로 비행기를 태워주지 않다니 이것이 차별이 아니고 무엇이겠는가?

정답 찾기 1번과 3번을 보면 화자의 주관적인 감동이나 생각을 나타내는 명사+でなくてなんだろう(~이 아니고 무엇이겠는가)의 끊어진 형태이므로 간단히 2-1-3이 됨을 알 수 있다. 마지막으로 보조동사로 사용할 수 있는 4번은 ~てくれる(~해 주다)가 되도록 첫 번째 칸에 넣어 전체적으로 나열하면 4-2-1-3이 되어 정답은 1번이다.

어휘 体重(たいじゅう) 체중 | 理由(りゆう) 이유 | 差別(さべつ) 차별

정답 1

---

08 庭の池に、何日か前からどこから ＿＿ ＿＿ ＿★＿ ＿＿ ありはしない。

1 カエルたちが　2 うるさいといったら
3 やってきて　4 ともなく

단어 바르게 배열하기 ★★★

문장 배열 庭の池に、何日か前からどこから ともなく(4) カエルたちが(1) やってきて(3) うるさいといったら(2) ありはしない。

해석 정원의 연못에 며칠 전부터 어디선가 개구리들이 와서 매우 시끄럽다.

정답 찾기 제일 먼저 2번은 ~といったらありはしない의 일부분이므로 마지막 칸에 들어가야 하고 동사인 3번은 주어가 필요하므로 주격조사 ~が가 있는 1번과 짝이 되어야 한다. 마지막으로 동작 상태가 확실하지 않음을 나타내는 4번은 どこから의 뒤인 첫 번째 칸이 적절하므로 전체적으로 나열하면 4-1-3-2가 되어 정답은 3번이다.

복습 꼭! ~といったらない・~といったらありはしない(매우 ~하다)

어휘 池(いけ) 연못 | 蛙(かえる) 개구리 | うるさい 시끄럽다

정답 3

---

09 男性ばかりの職場で働いている僕から見ると、＿＿ ＿＿ ＿★＿ ＿＿ 限りだ。

1 業界は　2 多い
3 うらやましい　4 女性の

단어 바르게 배열하기 ★★

문장 배열 男性ばかりの職場で働いている僕から見ると、女性の(4) 多い(2) 業界は(1) うらやましい(3) 限りだ。

해석 남자뿐인 직장에서 일하고 있는 내 입장에서 보면 여성이 많은 업계는 너무 부럽다.

정답 찾기 문미의 ~かぎりだ(너무 ~하다, 최고로 ~하다)는 주로 감정을 나타내는 い형용사와 함께 쓰이므로 3번은 마지막 칸에 들어가야 한다. 나머지는 형용사절에서 조사 ~の는 ~が의 역할을 할 수 있으므로 4-2가 되어 명사인 1번을 수식하게 하면 된다. 전체적으로 나열하면 4-2-1-3이 되어 정답은 1번이다.

어휘 職場(しょくば) 직장 | 業界(ぎょうかい) 업계

정답 1

---

10 その少年がおかれた家庭環境を ＿＿ ＿＿ ＿★＿ ＿＿ でもない。

1 親を騙して非行に　2 理解できない
3 考慮すれば　4 走るようになったのも

단어 바르게 배열하기 ★★★

문장 배열 その少年がおかれた家庭環境を 考慮すれば(3) 親を騙して非行に(1) 走るようになったのも(4) 理解できない(2) でもない。

해석 그 소년이 처한 가정환경을 고려하면 부모를 속이고 비행을 저지르게 된 것도 이해하지 못하는 것도 아니다(이해할 수도 있다).

정답 찾기 2번은 ～ないでもない의 일부분이므로 마지막 칸에 들어가야 한다. 그리고 관용표현인 非行(ひこう)に走(はし)る(비행을 저지르다)가 되도록 1-4로 만들어 주면 된다. 마지막으로 타동사인 3번을 목적격 조사 ～を가 있는 첫 번째 칸에 넣어 전체적으로 나열하면 3-1-4-2이므로 정답은 4번이다.

복습 꼭! ～ない(もの)でもない(～하지 않는 것도 아니다, ～할 수도 있다)

어휘 家庭環境(かていかんきょう) 가정환경 | 考慮(こうりょ) 고려 | 騙(だま)す 속이다 | 非行(ひこう) 비행 | 理解(りかい) 이해

정답 4

---

11 回答者の8割が残業を命じられたらすると答えたが、日本の ＿＿ ＿＿ ★ ＿＿ 当たらないのかもしれない。

1 驚くには　　2 労働者の実情
3 それほど　　4 からすれば

단어 바르게 배열하기 ★★

문장 배열 回答者の8割が残業を命じられたらすると答えたが、日本の 労働者の実情(2) からすれば(4) それほど(3) 驚くには(1) 当たらないのかもしれない。

해석 회답자의 8할이 잔업을 명령받으면 한다고 답했는데 일본의 노동자의 실정으로 보면 그렇게 놀랄 것까지는 없을지도 모른다.

정답 찾기 1번은 문미를 보면 ～には当(あ)たらない(～할 필요는 없다)임을 알 수 있으므로 마지막 칸에 넣어주면 된다. 그리고 말하는 입장이나 시점 또는 판단의 근거를 나타낼 때 사용하는 4번 ～からすれば・～からすると(～으로 보면, ～으로 판단하면)는 명사에 접속되므로 2-4가 되어야 하고 마지막으로 부사인 3번을 동사인 1번 앞에 넣어 전체적으로 나열하면 2-4-3-1이므로 정답은 3번이다.

복습 꼭! ～には当(あ)たらない(～할 필요는 없다) / ～からすれば・～からすると(～으로 보면, ～으로 판단하면)

어휘 解答者(かいとうしゃ) 회답자 | 残業(ざんぎょう) 잔업 | 命(めい)ずる 명하다 | 労働者(ろうどうしゃ) 노동자 | 実情(じつじょう) 실정 | 驚(おどろ)く 놀라다

정답 3

---

12 ここはとても ＿＿ ＿＿ ★ ＿＿ それまでだ。

1 踏み外せば　　2 山道だから
3 険しい　　4 一歩でも

단어 바르게 배열하기 ★★

문장 배열 ここはとても 険しい(3) 山道だから(2) 一歩でも(4) 踏み外せば(1) それまでだ。

해석 이곳은 험한 산길이기 때문에 한 발짝이라도 잘못 디디면 그것으로 끝이다.

정답 찾기 문미를 단서로 ～ばそれまでだ・～たらそれまでだ(～하면 그것으로 끝이다)임을 알 수 있으므로 1번은 마지막 칸에 들어가야 한다. 명사가 필요한 い형용사 3번은 문맥상 2번을 수식해야 한다. 마지막으로 예를 들 때 사용할 수 있는 ～でも(～라도)는 가정표현과 어울리므로 4-1이 되어야 한다. 전체적으로 나열하면 3-2-4-1이므로 정답은 4번이다.

복습 꼭! ～ばそれまでだ・～たらそれまでだ(～하면 그것으로 끝이다)

어휘 険(けわ)しい 험하다 | 山道(やまみち) 산길 | 一歩(いっぽ) 한 걸음 | 踏(ふ)み外(はず)す 잘못 밟다

정답 4

---

13 この古墳に組み上げられた石の最大のものは50トンと ＿＿ ★＿＿ ＿＿ ＿＿ おかない。

1 者を　　2 圧倒せずには

3 見る　　4 推定され

단어 바르게 배열하기 ★★

문장 배열 この古墳に組み上げられた石の最大のものは50トンと 推定され(4) 見る(3) 者を(1) 圧倒せずには(2) おかない。

해석 이 고분에 쌓아올려진 돌의 최대의 것은 50톤으로 추정되어 보는 이를 압도한다.

정답 찾기 먼저 3번은 여기서는 명사인 1번을 수식할 수밖에 없으므로 3-1이 되어야 하고 뒤의 동사가 나타내는 상태나 내용을 가리키는 ～と(～라고, ～으로)가 있는 첫 번째 칸에는 4번이 적절하다. 마지막으로 2번은 의지나 자연적인 결과를 나타내는 ～ずにはおかない・～ないではおかない(반드시 ～한다, ～하고야 말겠다)의 일부분이므로 마지막 칸에 들어가야 한다. 전체적으로 나열하면 4-3-1-2가 되어 정답은 3번이다.

복습 꼭! ～ずにははおかない・～ないではおかない (반드시 ～한다, ～하고야 말겠다)

어휘 古墳(こふん) 고분 | 積(つ)み上(あ)げる 쌓아올리다 | 最大(さいだい) 최대 | 推定(すいてい)する 추정하다 | 圧倒(あっとう)する 압도하다

정답 3

---

14 想像もできない波乱万丈に ＿＿ ＿＿ ★＿＿ ＿＿ 禁じえなかった。

1 彼の人生を　　2 満ちた

3 僕は涙を　　4 聞くたびに

단어 바르게 배열하기 ★★

문장 배열 想像もできない波乱万丈に 満ちた(2) 彼の人生を(1) 聞くたびに(4) 僕は涙を(3) 禁じえなかった。

해석 상상할 수도 없는 파란만장한 그의 인생을 들을 때마다 나는 눈물을 금할 수가 없었다.

정답 찾기 먼저 4번은 목적어로 의미상 당연히 1번을 취해야 하고 3번은 ～を禁(きん)じえない(～을 금할 수 없다)의 일부분이므로 마지막 칸에 들어가야 한다. 마지막으로 2번은 ～に満(み)ちる(～으로 가득 차다) 형태로 많이 사용하므로 첫 번째 칸에 넣어 전체적으로 나열하면 2-1-4-3이 되어 정답은 4번이다.

복습 꼭! ～を禁じえない(～을 금할 수 없다) / ～に満ちる(～으로 가득 차다)

어휘 想像(そうぞう) 상상 | 波乱万丈(はらんばんじょう) 파란만장 | 満(み)ちる 가득 차다 | 人生(じんせい) 인생 | ～たびに ～할 때마다 | 涙(なみだ) 눈물

정답 4

15 知り合いから借りた ____ ____ _★_ ____ だろう。

1 にはすまない　　2 高価なカメラを
3 弁償せず　　4 なくしてしまったから

단어 바르게 배열하기 ★★

문장 배열 知り合いから借りた 高価なカメラを(2) なくしてしまったから(4) 弁償せず(3) にはすまない(1) だろう。

해석 아는 사람으로부터 빌린 고가의 카메라를 잃어버렸기 때문에 반드시 변상해야만 할 것이다.

정답 찾기 선택지의 1번과 3번을 통해 ～ずにはすまない・～ないではすまない(～하지 않고서는 해결되지 않는다, 반드시 ～해야 한다)임을 알 수 있으므로 3-1이 된다. 그리고 2번은 타동사인 4번의 목적어가 되어야 하므로 2-4가 되어 3-1 앞에 들어가 이유를 나타내게 하면 된다. 전체적으로 나열하면 2-4-3-1이 되어 정답은 3번이다.

복습 꼭! ～ずにはすまない・～ないではすまない(～하지 않고서는 해결되지 않는다, 반드시 ～해야 한다)

어휘 借(か)りる 빌리다 | 高価(こうか)だ 고가이다 | なくす 잃다 | 弁償(べんしょう)する 변상하다

정답 3

16 書かなきゃいけない原稿がたくさん残って ____ _★_ ____ ____ 間に合わせられない。

1 ようにも　　2 締め切りに
3 間に合わせ　　4 いるので

단어 바르게 배열하기 ★★★

문장 배열 書かなきゃいけない原稿がたくさん残って いるので(4) 締め切りに(2) 間に合わせ(3) ようにも(1) 間に合わせられない。

해석 써야 하는 원고가 많이 남아 있기 때문에 마감 날짜에 맞추려고 해도 맞출 수가 없다.

정답 찾기 문미를 통해 전후에 동일 동사가 사용되는 ～(よ)うにも～ない임을 알 수 있으므로 3-1이 되어 마지막 칸에 들어가야 한다. 그리고 시간을 나타내는 2번은 3번 앞에 들어가야 하고 보조동사로 사용할 수 있는 4번은 첫 번째 칸에 들어가 ～ている(～해져 있다)가 되어야 한다. 전체적으로 나열하면 4-2-3-1되어 정답은 2번이다.

복습 꼭! ～(よ)うにも～ない(～하려고 해도 ～할 수 없다)

어휘 原稿(げんこう) 원고 | 残(のこ)る 남다 | 締(し)め切(き)り 마감 날짜 | 間(ま)に合(あ)う 시간에 대다

정답 2

첫째마당 | 총정리 적중 예상 문제 ①

문제 다음 문장의 (　　　)에 들어갈 가장 알맞은 말을 1·2·3·4 중에서 하나를 고르세요.

01 最近はリサイクルに多少消極的な意見でも(　　　)ものなら、まるで社会の敵であるかのように非難を受けてしまう。

1 言おう　　2 言える
3 言わない　　4 言ったら

적절한 접속형태 찾기 ★★★

해석 요즘에는 재활용에 조금 소극적인 의견이라도 **(말)**하기만 하면 마치 사회의 적인 것처럼 비난을 받는다.

정답 찾기 선택지에 공통적으로 言う가 있으므로 접속형태 문제임을 알 수 있는데 이런 유형의 문법이 쉬우면서 어려운 양면성을 가진 문제이다. 공란 뒤의 ～ものなら는 만약 ～하면 큰일이 난다는 의미로 동사의 청유형에 접속하므로 정답은 1번이다.

오답분석 2번의 가능형에 접속될 수도 있지만 '～할 수 있으면' 이라는 의미가 되므로 문맥상 정답이 아니며 3번과 4번은 접속형태가 맞지 않다.

복습 꼭! ～ものなら(～하기만 하면)

어휘 多少(たしょう) 다소 | 消極的(しょうきょくてき)だ 소극적이다 | 意見(いけん) 의견 | まるで 마치, 흡사 | 敵(てき) 적 | 非難(ひなん) 비난

정답 1

02 佐藤候補者はマスコミの悪評(　　　)知事選挙に再出馬する意向を示した。

1 を除いて　　2 を限りに
3 をこめて　　4 をよそに

적절한 기능어 찾기 ★★★

해석 사토 후보자는 매스컴의 악평**(에도 아랑곳 하지 않고)** 지사 선거에 재출마할 의향을 나타냈다.

정답 찾기 문맥상 나쁜 평가가 있음에도 불구하고 신경 쓰지 않고 선거에 출마한다는 의미이므로 반대, 충고, 비난 등의 명사와 함께 A를 무시하고, 관계없이 B한다는 의미인 4번이 정답이다.

오답분석 1번은 ～을 제외하고, 2번은 ～을 끝으로, ～을 마지막으로, 3번은 ～을 담아서 라는 의미이므로 문맥상 정답이 아니다.

복습 꼭! ～をよそに(～을 아랑곳하지 않고, ～을 무시하고)

어휘 候補者(こうほしゃ) 후보자 | 悪評(あくひょう) 악평 | 知事選挙(ちじせんきょ) 지사 선거 | 再出馬(さいしゅつば) 재출마 | 意向(いこう) 의향

정답 4

03 新入社員(　　　)早い段階から自分の素質をアピールし、会社で生き抜く基盤を作らなければならない。

1 とかなら　　2 といえども
3 とかで　　4 といったからには

적절한 기능어 찾기 ★★

해석 신입사원**(이라 할지라도)** 일찍부터 자신의 소질을 어필해 회사에서 살아남을 기반을 만들지 않으면 안 된다.

정답 찾기 문맥을 잘 파악해야 하는데 화자는 일반적으로 생각하는 신입사원과는 반대되는 사항을 주장하고 있으므로 역접을 나타내는 2번이 정답이 된다.

오답분석 1번(～든지 라면)은 조건을, 3번(～라던가 해서)은 불확실한 이유를, 4번의 ～からには(～한 이상)는 의지, 의무 등을 나타낼 때 사용하므로 정답이 아니다.

복습 꼭! ～といえども(～이라 해도, ～이라 할지라도)

어휘 新入社員(しんにゅうしゃいん) 신입사원 | 段階(だんかい) 단계 | 素質(そしつ) 소질 | 生(い)き抜(ぬ)く 살아 남다 | 基盤(きばん) 기반

정답 2

04 生徒に暴言を吐いたり体罰を加えたりするなんて、教師として(　　　)行為と言わざるをえない。

1 あろうとも　　2 あるべき
3 あるまじき　　4 あるような

의미적 호응관계 파악하기 ★★★

해석 학생에게 폭언을 하거나 체벌을 가하다니 교사로서 **(있어서는 안 되는)** 행위라고 말하지 않을 수 없다.

정답 찾기 문장 앞에 제시된 폭언과 체벌의 의미를 잘 파악해야 하는데 당연히 교사가 해서는 안 되는 행위임을 알 수 있으므로 부정의 의미를 지닌 ～まじき가 사용된 3번이 정답이 된다.

오답분석 1번은 있더라도, 있든 2번은 있어야 하는, 4번은 있을 것 같은, 있을 법한 이라는 의미가 되므로 문맥상 정답이 될 수 없다.

복습 꼭! ～まじき(～해서는 안 되는)

어휘 暴言(ぼうげん) 폭언 | 吐(は)く 뱉다, 말하다 | 体罰(たいばつ) 체벌 | 加(くわ)える 가하다, 더하다 | 教師(きょうし) 교사 | 行為(こうい) 행위 | ～ざるをえない ～하지 않을 수 없다

정답 3

05 小学生が読む本では(　　　)、大学の教材の文章すべてにフリガナがふってあって、僕は驚いた。

1 あるだろうに　　2 ありながらも
3 ありがちで　　4 あるまいし

적절한 기능어 찾기 ★★★

해석 초등학생이 읽는 책도 **(아니고)** 대학교재의 문장 전체에 후리가나가 달려있어서 나는 깜짝 놀랐다.

정답 찾기 공란 앞의 ～では를 단서로도 어느 정도 답을 찾을 수 있지만 확인을 겸해서 문제를 살펴보면 화자가 비난, 불만, 아쉬움을 나타내고 있는데 그 실제의 대상은 대학교재이며 공란 앞의 사항은 부정하기 위한 하나의 예임을 알 수 있으므로 정답은 4번이다.

오답분석 1번 ～だろうに(～텐데, ～련만)는 동정이나 아쉬움, 3번 ～がちだ(～하기 십상이다, ～경향이 강하다)는 경향을 나타내므로 정답이 아니며 2번 ～ながらも(～면서도, ～지만)도 역접을 나타내지만 앞에는 사실인 사항이 들어가므로 정답이 될 수 없다.

복습 꼭! ～ではあるまいし(～도 아니고, ～도 아닐 테고)

어휘 教材(きょうざい) 교재 | 文章(ぶんしょう) 문장 | すべて 전부, 전체 | ふる 음을 달다 | 驚(おどろ)く 놀라다

정답 4

06 A市の医師会は町の人々の健康と医療を(　　　)、様々な活動を行っている。

1 支えるにせよ　　2 支えるがゆえに
3 支えるべく　　4 支えるべからず

적절한 기능어 찾기 ★★★

해석 A시의 의사회는 마을 사람들의 건강과 의료를 **(지원하기 위해)** 다양한 활동을 하고 있다.

정답 찾기 선택지를 보면 동사와 합쳐진 형태이므로 문맥을 통해 정답을 찾아야 하는데 내용을 살펴보면 후문의 활동의 이유가 의료를 지원하기 위해서이므로 목적을 나타낼 때 사용하는 3번이 정답이다.

오답분석 1번 ～にせよ는 ～해도, ～하든, 2번 ～がゆえに는 ～때문에, 4번 ～べからず는 ～하지 말 것, ～해서는 안 된다는 의미이므로 문맥상 정답이 아니다.

복습 꼭! ～べく(～하기 위해, ～하고자)

어휘 医師会(いしかい) 의사회 | 健康(けんこう) 건강 | 医療(いりょう) 의료 | 支(ささ)える 떠받치다 | 活動(かつどう) 활동

정답 3

07 仕事柄、全国の顧客先へクレーム対応に飛び回っているから、彼女のストレスは想像(　　　)。

1 すればいいというものではない
2 しようがない
3 にかたくない
4 させてもらおと思う。

의미적 호응관계 파악하기 ★★

해석 일의 성격상 전국의 거래처의 클레임에 대처하기 위해 바쁘게 뛰어다니고 있기 때문에 그녀의 스트레스는 상상하기**(에 어렵지 않다)**.

정답 찾기 공란 앞의 명사 想像(そうぞう)만으로도 어느 정도 답을 예측할 수 있지만 내용을 살펴보면 그녀의 업무는 클레임 처리이므로 문맥상 당연히 스트레스가 심하다가 되어야 하므로 ~하기 어렵지 않다, 충분히 ~할 수 있다는 것을 나타낼 때 사용하는 3번이 정답이 된다.

오답분석 1번 ~ばいいというものではない는 ~하면 되는 것은 아니다, 2번 ~ようがない는 ~할 방법, 수단이 없다 4번은 ~하게 해 받으려고 생각한다, ~하려고 생각한다는 의미가 되므로 정답이 아니다.

복습 꼭! ~にかたくない(~하기 어렵지 않다, 충분히 ~할 수 있다)

어휘 仕事柄(しごとがら) 일의 성격상 | 顧客先(こきゃくさき) 거래처 | 対応(たいおう) 대응 | 飛(と)び回(まわ)る 뛰어다니다 | 想像(そうぞう) 상상

정답 3

문제 다음 문장의 ＿★＿에 들어갈 가장 알맞은 말을 1·2·3·4 중에서 하나를 고르세요.

01 ロックバンドAは、華やかなヴィジュアルと＿＿ ＿＿ ＿★＿ ＿＿いるといえるだろう。

1 強い支持を受け続けて
2 聴く者を魅了する
3 あればこそ
4 音楽的深みが

단어 바르게 배열하기 ★★★

문장 배열 ロックバンドAは、華やかなヴィジュアルと聴く者を魅了する(2) 音楽的深みが(4) あればこそ(3) 強い支持を受け続けて(1) いるといえるだろう。

해석 록 밴드 A는 화려한 비주얼과 듣는 사람들을 매료시키는 음악적 깊이가 있기 때문에 견고한 지지를 계속 받고 있다고 말할 수 있을 것이다.

정답 찾기 먼저 ~ている(~하고 있다)가 되도록 1번은 마지막 칸에 들어가야 하고 뒤에 명사가 필요한 2번은 문맥상 4번을 수식하는 것이 좋으므로 2-4가 되어 3번의 주어가 되면 된다. 전체적으로 나열하면 2-4-3-1가 되어 정답은 3번이다.

복습 꼭! ~ばこそ(~이기 때문에, ~이기에)

어휘 華(はな)やかだ 화려하다 | 者(もの) 자, 사람 | 魅了(みりょう)する 매료하다 | 深(ふか)み 깊은 정도 | 支持(しじ) 지지

정답 3

02 インターネットでは＿＿ ＿＿ ＿★＿ ＿＿不特定多数の人に情報を伝えることができる。

1 短期間の　2 宣伝活動
3 うちに　4 いかんでは

단어 바르게 배열하기 ★★

문장 배열 インターネットでは 宣伝活動(2) いかんでは(4) 短期間の(1) うちに(3) 不特定多数の人に情報を伝えることができる。

해석 인터넷에서는 선전활동여하에 따라서(어떻게 선전을 하느냐에 따라서) 단기간 내에 불특정 다수의 사람에게 정보를 전할 수 있다.

정답 찾기 명사(の)에 접속되는 4번 ～いかんでは(～여하에 따라서는)는 1번과 2번 모두에 접속될 수 있지만 ～에 따라서 결과가 크게 좌우된다는 의미이므로 문맥상 2번과 짝이 되는 것이 적절하다. 나머지는 쉽게 1–3이 됨을 알 수 있으므로 전체적으로 나열하면 2–4–1–3이 되어 정답은 1번이다.

복습 꼭! ～いかんでは(～여하에 따라서는)

어휘 宣伝(せんでん) 선전 | 活動(かつどう) 활동 | 短期間(たんきかん) 단기간 | 不特定(ふとくてい) 불특정 | 多数(たすう) 다수 | 情報(じょうほう) 정보

정답 1

03 まだ新緑の季節は遠いけど、明日は雨が＿＿ ＿＿ ＿★＿ ＿＿久しぶりに散歩に行くことにした。

1 降るまいと　2 なければ
3 降ろうと　4 風さえ

단어 바르게 배열하기 ★★★

문장 배열 まだ新緑の季節は遠いけど、明日は雨が 降ろうと(3) 降るまいと(1) 風さえ(4) なければ(2) 久しぶりに散歩に行くことにした。

해석 아직 신록의 계절은 멀었지만 내일은 비가 오든 안 오든 바람만 없다면 오래간만에 산책하러 가기로 했다.

정답 찾기 1번과 3번을 단서로 어느 쪽이든 상관없다는 ～(よ)うと～まいと임을 알 수 있으므로 3–1이 되어 동사(降る)의 주어가 있는 첫 번째 칸에 들어가야 한다. 그리고 4번 ～さえ(～조차, ～만)는 ～ば를 수반하여 ～さえ～ば(～만 ～하면) 형태로도 많이 사용하므로 4–2로 만들어 전체적으로 나열하면 3–1–4–2가 되어 정답은 4번이다.

복습 꼭! ～(よ)うと～まいと・～(よ)うが～まいが(～하든 안 하든)

어휘 新緑(しんりょく) 신록 | 季節(きせつ) 계절 | 久(ひさ)しぶりに 오래간만에

정답 4

04 スマートフォンの普及に伴い、他人を誹謗中傷したり＿＿ ＿＿ ＿★＿ ＿＿問題が発生している。

1 するなど　2 かかわる
3 さまざまな　4 人権に

단어 바르게 배열하기 ★★

문장 배열 スマートフォンの普及に伴い、他人を誹謗中傷したり するなど(1) 人権に(4) かかわる(2) さまざまな(3) 問題が発生している。

해석 스마트폰의 보급에 따라 타인을 비방 중상하거나 하는 등 인권에 관련된 여러 가지 문제가 발생하고 있다.

정답 찾기 먼저 2번은 ～にかかわる(～에 관련되는)의 일부분이므로 4-2가 되어야 함을 쉽게 알 수 있다. 그리고 1번은 나열의 ～たりする(～하거나 하다)가 되도록 첫 번째 칸에 넣고 뒤에 명사가 필요한 な형용사 3번은 문맥상 4번 보다는 마지막 칸에 들어가 問題를 수식하는 것이 적절하므로 전체적으로 나열하면 1-4-2-3이 되어 정답은 2번이다.

어휘 普及(ふきゅう) 보급 | ～に伴(ともな)い ～에 따라서 | 他人(たにん) 타인 | 誹謗中傷(ひぼうちゅうしょう)する 비방 중상하다 | 人権(じんけん) 인권 | 発生(はっせい)する 발생하다

정답 2

05 このゲームは一度やり ＿＿ ＿★＿ ＿＿ ＿＿ なかなかやめられない。

1 病み付きに　2 最後
3 なって　4 はじめたが

단어 바르게 배열하기 ★★

문장 배열 このゲームは一度やり はじめたが(4) 最後(2) 病み付きに(1) なって(3) なかなかやめられない。

해석 이 게임은 한 번 하기 시작하면 푹 빠져 버려서 좀처럼 그만 둘 수 없다.

정답 찾기 2번을 단서로 ～が最後(さいご)(～했다 하면, ～하기만 하면)임을 알 수 있으므로 4-2가 되어야 함과 동시에 4번은 동사 ます형+はじめる(～하기 시작하다)의 일부분이므로 첫 번째 칸에 들어가면 된다. 마지막으로 3번은 ～になる가 되도록 1-3으로 만들어 전체적으로 나열하면 4-2-1-3이므로 정답은 2번이다.

어휘 病(や)み付(つ)き 고질이 됨

정답 2

06 ここは ＿＿ ＿＿ ＿★＿ ＿＿ もあるが、研究に専念できる環境は整っている。

1 山奥の　2 不便なところ
3 いろいろ　4 こととて

단어 바르게 배열하기 ★★

문장 배열 ここは 山奥の(1) こととて(4) いろいろ(3) 不便なところ(2) もあるが、研究に専念できる環境は整っている。

해석 이곳은 깊은 산속이기 때문에 여러 가지 불편한 점도 있지만 연구에 전념할 수 있는 환경은 잘 갖추어져 있다.

정답 찾기 이유를 나타내는 4번 ～こととて(～이라서, ～이므로)는 명사の에 접속되므로 1-4이 되어야 하고 명사인 2번은 조사 ～も가 있는 마지막 칸에 넣어주면 된다. 마지막으로 부사 3번을 な형용사인 2번을 수식하게 해서 전체적으로 나열하면 1-4-3-2이므로 정답은 3번이다.

복습 꼭! ～こととて(～이라서, ～이므로)

어휘 山奥(やまおく) 깊은 산속 | 研究(けんきゅう) 연구 | 専念(せんねん) 전념 | 環境(かんきょう) 환경 | 整(ととの)う 형태가 갖추어지다, 정돈되다

정답 3

07 人間には誰でも保守的なところがあり、とかく ＿＿ ＿＿ ＿★＿ ＿＿ きらいがある。

1 がちとなる　2 の対応が
3 変化へ　4 遅れ

단어 바르게 배열하기 ★★

문장 배열 人間には誰でも保守的なところがあり、とかく 変化へ(3) の対応が(2) 遅れ(4) がちとなる(1) きらいがある。

해석 인간에게는 누구라도 보수적인 면이 있어 자칫하면 변화에 대한 대응이 늦어지기 쉬운 경향이 있다.

정답 찾기 1번 ～がち(～하기 십상이다)는 동사 ます형에 접속되므로 4-1가 되어 ～きらいがある(～하는 경향이 있다)가 있어 동사의 보통형이 필요한 마지막 칸에 들어가면 된다. 앞에 명사가 필요한 2번을 3번과 짝지어 전체적으로 나열하면 3-2-4-1이 되므로 정답은 4번이다.

복습 꼭! ～がち(～하기 십상이다) / ～きらいがある(～하는 경향이 있다)

어휘 保守的(ほしゅてき)だ 보수적이다 | とかく 자칫 | 変化(へんか) 변화 | 対応(たいおう) 대응 | 遅(おく)れる 늦다

정답 4

첫째마당 | 총정리 적중 예상 문제 ②

문제 다음 문장의 (　　　)에 들어갈 가장 알맞은 말을 1·2·3·4 중에서 하나를 고르세요.

01 不況の影響で一部遅れている(　　　)、多くの企業が工場の自動化を進めている。

1 ことだから　　2 とはいえ

3 どころか　　4 からには

적절한 기능어 찾기 ★★★

해석 불황의 영향으로 일부 늦어지고는 있(**지만**) 많은 기업이 공장의 자동화를 진행하고 있다.

정답 찾기 이 문제는 접속형태에 특징적인 부분이 없으므로 문맥을 통해 접근해야 하는데 공란 앞에는 늦어지고 있다가 나오고 뒤에는 자동화가 진행되고 있다는 서로 상반되는 내용이 나오므로 선택지 중에서 유일하게 역접을 나타내는 2번이 정답이 된다.

오답분석 1번은 ～ 때문에, 3번은 ～은커녕, 4번은 ～한 이상 이라는 의미로 문맥상 정답이 될 수 없다.

복습 꼭! ～とはいえ(～라고는 해도, ～이긴 하지만)

어휘 不況(ふきょう) 불황 | 影響(えいきょう) 영향 | 企業(きぎょう) 기업 | 工場(こうじょう) 공장 | 自動化(じどうか) 자동화 | 進(すす)める 진행하다

정답 2

02 本来なら詳しく説明(　　　)、時間がなくてとりあえず用件だけ伝えておいた。

1 したとしても　　2 したつもりはないが

3 するにかかわらず　　4 するべきところを

적절한 기능어 찾기 ★★★

해석 원래라면 상세하게 설명(**해야 하는데**) 시간이 없어서 우선 용건만을 전해 두었다.

정답 찾기 本来なら(원래라면)가 중요한 힌트인 문제이다. 문제의 논리상 상세한 설명을 했어야 했지만 시간상 간단히 말했다는 의미이므로 통상의 방식이나 예상에 반하는 행위를 할 때 사용하는 ～ところを(～한데, ～인데)가 사용된 4번이 정답이 된다.

오답분석 1번은 ～했다고 해도, 2번은 ～한 기억은 없지만, 3번은 ～하는 것에 관계없이 라는 의미가 되므로 문맥상 정답이 아니다.

복습 꼭! ～ところを(～한데, ～인데)

어휘 本来(ほんらい) 본래 | 詳(くわ)しい 상세하다 | とりあえず 우선 | 用件(ようけん) 용건 | 伝(つた)える 전하다

정답 4

03 税金は国民の義務ではあるが、(　　　)少しでも節税したいのは誰しもが思うところだろう。

1 払わずにすむほどだから

2 払わずにいることだから

3 払わずにいてもよくて

4 払わずにすむものなら

의미적 호응관계 파악하기 ★★★

해석 세금은 국민의 의무이지만 **(내지 않아도 된다면)** 조금이라도 절세하고 싶은 것은 누구나 생각하는 것일 것이다.

정답 찾기 세금에 관한 내용으로 후문의 ～たい를 통해 핵심은 세금을 안 낼 수만 있으면 안 내고 싶다는 의미이므로 실현이 어려운 일에 대한 희망을 나타낼 때 사용하는 ～ものなら(~할 수 있으면)가 사용된 4번이 정답이 된다. 참고로 ～ずにすむ・～ないですむ는 ~하지 않고서 해결되다, ~하지 않고서 끝나다는 의미이다.

오답분석 1번은 내지 않아도 될 정도이기 때문에, 2번은 내지 않고 있기 때문에, 3번은 내지 않고 있어도 되기 때문에 라는 의미가 되므로 문맥상 정답이 아니다.

복습 꼭! ～ものなら(~할 수만 있으면)

어휘 税金(ぜいきん) 세금 | 国民(こくみん) 국민 | 義務(ぎむ) 의무 | 節税(せつぜい) 절세 | 誰(だれ)しも 누구나

정답 4

04 一日の出来事を振り返ってみるために、日記を書こうと思ったことは何度もあるが、いつも三日坊主でやめてしまう(　　　)だ。

1 思い　　2 考え

3 始末　　4 見込み

적절한 기능어 찾기 ★★★

해석 하루의 일을 되돌아보기 위해서 일기를 쓰려고 생각한 적은 몇 번이나 있지만 항상 작심삼일로 그만두어 버리는 **(형편)**이다.

정답 찾기 선택지는 모두 명사이므로 문맥을 통해 정답을 찾을 수 밖에 없는데 화자가 여러 번 일기를 쓰려고 했지만 결국 작심삼일로 포기한다는 의미가 되어야 하므로 여러 과정을 거쳐 결국 나쁜 결과가 된다고 말할 때 사용하는 3번이 정답이다.

오답분석 1번 思い는 생각, 느낌, 기분 2번 考え는 사고, 판단, 의사 4번 見込み는 예상, 전망, 가망이라는 의미로 문맥상 정답이 될 수 없다.

복습 꼭! ～始末(しまつ)だ(~하는 꼴이다, ~라는 형편이다)

어휘 出来事(できごと) 사건, 일 | 振(ふ)り返(かえ)る 돌아다보다 | 三日坊主(みっかぼうず) 작심삼일

정답 3

05 完成まであともう少しの報告書が、パソコンの操作ミスで消えたときの絶望感(　　　)。

1 といったらない　　2 ともかぎらなかった

3 にすぎなかった　　4 ほどのことではない

의미적 호응관계 파악하기 ★★★

해석 완성까지 얼마 남지 않은 보고서가 컴퓨터를 잘못 조작해서 지워졌을 때의 절망감**(은 이루 말할 수 없었다)**.

정답 찾기 문맥을 살펴보면 거의 완성된 자료가 지워졌기 때문에 매우 절망했다가 되어야 함을 알 수 있으므로 화자의 감정이나 정도를 강조하여 최고로 ~하다고 말할 때 사용하는 1번이 정답이 되어야 한다.

오답분석 2번 ～とも限(かぎ)らない는 ~라고도 할 수 없다. 3번 ～に過(す)ぎない는 ~에 불과하다 4번 ～ほどのことではない는 ~정도의 일은 아니다는 의미이므로 문맥상 정답이 아니다.

복습 꼭! ～といったらない(매우 ~하다)

어휘 完成(かんせい) 완성 | 報告書(ほうこくしょ) 보고서 | 操作(そうさ) 조작 | 絶望感(ぜつぼうかん) 절망감

정답 1

06 兄にひきかえ、弟は勝手に物事を決め付けてすぐ諦める(　　　)がある。

1 おかげ　　2 きっかけ
3 きらい　　4 むけ

적절한 기능어 찾기 ★★

해석 형과는 반대로 동생은 제멋대로 매사를 단정 짓고 바로 포기하는 **(경향)**이 있다.

정답 찾기 공란 뒤의 ～がある만으로도 정답을 예측할 수 있지만 문맥을 통해 확인해 보면 동생을 형과 비교하면서 형과는 상반되는 동생의 나쁜 점을 말하고 있으므로 좋지 않은 경향을 나타낼 때 사용하는 3번이 정답이 된다.

오답분석 1번은 덕분, 덕택, 2번은 계기, 동기, 4번은 대상 이므로 문맥적으로도 맞지 않지만 일반적으로 ～がある와 함께 사용되는 경우는 없다.

복습 꼭! ～きらいがある(～하는 경향이 있다)

어휘 ～にひきかえ(て) ~와는 반대로, ~와는 달리 | 勝手(かって)に 제멋대로 | 物事(ものごと) 사물 | 決(き)め付(つ)ける 단정하다 | 諦(あきら)める 단념하다

정답 3

07 今回のご宿泊、快適にお過ごしいただけたようで、私どもと致しましても嬉しい(　　　)ございます。

1 限りを　　2 ばかりか
3 ばかりの　　4 限りで

적절한 기능어 찾기 ★★

해석 이번 숙박은 쾌적하게 지내신 것 같아서 저희들로서도 **(매우 기쁩니다)**.

정답 찾기 문맥을 살펴보면 결국 매우 기쁘다는 의미가 되어야 함을 알 수 있으므로 주로 감정의 형용사와 함께 강조할 때 사용하는 4번이 정답이 된다. 참고로 조동사 ～だ(~이다) 부분을 더 정중하게 표현하기 위해서 ～でござる(~입니다)를 사용한 것에 불과하므로 혼동하지 않도록 해야 한다.

오답분석 2번은 ~뿐만 아니라, 3번은 ~만의 라는 의미로 문맥상 맞지 않으며 1번은 사용하지 않는 형태이므로 정답이 아니다.

복습 꼭! ～限(かぎ)りだ(너무 ~하다, 최고로 ~하다)

어휘 宿泊(しゅくはく) 숙박 | 快適(かいてき)に 쾌적하게 | 私(わたくし)ども 저희들 | 嬉(うれ)しい 기쁘다

정답 4

문제 다음 문장의 ___★___에 들어갈 가장 알맞은 말을 1·2·3·4 중에서 하나를 고르세요.

01 この遊牧民の少女は ___ ___ ★ ___ 追われ、まともな教育も受けられずに忙しい日々を過ごしている。

1 家の手伝いに　　2 学校に行きたい
3 ながらも　　4 と切実に願い

단어 바르게 배열하기 ★★★

문장 배열 この遊牧民の少女は 学校に行きたい(2) と切実に願い(4) ながらも(3) 家の手伝いに(1) 追われ、まともな教育も受けられずに忙しい日々を過ごしている。

해석 이 유목민 소녀는 학교에 가고 싶다고 간절히 바라면서도 집안 심부름에 쫓겨 제대로 된 교육도 받지 못하고 바쁜 나날을 보내고 있다.

정답 찾기 먼저 내용을 나타낼 때 사용하는 4번의 조사 ～と(~라고) 앞에는 종지형이 와야 하므로 2-4가 되고 예상과 다른 실제의 사실을 나타내는 3번은 동사의 경우 ます형에 접속되므로 4번과 짝이 되어야 하고 마지막으로 1번은 ～に追(お)われる(~에 쫓기다)

가 되도록 마지막 칸에 넣어 전체적으로 나열하면 2-4-3-1이므로 정답은 3번이다.

복습 꼭! ～ながらも(~하면서도)

어휘 遊牧民(ゆうぼくみん) 유목민 | 少女(しょうじょ) 소녀 | 切実(せつじつ)に 절실하게 | 願(ねが)う 바라다 | まともだ 정상이다, 착실하다 | 教育(きょういく) 교육

정답 3

---

02 店の前はイベントで新米が収穫されるこの時期に____ ____ ★ ____のお客でいっぱいだった。

1 とあって
2 無料で試食できる
3 朝から開店待ち
4 美味しい新米を

단어 바르게 배열하기 ★★★

문장 배열 店の前はイベントで新米が収穫されるこの時期に 美味しい新米を(4) 無料で試食できる(2) とあって(1) 朝から開店待ち(3) のお客でいっぱいだった。

해석 가게 앞은 이벤트로 햅쌀이 수확되는 이 시기에 맛있는 햅쌀을 무료로 시식할 수 있다고 해서 아침부터 개점을 기다리는 손님들로 가득했다.

정답 찾기 특별한 상황에 대한 이유를 나타내는 1번은 명사인 3번에도 붙을 수 있으나 내용상 2번과 짝이 되는 것이 적당하며 동시에 목적어로서 4번을 취하여 4-2-1이 되어야 한다. 마지막으로 명사가 필요한 마지막 칸에 3번을 넣어 전체적으로 나열하면 4-2-1-3이 되므로 정답은 1번이다.

복습 꼭! ～とあって(~라서, ~라고 해서)

어휘 新米(しんまい) 햅쌀 | 収穫(しゅうかく)する 수확하다 | 時期(じき) 시기 | 試食(ししょく) 시식 | 開店(かいてん) 개점

정답 1

---

03 失敗してもよいという意識を持った経営陣と____ ____ ★ ____革新を生み出すことができるのではないだろうか。

1 あればこそ
2 の信頼関係が
3 自律した開発チームと
4 試行錯誤を通じて

단어 바르게 배열하기 ★★★

문장 배열 失敗してもよいという意識を持った経営陣と 自律した開発チームと(3) の信頼関係が(2) あればこそ(1) 試行錯誤を通じて(4) 革新を生み出すことができるのではないだろうか。

해석 실패해도 괜찮다는 의식을 가진 경영진과 자율적인 개발팀과의 신뢰관계가 있기 때문에 시행착오를 통해서 혁신을 가져올 수 있는 것은 아닐까.

정답 찾기 우선 1번은 동사 ある와 이유를 나타내는 ～ばこそ(~때문에, ~이니까)가 합쳐진 형태이므로 주어로 ～が가 있는 2번을 취해야 하고 동시에 2번은 앞에 명사가 필요하므로 3번과 짝이 되면 된다. 마지막으로 논리상 4번을 마지막 칸에 넣어 나열하면 3-2-1-4가 되므로 정답은 1번이다.

복습 꼭! ～ばこそ(~ 때문에, ~이니까)

어휘 失敗(しっぱい)する 실패하다 | 意識(いしき) 의식 | 経営陣(けいえいじん) 경영진 | 自律(じりつ) 자율 | 開発(かいはつ) 개발 | 信頼(しんらい) 신뢰 | 試行錯誤(しこうさくご) 시행착오 | ～を通(つう)じて ~을 통해서 | 革新(かくしん) 혁신 | 生(う)み出

(だ)す 낳다, 새로 만들어 내다

정답 1

04 インターネットはその匿名性と ＿＿ ＿＿ ★ ＿＿ 様々な問題が発生している。

1 個人の名誉を侵害したり

2 情報発信の容易さから

3 人権にかかわる

4 差別的な表現を使ったりするなど

단어 바르게 배열하기 ★★

문장 배열 インターネットはその匿名性と 情報発信の容易さから(2) 個人の名誉を侵害したり(1) 差別的な表現を使ったりするなど(4) 人権にかかわる(3) 様々な問題が発生している。

해석 인터넷은 그 익명성과 정보발신의 용이함 때문에 개인의 명예를 침해하거나 차별적인 표현을 사용하거나 하는 등 인권에 관련된 다양한 문제가 발생하고 있다.

정답 찾기 N1 문법과 더불어 초급적인 문법이 도움이 되는 경우도 있는데 이 문제에서도 나열하여 서술할 때는 ～たり～たりする(～하거나 ～하거나 하다)를 사용하므로 쉽게 1-4가 됨을 알 수 있다. 그리고 ～と(～와, ～과)가 있는 첫 번째 칸에는 동종의 명사인 2번이 들어가야 하며 문맥상 3번을 마지막 칸에 넣어 명사(問題)를 수식하게 하여 전체적으로 나열하면 2-1-4-3이 되므로 정답은 4번이다.

복습 꼭! ～たり～たりする(～하거나 ～하거나 하다)

어휘 匿名性(とくめいせい) 익명성 | 発信(はっしん) 발신 | 容易(ようい) 용이 | 名誉(めいよ) 명예 | 侵害(しんがい)する 침해하다 | 差別(さべつ) 차별 | 表現(ひょうげん) 표현 | 人権(じんけん) 인권 | 発生(はっせい)する 발생하다

정답 4

05 田中市長は記者会見で今回の事件は極めて悪質で ＿＿ ＿＿ ★ ＿＿ あるため、これから社会規範の厳守を徹底し、信頼回復に努めたいと語った。

1 公務員　　2 行為で

3 あるまじき　　4 として

단어 바르게 배열하기 ★★★

문장 배열 田中市長は記者会見で今回の事件は極めて悪質で 公務員(1) として(4) あるまじき(3) 行為で(2) あるため、これから社会規範の厳守を徹底し、信頼回復に努めたいと語った。

해석 다나카 시장은 기자회견에서 이번 사건은 매우 악질적이고 공무원으로서 해서는 안 되는 행위이기 때문에 앞으로 사회규범을 철저히 엄수하여 신뢰회복에 힘쓰고 싶다고 말했다.

정답 찾기 정형화된 문법인 3번만 알고 있으면 매우 쉽게 해결할 수 있는 문제이므로 절대로 놓쳐서는 안 된다. ～まじき는 주로 명사+として+あるまじき+명사(～로서 해서는 안 되는)로 사용되기 때문에 순서에 맞게 전체적으로 나열하면 1-4-3-2가 된다. 그러므로 정답은 3번이다.

복습 꼭! ～まじき(～해서는 안 되는)

어휘 市長(しちょう) 시장 | 記者会見(きしゃかいけん) 기자회견 | 事件(じけん) 사건 | 極(きわ)めて 극히 | 悪質(あくしつ) 악질 | 公務員(こうむいん) 공무원 | 行為(こうい) 행위 | 規範(きはん) 규범 | 厳守(げんしゅ) 엄수 | 徹底(てってい) 철저 | 信頼(しんらい) 신뢰 | 回復(かいふく) 회복 | 努(つと)める 힘쓰다 | 語(かた)る 말하다

정답 3

06 彼は困難な状況に ＿＿ ＿＿ ★ ＿＿ 最後まで意欲的にチャレンジし、最善の結果を残した。

1 定めた　　2 目標を達成
3 すべく　　4 おいても

단어 바르게 배열하기 ★★★

문장 배열 彼は困難な状況に おいても(4) 定めた(1) 目標を達成(2) すべく(3) 最後まで意欲的にチャレンジし、最善の結果を残した。

해석 그는 곤란한 상황에서도 정한 목표를 달성하기 위해 마지막까지 의욕적으로 도전해 최선의 결과를 남겼다.

정답 찾기 어떤 행위의 목적을 나타내는 3번 すべく(하기 위해)는 するべく와 동일하므로 동사 する가 접속될 수 있는 2번과 짝이 되어야 하고 4번은 첫 번째 칸에 들어가 상황, 장소를 나타내는 ～において(～에서, ～에)가 되어야 한다. 마지막으로 동사인 1번은 명사인 2번을 수식하게 하여 전체적으로 나열하면 4-1-2-3이 되므로 정답은 2번이다.

복습 꼭! ～すべく(～하기 위해) / ～において(～에서, ～에)

어휘 困難(こんなん)だ 곤란하다 | 状況(じょうきょう) 상황 | 定(さだ)める 정하다 | 目標(もくひょう) 목표 | 達成(たっせい) 달성 | 意欲的(いよくてき)に 의욕적으로 | 最善(さいぜん) 최선 | 残(のこ)す 남기다

정답 2

07 試験までもう三日しか ＿＿ ＿＿ ★ ＿＿ どうにもならないだろう。それなら最初からもっと努力すべきだったのだ。

1 いまさら　　2 ないのだから
3 ところで　　4 後悔した

단어 바르게 배열하기 ★★

문장 배열 試験までもう三日しか ないのだから(2) いまさら(1) 後悔した(4) ところで(3) どうにもならないだろう。それなら最初からもっと努力すべきだったのだ。

해석 시험까지 이젠 3일밖에 없기 때문에 이제 와서 후회해봤자 어쩔 수 없을 것이다. 그럴 거라면 처음부터 더 노력했어야 했다.

정답 찾기 3번 ～ところで는 동사 과거형에 접속되어 ～해 봤자, ～해 본들이라는 의미로 사용되므로 4-3이 됨을 쉽게 알 수 있다. 그리고 2번은 첫 번째 칸에 들어가 ～しかない(～밖에 없다)가 되어야 하고 마지막으로 부사인 1번 いまさら(이제 와서, 새삼스럽게)는 문맥상 동사인 4번을 수식하는 것이 적절하므로 전체적으로 나열하면 2-1-4-3이 되어 정답은 4번이다.

복습 꼭! ～ところで(～해 봤자, ～해 본들) / ～しかない(～밖에 없다)

어휘 試験(しけん) 시험 | 後悔(こうかい)する 후회하다 | 努力(どりょく)する 노력하다

정답 4

첫째마당 | 총정리 적 중 예상 문제 ③

문제 다음 문장의 (　　)에 들어갈 가장 알맞은 말을 1・2・3・4 중에서 하나를 고르세요.

01 あのデザイナーは洗練されたイメージからして、幼い頃から美術が(　　)、高校時代までは陸上選手だったという。

1 苦手だったのかと思ったら
2 得意だったのかと思いきや
3 嫌いだろうと思うが
4 好きなこととは思い

의미적 호응관계 파악하기 ★★★

해석 저 디자이너는 세련된 이미지로 보아 어릴 적부터 미술을 **(잘했나 했더니)** 고교시절까지는 육상선수였다고 한다.

정답 찾기 문중의 ~からしては 판단, 추측의 근거(~로 보아, ~로 생각하여)나 예시(~부터가)를 나타내는데 여기서는 문맥상 판단, 추측의 근거를 나타내므로 문맥상 어릴 적부터 미술을 잘했다가 되어야 한다. 그런데 후문을 보면 고교시절까지 육상선수였다는 추측과는 상반되는 사실이 나오므로 A라고 생각했는데 사실은, 의외로 B라고 할 때 사용하는 ~と思いきや가 있는 2번이 정답이다.

오답분석 1번은 ~서툴렀나 했더니, 3번은 싫어할 것이라고 생각하지만, 4번은 좋아하는 일이라고는 생각해 라는 의미가 되므로 문맥상 정답이 아니다.

복습 꼭! ~と思いきや(~라고 생각했더니, ~한 줄 알았는데)

어휘 洗練(せんれん) 세련 | 幼(おさな)い 어리다 | 美術(びじゅつ) 미술 | 得意(とくい)だ 자신 있다 | 陸上選手(りくじょうせんしゅ) 육상선수

정답 2

---

02 この新素材は耐腐食性に優れているので、直接海水を(　　)錆が発生しない。

1 浴びようとも
2 浴びようにも
3 浴びたといえば
4 浴びるにつれて

적절한 기능어 찾기 ★★★

해석 이 신소재는 내부식성이 뛰어나므로 바로 바닷물에 **(닿더라도)** 녹이 발생하지 않는다.

정답 찾기 耐腐食性(내부식성)이란 부식에 강한 것 즉 녹이 잘 슬지 않는다는 의미이므로 바닷물에 닿아도 녹이 슬지 않는다는 논리가 되어야 한다. 그러므로 역접의 가정조건을 나타내는 ~(よ)うとも가 사용된 1번이 정답이 된다.

오답분석 2번은 닿으려고 해도 3번은 닿았다고 하면 4번은 닿음에 따라 라는 의미가 되므로 문맥상 정답이 아니다.

복습 꼭! ~(よ)うとも(~하든, ~하더라도)

어휘 新素材(しんそざい) 신소재 | 耐腐食性(たいふしょくせい) 내부식성 | 優(すぐ)れる 뛰어나다 | 直接(ちょくせつ) 직접 | 海水(かいすい) 바닷물 | 浴(あ)びる 뒤집어쓰다 | 錆(さび) 녹 | 発生(はっせい)する 발생하다

정답 1

---

03 4月の授業日程は下記のとおりですが、今後の情勢次第では、変更を(　　)可能性もあります。

1 言っても過言ではない　2 ものともせずに
3 きっかけにして　4 余儀なくされる

적절한 기능어 찾기 ★★★

해석 4월의 수업일정은 아래와 같습니다만 앞으로의 정세에 따라서는 **(어쩔 수 없이)** 변경이 **(될)** 가능성도 있습니다.

정답 찾기 문맥으로도 알 수 있지만 결정적인 힌트는 ~次第(しだい)では(~에 따라서는)인데 A 상황에 따라 B가 될 가능성이 있다고 할 때 사용하므로 논리적으로 후문은 변경된다가 되어야 하므로 주위의 상황 때문에 어쩔 수 없이 ~한다는 의미인 4번이 정답이 된다.

오답분석 1번은 ～と言っても過言ではない 형태로 ～라고해도 과언이 아니다, 2번은 ～をものともせずに 형태로 ～에도 굴하지 않고, 3번은 ～をきっかけに(して) 형태로 ～을 계기로(해서) 라는 의미이므로 문맥상 정답이 아니다.

복습 꼭! ～を余儀(よぎ)なくされる(어쩔 수 없이 ～하다)

어휘 授業(じゅぎょう) 수업 | 日程(にってい) 일정 | 下記(かき) 하기 | 今後(こんご) 금후 | 情勢(じょうせい) 정세 | 変更(へんこう) 변경 | 可能性(かのうせい) 가능성

정답 4

---

04 現在も国際社会の懸念(　　　)国民の人権を著しく侵害した政治を行っている国がある。

1 をよそに　　2 を皮切りに
3 を限りに　　4 を除いて

적절한 기능어 찾기 ★★★

해석 현재도 국제사회의 걱정**(을 아랑곳하지 않고)** 국민의 인권을 현저하게 침해하는 정치를 하고 있는 국가가 있다.

정답 찾기 명사에 접속되는 문법은 그 명사의 종류가 중요한 단서가 되는 경우가 많다. 이 문제에서도 공란 앞의 懸念(걱정, 근심)을 통해서 주의의 염려, 기대, 충고에도 신경 쓰지 않고 반대의 행위를 할 때 사용하는 1번이 정답임을 알 수 있다.

오답분석 2번은 ～을 시작으로 차례로, 계속해서 3번은 ～을 끝으로 4번은 ～을 제외하고 라는 의미이므로 문맥상 정답이 아니다.

복습 꼭! ～をよそに(～을 아랑곳하지 않고)

어휘 国際(こくさい) 국제 | 懸念(けねん) 걱정, 근심 | 国民(こくみん) 국민 | 人権(じんけん) 인권 | 著(いちじる)しい 현저하다 | 侵害(しんがい)する 침해하다 | 政治(せいじ) 정치 | 行(おこな)う 행하다

정답 1

---

05 現場に配属された当初は知識不足のため、調べ方もわからなければ、先輩に(　　　)何をどう聞けばいいのかもわからなくて大変だった。

1 聞くので　　2 聞かずとも
3 聞こうにも　　4 聞くには

문법적 호응관계 찾기 ★★★

해석 현장에 배속된 초기에는 지식부족으로 알아볼 방법도 모르고 선배님에게 **(물어보려고 해도)** 무엇을 어떻게 물으면 되는지도 몰라 힘들었다.

정답 찾기 긴 문장의 경우 요점만을 파악하면 좀 더 쉽게 해결할 수 있는데 이 문제에서도 공란 뒤의 내용은 결국 聞けなかった가 되기 때문에 동일 동사를 반복적으로 사용하여 ～하려고 해도 ～할 수 없다고 할 때 사용하는 ～(よ)うにも～ない임을 알 수 있으므로 聞く의 청유형인 3번이 정답이 된다.

오답분석 1번은 물으므로, 2번은 묻지 않더라도, 3번은 묻기 위해서는 이라는 의미이므로 문맥상 정답이 아니다.

복습 꼭! ～(よ)うにも～ない(～하려고 해도 ～할 수 없다)

어휘 現場(げんば) 현장 | 配属(はいぞく) 배속 | 当初(とうしょ) 당초 | 知識不足(ちしきぶそく) 지식부족 | 先輩(せんぱい) 선배

정답 3

06 会社は業務の質の向上のために従業員に資格取得を勧めるのが普通で、その資格を取るのが嫌なら（　　　）。

1 転職するはずがない

2 転職するまでのことだ

3 転職したばかりだ

4 転職したに違いない

적절한 기능어 찾기 ★★

해석 회사는 업무의 질을 향상시키기 위해 종업원에게 자격증 취득을 권유하는 것이 일반적이므로 그 자격증을 취득하는 것이 싫으면 **(이직하면 그만이다)**.

정답 찾기 문제의 논리상 회사의 요구가 싫으면 다른 회사로 이직하는 것 이외에는 방법이 없다는 의미이므로 주로 ～たらナ ～なら와 같은 조건문과 함께 사용하는 ～までのことだ가 사용된 2번이 정답이다.

오답분석 1번 ～はずがない는 ～할 리가 없다, 3번 ～たばかりだ는 막 ～했다, 4번 ～にちがいない는 ～임에 틀림없다는 의미로 문맥상 정답이 될 수가 없다.

복습 꼭! ～までのことだ・～までだ(～하면 그만이다, ～뿐이다)

어휘 業務(ぎょうむ) 업무 | 質(しつ) 질 | 向上(こうじょう) 향상 | 従業員(じゅうぎょういん) 종업원 | 資格(しかく) 자격 | 取得(しゅとく) 취득 | 勧(すす)める 권하다 | 普通(ふつう) 보통

정답 2

07 昨日買ったタブレットケースは価格の割には安っぽい感じが（　　　）、非常に機能的なデザインで滑りにくく触り心地も悪くなかった。

1 しないでもないが

2 しなければなるまいが

3 するよりほかはないが

4 することはないが

적절한 기능어 찾기 ★★★

해석 어제 산 태블릿 케이스는 가격에 비해서는 싸구려 느낌이 **(나지 않는 것은 아니지만)** 매우 기능적인 디자인으로 잘 미끄러지지 않고 촉감도 나쁘지 않았다.

정답 찾기 문맥을 살펴보면 상품이 싸구려 느낌이 조금은 나지만 만족한다는 의미이므로 이중부정을 사용해서 조금은 ～하다고 소극적인 판단을 할 때 사용하는 1번이 정답이 된다.

오답분석 2번 ～なければなるまい는 ～하지 않을 수 없을 것이다, 3번 ～よりほかはない는 ～할 수밖에 없다, 4번 ～ことはない는 ～할 필요는 없다는 의미로 문맥상 정답이 될 수 없다.

복습 꼭! ～ないでもない(～하지 않는 것은 아니다, 조금은 ～하다)

어휘 価格(かかく) 가격 | ～割(わり)には ～에 비해서는 | ～っぽい ～스럽다, ～답다 | 非常(ひじょう)に 매우 | 機能的(きのうてき)だ 기능적이다 | 滑(すべ)る 미끄러지다 | 触(さわ)る 만지다 | ～心地(ごこち) ～한 기분

정답 1

문제 다음 문장의 ＿★＿에 들어갈 가장 알맞은 말을 1・2・3・4 중에서 하나를 고르세요.

01 今使っている機械も ＿＿ ＿＿ ＿★＿ ＿＿ 新しいのを開発しようとしているのか理解できない。

단어 바르게 배열하기 ★★★

문장 배열 今使っている機械も 性能は悪くないので(4) 改良して使い続ければ(2) いいものを(3) わざわざ大金をかけて(1) 新しいのを開発しようとしているのか理解できない。

1 わざわざ大金をかけて

2 改良して使い続ければ

3 いいものを

4 性能は悪くないので

해석 지금 사용하고 있는 기계도 성능은 나쁘지 않기 때문에 개량해서 계속 사용하면 될 것을 굳이 거금을 들여서 새로운 것을 개발하려고 하고 있는지 이해가 되지 않는다.

정답 찾기 우선 불만, 아쉬움 등을 나타내는 3번은 주로 가정형과 함께 사용되므로 2-4가 됨을 쉽게 알 수 있다. 그리고 ～ので(～이므로, ～때문에)가 있는 4번은 2번의 앞에 넣어 이유로 삼고 마지막으로 불만과 관련된 내용은 논리적으로 3번 ～ものを 뒤에 등장해야 하므로 전체적으로 나열하면 4-2-3-1이 되어 정답은 3번이다.

복습 꼭! ～ものを(～을 텐데, ～을 것을)

어휘 機械(きかい) 기계 | 性能(せいのう) 성능 | 改良(かいりょう) 개량 | わざわざ 일부러 | 大金(たいきん) 큰돈 | 開発(かいはつ)する 개발하다 | 理解(りかい) 이해

정답 3

02 器用な人は、興味を持って____ ____ ★ ____にある程度できてしまうため、すぐに飽きて別のことに目移りしてしまったりする。

1 器用である

2 やり始めても

3 わりと簡単

4 がゆえに

단어 바르게 배열하기 ★★★

문장 배열 器用な人は、興味を持って やり始めても(2) 器用である(1) がゆえに(4) わりと簡単(3) にある程度できてしまうため、すぐに飽きて別のことに目移りしてしまったりする。

해석 재능 있는 사람은 흥미를 가지고 시작해도 재능이 있기 때문에 비교적 간단하게 어느 정도 할 수 있게 되기 때문에 곧바로 싫증나서 다른 일에 관심이 가 버리거나 한다.

정답 찾기 이유를 나타내는 4번이 접속될 수 있는 형태는 1번뿐이므로 1-4가 되어야 하며 な형용사인 3번은 ～に가 있는 마지막 칸에 넣어 부사의 역할을 하게 하면 된다. 마지막으로 2번은 문맥상 첫 번째 칸에 들어갈 수밖에 없으므로 전체적으로 나열하면 2-1-4-3이 되어 정답은 4번이다.

복습 꼭! ～ゆえに(～때문에)

어휘 器用(きよう)だ 재주가 있다 | 興味(きょうみ) 흥미 | 程度(ていど) 정도 | 飽(あ)きる 싫증나다 | 目移(めうつ)り 눈길이 쏠림

정답 4

03 今どき、手作業で決算書を____ ____ ★ ____ 2週間もあれば出てくるはずなのに2カ月もかかるとは到底理解できない。

1 わけでは

2 大手の企業なら

3 あるまいし

4 作っている

단어 바르게 배열하기 ★★★

문장 배열 今どき、手作業で決算書を 作っている(4) わけでは(1) あるまいし(3) 大手の企業なら(2) 週間もあれば出てくるはずなのに2カ月もかかるとは到底理解できない。

해석 요즘 세상에 수작업으로 결산서를 만드는 것도 아닐 테고 대기업이라면 2주 정도면 나올 텐데 2개월이나 걸리다니 도저히 이해할 수 없다.

정답 찾기 문형의 일부를 끊어서 출제하는 경우도 많으므로 주의해야 한다. 3번은 주로 불만을 나타낼 때 사용하는 ～ではあるまいし의 일부분이므로 1-3이 되어야 하고 동시에 명사인 1번은 동사인 4번에 접속되어야 한다. 그리고 타동사인 4번을 목적격 조사 ～を가 있는 첫 번째 칸에 넣고 마지막 칸에 조건을 나타내는 2번을 넣어 전체적으로 나열하면 4-1-3-2가 되므로 정답은 3번이다.

복습 꼭! ~ではあるまいし(~도 아니고, ~도 아닐 테고)

어휘 今(いま)どき 요즘 | 手作業(てさぎょう) 수작업 | 決算書(けっさんしょ) 결산서 | 大手(おおて) 규모가 큰 | 企業(きぎょう) 기업 | 到底(とうてい) 도저히

정답 3

---

04 小学生の ＿＿ ＿＿ ★ ＿＿ 応援客でいっぱいになる。

1 決勝戦ともなると
2 野球といっても
3 できるくらい
4 臨時の駐車場が

단어 바르게 배열하기 ★★★

문장 배열 小学生の 野球といっても(2) 決勝戦ともなると(1) 臨時の駐車場が(4) できるくらい(3) 応援客でいっぱいになる。

해석 초등학생의 야구라고 해도 결승전이라도 되면 임시 주차장이 생길 정도로 응원객으로 가득 찬다.

정답 찾기 우선 1번은 어느 정도 높은 수준이 되니까 그에 상응하게 ~하다는 의미로 사용하므로 이것을 단서로 전체적인 흐름을 결정하면 된다. 우선 문맥상 명사가 필요한 첫 번째 칸에는 2번이 적당하고 자동사인 3번은 주어로 알맞은 4번과 짝이 되어 마지막 칸에 넣어 응원객의 많음의 정도를 나타내게 하면 된다. 남은 빈칸에 1번을 넣어 전체적으로 나열하면 2-1-4-3이 되므로 정답은 4번이다.

복습 꼭! ~ともなると(~정도 되면, ~라도 되면)

어휘 野球(やきゅう) 야구 | ~といっても ~라고 해도 | 決勝戦(けっしょうせん) 결승전 | 臨時(りんじ) 임시 | 応援客(おうえんきゃく) 응원객

정답 4

---

05 大規模のシステム構築プロジェクトでは ＿＿ ＿＿ ★ ＿＿ ことは困難である。つまり、協力企業の社員は極めて大きな役割を担っているといえよう。

1 成功に導く
2 協力企業の支援が
3 それなくしては
4 不可欠であり

단어 바르게 배열하기 ★★★

문장 배열 大規模のシステム構築プロジェクトでは 協力企業の支援が(2) 不可欠であり(4) それなくしては(3) 成功に導く(1) ことは困難である。つまり、協力企業の社員は極めて大きな役割を担っているといえよう。

해석 대규모 시스템 구축 프로젝트에서는 협력기업의 지원이 불가결해서 그것 없이는 성공으로 이끄는 것은 곤란하다. 즉 협력기업의 사원은 대단히 큰 역할을 담당하고 있다고 말할 수 있을 것이다.

정답 찾기 3번은 ~가 없으면 후문이 실현되지 않는다는 의미로 사용되므로 전체적인 논리의 흐름을 파악하는데 도움이 된다. 즉 여기서도 협력업체가 없으면 성공할 수 없다가 되어야 하므로 2-4로 협력업체의 필요성을 나타내고 전체를 3번의 대명사 それ로 받아 조건을 나타내게 하고 동사인 1번은 마지막 칸에 넣어 명사를 수식하게 하여 전체적으로 나열하면 2-4-3-1이 되어 정답은 3번이다.

복습 꼭! ~なくしては(~없이는, ~가 없으면)

어휘 大規模(だいきぼ) 대규모 | 構築(こうちく) 구축 | 協力(きょうりょく) 협력 | 支援(しえん) 지원 | 不可欠(ふかけつ) 불가결 | 成功(せいこう) 성공 | 導(みちび)く 이끌다 | 困難(こんなん)だ 곤란하다 | 極(きわ)めて 극히 | 役割(やくわり) 역할 | 担(にな)う 짊어지다

정답 3

06 ポータブルスピーカの価格帯は安いものなら1,000円台後半から存在するし、高いものでも ＿＿ ＿＿ ★ ＿＿ と思う。

1 2万円
2 前後といった
3 せいぜい
4 ところだろう

단어 바르게 배열하기 ★★★

문장 배열 ポータブルスピーカの価格帯は安いものなら1,000円台後半から存在するし、高いものでも せいぜい(3) 2万円(1) 前後といった(2) ところだろう(4) と思う。

해석 휴태용 스피커의 가격대는 싼 것이라면 천 엔대 후반부터 있고 비싼 것이라도 기껏해야 2만 엔 정도일 것이라고 생각한다.

정답 찾기 선택지 전체를 먼저 훑어보고 나서 세부적으로 들어가는 것이 좋다. 이 문제에서는 ～といったところだ가 숙지되어 있으면 2번과 4번이 끊어진 형태라는 것을 알 수 있으므로 간단히 2-4로 만들 수 있고 수량명사와 함께 대략 그 정도를 나타내는 前後가 있는 2번은 1번에 접속되어야 하며 마지막으로 정도를 나타내는 부사인 3번을 1번 앞에 두어 전체적으로 나열하면 3-1-2-4가 되어 정답은 2번이다.

복습 꼭! ～といったところだ(～정도이다)

어휘 価格帯(かかくたい) 가격대 | 後半(こうはん) 후반 | 存在(そんざい) 존재 | 前後(ぜんご) 전후

정답 2

---

07 面倒なことが嫌いな僕は最初は ＿＿ ＿＿ ★ ＿＿ 断るわけにはいかなかった。

1 とあれば
2 親友である
3 ためらっていたが
4 彼の頼み

단어 바르게 배열하기 ★★★

문장 배열 面倒なことが嫌いな僕は最初は ためらっていたが(3) 親友である(2) 彼の頼み(4) とあれば(1) 断るわけにはいかなかった。

해석 귀찮은 일을 싫어하는 나는 처음에는 망설였지만 친구인 그의 부탁이라면 거절할 수는 없었다.

정답 찾기 특별한 사정, 이유를 들어 말할 때 사용하는 1번은 2번과 4번에 붙을 수 있으나 문맥상 4번과 짝이 되어야 하고 2번은 명사인 4번을 수식하게 하면 된다. 마지막으로 3번은 조사 ～は(~은, 는)가 있는 첫 번째 칸에 넣어 술어의 역할을 하게 해서 전체적으로 나열하면 3-2-4-1이 되어 정답은 4번이다.

복습 꼭! ～とあれば(~라면)

어휘 面倒(めんどう)だ 귀찮다 | ためらう 망설이다 | 親友(しんゆう) 친구 | 頼(たの)み 부탁 | 断(ことわ)る 거절하다 | ～わけにはいかない ~할 수는 없다

정답 4

둘째마당 | 합격을 위한 필수 문법

시나공 05 대조, 대비, 예시를 나타내는 문법 | 적중 예상 문제

문제 다음 문장의 (　　　)에 들어갈 가장 알맞은 말을 1・2・3・4 중에서 하나를 고르세요.

01 英語が流暢に(　　　)、せめてコミュニケーションが取れるぐらいにはなりたい。

1 話せないまでも
2 話しながら
3 話したかいがあって
4 話せないほど

문법적 호응관계 찾기 ★★★

해석 영어를 유창하게 **(말할 수는 없더라도)** 적어도 의사소통을 할 수 있을 정도는 되고 싶다.

정답 찾기 선택지에 모두 동사가 붙어 있으므로 문맥으로 접근해야 하는 문제이지만 공란 뒤의 부사 せめて(적어도, 최소한)가 결정적인 힌트가 된다. 따라서 최소한의 조건을 나타낼 때 사용하는 ~ないまでも가 있는 1번이 정답이다.

오답분석 2번 ~ながら는 ~하면서, ~하면서도, 3번 ~かいがある는 ~한 보람이 있다, 4번 ~ほど는 ~정도, ~만큼을 의미하므로 문맥상 정답이 아니다.

복습 꼭! ~ないまでも(~하지 않을지언정, ~까지는 아니더라도)

어휘 流暢(りゅうちょう)に 유창하게

정답 1

02 仕事に慣れるまでは、上司に聞く(　　　)先輩に聞く(　　　)して仕事を覚えていくしかあるまい。

1 やら/やら　　2 というか/というか
3 にも/にも　　4 なり/なり

적절한 기능어 찾기 ★★

해석 업무가 익숙해질 때까지는 상사에게 물**(든지)** 선배에게 물**(든지)** 해서 업무를 익혀가는 수밖에 없을 것이다.

정답 찾기 반복적으로 쓰이는 문법을 묻는 문제로 공란 앞에 제시된 사항에 대한 화자의 의도를 파악하는 것이 포인트이다. 여기서는 대상이 누구이든 상관없이 경험자의 도움을 받아 업무를 익혀야 한다는 것을 말하고 있으므로 예시나 동류 중에서 하나를 선택하는 의미를 나타내는 4번이 정답이 된다.

오답분석 1번(~인지 ~인지)은 N1에서는 주로 두 개 이상의 사항을 나열하여 어느 쪽인지 결정하기 어렵다고 말할 때 사용하며, 2번(~랄까 ~랄까)은 사람이나 사물에 대한 평가를 나타낼 때 사용하므로 문맥상 정답이 될 수 없다. 3번은 동사의 기본형에 접속될 경우 목적을 나타내며 반복적으로 사용하지는 않으므로 정답이 아니다.

복습 꼭! ~なり~なり(~든지 ~든지)

어휘 慣(な)れる 익숙해지다 | 上司(じょうし) 상사 | 先輩(せんぱい) 선배 | 覚(おぼ)える 기억하다, 배우다

정답 4

03 昨日買った携帯電話は大きさ(　　　)性能(　　　)、大満足だ。

1 だの/だの　　2 といい/といい
3 とも/とも　　4 なり/なり

적절한 기능어 찾기 ★★

해석 어제 산 휴대 전화는 크기**(로 보나)** 성능으**(로 보나)** 대만족이다.

정답 찾기 문맥을 잘 파악할 필요가 있는데 공란 앞에 제시된 명사는 하나의 주어(휴대 전화)에 관련된 사항으로 화자의 주관적인 평가를 나열하고 있으므로 주로 긍정적인 평가를 나타낼 때 사용하는 2번이 정답이다.

오답분석 1번(~라든가 ~라든가)은 주로 화자의 불만이나 비난 사항을 나열할 때 사용하고 3번(~라고도 ~라고도)은 주로 부정어와 함께 사용하며 4번(~든지 ~든지)은 어느 쪽이든 상관없을 때 사용하므로 문맥상 정답이 아니다.

복습 꼭! ～といい～といい(~로 보나 ~로 보나, ~도 ~도)

어휘 携帯(けいたい) 휴대 | 性能(せいのう) 성능 | 大満足(だいまんぞく)だ 대만족이다

정답 2

---

04 アメリカの失業率は8.8%と高い数字であるが、それ(　　　)わが国の失業率はわずか1.5%にすぎない。

1 のみならず　　2 なくしては
3 はもとより　　4 にひきかえ

적절한 기능어 찾기 ★★

해석 미국의 실업률은 8.8%로 높은 수치이지만 그**(와는 대조적으로)** 우리나라의 실업률은 겨우 1.5%에 불과하다.

정답 찾기 문맥을 잘 파악해야 하는 문제인데 미국은 실업률이 높고 우리나라는 낮다고 말하고 있으므로 서로 대조적인 사항을 들어 대비시킬 때 사용하는 4번이 정답이 된다.

오답분석 1번은 ~뿐만 아니라, 2번은 ~없이는, ~없으면, 3번은 ~은 물론 이라는 의미이므로 문맥상 정답이 아니다.

복습 꼭! ～にひきかえ(~와는 반대로, ~와는 대조적으로)

어휘 失業率(しつぎょうりつ) 실업률 | 数字(すうじ) 숫자 | わずか 불과, 겨우 | ~にすぎない ~에 불과하다, ~에 지나지 않는다

정답 4

문제 다음 문장의 ＿★＿에 들어갈 가장 알맞은 말을 1 · 2 · 3 · 4 중에서 하나를 고르세요.

01 石碑には＿＿ ＿＿ ＿★＿ ＿＿成就しがたいという内容の詩が刻まれていた。

1 それにひきかえ　　2 少年は年を
3 学問はなかなか　　4 取りやすく

단어 바르게 배열하기 ★★

문장 배열 石碑には 少年は年を(2) 取りやすく(4) それにひきかえ(1) 学問はなかなか(3) 成就しがたいという内容の詩が刻まれていた。

해석 비석에는 소년은 늙기 쉽고 그와는 반대로 학문은 좀처럼 성취하기 어렵다는 내용의 시가 새겨져 있었다.

정답 찾기 먼저 2번은 관용표현 年を取る(나이를 먹다)이므로 2-4가 되어야 하고 주로 부정을 수반하는 부사 なかなか(좀처럼)가 있는 3번을 마지막 칸에 넣어야 한다. 마지막으로 1번 ~にひきかえ(~와는 대조적으로, ~와는 반대로)는 앞뒤에 서로 대조되는 내용의 문장이 필요하므로 2-4와 3번 사이에 넣어 전체적으로 나열하면 2-4-1-3이 되어 정답은 1번이다.

복습 꼭! ～にひきかえ(~와는 대조적으로, ~와는 반대로)

어휘 石碑(せきひ) 비석 | 少年(しょうねん) 소년 | ~やすい ~하기 쉽다 | 学問(がくもん) 학문 | 成就(じょうじゅ) 성취 | ~がたい ~하기 어렵다 | 内容(ないよう) 내용 | 詩(し) 시 | 刻(きざ)む 새기다

정답 1

02 あの新入社員は ____ __★__ ____ ____ いい、本当に心強い。

1 責任感と　　2 ぶり

3 といい　　4 仕事

단어 바르게 배열하기 ★★

문장 배열 あの新入社員は 仕事(4) ぶり(**2**) といい(3) 責任感と(1) いい、本当に心強い。

해석 저 신입사원은 일하는 모습으로 보나 책임감으로 보나 정말로 믿음직스럽다.

정답 찾기 3번을 단서로 ～といい～といい (～로 보나 ～로 보나, ～도 ～도)를 묻는 문제임을 알 수 있으므로 먼저 ～と가 있는 1번을 마지막 칸에 넣어야 한다. 그리고 2번 ～ぶり(～모습, ～태도)는 명사에 접속되므로 4-2가 되어 3번 앞에 들어가면 된다. 전체적으로 나열하면 4-2-3-1이 되어 정답은 2번이다.

복습 꼭! ～といい～といい (～로 보나 ～로 보나, ～도 ～도)

어휘 新入社員(しんにゅうしゃいん) 신입사원 | 責任感(せきにんかん) 책임감 | 心強(こころづよ)い 마음 든든하다

정답 2

---

03 社会が高度化、複雑化すればするほど、健康へ ____ ____ __★__ ____ と思う。

1 前にも　　2 高まってくる

3 まして　　4 の関心は

단어 바르게 배열하기 ★★

문장 배열 社会が高度化、複雑化すればするほど、健康へ の関心は(4) 前にも(1) まして(**3**) 高まってくる(2) と思う。

해석 사회가 고도화, 복잡해지면 질수록 건강에 대한 관심은 이전보다 더 높아지리라고 생각한다.

정답 찾기 3번을 통해 ～にもまして(～이상으로, ～보다 더)임을 알 수 있으므로 1-3이 되어야 하고 앞에 명사가 필요한 4번을 첫 번째 칸에 넣고 ～と(～라고)가 있는 마지막 칸에는 보통형이 필요하므로 2번을 넣어야 한다. 전체적으로 나열하면 4-1-3-2가 되어 정답은 3번이다.

복습 꼭! ～にもまして(～이상으로, ～보다 더)

어휘 高度化(こうどか) 고도화 | 複雑化(ふくざつか) 복잡화 | 健康(けんこう) 건강 | 感心(かんしん) 관심 | 高(たか)まる 높아지다

정답 3

---

04 いつも会議のあとは、____ ____ __★__ ____ が染み付いて嫌になる。

1 いわず髪の毛　　2 タバコの臭い

3 といわず　　4 制服と

단어 바르게 배열하기 ★★

문장 배열 いつも会議のあとは、制服と(4) いわず髪の毛(1) といわず(**3**) タバコの臭い(2) が染み付いて嫌になる。

해석 항상 회의가 끝난 후에는 제복이며 머리카락이며 온통 담배 냄새가 배어서 불쾌하다.

정답 찾기 3번은 명사에 접속되어 전체를 의미하는 ～といわず～といわず(～이며 ～이며)의 일부분이므로 4-1-3이 됨을 쉽게 알 수 있다. 마지막으로 주격조사 ～が가 있어 명사가 필요한 마지막 칸에 3번을 넣어 전체적으로 나열하면 4-1-3-2가 되어 정답은 3번이다.

복습 꼭! ～といわず～といわず(～이며 ～이며)

어휘 会議(かいぎ) 회의 | 制服(せいふく) 제복 | 髪(かみ)の毛(け) 머리카락 | 臭(にお)い 냄새 | 染(し)み付(つ)く 배어들다

정답 3

시나공 06 강조, 한정을 나타내는 문법 | 적중 예상 문제

문제 다음 문장의 (　　)에 들어갈 가장 알맞은 말을 1・2・3・4 중에서 하나를 고르세요.

01 どんな小さな成功も努力(　　)。一日でも練習を怠ってはいけない。

1 あるかのようだ　　2 ありがちだ
3 あってのことだ　　4 あっては困る

적절한 기능어 찾기 ★★★

해석 어떤 작은 성공도 노력**(이 있어야 가능한 일이다)**. 하루라도 연습을 게을리 해서는 안 된다.

정답 찾기 선택지에 공통적으로 ある가 있어 뒤에 접속된 부분을 묻는 문제처럼 보이므로 주의해야 한다. 이 문제에서는 공란 앞에 명사가 있으므로 명사에 바로 접속되어 ~가 꼭 필요함을 강조할 때 사용하는 ~あっての(~이 있어야 가능한)가 있는 3번이 정답이다.

오답분석 정답 이외에는 ある가 동사로 사용되고 있으므로 명사에 바로 접속될 수 없어 정답이 아니다. 참고로 문법만 살펴보면 1번 ~かのようだ는 마치 ~같다, 2번 ~がちだ는 ~하기 십상이다, 4번 ~ては困(こま)る는 ~해서는 곤란하다는 의미이다.

복습 꼭! ~あっての(~이 있어야 성립하는, ~이 있어야 가능한)

어휘 成功(せいこう) 성공 | 努力(どりょく) 노력 | 怠(おこた)る 태만히 하다

정답 3

02 大気がなければどんな生物だって一刻(　　)生存することができない。

1 たりとも　　2 ことなく
3 ごとく　　4 とあって

적절한 기능어 찾기 ★★

해석 대기가 없으면 어떤 생물이라도 단 한시**(라도)** 생존할 수 없다.

정답 찾기 공란 앞의 최소단위 조수사 一刻(일각, 한시)가 중요한 힌트가 되므로 쉽게 정답을 찾을 수 있다. 즉 一秒, 一日 등과 같은 최소단위의 조수사와 함께 전면적인 부정을 나타내는 1번이 정답이 된다.

오답분석 2번은 ~하지 않고, 3번은 ~처럼, 4번은 ~라서, ~라고 해서 라는 의미가 되므로 문맥상 정답이 아니다.

복습 꼭! ~たりとも(~라도, 비록 ~일지라도)

어휘 大気(たいき) 대기 | 生物(せいぶつ) 생물 | 一刻(いっこく) 일각, 한시 | 生存(せいぞん) 생존

정답 1

03 この一ヶ月(　　)、ダイエットとは無縁の生活をしていたら、あっという間に60キロ台に逆戻りしてしまった。

1 としては　　2 ともなると
3 というもの　　4 といえば

적절한 기능어 찾기 ★

해석 최근 1개월 **(동안)** 다이어트를 신경 쓰지 않고 생활했더니 눈 깜짝할 사이에 60킬로대로 되돌아가 버렸다.

정답 찾기 공란 앞의 この와 시간, 기간을 나타내는 명사가 중요한 힌트이므로 주로 この 또는 ここ를 수반하여 주관적으로 그 기간, 시간이 길다는 것을 강조할 때 사용하는 3번 ~というもの(무려 ~동안)이 정답이다.

오답분석 1번은 ~로서는, 2번은 ~정도 되면, ~라도 되면, 4번은 ~라고 하면 이라는 의미가 되므로 문맥상 정답이 아니다.

복습 꼭! ~というもの(무려 ~동안)

어휘 無縁(むえん) 무연, 관계가 없음 | 逆戻(ぎゃくもど)りする 제자리로 돌아가다

정답 3

04 当時、多くの戦争孤児たちはまともな服(　　　)与えられず、奴隷のように働かされたという。

1 だけでも　　2 のみも
3 ごとき　　4 すら

적절한 기능어 찾기 ★★

해석 당시 많은 전쟁고아들은 제대로 된 옷**(조차)** 받지 못하고 노예처럼 부려졌다고 한다.

정답 찾기 문맥상 아이들은 가장 기본적인 옷도 제대로 없었다는 것을 말하고 있으므로 극단적인 예를 들어 그 이외에 다른 것들도 동일하다고 말할 때 사용하는 4번 ～すら(~조차, ~도)가 정답임을 알 수 있다.

오답분석 1번은 ~만일지라도, 2번은 ~만이라도, 3번은 ~같은, ~따위 라는 의미이므로 문맥상 정답이 될 수 없다.

복습 꼭! ～すら(~조차, ~도)

어휘 当時(とうじ) 당시 | 戦争(せんそう) 전쟁 | 孤児(こじ) 고아 | 与(あた)える 주다 | 奴隷(どれい) 노예

정답 4

05 食堂などで、となりの席の人の顔をじろじろ見るのは失礼(　　　)。

1 というべきではない
2 極まりない
3 でならない
4 になりかねる

적절한 기능어 찾기 ★★★

해석 식당 등에서 옆자리의 사람의 얼굴을 빤히 쳐다보는 것은 **(매우)** 실례**(된다)**.

정답 찾기 공란 앞의 失礼만으로도 어느 정도 답을 예측할 수 있어야 하는데 危険(위험), 無礼(무례) 등의 부정적인 의미의 な형용사 어간에 접속되어 그 정도가 매우 심한 것을 나타낼 때 사용하는 2번이 정답이 된다.

오답분석 먼저 3번(~해서 어쩔 수가 없다, ~해서 견딜 수가 없다)은 감정이나 감각을 나타내는 단어와 함께 억누를 수 없는 자신의 기분을 나타내므로 우선 제외해야 한다. 그리고 1번은 ~라고 해서는 안 된다, 4번은 ~가 될 수 없다는 의미이므로 정답이 될 수 없다.

복습 꼭! ～極(きわ)まりない(~하기 짝이 없다, 너무 ~하다)

어휘 食堂(しょくどう) 식당 | じろじろ 빤히 | 失礼(しつれい) 실례

정답 2

06 昨日の花火大会では500発(　　　)花火が打ち上げられ、夜空を美しく彩った。

1 だけあって　　2 ならともかく
3 に先立って　　4 からある

적절한 기능어 찾기 ★★

해석 어제 불꽃놀이에서는 500발**(이나 되는)** 폭죽이 쏘아 올려져 밤하늘을 아름답게 수놓았다.

정답 찾기 선택지 중에서 수량명사와 함께 사용하는 문법은 4번뿐이며 문맥을 살펴보면 500이라는 숫자는 정확함을 나타내기 보다는 많음을 표현하기 위해 사용되고 있으므로 수량이 많음을 강조할 때 사용하는 4번이 정답이다.

오답분석 상응하는 정도를 나타내는 1번은 ~인 만큼, ~답게, 2번은 ~라면 몰라도, 3번은 ~에 앞서 라는 의미이므로 문맥상 정답이 아니다.

복습 꼭! ~からある(~이상 되는, ~이나 되는)

어휘 花火大会(はなびたいかい) 불꽃놀이 | 打(う)ち上(あ)げる 쏘아 올리다 | 夜空(よぞら) 밤하늘 | 彩(いろど)る 색칠하다, 꾸미다

정답 4

---

07 僕にできることは全部やった。あとはただ成功を祈る(　　　)。

1 までもない　　2 に決まっている
3 ものか　　4 のみだ

적절한 기능어 찾기 ★★

해석 내가 할 수 있는 일은 전부 했다. 나머지는 **(그저)** 성공을 빌 **뿐이다)**.

정답 찾기 앞 문장과 ただ(단지, 그저)가 정답의 단서를 제공하고 있다. 화자는 자신은 최선을 다했으며 남은 것은 그저 좋은 결과를 기다릴 수밖에 없으므로 ~이외에 방법은 없다고 표현할 때 사용하는 4번 (ただ)~のみだ(그저 ~뿐이다)가 정답이 된다.

오답분석 1번은 ~할 것까지도 없다, 2번은 당연히 ~이다, ~일 것이 틀림없다, 3번은 ~할까보냐, ~하지 않겠다는 의미이므로 문맥상 정답이 아니다.

복습 꼭! (ただ)~のみだ(그저 ~뿐이다)

어휘 成功(せいこう) 성공 | 祈(いの)る 빌다, 기도하다

정답 4

---

08 娘を失った父親の心を想像する(　　　)胸がえぐられるような思いがする。

1 だに　　2 べく
3 なり　　4 次第

적절한 기능어 찾기 ★★

해석 딸을 잃은 아버지의 마음을 상상하는 **(것만으로도)** 가슴이 미어지는 듯한 생각이 들었다.

정답 찾기 공란 앞의 동사 想像する만으로도 어느 정도 정답을 추정할 수 있는데 想像する, 考える, 聞く 등의 일부 제한적인 단어와 함께 ~하는 것만으로도, ~하기만 해도 라고 강조할 때 사용하는 1번 ~だに(~하기만 해도, ~도)가 정답이다.

오답분석 2번은 ~하기 위해, 3번은 ~하자마자, 4번은 ~하는 즉시, ~하는 대로 라는 의미가 되므로 문맥상 정답이 아니다.

복습 꼭! ~だに(~하기만 해도, ~도)

어휘 失(うしな)う 잃다 | 想像(そうぞう)する 상상하다 | えぐる 도려내다, 에다

정답 1

문제 다음 문장의 ＿★＿에 들어갈 가장 알맞은 말을 1·2·3·4 중에서 하나를 고르세요.

01 この時計はデザインは平凡だが、防水性能に＿＿ ＿＿ ＿★＿ ＿＿海の中でも使える。

1 深い　　2 100メートル
3 優れていて　　4 からある

단어 바르게 배열하기 ★★

문장 배열 この時計はデザインは平凡だが、防水性能に優れていて(3) 100メートル(2) からある(4) 深い(1) 海の中でも使える。

해석 이 시계는 디자인은 평범하지만 방수성능이 뛰어나서 100미터 이상 되는 깊은 바다 속에서도 사용할 수 있다.

정답 찾기 먼저 4번 ~からある(~이상 되는, ~이상의)는 수량명사에 접속되므로 2-4가 되어야 하고 3번은 주로 ~に優れる 형태로

사용되는 경우가 많으므로 첫 번째 칸에 들어가야 한다. 마지막으로 뒤에 명사가 필요한 い형용사 1번은 문맥상 2번 보다는 마지막 칸에 들어가는 것이 적절하므로 전체적으로 나열하면 3-2-4-1이 되어 정답은 4번이다.

복습 꼭! ~からある(~이상 되는, ~이상의)

어휘 平凡(へいぼん)だ 평범하다 | 防水(ぼうすい) 방수 | 性能(せいのう) 성능 | 優(すぐ)れる 뛰어나다

정답 4

---

02 彼は昨年、脳硬塞で倒れ、寝たきりで一人では歩く ＿＿ ＿＿ ★ ＿＿ 状態だ。

1 できない　　2 車椅子に乗る
3 ことすら　　4 ことはおろか

단어 바르게 배열하기 ★★

문장 배열 彼は昨年、脳硬塞で倒れ、寝たきりで一人では歩く ことはおろか(4) 車椅子に乗る(2) ことすら(3) できない(1) 状態だ。

해석 그는 작년에 뇌경색으로 쓰러져 거동을 할 수 없는 상태여서 혼자서는 걷는 것은 고사하고 휠체어를 타는 것조차 할 수 없는 상태이다.

정답 찾기 4번은 주로 ~はおろか(~은커녕, ~은 고사하고)+~も+부정문 형태 또는 ~はおろか+~すら+부정문 형태로 사용하므로 순서대로 먼저 4번은 명사가 필요한 첫 번째 칸에 넣고 역시 명사가 필요한 2번 뒤에 3번을 넣으면 된다. 마지막으로 부정인 1번을 제일 뒤에 넣어 전체적으로 나열하면 4-2-3-1이 되므로 정답은 3번이다.

복습 꼭! ~はおろか(~은커녕, ~은 고사하고)

어휘 昨年(さくねん) 작년 | 脳硬塞(のうこうそく) 뇌경색 | 寝(ね)たきり 누워만 있음 | 車椅子(くるまいす) 휠체어 | 状態(じょうたい) 상태

정답 3

---

03 9時発の予定だったが、悪天候で乗り継ぎの飛行機が ＿＿ ＿＿ ★ ＿＿ のみだ。

1 再開を待つ　　2 欠航となり
3 今はただ　　4 運航の

단어 바르게 배열하기 ★★

문장 배열 9時発の予定だったが、悪天候で乗り継ぎの飛行機が 欠航となり(2) 今はただ(3) 運航の(4) 再開を待つ(1) のみだ。

해석 9시 출발 예정이었지만 악천후로 환승 비행기가 결항이 되어 지금은 단지 운항의 재개를 기다릴 뿐이다.

정답 찾기 문미의 ~のみだ를 통해 ただ~のみだ(그저 ~할 뿐이다, 오직 ~할 따름이다)를 묻는 문제임을 알 수 있으므로 먼저 뒤에 명사가 필요한 4번은 의미적으로 1번과 짝이 되는 것이 적절하다. 그러므로 4-1이 되어 동사의 기본형이 필요한 마지막 칸에 들어가야 하고 그 앞에 ただ가 있는 3번을 넣으면 된다. 남은 첫 번째 칸에 2번을 넣어 전체적으로 나열하면 2-3-4-1이 되어 정답은 4번이다.

복습 꼭! ただ~のみだ(그저 ~할 뿐이다, 오직 ~할 따름이다)

어휘 悪天候(あくてんこう) 악천후 | 乗(の)り継(つ)ぎ 갈아탐, 환승 | 欠航(けっこう) 결항 | 運航(うんこう) 운항 | 再開(さいかい) 재개

정답 4

04 田中さんは40年間もの転勤生活の＿＿ ★ ＿＿ ＿＿自宅を持つことができた。

1 60歳に　　2 ようやく
3 あと　　4 して

단어 바르게 배열하기 ★★★

문장 배열 田中さんは40年間もの転勤生活の あと(3) 60歳に(1) して(4) ようやく(2) 自宅を持つことができた。

해석 다나카 씨는 40년간의 전근 생활 후 60세가 되어서 겨우 자신의 집을 가질 수 있었다.

정답 찾기 1번과 4번을 통해 뒤에 주로 ようやく(간신히), やっと(겨우) 등의 부사를 동반해서 횟수나 연령 명사에 붙어 ~이 되어서, ~에 와서 라는 의미를 나타내는 ~にして임을 알 수 있으므로 1-4-2가 되어야 한다. 마지막으로 명사가 필요한 첫 번째 칸에 3번을 넣어 전체적으로 나열하면 3-1-4-2가 되어 정답은 1번이다.

복습 꼭! ~にして(~이 되어서, ~에 와서)

어휘 転勤(てんきん) 전근 | 自宅(じたく) 자택

정답 1

---

05 ここ一週間＿＿ ＿＿ ★ ＿＿毎日嫌な夢を見る。

1 仕事の　　2 もの
3 ストレスのせいか　　4 という

단어 바르게 배열하기 ★★

문장 배열 ここ一週間 という(4) もの(2) 仕事の(1) ストレスの せいか(3) 毎日嫌な夢を見る。

해석 최근 일주일 동안 업무 스트레스 탓인지 매일 나쁜 꿈을 꾼다.

정답 찾기 먼저 2번은 시간이나 기간이 길다는 것을 나타내는 ~というもの(무려 ~동안, ~라는 긴 시간 동안)의 끊어진 형태이므로 4-1이 되어 첫 번째 칸에 들어가야 한다. 나머지는 명사가 필요한 1번 뒤에 3번을 넣어 전체적으로 나열하면 4-2-1-3이 되므로 정답은 1번이다.

복습 꼭! ~というもの(무려 ~동안, ~라는 긴 시간 동안)

어휘 ~せいか ~탓인지, ~때문인지 | 夢(ゆめ) 꿈

정답 1

---

06 彼は不法な要求には＿＿ ★ ＿＿ ＿＿と確固たる信念を示した。

1 妥協する　　2 たりとも
3 気はない　　4 一歩

단어 바르게 배열하기 ★★

문장 배열 彼は不法な要求には 一歩(4) たりとも(2) 妥協する(1) 気はない(3) と確固たる信念を示した。

해석 그는 불법적인 요구에는 조금도(한 발짝도) 타협할 생각은 없다고 확고한 신념을 보였다.

정답 찾기 먼저 2번 ~たりとも(~도, ~라도)는 최소단위 조수사에 접속되므로 4번과 짝을 이루어 4-2가 되어야 한다. 그리고 동사 기본형+気(~할 생각, ~할 마음)가 되도록 1-3으로 짝을 지어 ~と(~라고)가 있어서 보통형이 필요한 마지막 칸에 넣어 전체적으로 나열하면 4-2-1-3이 되므로 정답은 2번이다.

복습 꼭! ~たりとも(~도, ~라도)

어휘 不法(ふほう)だ 불법이다 | 要求(ようきゅう) 요구 | 確固(かっこ)たる 확고한 | 信念(しんねん) 신념 | 示(しめ)す 내보이다

정답 2

07 もともと僕は引っ込み思案の人間で、人前で＿＿ ＿＿ ★ ＿＿恐ろしい。

1 だに　　2 発表する
3 考える　　4 ことなど

단어 바르게 배열하기 ★★

문장 배열 もともと僕は引っ込み思案の人間で、人前で 発表する(2) ことなど(4) 考える(3) だに(1) 恐ろしい。

해석 원래 나는 소극적인 인간이어서 다른 사람들 앞에서 발표하는 일 등은 생각하는 것만으로도 두렵다.

정답 찾기 1번 ～だに(~도, ~조차, ~하기만 해도)는 想像する나 考える 등 제한적인 동사와 함께 사용되므로 3-1이 됨을 쉽게 알 수 있다. 그리고 뒤에 수식할 명사가 필요한 2번은 4번과 짝이 되어 행위가 일어나는 장소를 나타내는 ～で(~에서)가 있는 첫 번째 칸에 넣어 전체적으로 나열하면 2-4-3-1이 되므로 정답은 3번이다.

복습 꼭! ～だに(~도, ~조차, ~하기만 해도)

어휘 もともと 원래 | 引(ひ)っ込(こ)み思案(じあん) 소극적인 성질 | 人前(ひとまえ) 남의 앞 | 発表(はっぴょう)する 발표하다 | 恐(おそ)ろしい 두렵다

정답 3

08 東京で最高のイタリア料理を味えるところは、僕の＿＿ ＿＿ ★ ＿＿と思う。

1 ほかにはない　　2 知っている限りでは
3 をおいて　　4 このレストラン

단어 바르게 배열하기 ★★

문장 배열 東京で最高のイタリア料理を味えるところは、僕の 知っている限りでは(2) このレストラン(4) をおいて(3) ほかにはない(1) と思う。

해석 동경에서 최고의 이탈리아 요리를 맛볼 수 있는 곳은 내가 알고 있는 한은 이 레스토랑을 제외하고서는 없다고 생각한다.

정답 찾기 3번 ～をおいて(~이외에는, ~을 제외하고서는)는 명사에 접속되며 후문에 ほかにはない(이외에는 없다) 등의 부정문이 오므로 4-3-1이 됨을 쉽게 알 수 있다. 마지막으로 주어가 필요한 2번을 주격조사 ～の(~이, ~가)가 있는 첫 번째 칸에 넣어 전체적으로 나열하면 2-4-3-1이 되므로 정답은 3번이다.

복습 꼭! ～をおいて(~이외에는, ~을 제외하고서는)

어휘 最高(さいこう) 최고 | 味(あじ)わう 맛보다 | ～限(かぎ)りでは ~한 바로는, ~하는 한은 | ほかに 이외에, 따로

정답 3

시나공 07 때를 나타내는 문법 | 적중 예상 문제

문제 다음 문장의 (　　)에 들어갈 가장 알맞은 말을 1 · 2 · 3 · 4 중에서 하나를 고르세요.

01 昼の休憩時間に合わせて、昼食後の運動(　　)、周辺道路のボランティア清掃活動に参加してきた。

적절한 기능어 찾기 ★★

해석 점심 휴식시간에 맞춰 점심식사 후 운동 **(삼아)** 주변 도로 자원봉사 청소활동에 참여하고 왔다.

정답 찾기 공란 앞의 운동과 후문의 동작의 관계를 살펴보면 식사 후 운동도 할 겸 봉사활동을 했다는 의미이므로 두 가지 목적을 가지고 어떤 행위를 하는 것을 나타내는 1번이 정답이다.

1 かたがた　　2 くらいでは
3 のみならず　　4 のごとく

오답분석　2번은 ~정도로는, 3번은 ~뿐만 아니라, 4번은 ~와 같이 라는 의미이므로 문맥상 정답이 될 수 없다.

복습 꼭!　~かたがた(~도 겸해서, ~도 할 겸)

어휘　休憩(きゅうけい) 휴게, 휴식 | 昼食(ちゅうしょく) 점심 | 周辺(しゅうへん) 주변 | 道路(どうろ) 도로 | 清掃(せいそう) 청소 | 活動(かつどう) 활동 | 参加(さんか)する 참가하다

정답　1

---

02 ネイルアートに興味を持っている娘は、高校に通う(　　　)ネイルスクールで技術を学んでいる。

1 か否か　　2 がゆえに
3 かたわら　　4 からには

적절한 기능어 찾기 ★

해석　네일 아트에 흥미를 가지고 있는 딸은 고등학교에 다니**(는 한편)** 네일 학원에서 기술을 배우고 있다.

정답 찾기　문맥을 잘 파악해야 하는데 화자의 딸은 현재 고등학생이며 학교를 다니면서 네일 아트도 배우고 있다는 의미이므로 어떤 일을 하면서 한편으로 다른 일을 한다고 주로 직업이나 취미를 나타낼 때 사용하는 3번이 정답이다.

오답분석　1번은 ~할지 않을지, ~인지 아닌지, 2번은 ~ 때문에, ~이니까, 4번 ~한 이상은 이라는 의미가 되므로 문맥상 정답이 아니다.

복습 꼭!　~かたわら(~하는 한편, ~하면서)

어휘　興味(きょうみ) 흥미 | 通(かよ)う 다니다 | 技術(ぎじゅつ) 기술 | 学(まな)ぶ 배우다, 익히다

정답　3

---

03 掃除しても掃除する(　　　)子供がおもちゃを取り出して散らかすので、きりがない。

1 そばから　　2 というより
3 だけあって　　4 とあって

적절한 기능어 찾기 ★★

해석　청소를 해도 청소**(를 하자마자)** 아이가 장난감을 꺼내서 어지럽히므로 끝이 없다.

정답 찾기　문맥을 살펴보면 청소를 해도 곧 아이가 어지럽힌다고 말하고 있으므로 ~해도 곧 다음 일이 일어난다고 일상적이고 반복적인 사항을 나타낼 때 사용하는 1번이 정답이 된다.

오답분석　2번은 ~라고 하기보다, 3번은 ~인 만큼, ~답게, 4번은 ~라고 해서, ~라서 라는 의미이므로 문맥상 정답이 아니다.

복습 꼭!　~そばから(~해도 곧, ~하자마자)

어휘　掃除(そうじ) 청소 | 取(と)り出(だ)す 꺼내다 | 散(ち)らかす 어지르다 | きりがない 끝이 없다

정답　1

---

04 旅行でくたくたになった僕はホテルの部屋に入る(　　　)、ベッドに倒れてそのまま眠ってしまった。

1 ことなしに　　2 につれて
3 寸前に　　4 や否や

적절한 기능어 찾기 ★★

해석　여행으로 녹초가 된 나는 호텔 방에 들어가**(자마자)** 침대에 쓰러져 그대로 잠들어 버렸다.

정답 찾기　선택지의 표현 모두가 동사에 접속될 수 있으므로 문맥을 통해 해결해야 하는데 논리적으로 방에 들어가서 바로 잤다가 되어야 하므로 A가 일어난 직후에 이어서 B가 일어났다고 말할 때 사용하는 4번이 정답이 된다.

오답분석 먼저 2번(~함에 따라서)은 변화를 나타내는 동사나 명사에 접속되므로 제외해야 하고 1번은 ~하지 않고서(는), 3번은 ~하기 직전에 라는 의미이므로 문맥상 정답이 아니다.

복습 꾁! ~や否(いな)や(~하자마자, ~함과 동시에)

어휘 くたくた 녹초가 됨 | 倒(たお)れる 쓰러지다 | 眠(ねむ)る 잠들다

정답 4

---

05 職場の環境改善のための補助金制度は2010年度を(　　　)廃止されたという。

1 限りに　　2 皮切りに
3 よそに　　4 問わず

적절한 기능어 찾기 ★★★

해석 직장의 환경개선을 위한 보조금 제도는 2010년을 **(끝으로)** 폐지되었다고 한다.

정답 찾기 공란 앞의 2010년도와 공란 뒤의 폐지되었다를 통해서 시간을 나타내는 명사에 접속되어 지금까지 계속되던 것이 ~을 끝으로, 마지막으로 중단됨을 나타낼 때 사용하는 1번이 정답임을 알 수 있다.

오답분석 2번 ~を皮切(かわき)りには ~을 시작으로, 3번 ~をよそには ~을 아랑곳하지 않고, 4번 ~を問(と)わずは ~을 불문하고 라는 의미가 되므로 문맥상 정답이 아니다.

복습 꾁! ~を限(かぎ)りに(~을 끝으로, ~을 마지막으로)

어휘 職場(しょくば) 직장 | 環境(かんきょう) 환경 | 改善(かいぜん) 개선 | 補助金(ほじょきん) 보조금 | 制度(せいど) 제도 | 廃止(はいし)する 폐지하다

정답 1

---

06 まさかこんなことになるとは夢にも思わなかったと、生徒は涙(　　　)心境を告白した。

1 こそ　　2 をめぐって
3 どころか　　4 ながらに

적절한 기능어 찾기 ★★★

해석 설마 이런 일이 되리라고는 꿈에도 생각하지 않았다고 학생은 울**(면서)** 심경을 고백했다.

정답 찾기 문맥을 통해서 울면서 말했다가 되어야 한다는 것은 어렵지 않게 파악할 수 있으므로 명사나 동사의 ます형과 함께 ~한 채로, ~한 상태 그대로를 의미하는 4번 ~ながらに가 정답이 된다.

오답분석 1번은 N1에서는 주로 ~こそ~が(~은 ~이지만) 형태로 어떤 사항을 인정하고 그것과는 상반되는 사항을 나타낼 때 사용하므로 제외해야 하고 2번은 ~을 둘러싸고, 3번은 ~은커녕, 고사하고 라는 의미가 되므로 문맥상 정답이 아니다.

복습 꾁! ~ながらに(~한 채로, ~하면서, ~그대로)

어휘 まさか 설마 | 夢(ゆめ) 꿈 | 生徒(せいと) 학생 | 涙(なみだ) 눈물 | 心境(しんきょう) 심경 | 告白(こくはく)する 고백하다

정답 4

---

07 事業に成功して(　　　)、僕は欲しいものは何でも手に入れることができた。

1 ばかりいても　　2 からというもの
3 いないように　　4 いるともかぎらなく

적절한 기능어 찾기 ★★

해석 사업에 성공한 **(후부터)** 나는 원하는 것은 무엇이든 손에 넣을 수가 있었다.

정답 찾기 선택지 모두 동사 ~て형에 접속될 수 있으므로 문맥을 잘 파악해야 하는데 화자가 성공한 후부터 경제적 여유가 생겼다는

의미이므로 어떤 변화의 계기가 된 시점을 나타낼 때 사용하는 2번이 정답이다.

오답분석 1번 ～てばかりいる는 ～하고만 있다, 3번 ～ように는 ～하도록, ～하게끔, 4번 ～ともかぎらない는 ～라고도 할 수 없다는 의미이므로 문맥상 정답이 아니다.

복습 꼭! ～てからというもの(～하고나서부터, ～한 후로)

어휘 事業(じぎょう) 사업 | 成功(せいこう)する 성공하다 | 手(て)に入(い)れる 손에 넣다

정답 2

---

08 人々に大きな衝撃を与えた先月の事件（　　）新興企業の問題点が次々と露呈してきた。

1 にしても　　2 を最後に
3 にあたって　　4 を皮切りに

적절한 기능어 찾기 ★★★

해석 사람들에게 큰 충격을 준 지난달의 사건(**을 시작으로**) 신흥기업의 문제점이 계속해서 드러났다.

정답 찾기 공란 뒤의 부사 次々と(차례차례로, 계속해서)가 중요한 힌트가 되는데 어떤 사건을 시작으로 연이어서 문제점(사건)이 발생한다는 의미이므로 ～을 시작으로, 출발점으로 해서 계속해서, 연이어서 유사한 사건이 일어날 때 사용하는 4번이 정답이 된다.

오답분석 1번은 ～라 치더라도, 해도 2번은 ～을 마지막으로, 끝으로 3번은 ～에 즈음해서, ～을 맞이하여 라는 의미이므로 문맥상 정답이 아니다.

복습 꼭! ～を皮切(かわき)りに(～을 시작으로, ～부터 시작해서)

어휘 衝撃(しょうげき) 충격 | 与(あた)える 주다 | 事件(じけん) 사건 | 新興(しんこう) 신흥 | 企業(きぎょう) 기업 | 次々(つぎつぎ)と 차례차례로, 계속해서 | 露呈(ろてい)する 드러나다

정답 4

문제 2 다음 문장의 ＿★＿에 들어갈 가장 알맞은 말을 1･2･3･4 중에서 하나를 고르세요.

01 あの果樹園は＿＿ ＿★＿ ＿＿ ＿＿ができるので、幼児を持つ地元の母親たちに大好評だ。

1 ミカン　　2 散歩
3 狩り　　4 がてら

단어 바르게 배열하기 ★★

문장 배열 あの果樹園は 散歩(2) がてら(4) ミカン(1) 狩り(3) ができるので、幼児を持つ地元の母親たちに大好評だ。

해석 저 과수원은 산책을 겸해서 귤 따기를 할 수 있으므로 유아를 둔 그 지방의 어머님들에게 대 호평이다.

정답 찾기 먼저 어떤 행위를 할 때 부가적으로 다른 행위를 겸할 때 사용하는 4번 ～がてら는 명사나 동사 ます형에 접속되므로 명사의 경우 일반명사가 아닌 동사성명사에 접속되므로 2-4가 되어야 한다. 3번 역시 명사가 필요한데 직접 현장에 가서 구경하거나 채취하는 것을 의미하므로 1-3이 되어 마지막 칸에 들어가 주어의 역할을 하면 된다. 전체적으로 나열하면 2-4-1-3가 되어 정답은 4번이다.

복습 꼭! ～がてら(～을 겸해서, ～하는 김에)

어휘 果樹園(かじゅえん) 과수원 | ～狩(が)り 감상, 채집하는 일 | 幼児(ようじ) 유아 | 地元(じもと) 그 지방 | 好評(こうひょう) 호평

정답 4

02 人間は ____ ____ ★ ____ 表現ではない。とりわけ短期記憶は繰り返すのが，記憶を定着させる鉄則である。

1 決して大げさな
2 覚えたそばから
3 記憶は時間との戦いといっても
4 忘れていく生き物なので

단어 바르게 배열하기 ★★

문장 배열 人間は 覚えたそばから(2) 忘れていく生き物なので(4) 記憶は時間との戦いといっても(3) 決して大げさな(1) 表現ではない。とりわけ短期記憶は繰り返すのが，記憶を定着させる鉄則である。

해석 인간은 기억해도 곧 잊어버리는 생물이므로 기억은 시간과의 싸움이라고 해도 결코 과장된 표현은 아니다. 특히 단기기억은 반복하는 것이 기억을 정착시키는 철칙이다.

정답 찾기 2번의 ～そばから(～해도 곧, ～하자마자)는 ～해도 곧 같은 일을 반복하는 것에 대한 불만, 비난 등을 나타내므로 외워도 금방 잊어버린다는 논리가 되어야 하기 때문에 2-4가 된다. 그리고 부정문을 수반하는 부사 決して가 있는 1번은 마지막 칸에 넣어야 하고 마지막으로 3번은 문맥상 1번 앞이 적절하므로 전체적으로 나열하면 2-4-3-1이 되어 정답은 3번이다.

복습 꼭! ～そばから(～해도 곧, ～하자마자)

어휘 記憶(きおく) 기억 | 戦(たたか)い 싸움, 전쟁 | 決(けっ)して 결코, 절대로 | 大(おお)げさだ 과장스럽다, 허풍스럽다 | 表現(ひょうげん) 표현 | とりわけ 특히 | 短期(たんき) 단기 | 繰(く)り返(かえ)す 반복하다 | 定着(ていちゃく)する 정착하다 | 鉄則(てっそく) 철칙

정답 3

03 きのう一歳の娘の定期検診に行ったが、白衣姿の ____ ____ ★ ____ 大変だった。

1 泣き出して　　2 否や
3 見るや　　4 先生を

단어 바르게 배열하기 ★★

문장 배열 きのう一歳の娘の定期検診に行ったが、白衣姿の 先生を(4) 見るや(3) 否や(2) 泣き出して(1) 大変だった。

해석 어제 한 살인 딸의 정기검진을 갔는데 흰 가운 차림의 선생님을 보자마자 울음을 터뜨려서 힘들었다.

정답 찾기 비교적 쉬운 유형의 문제인데 어려운 문법일수록 의미보다는 형태를 주의해서 보는 것이 도움이 되는 경우가 많다. 이 문제에서 2번을 단서로 ～や否や(～하자마자)를 묻고 있음을 알 수 있으므로 3-2가 되어야 하고 거의 동시에 일어나는 동작으로 1번이 뒤에 들어가야 한다. 마지막으로 4번을 타동사인 3번의 목적어로 삼고 전체적으로 나열하면 4-3-2-1이 되어 정답은 2번이다.

복습 꼭! ～や否(いな)や(～하자마자)

어휘 定期(ていき) 정기 | 検診(けんしん) 검진 | 白衣(はくい) 흰 가운 | 姿(すがた) 모습 | 泣(な)き出(だ)す 울기 시작하다

정답 2

04 木村選手は、日本ラグビー界のアイコン的存在として ____ ★ ____ ____ に現役を引退すると発表した。

단어 바르게 배열하기 ★★★

문장 배열 木村選手は、日本ラグビー界のアイコン的存在として 活躍してきたが(3) ひざの負傷が完治しないため(2) 2021シーズン(4) を限り(1) に現役を引退すると発表した。

1 を限り

2 ひざの負傷が完治しないため

3 活躍してきたが

4 2021シーズン

해석 기무라 선수는 일본 럭비계의 상징적 존재로서 활약해 왔으나 무릎 부상이 완치되지 않아서 2021시즌을 끝으로 현역에서 은퇴한다고 발표했다.

정답 찾기 먼저 1번은 ～を限(かぎ)りに 형태로 기점을 나타내는 명사와 함께 지금까지 이어져 오던 일을 중단, 끝낸다는 의미이므로 4–1이 되어 마지막 칸에 들어가야 한다. 그리고 3번은 문맥상 첫 번째 칸에 들어가야 하고 마지막으로 2번을 남은 칸에 넣어 이유를 나타내게 하여 전체적으로 나열하면 3–2–4–1이 되어 정답은 2번이다.

복습 꼭! ～を限(かぎ)りに(~을 끝으로, ~을 마지막으로)

어휘 アイコン 상징, 상징물 | 存在(そんざい) 존재 | 活躍(かつやく) 활약 | 負傷(ふしょう) 부상 | 完治(かんち) 완치 | 現役(げんえき) 현역 | 引退(いんたい)する 은퇴하다 | 発表(はっぴょう)する 발표하다

정답 2

---

05 駐車場で何かを食べていた野良猫は ＿＿ ＿＿ ★ ＿＿ 逃げて出した。

1 目が合う　　2 一目散に

3 なり　　4 僕と

단어 바르게 배열하기 ★★

문장 배열 駐車場で何かを食べていた野良猫は 僕と(4) 目が合う(1) なり(3) 一目散に(2) 逃げて出した

해석 주차장에서 뭔가를 먹고 있던 길고양이는 나와 눈이 마주치자마자 쏜살같이 도망쳤다.

정답 찾기 어떤 동작이나 작용이 끝남과 동시에 다른 동작, 작용이 행해짐을 나타내는 3번 ～なり(~하자마자)는 동사 기본형에 접속되므로 1–3이 되어야 한다. 그리고 쏜살같이 라는 의미인 2번은 문맥상 마지막 칸에 들어가는 것이 적절하고 동작의 대상을 나타내는 ～と(~와, ~과)가 있는 4번은 1번 앞이 적절하므로 전체적으로 나열하면 4–1–3–2가 되어 정답은 3번이다.

복습 꼭! ～なり(~하자마자)

어휘 野良猫(のらねこ) 길고양이 | 一目散(いちもくさん)に 쏜살같이 | 逃(に)げ出(だ)す 도망치다

정답 3

---

06 彼女は健康の大切さを ＿＿ ＿＿ ★ ＿＿ 運動を続けている。

1 というもの　　2 自覚してから

3 休むことなく　　4 一日たりとも

단어 바르게 배열하기 ★★

문장 배열 彼女は健康の大切さを 自覚してから(2) というもの(1) 一日たりとも(4) 休むことなく(3) 運動を続けている。

해석 그녀는 건강의 중요함을 자각하고 나서부터 단 하루도 쉬지 않고 운동을 계속하고 있다.

정답 찾기 1번을 단서로 변화의 계기가 된 시점을 나타내는 ～てからというもの(~하고 나서부터)의 끊어진 형태임을 알 수 있으므로 2–1이 되어야 하는데 2번은 타동사이므로 목적어가 있는 첫 번째 칸에 넣어주면 된다. 나머지는 문맥상 쉽게 4–3이 됨을 알 수 있으므로 전체적으로 나열하면 2–1–4–3이 되어 정답은 4번이다.

복습 꼭! ～てからというもの(~하고 나서부터)

어휘 健康(けんこう) 건강 | 自覚(じかく)する 자각하다 | ~たりとも ~도, ~일지라도 | ~ことなく ~하지 않고 | 運動(うんどう) 운동

정답 4

07 鈴木食品会社は新製品を＿＿ ＿＿ ＿★＿ ＿＿へ発売エリアを拡大していくことにした。

1 を皮切りに　2 静岡県
3 全国　4 順次

단어 바르게 배열하기 ★★★

문장 배열 鈴木食品会社は新製品を 静岡県(2) を皮切りに(1) 順次(4) 全国(3) へ発売エリアを拡大していくことにした。

해석 스즈키 식품회사는 신제품을 시즈오카 현을 시작으로 순차적으로 전국으로 발매지역을 확대해 가기로 했다.

정답 찾기 ~을 시작으로 해서 차례차례로 라는 의미를 나타내는 1번은 출발점, 시작점이 될 수 있는 명사가 필요하므로 2-1이 되어야 하고 순서에 따라서 어떤 일을 하는 모양을 나타내는 4번을 뒤에 붙여주면 된다. 마지막으로 동작의 방향을 나타내는 ~へ(~로, ~으로)가 있는 마지막 칸에 3번을 넣어 전체적으로 나열하면 2-1-4-3이 되어 정답은 4번이다.

복습 꼭! ~を皮切(かわき)りに(~을 시작으로, ~부터 시작해서)

어휘 食品(しょくひん) 식품 | 新製品(しんせいひん) 신제품 | 順次(じゅんじ) 순차적으로, 차례차례 | 発売(はつばい) 발매 | 拡大(かくだい)する 확대하다

정답 4

08 核家族化や＿＿ ＿＿ ＿★＿ ＿＿生活スタイルによって保育士の需要は年々増加している。

1 にあって　2 現代社会
3 少子化が進む　4 多様化する

단어 바르게 배열하기 ★★★

문장 배열 核家族化や 少子化が進む(3) 現代社会(2) にあって(1) 多様化する(4) 生活スタイルによって保育士の需要は年々増加している。

해석 핵가족화와 저출산화가 진행되는 현대사회에서 다양화하는 생활스타일로 인해서 보육사의 수요는 해마다 증가하고 있다.

정답 찾기 어떤 특별한 사태나 상황을 나타내는 1번 ~にあっては 명사에 접속하므로 2-1이 되어야 함을 쉽게 알 수 있다. 그리고 각각 명사가 필요한 3, 4번은 문맥에 맞게 3번은 2번을 수식하게 하고 4번은 마지막 칸에 넣으면 된다. 전체적으로 나열하면 3-2-1-4가 되어 정답은 1번이다.

복습 꼭! ~にあって(~에 있어서, ~상황에서)

어휘 核家族化(かくかぞくか) 핵가족화 | 少子化(しょうしか) 저출산화 | 現代(げんだい) 현대 | 多様化(たようか)する 다양화하다 | 保育士(ほいくし) 보육사 | 需要(じゅよう) 수요 | 年々(ねんねん) 해마다 | 増加(ぞうか)する 증가하다

정답 1

둘째마당 | 총정리 적중 예상 문제 ①

문제 다음 문장의 ( )에 들어갈 가장 알맞은 말을 1・2・3・4 중에서 하나를 고르세요.

01 このチームの主将は田中君（　　　）ほかに適任者はいないだろう。

1 をもって　　2 をおいて
3 にあって　　4 につけ

적절한 기능어 찾기 ★

해석 이 팀의 주장은 다나카 군**(을 제외하고서는)** 달리 적임자는 없을 것이다.

정답 찾기 명사의 종류로도 어느 정도 정답을 예측할 수 있지만 문맥을 보면 달리 적임자가 없다고 말하고 있어 다나카 군만이 적임자라고 주장하고 있음을 알 수 있기 때문에 부정문을 수반하면서 주로 사람이나 지역을 나타내는 명사에 붙어 ~뿐이다 라고 높이 평가할 때 사용하는 2번이 정답이다.

오답분석 4번(~때마다)은 주로 동사에 접속되고 명사의 경우 何か, 何事 등 일부 관용적으로만 사용하므로 정답이 아니다. 3번(~에 있어서, ~에서)은 주로 상황이나 장소, 시간 등의 명사에 접속되므로 제외해야 하며 수단, 방법, 이유를 나타내는 1번(~으로, ~으로써, ~때문에)은 문맥상 정답이 아니다.

복습 꼭! ~をおいて(~이외에는, ~을 제외하고는)

어휘 主将(しゅしょう) 주장 | 適任者(てきにんしゃ) 적임자

정답 2

02 小学生の娘は学校から帰ってきて玄関にかばんを置く（　　　）、遊びに行ってしまった。

1 あまり　　2 とすれば
3 なり　　4 次第

적절한 기능어 찾기 ★★★

해석 초등학생인 딸은 학교에서 돌아와 현관에 가방을 놓아두**(자마자)** 놀러가 버렸다.

정답 찾기 먼저 동사의 ます형에 접속되는 4번을 제외하고서 문맥을 살펴보면 화자의 딸이 귀가하자마자 놀러갔다는 것을 말하고 있으므로 A의 행위를 함과 거의 동시에 B가 일어났다는 것을 나타낼 때 사용하는 3번이 정답이 된다.

오답분석 4번 ~次第(しだい)(~하는 대로 곧)는 동사의 ます형에 접속되므로 정답에서 제외해야 하고 1번은 ~한 나머지, 2번은 ~라고 하면 이라는 의미이므로 문맥상 정답이 아니다.

복습 꼭! ~なり(~하자마자, ~함과 거의 동시에)

어휘 玄関(げんかん) 현관

정답 3

03 企業の情報化への投資は年々増加しており、以前（　　　）情報通信システムへの依存度は高まっている。

1 ならではの　　2 にかけては
3 にもまして　　4 ばかりか

적절한 기능어 찾기 ★★

해석 기업의 정보화에 대한 투자는 해마다 증가하고 있어 이전**(보다 더)** 정보통신 시스템으로의 의존도는 높아지고 있다.

정답 찾기 공란 앞의 以前만으로도 어느 정도 답을 예측할 수 있어야 하는데 주로 과거를 나타내는 명사나 의문사와 함께 ~도 그렇지만 그 이상으로 라고 할 때 사용하는 3번이 정답이다.

오답분석 1번은 ~가 아니고서는 안 되는, ~만의, 2번은 ~으로 말하면, ~에 관해서는, 4번은 ~뿐 아니라는 의미이므로 문맥상 정답이 아니다.

복습 꼭! ~にもまして(~이상으로, ~보다 더)

어휘 情報化(じょうほうか) 정보화 | 投資(とうし) 투자 | 年々(ねんねん) 해마다 | 増加(ぞうか)する 증가하다 | 以前(いぜん) 이전 | 通信(つうしん) 통신 | 依存度(いそんど) 의존도 | 高(たか)まる 높아지다

정답 3

---

04 東京ディズニーの成功の裏には日本(　　　)細かい心配りがあったからこそではないだろうか。

1 ならではの　　2 次第で
3 なしには　　4 ながらに

적절한 기능어 찾기 ★★★

해석 동경 디즈니랜드의 성공 뒤에는 일본**(이기에 가능한)** 세심한 배려가 있었기 때문이 아닐까.

정답 찾기 문맥을 잘 파악해야 하는 문제인데 화자는 성공한 이유가 일본 특유의 세심한 배려 때문이라고 말하고 있으므로 그것만이 가지고 있는 특징이거나 다른 것에서는 불가능하다고 대상을 높게 평가할 때 사용하는 1번이 정답이 된다.

오답분석 먼저 3번(~없이는)은 뒤에 부정문과 함께 사용하므로 제외해야 하고 2번은 ~따라서, 4번은 ~이면서, ~인 채로 라는 의미이므로 문맥상 정답이 아니다.

복습 꼭! ~ならでは(~이 아니고서는 안 되는, ~만의)

어휘 成功(せいこう) 성공 | 裏(うら) 뒤, 뒷면 | 細(こま)かい 자세하다, 세세하다 | 心配(こころくば)り 배려

정답 1

---

05 海へ行ってきたのか、田中さんは顔(　　　)腕(　　　)、真っ赤に日焼けしていた。

1 によらず/によらず
2 というか/というか
3 といわず/といわず
4 においても/においても

적절한 기능어 찾기 ★★

해석 바다에 갔다 왔는지 다나카 씨는 얼굴**(이며)** 팔**(이며)** 전부 새빨갛게 햇볕에 그을려 있었다.

정답 찾기 공란 앞에 제시된 명사들과 문미를 보면 화자가 말하고자 하는 점을 알 수 있는데 온통 햇볕에 탔다는 것을 강조하기 위한 예로서 두 가지 사항을 나열하고 있으므로 전부를 강조할 때 사용하는 3번이 정답이다.

오답분석 1번(~에 상관없이)과 4번(~에 있어서도, ~에서도)은 일반적으로 반복적으로 사용하지 않으며 2번(~랄까 ~랄까)은 사람이나 사물에 대한 평가를 나타낼 때 사용하므로 문맥상 정답이 될 수 없다.

복습 꼭! ~といわず~といわず(~이며 ~이며)

어휘 腕(うで) 팔 | 真(ま)っ赤(か)に 새빨갛게 | 日焼(ひや)け 햇볕에 타는 것

정답 3

---

06 キノコは場所や時期で形が異なり、専門家(　　　)毒キノコを見分けるのが困難とのことで、野生キノコをむやみに食べてはいけない。

1 ですら　　2 ならではの
3 だけに　　4 なりに

적절한 기능어 찾기 ★★

해석 버섯은 장소와 시기에 따라 모양이 달라 전문가**(들조차)** 독버섯을 구분하기 어렵다고 하므로 야생버섯을 함부로 먹어서는 안 된다.

정답 찾기 문맥을 잘 파악할 필요가 있는 문제인데 공란 앞을 보면 専門家(전문가)를 예로 들고 있지만 전문가도 그렇기 때문에 일반인들은 말할 필요도 없이 구분이 불가능하다는 것을 의미하므로 주로 극단적인 예를 들어 그 이외에도 물론이라고 말할 때 사용하는 1번이 정답이다.

오답분석 2번은 ~이 아니고서는 안 되는, ~만의, 3번 ~인 만큼, 4번은 ~나름대로 라는 의미이므로 문맥상 정답이 아니다.

복습 꼭! ~すら・~ですら(~조차도, ~라도)

어휘 時期(じき) 시기 | 異(こと)なる 다르다 | 専門家(せんもんか) 전문가 | 毒(どく) 독 | 見分(みわ)ける 구분하다 | 困難(こんなん) 곤란 | 野生(やせい) 야생 | むやみに 함부로, 터무니없이

정답 1

---

07 責任者はどんな非常時(　　　)も平常心を保つようにせねばならない。

1 によって　　2 にあって
3 とともに　　4 とあって

적절한 기능어 찾기 ★★★

해석 책임자는 어떤 비상시**(에서)**도 평정심을 유지하도록 하지 않으면 안 된다.

정답 찾기 명사에 접속될 경우 명사의 종류가 단서가 되는 경우가 많은데 이 문제에서는 상황을 나타내는 非常時(비상시)가 단서가 된다. 단서를 통해서 접근하면 처한 특별한 사태, 상황, 장소, 입장을 나타낼 때 사용하는 2번 ~にあって(~에 있어서, ~상황에서)가 정답이다.

오답분석 1번은 ~에 의해서, ~로 인해서, ~에 따라서, 3번은 ~와 함께, 4번은 ~라서, ~라고 해서 라는 의미이므로 문맥상 정답이 아니다.

복습 꼭! ~にあって(~에 있어서, ~상황에서)

어휘 責任者(せきにんしゃ) 책임자 | 非常時(ひじょうじ) 비상시 | 平常心(へいじょうしん) 평상심 | 保(たも)つ 가지다, 유지하다

정답 2

문제 다음 문장의 ＿★＿에 들어갈 가장 알맞은 말을 1・2・3・4 중에서 하나를 고르세요.

01 この店は、各地方の美味しい素材と ＿＿ ＿★＿ ＿＿ ＿＿ ローカロリーメニューがたくさんある。

1 ならではの　　2 調理法を
3 日本　　4 駆使した

단어 바르게 배열하기 ★★★

문장 배열 この店は、各地方の美味しい素材と 日本(3) ならではの(1) 調理法を(2) 駆使した(4) ローカロリーメニューがたくさんある。

해석 이 가게는 각 지방의 맛있는 재료와 일본 특유의 조리법을 구사한 저칼로리 메뉴가 많이 있다.

정답 찾기 주로 인물이나 조직, 장소를 높이 평가할 때 사용하는 1번은 '명사+ならではの+명사' 형태로 사용하므로 3-1-2가 됨을 쉽게 알 수 있다. 그리고 타동사인 4번을 목적격 조사 ~を가 있는 2번 뒤에 넣어서 전체적으로 나열하면 3-1-2-4가 되므로 정답은 1번이다.

복습 꼭! ~ならではの(~이 아니고서는 안 되는, ~만의)

어휘 各地方(かくちほう) 각 지방 | 素材(そざい) 소재, 재료 | 調理法(ちょうりほう) 조리법 | 駆使(くし)する 구사하다

정답 1

02 精神的に疲れているときは、＿＿ ＿＿ ★ ＿＿ メンタルのケアになるような活動をしたほうがいい。

1 趣味に没頭する　　2 しばらく旅行に

3 なりして　　4 行くなり

단어 바르게 배열하기 ★★

문장 배열 精神的に疲れているときは、しばらく旅行に(2) 行くなり(4) 趣味に没頭する(1) なりして(3) メンタルのケアになるような活動をしたほうがいい。

해석 정신적으로 지쳐 있을 때는 잠시 여행을 가든지 취미에 몰두하던지 해서 멘탈 케어가 될 수 있는 활동을 하는 편이 좋다.

정답 찾기 선택지를 보면 ～なり～なり(~든지 ~든지)를 묻는 문제임을 쉽게 알 수 있는데 동사의 경우 기본형에 접속되므로 1-3이 되어야 하고 나머지는 旅行に行く가 되도록 2-4로 만들어 주면 된다. 마지막으로 동사 する가 붙을 경우 '～なり～なり＋する'가 되어야 하므로 1-3은 2-4 뒤에 들어가야 한다. 전체적으로 나열하면 2-4-1-3가 되어 정답은 1번이다.

복습 꼭! ～なり～なり(~든지 ~든지)

어휘 精神的(せいしんてき) 정신적 | 趣味(しゅみ) 취미 | 没頭(ぼっとう)する 몰두하다

정답 1

---

03 山本選手は引退後 ＿＿ ＿＿ ★ ＿＿ 全国の地方をまわり野球教室を開いて積極的に活動している。

1 かたわら　　2 として

3 活動する　　4 野球評論家

단어 바르게 배열하기 ★★

문장 배열 山本選手は引退後 野球評論家(4) として(2) 活動する(3) かたわら(1) 全国の地方をまわり野球教室を開いて積極的に活動している。

해석 야마모토 선수는 은퇴 후 야구 평론가로서 활동하는 한편 전국의 지방을 돌며 야구교실을 열어 적극적으로 활동하고 있다.

정답 찾기 접속형태만 기억하면 간단히 나열할 수 있는데 먼저 1번은 동사 기본형이나 명사 の에 접속되므로 3번과 짝이 될 수밖에 없고 2번 ～として(~로서, ~의 자격으로서)는 명사가 필요하므로 4-2가 되어야 한다. 그리고 논리적으로 어떤 입장, 자격으로 행위를 하는 것이기 때문에 3-1 앞에 4-2가 들어가야 한다. 전체적으로 나열하면 4-2-3-1이 되어 정답은 3번이다.

복습 꼭! ～かたわら(~하는 한편, ~하면서)

어휘 選手(せんしゅ) 선수 | 引退(いんたい) 은퇴 | 全国(ぜんこく) 전국 | 地方(ちほう) 지방 | 野球教室(やきゅうきょうしつ) 야구교실 | 積極的(せっきょくてき)に 적극적으로

정답 3

---

04 彼女は ＿＿ ★ ＿＿ ＿＿ 努力で23歳という若さで放送作家としてデビューすることができた。

1 血の滲む　　2 生まれ

3 才能と　　4 ながらの

단어 바르게 배열하기 ★★

문장 배열 彼女は 生まれ(2) ながらの(4) 才能と(3) 血の滲む(1) 努力で23歳という若さで放送作家としてデビューすることができた。

해석 그녀는 타고난 재능과 피나는 노력으로 23살이라는 젊은 나이에 방송작가로서 데뷔할 수 있었다.

정답 찾기 선택지 4번 ～ながらの는 원래의 상태 그대로, ~한 채로 라는 의미로 명사나 동사 ます형에 접속되므로 2-4가 됨과 동시에

~の로 인해 뒤에는 명사인 3번이 와야 한다. 마지막으로 관용표현인 1번은 매우 고생하는 모습을 나타내므로 마지막 칸에 들어가 努力(노력)을 수식하게 하는 것이 자연스럽다. 전체적으로 나열하면 2-4-3-1이 되어 정답은 4번이다.

복습 꼭! ~ながらに・~ながらの(~한 채로, ~하면서, ~그대로)

어휘 才能(さいのう) 재능 | 血(ち) 피 | 滲(にじ)む 번지다, 스미다 | 努力(どりょく) 노력 | 放送作家(ほうそうさっか) 방송작가

정답 4

---

05 (メールで)こうして現在があるのも弊社をご支援 ＿＿ ＿＿ ★ ＿＿ 深くお礼申し上げます。

1 あっての　　2 お客様
3 ことと　　4 くださった

단어 바르게 배열하기 ★★★

문장 배열 こうして現在があるのも弊社をご支援 くださった(4) お客様(2) あっての(1) ことと(3) 深くお礼申し上げます。

해석 (메일에서) 이렇게 현재가 있는 것도 저희 회사를 지원해주신 손님 여러분들이 있었기에 가능한 일이므로 깊이 감사의 말씀을 드립니다.

정답 찾기 먼저 필요 불가결함을 나타내는 1번은 앞뒤에 명사가 필요하므로 간단히 2-1-3으로 나열할 수 있다. 그리고 마지막으로 4번 くださる는 ご+명사+くださる(~해 주시다)가 되도록 첫 번째 칸에 넣어 전체적으로 나열하면 4-2-1-3이 되므로 정답은 1번이다.

복습 꼭! ~あっての(~가 있어야 성립하는, ~이 있어서 가능한)

어휘 現在(げんざい) 현재 | 弊社(へいしゃ) 폐사, 자기 회사의 겸칭 | 支援(しえん) 지원 | 深(ふか)い 깊다 | お礼(れい) 감사의 인사, 선물 | 申(もう)し上(あ)げる 言う의 겸양어

정답 1

---

06 今年こそ、禁煙 ＿＿ ＿＿ ★ ＿＿ 以下に減らすつもりだ。

1 まではしない　　2 せめて
3 本数でも半分　　4 までも

단어 바르게 배열하기 ★★★

문장 배열 今年こそ、禁煙 まではしない(1) までも(4) せめて(2) 本数でも半分(3) 以下に減らすつもりだ。

해석 올해야 말로 금연까지는 하지 않더라도 적어도 개수라도 반 이하로 줄일 작정이다.

정답 찾기 4번을 단서로 ~ないまでも를 묻는 문제임을 알 수 있으므로 1-4가 되어야 하고 기준 미만을 나타내는 以下가 있는 마지막 칸에는 명사가 필요하므로 3번을 넣어주고 마지막으로 부사인 2번 せめて(적어도, 최소한)는 문맥상 3번 앞이 적절하므로 전체적으로 나열하면 1-4-2-3이 되어 정답은 2번이다.

복습 꼭! ~ないまでも(~하지 않을지언정, ~까지는 아니더라도)

어휘 ~こそ ~야말로 | 禁煙(きんえん) 금연 | 本数(ほんすう) 개수 | 半分(はんぶん) 반 | 減(へ)らす 줄이다

정답 2

07 小学校からずっと野球一筋だった木村選手は ＿＿ ＿＿ ★ ＿＿ と表明した。

1 限りに　　2 引退する
3 今シーズンを　　4 記者会見を開き

단어 바르게 배열하기 ★★★

문장 배열 小学校からずっと野球一筋だった木村選手は 記者会見を開き(4) 今シーズンを(3) 限りに(1) 引退する(2) と表明した。

해석 초등학교 때부터 줄곧 야구만 해 온 기무라 선수는 기자회견을 열어 이번 시즌을 끝으로 은퇴한다고 표명했다.

정답 찾기 먼저 중단이나 끝난 기점을 나타내는 1번은 ～を限りに 형태로 사용되므로 3번과 짝이 되어야 하고 뒤에는 끝, 종결을 의미하는 2번이 와야 한다. 마지막으로 행위가 이루어지는 장소인 4번을 제일 앞에 넣어 전체적으로 나열하면 4-3-1-2가 되어 정답은 1번이다.

복습 꼭! ～を限(かぎ)りに(～을 끝으로, ～을 마지막으로)

어휘 小学校(しょうがっこう) 초등학교 | 一筋(ひとすじ) 외곬, 일편단심 | 記者会見(きしゃかいけん) 기자회견 | 引退(いんたい)する 은퇴하다 | 表明(ひょうめい)する 표명하다

정답 1

둘째마당 | 총정리 적중 예상 문제 ②

문제 다음 문장의 (　　　)에 들어갈 가장 알맞은 말을 1 · 2 · 3 · 4 중에서 하나를 고르세요.

01 調査によると、団体旅行は2010年から18年にかけて減少しているの(　　　)、家族、友人と旅行する小単位の旅行は増加してきたそうだ。

1 にわたって　　2 にひきかえ
3 に先立ち　　4 にそって

적절한 기능어 찾기 ★★★

해석 조사에 의하면 단체여행은 2010년부터 18년에 걸쳐 감소하고 있는 것**(과 반대로)** 가족이나 친구와 여행하는 소단위의 여행은 증가했다고 한다.

정답 찾기 문맥을 살펴보면 공란을 기준으로 앞에는 단체여행의 감소 뒤에는 소단위 여행의 증가와 같이 서로 대조적인 사항을 대비시켜 비교하고 있음을 알 수 있으므로 정답은 2번이 된다.

오답분석 1번 ～にわたって는 ～에 걸쳐서, ～동안, 3번 ～に先立(さきだ)ち는 ～에 앞서, 4번 ～に沿(そ)って는 ～에 따라 라는 의미이므로 문맥상 정답이 아니다.

복습 꼭! ～にひきかえ(～와는 반대로, ～와는 대조적으로)

어휘 ～によると ～에 의하면 | 団体(だんたい) 단체 | ～から～にかけて ～부터 ～에 걸쳐서 | 減少(げんしょう)する 감소하다 | 小単位(しょうたんい) 소단위 | 増加(ぞうか)する 증가하다

정답 2

02 雨の日にレインコートで電車に乗ってそのまま座っている人を見かけるが、(　　　)極まりない行為であると思う。

1 非常識の　　2 非常識な
3 非常識に　　4 非常識

적절한 기능어 찾기 ★★★

해석 비오는 날에 비옷을 입은 채로 전차를 타고서 그대로 앉아 있는 사람을 가끔 보게 되는데 너무 **(비상식)**적인 행위라고 생각한다.

정답 찾기 선택지를 보면 동일 단어가 있으므로 접속형태를 묻는 가장 쉬우면서도 어려운 유형의 문제임을 알 수 있는데 공란 뒤에 있는 정도가 매우 높음을 나타내는 ～極(きわ)まりない는 부정적인 의미의 な형용사 어간에 접속되므로 정답은 4번이 된다.

복습 꼭! ～極(きわ)まりない(～하기 짝이 없다, 너무 ～하다)

어휘 見(み)かける 가끔 보다, 눈에 뛰다 | 非常識(ひじょうしき) 비상식임 | 行為(こうい) 행위

정답 4

---

03 世界的に有名なイギリスの劇作家の最高傑作である「探偵物語」が、来年1月より東京公演(　　　)全国7都市で上演される。

1 を皮切りに　　2 をもって
3 を受けて　　4 を最後に

적절한 기능어 찾기 ★★★

해석 세계적으로 유명한 영국 극작가의 최고 걸작인 '탐정 이야기'가 내년 1월부터 동경공연을 시작으로 전국 7개 도시에서 상연된다.

정답 찾기 선택지 모두 명사에 접속될 수 있으므로 문맥을 통해서 해결해야 하는데 일본에서의 공연은 제일 먼저 동경에서 하고나서 이어서 전국 7개 도시에서도 동일하게 상연된다는 의미이므로 연속적으로 일어나는 어떤 일의 기점, 시작점을 나타내는 1번이 정답이 된다.

오답분석 2번은 ～으로, ～로써, 3번은 ～의 영향으로, ～에 따라서, 4번은 ～을 마지막으로, 끝으로 라는 의미이므로 문맥상 정답이 될 수 없다.

복습 꼭! ～を皮切(かわき)りに(～을 시작으로, ～부터 시작해서)

어휘 劇作家(げきさっか) 극작가 | 傑作(けっさく) 걸작 | 探検(たんけん) 탐험 | 公演(こうえん) 공연 | 上演(じょうえん)する 상영하다

정답 1

---

04 悲惨な戦争の歴史を学んだ小学生たちは、世界中のみんなで手をつなぎ、平和を守ってほしいと(　　　)訴えた。

1 涙なしでは　　2 涙ながらに
3 涙ばかりでは　　4 涙とともに

적절한 기능어 찾기 ★★★

해석 비참한 전쟁의 역사를 배운 초등학생들은 전 세계 모든 사람이 손을 잡고 평화를 지켰으면 좋겠다고 **(눈물을 흘리면서)** 호소했다.

정답 찾기 선택지에 공통적으로 사용되고 있는 涙(눈물)만으로도 어느 정도 정답을 예측할 수 있지만 문맥을 살펴보면 울면서 말했다가 되어야 하므로 그 상태, 그대로를 나타내는 2번 ～ながらに가 정답이 되는데 涙ながらに(울면서, 눈물을 흘리면서)는 하나의 관용표현으로 익혀두는 것이 좋다.

오답분석 1번 ～なしでは는 ～없이는, 3번 ～ばかり는 ～뿐, ～만, 4번 ～とともに는 ～와 함께, ～함과 동시에 라는 의미로 문맥상 정답이 될 수 없다.

복습 꼭! ～ながらに(～한 채로, 하면서, ～그대로)

어휘 悲惨(ひさん)だ 비참하다 | 戦争(せんそう) 전쟁 | 歴史(れきし) 역사 | 学(まな)ぶ 배우다, 익히다 | つなぐ 잇다, 연결하다 | 平和(へいわ) 평화 | 守(まも)る 지키다 | 訴(うった)える 호소하다, 고소하다

정답 2

---

05 彼女は、一時は寝たきりになった実母を自宅に迎えて、(　　　)在宅リハビリを支え続けて今では、ある程度歩けるくらいまで回復したという。

적절한 기능어 찾기 ★★

해석 그녀는 한때는 자리에 누운 친엄마를 자택으로 모셔와 **(일을 하면서)** 자택 재활훈련을 계속 뒷바라지해서 지금은 어느 정도 걸을 수 있을 정도까지 회복을 했다고 한다.

1 仕事からして　　2 仕事がてら
3 仕事にかけては　　4 仕事のかたわら

정답 찾기 문맥을 살펴보면 주어가 직장에 다니면서 또 한편으로 틈틈이 시간을 내어 엄마를 돌보았다는 의미이므로 어떤 일을 하면서 한편으로 다른 일을 한다는 것을 나타낼 때 사용하는 4번이 정답이다.

오답분석 2번도 유사한 의미로 혼동할 수 있어 특히 주의해야 하는데 ～がてら(～을 겸해서, ～하는 김에)는 하나의 행위를 할 때 부가적으로 다른 행위도 함께 한다는 의미이므로 정답이 될 수 없고 1번 ～からしては ～로 보아, ～부터가, 3번 ～にかけては는 ～에 있어서는 라는 의미로 뛰어난 분야를 나타낼 때 사용하므로 정답이 아니다.

복습 꼭! ～かたわら(～하는 한편, ～하면서)

어휘 寝(ね)たきり 누워만 있음 | 実母(じつぼ) 친어머니 | 自宅(じたく) 자택 | 迎(むか)える 맞이하다, 모셔오다 | 在宅(ざいたく) 재택 | 支(ささ)える 지지하다, 떠받치다 | 程度(ていど) 정도 | 回復(かいふく)する 회복하다

정답 4

06 自然建材へのこだわりをこれほどまで妥協せずに追求する建築家は、彼(　　)ほかにはいないだろう。

1 において　　2 としては
3 をおいて　　4 はもとより

적절한 기능어 찾기 ★★★

해석 친환경 건축자재에의 고집을 이 정도까지 타협하지 않고 추구하는 건축가는 그 **(이외에는)** 없을 것이다.

정답 찾기 선택지 모두 명사를 취할 수 있으므로 문맥으로 접근해야 하는데 친환경 자재만을 고집하는 건축가를 높이 평가하고 있고 공란 뒤의 ほかにはいない(이외에는 없다)를 통해 부정문을 수반하며 화자의 높은 평가를 나타낼 때 사용하는 3번이 정답임을 알 수 있다.

오답분석 1번(～에서, ～에 있어서)은 상황, 장소 등을 나타내고, 2번(～로서)는 자격, 입장 등을 나타내며 4번은 ～은 물론, 말할 것도 없이 라는 의미이므로 정답이 될 수 없다.

복습 꼭! ～をおいて(～이외에는, ～을 제외하고는)

어휘 自然(しぜん) 자연 | 建材(けんざい) 건축재료 | こだわり 구애됨, 고집 | 妥協(だきょう)する 타협하다 | 追求(ついきゅう)する 추구하다 | 建築家(けんちくか) 건축가

정답 3

07 就活当初は手当たり次第に20社以上に履歴書を送ったが、面接を(　　)、ストレスで体調まで崩してしまった。

1 受けたことだけなくて
2 受けることすらできなくて
3 受けさえすればよくて
4 受けられそうになって

적절한 기능어 찾기 ★★★

해석 취업활동을 시작했을 때는 닥치는 대로 20사 이상 이력서를 보냈지만 면접을 **(볼 수조차 없어)** 스트레스로 몸 상태까지 나빠져 버렸다.

정답 찾기 문맥으로 접근하는 경우 전체적인 번역이 아닌 내용의 핵심만 간단히 정리해야 하는데 이 문제에서도 요점은 면접도 보지 못했다는 것이므로 극단적인 사항을 예를 들어 그 외의 사항을 유추시킬 때 사용하는 ～すら가 사용된 2번이 정답이다.

오답분석 1번은 (면접을) 본 적만 없어서, 3번은 ～さえ～ば(～만 ～하면)가 사용되어 (면접을) 보기만 하면 되어서, 4번은 (면접을) 볼 수 있을 것 같아서 라는 의미가 되므로 문맥상 정답이 될 수 없다.

복습 꼭! ～すら(～조차, ～조차도)

어휘 就活(しゅうかつ) 취업활동 | 当初(とうしょ) 당초 | 手当(てあ)たり次第(しだい) 닥치는 대로 | 履歴書(りれきしょ) 이력서 | 面接(めんせつ) 면접 | 体調(たいちょう) 몸 상태 | 崩(くず)す 무너뜨리다

정답 2

문제 다음 문장의 ＿★＿에 들어갈 가장 알맞은 말을 1・2・3・4 중에서 하나를 고르세요.

01 この展示会ではアーティスト・西岡さんが ＿＿ ＿＿ ＿★＿ ＿＿ 油絵を中心に漫画など多岐にわたる作品を展示している。

1 挑戦する　　2 作家活動20年目
3 はじめて　　4 にして

단어 바르게 배열하기 ★★★

문장 배열 この展示会ではアーティスト・西岡さんが 作家活動20年目(2) にして(4) はじめて(3) 挑戦する挑戦する(1) 油絵を中心に漫画など多岐にわたる作品を展示している。

해석 이 전시회에서는 아티스트 니시오카 씨가 작가활동 20년째가 되어서 처음으로 도전하는 유화를 중심으로 만화 등 다방면에 걸친 작품을 전시하고 있다.

정답 찾기 먼저 4번 ～にして(～이 되어서, ～에 와서)는 명사에 접속되므로 2-4가 됨을 간단히 알 수 있고 주로 ～にして+はじめて・ようやく・やっと(～이 되어서 처음으로 · 겨우 · 간신히) 형태로 사용되는 경우가 많으므로 2-4-1이 되어야 한다. 마지막으로 동사인 1번을 마지막 칸에 넣어 명사를 수식하게 해서 전체적으로 나열하면 2-4-3-1이 되어 정답은 3번이다.

복습 꼭! ～にして(～이 되어서, ～에 와서)

어휘 展示会(てんじかい) 전시회 | 作家(さっか) 작가 | 活動(かつどう) 활동 | 油絵(あぶらえ) 유화 | ～を中心(ちゅうしん)に ～을 중심으로, 중점적으로 | 漫画(まんが) 만화 | 多岐(たき) 여러 갈래 | ～にわたる ～에 걸치다 | 作品(さくひん) 작품

정답 3

---

02 (広告で)おかげさまで、6月で創立3周年を迎えました。＿＿ ＿＿ ＿★＿ ＿＿ 感謝いたしております。

1 ご協力あっての　　2 多くの皆様の
3 利用者をはじめ　　4 賜物と心より

단어 바르게 배열하기 ★★★

문장 배열 おかげさまで、6月で創立3周年を迎えました。利用者をはじめ(3) 多くの皆様の(2) ご協力あっての(1) 賜物と心より(4) 感謝いたしております。

해석 (광고에서) 덕분에 6월로 창립 9주년을 맞이하였습니다. 이용자분을 비롯해 많은 여러분이 협력해 주신 덕분이므로 진심으로 감사드립니다.

정답 찾기 관용적인 인사말 등은 직역하면 상당히 어색하므로 문법적으로 접근하는 것이 좋다. 우선 1번은 명사+あっての+명사로 사용하므로 3번과 4번이 올 수 있으나 의미상 4번이 적절하기 때문에 1-4가 되어야 한다. 그리고 3번 ～をはじめ(～을 비롯해, ～을 시작으로)는 대표적인 것을 예로 들고 그 외에도 라는 의미로 사용되므로 3-2가 되어 명사인 1번을 수식하게 해서 전체적으로 나열하면 3-2-1-4가 되어 정답은 1번이다.

복습 꼭! ～あっての(～가 있어서, ～가 있었기에 가능한)

어휘 広告(こうこく) 광고 | 創立(そうりつ) 창립 | 周年(しゅうねん) 주년 | 迎(むか)える 맞이하다 | 利用者(りようしゃ) 이용자 | 協力(きょうりょく) 협력 | 賜物(たまもの) 선물, 덕택 | 感謝(かんしゃ)する 감사하다

정답 1

---

03 第50回ベルリン国際映画祭にも出品されたこの映画は ＿＿ ＿＿ ★ ＿＿ 最高の作品と評価されている。

1 ならではの　　2 光っている
3 繊細な表現が　　4 女性監督

단어 바르게 배열하기 ★★★

문장 배열 第50回ベルリン国際映画祭にも出品されたこの映画は 女性監督(4) ならではの(1) 繊細な表現が(3) 光っている(2) 最高の作品と評価されている。

해석 제50회 베를린 국제영화제에도 출품된 이 영화는 여성감독 특유의 섬세한 표현이 빛나는 최고의 작품으로 평가받고 있다.

정답 찾기 전형적인 문법 문제로 접속형태만 알면 쉽게 해결할 수 있다. 높이 평가할 때 사용하는 1번은 '명사+ならではの+명사' 형태로 사용되므로 4-1-3이 되어야 함을 쉽게 알 수 있으며 동시에 동사인 2번을 술어로 삼으면 된다. 전체적으로 나열하면 4-1-3-2가 되므로 정답은 3번이다.

복습 꼭! ～ならではの(～이 아니고서는 안 되는, ～만의)

어휘 国際(こくさい) 국제 | 映画祭(えいがさい) 영화제 | 出品(しゅっぴん) 출품 | 監督(かんとく) 감독 | 繊細(せんさい)だ 섬세하다 | 表現(ひょうげん) 표현 | 光(ひか)る 빛나다 | 最高(さいこう) 최고 | 作品(さくひん) 작품 | 評価(ひょうか)する 평가하다

정답 3

---

04 価値観が ＿＿ ＿＿ ★ ＿＿ 何でもありが現代なのである。

1 世界を包み込むことなどは
2 もはや近代のように一つの原則やスタイルが
3 ありえないのだし
4 多様化した現代にあっては

단어 바르게 배열하기 ★★★

문장 배열 価値観が 多様化した現代にあっては(4) もはや近代のように一つの原則やスタイルが(2) 世界を包み込むことなどは(1) ありえないのだし(3) 何でもありが現代なのである。

해석 가치관이 다양화된 현대에 있어서는 이제는 근대와 같이 하나의 원칙과 스타일이 세계를 아우르는 일 따위는 있을 수 없고 무엇이든지 가능한 것이 현대인 것이다.

정답 찾기 논리의 흐름으로 나열해야 하는 문제로 결국 현대는 가치관이 다양화 되어 하나의 원칙을 전체에 적용할 수는 없다고 말하고 있다. 그러므로 우선 4번을 첫 번째 칸에 넣어 가치관이 다양한 현대라는 상황을 설정하고 2번을 1번의 주어로 삼고 접속조사 ～し(～고)가 있는 3번을 마지막 칸에 넣어 전체적으로 나열하면 4-2-1-3이 되어 정답은 1번이다.

복습 꼭! ～にあって(～에 있어서, ～에서)

어휘 価値観(かちかん) 가치관 | 多様化(たようか) 다양화 | 現代(げんだい) 현대 | もはや 이미 | 近代(きんだい) 근대 | 原則(げんそく) 원칙 | 包(つつ)み込(こ)む 감싸다, 덮다

정답 1

05 印刷業界はデジタル化や少子化による市場規模の ＿＿ ＿＿ ★ ＿＿ さらなる競争激化の状況であるという。

1 まして　2 縮小に加え
3 価格下落が進み　4 従来にも

단어 바르게 배열하기 ★★

문장 배열 印刷業界はデジタル化や少子化による市場規模の 縮小に加え(2) 従来にも(4) まして(1) 価格下落が進み(3) さらなる競争激化の状況であるという。

해석 인쇄업계는 디지털화와 저출산에 의한 시장규모의 축소에 더해 지금까지 이상으로 가격하락이 진행되어 한층 더 경쟁이 격화되는 상황이라고 한다.

정답 찾기 먼저 1번을 단서로 하면 어렵지 않게 ~にもまして(~이상으로, ~보다 더)를 떠올릴 수 있으므로 4-1이 되어야 한다. 그리고 명사가 필요한 첫 번째 칸에는 2번과 3번이 들어갈 수 있으나 문맥상 2번이 적절하고 3번은 4-1 뒤에 들어가야 한다. 전체적으로 나열하면 2-4-1-3이 되므로 정답은 1번이다.

복습 꼭! ~にもまして(~이상으로, ~보다 더)

어휘 印刷(いんさつ) 인쇄 | 業界(ぎょうかい) 업계 | 少子化(しょうしか) 소자화, 저출산 | 市場(しじょう) 시장 | 規模(きぼ) 규모 | 縮小(しゅくしょう) 축소 | 加(くわ)える 더하다 | 従来(じゅうらい) 종래 | 価格(かかく) 가격 | 下落(げらく) 하락 | さらなる 가일층의 | 競争(きょうそう) 경쟁 | 激化(げきか) 격화 | 状況(じょうきょう) 상황

정답 1

06 妹は結婚が ＿＿ ＿＿ ★ ＿＿ 言動がものすごく落ち着いてきたように見える。

1 したのか　2 精神的に安定
3 決まってから　4 というもの

단어 바르게 배열하기 ★

문장 배열 妹は結婚が 決まってから(3) というもの(4) 精神的に安定(2) したのか(1) 言動がものすごく落ち着いてきたように見える。

해석 여동생은 결혼이 결정되고 나서부터 정신적으로 안정되었는지 언동이 매우 차분해진 것 같아 보인다.

정답 찾기 끊어진 형태이지만 4번을 통해서 ~てからというもの(~하고나서 부터)를 생각해 낼 수 있으면 간단히 해결될 수 있는데 3-4가 되어 동사가 필요한 첫 번째 칸에 들어가 술어의 역할을 하면 된다. 그리고 나머지는 2-1로 짝을 지어 동사 安定する를 만들어 전체적으로 나열하면 3-4-2-1이 되므로 정답은 2번이다.

복습 꼭! ~てからというもの(~하고나서 부터)

어휘 精神的(せいしんてき) 정신적 | 安定(あんてい)する 안정되다 | 言動(げんどう) 언동 | 落ち着く 안정되다, 차분하다

정답 2

07 近年その便利さから ＿＿ ＿＿ ★ ＿＿ 行えるようになった。その一方でトラブルも増加しているので注意が必要だ。

1 インターネット通販が
2 海外からの購入も手軽に

단어 바르게 배열하기 ★★

문장 배열 近年その便利さから インターネット通販が(1) 広く普及しており(4) 国内のみならず(3) 海外からの購入も手軽に(2) 行えるようになった。その一方でトラブルも増加しているので注意が必要だ。

3 国内のみならず

4 広く普及しており

해석 근래 그 편리함 때문에 인터넷 판매가 널리 보급되고 있어 국내뿐만 아니라 해외에서의 구입도 손쉽게 할 수 있게 되었다. 한편 분쟁도 증가하고 있으므로 주의가 필요하다.

정답 찾기 가장 먼저 보이는 3번에 사용된 ～のみならず(~뿐만 아니라)는 ～のみならず～も(~뿐만 아니라 ~도) 형태로 사용하는 경우가 많으므로 3-2가 되어 내용상 마지막 칸에 들어가 行える를 수식하게 해야 한다. 그리고 주격조사가 있는 1번을 주어로 4번을 술어로 삼아 전체적으로 나열하면 1-4-3-2가 되므로 정답은 3번이 된다.

복습 꼭! ～のみならず(~뿐만 아니라)

어휘 近年(きんねん) 근래 | 通販(つうはん) 통신 판매 | 普及(ふきゅう)する 보급하다 | 国内(こくない) 국내 | 購入(こうにゅう) 구입 | 手軽(てがる)に 손쉽게 | 一方(いっぽう)で 한편으로 | 増加(ぞうか)する 증가하다

정답 3

둘째마당 | 총정리 적중 예상 문제 ③

문제 다음 문장의 ( )에 들어갈 가장 알맞은 말을 1·2·3·4 중에서 하나를 고르세요.

01 高齢者の方は座ってばかりいないで、軽く（　　　）してなるべく身体を動かして筋力が衰えないようにしなければならない。

1 運動するなり散歩するなり

2 運動しても散歩しても

3 運動するのも散歩するのも

4 運動というか散歩というか

적절한 기능어 찾기 ★★★

해석 고령이신 분은 앉아만 있지 말고 가볍게 **(운동을 하든지 산책을 하든지)** 해서 가능한 한 신체를 움직여 근력이 쇠약해지지 않도록 해야 한다.

정답 찾기 내용상 근력 강화의 필요성을 말하고 있는데 선택지에 제시된 가벼운 운동과 산책은 하나의 예에 불과하며 어느 방법이든 상관없이 몸을 움직여야 한다는 의미이므로 열거, 나열된 것 중에서 하나를 선택하거나 그 외에도 선택지는 있다는 의미인 ～なり～なり가 사용된 1번이 정답이 된다. 참고로 뒤에 する가 바로 올 수 있는 것도 1번 이외에는 없다.

오답분석 1번 ～しても는 ~해도, ~하더라도, 2번 ～のも는 ~하는 것도, 4번 ～というか는 ~랄까 라는 의미가 되므로 문맥상 정답이 아니다.

복습 꼭! ～なり～なり(~든지 ~든지)

어휘 高齢者(こうれいしゃ) 고령자 | なるべく 가능한 한 | 身体(しんたい) 신체 | 筋力(きんりょく) 근력 | 衰(おとろ)える 쇠퇴하다

정답 1

02 この店は全国各地から取り寄せる旬の食材が絶品で、老舗（　　　）佇まいなので接待や宴会に最適である。

적절한 기능어 찾기 ★★★

해석 이 가게는 전국 각지에서 들여오는 제철 식재료가 일품이고 노포**(에서만 느낄 수 있는)** 풍치가 있으므로 접대나 연회에 최적이다.

1 にすぎない　　2 ではあるまい
3 ならではの　　4 ほどまでの

정답 찾기 어려운 단어가 많으나 요점은 노포에 대해 긍정적으로 평가하고 있음을 알 수 있으므로 ~이외에는 불가능하다, ~에만 있다고 높이 평가할 때 사용하는 3번이 정답이 된다. 참고로 1번 ~にすぎない는 ~에 불과하다 2번 ~ではあるまい는 ~이지 않을 것이다 4번 ~ほどまでの는 ~정도까지의 라는 의미로 정답이 될 수 없다.

오답분석 1번은 ~에 불과하다, 2번은 ~이지는 아닐 것이다, 4번은 ~정도까지의 라는 의미이므로 문맥상 정답이 아니다.

복습 꼭! ~ならではの(~이 아니고서는 안 되는, ~만의)

어휘 全国(ぜんこく) 전국 | 各地(かくち) 각지 | 取(と)り寄(よ)せる 가져오게 하다 | 旬(しゅん) 제철 | 食材(しょくざい) 식재 | 絶品(ぜっぴん)だ 일품이다 | 老舗(しにせ) 노포 | 佇(たたず)まい 모양, 모습 | 接待(せったい) 접대 | 宴会(えんかい) 연회 | 最適(さいてき) 최적

정답 3

---

03 埼玉県はゴミの放置と騒音による近隣住民への悪影響を理由に、県内の無料キャンプ場３カ所を本年度(　　　)に廃止すると発表した。

1 をはじめ　　2 を限り
3 をめぐって　　4 を問わず

적절한 기능어 찾기★★★

해석 사이타마 현은 쓰레기 방치와 소음으로 인한 인근 주민으로의 악영향을 이유로 현내의 무료 캠프장 3개소를 올해**(를 끝으로)** 폐지한다고 발표했다.

정답 찾기 선택지 모두 명사에 접속되므로 문맥으로 접근해야 하는데 지금까지 무료였던 캠프장을 여러 가지 문제로 인해 올해까지만 운영하고 폐지한다는 의미이므로 종료나 중단의 기한을 나타낼 때 사용하는 2번이 정답이다.

오답분석 1번은 ~을 비롯해, 3번은 ~을 둘러싸고, 4번은 ~을 불문하고, 묻지 않고 라는 의미이므로 문맥상 정답이 될 수 없다.

복습 꼭! ~を限(かぎ)り(~을 끝으로, 마지막으로)

어휘 放置(ほうち) 방치 | 騒音(そうおん) 소음 | 近隣(きんりん) 가까운 이웃 | 悪影響(あくえいきょう) 악영향 | 理由(りゆう) 이유 | 廃止(はいし)する 폐지하다

정답 2

---

04 閉講になった授業の授業料は詳細の確認ができ次第、ご返金させていただきますので、今しばらくご猶予をお願いしたく、お詫び(　　　)謹んでお願い申し上げます。

1 かたがた　　2 かねて
3 ついでに　　4 せざる

적절한 기능어 찾기★★

해석 폐강이 된 수업의 수업료는 세부사항이 확인 되는대로 환불해 드리므로 당분간 기다려 주시길 사과 **(겸)** 삼가 부탁드립니다.

정답 찾기 경어표현이 사용된 문장은 대부분 의역을 해야 하는 경우가 많으므로 자세한 해석보다는 전체적인 의미와 형태로 접근하는 것이 좋은데 여기서도 환불에 시간이 걸리는 것에 대해 사과와 좀 더 기다려 달라는 부탁 두 가지 목적을 가지고 말하고 있으므로 명사에 바로 접속되어 두 가지 목적을 가지고 어떤 행위를 한다는 의미인 1번이 정답이다.

오답분석 2번은 ~をかねて(~을 겸해서)나 동사 ます형+かねる(~할 수 없다, ~하기 어렵다) 형태로 사용하고 3번 ~ついでに(~하는 김에)는 동사나 명사の에 접속되므로 정답이 될 수 없고 4번은 ~하지 않다는 의미이므로 정답이 아니다.

복습 꼭! ~かたがた(~도 겸해서, ~도 할 겸)

어휘 閉講(へいこう) 폐강 | 詳細(しょうさい) 상세 | 確認(かくにん) 확인 | ~次第(しだい) ~하는 대로 | 返金(へんきん) 환불 | 猶予(ゆうよ) 유예 | 詫(わ)びる 사죄하다 | 謹(つつし)む 삼가다, 황공히 여기다 | 申(もう)し上(あ)げる 말씀드리다

정답 1

---

05 先週、発売されたB社のスマートホンを実際使ってみたところ、(　　　)製品としての魅力は抜群だと思う。

1 性能でもなくデザインでもなく
2 性能だろうとデザインだろうと
3 性能ともデザインとも
4 性能といいデザインといい

적절한 기능어 찾기 ★★

해석 지난 주 발표된 B사의 스마트 폰을 실제 사용해 봤더니 **(성능으로 보나 디자인으로 보나)** 제품으로서의 매력은 매우 뛰어나다고 생각한다.

정답 찾기 문맥상 화자는 스마트폰이 여러 가지 점에서 매력적이라고 말하고 있으므로 하나의 사물에 관련된 여러 가지 중에서 몇 가지를 예를 들어 주관적인 평가를 말할 때 사용하는 4번이 정답이 된다.

오답분석 1번 ~でもなく는 ~도 아니고, 2번 ~だろうと는 ~든지, ~일지라도, 3번 ~とも는 ~라고도 라는 의미이므로 문맥상 정답이 될 수 없다.

복습 꼭! ~といい~といい(~로 보나 ~로 보나, ~도 ~도)

어휘 発売(はつばい)する 발매하다 | 実際(じっさい) 실제 | 製品(せいひん) 제품 | 魅力(みりょく) 매력 | 抜群(ばつぐん)だ 뛰어나다

정답 4

---

06 選挙が(　　　)が早いか市はガス料金や下水道料金など、次々と公共料金を引き上げているが、このような弱者に冷たい市政は許せない。直ちに撤回すべきだと思う。

1 終わろう　　2 終わらない
3 終わってから　　4 終わる

적절한 접속형태 찾기 ★★

해석 선거가 **(끝나기)**가 무섭게 시는 가스요금과 하수도요금 등 연이어 공공요금을 인상하고 있는데 이 같은 약자를 배려하지 못하는 시정은 용서할 수 없다. 즉시 철회해야 한다고 생각한다.

정답 찾기 선택지를 보면 접속형태 문제임을 알 수 있는데 가장 쉬운 유형이라고 할 수 있으므로 절대로 놓쳐서는 안 된다. 공란 뒤의 ~が早いか는 두 가지의 동작이 거의 동시에 일어날 때 사용하는 표현으로 주로 동사의 기본형에 접속되므로 정답은 4번이 된다.

복습 꼭! ~が早いか(~하자마자, ~하기가 무섭게)

어휘 選挙(せんきょ) 선거 | 下水道(げすいどう) 하수도 | 公共(こうきょう) 공공 | 引(ひ)き上(あ)げる 끌어올리다 | 弱者(じゃくしゃ) 약자 | 市政(しせい) 시정 | 直(ただ)ちに 바로, 즉시 | 撤回(てっかい)する 철회하다

정답 4

---

07 今年10月で人気バンド「ムク」を脱退する西尾さんは記者会見で「(　　　)できるだけのことはやったつもりです。悔いはありません」と言った。

1 自分さえも　　2 自分なりに
3 自分ごとき　　4 自分にせよ

적절한 기능어 찾기 ★★★

해석 올해 10월로 인기 밴드 '무크'를 탈퇴하는 니시오 씨는 기자회견에서 '**(제 나름대로)** 할 수 있는 만큼은 했다고 생각합니다. 후회는 없습니다' 라고 말했다.

정답 찾기 문맥을 살펴보면 화자 자신은 최선을 다했으므로 후회는 없다는 의미이므로 인물이나 성질에 상응하는 정도를 나타내며 주로 생각이나 의견을 말할 때 사용하는 2번이 정답이다.

오답분석 1번 ~さえも는 ~조차도, 3번 ~ごとき는 ~따위, ~같은, 4번 ~にせよ는 ~하더라도, ~이든 이라는 의미로 문맥상 정답이 될 수 없다.

복습 꼭! ～なりに(～나름대로)

어휘 脱退(だったい)する 탈퇴하다 | 記者会見(きしゃかいけん) 기자회견 | 悔(く)い 후회

정답 2

문제 다음 문장의 ＿★＿에 들어갈 가장 알맞은 말을 1・2・3・4 중에서 하나를 고르세요.

01 「ヒヤリハット」とは重大な ＿＿ ＿＿ ★ ＿＿ 言葉で、文字どおりミスによって「ヒヤリ」としたり「ハッ」としたりすることである。

1 それらに直結したかもしれない

2 事故や災害には

3 一歩寸前を意味する

4 至らないまでも

단어 바르게 배열하기 ★★★

문장 배열 「ヒヤリハット」とは重大な 事故や災害には(2) 至らないまでも(4) それらに直結したかもしれない(1) 一歩寸前を意味する(3) 言葉で、文字どおりミスによって「ヒヤリ」としたり「ハッ」としたりすることである。

해석 'ヒヤリハット'란 중대한 사고나 재해에는 이르지 않았더라도 그것으로 이어졌을지도 모르는 일보 직전을 의미하는 말로 글자 그대로 미스에 의해 'ヒヤリ(섬뜩)'해지거나 'ハッ(깜짝)' 놀라거나 하는 것을 말한다.

정답 찾기 이 문제에서는 우선 4번은 ～にいたる(～에 이르다)와 ～ないまでも가 합쳐진 형태이므로 2-4가 되어 명사가 필요한 첫 번째 칸에 들어가야 한다. 그리고 사고가 나기 직전이라는 의미를 만들기 위해서는 1-3이 되어야 한다. 전체적으로 나열하면 2-4-1-3이 되어 정답은 1번이다.

복습 꼭! ～ないまでも(～하지 않을지언정)

어휘 重大(じゅうだい)だ 중대하다 | 災害(さいがい) 재해 | 至(いた)る 이르다 | 直結(ちょっけつ)する 직결하다 | 一歩(いっぽ) 일보 | 寸前(すんぜん) 직전 | ～どおり ～대로

정답 1

02 座って作業することは、思う以上に腰に負担がかかる。腰の痛みがあるとスポーツ ＿＿ ＿＿ ★ ＿＿ 苦労するようになるので気をつけたほうがいい。

1 どころか　　2 ですら

3 程度によっては　　4 日常動作

단어 바르게 배열하기 ★★★

문장 배열 座って作業することは、思う以上に腰に負担がかかる。腰の痛みがあるとスポーツ どころか(1) 程度によっては(3) 日常動作(4) ですら(2) 苦労するようになるので気をつけたほうがいい。

해석 앉아서 작업하는 것은 생각 이상으로 허리에 부담이 간다. 허리 통증이 있으면 운동은커녕 정도에 따라서는 일상동작에서조차 고생하게 되므로 주의하는 편이 좋다.

정답 찾기 1번 ～どころか는 ～뿐만 아니라 그보다 덜하거나 못한 것조차도 라는 의미이므로 2번 ～すら(～조차도) 앞에 나와야 한다. 그러므로 1번은 첫 번째 칸에 들어가야 하고 명사가 필요한 2번은 4-2가 될 수밖에 없다. 마지막으로 3번은 내용상 4-2 앞에 들어가는 것이 적절하므로 전체적으로 나열하면 1-3-4-2가 되어 정답은 4번이다.

복습 꼭! ～どころか(～은 커녕)

어휘 作業(さぎょう)する 작업하다 | 負担(ふたん) 부담 | 程度(ていど) 정도 | 日常(にちじょう) 일상 | 動作(どうさ) 동작 | 苦労(くろう)する 고생하다

정답 4

---

03 語りかけ育児の目的は、子供の言葉＿＿＿ ＿＿＿ ★ ＿＿＿通わせ自己肯定感も育むことができる。

1 子供と心を　　2 育む

3 のみではなく　　4 そのものを

단어 바르게 배열하기 ★★

문장배열 語りかけ育児の目的は、子供の言葉 そのものを(4) 育む(2) のみではなく(3) 子供と心を(1) 通わせ自己肯定感も育むことができる。

해석 말 걸기 육아의 목적은 아이의 언어 그 자체를 길러줄 뿐만 아니라 아이와 마음을 통하게 해 자존감도 길러줄 수가 있다.

정답 찾기 선택지 중에서 ～のみならず와 동일한 의미인 3번 ～のみではなく(～뿐만 아니라)가 접속될 수 있는 것은 보통형인 2번뿐이므로 2-3이 되어야 한다. 그리고 4번은 명사+そのもの 형태로 ～바로 그것 ～그 자체 라고 강조할 때 사용하므로 첫 번째 칸에 들어가야 하며 동시에 목적격 조사 ～を가 있어 뒤에는 타동사인 2-3이 와야 한다. 남은 마지막 칸에 1번을 넣어 전체적으로 나열하면 4-2-3-1이 되므로 정답은 3번이다.

복습 꼭! ～のみならず・～のみではなく(～뿐만 아니라)

어휘 語(かた)りかける 말을 걸다 | 育児(いくじ) 육아 | 目的(もくてき) 목적 | 育(はぐく)む 기르다 | 通(かよ)う 다니다, 통하다 | 自己肯定感(じここうていかん) 자기 긍정감, 자존감

정답 3

---

04 180年前の戦争と人間を描いたこの映画は日本で＿＿＿ ＿＿＿ ★ ＿＿＿を得て大ヒットとなった。

1 や否や　　2 圧倒的な支持

3 公開される　　4 男性ファンの

단어 바르게 배열하기 ★★

문장 배열 180年前の戦争と人間を描いたこの映画は日本で 公開される(3) や否や(1) 男性ファンの(4) 圧倒的な支持(2) を得て大ヒットとなった。

해석 180년 전의 전쟁과 인간을 묘사한 이 영화는 일본에서 공개되자마자 남성팬들의 압도적인 지지를 얻어 큰 인기를 얻었다.

정답 찾기 1번 ～やいなや(～하자마자)는 동사의 기본형에 접속되므로 3-1이 됨을 쉽게 알 수 있다. 그리고 명사가 필요한 4번 뒤에는 2번이 필요하므로 4-2가 되어 ～を가 있는 마지막 칸에 넣어 목적어 역할을 하게 하여 전체적으로 나열하면 3-1-4-2가 되어 정답은 4번이 된다.

복습 꼭! ～やいなや(～하자마자)

어휘 戦争(せんそう) 전쟁 | 描(えが)く 그리다, 묘사하다 | 公開(こうかい)する 공개하다 | 圧倒的(あっとうてき) 압도적 | 支持(しじ) 지지 | 得(え)る 얻다

정답 4

05 古代エジプト展は ____ ____ ★ ____ 開催を予定している。

1 全国約８都市での　2 皮切りに
3 開催を　4 大阪博物館での

단어 바르게 배열하기 ★★★

문장 배열 古代エジプト展は 大阪博物館での(4) 開催を(3) 皮切りに(2) 全国約８都市での(1) 開催を予定している。

해석 고대 이집트전은 오사카박물관에서의 개최를 시작으로 전국 약 8개 도시에서의 개최를 예정하고 있다.

정답 찾기 먼저 2번은 출발점이나 시작점을 나타내는 명사와 함께 ～を+かわきりに 형태로 사용하므로 3-2가 됨을 쉽게 알 수 있다. 그리고 1번과 4번이 모두 장소 명사이지만 논리적으로 시작점이 되는 4번이 3번을 수식해야 하고 1번은 마지막 칸에 들어가는 것이 적절하다. 전체적으로 나열하면 4-3-2-1이 되므로 정답은 2번이 된다.

복습 꼭! ～を皮切(かわき)りに(～을 시작으로, ～부터 시작해서)

어휘 古代(こだい) 고대 | 博物館(はくぶつかん) 박물관 | 開催(かいさい) 개최 | 都市(とし) 도시 | 予定(よてい)する 예정하다

정답 2

---

06 彼女はグループからソロでの活動に移ることについて全てを ____ ____ ★ ____ と心境を明かした。

1 緊張を緩められない
2 一人でする
3 必要があるため
4 一瞬たりとも

단어 바르게 배열하기 ★★

문장 배열 彼女はグループからソロでの活動に移ることについて全てを 一人でする(2) 必要があるため(3) 一瞬たりとも(4) 緊張を緩められない(1) と心境を明かした。

해석 그녀는 그룹에서 솔로로 전향하는 것에 관해서 모든 것을 혼자서 할 필요가 있기 때문에 단 한순간도 긴장을 늦출 수 없다고 심경을 밝혔다.

정답 찾기 먼저 조사 ～を가 있는 첫 번째 칸에는 타동사가 필요하므로 する가 있는 2번이 와야 하고 동시에 뒤에 수식할 명사가 필요한데 1, 3, 4번 중에 의미상 3번과 짝이 되어 이유를 나타내는 것이 적절하다. 그리고 주로 최소단위 조수사와 함께 사용하는 ～たりとも(～도, ～일지라도)는 뒤에 부정문이 오므로 4-1이 됨을 쉽게 알 수 있다. 전체적으로 나열하면 2-3-4-1이 되므로 정답은 4번이다.

복습 꼭! ～たりとも(～도, ～일지라도)

어휘 移(うつ)る 옮기다 | 一瞬(いっしゅん) 일순, 한순간 | 緊張(きんちょう) 긴장 | 緩(ゆる)める 느슨하게 하다 | 心境(しんきょう) 심경 | 明(あ)かす 밝히다

정답 4

---

07 時間の許す限り勉強しているのに、____ ____ ★ ____ 気がして、試験前はいつも不安でしかたがない。

1 いるような　2 覚えた
3 忘れてしまって　4 そばから

단어 바르게 배열하기 ★★

문장 배열 時間の許す限り勉強しているのに、覚えた(2) そばから(4) 忘れてしまって(3) いるような(1) 気がして、試験前はいつも不安でしかたがない。

해석 시간이 나는 대로 공부하고 있는데 외워도 곧 잊어버리는 것 같아 시험 전에는 늘 불안해서 견딜 수가 없다.

정답 찾기 선택지 중에서 ~해도 곧 다음과 같은 일이 반복해서 일어난다는 의미인 4번 ~そばから(~해도 곧, ~하자마자)는 동사의 기본형이나 과거형에 접속되므로 2-4가 되어야 한다. 그리고 나머지는 3-1로 ~ている형태를 만들어 주면 되는데 논리적으로 암기한 후에 잊어버리는 것이기 때문에 2-4 뒤에 놓여야 한다. 전체적으로 나열하면 2-4-3-1이 되므로 정답은 3번이 된다.

어휘 許(ゆる)す 허가하다, 허용하다 | ~限(かぎ)り ~하는 한 | 不安(ふあん)だ 불안하다 | ~てしかたがない ~해서 어쩔 수가 없다, 매우 ~하다

정답 3

셋째마당 | 고득점을 위한 심화 문법

시나공 08 모습, 상태를 나타내는 문법 | 적중 예상 문제

문제 다음 문장의 (　　　)에 들어갈 가장 알맞은 말을 1 · 2 · 3 · 4 중에서 하나를 고르세요.

01 今日本で、高橋さんの(　　　)高い教養と知識を兼ね備えた作家はいないだろう。

1 なりに　　2 ごとき
3 らしく　　4 にしろ

적절한 기능어 찾기 ★★★

해석 지금 일본에서 다카하시 씨 **(같은)** 높은 교양과 지식을 겸비한 작가는 없을 것이다.

정답 찾기 이 문제는 공란 앞의 명사の가 결정적인 힌트가 되는데 선택지 중에서 조사 ~の에 접속될 수 있는 것은 비유, 예시를 나타낼 때 사용하는 ~ごとき뿐이므로 정답은 2번이다.

오답분석 정답을 제외한 나머지는 명사에 바로 접속되므로 정답이 아니지만 의미를 살펴보면 1번은 ~나름대로, 3번은 ~답게, 4번은 ~이라 해도이다.

복습 꼭! ~ごとき(~같은)

어휘 教養(きょうよう) 교양 | 知識(ちしき) 지식 | 兼(か)ね備(そな)える 겸비하다 | 作家(さっか) 작가

정답 2

02 閉店間際に行ったからか、食べている最中、店員たちは早く帰れ(　　　)の冷ややかな視線で僕らを見ていた。

1 っぱなし　　2 とばかり
3 ながらも　　4 ないまでも

적절한 기능어 찾기 ★★

해석 폐점 직전에 갔기 때문인지 먹고 있는 도중에 점원들은 빨리 돌아가**(라는 듯한)** 차가운 시선으로 우리들을 보고 있었다.

정답 찾기 기본적인 활용 지식이 있으면 쉽게 해결할 수 있다. 공란 앞의 帰れ는 帰る의 가능형의 ます형이나 명령형으로 볼 수 있는데 문맥상 여기서는 명령형이 되어야 하며 명령형이 올 수 있는 것은 마치 그렇게 말하기라도 하는 듯한 태도나 행동을 나타낼 때 사용하는 ~とばかり뿐이므로 정답은 2번이 된다.

오답분석 정답 이외에는 명령형을 취할 수 없어 정답이 아니지만 의미를 살펴보면 1번은 동사의 ます형에 붙어 ~한 채, ~한 상태, 3번은 동사의 경우 ます형에 접속하여 ~하면서도, 4번은 ない형에 접속하여 ~하지 않을지언정, ~까지는 아니더라도이다.

복습 꼭! ~とばかりに・~とばかりの(~라는 듯이, ~라는 듯한)

어휘 閉店(へいてん) 폐점 | 間際(まぎわ) 직전 | 最中(さいちゅう) 한창 | 冷(ひ)ややかだ 싸늘하다 | 視線(しせん) 시선

정답 2

03 緑の芝生の運動場で、子供たちは裸足で(　　　)鬼ごっこをしながら遊んでいた。

1 追うやら追われるやら
2 追っても追われても
3 追うなり追われるなり
4 追いつ追われつ

적절한 기능어 찾기 ★★

해석 초록의 잔디 운동장에서 아이들은 맨발로 **(쫓기도 하고 쫓기기도 하며)** 술래잡기를 하면서 놀고 있었다.

정답 찾기 선택지를 보면 이미 동사가 붙어 있으므로 문맥으로 정답을 찾아야 하지만 이 문제에서는 서로 상반되는 의미인 追う(쫓다)의 능동형과 수동형이 사용되고 있으므로 선택지만으로도 정반대의 행위가 반복적으로 번갈아 일어남을 나타내는 4번이 정답임을 알 수 있다.

오답분석 1번 ~やら~やら는 ~이며 ~이며, ~랑 ~랑, 2번 ~ても는 ~해도, ~하더라도, 3번 ~なり~なり는 ~든지 ~든지라는 의미이므로 문맥상 정답이 아니다.

복습 꼭! ~つ~つ(~하기도 하고 ~하기도 하고)

어휘 芝生(しばふ) 잔디 | 裸足(はだし) 맨발 | 追(お)う 쫓다 | 鬼(おに)ごっこ 술래잡기

정답 4

---

04 5年ぶりに倉庫の中の荷物を整理していたら、全身が埃(　　)になってしまった。

1 ぎみ　　2 がち
3 まみれ　　4 ごとき

적절한 기능어 찾기 ★★★

해석 5년 만에 창고안의 짐을 정리했더니 전신이 먼지**(투성이)**가 되어 버렸다.

정답 찾기 접속되는 단어의 종류도 중요한 힌트가 되는 경우가 많은데 이 문제에서도 공란 앞의 명사가 埃(먼지)이므로 좋지 않은 이물질이 전체에 묻어 있는 모습을 나타낼 때 사용하는 3번이 정답이다.

오답분석 1번은 ~기색, 기미, 2번은 자주 ~하다, ~이 잦다, 4번은 명사에 접속될 경우 ~따위 라는 의미이므로 문맥상 정답이 아니다.

복습 꼭! ~まみれ(~범벅, ~투성이)

어휘 倉庫(そうこ) 창고 | 整理(せいり) 정리 | 全身(ぜんしん) 전신 | 埃(ほこり) 먼지

정답 3

---

05 公演が終わると、劇場内には(　　)んばかりの拍手が鳴り響いた。

1 割れよう　　2 割れざる
3 割れた　　4 割れ

적절한 접속형태 찾기 ★★

해석 공연이 끝나자 극장 안에는 **(터져 나갈)** 듯한 박수가 울려 퍼졌다.

정답 찾기 선택지에 같은 동사가 있으므로 접속형태를 묻는 문제임을 알 수 있는데 공란 뒤의 ~んばかり는 실제로는 아니지만 마치 ~할 것 같다고 말할 때 사용하며 동사의 ない형에 접속되므로 정답은 4번이 된다.

오답분석 割(わ)れる의 ない형은 割(わ)れ이므로 나머지는 정답이 아니다.

복습 꼭! ~んばかりの(~듯한)

어휘 公演(こうえん) 공연 | 劇場(げきじょう) 극장 | 割(わ)れる 깨지다, 부서지다 | 拍手(はくしゅ) 박수 | 鳴(な)り響(ひび)く 울려 퍼지다

정답 4

---

06 僕より一つ年上の兄は、いつも親(　　)口ぶりで僕に説教しようとする。

1 めいた　　2 ずくめの
3 だの　　4 っぽく

적절한 기능어 찾기 ★★

해석 나보다 한 살 위인 형은 언제나 부모**(인 듯한)** 말투로 나에게 설교하려 한다.

정답 찾기 문맥을 잘 이해해야 하는 문제이다. 화자는 자신의 형에 대해서 말하고 있는데 공란의 앞뒤를 보면 부모와 말투가 나오므로 ~느낌이 난다, ~처럼 ~한다는 의미를 나타내는 ~めく임을 알 수 있으므로 정답은 1번이 된다.

오답분석 2번은 ~뿐, 일색의, 3번은 ~라든가, ~랑이므로 정답이 아니고 4번은 ~가 많다, ~의 경향이 있다는 의미 이외에도 ~스럽다

라고 해석할 수도 있어 정답으로 착각할 수도 있지만 결정적으로 ～く 형태이므로 뒤에 명사를 수식할 수 없어 정답이 될 수 없다.

복습 꼭! ～めく(～다워지다, ～처럼 보이다)

어휘 年上(としうえ) 연상 | 口(くち)ぶり 어투, 말투 | 説教(せっきょう)する 설교하다

정답 1

---

07 信号待ちで見る(　　　)前の車の運転席を見ていたら、驚いたことに、運転手の女性は化粧の真っ最中だった。

1 ことなしに　　2 がゆえに
3 あげくに　　4 ともなしに

적절한 기능어 찾기 ★★

해석 신호 대기 중에 **(무심코)** 앞차의 운전석을 봤더니 놀랍게도 운전자인 여성은 한창 화장 중이었다.

정답 찾기 공란 앞의 見る와 조금 떨어져 있지만 뒤에 동사 見る가 또 있어 결국 見る～見る 형태이므로 見る, 聞く 등의 동사가 앞뒤로 반복적으로 사용되어 별 생각하지 않고, 의도하지 않고서 ～하다는 의미를 나타낼 때 사용하는 4번이 정답임을 알 수 있다.

오답분석 먼저 3번(～한 끝에)는 동사 과거형에 접속되므로 제외시켜야 하고 1번은 ～하지 않고, ～하는 일 없이, 2번은 ～ 때문에, ～이니까 라는 의미가 되므로 문맥상 정답이 아니다.

복습 꼭! ～ともなく・～ともなしに(무심코～, 문득～)

어휘 信号待(しんごうま)ち 신호 대기 | 驚(おどろ)く 놀라다 | 化粧(けしょう) 화장 | 真(ま)っ最中(さいちゅう) 한창 진행 중

정답 4

---

08 これは肉の余分な脂肪分を減らし、美味しくて体にも良いまさにいいこと(　　　)の調理法と言える。

1 ずくめ　　2 まみれ
3 あって　　4 なし

적절한 기능어 찾기 ★★

해석 이것은 고기의 여분의 지방분을 줄여 맛있고 건강에도 좋은 정말로 장점**(뿐인)** 요리법이라고 할 수 있다.

정답 찾기 문맥을 보면 조리법의 장점이 나열된 점과 공란 앞의 こと를 통해서 색상이나 사건 등의 명사와 함께 전부 ～이다, ～뿐이다고 말할 때 사용하는 1번이 정답임을 알 수 있다.

오답분석 2번(～범벅, ～투성이)은 눈에 보이는 이물질 등에 사용하고 3번은 ～あっての의 형태로 ～가 있어야 성립하는, 4번은 ～없음 이라는 의미이므로 정답이 될 수 없다.

복습 꼭! ～ずくめ(～뿐, ～일색의)

어휘 余分(よぶん) 여분 | 脂肪(しぼう) 지방 | まさに 정말로, 확실히 | 調理法(ちょうりほう) 조리법

정답 1

문제 다음 문장의 ＿★＿에 들어갈 가장 알맞은 말을 1・2・3・4 중에서 하나를 고르세요.

01 ソファーに座って、雑誌を＿＿ ＿＿ ＿★＿ ＿＿軽く眠気を催してきた。

1 ラジオを聞く　2 見ながら
3 聞いていたら　4 ともなしに

단어 바르게 배열하기 ★★

문장 배열 ソファーに座って、雑誌を 見ながら(2) ラジオを聞く(1) ともなしに(4) 聞いていたら(3) 軽く眠気を催してきた。

해석 소파에 앉아서 잡지를 보며 별 생각 없이 라디오를 듣고 있었더니 살짝 졸음이 밀려왔다.

정답 찾기 동사의 기본형에 붙어 의도하지 않고 어떤 행위를 할 때 사용하는 4번 ～ともなしに(무심코~, 문득~)는 앞뒤에 동일 동사가 반복되므로 간단히 1-4-3이 됨을 알 수 있다. 그리고 조사 ～を가 있어 타동사가 필요한 첫 번째 칸에 2번을 넣어 전체적으로 나열하면 2-1-4-3가 되어 정답은 4번이다.

복습 꼭! ～ともなしに(무심코~, 문득~)

어휘 眠気(ねむけ) 졸음 | 催(もよお)す 개최하다, 느끼다

정답 4

---

02 きのうの土偶展には多くの人々が押し寄せ、狭い展示室内で＿＿ ＿★＿ ＿＿ ＿＿ので大変だった。

1 押されつで　2 押しつ
3 鑑賞した　4 人波に

단어 바르게 배열하기 ★★

문장 배열 きのうの土偶展には多くの人々が押し寄せ、狭い展示室内で 人波に(4) 押しつ(2) 押されつで(1) 鑑賞した(3) ので大変だった。

해석 어제 토우전에는 많은 사람들이 몰려들어 좁은 전시실에서 인파에 밀치락달치락 하면서 감상했기 때문에 힘들었다.

정답 찾기 선택지의 1, 2번을 단서로 동일한 동작이 반복적으로 일어남을 나타내는 ～つ～つ(~하기도 하고 ~하기도 하고) 문제임을 알 수 있는데 일반적으로 능동형이 먼저 나오므로 2-1이 되어야 하고 밀고 밀리는 대상이 필요하므로 4번을 2-1 앞에 넣어야 한다. 마지막으로 ～ので(~ 때문에, ~이므로)가 있어 보통형이 필요한 마지막 칸에 3번을 넣어 전체적으로 나열하면 4-2-1-3이 되므로 정답은 2번이다.

복습 꼭! ～つ～つ(~하기도 하고 ~하기도 하고)

어휘 土偶(どぐう) 토우 | 押(お)し寄(よ)せる 밀려들다 | 展示室(てんじしつ) 전시실 | 人波(ひとなみ) 인파 | 鑑賞(かんしょう)する 감상하다

정답 2

---

03 水田を疾走し、パイプを奪い合うイベント大会に参加した選手たちは＿＿ ＿＿ ＿★＿ ＿＿を繰り広げた。

1 なりながら　2 まみれに
3 熱戦　4 泥

단어 바르게 배열하기 ★★★

문장 배열 水田を疾走し、パイプを奪い合うイベント大会に参加した選手たちは 泥(4) まみれに(2) なりながら(1) 熱戦(3) を繰り広げた。

해석 논을 질주해 서로 파이프를 빼앗는 이벤트대회에 참가한 선수들은 진흙투성이가 되면서 열전을 펼쳤다.

정답 찾기 우선 2번 ～まみれ는 눈에 보이는 이물질을 나타내는 명사가 필요하므로 4번과 짝이 될 수밖에 없고 뒤에는 1번이 와서 ～になる(~이 되다)를 이루어야 한다. 마지막으로 조사 ～を가

있어 명사가 필요한 마지막 칸에 3번을 넣어 전체적으로 나열하면 4-2-1-3이 되어 정답은 1번이다.

복습 꼭! ～まみれ(～범벅, ～투성이)

어휘 水田(すいでん) 논 | 疾走(しっそう)する 질주하다 | 奪(うば)う 빼앗다 | 参加(さんか)する 참가하다 | 泥(どろ) 진흙 | 熱戦(ねっせん) 열전 | 繰(く)り広(ひろ)げる 전개하다

정답 1

---

04 家に帰ると、高校生の娘は ___ ___ ★ ___ ___。

1 叱られていた　　2 妻に
3 ほとんど泣かん　　4 ばかりの表情で

단어 바르게 배열하기 ★★

문장 배열 家に帰ると、高校生の娘は ほとんど泣かん(3) ばかりの表情で(4) 妻に(2) 叱られていた(1)。

해석 집에 돌아오니 고등학생인 딸은 거의 울 듯한 표정으로 아내에게 꾸중을 듣고 있었다.

정답 찾기 선택지의 3, 4번을 통해 실제가 아닌 보여지는 정도를 나타내는 동사 ない형+んばかり(～듯하다)임을 알 수 있으므로 3-4가 되어야 함을 쉽게 알 수 있다. 그리고 2번은 수동동사인 1번의 행위의 주체가 되어야 하므로 2-1이 되어 문장이 끝나는 마지막 칸에 들어가야 한다. 전체적으로 나열하면 3-4-2-1이 되어 정답은 4번이다.

복습 꼭! ～んばかり(～듯하다)

어휘 表情(ひょうじょう) 표정 | 叱(しか)る 꾸짖다

정답 4

---

05 この番組は黄金のマスク、ピラミッドなど ___ ___ ★ ___ エジプト文明に迫る。

1 を通して　　2 めいた
3 壮大で　　4 謎

단어 바르게 배열하기 ★★

문장 배열 この番組は黄金のマスク、ピラミッドなど を通して(1) 壮大で(3) 謎(4) めいた(2) エジプト文明に迫る。

해석 이 프로그램은 황금마스크, 피라미드 등을 통해서 웅대하고 신비로운 이집트문명에 다가간다.

정답 찾기 선택지의 2번 ～めく(～다워지다, ～처럼 보인다)는 명사에 접속되므로 4-2가 되어야 하고 동시에 뒤에도 명사가 필요하므로 마지막 칸에 넣으면 된다. 그리고 수단이나 매개를 나타내는 1번 ～を通して(～을 통해서)를 명사가 있는 첫 번째 칸에 넣고 마지막으로 문맥상 3번을 4번 앞에 넣어 전체적으로 나열하면 1-3-4-2가 되므로 정답은 4번이다.

복습 꼭! ～めく(～다워지다, ～처럼 보인다)

어휘 番組(ばんぐみ) 프로그램 | 黄金(おうごん) 황금 | 壮大(そうだい)だ 장대하다, 웅대하다 | 謎(なぞ) 수수께끼, 불가사의 | 文明(ぶんめい) 문명 | 迫(せま)る 접근하다, 좁혀지다

정답 4

06 部長は僕が何かを ＿＿ ＿＿ ★ ＿＿ 睨み付けた。

1 とばかりに　　2 黙れ
3 言おう　　4 とすると

단어 바르게 배열하기 ★★

문장 배열 部長は僕が何かを 言おう(3) とすると(4) 黙れ(2) とばかりに(1) 睨み付けた。

해석 부장님은 내가 무언가를 말하려고 하자 잠자코 있어 라는 듯이 매섭게 노려보았다.

정답 찾기 먼저 1번 ～とばかりに(마치 ～라는 듯이)는 동사의 경우 보통형이나 명령형에 접속되므로 선택지 중에서 2번과 짝이 되어야 한다. 그리고 ～(よ)うとする(～하려고 한다)가 되도록 3-4로 짝지어 조사 ～を가 있어 타동사가 필요한 첫 번째 칸에 넣어주면 된다. 전체적으로 나열하면 3-4-2-1이 되므로 정답은 2번이다.

복습 꼭! ～とばかりに(마치 ～라는 듯이)

어휘 黙(だま)る 잠자코 있다 | 睨(にら)み付(つ)ける 노려보다

정답 2

---

07 時代は ＿＿ ＿＿ ★ ＿＿ 同じ姿をとどめないので、時代と共に変化し、進化すべきである。

1 ごとく流れ　　2 たりとも
3 一瞬　　4 川の

단어 바르게 배열하기 ★★★

문장 배열 時代は 川の(4) ごとく流れ(1) 一瞬(3) たりとも(2) 同じ姿をとどめないので、時代と共に変化し、進化すべきである。

해석 시대는 강물처럼 흘러 단 한순간도 같은 모습을 남기지 않으므로 시대와 함께 변화하고 진화해야 한다.

정답 찾기 선택지에 두 개의 문법이 있지만 각각의 문법 특성에 맞게 나열해 나가면 된다. 먼저 1번 ～ごとく는 앞에 명사 の가 와야 하므로 4번과 짝이 되어야 하고 2번 ～たりとも(～도, ～일지라도)는 최소단위 조수사에 접속되며 부정문을 수반하므로 3-2가 되어 마지막 칸에 넣으면 된다. 전체적으로 나열하면 4-1-3-2이 되어 정답은 3번이다.

복습 꼭! ～ごとく(～처럼, 같이)

어휘 時代(じだい) 시대 | 一瞬(いっしゅん) 일순, 한순간 | とどめる 멈추다, 남기다 | ～と共(とも)に ～와 함께, ～함과 동시에 | 変化(へんか)する 변화하다 | 進化(しんか)する 진화하다 | ～べき ～해야 한다

정답 3

---

08 警察の調べでは、二人は ＿＿ ＿＿ ★ ＿＿ ようなものを持っていたという。

1 服装で　　2 全身黒
3 一人はナイフの　　4 ずくめの

단어 바르게 배열하기 ★★★

문장 배열 警察の調べでは、二人は 全身黒(2) ずくめの(4) 服装で(1) 一人はナイフの(3) ようなものを持っていたという。

해석 경찰의 조사에 의하면 두 사람은 전신 검정 일색의 복장이었고 한사람은 칼 같은 것을 들고 있었다고 한다.

정답 찾기 선택지 중에서 2번 ～ずくめ(～뿐, ～일색)를 기준으로 삼아 나열하면 되는데 ～ずくめ는 앞에 명사가 필요하므로 2-4가 되어야 하고 조사 ～の로 인해 뒤에도 명사가 필요한데 문맥상 1번이 뒤로 오는 것이 적절하다. 마지막으로 3번은 예시를 나타내는 ～ような 앞인 마지막 칸에 넣어 전체적으로 나열하면 2-4-1-3이 되므로 정답은 1번이다.

복습 꼭! ～ずくめ(～뿐, ～일색)

어휘 警察(けいさつ) 경찰 | 全身(ぜんしん) 전신 | 服装(ふくそう) 복장

정답 1

시나공 09 기타 다양한 문법 | 적중 예상 문제

문제 다음 문장의 (　　)에 들어갈 가장 알맞은 말을 1・2・3・4 중에서 하나를 고르세요.

01 彼女の作品は大変素晴らしく、十分称賛に(　　　)ものだった。

1 おける　　2 関する

3 いたる　　4 たる

적절한 기능어 찾기 ★

해석 그녀의 작품은 대단히 훌륭해 충분히 칭찬**(할 만)**했다.

정답 찾기 문맥을 살펴보면 화자는 작품에 대해 높이 평가하고 있으므로 논리적으로 칭찬할 만하다는 의미가 되어야 함을 알 수 있으므로 명사에 붙어 그만큼의 가치가 있음을 나타낼 때 사용하는 4번이 정답이다.

오답분석 1번은 ～において(～에 있어서, ～에서)의 명사 수식형으로 주로 상황, 장소의 명사에 접속되므로 제외시켜야 하고 2번은 ～에 관한, 3번은 ～에 이르다는 의미이므로 정답이 아니다.

복습 꼭! ～にたる(～할 수 있는, ～할 만한)

어휘 作品(さくひん) 작품 | 素晴(すば)らしい 훌륭하다 | 称賛(しょうさん) 칭찬

정답 4

---

02 A公園は500本の冬桜が花を咲かせ、周囲の紅葉(　　　)格別な風情であった。

1 と相まって　　2 ともなると

3 に対して　　4 に即して

적절한 기능어 찾기 ★★★

해석 A공원은 500그루의 겨울 벚꽃이 피어 주위의 단풍**(과 어울려)** 각별한 정취였다.

정답 찾기 일단 실태, 사실 등의 명사에 접속되는 4번은 제외시키고 문맥을 살펴보면 벚꽃만으로도 아름다운데 단풍까지 더해져서 더욱 아름답다는 의미이므로 어떤 사항이 더해져서 그 경향이나 특징이 더욱 강해질 때 사용하는 1번 ～と相まって(～와 어울려서, ～와 더불어)가 정답이 된다.

오답분석 2번은 ～정도 되면, ～라도 되면, 3번은 ～에 대해서, ～에 비해서, 4번은 ～에 입각해서 라는 의미이므로 문맥상 정답이 아니다.

복습 꼭! ～と相(あい)まって(～와 어울려서, ～와 더불어)

어휘 冬桜(ふゆざくら) 겨울 벚꽃 | 周囲(しゅうい) 주위 | 紅葉(もみじ) 단풍 | 格別(かくべつ) 각별 | 風情(ふぜい) 풍치, 운치

정답 1

03 あんな危険なところへ子供を一人で(　　　)、無責任としか言いようがない。

1 行かせてまで　　2 行かせるには
3 行かせるかどうか　　4 行かせるとは

의미적 호응관계 파악하기 ★★

해석 저런 위험한 곳에 아이를 혼자서 **(보내다니)** 무책임하다고 할 수밖에 없다.

정답 찾기 문맥을 보면 위험한 곳에 아이 혼자 보내는 것에 대해 비난하고 있으므로 정의나 인용의 의미 외에도 분노, 놀람, 감동 등을 나타낼 때도 사용하는 ~とは가 포함된 4번이 정답이 된다.

오답분석 1번은 보내서 까지, 2번은 보내기 위해서는, 3번은 보낼지 어떨지 라는 의미가 되므로 문맥상 정답이 아니다.

복습 꼭! ~とは(~하다니, ~할 줄이야)

어휘 危険(きけん)だ 위험하다 | 無責任(むせきにん) 무책임 | ~ようがない ~할 방법이 없다

정답 4

---

04 いじめられた学生が自殺する(　　　)、やっと学校側はことの重大さを知った。

1 につけ　　2 ついでに
3 に至って　　4 からには

적절한 기능어 찾기 ★★

해석 괴롭힘을 당한 학생이 자살하기**(에 이르러)** 겨우 학교 측은 사태의 중대함을 알았다.

정답 찾기 공란 앞의 동사만으로도 정답을 찾을 수 있어야 하는데 自殺する(자살하다)는 일반적이 사항이 아니므로 A라는 중요한 사태가 되어서 겨우, 비로소 B가 되다는 의미를 나타낼 때 사용하는 3번이 정답이 된다.

오답분석 1번은 ~할 때마다 항상, 2번은 ~하는 김에 부가적으로, 4번은 ~한 이상에는 이라는 의미이므로 공란 앞의 自殺する와는 어울리지 않으므로 정답이 될 수 없다.

복습 꼭! ~に至(いた)って(~에 이르러 겨우)

어휘 いじめる 괴롭히다 | 自殺(じさつ)する 자살하다 | やっと 겨우, 가까스로 | 重大(じゅうだい)さ 중대함

정답 3

---

05 ゲーム好きの息子が一日中パソコンを(　　　)ので、電気代もばかにならない。

1 消してばかりだった
2 つけつつある
3 消しとく
4 つけっぱなしにする

의미적 호응관계 파악하기 ★★★

해석 게임을 좋아하는 아들이 하루 종일 컴퓨터를 **(켜둔 채로 두기)** 때문에 전기료도 만만치 않다.

정답 찾기 공란 앞의 컴퓨터와 후문의 전기료도 무시할 수 없다를 통해 논리적으로 컴퓨터를 많이 사용한다는 의미가 되어야 함을 알 수 있으므로 ~한 채로 방치해서 놓아두는 것을 나타내는 ~っぱなし가 사용된 4번이 정답이 된다.

오답분석 1번 ~てばかり는 ~하기만 하다, 2번 ~つつある는 ~하고 있다, ~해가는 중이다, 3번 ~とく는 ~ておく(~해 두다)의 축약형이므로 문맥상 정답이 아니다.

복습 꼭! ~っぱなし(~한 채로, ~한 상태로)

어휘 電気代(でんきだい) 전기료 | ばかにならない 무시할 수 없다

정답 4

06 どしゃ降りの雨に降られて、あっという間に頭から爪先に(　　　)ずぶ濡れになってしまった。

1 いたりで　　2 いたるまで
3 いたっては　　4 いたっても

적절한 기능어 찾기 ★★

해석 억수같이 쏟아지는 비를 맞아 순식간에 머리부터 발끝**(까지)** 흠뻑 젖어 버렸다.

정답 찾기 선택지를 보면 至(いた)る에 관련된 문제임을 알 수 있는데 공란 앞에 있는 ~から를 통해 전체적으로 ~から~まで가 되어야 함을 알 수 있기 때문에 일반적인 것뿐만 아니라 ~에 이르기까지 전부를 의미하는 2번이 정답이 된다.

오답분석 1번은 명사の+至り(~의 극치) 형태로 사용하므로 제외시켜야 하고 3번 ~にいたっては는 ~에 이르러서는, 4번 ~にいたっても는 ~에 이르러서도 라는 의미가 되므로 문맥상 정답이 아니다.

복습 꼭! ~に至るまで(~에 이르기까지)

어휘 どしゃ降(ぶ)り 장대비 | あっという間(ま)に 눈 깜짝할 사이에, 순식간에 | 爪先(つまさき) 발끝 | ずぶ濡(ぬ)れ 흠뻑 젖음

정답 2

07 まったくうちの社長と(　　　)、あんなに大きいビルの掃除を一人で、しかも一日で終わらせろなんて無茶なことを言う。

1 きたら　　2 あれば
3 いえども　　4 思いきや

적절한 기능어 찾기 ★★

해석 정말 우리 사장님**(은)** 저런 큰 빌딩의 청소를 혼자서 게다가 하루에 끝내라는 둥 터무니없는 말을 한다.

정답 찾기 선택지 모두 ~と를 취할 수 있어 외형적인 단서가 없으므로 문맥을 살펴보면 화자가 자신의 사장에 대한 불만을 말하고 있음을 알 수 있으므로 화제로 삼는 대상에 대한 비난, 불만, 분노 등의 기분을 말할 때 사용하는 1번이 정답이 된다.

오답분석 2번은 ~이라면, ~라면, 3번은 ~이라 해도, 할지라도, 4번은 ~라고 생각했더니, ~한 줄 알았는데 라는 의미이므로 문맥상 정답이 아니다.

복습 꼭! ~ときたら(~은, ~로 말할 것 같으면)

어휘 まったく 정말 | 掃除(そうじ) 청소 | しかも 게다가 | 無茶(むちゃ)だ 터무니 없다, 형편없다

정답 1

08 彼女が偉大な登山家として活躍できたのは、20年間一日も(　　　)磨いたクライミングの腕前によるものだった。

1 欠かしたつもりでも
2 欠かすことなしに
3 欠かしてもいないくせに
4 欠かすかと思えば

적절한 기능어 찾기 ★★★

해석 그녀가 위대한 산악인으로 활약할 수 있었던 것은 20년 동안 하루도 **(거르지 않고)** 갈고 닦은 클라이밍 솜씨 때문이었다.

정답 찾기 다소 긴 문장이지만 핵심만 파악하면 쉽게 해결할 수 있다. 문맥을 파악해 보면 결국 하루도 쉬지 않았다는 의미가 되어야 함을 알 수 있다. 그러므로 일반적으로 ~하는 것을 하지 않고 라고 말할 때 사용하는 ~ことなしに가 사용된 2번이 정답이다.

오답분석 1번은 걸렀다고 생각해도 3번은 거르지도 않은 주제에 4번은 거르는 가 했더니 라는 의미가 되므로 문맥상 정답이 될 수 없다.

복습 꼭! ~ことなしに(~하지 않고서)

어휘 偉大(いだい)だ 위대하다 | 登山家(とざんか) 등산가 | 活躍(かつやく) 활약 | 欠(か)かす 거르다, 빼다 | 磨(みが)く 윤내다, 갈고 닦다 | 腕前(うでまえ) 솜씨, 기량

정답 2

문제 다음 문장의 ＿★＿에 들어갈 가장 알맞은 말을 1・2・3・4 중에서 하나를 고르세요.

01 姉＿＿ ＿＿ ＿★＿ ＿＿な性格で他人の言うことは一度だっておとなしく聞いたことがない。

1 頭は　　2 ときたら
3 いいが　　4 ひどく強情

단어 바르게 배열하기 ★★

문장 배열 姉 ときたら(2) 頭は(1) いいが(3) ひどく強情(4) な性格で他人の言うことは一度だっておとなしく聞いたことがない。

해석 누나는 머리는 좋지만 몹시 고집이 센 성격이어서 다른 사람이 하는 말은 한번이라도 얌전히 들은 적이 없다.

정답 찾기 먼저 비난이나 불만을 나타낼 때 사용하는 2번 ～ときたら(～은, ～으로 말하자면)는 명사에 접속되므로 첫 번째 칸에 들어갈 수밖에 없다. 그리고 나머지는 1-3이 됨을 쉽게 알 수 있고 마지막으로 な형용사인 4번을 마지막 칸에 넣어 명사를 수식하게 하면 된다. 전체적으로 나열하면 2-1-3-4가 되므로 정답은 3번이다.

어휘 強情(ごうじょう)だ 고집이 세다 | 性格(せいかく) 성격 | 他人(たにん) 타인 | おとなしい 조용하다, 온순하다

정답 3

02 今の宇宙ロケットや衛星の技術には＿＿ ＿＿ ＿★＿ ＿＿が確立されていないような気がする。

1 たる技術　　2 十分に
3 未だに　　4 信頼するに

단어 바르게 배열하기 ★

문장 배열 今の宇宙ロケットや衛星の技術には 未だに(3) 十分に(2) 信頼するに(4) たる技術(1) が確立されていないような気がする。

해석 지금의 우주 로켓과 위성의 기술에는 아직까지 충분히 신뢰할 수 있는 기술이 확립되어 있지 않은 것 같다.

정답 찾기 1번을 단서로 ～にたる(～할 수 있는, ～할 만한)를 묻는 문제임을 알 수 있는데 2, 3번은 부사이므로 4번과 짝이 되어야 한다. 그리고 부사들은 문맥에 맞게 3-2로 나열해 동사인 4번을 수식하게 하면 된다. 전체적으로 나열하면 3-2-4-1이 되어 정답은 4번이다.

> 복습 꼭! ～にたる(～할 수 있는, ～할 만한)

어휘 宇宙(うちゅう) 우주 | 衛星(えいせい) 위성 | 技術(ぎじゅつ) 기술 | 未(いま)だに 아직껏, 현재까지도 | 信頼(しんらい)する 신뢰하다 | 確立(かくりつ)する 확립하다

정답 4

03 わが社は社員のニーズや会社の＿＿ ＿＿ ＿★＿ ＿＿を図っている。

1 社内制度の　　2 現状
3 見直し　　4 に即して

단어 바르게 배열하기 ★★

문장 배열 わが社は社員のニーズや会社の 現状(2) に即して(4) 社内制度の(1) 見直し(3) を図っている。

해석 우리 회사는 사원의 요구와 회사의 현상(현재의 상태)에 입각해서 사내제도의 재검토를 도모하고 있다.

정답 찾기 4번 ～に即して(～에 입각해서, ～에 따라서)는 주로 방침, 실상, 법률 등 기준을 나타내는 명사에 접속되므로 2-4가 되어야 한다. 그리고 1번은 뒤에 명사가 필요하므로 1-3이 되어 마지막 칸에 들어가 목적어가 되도록 해서 전체적으로 나열하면 2-4-1-3이 되므로 정답은 1번이다.

> 복습 꼭! ～に即(そく)して(～에 입각해서, ～에 따라서)

어휘 現状(げんじょう) 현상 | 制度(せいど) 제도 | 図(はか)る 도모하다, 꾀하다

정답 1

04 彼の歌はひどく音程が ＿＿ ＿＿ ★ ＿＿ が、何か込み上げてくるものがあった。

1 外れていて　2 にたえない
3 聞く　4 ほどだった

단어 바르게 배열하기 ★★

문장 배열 彼の歌はひどく音程が 外れていて(1) 聞く(3) にたえない(2) ほどだった(4) が、何か込み上げてくるものがあった。

해석 그의 노래는 음정이 너무 맞지 않아 들을 수 없을 정도였지만 뭔가 뭉클한 것이 있었다.

정답 찾기 2번 ～にたえない(차마 ～할 수 없다, ～하고 있기 힘들다)는 동사 기본형이나 명사에 접속되므로 3-2가 되어 명사인 4번을 수식하면 된다. 그리고 자동사인 1번은 주어가 있는 첫 번째 칸에 들어가는 것이 좋다. 전체적으로 나열하면 1-3-2-4이므로 정답은 2번이다.

복습 꼭! ～にたえない(차마 ～할 수 없다, ～하고 있기 힘들다)

어휘 音程(おんてい) 음정 | 外(はず)れる 빠지다, 벗어나다 | 込(こ)み上(あ)げる 복받치다, 치밀어 오르다

정답 2

05 僕はいつも初心 ＿＿ ＿＿ ★ ＿＿ 頑張っていくつもりだ。

1 という言葉を　2 忘れる
3 肝に銘じて　4 べからず

단어 바르게 배열하기 ★★★

문장 배열 僕はいつも初心 忘れる(2) べからず(4) という言葉を(1) 肝に銘じて(3) 頑張っていくつもりだ。

해석 나는 항상 초심을 잊어서는 안 된다는 말을 마음에 새기고 계속 노력할 작정이다.

정답 찾기 단서가 많이 있지만 먼저 4번 ～べし(～해야 한다)의 부정형인 ～べからず는 동사 기본형과 함께 주로 종지형으로 사용하므로 2-4가 되어 인용의 ～と(～라고)가 있어 종지형이 필요한 1번 앞에 들어가야 한다. 마지막으로 타동사인 3번은 조사 ～を가 있는 1번 뒤에 넣어 전체적으로 나열하면 2-4-1-3이 되므로 정답은 1번이다.

복습 꼭! ～べからず(～해서는 안 된다)

어휘 初心(しょしん) 초심 | 肝(きも)に銘(めい)ずる 명심하다

정답 1

06 新しい方式の信号機は ＿＿ ＿＿ ★ ＿＿ や消費電力の小ささというエコ効果も見逃せない。

1 さること　2 見やすさも
3 ながら　4 寿命の長さ

단어 바르게 배열하기 ★★★

문장 배열 新しい方式の信号機は 見やすさも(2) さること(1) ながら(3) 寿命の長さ(4) や消費電力の小ささというエコ効果も見逃せない。

해석 새로운 방식의 신호기는 시인성이 우수한 것도 그렇지만 장수명과 저소비전력이라는 친환경 효과도 빠뜨릴 수 없다.

정답 찾기 긴 문법의 경우 끊어서 출제하는 경우도 있으므로 전체를 확실히 암기해야 한다. 이 문제에서도 1번과 3번을 통해 ～もさ

ることながら의 끊어진 형태임을 알 수 있으므로 쉽게 2-1-3 순으로 나열할 수 있다. 그리고 4번은 나열의 ～や(～랑)가 있어 명사가 필요한 마지막 칸에 넣어 전체적으로 나열하면 2-1-3-4가 되어 정답은 3번이다.

복습 꼭! ～もさることながら(～도 그렇지만, ～도 물론이거니와)

어휘 方式(ほうしき) 방식 | 信号旗(しんごうき) 신호기 | 寿命(じゅみょう) 수명 | 消費電力(しょうひでんりょく) 소비전력 | 効果(こうか) 효과 | 見逃(みのが)す 놓치다, 빠뜨리다

정답 3

---

07 彼はリポートに、周囲に見られる日本語の____ ____ _★_ ____見解を述べた。

1 問題点を見つけて
2 表現や理解に関する
3 自分なりの
4 その原因と解決法について

단어 바르게 배열하기 ★★★

문장 배열 彼はリポートに、周囲に見られる日本語の表現や理解に関する(2) 問題点を見つけて(1) その原因と解決法について(4) 自分なりの(3) 見解を述べた。

해석 그는 보고서에 주변에서 볼 수 있는 일본어 표현이나 이해에 관한 문제점을 발견하고 그 원인과 해결법에 대해서 나름대로의 견해를 기술했다.

정답 찾기 선택지를 살펴보면 순서상 당연히 문제점이 먼저 나오고 해결책이 뒤에 나와야 함을 알 수 있다. 그러므로 명사가 필요한 2번 뒤에는 문제점이 있는 1번이 적절하므로 2-1이 되어 명사가 필요한 첫 번째 칸에 들어가야 한다. 그리고 역시 뒤에 명사가 필요한 3번은 문맥상 마지막 칸에 들어가야 하므로 남은 칸에 4번을 넣어 전체적으로 나열하면 2-1-4-3이 되어 정답은 4번이다.

복습 꼭! ～なりの(～나름의)

어휘 学会(がっかい) 학회 | 周囲(しゅうい) 주위 | 表現(ひょうげん) 표현 | 理解(りかい) 이해 | ～に関(かん)する ～에 관한 | 原因(げんいん) 원인 | 解決法(かいけつほう) 해결법 | 見解(けんかい) 견해 | 述(の)べる 기술하다

정답 4

---

08 (大学ラグビー部のお知らせで)今シーズンは____ ____ _★_ ____新たな歴史を刻むべく、来シーズンも精進して参ります。

1 本日の試合
2 この経験を生かして
3 終了いたしますが
4 をもって

단어 바르게 배열하기 ★★★

문장 배열 今シーズンは 本日の試合(1) をもって(4) 終了いたしますが(3) この経験を生かして(2) 新たな歴史を刻むべく、来シーズンも精進して参ります。

해석 (대학 럭비부의 알림에서) 이번 시즌은 오늘 시합으로 종료됩니다만 이 경험을 살려 새로운 역사를 쓰기 위해 다음 시즌도 정진해 나가겠습니다.

정답 찾기 먼저 명사가 필요한 4번은 쉽게 1-4가 됨을 알 수 있고 이 문제에서처럼 시간, 시점을 나타내는 명사에 접속되면 기한을 나타내므로 뒤에는 종료를 의미하는 3번이 들어가야 한다. 남은 2번은 문맥상 마지막 칸에 들어갈 수밖에 없으므로 전체적으로 나열하면 1-4-3-2가 되어 정답은 3번이다.

복습 꼭! ～をもって(～으로, ～을 끝으로)

어휘 本日(ほんじつ) 오늘 | 生(い)かす 살리다, 활용하다 | 新(あら)た 새로움 | 歴史(れきし) 역사 | 刻(きざ)む 잘게 썰다, 새기다 | ~べく ~하기 위해 | 精進(しょうじん)する 정진하다

정답 3

시나공 10 경어 표현 | 적중 예상 문제

문제 다음 문장의 ( )에 들어갈 가장 알맞은 말을 1・2・3・4 중에서 하나를 고르세요.

01 (ホームページで)下記のとおり臨時休業とさせていただきますので、お知らせいたします。何卒ご了承( )よろしくお願い申し上げます。

1 差し上げたく

2 いただきたく

3 致したく

4 拝見したく

적절한 경어공식 찾기 ★★★

해석 (홈페이지에서) 다음과 같이 임시휴업을 하게 되어 알려드립니다. 아무쪼록 양해**(하여)** 주시기 바랍니다.

정답 찾기 경어문제는 형태와 행위의 주체를 먼저 파악하는 것이 좋다. 문제를 분석해 보면 공란 앞에 공식인 ご+명사가 있고 了承(りょうしょう)는 양해라는 의미이므로 행위의 주체는 상대이다. 그러므로 ご+명사 뒤에 들어갈 수 있고 상대의 행위를 나타낼 수 있는 것은 'ご+명사+いただく' 또는 'ご+명사+くださる・ください'이므로 정답은 2번이 된다.

오답분석 やる, 与える의 겸양어인 1번 差(さ)し上(あ)げる와 見る의 겸양어인 4번 拝見(はいけん)する는 공식으로 사용하지 않고 3번 致(いた)す는 겸양공식에 사용하므로 행위의 주체가 자신이 되므로 정답이 아니다.

복습 꼭! ご+명사+いただく(~해 받다, ~해 주시다)

어휘 下記(かき) 하기 | 臨時休業(りんじきゅうぎょう) 임시휴업 | 何卒(なにとぞ) 아무쪼록 | 了承(りょうしょう) 양해 | 申(もう)し上(あ)げる 言う의 겸양어

정답 2

02 (メールで)現在、部品調達の遅れに加え、部品メーカの倒産などにより、大幅に納期が遅れますこと、深く( )。

1 お詫び申し上げます。

2 詫びていただきます

3 お詫びくださいます

4 詫びていらっしゃいます

적절한 경어 찾기 ★★★

해석 (메일에서) 현재 부품조달 지연에 더해 부품업체의 도산 등으로 인해 납기가 크게 지연되는 점 깊이 **(사과드립니다)**.

정답 찾기 선택지에 공통적으로 사용되고 있는 동사는 詫びる(사과하다, 사죄하가)이므로 행위의 주체는 당연히 자신이 된다. 그러므로 자신의 행위를 나타낼 때 사용할 수 있는 공식 중 하나인 'お+동사 ます형+申(もう)し上(あ)げる'가 사용된 1번이 정답이다.

오답분석 2번 ~ていただく(~해 받다, ~해 주시다)와 3번 'お+ます+くださる(~해 주시다)' 그리고 4번 ~ていらっしゃる(~하고 계시다)는 모두 행위의 주체가 상대가 되므로 정답이 될 수 없다.

복습 꼭! お+동사 ます형+申(もう)し上(あ)げる(~해 드리다, ~하다)

어휘 部品(ぶひん) 부품 | 調達(ちょうたつ) 조달 | 加(くわ)える 더하다, 보태다 | 倒産(とうさん) 도산 | 大幅(おおはば)に 대폭 | 納期(のうき) 납기

정답 1

03 (製品カタログで)お客様へのご連絡なしに変更、または追加(　　　)場合がありますので、ご了承ください。

1 していただく　　2 させられてくださる
3 させていただく　　4 してくださる

적절한 겸어 찾기 ★★

해석 (제품 카탈로그에서) 고객님에게 연락 없이 변경 또는 추가**(하는)** 경우가 있으므로 양해해 주십시오.

정답 찾기 공란 앞의 追加(추가)는 문맥상 회사 즉 자신이 하는 행위이므로 상대의 허가를 얻거나 그 은혜를 받아 자신이 어떤 행위를 할 때 사용하는 3번이 정답이 된다.

오답분석 1번은 ~해 받다, ~해 주시다, 4번은 ~해 주시다는 의미로 행위의 주체는 상대가 되므로 정답이 될 수 없고 사역수동 동사가 사용된 2번은 사용하지 않는 형태이므로 정답이 아니다.

복습 꼭! ~させていただく(~하게 해 받다, ~하다)

어휘 製品(せいひん) 제품 | ~なしに ~없이 | 変更(へんこう) 변경 | 追加(ついか)する 추가하다 | 了承(りょうしょう) 양해

정답 3

04 この店の主人は、お客様に(　　　)、食材の安全性を最優先させなければ、という強い信念のもと、自分で納得できる食材しか使わないという。

1 お出しするとはいえ
2 お出しになるとはいえ
3 お出しになる以上は
4 お出しする以上は

적절한 겸어 찾기 ★★

해석 이 가게 주인은 고객에게 **(내놓는 이상)** 식재료의 안전성을 최우선으로 삼아야 한다는 강한 신념하에 스스로 납득할 수 있는 식재료밖에 사용하지 않는다고 한다.

정답 찾기 선택지를 보면 크게 겸양공식인 'お+동사 ます형+する'와 존경공식인 'お+동사 ます형+になる' 그리고 ~とはいえ(~라고는 해도, ~이긴 하지만)와 ~以上は(~한 이상은)가 사용되고 있는데 문맥상 出す의 주체는 화자 자신이며 공란 뒤에는 화자의 결의, 판단 내용이 있으므로 겸양공식과 以上は가 사용된 4번이 정답이 된다.

오답분석 1번은 ~とはいえ, 2번은 존경공식과 ~とはいえ, 3번은 존경공식이 사용되어 정답이 될 수 없다.

복습 꼭! お+동사 ます형+する(~하다, ~해 드리다)

어휘 食材(しょくざい) 식재료 | 安全性(あんぜんせい) 안전성 | 最優先(さいゆうせん) 최우선 | 信念(しんねん) 신념 | 納得(なっとく) 납득

정답 4

05 (広告で)お客様より(　　　)ご意見・ご要望を反映してさらに使いやすく改良しました。

1 差し上げた　　2 頂戴した
3 なさった　　4 致した

적절한 겸어 찾기 ★★★

해석 (광고에서) 고객님으로부터 **(받은)** 의견, 요청을 반영하여 더욱더 사용하기 편하게 개량했습니다.

정답 찾기 먼저 내용상 의견을 보낸 주체가 손님이라는 것을 파악할 수 있어야 한다. 다만 주의할 점은 공란 앞의 ~より가 여기서는 ~から(~부터)의 의미로 사용되고 있으므로 화자의 입장에서는 もらう(받다)를 사용해야 한다. 그러므로 もらう의 겸양표현인 2번이 정답이 된다.

오답분석 1번은 드리다, 3번은 하시다, 4번은 する의 겸양어이므로 정답이 될 수 없다.

복습 꼭! 頂戴(ちょうだい)する(받다)

어휘 広告(こうこく) 광고 | 意見(いけん) 의견 | 要望(ようぼう) 요망 | 反映(はんえい)する 반영하다 | さらに 더욱더 | 改良(かいりょう)する 개량하다

정답 2

06 学校へは徒歩でお越し(　　　)のですが、やむを得ず自転車で来校される時は、運動場の駐輪場に停めてください。

1 なさりたい　　2 伺いたい
3 願いたい　　4 くださりたい

적절한 경어공식 찾기 ★★★

해석 학교는 도보로 오**(셨으면 합)**니다만 어쩔 수 없이 자전거로 오시는 경우에는 주륜장에 세워주세요.

정답 찾기 공란 앞을 보면 공식의 일부인 お+동사 ます형을 단서로 공식으로 사용할 수 있으며 희망을 나타내는 ～たい가 붙어 상대가 ～해 주기를 바랄 때 사용할 수 있는 3번이 정답이 된다.

오답분석 2번은 공식으로 사용하지 않으며 1번과 4번은 존경공식이 되어버리기 때문에 상대의 희망이 되어 문맥상 정답이 될 수 없다.

복습 꼭! お+동사 ます형+願(ねが)う(～하시기 바란다)

어휘 徒歩(とほ) 도보 | 越(こ)す 来る의 존경어 | やむを得(え)ず 할 수 없이 | 来校(らいこう) 내교 | 駐輪場(ちゅうりんじょう) 주륜장 | 停(と)める 세우다

정답 3

---

07 最近、「お荷物のお届けに(　　　)が、不在のため持ち帰りました」という内容の虚偽のメッセージが多いので注意が必要だ。

1 上がりました　　2 見えました
3 差し上げました　　4 召し上がりました

적절한 경어 찾기 ★★★

해석 최근 '택배를 배달하러 **(방문했습니다)**만 부재중이기 때문에 가지고 왔습니다'라는 내용의 허위메시지가 많으므로 주의가 필요합니다.

정답 찾기 문맥을 살펴보면 배달하러 방문하다는 내용이 되어야 함을 알 수 있는데 방문하는 주체는 화자 자신이므로 경어에서는 行く, 訪問する의 겸양어로 사용할 수 있는 1번이 정답이 된다.

오답분석 2번 見える는 来る의 존경어, 4번은 食べる, 飲む의 존경어이므로 제외시켜야 하고 3번은 겸양어이지만 やる, 与える(주다)라는 의미이므로 정답이 될 수 없다.

복습 꼭! あがる(찾아뵙다, 방문하다)

어휘 荷物(にもつ) 짐 | 不在(ふざい) 부재 | 持(も)ち帰(かえ)る 가지고 오다 | 内容(ないよう) 내용 | 虚偽(きょぎ) 허위

정답 1

---

08 (履歴書で)営業部門は経験がないですが、今までの経験を活かして、早く仕事に対応できるよう努めて(　　　)。

1 願います　　2 ございます
3 頂戴します　　4 まいります

적절한 경어 찾기 ★★★

해석 (이력서에서) 영업부서는 경험이 없습니다만 지금까지의 경험을 살려 빠르게 업무에 대응할 수 있도록 노력해 **(가겠습니다)**.

정답 찾기 공란 앞에 동사 て형이 있으므로 먼저 동사 て형에 접속될 수 있어야 하고 동작의 주체가 화자 자신이므로 겸양어가 필요하다. 그러므로 行く의 겸양어로 자신의 적극적인 자세를 상사나 윗사람에게 전할 때 사용하는 4번이 정답이 된다.

오답분석 1, 2, 3번은 일반적으로 동사 て형과 사용하지 않으므로 정답이 아니다.

복습 꼭! まいる(行く의 겸양어)

어휘 履歴書(りれきしょ) 이력서 | 営業(えいぎょう) 영업 | 部門(ぶもん) 부서 | 活(い)かす 활용하다 | 対応(たいおう) 대응 | 努(つと)める 노력하다

정답 4

문제 다음 문장의 ___★___에 들어갈 가장 알맞은 말을 1・2・3・4 중에서 하나를 고르세요.

01 田中先生もの ____ ★ ____ ____ 少々お待ちください。

1 になると　　2 間もなく
3 思いますので　　4 お見え

단어 바르게 배열하기 ★★

문장 배열 田中先生も 間もなく(2) お見え(4) になると(1) 思いますので(3) 少々お待ちください。

해석 다나카 선생님도 곧 오시리라 생각하므로 잠시만 기다려 주십시오.

정답 찾기 선택지 중에서 4번은 来る의 존경어인 お見えになる이므로 4-1이 되어야 하고 동시에 ～と思う 형태가 되어야 하므로 1번 뒤에 3번을 넣어주면 된다. 마지막으로 부사인 2번을 동사인 4번 앞에 넣어 전체적으로 나열하면 2-4-1-3이 되어 정답은 4번이 된다.

복습 꼭! お見えになる(来る의 존경어)

어휘 間(ま)もなく 곧, 머지않아 | 少々(しょうしょう) 조금, 잠시

정답 4

---

02 (手紙で)ご多忙とは ____ ____ ★ ____ お願い申し上げます。

1 いただけます　　2 存じますが
3 よう　　4 ぜひご出席

단어 바르게 배열하기 ★★★

문장 배열 ご多忙とは 存じますが(2) ぜひご出席(4) いただけます(1) よう(3) お願い申し上げます。

해석 (편지에서) 바쁘시리라 생각합니다만 꼭 출석해 주시길 부탁드리겠습니다.

정답 찾기 선택지 중에서 4번은 ご+명사+いただく(～해 받다, ～해 주시다)의 일부분임을 알 수 있으므로 4-1이 되어야 하고 의뢰나 바람 등을 나타내는 3번을 뒤에 넣어주면 된다. 마지막으로 2번 存(ぞん)ずる는 思う, 知る의 겸양어이기 때문에 ～と思う가 되도록 첫 번째 칸에 넣어 전체적으로 나열하면 2-4-1-3이 되어 정답은 1번이다.

복습 꼭! ご+명사+いただく(～해 받다, ～해 주시다) / 存ずる(思う, 知る의 겸양어)

어휘 多忙(たぼう) 바쁨 | 出席(しゅっせき) 출석

정답 1

---

03 (会議で)それでは、会議に先立ち、本日の委員の ____ ____ ★ ____ と存じます。

1 いただきたい　　2 させて
3 ご報告　　4 出欠状況を

단어 바르게 배열하기 ★★★

문장 배열 それでは、会議に先立ち、本日の委員の 出欠状況を(4) ご報告(3) させて(2) いただきたい(1) と存じます。

해석 (회의에서) 그러면 회의에 앞서 오늘 위원님들의 출결 상황을 보고드리고자 합니다.

정답 찾기 3번을 단서로 ご+명사+する라는 공식과 1번을 단서로 자신의 행위를 보다 정중하게 나타내는 ～させていただく 두 가지를 동시에 묻고 있는 문제임을 알 수만 있으면 간단히 해결된다. 즉 순서대로 나열하면 3-2-1이 되어 인용의 ～と(～라고)가 있는 마지막 칸에 넣어주면 된다. 마지막으로 남은 4번을 첫 번째 칸에 넣어 전체적으로 나열하면 4-3-2-1이 되어 정답은 2번이다.

복습 꼭! ご+명사+する(~하다) / ~させていただく(~하게 해 받다, ~하다)

어휘 会議(かいぎ) 회의 | ~に先立(さきだ)ち ~에 앞서 | 委員(いいん) 위원 | 出欠(しゅっけつ) 출결 | 状況(じょうきょう) 상황 | 報告(ほうこく) 보고 | 存(ぞん)ずる 思う, 知る 의 겸양어

정답 2

---

04 (メールで)先生の論文を＿＿ ＿＿ ★ ＿＿奥深さに触れることができました。

1 及ばず　　2 拝見し
3 数学の　　4 ながら

단어 바르게 배열하기 ★★

문장 배열 先生の論文を 拝見し(2) 及ばず(1) ながら(4) 数学の(3) 奥深さに触れることができました。

해석 (메일에서) 선생님의 논문을 보고 미흡하나마 수학의 심오함을 느낄 수 있었습니다.

정답 찾기 선택지 중에서 2번 拝見(はいけん)する는 見る의 겸양어이므로 타동사가 필요한 첫 번째 칸에 들어가야 한다는 것은 쉽게 알 수 있다. 그리고 1번은 관용표현인 及(およ)ばずながら의 끊어진 형태이므로 1-4가 되어야 하고 마지막으로 뒤에 명사가 필요한 3번을 마지막 칸에 넣어 전체적으로 나열하면 2-1-4-3이 되므로 정답은 4번이다.

복습 꼭! 拝見する(見る의 겸양어)

어휘 論文(ろんぶん) 논문 | 及(およ)ばずながら 미흡하나마, 불충분하나마 | 奥深(おくぶか)い 깊숙하다, 심오하다 | 触(ふ)れる 닿다, 느끼다

정답 4

---

05 (電話で)個人的なことになりますが、＿＿ ★ ＿＿ ＿＿でしょうか。

1 ご相談に　　2 よろしい
3 今晩　　4 あがっても

단어 바르게 배열하기 ★★

문장 배열 個人的なことになりますが、今晩(3) ご相談に(1) あがっても(4) よろしい(2) でしょうか。

해석 (전화에서) 개인적인 일입니다만, 오늘밤 상담하러 가도 괜찮으시겠습니까?

정답 찾기 선택지를 보면 ~にあがる(~하러 방문하다)와 ~ても+いい(よろしい)가 합쳐진 형태라는 것을 파악할 수 있으므로 쉽게 1-4-2로 나열할 수 있으며 마지막으로 시간을 나타내는 3번을 제일 앞에 넣어 전체적으로 나열하면 3-1-4-2가 되므로 정답은 1번이다.

복습 꼭! ~にあがる(~하러 방문하다)

어휘 個人的(こじんてき) 개인적 | 相談(そうだん) 상담

정답 1

---

06 (メールで)誠に申し訳ないんですが、先日の＿＿ ＿＿ ★ ＿＿んですが。

단어 바르게 배열하기 ★★★

문장 배열 誠に申し訳ないんですが、先日の お約束の日時を(2) 変更して(1) いただけると(3) 助かる(4) んですが。

1 変更して　2 お約束の日時を
3 いただけると　4 助かる

해석 (메일에서) 정말로 죄송합니다만, 일전의 약속 날짜를 변경해 주시면 감사하겠습니다만.

정답 찾기 먼저 3번은 ～ていただく(～해 받다, ～해 주다)가 되어야 하므로 1번과 짝이 되어 1-3이 됨과 동시에 목적어로 2번을 취하면 된다. 마지막으로 4번은 형식명사 ～ん이 있는 마지막 칸에 넣어 전체적으로 나열하면 2-1-3-4가 되어 정답은 3번이다. 참고로 도움되다, 살아나다는 의미인 4번은 주로 ～いただけると助かる 형태로 의뢰나 부탁할 때 자주 사용되므로 익혀두는 것이 좋다.

복습 꼭! ～ていただく(～해 받다, ～해 주다)

어휘 誠(まこと)に 정말로 | 申(もう)し訳(わけ)ない 미안하다 | 日時(にちじ) 일시 | 変更(へんこう)する 변경하다

정답 3

---

07 (会議で)その件について ____ ____ ★ ____ でしょうか。

1 いただいても　2 一言
3 よろしい　4 言わせて

단어 바르게 배열하기 ★★

문장 배열 その件について 一言(2) 言わせて(4) いただいても(1) よろしい(3) でしょうか。

해석 (회의에서) 그 건에 관해서 한 말씀 드려도 괜찮겠습니까?

정답 찾기 사역동사인 4번과 1번을 단서로 쉽게 ～させていただく(～하다, ～하게 해 받다)를 묻는 문제임을 알 수 있으므로 4-1이 되어야 하고 2번은 한마디 말이라는 의미이므로 당연히 4-1 앞에 배치해야 한다. 마지막으로 보통형이 필요한 마지막 칸에 3번을 넣어 전체적으로 나열하면 2-4-1-3이 되므로 정답은 1번이다.

복습 꼭! ～させていただく(～하다, ～하게 해 받다)

어휘 件(けん) 건 | 一言(ひとこと) 한마디 말

정답 1

---

08 (ネットストアのの利用ガイドで)お客様から ____ ____ ★ ____ ので、あらかじめご了承ください。

1 責任を負いません　2 投稿につきましては
3 頂戴した　4 当社は一切の

단어 바르게 배열하기 ★★★

문장 배열 お客様から 頂戴した(3) 投稿につきましては(2) 当社は一切の(4) 責任を負いません(1) ので、あらかじめご了承ください。

해석 (넷스토어의 이용가이드에서) 고객님으로부터 받은 투고문에 관해서는 저희 회사는 일절 책임지지 않으니 미리 양해 부탁드립니다.

정답 찾기 먼저 3번은 もらう의 겸양어이므로 대상을 나타내는 ～から(～부터)가 있는 첫 번째 칸에 들어가야 하고 뒤에 올 수 있는 명사로는 문맥상 2번뿐이기 때문에 나머지는 명사가 필요한 4번 뒤에 1번이 들어가야 함을 쉽게 알 수 있다. 전체적으로 나열하면 3-2-4-1이 되어 정답은 4번이 된다.

복습 꼭! 頂戴(ちょうだい)する(もらう, 食べる의 겸양어) / ～につきまして(～について의 정중표현)

어휘 利用(りよう) 이용 | 投稿(とうこう) 투고 | 一切(いっさい) 일절, 모두 | あらかじめ 미리, 사전에 | 了承(りょうしょう) 양해

정답 4

셋째마당 | 총정리 적 중 예상 문제 ①

문제 다음 문장의 (　　　)에 들어갈 가장 알맞은 말을 1 · 2 · 3 · 4 중에서 하나를 고르세요.

01 妻と話しながら、テレビを見る(　　　)見ていたら、寿司屋のＣＭに中学の同級生が出演中でびっくりした。

1 のを基にして　　2 ことなしに
3 のをめぐって　　4 ともなしに

적절한 기능어 찾기 ★★

해석 아내와 이야기하면서 **(별 생각 없이)** 텔레비전을 보고 있었더니 초밥집 광고에 중학교 동창생이 나와서 놀랐다.

정답 찾기 공란 앞뒤에 동사 見る가 반복적으로 사용되는 것만으로도 어느 정도 답을 예측할 수 있지만 문맥을 살펴보면 집중하지 않고 TV를 보고 있었다는 의미이므로 별생각 없이 ~하고 있었더니 의외의 일이 일어났다고 할 때 사용하는 4번이 정답이 된다.

오답분석 1번 ~を基(もと)に(して)는 ~을 근거로, 기초로, 2번 ~ことなしに는 ~하지 않고, 3번 ~をめぐって는 ~을 둘러싸고 라는 의미가 되므로 문맥상 정답이 아니다.

복습 꼭! ~ともなく・~ともなしに(무심코~, 문득~)

어휘 妻(つま) 아내 | 寿司屋(すしや) 초밥집 | 同級生(どうきゅうせい) 동급생 | 出演(しゅつえん) 출연 | びっくりする 깜짝 놀라다

정답 4

---

02 (就任の挨拶で)赫々たる業績を残された、歴代の会長を思い浮かべますと、私(　　　)者が会長を引き受けていいものか、ためらいもありました。

1 ゆえに　　2 ごとき
3 はともかく　　4 ならではの

적절한 기능어 찾기 ★★★

해석 (취임 인사에서) 혁혁한 업적을 남기신 역대 회장님들을 떠올리면 저 **(같은)** 사람이 회장을 맡아서 좋은지 망설임도 있었습니다.

정답 찾기 인사말 등에서 자주 등장하는 표현인데 공란 앞의 1인칭 대명사인 私와 공란 뒤의 者를 통해 자신을 낮추어서 겸손하게 표현하고 있음을 알 수 있으므로 일반적으로 비유를 나타내지만 인칭 대명사에 바로 접속될 경우 경시나 겸손을 나타낼 수 있는 2번이 정답이 된다.

오답분석 1번은 ~때문에, ~이니까, 3번은 ~은 그렇다치고, 여하튼, 4번은 ~이 아니고서는 안 되는, ~만의 라는 의미이므로 문맥상 정답이 될 수 없다.

복습 꼭! ~ごとき(~같은, ~따위)

어휘 赫々(かくかく)たる 혁혁한 | 業績(ぎょうせき) 업적 | 歴代(れきだい) 역대 | 思(おも)い浮(う)かべる 떠올리다 | 引(ひ)き受(う)ける 맡다 | ためらい 주저, 망설임

정답 2

---

03 (休業のお知らせで)休業期間中は何かとご不便をおかけすることと(　　　)が、何卒ご理解の程よろしくお願い申し上げます。

1 存じます　　2 申し上げます
3 いたします　　4 承ります

적절한 겸어 찾기 ★★★

해석 (휴업 안내문에서) 휴업 기간 동안 여러 가지로 불편을 끼쳐드릴 것으로 **(생각합니다)**만 부디 이해해 주시길 부탁드립니다.

정답 찾기 문맥상 화자가 휴업 중 고객들이 불편을 겪을 것임을 미리 예상하고 있으므로 동사 思う가 필요하다는 것을 알 수 있는데 자신의 행위를 정중하게 표현할 때는 겸양어를 사용하므로 思う의 겸양어인 1번이 정답이 된다.

오답분석 2번 申(もう)し上(あ)げる는 言う의 겸양어, 3번 いたす는 する의 겸양어, 4번 承(うけたまわ)る는 受ける, 聞く의 겸양어이므로 문맥상 정답이 아니다.

복습 꼭! 存(ぞん)じる(생각하다, 알다)

어휘 休業(きゅうぎょう) 휴업 | 何卒(なにとぞ) 부디, 아무쪼록 | 理解(りかい) 이해

정답 1

---

04 現代の医療技術(　　　)すれば、心臓移植手術はそんなに難しいことではない。

1 をもって　　2 を控えて

3 をピークに　　4 を受けて

적절한 기능어 찾기 ★★★

해석 현대의 의료기술**(이라면)** 심장이식 수술은 그다지 어려운 일은 아니다.

정답 찾기 선택지에 모두 ~をを 가지고 있으므로 문맥으로 찾아야 할 것 같지만 공란 뒤의 すれば가 결정적인 힌트가 된다. 수단, 방법 등을 나타내는 ~をもって(~으로, ~으로써)는 すれば를 수반하면 ~으로 하면, ~라면 이라는 의미를 가지게 되므로 1번이 정답이다.

오답분석 정답 이외에는 뒤에 바로 すれば를 수반하지 않으므로 정답이 될 수 없다. 선택지의 의미를 살펴보면 2번은 ~을 앞두고, 3번은 ~을 피크로, 4번은 ~의 영향으로, ~에 따라서 라는 의미이다.

복습 꼭! ~をもって(~으로, ~으로써)

어휘 現代(げんだい) 현대 | 医療(いりょう) 의료 | 技術(ぎじゅつ) 기술 | 心臓(しんぞう) 심장 | 移植(いしょく) 이식 | 手術(しゅじゅつ) 수술

정답 1

---

05 社会人になったら、自分に何ができるのか、自分(　　　)目標を定め、積極的に努力する必要があると思う。

1 なくして　　2 ずくめの

3 なりの　　4 という

적절한 기능어 찾기 ★★★

해석 사회인이 되었으면 자신이 무엇을 할 수 있는지 자기 **(나름대로의)** 목표를 정해 적극적으로 노력할 필요가 있다고 생각한다.

정답 찾기 먼저 색상이나 일에 접속되는 2번과 앞뒤에 동일 명사가 오는 4번을 제외시키고 공란 앞뒤의 명사를 살펴보면 자신에게 맞는 목표라는 의미가 되어야 함을 알 수 있으므로 ~의 힘, ~의 능력이 미치는 범위를 나타내는 3번이 정답이 되어야 한다.

오답분석 1번은 ~없이, 없으면, 2번은 ~뿐, ~일색의 라는 의미로 문맥상 정답이 아니다. 그리고 4번(~라는)은 N1에서는 주로 앞뒤에 동일 명사를 수반하여 속하는 모든 것을 의미할 때 사용하므로 정답이 될 수 없다.

복습 꼭! ~なりに・~なりの(~나름대로・~나름의)

어휘 目標(もくひょう) 목표 | 定(さだ)める 정하다, 결정하다 | 積極的(せっきょくてき)に 적극적으로 | 努力(どりょく)する 노력하다

정답 3

---

06 昨日見に行った陶器展は、鑑賞(　　　)高級品ではなく、瓦など江戸時代の庶民の生活に密着した日用品が中心だった。

1 しかねる　　2 せざるをえない

3 にするがゆえに　　4 にたえるような

적절한 기능어 찾기 ★★★

해석 어제 보러간 도기전은 감상**(할 만한)** 고급품이 아니고 기와 등 에도시대의 서민생활과 밀착된 일용품 위주였다.

정답 찾기 공란 앞에 있는 감상(鑑賞)이라는 명사만으로도 어느 정도 정답을 예측할 수 있어야 하는데 내용을 살펴보면 문맥상 감상할 만한, 감상할 수 있는 이라는 의미가 되어야 함을 알 수 있다. 그러므로 동사

기본형이나 명사에 접속되어 ~할 만한, 상응하는 가치가 있다는 것을 나타낼 때 사용하는 ~にたえる가 사용된 4번이 정답이다.

오답분석 1번 ~かねる는 ~할 수 없다, ~하기 어렵다, 2번 ~ざるをえない는 ~하지 않을 수 없다, ~할 수밖에 없다, 3번 ~ゆえには ~ 때문에, ~이니까 라는 의미이므로 문맥상 정답이 아니다.

복습 꼭! ~にたえる(~할 만하다, ~할 가치가 있다)

어휘 陶器(とうき) 도기 | 鑑賞(かんしょう) 감상 | 高級品(こうきゅうひん) 고급품 | 瓦(かわら) 기와 | 庶民(しょみん) 서민 | 密着(みっちゃく)する 밀착하다 | 日用品(にちようひん) 일용품 | 中心(ちゅうしん) 중심, 중점

정답 4

07 デザインや価格(　　　)、車を買うときに気になるのは、やはり性能である。

1 だろうと何だろうと
2 に基づいて
3 もさることながら
4 を抜きにして

적절한 기능어 찾기 ★★★

해석 디자인이나 가격**(도 물론이거니와)** 차를 살 때 신경이 쓰이는 것은 역시 성능이다.

정답 찾기 문맥을 살펴보면 화자는 가격도 중요하지만 성능에 더 중점을 두고 있음을 알 수 있으므로 'A는 물론이지만 B는 더욱더 ~하다'고 후문을 강조할 때 사용하는 3번이 정답이 되어야 한다.

오답분석 1번은 ~이든 뭐든, 2번은 ~에 근거해서, ~에 의거해서, 4번은 ~을 제외하고서, ~을 빼고서 라는 의미이므로 문맥상 정답이 아니다.

복습 꼭! ~もさることながら(~도 그렇지만, ~도 물론이거니와)

어휘 価格(かかく) 가격 | 性能(せいのう) 성능

정답 3

문제 다음 문장의 ＿★＿에 들어갈 가장 알맞은 말을 1・2・3・4 중에서 하나를 고르세요.

01 彼のこれまでの ＿＿ ＿＿ ＿★＿ ＿＿ の成功は間違いないだろう。

1 もって　　2 新規事業
3 すれば　　4 経験と実績を

단어 바르게 배열하기 ★★★

문장 배열 彼のこれまでの 経験と実績を(4) もって(1) すれば(3) 新規事業(2) の成功は間違いないだろう。

해석 그의 지금까지의 경험과 실적이라면 신규 사업의 성공은 틀림없을 것이다.

정답 찾기 동사 もつ로 착각할 수 있기 때문에 주의가 필요한데 선택지를 보면 1번은 이 문제에서는 ~をもってすれば(~으로 하면, ~라면)의 일부분임을 알 수 있으므로 4-1-3이 되어야 하고 2번은 조사 ~の가 있어 명사가 필요한 마지막 칸에 넣어 전체적으로 나열하면 4-1-3-2가 되므로 정답은 3번이다.

복습 꼭! ~をもって(~으로, ~으로써)

어휘 実績(じっせき) 실적 | 新規(しんき) 신규 | 事業(じぎょう) 사업 | 成功(せいこう) 성공

정답 3

02 田植え体験に参加した学生たちは、初めての____ ____ ★ ____なって稲を植えた。

1 泥まみれに
2 地元農家の方から
3 体験に苦戦しながらも
4 丁寧な指導を受け

단어 바르게 배열하기 ★★★

문장 배열 田植え体験に参加した学生たちは、初めての体験に苦戦しながらも(3) 地元農家の方から(2) 丁寧な指導を受け(4) 泥まみれに(1) なって稲を植えた。

해석 모내기 체험에 참가한 학생들은 첫 체험에 고전하면서도 지역 농가 분들의 친절한 지도를 받아 진흙투성이가 되어 벼를 심었다.

정답 찾기 전체적인 문맥을 통해 나열해야 하는 문제로 먼저 4번은 지도를 받을 대상이 필요하므로 ～から(~부터, ~한테서)가 있는 2번에 붙어 2-4가 되어야 하고 1번은 마지막 칸에 넣어 ～になる가 되도록 해야 한다. 마지막으로 명사가 필요한 첫 번째 칸에는 의미상 初めての와 어울리는 3번을 넣어야 하므로 전체적으로 나열하면 3-2-4-1이 되어 정답은 4번이다.

복습 꼭! ～まみれ(~범벅, ~투성이)

어휘 田植(たう)え 모내기 | 体験(たいけん) 체험 | 苦戦(くせん)する 고전하다 | 地元(じもと) 그 지방, 지역 | 農家(のうか) 농가 | 丁寧(ていねい)だ 친절하다, 정중하다 | 泥(どろ) 진흙 | 稲(いね) 벼 | 植(う)える 심다

정답 4

---

03 (取扱説明書で)弊社製品をご購入いただき誠にありがとうございます。____ ____ ★ ____正しくお使いください。

1 お読みの上　　2 製品をご使用に
3 必ず本書を　　4 なる前に

단어 바르게 배열하기 ★★★

문장 배열 弊社製品をご購入いただき誠にありがとうございます。製品をご使用に(2) なる前に(4) 必ず本書を(3) お読みの上(1) 正しくお使いください。

해석 (취급 설명서에서) 저희 제품을 구입해 주셔서 대단히 감사합니다. 제품을 사용하시기 전에 반드시 본서를 읽으신 후 올바르게 사용해 주세요.

정답 찾기 선택지를 보면 경어 문제임을 알 수 있는데 먼저 존경공식의 일부분인 2번의 ご+명사+に 뒤에는 なる가 필요하므로 2-4가 되어야 하고 목적격 조사 ～を가 있는 3번 뒤에는 타동사인 1번이 와야 한다. 마지막으로 논리상 사용 전에 설명서를 읽어야 하므로 2-4 뒤에 3-1을 넣어 전체적으로 나열하면 2-4-3-1이 되어 정답은 3번이다.

복습 꼭! 존경공식 ご+명사+になる

어휘 取扱(とりあつかい) 취급 | 説明書(せつめいしょ) 설명서 | 弊社(へいしゃ) 폐사 | 製品(せいひん) 제품 | 購入(こうにゅう) 구입 | 使用(しよう) 사용 | 本書(ほんしょ) 본서, 이 책자

정답 3

---

04 定期的に賄賂を渡したという____ ____ ★ ____なかろう。

1 認めるしか　　2 証言まで出る
3 彼も罪を　　4 に至っては

단어 바르게 배열하기 ★★

문장 배열 定期的に賄賂を渡したという 証言まで出る(2) に至っては(4) 彼も罪を(3) 認めるしか(1) なかろう。

해석 정기적으로 뇌물을 건네줬다는 증언까지 나오기에 이르러서는 그도 죄를 인정할 수밖에 없을 것이다.

정답 찾기 먼저 선택지 중에서 1번은 ～しかない(~할 수밖에 없다)의 일부분이므로 마지막 칸에 들어가야 하고 목적어로서 3번을 취하면 된다. 그리고 중대하거나 극단적인 사항임을 나타내는 4번 ～に至(いた)って(~에 이르러서)는 명사나 동사 기본형에 접속되므로 첫 번째 칸에도 들어갈 수 있으나 문맥상 2번에 접속되는 것이 가장 적절하다. 전체적으로 나열하면 2-4-3-1이므로 정답은 3번이다.

복습 꼭! ～しかない(~할 수밖에 없다) / ～に至(いた)って(~에 이르러서)

어휘 定期的(ていきてき) 정기적 | 賄賂(わいろ) 뇌물 | 証言(しょうげん) 증언 | 罪(つみ) 죄 | 認(みと)める 인정하다

정답 3

---

05 昨今は企業間の競争が激化しつつあるので____ ____ ★ ____は望めない。

1 ことなしには　　2 売上を伸ばす

3 企業の成長　　4 顧客を確保し

단어 바르게 배열하기 ★★★

문장 배열 昨今は企業間の競争が激化しつつあるので 顧客を確保し(4) 売上を伸ばす(2) ことなしには(1) 企業の成長(3) は望めない。

해석 요즘은 기업 간의 경쟁이 격화되고 있으므로 고객을 확보해 매상을 늘리지 않고서는 기업의 성장은 바랄 수 없다.

정답 찾기 먼저 1번은 동사 기본형이 필요하므로 2-1이 되어야 함을 쉽게 알 수 있다. 그리고 조사 ～は가 있어 명사가 필요한 마지막 칸에는 3번을 넣고 마지막으로 4번은 논리상 2-1 앞에 들어가야 하므로 전체적으로 나열하면 4-2-1-3이 되어 정답은 1번이다.

복습 꼭! ～ことなしには(~하지 않고서는)

어휘 昨今(さっこん) 요즘 | 企業(きぎょう) 기업 | 競争(きょうそう) 경쟁 | 激化(げきか)する 격화되다 | ～つつある ~중이다, ~하고 있다 | 顧客(こきゃく) 고객 | 確保(かくほ)する 확보하다 | 売上(うりあげ) 매상 | 成長(せいちょう) 성장 | 望(のぞ)む 바라다

정답 1

---

06 この温泉街の中心には、大きい川が流れ____ ____ ★ ____くれる。

1 を与えて　　2 静かな安らぎ

3 と相まって　　4 周囲の山々

단어 바르게 배열하기 ★★★

문장 배열 この温泉街の中心には、大きい川が流れ 周囲の山々(4) と相まって(3) 静かな安らぎ(2) を与えて(1) くれる。

해석 이 온천 마을의 중심에는 커다란 강이 흘러 주위의 산들과 어우러져 고요한 평온을 준다.

정답 찾기 선택지를 보면 1번과 3번이 각각 앞에 명사를 필요로 하므로 명사인 2번과 4번을 문맥에 맞게 배분하면 쉽게 해결할 수 있다. 먼저 1번은 与(あた)える(주다, 할당하다)의 의미상 목적어로는 2번을 취할 수밖에 없으므로 나머지는 자연스럽게 4-3이 된다. 마지막으로 1번을 ～てくれる가 되도록 마지막 칸에 넣어 전체적으로 나열하면 4-3-2-1이 되어 정답은 2번이다.

복습 꼭! ～と相(あい)まって(~와 어울려서, ~와 더불어)

어휘 温泉街(おんせんがい) 온천 마을 | 周囲(しゅうい) 주위 | 安(やす)らぎ 평온함, 평안

정답 2

07 この仕事は女性に大変人気があるが、＿＿＿ ＿★＿ ＿＿＿ ＿＿＿が欠かせない。

1 めげない体力

2 接客などで何時間も

3 サービス精神と激務に

4 立ちっぱなしなので

단어 바르게 배열하기 ★★★

문장 배열 この仕事は女性に大変人気があるが、接客などで何時間も(2) 立ちっぱなしなので(4) サービス精神と激務に(3) めげない体力(1) が欠かせない。

해석 이 일은 여성에게 매우 인기가 있지만 접객 등으로 몇 시간이나 선 채로 있어야 하므로 서비스 정신과 격무에 견딜 수 있는 체력이 필수적이다.

정답 찾기 먼저 4번의 ～っぱなし는 계속, 쭉 ～한 상태로 라는 의미이므로 시간을 나타내는 2번과 짝이 되어야 한다. 그리고 1번 めげる는 꺾이다, 지다는 의미이므로 대상을 나타내는 조사 ～に가 있는 3번과 짝이 되어 명사가 필요한 마지막 칸에 들어가야 한다. 전체적으로 나열하면 2-4-3-1이므로 정답은 4번이다.

복습 꼭! ～っぱなし(～한 채로, ～한 상태로)

어휘 大変(たいへん) 매우, 대단히 | 人気(にんき) 인기 | 接客(せっきゃく) 접객 | 精神(せいしん) 정신 | 激務(げきむ) 격무 | 体力(たいりょく) 체력 | 欠(か)かす 빠뜨리다, 거르다

정답 4

셋째마당 | 총정리 적중 예상 문제 ②

문제 다음 문장의 (　　　)에 들어갈 가장 알맞은 말을 1 · 2 · 3 · 4 중에서 하나를 고르세요.

01 きのう隣の小学校で、恒例の「泥んこバレーボール大会」が開かれた。猛暑の中、出場者は泥(　　　)なりながら熱戦を繰り広げた。

1 だけに　　2 むけに

3 まみれに　　4 がらみに

적절한 기능어 찾기 ★★★

해석 어제 근처 초등학교에서 연례행사인 진흙탕 배구대회가 열렸다. 폭염 속에서 출전자들은 진흙**(투성이가)** 되어 열전을 펼쳤다.

정답 찾기 선택지 모두 명사에 접속되므로 문맥을 파악해야 하는 문제이지만 泥(진흙)만으로도 이물질이 전체에 묻어 있을 때 사용하는 ～まみれ가 정답임을 알 수 있는데 내용상으로도 진흙탕에 있었기 때문에 몸 전체에 진흙이 많이 묻어 있어야 함을 확인할 수 있으므로 3번이 정답이 된다.

오답분석 명사에 접속될 경우 1번은 ～만, ～뿐, 2번은 ～대상, ～용, 4번은 ～정도, ～관련된 것이라는 의미로 문맥상 정답이 될 수 없다.

복습 꼭! ～まみれ(～범벅, ～투성이)

어휘 恒例(こうれい) 연례행사 | 泥(どろ)んこ 진흙탕 | 猛暑(もうしょ) 혹서 | 熱戦(ねっせん) 열전 | 繰(く)り広(ひろ)げる 펼치다, 벌이다

정답 3

02 一方的なゲームになると、今まで応援していたファンも、こんな試合を最後まで見続けてはいられないと(　　　)次々と席を立っていった。

1 言うとなると
2 言おうものなら
3 言わんばかりに
4 言いようによって

적절한 기능어 찾기 ★★

해석 일방적인 게임이 되자 지금까지 응원하고 있었던 팬들도 이런 시합을 끝까지 계속보고 있을 수 없다고 **(말하기라도 하듯이)** 잇따라 자리를 떠나갔다.

정답 찾기 문제의 요지를 잘 파악해야 하는 문제이다. 즉 실제로 팬들이 말을 했다는 것이 아니라 행동이 마치 그런 말을 하는 듯하다는 의미이므로 실제가 아닌 후문의 모습, 정도를 나타낼 때 사용하는 ～んばかりに가 사용된 3번이 정답이 된다.

오답분석 1번 ～となると는 ～하려고 하면, ～할 상황이 되면, 2번 ～ものなら는 ～하기만 하면, 4번 ～ようによっては는 ～하는 방법에 따라서는 이라는 의미로 문맥상 정답이 될 수 없다.

복습 꼭! ～んばかりに(마치 ～듯이)

어휘 一方的(いっぽうてき)だ 일방적이다 | 応援(おうえん)する 응원하다 | 次々(つぎつぎ)と 계속해서, 차례차례로

정답 3

03 最近、駅に学校、コンビニから住宅街(　　　)防犯カメラが普及することにより、地域の安全性は高まってきた。

1 に至るまで
2 に対してしか
3 に基づくまで
4 に応えてしか

적절한 기능어 찾기 ★★

해석 최근 역과 학교, 편의점에서 주택가**(에 이르기까지)** 방범카메라가 보급됨으로써 지역의 안전성은 높아졌다.

정답 찾기 내용을 살펴보면 방범카메라의 설치 장소를 열거하면서 공공장소뿐만 아니라 심지어 주택가에도 설치되었다고 말하고 있음을 알 수 있으므로 주로 ～から～に至(いた)るまで 형태로 대상의 범위가 넓음을 나타낼 때 사용하는 1번이 정답이 된다.

오답분석 2번 ～に対(たい)しては ～에 대해서, 3번 ～に基(もと)づく는 ～에 근거하다, 4번 ～に応(こた)えては ～에 부응해서, 보답해서 라는 의미이므로 문맥상 정답이 아니다.

복습 꼭! ～に至るまで(～에 이르기까지, ～까지도)

어휘 住宅街(じゅうたくがい) 주택가 | 防犯(ぼうはん) 방범 | 普及(ふきゅう)する 보급하다 | 地域(ちいき) 지역 | 安全性(あんぜんせい) 안전성 | 高(たか)まる 높아지다

정답 1

04 全ての人間は生まれながらにして平等であり、生命、自由、そして幸福の追求という(　　　)権利を与えられている。

1 侵すまでもない
2 侵すべからざる
3 侵すのをよそに
4 侵すか否かの

의미적 호응관계 파악하기 ★★★

해석 모든 인간은 태어나면서부터 평등하고 생명, 자유, 그리고 행복추구라는 **(침해할 수 없는)** 권리가 부여되어 있다.

정답 찾기 문맥을 살펴보면 인간의 가장 기본적인 권리에 대해 말하고 있는데 동사 侵(おか)す(침해하다, 침범하다)가 사용되고 있으므로 부정의 의미가 됨과 동시에 뒤에 명사를 수식해야 하므로 정답은 2번이 된다.

오답분석 1번 ～までもない는 ～할 필요도 없다, ～할 것까지도 없다, 3번 ～をよそに는 ～을 아랑곳하지 않고, 4번 ～か否(いな)か는 ～인지 아닌지 라는 의미이므로 문맥상 정답이 될 수 없다.

복습 꼭! ～べからざる(～할 수 없는, ～해서는 안 되는)

어휘 平等(びょうどう)だ 평등하다 | 生命(せいめい) 생명 | 自由(じゆう) 자유 | 幸福(こうふく) 행복 | 追求(ついきゅう) 추구 | 権利(けんり) 권리

정답 2

05 (雑誌のインタビューで)田中先生は現在も横山学院の理事長を務めておられ、私は個人的によく(　　　)が、まず先生の生い立ちからお話を伺いたいと思います。

1 ご覧になっています
2 ご存じです
3 知っていただけます
4 存じ上げています

적절한 경어동사 찾기 ★★★

해석 (잡지 인터뷰에서) 다나카 선생님은 현재도 요코야마 학원의 이사장을 맡고 계셔서 저는 개인적으로는 잘 **(알고 있습니다)**만 우선 선생님의 성장과정부터 말씀을 여쭈어 보려고 생각합니다.

정답 찾기 선택지를 보면 경어 문제임을 알 수 있는데 경어는 우선 동사와 행위의 주체를 파악하면 의외로 간단히 해결할 수 있는 경우가 많다. 이 문제에서도 우선 내용상 知る가 필요하다는 것을 알 수 있는데 그 주체는 화자이므로 知る의 겸양어 혹은 겸양표현이 필요하므로 4번 存(ぞん)じ上(あ)げる가 정답이 된다.

오답분석 1번 ご覧(らん)になる는 見る의 존경표현, 2번 ご存じ는 知る의 존경표현이라서 정답이 될 수 없으며 3번 ~ていただく(~해 받다, ~해 주시다)는 행위의 주체가 상대가 되므로 정답이 될 수 없다.

복습 꼭! 存じ上げる(知る의 겸양어)

어휘 学院(がくいん) 학원 | 理事長(りじちょう) 이사장 | 務(つと)める 역을 맡다 | 個人的(こじんてき) 개인적 | 生(お)い立(た)ち 성장함, 성장과정 | 伺(うかが)う 聞く의 겸양어

정답 4

06 (生け花教室のお知らせで)お申し込みから24時間以内にこちらから連絡がない場合は、大変お手数ですが、お電話かメールにてお知らせ(　　　)。

1 申し上げます　　2 願います
3 いたします　　4 まいります

적절한 경어동사 찾기 ★★★

해석 (꽃꽂이 교실의 알림에서) 신청으로부터 24시간 이내에 저희 쪽에서 연락이 없을 경우에는 대단히 수고스럽겠습니다만 전화나 메일로 알려**(주시길 바랍니다)**.

정답 찾기 경어 문제이므로 먼저 내용을 통해 공란 앞에 사용된 동사 知らせる(알려주다)의 주체를 파악해 보면 상대방(손님)임을 알 수 있다. 그러므로 お+동사 ます형에 접속되어 상대가 ~하기를 바란다는 의미를 정중하게 나타내는 2번이 정답이 된다.

오답분석 4번은 경어공식에 사용하지 않으므로 우선 제외시켜야 하고 1번 申(もう)し上(あ)げる와 3번 いたす는 주체가 자신인 겸양표현이므로 문맥상 정답이 될 수 없다.

복습 꼭! お・ご~願(ねが)う(~하시길 바라다)

어휘 生(い)け花(ばな) 꽃꽂이 | 手数(てすう) 수고, 귀찮음

정답 2

07 不景気による影響を詳細に把握し、支援制度を柔軟に運用するなど、企業の実態(　　　)対策を進める必要がある。

1 に先立つ　　2 にわたる
3 に限る　　4 に即した

적절한 기능어 찾기 ★★★

해석 불경기로 인한 영향을 상세하게 파악해 지원제도를 유연하게 적용하는 등 기업의 실태**(에 입각한)** 대책을 추진할 필요가 있다.

정답 찾기 명사에 접속되는 문법의 경우 대부분 명사의 종류가 중요한 포인트가 되므로 집중적으로 익혀두어야 한다. 이 문제에서도 実態(실태)를 통해서 어떤 규칙이나 상황에 맞게, 벗어나지 않게 라는 의미를 가진 ~に即(そく)して(~에 입각해서)의 명사 수식형인 4번이 정답이 됨을 알 수 있다.

오답분석 참고로 1번 ~に先立(さきだ)つ는 ~에 앞선, 2번 ~にわたる는 ~에 걸친, 3번 ~に限(かぎ)る는 ~이 최고다, ~에 한하다 라는 의미로 문맥상 정답이 아니다.

복습 꼭! ~に即して・~に即した(~에 입각해서, ~에 입각한)

어휘 不景気(ふけいき) 불경기 | 影響(えいきょう) 영향 | 詳細(しょうさい)に 상세하게 | 把握(はあく)する 파악하다 | 支援制度(しえんせいど) 지원제도 | 柔軟(じゅうなん)に 유연하게 | 運用(うんよう)する 운용하다 | 実態(じったい) 실태 | 対策(たいさく) 대책

정답 4

문제 다음 문장의 ＿★＿에 들어갈 가장 알맞은 말을 1 · 2 · 3 · 4 중에서 하나를 고르세요.

01 N社は、家庭用ゲーム機の修理受付を当初は６月30日の＿＿ ＿＿ ＿★＿ ＿＿が、予測を上回る修理依頼があり、前倒しで５月15日修理受付を終了すると発表した。

1 をもって　　2 していた
3 到着分　　4 終了すると

단어 바르게 배열하기 ★★★

문장 배열 N社は、家庭用ゲーム機の修理受付を当初は６月30日の 到着分(3) をもって(1) 終了すると(4) していた(2) が、予測を上回る修理依頼があり、前倒しで５月15日修理受付を終了すると発表した。

해석 N사는 가정용 게임기의 수리접수를 당초 6월30일 도착분을 끝으로 종료한다고 했지만 예측을 웃도는 수리의뢰가 있어 앞당겨서 5월 15일 수리접수를 종료한다고 발표했다.

정답 찾기 선택지 중에서 기한이나 수단, 방법을 나타내는 1번 ～をもって(~으로, ~로써)는 명사에 접속되므로 3번과 짝이 되어 역시 명사가 필요한 첫 번째 칸에 들어가야 한다. 그리고 나머지는 4-2로 짝을 지어 ～とする(~라고 하다, ~라고 결정하다) 형태를 만들어 전체적으로 나열하면 3-1-4-2가 되므로 정답은 4번이다.

복습 꼭! ～をもって(~으로, ~로써)

어휘 家庭用(かていよう) 가정용 | 修理(しゅうり) 수리 | 受付(うけつけ) 접수 | 当初(とうしょ) 당초 | 到着分(とうちゃくぶん) 도착분 | 終了(しゅうりょう)する 종료하다 | 予測(よそく) 예측 | 上回(うわまわ)る 상회하다 | 依頼(いらい) 의뢰 | 前倒(まえだお)し 앞당겨 실행함 | 発表(はっぴょう)する 발표하다

정답 4

02 野性動物を飼育するのを非難する人もいるが、動物園は自然環境や野性動物の保全思想の＿＿ ＿＿ ＿★＿ ＿＿きたと思う。

1 それなりの　　2 基盤を
3 役割を果たして　　4 作るために

단어 바르게 배열하기 ★★★

문장 배열 野性動物を飼育するのを非難する人もいるが、動物園は自然環境や野性動物の保全思想の 基盤を(2) 作るために(4) それなりの(1) 役割を果たして(3) きたと思う。

해석 야생동물을 사육하는 것을 비난하는 사람도 있지만 동물원은 자연환경과 야생동물의 보존 사상의 기반을 만드는데 그 나름의 역할을 해 왔다고 생각한다.

정답 찾기 목적격 조사 ～を가 있어 타동사가 필요한 2번은 4번과 짝이 되어 명사가 필요한 첫 번째 칸에 들어가는 것이 적절하다. 그리고 충분하지는 않지만 그것에 상응하는 정도, 상태를 나타내는 1번 뒤에는 명사가 필요하므로 3번과 짝이 되어 나머지 칸을 채우면 된다. 전체적으로 나열하면 2-4-1-3이 되므로 정답은 1번이다.

복습 꼭! ～なりの(~나름의)

어휘 野性動物(やせいどうぶつ) 야생동물 | 飼育(しいく)する 사육하다 | 非難(ひなん)する 비난하다 | 自然環境(しぜんかんきょう) 자연환경 | 保全(ほぜん) 보전 | 思想(しそう) 사상 | 基盤(きばん) 기반 | 役割(やくわり) 역할 | 果(は)たす 완수하다, 다하다

정답 1

03 インターネット上の発言や主張などには論理的 ＿＿ ＿＿ ★ ＿＿ だけで、その実ひどく論理性が欠如しているものが多いと思う。

1 かの　　2 装っている
3 ごとく　　4 である

단어 바르게 배열하기 ★★★

문장 배열 インターネット上の発言や主張などには論理的 である(4) かの(1) ごとく(3) 装っている(2) だけで、その実ひどく論理性が欠如しているものが多いと思う。

해석 인터넷상의 발언이나 주장 등에는 논리적인 것처럼 가장하고 있을 뿐이지 사실은 매우 논리성이 결여되어 있는 것이 많다고 생각한다.

정답 찾기 먼저 명사나 な형용사 어간에 붙는 4번 ～である(～이다)는 첫 번째 칸에 들어가야 하며 비유를 나타내는 ～ごとく(～같이)는 용언에 접속될 경우 ～がごとく, ～かのごとく가 되는 경우가 많으므로 1-3이 되어 2번에도 접속될 수 있지만 문맥상 4번 뒤에 들어가야 하고 2번은 비어 있는 마지막 칸에 넣어 전체적으로 나열하면 4-1-3-2가 되므로 정답은 3번이다.

복습 꼭! ～ごとく(～처럼, ～같이)

어휘 発言(はつげん) 발언 | 主張(しゅちょう) 주장 | 論理的(ろんりてき) 논리적 | 装(よそお)う 치장하다, 가장하다 | 欠如(けつじょ)する 결여되다

정답 3

04 散歩の途中、＿＿ ＿＿ ★ ＿＿ 薄桃色の桜の花びらが川面を染めて流れていて、しばし感傷に浸って見とれていた。

1 見るとも　　2 川に目を
3 やると　　4 なしに

단어 바르게 배열하기 ★★

문장 배열 散歩の途中、見るとも(1) なしに(4) 川に目を(2) やると(3) 薄桃色の桜の花びらが川面を染めて流れていて、しばし感傷に浸って見とれていた。

해석 산책하는 도중 무심코 강을 보니 연분홍의 벚꽃 잎이 수면을 물들이며 흐르고 있어 잠시 감성에 젖어 넋을 잃고 바라보고 있었다.

정답 찾기 선택지에서 앞뒤로 동일 동사가 들어가서 의도하지 않고, 별생각 없이 ~하다는 의미를 나타내는 ～ともなしに를 떠올릴 수만 있으면 1-4가 됨을 쉽게 알 수 있다. 다만 뒤에는 見る가 없지만 대신 유사한 의미인 目をやる(쳐다보다, 시선을 주다)를 사용할 수도 있으므로 2-3이 된다. 전체적으로 나열하면 1-4-2-3이 되어 정답은 2번이다.

복습 꼭! ～ともなしに・～ともなく(무심코, 문득 ~하다)

어휘 薄桃色(うすももいろ) 연분홍 | 花(はな)びら 꽃잎 | 川面(かわも) 강 수면 | 染(そ)める 물들이다, 염색하다 | 感傷(かんしょう) 감상 | 浸(ひた)る 잠기다, 젖다 | 見(み)とれる 넋을 잃고 보다

정답 2

05 (実習の感想文で)一週間という短い期間の実習でしたが、____ ____ ★ ____ 考え方や責任感を学ぶことができました。

1 体験させて
2 仕事に対する
3 様々な業務を
4 いただく中で

단어 바르게 배열하기 ★★★

문장 배열 一週間という短い期間の実習でしたが、様々な業務を(3) 体験させて(1) いただく中で(4) 仕事に対する(2) 考え方や責任感を学ぶことができました。

해석 (실습 감상문에서) 일주일이라는 짧은 기간의 실습이었습니다만 다양한 업무를 체험하면서 일에 대한 사고방식이나 책임감을 배울 수가 있었습니다.

정답 찾기 선택지 중에서 먼저 1번을 통해 상대의 허가를 얻거나 그 은혜를 받아서 자신이 어떤 행위를 할 때 사용하는 겸양표현인 ~させていただく가 됨을 알 수 있으므로 1–4가 되어야 하고 동시에 3번을 목적으로 삼으면 된다. 마지막으로 2번은 내용상 마지막 칸에 넣어 명사 考え方를 수식하게 하면 되므로 전체적으로 나열하면 3–1–4–2가 되어 정답은 4번이다.

복습 꼭! ～させていただく(~시켜 받다, ~하다)

어휘 実習(じっしゅう) 실습 | 感想文(かんそうぶん) 감상문 | 期間(きかん) 기간 | 業務(ぎょうむ) 업무 | 体験(たいけん)する 체험하다 | ～に対(たい)する ~에 대한 | 責任感(せきにんかん) 책임감 | 学(まな)ぶ 배우다, 익히다

정답 4

---

06 ご利用の際には以下の注意事項の内容を ____ ____ ★ ____ お申し込みをお願いいたします。

1 ご覧に　　2 十分に
3 上で　　4 なった

단어 바르게 배열하기 ★★★

문장 배열 ご利用の際には以下の注意事項の内容を 十分に(2) ご覧に(1) なった(4) 上で(3) お申し込みをお願いいたします。

해석 이용하실 때에는 이하의 주의사항 내용을 충분히 보신 후에 신청하시길 부탁합니다.

정답 찾기 먼저 1번을 단서로 見る의 존경어인 ご覧(らん)になる의 끊어진 형태임을 알 수 있으므로 1–4가 되어야 한다. 그리고 3번 ~上で(~하고 나서, ~한 후에)는 동사 과거형에 접속되므로 4번과 짝을 지어주면 1–4–3이 되고 마지막으로 남은 2번을 부사의 역할을 하도록 1번 앞에 넣어 전체적으로 나열하면 2–1–4–3이 되므로 정답은 4번이다.

복습 꼭! ご覧になる(見る의 존경어) / ～上で(~하고 나서, ~한 후에)

어휘 利用(りよう) 이용 | ～際(さい) ~할 때, ~할 즈음 | 事項(じこう) 사항 | 内容(ないよう) 내용 | 申(もう)し込(こ)む 신청하다

정답 4

---

07 事業活動を展開する国や地域の多様な ____ ____ ★ ____ することはできない。

1 真の国際化を実現　　2 理解すること
3 文化や生活を　　4 なしには

단어 바르게 배열하기 ★★★

문장배열 事業活動を展開する国や地域の多様な 文化や生活を(3) 理解すること(2) なしには(4) 真の国際化を実現(1) することはできない。

해석 사업활동을 전개할 국가나 지역의 다양한 문화나 생활을 이해하지 않고서는 진정한 국제화를 실현할 수 없다.

정답 찾기 제일 먼저 4번 ～なしには는 부정문을 수반하여 ～하지 않고서는 안 되기 때문에 ～해야 한다는 의미를 나타내는데 동사와 접속할 경우에는 こと가 필요하므로 2-4가 되어야 하고 목적격 조사 ～を가 있는 3번은 2번의 목적어가 됨과 동시에 명사가 필요한 첫 번째 칸에 들어가야 한다. 나머지 1번은 마지막 칸에 넣어 동사 実現する(실현하다)를 완성시키면 된다. 전체적으로 나열하면 3-2-4-1이 되므로 정답은 4번이다.

복습 꼭! ～なしには(～하지 않고서는)

어휘 事業(じぎょう) 사업 | 活動(かつどう) 활동 | 展開(てんかい)する 전개하다 | 地域(ちいき) 지역 | 多様(たよう)だ 다양하다 | 理解(りかい)する 이해하다 | 真(しん) 진짜 | 国際化(こくさいか) 국제화 | 実現(じつげん) 실현

정답 4

셋째마당 | 총정리 적중 예상 문제 ③

문제 다음 문장의 (　　　)에 들어갈 가장 알맞은 말을 1・2・3・4 중에서 하나를 고르세요.

01 健康にいいと人気を呼んでいる自転車だが、都市部での自転車運動は自動車の排ガスなどによって肺や心臓に負担が大きいというので、(　　　)らしい。

1 結構ずくめではない
2 結構なことだらけ
3 結構ともいえなくもない
4 結構ではなかろうか

적절한 기능어 찾기 ★★★

해석 건강에 좋다고 인기를 끌고 있는 자전거이지만 도심에서의 자전거운동은 자동차 배기가스 등으로 인해서 폐나 심장에 부담이 크다고 하므로 **(좋기만 한 것은 아닌)** 것 같다.

정답 찾기 문맥을 파악해야 풀 수 있는 문제이므로 먼저 내용을 살펴보면 건강의 대명사인 자전거운동의 부정적인 측면을 예로 들면서 장점만 있는 것은 아니다는 의미이므로 주로 사건, 색상 등의 명사나 그에 준하는 단어와 함께 ～일색, ～뿐이다는 것을 나타내는 ～ずくめ의 부정형이 사용된 1번이 정답이 된다.

오답분석 2번은 좋은 일투성이, 3번은 좋다고도 말할 수 없지도 않다 즉 말할 수도 있다, 4번은 좋지 않을까 라는 의미가 되므로 문맥상 정답이 아니다.

복습 꼭! ～ずくめ(～뿐, ～일색의)

어휘 健康(けんこう) 건강 | 都市部(としぶ) 도시부 | 排(はい)ガス 배기가스 | 肺(はい) 폐 | 心臓(しんぞう) 심장 | 負担(ふたん) 부담 | 結構(けっこう)だ 훌륭하다, 좋다

정답 1

02 相手の声が聞き取りにくい場合は「恐れ入りますが、もう一度(　　　)」と聞き返して確認したほうがいい。

1 申し上げてもよろしいですか
2 伺ってもらえませんか
3 聞かれたらいかがでしょうか
4 おっしゃっていただけますか

적절한 기능어 찾기 ★★★

해석 상대의 목소리가 알아듣기 어려울 경우에는 "죄송합니다만 한 번 더 **(말씀해 주시겠습니까?)**"라고 되물어서 확인하는 편이 좋다.

정답 찾기 선택지를 보면 경어 문제임을 알 수 있는데 내용상 상대에게 다시 말을 할 것을 요청하는 경우이므로 言う의 주체가 상대가 되어 존경어나 존경표현이 필요함을 알 수 있다. 그러므로 言う의 존경어인 おっしゃる와 상대에게 요청할 때 사용하는 ～ていただけますか(～해 받을 수 있겠습니까?, ～해 주시겠습니까?)가 사용된 4번이 정답이 된다.

오답분석 1번은 言う의 겸양어이므로 정답이 될 수 없고 2번은 聞く, 訪問(ほうもん)する의 겸양어이므로 정답이 될 수 없으며 3번은 聞く의 수동동사의 존경 용법으로 물으시는 것이 어떻겠습니까? 라는 의미가 되므로 문맥상 정답이 아니다.

어휘 聞(き)き取(と)る 알아듣다 | 恐(おそ)れ入(い)る 황송하다, 송구스럽다 | 聞(き)き返(かえ)す 되묻다, 반문하다 | 確認(かくにん)する 확인하다

정답 4

03 契約が成立する前に違約金について何の(　　　)、なんと不誠実な不動産業者なんだろう。

1 説明をしようがなくて

2 説明もしないとは

3 説明するかと思えば

4 説明するもしないも

의미적 호응관계 파악하기 ★★★

해석 계약이 성립하기 전에 위약금에 관해서 아무런 **(설명도 하지 않다니)** 이 얼마나 불성실한 부동산업자인가.

정답 찾기 후문에 놀람과 감탄을 나타낼 때 사용하는 なんと~なのだろう(얼마나 ~인가, 참으로 ~이다)를 통해서 놀람, 분노, 감탄에 사용하는 ~とは(~하다니, ~할 줄이야)가 사용된 2번이 정답임을 알 수 있다.

오답분석 ~とは(~하다니, ~할 줄이야)

복습 꼭! 1번 ~ようがない는 ~할 방법이 없다, 3번 ~かと思えば는 ~라고 생각했더니, 4번 ~するもしないも는 ~하든 안하든 이라는 의미로 문맥상 정답이 될 수 없다.

어휘 契約(けいやく) 계약 | 成立(せいりつ) 성립 | 違約金(いやくきん) 위약금 | 不誠実(ふせいじつ)だ 불성실하다 | 不動産(ふどうさん) 부동산 | 業者(ぎょうしゃ) 업자

정답 2

04 大方の予想に反して、この漢詩集は現代人の鑑賞(　　　)魅力的なものである。

1 にたえる　　2 してまでの

3 にほかならない　　4 すべからず

적절한 기능어 찾기 ★★★

해석 일반적인 예상과는 반대로 이 한시집은 현대인이 감상**(할 만한)** 매력적인 것이다.

정답 찾기 공란 앞의 명사 鑑賞(감상)만으로도 충분히 답을 찾을 수 있어야 하는데 주로 鑑賞, 見る, 読む 등과 함께 쓰여 ~할 만하다, ~할 가치가 있다는 의미를 나타내는 1번이 정답이 된다.

오답분석 2번 ~てまで는 ~해서 까지, ~와 같은 극단적인 정도까지 해서, 3번은 바로 ~이다, ~임에 틀림없다, 4번 ~べからず는 ~해서는 안 된다는 의미이므로 정답이 아니다.

복습 꼭! ~にたえる(~할 만하다, ~할 가치가 있다)

어휘 大方(おおかた) 대개, 대체로 | 予想(よそう) 예상 | ~に反(はん)して ~에 반해서, ~와는 반대로 | 漢詩集(かんししゅう) 한문시집 | 現代人(げんだいじん) 현대인 | 鑑賞(かんしょう) 감상 | 魅力的(みりょくてき) 매력적

정답 1

05 場合によっては、エアコンは頻繁につけたり消したりを繰り返すより、(　　　)ほうが電気代が安いという。

적절한 기능어 찾기 ★★★

해석 경우에 따라서는 에어컨은 빈번하게 켰다 껐다를 반복하는 것보다 **(계속 켜두는)** 편이 전기요금이 싸다고 한다.

1 つけたままではない

2 つけるなりつけないなりする

3 つけっぱなしにしておく

4 つけるに決まっている

정답 찾기　공란 앞의 ～より(～보다)를 통해 두 가지 방법을 서로 비교하고 있다는 것을 알 수 있는데 켰다 껐다가 먼저 등장하기 때문에 논리상 뒤에는 계속 켜두는 경우가 되어야 하므로 어떤 상태를 지속시키는 의미인 ～っぱなし가 사용된 3번이 정답이 된다.

오답분석　1번은 켜 둔 채로가 아니다, 2번 켜든지 켜지 않든지 하다, 4번은 켤 것임에 틀림없다는 의미로 문맥상 정답이 될 수 없다.

복습 꼭!　～っぱなし(～한 채)

어휘　頻繁(ひんぱん)に 빈번하게 | 繰(く)り返(かえ)す 반복하다 | 電気代(でんきだい) 전기료

정답　3

---

06 当院は健診バスが事務所までお迎えに(　　　)、当院まで送迎するサービスも実施しておりますので、ご予約時にご相談ください。

1 願い　　2 差し上げ

3 お越し　　4 上がり

적절한 겸어동사 찾기 ★★★

해석　저희 병원은 검진버스가 사무실까지 마중을 **(나가)** 저희 병원까지 모셔오는 서비스도 실시하고 있으므로 예약 시 상담해 주십시오.

정답 찾기　선택지를 보면 경어 문제임을 알 수 있는데 내용상 병원 측이 마중을 간다는 의미이므로 行く가 필요하고 자신의 행위이므로 겸양어나 겸양표현이 필요하다. 그런데 이 문제에서는 공란 앞에 조사 ～に가 있다는 점에 주의해야 하는데 주로 ～に上(あ)がる의 형태로 가다, 방문하다의 겸양어로 사용할 수 있는 4번이 정답이 된다.

오답분석　겸양어인 1번(바라다)과 2번(드리다)은 의미상 맞지 않고 3번(오시다)은 존경어이므로 정답이 될 수 없다.

복습 꼭!　上がる(찾아뵙다, 방문하다)

어휘　健診(けんしん) 건강검진 | 迎(むか)える 맞이하다, 마중하다 | 送迎(そうげい)する 송영하다, 보내고 맞이하다 | 実施(じっし)する 실시하다 | 予約(よやく) 예약

정답　4

---

07 (年賀状で)新しい年が素晴らしい一年になりますよう、皆様のご健康とご多幸を心より(　　　)。

1 お祈り申し上げます

2 祈っていただきます

3 祈っていらっしゃいます

4 お祈りいたしたでしょう

적절한 경어 찾기 ★★★

해석　(연하장에서) 새해가 멋진 한 해가 되시도록 여러분의 만수무강과 다복을 진심으로 **(기원드립니다)**.

정답 찾기　연하장 등에 관용적으로 자주 사용하는 문구인데 자신이 기원을 하는 것이므로 겸양어나 겸양표현이 사용되어야 한다. 그러므로 자신의 행위를 매우 공손히 나타낼 때 사용하는 お・ご～申し上げる가 사용된 1번이 정답이다.

오답분석　2번 ～ていただく는 행위의 주체가 상대이고 존경어가 사용된 3번과 추측의 의미인 ～でしょう(～일 것입니다)가 사용된 4번은 문맥상 정답이 될 수 없다.

복습 꼭!　お・ご～申し上げる(～해 드리다)

어휘　年賀状(ねんがじょう) 연하장 | 素晴(すば)らしい 훌륭하다 | 健康(けんこう) 건강 | 多幸(たこう) 다복 | 祈(いの)る 빌다, 기도하다

정답　1

문제 다음 문장의 ___★___에 들어갈 가장 알맞은 말을 1·2·3·4 중에서 하나를 고르세요.

01 このアニメは独特な作風の音響効果と ____ ____ ★ ____ 国内外でも高く評価されている。

1 一層の臨場感を　　2 迫力ある映像とが

3 与えるので　　4 相まって

단어 바르게 배열하기 ★★★

문장 배열 このアニメは独特な作風の音響効果と 迫力ある映像とが(2) 相まって(4) 一層の臨場感を(1) 与えるので(3) 国内外でも高く評価されている。

해석 이 애니메이션은 독특한 작풍의 음향효과와 박력 있는 영상이 서로 어우러져 한층 더 현장감을 주기 때문에 국내외에서도 높이 평가받고 있다.

정답 찾기 먼저 4번은 주로 ～と相まって(~와 어울려서), ～と～とが相まって(~와 ~가 어울려서) 형태로 한층 더 높은 효과를 얻을 때 사용하므로 2번과 짝이 되어 첫 번째 칸에 들어가야 한다. 그리고 목적격 조사가 있는 1번과 타동사인 3번을 짝을 지어 나머지 칸에 넣어 전체적으로 나열하면 2-4-1-3이 되므로 정답은 1번이다.

복습 꼭! ～と相まって(~와 어울려서) / ～と～とが相まって(~와 ~가 어울려서)

어휘 独特(どくとく)だ 독특하다 | 作風(さくふう) 작풍 | 音響効果(おんきょうこうか) 음향효과 | 迫力(はくりょく) 박력 | 映像(えいぞう) 영상 | 一層(いっそう) 한층 더 | 臨場感(りんじょうかん) 임장감 | 評価(ひょうか)する 평가하다

정답 1

02 景気の低迷でアメリカの大学では今年の新学期の学生登録数が ____ ____ ★ ____ 20%の減少となった。

1 至っては　　2 短大に

3 比べ10%減少し　　4 前年に

단어 바르게 배열하기 ★★

문장 배열 景気の低迷でアメリカの大学では今年の新学期の学生登録数が 前年に(4) 比べ10%減少し(3) 短大に(2) 至っては(1) 20%の減少となった。

해석 경기 침체로 미국대학교에서는 올해 신학기의 학생등록수가 전년에 비해 10% 감소했고 전문대학에 이르러서는 20% 감소했다.

정답 찾기 3번 ～に比(くら)べ(~에 비해)와 1번 ～に至(いた)っては는 모두 조사 ～に가 필요하지만 논리상 먼저 작년과 올해를 비교해야 하므로 4-3이 되는 것이 적절하다. 그러므로 나머지는 자연스럽게 2-1이 되어야 하고 동시에 대학교도 상황이 나쁘지만 전문대학의 상황이 더 나쁘다는 내용이므로 4-3 뒤에 2-1을 넣어 전체적으로 나열하면 4-3-2-1이 되어 정답은 2번이다.

복습 꼭! ～に至っては(~에 이르러서는)

어휘 景気(けいき) 경기 | 低迷(ていめい) 나쁜 상태가 계속됨 | 新学期(しんがっき) 신학기 | 登録数(とうろくすう) 등록수 | 減少(げんしょう)する 감소하다 | 短大(たんだい) 전문대학

정답 2

03 無駄遣いすることを ____ ____ ★ ____ が、水がただで手に入る価値のないものということからできた表現である。

단어 바르게 배열하기 ★★★

문장 배열 無駄遣いすることを 湯水の(3) ごとく(2) お金を使う(4) という(1) が、水がただで手に入る価値のないものということからできた表現である。

1 という　2 ごとく
3 湯水の　4 お金を使う

해석 낭비하는 것을 물처럼 돈을 사용한다고 하는데 물이 거저 얻을 수 있는 가치가 없는 것이라는 데서 나온 표현이다.

정답 찾기 먼저 2번 ～ごとく(~같이)는 동사인 4번에도 붙을 수 있으나 의미상 명사인 3번에 붙는 것이 더 적절하며 돈을 사용하는 것을 물에 비유하고 있으므로 4번이 그 뒤에 붙어 3-2-4가 되어야 한다. 마지막으로 인용을 나타내는 1번 ～という(~라고 하다)를 가장 뒤에 넣어 전체적으로 나열하면 3-2-4-1이 되므로 정답은 4번이다.

복습 꼭! ～ごとく(~처럼, ~같이)

어휘 無駄遣(むだづか)いする 낭비하다 | 湯水(ゆみず) 흔한 것의 비유, 따뜻한 물과 찬물 | ただ 무료 | 価値(かち) 가치 | 表現(ひょうげん) 표현

정답 4

---

04 裁判員制度は課題も指摘されるものの、肯定的な評価が多い。＿＿ ＿＿ ★ ＿＿の職務を果たした市民の力によるものであろう。

1 さること　2 専門家の努力も
3 誠実に裁判員　4 ながら

단어 바르게 배열하기 ★★★

문장 배열 裁判員制度は課題も指摘されるものの、肯定的な評価が多い。専門家の努力も(2) さること(1) ながら(4) 誠実に裁判員(3) の職務を果たした市民の力によるものであろう。

해석 재판원 제도는 과제도 지적되지만 긍정적인 평가가 많다. 전문가의 노력도 그렇지만 성실히 재판원의 직무를 다한 시민의 힘에서 말미암은 것일 것이다.

정답 찾기 1번을 단서로 ～도 물론이지만 다른 것도 라는 의미를 나타낼 때 사용하는 ～もさることながら를 떠올릴 수만 있으면 2-1-4가 됨을 쉽게 알 수 있다. 그리고 마지막으로 3번을 명사가 필요한 마지막 칸에 넣어 전체적으로 나열하면 2-1-4-3이 되므로 정답은 4번이다.

복습 꼭! ～もさることながら(~도 그렇지만)

어휘 裁判員(さいばんいん) 재판원 | 制度(せいど) 제도 | 課題(かだい) 과제 | 指摘(してき)する 지적하다 | ～ものの ~하였지만, ~하였으나 | 肯定的(こうていてき)だ 긍정적이다 | 評価(ひょうか) 평가 | 専門家(せんもんか) 전문가 | 努力(どりょく) 노력 | 誠実(せいじつ)に 성실하게 | 職務(しょくむ) 직무 | 果(は)たす 다하다, 완수하다 | 市民(しみん) 시민

정답 4

---

05 山の村の古老は自分の家に初めて電気が引かれたときのことを昨日の＿＿ ＿＿ ★ ＿＿なり、感銘を受けた。

1 鮮明に　2 覚えて
3 おいでに　4 ことのように

단어 바르게 배열하기 ★★★

문장 배열 山の村の古老は自分の家に初めて電気が引かれたときのことを昨日の ことのように(4) 鮮明に(1) 覚えて(2) おいでに(3) なり、感銘を受けた。

해석 산골 마을의 장로는 자신의 집에 처음 전기가 들어왔을 때의 일을 어제 일처럼 선명하게 기억하고 계셔서 감명을 받았다.

정답 찾기 いる의 존경어는 いらっしゃる와 おいでになる가 있으므로 ～ている(~하고 있다) 문형을 정중하게 표현하기 위해서는 いる 부분을 존경어로 바꿔주기만 하면 되는데 이 문제에서는 おいでになる가 사용되고 있으므로 覚えている를 정중하게 표현하면 2-3이 되어 마지막 칸에 들어가야 한다. 그리고 부사인 1번을 동사인

2번을 수식하게 하고 마지막으로 명사가 필요한 첫 번째 칸에 4번을 넣어 전체적으로 나열하면 4-1-2-3이 되므로 정답은 2번이다.

복습 꼭! いらっしゃる · おいでになる(いる의 존경어)

어휘 古老(ころう) 옛일을 아는 노인 | 鮮明(せんめい)に 선명하게 | 感銘(かんめい) 감명

정답 2

---

06 研修会の終了後に懇親会を行いますので＿＿ ＿＿ ★ ＿＿存じます。

1 お時間の
2 幸いに
3 ご参加いただければ
4 許す限り

단어 바르게 배열하기 ★★★

문장 배열 研修会の終了後に懇親会を行いますので お時間の(1) 許す限り(4) ご参加いただければ(3) 幸いに(2) 存じます。

해석 연수회가 끝난 후에 친목회를 가질 예정이니 시간이 나시면 참가해 주시면 감사하겠습니다.

정답 찾기 경어는 직역하면 어색한 경우가 많으므로 대부분 관용표현처럼 익혀두는 것도 하나의 좋은 방법이 될 수 있다. ～ば・～と＋幸(さいわ)いに存(ぞん)じます는 ～해 주시면 기쁘다, ～해 주시면 감사하다 라는 관용적으로 사용하는 매우 정중한 표현이므로 3-2가 되어 마지막 칸에 들어가야 한다. 그리고 1번의 ～の는 여기서는 주격용법으로 ～が 대신에 사용되었으므로 술어인 4번과 짝이 되어야 한다. 전체적으로 나열하면 1-4-3-2가 되어 정답은 3번이다.

복습 꼭! ～ば · ～と＋幸いに存じます(～해 주시면 기쁘다, ～해 주시면 감사하다)

어휘 研修会(けんしゅうかい) 연수회 | 終了(しゅうりょう) 종료 | 懇親会(こんしんかい) 친목회 | ～限(かぎ)り ～하는 한 | 参加(さんか) 참가 | 幸(さいわ)い 다행, 행복

정답 3

---

07 (会議で)英語教育は、実際に英語を使う機会を確保することが大切ですが、今後、英語で話す機会の拡充などを＿＿ ＿＿ ★ ＿＿のですが、よろしいでしょうか。

1 願いたい　　2 どのように
3 ご説明　　4 図っていくのか

단어 바르게 배열하기 ★★★

문장 배열 英語教育は、実際に英語を使う機会を確保することが大切ですが、今後、英語で話す機会の拡充などを どのように(2) 図っていくのか(4) ご説明(3) 願いたい(1) のですが、よろしいでしょうか。

해석 (회의에서) 영어교육은 실제로 영어를 사용할 기회를 확보하는 것이 중요합니다만 앞으로 영어로 말할 기회의 확충 등을 어떻게 도모해 갈 것인지 설명을 부탁드리고 싶습니다만 괜찮으시겠습니까?

정답 찾기 1번 願う(바라다, 원하다)는 독립적으로도 사용하지만 お・ご～願う(～하시기 바라다, 부탁하다) 형태로 겸양공식으로도 사용할 수 있으므로 3-1이 되어 마지막 칸에 넣어 형식명사 ～の(～것)를 수식하게 하면 된다. 그리고 2번은 동사 4번을 수식하는 부사의 역할을 하게 하면 2-4가 되므로 전체적으로 나열하면 2-4-3-1이 되어 정답은 3번이다.

복습 꼭! お · ご～願う(～하시기 바라다, 부탁하다)

어휘 教育(きょういく) 교육 | 実際(じっさい)に 실제로 | 機会(きかい) 기회 | 確保(かくほ)する 확보하다 | 拡充(かくじゅう) 확충 | 図(はか)る 도모하다, 꾀하다

정답 3

넷째마당 | 알아두면 든든한 기준 외 문법

시나공 11 알아두면 든든한 75가지 문법 | 적중 예상 문제 ①

문제 다음 문장의 (　　　)에 들어갈 가장 알맞은 말을 1 · 2 · 3 · 4 중에서 하나를 고르세요.

01 日常会話でよく使っている表現でも、いざ(　　　)文法的に正しいかどうか迷ってしまう。

1 教えんばかりに　　2 教えようとも
3 教えるとなると　　4 教えづらい

문법적 호응관계 찾기 ★★★

해석 일상회화에서 자주 사용하고 있는 표현이라도 막상 **(가르치려고 하면)** 문법적으로 맞는지 아닌지 망설여진다.

정답 찾기 공란 앞의 부사 いざ(막상, 정작)가 중요한 힌트가 되는데 실제로 그 행동을 하려고 했을 때 그 어려움을 깨닫는다고 말할 때 사용하는 ～となると가 사용된 3번이 정답이 된다.

오답분석 1번 ～んばかりに는 ～듯이, 2번 ～(よ)うとも는 ～하든, ～하더라도, 4번 ～づらい는 ～하기 어렵다는 의미로 문맥상 정답이 될 수 없다.

복습 꼭! いざ～となると・いざ～となれば(막상 ～하려고 하면・정작 ～하려고 하면)

어휘 日常会話(にちじょうかいわ) 일상회화 | 表現(ひょうげん) 표현 | 文法的(ぶんぽうてき) 문법적 | 迷(まよ)う 헤매다, 망설이다

정답 3

02 前もっていろいろ準備した(　　　)、面接では緊張することなく、落ち着いて受け答えができた。

1 かいがあって　　2 からといって
3 きらいがあって　　4 だけなのに

적절한 기능어 찾기 ★★

해석 미리 여러 가지 준비**(한 보람이 있어)** 면접에서는 긴장하지 않고 침착하게 응답할 수 있었다.

정답 찾기 먼저 긍정형의 경우 동사 기본형에 접속되는 3번은 제외시키고 내용을 살펴보면 화자가 사전에 여러 가지 준비를 했고 면접을 잘 봤다는 의미이므로 어떤 행위를 한 효과, 성과가 있음을 나타낼 때 사용하는 1번이 정답이 된다.

오답분석 3번 きらいがある(～하는 경향이 있다)는 동사의 보통형과 명사 の에 접속되므로 우선 제외시켜야 하고 2번은 ～라고 해서, 4번은 ～할 뿐인데 라는 의미로 문맥상 정답이 될 수 없다.

복습 꼭! ～かいがある(～한 효과가 있다, ～한 보람이 있다)

어휘 前(まえ)もって 미리, 사전에 | 準備(じゅんび)する 준비하다 | 面接(めんせつ) 면접 | 緊張(きんちょう)する 긴장하다 | 落(お)ち着(つ)く 침착하다, 차분하다, 자리 잡다

정답 1

03 (ホテルの予約サイトで)こちらからお電話差し上げても(　　　)方は、連絡可能な電話番号を書き添えてください。

1 しかたない　　2 むりである
3 さしつかえない　　4 やむをえない

적절한 기능어 찾기 ★★

해석 (호텔 예약 사이트에서) 저희들이 전화를 드려도 **(괜찮으신)** 분은 연락 가능한 전화번호를 적어주세요.

정답 찾기 접속 형태로 구분할 수는 없으므로 문맥을 통해 정답을 찾아야 하는데 내용을 살펴보면 ～てもいい(～해도 좋다)가 되어야 함을 알 수 있으므로 유사한 의미를 가지고 있으며 보다 정중한 표현인 3번이 정답이 된다.

오답분석 1번과 4번은 어쩔 수 없다, 할 수 없다, 2번은 무리이다는 의미가 되므로 문맥상 정답이 될 수 없다.

복습 꼭! ～ても差(さ)し支(つか)えない(~해도 상관없다, ~해도 지장이 없다)

어휘 差(さ)し上(あ)げる やる, 与(あた)える의 겸양어 | 可能(かのう)だ 가능하다 | 書(か)き添(そ)える 써넣다, 첨가하다

정답 3

---

04 卒業間際になって、大学生の息子が学校に行かなくなったから、親として心配やいらだちを抑え(　　　)。

1 きってはならない
2 きってもしょうがない
3 きればきりがない
4 きれないのももっともだ

적절한 기능어 찾기 ★★

해석 졸업이 임박해서 대학생인 아들이 학교를 가지 않기 때문에 부모로서 걱정과 조바심을 억누를 **(수 없는 것도 당연하다)**.

정답 찾기 먼저 선택지에 공통적으로 사용되고 있는 きる는 동사 ます형+きる(다 ~하다, ~을 끝내다)임을 파악할 수 있어야 하고 내용상 성인이지만 아들 일이 걱정된다는 의미가 되어야 하므로 ~きる의 가능 부정형과 당연함을 나타내는 ~のももっともだ가 합쳐진 4번이 정답이 된다.

오답분석 1번은 완전히 억제해서는 안 된다, 2번은 완전히 억제해도 소용없다, 3번은 완전히 억제하면 끝이 없다는 의미가 되므로 문맥상 정답이 아니다.

복습 꼭! ～のももっともだ(~하는 것도 당연하다)

어휘 卒業(そつぎょう) 졸업 | 間際(まぎわ) 직전 | いらだち 초조함 | 抑(おさ)える 억누르다, 억제하다

정답 4

---

05 業務の処理上知り得た顧客の情報は、それが秘密(　　　)を問わず、個人に関する全ての情報が個人情報なので他人に漏らしてはならない。

1 と言えないではないか
2 にあたったからこそ
3 と言えるだろうか
4 にあたるか否か

적절한 기능어 찾기 ★★★

해석 업무처리상 알게 된 고객의 정보는 그것이 비밀**(에 해당하는지 아닌지)**를 불문하고 개인에 관한 모든 정보가 개인정보이므로 타인에게 누설해서는 안 된다.

정답 찾기 개인정보에 관한 내용으로 후문에 개인에 관한 모든 정보라고 말하고 있으므로 논리적으로 비밀 여부와 관계없다가 되어야 하므로 정답은 ~に当たる(~에 해당하다)와 ~か否(いな)か(~인지 아닌지)가 합쳐진 4번이 정답이 된다.

오답분석 1번은 ~라고 말할 수 없지 않느냐, 2번은 ~에 해당했기 때문에, 3번은 ~라고 말할 수 있을까 라는 의미로 문맥상 정답이 아니다.

복습 꼭! ～か否か(~인지 아닌지)

어휘 業務(ぎょうむ) 업무 | 処理(しょり) 처리 | 知(し)り得(え)る 알게 되다 | 顧客(こきゃく) 고객 | 情報(じょうほう) 정보 | 秘密(ひみつ) 비밀 | ～を問(と)わず ~을 불문하고 | 個人(こじん) 개인 | 漏(も)らす 새게 하다, 누설하다

정답 4

---

06 日本銀行の大幅な金融緩和政策にもかかわらず、物価は依然として目標には遠く(　　　)状況である。

적절한 기능어 찾기 ★★★

해석 일본은행의 대폭적인 금융완화정책에도 불구하고 물가는 여전히 목표에는 **(훨씬 못 미치는)** 상황이다.

1 及ばない　　2 限らない
3 たまらない　　4 差し支えない

정답 찾기 공란 앞의 조사 ~には와 함께 사용하는 표현은 1번뿐이지만 문맥을 통해 확인해 보면 ~にもかかわらず(~에도 불구하고)가 사용되고 있으므로 논리적으로 금융완화정책의 효과가 없어 목표를 달성하지 못했다는 의미가 되어야 하므로 어떤 수준, 정도에 미치지 못함을 나타낼 수 있는 1번이 정답이 된다.

오답분석 2번은 ~とは限(かぎ)らない 형태로 ~라고는 할 수 없다. 3번은 ~てたまらない 형태로 ~해서 견딜 수가 없다. 4번은 ~ても差(さ)し支(つか)えない 형태로 ~해도 상관없다는 의미로 접속형태나 의미로도 정답이 아니다.

복습 꼭! ~には及(およ)ばない(~에는 미치지 못한다)

어휘 大幅(おおはば) 대폭 | 金融(きんゆう) 금융 | 緩和(かんわ) 완화 | 政策(せいさく) 정책 | 物価(ぶっか) 물가 | 依然(いぜん)として 여전히 | 目標(もくひょう) 목표 | 状況(じょうきょう) 상황

정답 1

---

07 農業も(　　　)によっては将来性がある、というふうに考える農家が約５割を占めていることが今回の調査でわかった。

1 やりかけ　　2 やりよう
3 やりそう　　4 やりがち

적절한 기능어 찾기 ★★★

해석 농업도 **(하는 방식)**에 따라서는 장래성이 있다고 생각하는 농가가 약 5할을 차지하고 있다는 것이 이번 조사로 밝혀졌다.

정답 찾기 공란 뒤의 ~によっては(~에 따라서는)를 단서로 ~하는 방식에 따라 결과가 바뀐다는 의미를 나타내는 ~ようによっては의 끊어진 형태임을 알 수 있으므로 정답은 2번이 되어야 한다.

오답분석 1번 ~かけ는 ~하던 중인, ~하다 만, 3번 ~そう는 ~할 것 같다, 4번 ~がち는 ~하기 십상이다, ~하는 경향이 많다는 의미이므로 문맥상 정답이 아니다.

복습 꼭! ~ようによっては(~하는 방법 · 방식에 따라서는)

어휘 農業(のうぎょう) 농업 | 将来性(しょうらいせい) 장래성 | 農家(のうか) 농가 | ~割(わり) ~할 | 占(し)める 차지하다 | 調査(ちょうさ) 조사

정답 2

문제 다음 문장의 ＿★＿에 들어갈 가장 알맞은 말을 1 · 2 · 3 · 4 중에서 하나를 고르세요.

01 差別は個人の尊厳に ＿＿ ＿★＿ ＿＿ ＿＿ 無くさなければならない。

1 一日も早く　　2 にてらして
3 反しており　　4 平等の原則

단어 바르게 배열하기 ★★

문장 배열 差別は個人の尊厳に 反しており(3) 平等の原則(4) にてらして(2) 一日も早く(1) 無くさなければならない。

해석 차별은 개인의 존엄에 반하기에 평등의 원칙에 비추어 하루라도 빨리 없애지 않으면 안 된다.

정답 찾기 먼저 2번 ~にてらして(~에 비추어, ~를 참조해서)를 기준으로 나열하면 명사에 접속되므로 4-2가 되어야 하고 3번은 ~に反(はん)する(~에 반하다, ~어긋나다) 형태로 사용하므로 첫 번째 칸에 들어가야 한다. 그리고 부사인 1번을 마지막 칸에 넣어 동사 無(な)くす를 수식하게 해서 전체적으로 나열하면 3-4-2-1이 되어 정답은 4번이다.

복습 꼭! ～にてらして(～에 비추어, ～를 참조해서) / ～に反する(～에 반하다, ～어긋나다)

어휘 差別(さべつ) 차별 | 尊厳(そんげん) 존엄 | 平等(びょうどう) 평등 | 原則(げんそく) 원칙 | 無(な)くす 없애다, 잃다

정답 4

---

02 主体的に働いている人は＿＿ ＿＿ ★ ＿＿ 人の幸福度は低いという研究結果がある。

1 がままに
2 幸せを感じる一方
3 受動的に働いている
4 会社や上司に言われる

단어 바르게 배열하기 ★★★

문장 배열 主体的に働いている人は 幸せを感じる一方(2) 会社や上司に言われる(4) がままに(1) 受動的に働いている(3) 人の幸福度は低いという研究結果がある。

해석 주체적으로 일하는 사람은 행복을 느끼는 한편 회사나 상사가 시키는 대로 수동적으로 일하는 사람의 행복도는 낮다는 연구결과가 있다.

정답 찾기 제일 먼저 자신의 의지가 아닌 타인의 의도나 흐름에 따라 행동할 때 사용하는 1번은 주로 수동동사에 접속되므로 4-1이 되어야 하고 3번은 마지막 칸에 넣어 뒤에 명사를 수식하게 하면 된다. 마지막으로 대조적인 두 가지 측면을 대비시킬 때 사용하는 ～一方(いっぽう)(～하는 한편)가 포함된 1번은 문맥상 첫 번째 칸에 넣어야 한다. 전체적으로 나열하면 2-4-1-3이 되어 정답은 1번이다.

복습 꼭! ～一方(～하는 한편)

어휘 主体的(しゅたいてき) 주체적 | 上司(じょうし) 상사 | 受動的(じゅどうてき) 수동적 | 幸福度(こうふくど) 행복도 | 研究(けんきゅう) 연구 | 結果(けっか) 결과

정답 1

---

03 様々な＿＿ ＿＿ ★ ＿＿ 食事療法の重要性を考えていくのが臨床栄養学である。

1 として　　2 病気の病態を
3 医療の一環　　4 踏まえて

단어 바르게 배열하기 ★★

문장 배열 様々な 病気の病態を(2) 踏まえて(4) 医療の一環(3) として(1) 食事療法の重要性を考えていくのが臨床栄養学である。

해석 다양한 병의 상태에 근거하여 의료의 일환으로서 식사요법의 중요성을 생각해 가는 것이 임상영양학이다.

정답 찾기 먼저 판단의 근거나 전제를 나타낼 때 사용하는 4번은 ～を踏(ふ)まえて(～에 근거해서, ～에 입각하여) 형태로 사용하므로 2-4가 되어야 하고 자격, 입장을 나타내는 1번 ～として(～로서, ～으로서)는 명사에 접속되므로 3-1이 되어야 한다. 마지막으로 な형용사가 있어 명사가 필요한 첫 번째 칸에는 문맥상 2번이 들어갈 수밖에 없으므로 전체적으로 나열하면 2-4-3-1이 되어 정답은 3번이다.

복습 꼭! ～を踏まえて(～에 근거해서, ～에 입각하여) / ～として(～로서, ～으로서)

어휘 病体(びょうたい) 병태, 용태 | 医療(いりょう) 의료 | 一環(いっかん) 일환 | 療法(りょうほう) 요법 | 臨床(りんしょう) 임상 | 栄養学(えいようがく) 영양학

정답 3

04 同僚の西村君は会社のためなら、____ ____ ★ ____ と思っているらしい。

1 多少は自分の　　2 犠牲にしても
3 私生活を　　4 やむを得ない

단어 바르게 배열하기 ★★★

문장 배열 同僚の西村君は会社のためなら、多少は自分の(1) 私生活を(3) 犠牲にしても(2) やむを得ない(4) と思っているらしい。

해석 동료인 니시무라 군은 회사를 위해서라면 약간은 자신의 사생활을 희생해도 어쩔 수 없다고 생각하고 있는 것 같다.

정답 찾기 먼저 4번 ～やむを得(え)ない(어쩔 수 없다)는 ～はな～も, ～て(で)も에 접속되므로 선택지 중에서는 2번과 짝이 될 수밖에 없고 동시에 2번은 犠牲にする라는 타동사이기 때문에 목적어로 조사 ～を가 있는 3번이 앞에 와야 한다. 마지막으로 1번은 ～の가 있어 뒤에는 명사인 3번이 와야 한다. 전체적으로 나열하면 1-3-2-4가 되므로 정답은 2번이다.

> 복습 꼭! ～やむを得ない(어쩔 수 없다)

어휘 同僚(どうりょう) 동료 | 多少(たしょう) 다소 | 私生活(しせいかつ) 사생활 | 犠牲(ぎせい) 희생

정답 2

---

05 学問に王道がない ____ ★ ____ ____ はなかろう。

1 それに　　2 楽しくできれば
3 越したこと　　4 とはいえ

단어 바르게 배열하기 ★★★

문장 배열 学問に王道がない とはいえ(4) 楽しくできれば(2) それに(1) 越したこと(3) はなかろう。

해석 학문에는 왕도가 없다고는 하지만 즐겁게 할 수 있으면 그것보다 나은 것은 없을 것이다.

정답 찾기 선택지에 문법이 두 개 있지만 가능하면 접속형태의 특징이 명확한 것을 기준으로 삼는 것이 좋으므로 먼저 3번을 보면 ～に越(こ)したことはない의 일부분임을 알 수 있으므로 1-3이 되어 마지막 칸에 들어가야 한다. 그리고 4번 ～とはいえ(~라고는 해도, ~이기는 하지만)는 보통형이 필요하므로 첫 번째 칸에 넣고 2번을 마지막 남은 칸에 넣어 전체적으로 나열하면 4-2-1-3이 되어 정답은 2번이다.

> 복습 꼭! ～に越したことはない(~보다 나은 것은 없다, ~가 최고다) / ～とはいえ(~라고는 해도, ~이기는 하지만)

어휘 学問(がくもん) 학문 | 王道(おうどう) 왕도

정답 2

---

06 これは百年以上の ____ ____ ★ ____ で生み出された最高の品質の製品である。

1 技術と製法　　2 歳月を
3 培われた　　4 経て

단어 바르게 배열하기 ★★

문장 배열 これは百年以上の 歳月を(2) 経て(4) 培われた(3) 技術と製法(1) で生み出された最高の品質の製品である。

해석 이것은 백년 이상의 세월을 거쳐 길러진 기술과 제조법으로 만들어진 최고 품질의 제품이다.

정답 찾기 먼저 4번은 ～を経(へ)て(~을 거쳐서) 형태로 명사를 필요로 하므로 2번과 짝이 됨과 동시에 百年以上の～가 있어 시간과 관련된 명사가 필요한 첫 번째 칸에 들어가야 한다. 그리고 수단, 방법의 조사 ～で가 있어 명사가 필요한 마지막 칸에 1번을 넣고 남은 칸에 3번을 넣어 전체적으로 나열하면 2-4-3-1이 되어 정답은 3번이다.

복습 꼭! ～を経て(～을 거쳐서)

어휘 歳月(さいげつ) 세월 | 培(つちか)う 기르다, 배양하다 | 技術(ぎじゅつ) 기술 | 製法(せいほう) 제조법 | 生(う)み出(だ)す 만들어 내다 | 最高(さいこう) 최고 | 品質(ひんしつ) 품질 | 製品(せいひん) 제품

정답 3

07 人手不足は営業現場にとっては＿＿ ＿＿ ★ ＿＿とも言えるので、よい面もある。

1 によっては　　2 一大事だが
3 効率化が進む　　4 考えよう

단어 바르게 배열하기 ★★★

문장 배열 人手不足は営業現場にとっては 一大事だが(2) 考えよう(4) によっては(1) 効率化が進む(3) とも言えるので、よい面もある。

해석 인력부족은 영업현장에 있어서는 큰일이지만 생각하기에 따라서는 효율화가 진행된다고도 말할 수 있으므로 좋은 면도 있다.

정답 찾기 먼저 정형화된 문법인 4번을 통해서 ～하는 방식, 방법을 바꾸면 결과도 변한다는 것을 나타내는 ～ようによっては의 끊어진 형태임을 알 수 있으므로 4-2가 되어야 한다. 그리고 인력부족은 큰 문제이므로 문맥상 2번을 첫 번째 칸에 넣고 인용의 ～と(～라고)가 있어 보통형이 필요한 마지막 칸에 3번을 넣어 전체적으로 나열하면 2-4-1-3이 되어 정답은 1번이다.

복습 꼭! ～ようによっては(～하는 방법 · 방식에 따라서는)

어휘 人手不足(ひとでぶそく) 인력부족 | 営業(えいぎょう) 영업 | 現場(げんば) 현장 | 一大事(いちだいじ) 큰일 | 効率化(こうりつか) 효율화 | 面(めん) 면

정답 1

시나공 11 알아두면 든든한 75가지 문법 | 적중 예상 문제 ②

문제 다음 문장의 (　　)에 들어갈 가장 알맞은 말을 1 · 2 · 3 · 4 중에서 하나를 고르세요.

01 最近、ある企業の顧客情報が流出された事件が大きく話題になってから、多くの企業で内部犯行による重要情報の漏洩や消失に対する問題意識が(　　)。

1 高める始末だ
2 高まろうとしない
3 高めきれる
4 高まりつつある

적절한 기능어 찾기 ★★★

해석 최근 한 기업의 고객정보가 유출된 사건이 큰 화제가 되고나서 많은 기업에서 내부 범행에 의한 중요정보의 누설이나 소실에 대한 문제의식이 **(높아지고 있다)**.

정답 찾기 먼저 선택지를 분석하면 자동사와 타동사로 나눌 수 있는데 공란 앞의 조사 ～が로 인해 자동사가 필요함을 알 수 있으므로 자동사인 2번과 4번 중에 논리상 어떤 사건을 계기로 문제의식이 높아졌다가 되어야 하므로 진행 중임을 나타내는 ～つつある가 사용된 4번이 정답이다.

오답분석 1번과 4번은 타동사가 사용되어서 제외시켜야 하고 ～(よ)うとする(～하려고 하다)가 사용된 2번은 높아지려고 하지 않는다는 의미가 되므로 문맥상 정답이 아니다. 참고로 1번 ～始末(しまつ)だ는 ～라는 꼴이다. 3번 ～きれる는 다 ～할 수 있다는 의미이다.

복습 꼭! ~つつある(~하고 있다)

어휘 顧客(こきゃく) 고객 | 情報(じょうほう) 정보 | 流出(りゅうしゅつ) 유출 | 事件(じけん) 사건 | 話題(わだい) 화제 | 犯行(はんこう) 범행 | 重要(じゅうよう) 중요 | 漏洩(ろうえい) 누설 | 消失(しょうしつ) 소실 | 意識(いしき) 의식 | 高(たか)まる 높아지다

정답 4

---

02 部屋や教室で椅子に座っているとそれだけで勉強していると勘違いしている生徒が非常に多いが、(　　)典型的なパターンと言える。

1 勉強するつもりじゃなかった

2 勉強しないつもりだった

3 勉強しているつもりの

4 勉強するつもりはない

적절한 기능어 찾기 ★★★

해석 방이나 교실에서 의자에 앉아 있으면 그것만으로 공부하고 있다고 착각하는 학생이 상당히 많은데 본인은 **(공부하고 있다고 생각하는)** 전형적인 패턴이라고 말할 수 있다.

정답 찾기 선택지를 보면 ~つもり 용법을 묻는 문제임을 알 수 있는데 ~つもり는 ~할 작정이다는 의미로 화자의 의도를 낼 때 사용하지만 동사 과거형이나 ~ている 등에 붙으면 ~라고 생각하고 있었지만 사실은 그렇지 않다는 의미로 사용할 수도 있으며 뒤에 명사를 수식할 때는 ~の를 사용하므로 주의해야 한다. 문제에서는 화자는 그저 자리에 앉아 책을 보는 것을 본인은 공부한다고 생각하지만 실제로는 공부가 아니라는 것이 글의 요지이므로 진행형이 사용된 3번이 정답이다.

오답분석 1번은 공부할 생각은 아니었던, 2번은 공부하지 않을 작정이었던, 4번은 공부할 생각은 없는 이라는 의미가 되므로 문맥상 정답이 아니다.

복습 꼭! ~つもり(だ)(~한 셈치다 ~라고 여기다, ~라고 생각하다)

어휘 勘違(かんちが)い 착각 | 生徒(せいと) 학생 | 非常(ひじょう)に 상당히 | 典型的(てんけいてき) 전형적

정답 3

---

03 年功序列のシステムを維持するには、売上を高い水準で現状維持することが必須だが、この条件を満たせる企業は数える(　　)。

1 ほどしかあるまい

2 どころではなかろう

3 ことすらできない

4 だけのことはある

적절한 기능어 찾기 ★★★

해석 연공서열 시스템을 유지하기 위해서는 매출을 높은 수준으로 현상 유지하는 것이 필수인데 이 조건을 충족시킬 수 있는 기업은 손에 꼽을 **(정도밖에 없을 것이다)**.

정답 찾기 문장에 있는 역접의 접속조사 ~が로 인해 논리상 조건을 충족시키는 기업은 셀 수 있을 정도로 적다가 되어야 하므로 ~しか(~밖에)에 ないだろう(없을 것이다)의 의미인 あるまい가 합쳐진 1번이 정답이 된다.

오답분석 2번 ~どころではない는 ~할 상황이 아니다, ~すら는 ~조차(도), ~だけのことはある는 ~한 만큼의 가치는 있다는 의미로 문맥상 정답이 될 수 없다.

복습 꼭! ~まい(~하지 않을 것이다, ~하지 않겠다)

어휘 年功序列(ねんこうじょれつ) 연공서열 | 維持(いじ)する 유지하다 | 売上(うりあげ) 매상 | 水準(すいじゅん) 수준 | 現状(げんじょう) 현상 | 必須(ひっす) 필수 | 条件(じょうけん) 조건 | 満(み)たす 채우다, 만족시키다

정답 1

04 海に沈んでいく夕日の美しさは、どれだけ言葉を尽くしたって(　　　)ほどの絶景であった。

1 伝えっぱなしの
2 伝えてもしかたない
3 伝えきれっこない
4 伝えさせられない

적절한 기능어 찾기 ★★★

해석 바다로 사라져 가는 석양의 아름다움은 아무리 말로 표현해도 **(다 전할 수 없을)** 만큼 절경이었다.

정답 찾기 문맥을 살펴보면 너무 아름다워서 말로는 다 표현할 수 없다가 되어야 함을 알 수 있으므로 동사 ます형+きる(다 ~하다)에 부정의 ~っこない가 합쳐진 3번이 정답이 된다. 참고로 ~たって(~だって)는 ~ても(~でも)와 동일한 것으로 생각하고 ~해도, ~하더라도 라고 해석하면 된다.

오답분석 1번 ~っぱなし는 (계속) ~한 채, 상태이다, 2번 ~てもしかたがない는 ~해도 어쩔 수 없다는 의미가 되므로 문맥상 정답이 아니다.

복습 꼭! ~っこない(~할 리가 없다)

어휘 沈(しず)む 가라앉다 | 夕日(ゆうひ) 석양 | 尽(つ)くす 다하다, 애쓰다 | 絶景(ぜっけい) 절경

정답 3

05 電気製品を買うたびに、初耳の単語の羅列の分厚い取扱説明書にうんざりするが、何とか簡単に(　　　)と思う。

1 できないものだ
2 できないものか
3 できないものの
4 できないものを

적절한 기능어 찾기 ★★★

해석 전자제품을 살 때 마다 처음 듣는 단어로 나열된 두꺼운 취급 설명서에 넌더리가 나는데 어떻게든 간단히 **(해 줬으면 좋겠)**다고 생각한다.

정답 찾기 선택지를 보면 もの와 관련된 문제임을 알 수 있는데 내용상 화자가 설명서가 어려워 간단히 만들어 줬으면 좋겠다고 개인적인 희망을 나타내고 있음을 알 수 있으므로 실현이 어려운 일에 대한 강한 희망을 나타낼 때 사용하는 ~ないものか가 사용된 2번이 정답이다.

오답분석 1번 ~ものだ(~할 만하다, ~해야 한다)는 당연하거나 보편적인 사항을 나타내며 3번 ~ものの는 ~하지만, ~이지만, 4번 ~ものを는 ~것을, ~인데 라는 의미이므로 문맥상 정답이 될 수 없다.

복습 꼭! ~ないものか(~하지 못할까, ~했으면 좋겠다)

어휘 電気製品(でんきせいひん) 전자제품 | ~たびに ~할 때마다 | 初耳(はつみみ) 처음 듣는 일 | 羅列(られつ) 나열 | 分厚(ぶあつ)い 두껍다 | 取扱(とりあつかい) 취급 | 説明書(せつめいしょ) 설명서 | うんざりする 진절머리가 나다

정답 2

06 このドラマの主人公は、感情を表に出さないためつかみどころがなく、相手が誰(　　　)本音を吐露する変わった性格の人物である。

1 とともに　　2 かといえば
3 だろうと　　4 はおろか

적절한 기능어 찾기 ★★★

해석 이 드라마의 주인공은 감정을 겉으로 드러내지 않기 때문에 종잡을 수 없고 상대가 누구**(이든)** 속내를 토로하는 특이한 성격의 인물이다.

정답 찾기 논리를 잘 파악할 수 있어야 하는 문제로 공란 뒤를 보면 속내를 토로하는 특이한 성격이라고 말하고 있으므로 문맥상 상대를 가리지 않는다가 되어야 함을 알 수 있다. 따라서 ~이더라도 상관없다, ~이더라도 영향을 주지 않는다는 의미를 나타내는 3번 ~だろうと가 정답이 된다.

오답분석 1번은 ~와 함께, ~와 동시에, 2번은 ~이냐 하면, 4번은 ~은커녕 이라는 의미가 되므로 문맥상 정답이 아니다.

복습 꼭! ~だろうと(~이더라도, ~이든)

어휘 主人公(しゅじんこう) 주인공 | 感情(かんじょう) 감정 | 表(おもて) 표면, 겉 | 本音(ほんね) 본심 | 吐露(とろ)する 토로하다, 밝히다 | 性格(せいかく) 성격 | 人物(じんぶつ) 인물

정답 3

---

07 大阪府警は絶滅危惧種のニホンウナギの稚魚を不正に国外に（　　　）、60歳の男性を税関法違反の疑いで逮捕した。

1 持ち出したとするのに対して

2 持ち出したとするとして

3 持ち出そうとしたのに対して

4 持ち出そうとしたとして

적절한 기능어 찾기 ★★★

해석 오사카 경찰은 절멸위기종인 일본장어의 치어를 불법으로 국외로 **(반출하려고 했다고 해서)** 60세 남성을 세관법 위반의 혐의로 체포했다.

정답 찾기 문맥을 살펴보면 범인이 반출하기 전에 체포가 되었다는 의미이므로 어떤 동작을 시작하는 직전을 나타낼 때 사용하는 ～(よ)うとする(~하려고 하다)와 판단, 결정 등을 나타내는 ～とする(~라고 하다)가 결합된 4번이 정답이 되어야 한다.

오답분석 1번은 반출했다고 하는 것에 비해서, 2번은 반출했다고 한다고 해서, 3번은 반출하려고 한 것에 비해서 라는 의미가 되므로 문맥상 정답이 아니다.

복습 꼭! ～とする(~라고 하다)

어휘 府警(ふけい) 경찰 | 絶滅危惧種(ぜつめつきぐしゅ) 절멸위기종 | 稚魚(ちぎょ) 치어 | 不正(ふせい)に 올바르지 않게 | 税関法(ぜいかんほう) 세관법 | 違反(いはん) 위반 | 疑(うたが)い 의심, 혐의 | 逮捕(たいほ)する 체포하다

정답 4

문제 다음 문장의 ＿★＿에 들어갈 가장 알맞은 말을 1・2・3・4 중에서 하나를 고르세요.

01 今朝、庭の草むしりを１時間＿＿ ＿＿ ＿★＿ ＿＿ 腰に激痛がはしりしゃがみこんでしまった。

1 とした　　2 立ち上がろう

3 ほどして　　4 とたんに

단어 바르게 배열하기 ★★★

문장 배열 今朝、庭の草むしりを１時間 ほどして(3) 立ち上がろう(2) とした(1) とたんに(4) 腰に激痛がはしりしゃがみこんでしまった。

해석 오늘 아침 정원의 풀 뽑기를 1시간 정도 하고서 일어서려고 하는 순간 허리에 격렬한 통증이 느껴져 주저앉아 버렸다.

정답 찾기 먼저 4번 ～とたんに는 동사의 과거형에 접속되므로 1-4가 되어야 하고 어떤 동작을 시작하는 직전을 나타낼 때는 ～(よ)うとする(~하려고 하다)를 사용하므로 2-1-4가 됨을 쉽게 알 수 있다. 마지막으로 수량명사와 함께 대략적인 수량을 나타내는 ～ほど를 첫 번째 칸에 넣어서 전체적으로 나열하면 3-2-1-4가 되어 1번이 정답이 된다.

복습 꼭! ～とたんに(~하자마자, ~한 순간)

어휘 草(くさ)むしり 풀 뽑기 | 立(た)ち上(あ)がる 일어서다 | 激痛(げきつう) 격통 | しゃがみこむ 쭈그리고 앉다

정답 1

02 昨日行った病院は ＿＿ ＿＿ ★ ＿＿ もう少し誠意を持ってやってほしかった。

1 診察はよかったが
2 受付が残念というか
3 何というか
4 それに至るまでの

단어 바르게 배열하기 ★★★

문장 배열 昨日行った病院は 診察はよかったが(1) それに至るまでの(4) 受付が残念というか(2) 何というか(3) もう少し誠意を持ってやってほしかった。

해석 어제 간 병원은 진찰은 좋았으나 거기에 이르기까지의 접수처가 불만이라고 할까 뭐랄까 좀 더 성의 있게 해줬으면 좋았다.

정답 찾기 ～というか何というか(~이랄까 뭐랄까)는 자신이 느낀 인상을 나열할 때 사용하는 표현으로 비슷한 표현인 ～というか～というか는 순서에 관계가 없으나 ～というか何というか의 경우에는 순서를 지켜야하므로 2-3이 되어야 한다. 그리고 내용상 진찰은 좋았지만 그 외의 부분은 불만이라는 내용이므로 1-4가 되어 논리적으로 2-3 앞에 들어가야 하므로 전체적으로 나열하면 1-4-2-3이 되어 정답은 2번이다.

복습 꼭! ～というか～というか(~이랄까 ~이랄까)

어휘 診察(しんさつ) 진찰 | 至(いた)る 이르다, 도달하다 | 誠意(せいい) 성의

정답 2

03 高血圧などの生活習慣病は ＿＿ ＿＿ ★ ＿＿ 最終的には深刻な状態に至る怖い疾患である。

1 放置すれば　　2 無症状ゆえに
3 がちだが　　4 軽視され

단어 바르게 배열하기 ★★★

문장 배열 高血圧などの生活習慣病は 無症状ゆえに(2) 軽視され(4) がちだが(3) 放置すれば(1) 最終的には深刻な状態に至る怖い疾患である。

해석 고혈압 등의 성인병은 증상이 없기 때문에 경시되기 쉽지만 방치하면 최종적으로는 심각한 상태에 이르는 무서운 질환이다.

정답 찾기 먼저 3번 ～がちだ는 명사나 동사 ます형에 접속되므로 4-3이 됨과 동시에 ～ゆえに(~때문에)가 있는 2번을 그 이유로 삼아서 2-4-3이 되어야 한다. 그리고 조건가정을 나타내는 1번을 논리상 마지막 칸에 넣어 전체적으로 나열하면 2-4-3-1이 되므로 정답은 3번이다.

복습 꼭! ～がち(~하기 쉽다, ~이 잦다)

어휘 高血圧(こうけつあつ) 고혈압 | 習慣(しゅうかん) 습관 | 無症状(むしょうじょう) 무증상 | 軽視(けいし)する 경시하다 | 放置(ほうち)する 방치하다 | 最終的(さいしゅうてき) 최종적 | 深刻(しんこく)だ 심각하다 | 状態(じょうたい) 상태 | 疾患(しっかん) 질환

정답 3

04 B県は2005年以降、老年人口は緩やかに ＿＿ ＿＿ ★ ＿＿ 総人口は減少している。

단어 바르게 배열하기 ★★★

문장 배열 B県は2005年以降、老年人口は緩やかに 増加する(2) 一方(1) 年少・生産年齢人口の(4) 急激な減少傾向(3) を受けて総人口は減少している。

1 年少・生産年齢人口の

2 増加する一方

3 を受けて

4 急激な減少傾向

해석 B현은 2005년 이후 노년인구는 완만하게 증가하는 한편 젊은이나 생산연령 인구의 급격한 감소경향의 영향으로 총인구는 감소하고 있다.

정답 찾기 먼저 2번 ～一方(～하는 한편)는 앞뒤로 서로 상반되는 사항을 대비시킬 때 사용하므로 문맥상 총인구가 감소하려면 노년인구는 증가하고 반대로 생산연령 인구는 감소해야 함을 알 수 있다. 그러므로 2번을 첫 번째 칸에 넣고 3번 ～を受けて(～의 영향으로, ～에 따라서)는 명사에 접속되므로 4-3이 되어 명사가 필요한 1번 뒤에 넣어주면 된다. 전체적으로 나열하면 2-1-4-3이 되어 정답은 4번이다.

복습 꼭! ～一方(～하는 한편) / ～を受けて(～의 영향으로, ～에 따라서)

어휘 老年(ろうねん) 노년 | 緩(ゆる)やかに 완만하게 | 増加(ぞうか)する 증가하다 | 年少(ねんしょう) 나이가 젊음 | 生産(せいさん) 생산 | 急激(きゅうげき)だ 급격하다 | 減少(げんしょう) 감소 | 傾向(けいこう) 경향 | 総人口(そうじんこう) 총인구

정답 4

---

05 普段はものを捨てられない人でも ＿＿ ＿＿ ＿★＿ ＿＿ をつけ、分けていけば簡単に断捨離できる。

1 優先順位　　2 持ち物に

3 を機に　　4 引っ越し

단어 바르게 배열하기 ★★★

문장 배열 普段はものを捨てられない人でも 引っ越し(4) を機に(3) 持ち物に(2) 優先順位(1) をつけ、分けていけば簡単に断捨離できる。

해석 평소에 물건을 잘 버리지 못하는 사람이라도 이사를 기회로 소지품에 우선순위를 매겨 구분하면 간단하게 정리할 수 있다.

정답 찾기 3번 ～を機(き)に는 명사에 접속되어 새로운 사항이 일어나는 기점을 나타내므로 기점이 될 수 있는 명사인 4번에 접속되어야 한다. 그리고 역시 명사가 필요한 마지막 칸에 1번을 넣고 우선순위를 매기기 위해서는 대상이 필요하기 때문에 조사 ～に(～에, ～에게)가 있는 2번을 1번 앞에 넣어 전체적으로 나열하면 4-3-2-1이 되어 정답은 2번이다. 참고로 断捨離(だんしゃり)는 불필요한 것을 줄이는 삶의 방식을 말한다.

복습 꼭! ～を機に(～을 계기로, ～을 기회로)

어휘 普段 평소 | 優先(ゆうせん) 우선 | 順位(じゅんい) 순위 | 分(わ)ける 나누다, 가르다 | 簡単(かんたん)に 간단하게

정답 2

---

06 渋滞にはまり、ほとんどの時間を車で過ごすことになって、妻に ＿＿ ＿＿ ＿★＿ ＿＿ と怒られてしまった。

1 来るんじゃ　　2 なんて

3 紅葉狩り　　4 なかった

단어 바르게 배열하기 ★★★

문장 배열 渋滞にはまり、ほとんどの時間を車で過ごすことになって、妻に 紅葉狩り(3) なんて(2) 来るんじゃ(1) なかった(4) と怒られてしまった。

해석 교통체증에 걸려서 대부분의 시간을 차에서 보내게 되어 아내에게 단풍구경 따위 오는게 아니었다고 혼났다.

정답 찾기 먼저 명사 등에 접속하여 무시나 경시의 뜻을 나타내는 2번 ～なんて(～따위, ～같은 것)는 3번에 접속되어야 한다. 그리고 1번은 자신의 행위에 대해 후회의 기분을 나타낼 때 사용하는 ～ん

じゃなかった의 끊어진 형태이므로 1–4가 되어야 하고 단풍구경을 온 것에 대해 후회하고 있기 때문에 문맥상 3–2 뒤에 위치해야 한다. 전체적으로 나열하면 3–2–1–4가 되어 정답은 1번이다.

복습 꼭! ～んじゃなかった(～하는 게 아니었다, 괜히 ～했다)

어휘 渋滞(じゅうたい) 정체 | はまる 꼭 맞다, 빠지다 | 紅葉狩(もみじが)り 단풍놀이 | 怒(おこ)る 화내다

정답 1

---

07 研究費の獲得に過度の＿＿ ＿＿ ★ ＿＿ことはとんでもないことだと教授は主張した。

1 競争があることは　　2 としても

3 否めない事実　　4 これを不正要因とする

단어 바르게 배열하기 ★★★

문장 배열 研究費の獲得に過度の 競争があることは(1) 否めない事実(3) としても(2) これを不正要因とする(4) ことはとんでもないことだと教授は主張した。

해석 연구비 획득에 과도한 경쟁이 있는 것은 부정할 수 없는 사실이라고 해도 이를 부정요인으로 삼는 것은 터무니없다고 교수는 주장했다.

정답 찾기 먼저 3번은 완곡하게 부정할 때 사용하는 ～は否(いな)めない의 끊어진 형태이므로 1–3으로 만들어 조사 の가 있어 명사가 필요한 첫 번째 칸에 넣어 주어야 한다. 그리고 동사 4번을 마지막 칸에 넣어 명사 こと를 수식하게 하고 마지막 남은 칸에 2번을 넣어 전체적으로 나열하면 1–3–2–4가 되므로 정답은 2번이다.

복습 꼭! ～は否めない(～은 부정할 수 없다)

어휘 研究費(けんきゅうひ) 연구비 | 獲得(かくとく) 획득 | 過度(かど) 과도 | 競争(きょうそう) 경쟁 | 事実(じじつ) 사실 | 不正(ふせい) 부정 | 要因(よういん) 요인 | 教授(きょうじゅ) 교수 | 主張(しゅちょう)する 주장하다

정답 2

시나공 11 알아두면 든든한 75가지 문법 | 적중 예상 문제 ③

문제 다음 문장의 (　　)에 들어갈 가장 알맞은 말을 1·2·3·4 중에서 하나를 고르세요.

01 (入院の案内で)盗難や紛失に対する責任は(　　)ので、金品や貴重品は必ず金庫に保管するようお願いします。

1 負いかねます

2 負いかねません

3 負ってやみません

4 負ってみせます

적절한 기능어 찾기 ★★★

해석 (입원 안내에서) 도난이나 분실에 대한 책임은 **(지지 않)**으므로 금품이나 귀중품은 반드시 금고에 보관하시길 부탁드립니다.

정답 찾기 責任(せきにん)を負(お)う는 책임을 지다는 의미인데 내용상 도난, 분실에 대해 병원이 책임을 지지 않는다는 내용이므로 동사 ます형에 붙어 부정의 의미를 나타내는 ～かねる(～할 수 없다)가 사용된 1번이 정답이 된다.

오답분석 2번 ～かねない는 ～할지도 모른다, ～할 수도 있다, 3번 ～てやまない는 ～해 마지않다, 진심으로 ～하다는 의미로 어떤 감정이 강하게 지속될 때 사용하며, 4번 ～てみせる는 ～해 보이겠다는 의미로 화자의 강한 각오, 결의를 나타낼 때 사용하므로 문맥상 정답이 아니다.

복습 꼭! ～かねる(～할 수 없다)

어휘 盗難(とうなん) 도난 | 紛失(ふんしつ) 분실 | 責任(せきにん) 책임 | 金品(きんぴん) 금품 | 貴重品(きちょうひん) 귀중품 | 金庫(きんこ) 금고 | 保管(ほかん)する 보관하다

정답 1

---

02 田村「みんな、だいぶ酔ってるし、そろそろこの辺で(　　　)。」
鈴木「そうだね、明日も仕事があるし。」

1 お開きはするから

2 開こうとしているか

3 開いてはいるから

4 お開きとするか

적절한 기능어 찾기 ★★★

해석 다나카 : 모두들 상당히 취했고 하니 슬슬 이쯤에서 **(끝낼까?)**
스즈키 : 그래, 내일도 일이 있으니까.

정답 찾기 먼저 (お)開(ひら)き는 開く에서 파생된 말로 연회나 모임이 끝나는 것을 의미한다. 내용상 모임을 끝내자고 말하고 있고 상대도 동의하고 있는데 판단, 결정, 가정 등을 나타내는 ～とする(～라고 하다)에 ～か를 붙이면 상대에게 대한 제안, 권유 또는 자신의 의지를 나타낼 때 사용할 수 있으므로 정답은 4번이 된다.

오답분석 1번은 끝내기는 할 테니까, 2번 열려고 하고 있는지, 3번은 열고는 있기 때문에 라는 의미가 되므로 문맥상 정답이 아니다.

복습 꼭! ～とする(～라고 하다)

어휘 酔(よ)う 취하다 | そろそろ 슬슬 | この辺(へん) 이 정도, 이쯤

정답 4

---

03 Z社は移転(　　　)、保管している文書類を整理し、保存する書類は電子化することによりペーパーレス化を推進している。

1 につれ　　2 に限って

3 に先立ち　　4 に相違なく

적절한 기능어 찾기 ★★★

해석 Z사는 이전**(에 앞서)** 보관하고 있는 문서류를 정리하여 보관할 서류는 디지털화 함으로써 페이퍼리스화를 추진하고 있다.

정답 찾기 공란 앞의 移転(이전)은 중요한 일에 해당하므로 어느 정도 답을 예측할 수 있지만 내용을 통해 확인해 보면 이전하기 전에 사전 준비로서 후문의 사항들을 먼저 한다는 말이므로 A하기 전에 B한다는 의미인 3번 ～に先立(さきだ)ち(～하기에 앞서, ～하기 전에)가 정답임을 알 수 있다.

오답분석 주로 변화를 나타내는 1번 ～につれ는 ～에 따라, 한정을 나타내는 2번 ～にかぎって는 ～에 한해서, 4번 ～に相違(そうい)ない는 ～임에 틀림없다는 의미로 문맥상 정답이 될 수 없다.

복습 꼭! ～に先立ち(～하기에 앞서, ～하기 전에)

어휘 移転(いてん) 이전 | 保管(ほかん)する 보관하다 | 文書類(ぶんしょるい) 문서류 | 整理(せいり)する 정리하다 | 保存(ほぞん)する 보존하다 | 電子化(でんしか) 전자화 | 推進(すいしん)する 추진하다

정답 3

---

04 (お知らせで)本日の運動会は時間を変更して10時からとします。なお、その後の天候(　　　)、更なる変更がございますことをご了承ください。

적절한 기능어 찾기 ★★★

해석 (알림에서) 오늘 운동회는 시간을 변경하여 10시부터 시작하겠습니다. 또한 그 후의 날씨**(에 따라서는)** 추가적인 변경사항이 있는 점 양해해 주시기 바랍니다.

1 次第では　　2 次第
3 次第には　　4 次第に

정답 찾기 선택지를 보면 次第(しだい) 용법을 묻는 문제임을 알 수 있는데 접속형태와 조사에 따라 의미가 달라지므로 특히 주의해야 한다. 이 문제에서는 공란 앞에 명사가 있으므로 문맥상 명사에 접속되어 ~에 의해서 후문의 결과가 여러 가지로 변한다는 의미인 1번이 정답이 된다.

오답분석 次第 용법을 살펴보면 명사+次第で(は)는 ~에 따라서(는), 동사 ます형+次第는 ~하는 대로, 명사+次第(しだい)だ는 ~에 달려있다, ~하기 나름이다, 독립적으로 사용하는 부사 次第に는 점점, 차차이므로 나머지는 정답이 아니다.

복습 꼭! ~次第で・~次第では(~에 따라서, ~에 따라서는)

어휘 運動会(うんどうかい) 운동회 | 変更(へんこう)する 변경하다 | 天候(てんこう) 날씨 | 更(さら)なる 한층 더 | 了承(りょうしょう) 양해

정답 1

---

05 今朝、怪しい電子メールが一通来ていて、よく見ると詐欺メールだったので読まずに削除したが、あやうく(　　)。

1 騙しようがなかった
2 騙されるところだった
3 騙されなかったことにした
4 騙すわけにいかなかった

의미적 호응관계 파악하기 ★★★

해석 오늘 아침 수상한 메일이 한 통 와 있어 자세히 보니 사기메일이었기 때문에 읽지 않고 삭제했는데 하마터면 **(속을 뻔했다)**.

정답 찾기 특정 문법과 함께 쓰이는 부사는 꼭 암기해야 한다. 이 문제에서도 공란 앞의 부사 あやうく(가까스로, 하마터면, 잘못하면)가 결정적인 힌트가 되어 실제로는 하지 않았지만 거의 ~할 뻔했다는 의미를 나타내는 2번이 정답이 된다.

오답분석 참고로 1번 ~ようがない는 ~할 방법이 없다, 3번 ~ことにする는 ~하기로 하다, 4번 ~わけにはいかない는 ~할 수는 없다는 의미이므로 문맥상 정답이 될 수 없다.

복습 꼭! ~ところだった(~할 뻔했다)

어휘 怪(あや)しい 수상하다 | 電子(でんし) 전자 | 詐欺(さぎ) 사기 | 削除(さくじょ)する 삭제하다 | 騙(だま)す 속이다

정답 2

---

06 ハーフマラソン大会で17km地点でもう足も呼吸も限界に近いところまできていたが、「ここまで走ってきて(　　)」と出せる力を全部出し切ってなんとか完走できた。

1 諦めたりもするのか
2 諦めはしたか
3 諦めこそすることか
4 諦めなどするものか

적절한 기능어 찾기 ★★

해석 하프마라톤대회에서 17km지점에서 이미 다리도 호흡도 한계에 가까워졌지만 "여기까지 와서 **(포기 따위 할까 보냐)**"라고 낼 수 있는 힘을 전부 내서 간신히 완주할 수 있었다.

정답 찾기 내용을 살펴보면 포기할 뻔 했으나 포기하지 않고 전력을 다해서 완주했다는 내용이므로 반문의 형태로 강한 주정이나 반발 등을 나타낼 때 사용하는 ~ものか가 사용된 4번이 정답이 된다.

오답분석 1번은 포기하거나 할 것인가, 2번은 포기하기는 했는가, 3번은 포기야말로 할 일인가 라는 의미가 되므로 문맥상 정답이 될 수 없다.

복습 꼭! ~ものか(~할까 보냐, 결코 ~하지 않겠다)

어휘 大会(たいかい) 대회 | 地点(ちてん) 지점 | 呼吸(こきゅう) 호흡 | 限界(げんかい) 한계 | 諦(あきら)める 포기하다, 체념하다 | 出(だ)し切(き)る 전부 내다 | 完走(かんそう) 완주

정답 4

07 中学校においては、学校への生徒の携帯電話の持ち込みは原則的には禁止であるが、緊急の連絡手段(　　　)場合は例外的に認められる。

1 であるがゆえの
2 とせずにおく
3 とせざるをえない
4 であるかのごとき

적절한 기능어 찾기 ★★★

해석 중학교에 있어서는 학교에 학생들이 휴대 전화를 가져오는 것은 원칙적으로는 금지하고 있지만 부득이 긴급의 연락수단**(으로 삼아야 하는)** 경우에는 예외적으로 허락된다.

정답 찾기 문맥을 살펴보면 중학교에서는 휴대 전화가 금지이지만 불가피한 경우에는 허락된다는 내용이므로 그 이외의 다른 방법이나 선택지가 없어 그렇게 할 수밖에 없을 때 사용하는 3번이 정답이 된다.

오답분석 1번 ~ゆえは ~때문, 2번 ~せずには ~しないで(~하지 않고서), 4번 ~ごときは (마치) ~같은 이라는 의미로 문맥상 정답이 될 수 없다.

복습 꼭! ~ざるをえない(~하지 않을 수 없다, 어쩔 수 없이 ~해야 한다)

어휘 原則的(げんそくてき) 원칙적 | 禁止(きんし) 금지 | 緊急(きんきゅう) 긴급 | 連絡(れんらく) 연락 | 手段(しゅだん) 수단 | 例外的(れいがいてき) 예외적 | 認(みと)める 인정하다

정답 3

문제 다음 문장의 ___★___에 들어갈 가장 알맞은 말을 1・2・3・4 중에서 하나를 고르세요.

01 体にいいからといって、健康食品を毎日たくさん食べて ___ ___ ★ ___ そうではない。個人差もあるので、バランスよく食べることが重要であろう。

1 必ずしも　　2 いれば
3 いえば　　4 いいかと

단어 바르게 배열하기 ★★★

문장 배열 体にいいからといって、健康食品を毎日たくさん食べて いれば(2) いいかと(4) いえば(**3**) 必ずしも(1) そうではない。個人差もあるので、バランスよく食べることが重要であろう。

해석 몸에 좋다고 해서 건강식품을 매일 많이 먹으면 되느냐 하면 꼭 그렇지는 않다. 개인차도 있으므로 균형 있게 먹는 것이 중요하다.

정답 찾기 선택지를 보면 전제로부터 예상되는 결과를 부정할 때 사용하는 ~かといえば・~かというと와 ~ばいい(~하면 된다, ~하면 좋다)가 끊어진 형태임을 알 수 있으므로 먼저 4-3으로 만들어 2번 뒤에 넣어 주면 된다. 그리고 부사인 1번 必(かなら)ずしも(반드시, 꼭)는 부정문을 수반하므로 마지막 칸에 넣어 전체적으로 나열하면 2-4-3-1이 되어 정답은 3번이다.

복습 꼭! ~かといえば・~かというと(~이냐 하면)

어휘 健康食品(けんこうしょくひん) 건강식품 | 個人差(こじんさ) 개인차

정답 3

02 先日、海外出張のときに利用した飛行機は、さすが ___ ___ ★ ___ も全く感じなかった。

단어 바르게 배열하기 ★★★

문장 배열 先日、海外出張のときに利用した飛行機は、さすが 世界最大の席数を誇る(3) だけあって(2) 席がゆったりで(**1**) 飛行機独特の窮屈さ(4) も全く感じなかった。

1 席がゆったりで

2 だけあって

3 世界最大の席数を誇る

4 飛行機独特の窮屈さ

해석 지난번 해외출장 때 이용한 비행기는 역시 세계 최대의 좌석 수를 자랑하는 만큼 좌석이 여유로워 비행기 특유의 답답함도 전혀 느끼지 못했다.

정답 찾기 주로 감탄하거나 높이 평가하거나 할 때 사용하는 2번 ~だけあって(~한 만큼, ~하므로 더욱)은 동사의 경우 기본형에 접속되므로 3-2가 되어야 하고 뒤에는 그에 상응하는 결과를 수반하여야 하므로 논리상 1번이 뒤에 들어가야 한다. 그리고 조사 ~も가 있는 마지막 칸에는 명사가 필요하므로 4번을 넣어 전체적으로 나열하면 3-2-1-4가 되어 정답은 1번이다.

복습 꼭! ~だけあって(~한 만큼, ~하므로 더욱)

어휘 海外(かいがい) 해외 | 出張(しゅっちょう) 출장 | 利用(りよう)する 이용하다 | さすが 역시, 과연 | 最大(さいだい) 최대 | 席数(せきすう) 좌석수 | 誇(ほこ)る 자랑하다, 뽐내다 | ゆったり 여유롭게, 느긋하게, 낙낙하게 | 独特(どくとく) 독특 | 窮屈(きゅうくつ)さ 갑갑함, 답답함

정답 1

---

03 昨日は母親の ___ ___ ★ ___ ほったらかして普段できないゲームを思う存分やった。

1 いい　　2 宿題を

3 留守を　　4 ことに

단어 바르게 배열하기 ★★★

문장 배열 昨日は母親の 留守を(3) いい(1) ことに(4) 宿題を(2) ほったらかして普段できないゲームを思う存分やった。

해석 어제는 엄마가 부재중인 것을 핑계로 숙제를 내팽개치고 평소에 하지 못하는 게임을 실컷 했다.

정답 찾기 문형을 미리 숙지해 두지 않으면 어려운 문제이지만 어떤 것을 기회나 구실로 삼아서 ~한다는 의미인 ~をいいことに만 알고 있으면 쉽게 해결할 수 있다. 즉 3-1-4가 되어야 하고 타동사인 ほったらかす(방치하다, 내버려두다)가 있어 목적어가 필요한 마지막 칸에 조사 ~を가 있는 2번을 넣어 전체적으로 나열하면 3-1-4-2가 되므로 정답은 4번이 된다.

복습 꼭! ~をいいことに(~을 기회로, ~을 핑계로)

어휘 留守(るす) 부재중 | 宿題(しゅくだい) 숙제 | 普段(ふだん) 평소 | 思(おも)う存分(ぞんぶん) 마음껏, 실컷

정답 4

---

04 最近、消費者がお客様窓口などの従業員に過剰な ___ ___ ★ ___ ということもあるだろう。

1 腹が立ってしまった

2 消費者にしてみれば

3 言い分を理解してもらえず

4 要求や暴力行為が増えているが

단어 바르게 배열하기 ★★★

문장 배열 最近、消費者がお客様窓口などの従業員に過剰な 要求や暴力行為が増えているが(4) 消費者にしてみれば(2) 言い分を理解してもらえず(3) 腹が立ってしまった(1) ということもあるだろう。

해석 최근 소비자가 고객창구 등의 종업원에게 과도한 요구나 폭력행위가 증가하고 있는데 소비자 입장에서 보면 불만을 이해해 주지 않아 화가 난 경우도 있을 것이다.

정답 찾기 복잡해 보이지만 먼저 な형용사가 있어 명사가 필요한 첫 번째 칸에는 과잉, 과도와 의미적으로 어울리는 要求(요구)가 있는 4번이 들어가야 한다. 그리고 내용상 소비자가 그러한 행동을 하는 이유를 나타내야 하므로 입장을 나타내는 ~にしてみれば가

있는 2번 뒤에 3번이 들어가야 한다. 그리고 마지막 칸에는 ～という(~라고 하는)가 있어 보통형이 필요하므로 1번을 넣어 전체적으로 나열하면 4-2-3-1이 되므로 정답은 3번이다.

복습 꼭! ～にしてみれば(~입장에서 보면)

어휘 消費者(しょうひしゃ) 소비자 | 従業員(じゅうぎょういん) 종업원 | 過剰(かじょう)だ 과도하다 | 要求(ようきゅう) 요구 | 暴力(ぼうりょく) 폭력 | 行為(こうい) 행위 | 消費者(しょうひしゃ) 소비자 | 言(い)い分(ぶん) 불평, 이의 | 理解(りかい)する 이해하다 | 腹(はら)が立(た)つ 화가 나다

정답 3

---

05 交換留学は ＿＿ ＿＿ ★ ＿＿ 滞在した国に対する文化理解への深まりといったメリットもあると思う。

1 語学の上達はもちろん
2 当然ながら
3 ないにしろ
4 語学留学では

단어 바르게 배열하기 ★★★

문장 배열 交換留学は 語学留学では(4) ないにしろ(3) 当然ながら(2) 語学の上達はもちろん(1) 滞在した国に対する文化理解への深まりといったメリットもあると思う。

해석 교환유학은 어학연수는 아니지만 당연히 어학의 향상은 물론 체류국가에 대한 문화이해의 심화 같은 좋은 점도 있다고 생각한다.

정답 찾기 4번과 3번을 통해 명사 부정형인 ～ではない와 양보를 나타내는 ～にしろ가 합쳐진 형태임을 알 수 있으므로 4-3이 되어 첫 번째 칸에 들어가 양보문이 되게 하면 된다. 그리고 1번 ～はもちろん은 ~은 물론, ~은 당연하고 ~(까지)도 라는 의미이므로 논리상 2-1이 되어 마지막 칸에 들어가면 된다. 전체적으로 나열하면 4-3-2-1이므로 정답은 2번이다.

복습 꼭! ～にしろ(~지만, ~하든) / ～はもちろん(~은 물론, ~은 당연하고 ~도)

어휘 交換留学(こうかんりゅうがく) 교환유학 | 語学(ごがく) 어학 | 当然(とうぜん)ながら 당연하지만 | 上達(じょうたつ) 향상됨 | 滞在(たいざい)する 체류하다 | 文化(ぶんか) 문화 | 理解(りかい) 이해 | 深(ふか)まり 심화 | メリット 메리트, 좋은 점

정답 2

---

06 現在 ＿＿ ＿＿ ★ ＿＿ 地域で水不足が深刻になりつつある。

1 はじめとする　　2 アジアを
3 世界人口の増加　　4 に伴い

단어 바르게 배열하기 ★★★

문장 배열 現在 世界人口の増加(3) に伴い(4) アジアを(2) はじめとする(1) 地域で水不足が深刻になりつつある。

해석 현재 세계인구의 증가에 따라 아시아를 비롯한 지역에서 물 부족이 심각해지고 있다.

정답 찾기 먼저 4번 ～に伴(ともな)い(~에 따라)는 주로 변화를 나타내는 단어와 함께 ~가 변하면 후문도 함께 변한다고 할 때 사용하므로 増加(증가)가 있는 3번과 짝이 되어야 하고 여러 가지 중에서 대표적으로 예를 들 때는 ～をはじめ(~을 시작으로, ~을 비롯해서)를 사용하므로 2-4가 되어 명사 수식을 위해 마지막 칸에 들어가면 된다. 전체적으로 나열하면 3-4-2-1이므로 정답은 2번이다.

복습 꼭! ～に伴い(~에 따라) / ～をはじめ(~을 시작으로, ~을 비롯해서)

어휘 現在(げんざい) 현재 | 人口(じんこう) 인구 | 増加(ぞうか) 증가 | 地域(ちいき) 지역 | 水不足(みずぶそく) 물부족 | 深刻(しんこく) 심각 | ～つつある(~하는 중이다, ~해 가고 있다)

정답 2

07 僕の新しい提案 ＿＿ ＿＿ ★ ＿＿ 誰も異議はないようだ。

1 に対して　　2 見ると

3 ところを　　4 何も言わない

단어 바르게 배열하기 ★★★

문장 배열 僕の新しい提案 に対して(1) 何も言わない(4) ところを(3) 見ると(2) 誰も異議はないようだ。

해석 나의 새로운 제안에 대해 아무 말도 하지 않는 것을 보면 아무도 이의는 없는 것 같다.

정답 찾기 3번과 2번을 통해서 화자의 주관적 추측의 근거를 나타낼 때 사용하는 명사 수식형+ところをみると임을 알 수 있으므로 4-3-2가 되어야 한다. 그리고 대상과 대비를 나타내는 1번 ～に対(たい)して(~에 대해, ~에 비해)는 명사에 접속하므로 첫 번째 칸에 들어갈 수밖에 없기 때문에 전체적으로 나열하면 1-4-3-2가 되어 정답은 3번이다.

복습 꼭! ～ところをみると(~한 것을 보면) / ～に対して(~에 대해, ~에 비해)

어휘 提案(ていあん) 제안 | 異議(いぎ) 이의

정답 3

다섯째마당 | 만점을 위한 문장 문법력

시나공 12 만점을 위한 문장 문법력 | 적중 예상 문제 ①

문제 다음 문장을 읽고 문장 전체의 취지에 입각하여 [1]에서 [5] 안에 들어갈 가장 좋은 것을 1・2・3・4 중에서 하나 고르세요.

日ごろ、渋滞に悩まされ、幹線道の早期整備を強く望むことと[1]が、クルマの走行に快適な道路が人に優しいか、安全かどうかは別問題だと思っている。時と場所によってはクルマが不便な思いをする町や道が必要ではなかろうか。

そんな思いを現実化させ、新しい取り組みを始めた県がある。センターラインを消すことでクルマのスピードを抑え、交通事故を減らそうというのだ。ドライバーは運転しにくさを感じるが、[2]狙いなのだ。

クルマは対向車に注意して速度を落とし、実際に事故も減少したという。全国初の取り組みは功を奏している。

センターラインがあると、対向車を[3]スピードを出し、交差点での事故も多かった。そこで、県警はセンターラインを[4]、道の両わきに路側帯を設けて車道を狭くする試みに着手した。先行導入した豊田市などの15路線では年間に120件あった事故が、導入後の59件と半減。路側帯を設けたことで歩行者からも「歩きやすくなった」と好評だ。

クルマ優先の道路を人とクルマの共存空間にしようとする一つの試みは、だれがまちの主人公かを考えれば、そう不思議な発想ではない。ドライバーもクルマを降りたら生活者であり歩行者なのだ。県警は同様の道路を140カ所まで増やす方針で県などと調整を進めているという。[5]。

해석 평소 정체에 시달려, 간선도로의 조기정비를 절실하게 바라는 것과는 [1 모순될지도 모르]지만 차의 주행에 쾌적한 도로가 사람에게 좋은지, 안전한지 어떨지는 별개의 문제라고 생각한다. 때와 장소에 따라서는 차가 불편하다는 생각이 드는 마을과 길이 필요하지 않을까?

그런 생각을 실현화 시켜 새로운 대처를 시작한 현이 있다. 중앙선을 지워서 차의 속도를 억제해 교통사고를 줄이려고 하는 것이다. 운전자는 운전의 불편함을 느끼겠지만 [2 그것이] 목적인 것이다.

차는 마주 달려오는 차에 [3 주의해서] 속도를 낮춰 실제로 사고도 감소했다고 한다. 전국 최초의 대처는 주효했다.

중앙선이 있으면 마주 달려오는 차를 신경 쓰지 않고 속도를 내서 교차로에서의 사고도 많았다. 그래서 현의 경찰본부는 중앙선을 [4 지우고서] 길의 양 가에 보행자용 통로를 설치하여 차도를 좁게 하는 시도에 착수했다. 먼저 도입한 도요타 시 등의 15노선에서는 연간 120건 있었던 사고가 도입 후 59건으로 절반으로 줄었다. 보행자용 통로를 설치함으로써 보행자로부터도 걷기 편해졌다고 호평이다.

자동차 우선 도로를 사람과 자동차의 공존공간으로 만들려는 하나의 시도는 누가 도시의 주인공인가를 생각하면 그렇게 이상한 발상이 아니다. 운전자도 자동차에서 내리면 생활자이고 보행자인 것이다. 현의 경찰본부는 동일한 도로를 140개소까지 늘릴 방침으로 현(도)등과 조정을 진행시키고 있다고 한다. [5 주목할 만하다].

어휘 日(ひ)ごろ 평시, 평소 | 渋滞(じゅうたい) 정체 | 幹線道(かんせんどう) 간선도로 | 早期(そうき) 조기 | 整備(せいび) 정비 | 望(のぞ)む 바라다, 희망하다 | 走行(そうこう) 주행 | 快適(かいてき)だ 쾌적하다 | 現実化(げんじつか)する 현실화하다 | 取(と)り組(く)み 대처 | 県(けん) 현 (일본 지방 행정 구역의 하나) | センターライン 중앙선 | 抑(おさ)える 억제하다, 막다 | 対向車(たいこうしゃ) 마주 달려오는 차 | 速度(そくど)を落(お)とす 속도를 줄이다 | 交差点(こうさてん) 교차점 | 県警(けんけい) 현(県)의 경찰본부 | わき 가장자리 | 路側帯(ろそくたい) 보도가 설치되지 않은 도로에 보행자를 위해 도로 표지로 구획된 부분 | 設(もう)ける 설치하다 | 試(こころ)み 시도, 시험 | 着手(ちゃくしゅ)する 착수하다 | 先行導入(せんこうどうにゅう) 선행 도입 | 豊田市(とよたし) 도요타 시(지명) | 半減(はんげん) 반감 | 歩行者(ほこうしゃ) 보행자 | 共存空間(きょうぞんくうかん) 공존 공간 | 調整(ちょうせい) 조정

01

1 矛盾しているわけではない
2 矛盾するかもしれない
3 矛盾してはいまい
4 矛盾してほしくない

알맞은 기능어 찾기 ★★

선택지 해석 1 모순된 것은 아니다 2 모순될지도 모른다 3 모순되지는 않을 것이다 4 모순되지 않았으면 좋겠다

정답 찾기 전후의 내용을 살펴보면 공란 앞에는 간선도로의 정비를 원하고 있고 공란 뒤에는 자동차 주행에 쾌적한 도로의 필요성에 의문을 가지는 서로 상반된 생각을 가지고 있으므로 문맥상 모순이라는 의미가 되는 2번이 정답이다.

오답분석 정답 이외에 사용된 문법을 살펴보면 1번 ~わけではない는 ~한 것은 아니다, 3번 ~まい는 ~않을 것이다, ~않겠다, 4번 ~てほしい는 ~하길 바라다 이므로 문맥상 정답이 아니다.

정답 2

02

1 そこが　　2 あれは
3 別の　　4 そんなに

알맞은 표현 찾기 ★★

정답 찾기 내용을 보면 교통사고를 줄이려고 도로의 중앙선을 지웠는데 운전을 불편하게 하려는 것이 狙い(목적, 목표)라고 적혀 있으므로 장소나 위치를 지칭하는 것 외에도 앞에 나오는 사항을 가리키며 그 점, 그것 이라고 강조할 때도 사용할 수 있는 1번이 정답이 된다.

오답분석 멀리 있는 것이나 쌍방이 알고 있는 과거의 사항을 나타내는 2번(저것은, 그것은)과 다른 것과 구별할 때 사용하는 3번(다른, 별도의)은 문맥상 정답이 될 수 없고 4번(그렇게)은 부사로 명사 앞에는 사용할 수 없다.

정답 1

03

1 気にする一方で　　2 気にするからといって
3 気にするはずで　　4 気にすることなく

알맞은 기능어 찾기 ★★

선택지 해석 1 신경 쓰는 한편　2 신경 쓴다고 해서
3 신경 쓸 것이고　4 신경 쓰지 않고

정답 찾기 선택지에 공통적으로 気にする(걱정하다, 신경 쓰다)가 있고 공란 뒤를 보면 과속해서 사고가 많았다고 적혀 있으므로 논리적으로 후문의 결과가 되기 위해서는 신경을 쓰지 않는다는 의미가 되어야 함을 알 수 있다. 그러므로 정답은 ~ことなく(~하지 않고)가 사용된 4번이 정답이다.

오답분석 1번 一方(いっぽう)で는 ~하는 한편으로, 2번, ~からといって는 ~라고 해서, 3번 ~はずだ는 ~할 것, ~할 터이다 라는 의미로 문맥상 정답이 아니다.

정답 4

04

1 消した上に　　2 消した横に
3 消したそばに　　4 消した以上に

알맞은 기능어 찾기 ★★

정답 찾기 먼저 선택지의 1번은 ~上(うえ)に는 단순한 상하의 개념이 아니라 여기서는 ~한데다가 라는 추가의 의미로 사용되고 있으므로 주의해야 한다. 공란 앞뒤의 내용을 보면 경찰이 중앙선을 지우고 게다가 도로도 좁히는 두 가지 행위를 했다고 적혀 있으므로 1번이 정답이 된다.

오답분석 2번과 3번은 지운 옆에, 지운 곁에 라는 단순한 위치만을 나타내고 4번은 지운 이상으로 라는 의미가 되므로 정답이 아니다.

정답 1

05

1 注目するまでもない
2 注目すべきではない
3 注目するだろう
4 注目に値する

알맞은 기능어 찾기 ★★

선택지 해석 1 주목할 필요도 없다　2 주목해서는 안 된다
3 주목할 것이다　4 주목할 만하다

정답 찾기 마지막에는 주로 필자의 의견이나 주장이 나오는 경우가 많은데 공란 앞의 내용을 보면 경찰이 운전자에게 불편한 도로를 늘려가려고 한다고 적혀 있고 필자도 보행자 중심의 도로를 주장하고 있으므로 이러한 정책을 옹호하는 내용이 되는 4번이 정답이다. 참고로 ~に値(あたい)する는 ~할만하다, ~할 가치가 있다는 의미이다.

오답분석 1번 ～までもない는 ～할 필요도 없다, ～할 것까지도 없다, 2번 ～べきではない는 ～해서는 안 된다, 3번 ～だろう는 ～일 것이다는 의미이므로 문맥상 정답이 아니다.

정답 4

시나공 12 만점을 위한 문장 문법력 | 적중 예상 문제 ②

문제 다음 문장을 읽고 문장 전체의 취지에 입각하여 [1]에서 [5] 안에 들어갈 가장 좋은 것을 1·2·3·4 중에서 하나 고르세요.

親の世代より生活水準は下がりそうだし、デフレでこれからも物の値段は[1]、お金は使わずに現金で持っておいた方がいい。若い人たちがそうした行動をとるのは当然という気もするが、下がっているのは生活水準だけではないようだ。

脳もそうだという話がある。原因はITで、かつては自分で考えなければならなかったことを、コンピューターが代行するようになった。使わなくなれば、脳も退化を始めるというわけだ。例えば文書を書く場合、[2-a]、[2-b]、携帯電話の順で脳内の血流量が減っていくという。血流が多いほど脳は活発に動いており、携帯電話でメールを打っている時が、活性化の度合いが一番低いのだそうだ。

キーボードで入力した後に変換キーを押し、候補となる文字が示されるパソコンに比べ、携帯電話の場合は、入力を始めると予測変換で次々に候補が表示される。表示された候補の文字をつないでつくるのが、携帯電話での文書作成だ。手書きは[3]パソコンと比べても、脳を使わないというのは、そうしたことからのようだ。

[4]、省エネ家電の普及を促すためのエコポイント制度が、住宅にも拡大される。省エネ効果だけでなく段差をなくしたり、手すりを設置するといったバリアフリーのための改修も対象となる。

しかし、使わなくなれば退化を始めるのは脳だけでなく手足も同じ。バリアフリーで体が楽になると、お年寄りの体力の衰えが加速するという。バリアフリーの結果、要介護のお年寄りが増えるということに[5]。

해석 부모세대보다 생활수준이 내려갈 것 같고 디플레이션으로 앞으로도 물건 가격이 [1 내려간다면] 돈은 사용하지 않고 현금으로 가지고 있는 편이 좋다. 젊은이들이 그러한 행동을 취하는 것은 당연하다는 기분도 드는데, 내려가고 있는 것은 생활수준만이 아닌 것 같다.

뇌도 그렇다는 이야기가 있다. 원인은 IT로 이전에는 스스로 생각하지 않으면 안됐던 것을 컴퓨터가 대행하게 되었다. 사용하지 않게 되면 뇌도 퇴화를 시작한다고 하는 것이다. 예를 들면 문서를 쓰는 경우, [2-a 육필], [2-b 컴퓨터], 휴대 전화 순으로 뇌 안의 혈류량이 감소해 간다고 한다. 혈류가 많을수록 뇌는 활발히 움직이고 있고 휴대 전화로 메일을 쓰고 있을 때가 활성화의 정도가 제일 낮다고 한다.

키보드로 입력한 후에 변환키를 눌러 후보가 되는 문자가 나타나는 PC에 비해 휴대 전화의 경우는 입력을 시작하면 예측변환으로 차례로 후보가 표시된다. 표시된 후보 문자를 연결해서 만드는 것이 휴대 전화에서의 문서 작성이다. 육필은 [3 물론] PC와 비교해도 뇌를 사용하지 않는다는 것은 그러한 것 때문인 것 같다.

[4 그런데] 에너지 절약형 가전제품의 보급을 촉진시키기 위한 에코 포인트 제도가 주택으로도 확대된다. 에너지절약 효과뿐 아니라 단차를 없애거나 난간을 설치하는 등의 배리어프리를 위한 개수도 대상이 된다.

하지만 사용하지 않으면 퇴화를 시작하는 것은 뇌뿐 아니라 신체(손발)도 마찬가지다. 배리어프리로 몸이 편해지면 노인의 체력쇠약이 가속화한다고 한다. 배리어프리의 결과, 간호해야 하는 노인이 늘어나는 결과가 [5 되지 않으면 좋겠는데].

어휘 生活水準(せいかつすいじゅん) 생활수준 | デフレ(デフレーション의 준말) 디플레이션 | 原因(げんいん) 원인 | かつて 이전에, 옛날에 | 代行(だいこう)する 대행하다 | 退化(たいか) 퇴화 | 順(じゅん) 순, 순서 | 血流量(けつりゅうりょう) 혈류량 | 活発(かっぱつ)だ 활발하다 | メールを打(う)つ 메일을 쓰다 | 活性化(かっせいか) 활성화 | 度合(どあ)い 정도 | 変換(へんかん)キー 변환키 | 候補(こうほ) 후보 | 示(しめ)す (나타내) 보이다 | 予測変換(よそくへんかん) 예측변환 | 次々(つぎつぎ)に 차례로, 계속하여 | つなぐ 잇다, 연결하다 | 文書作成(ぶんしょさくせい) 문서 작성 | 省(しょう)エネ (석유·전기·가스 등의) 에너지 절약 (省エネルギー의 준말) | 家電(かでん) 가정용 전기 기구 | 普及(ふきゅう) 보급 | 促(うなが)す (진행을) 촉진시키다 | エコポイント制度(せいど) 에코 포인트 제도 (높은 에너지절약 효과를 가진 가전제품의 구입에 따라 포인트를 부여하는 제도) | 拡大(かくだい)する 확대하다 | 段差(だんさ) 차도와 보도의 높이의 차 | 手(て)すり 난간 | 設置(せっち)する 설치하다 | バリアフリー

배리어프리 (장애인이나 고령자에게도 사용하기 편하게 장벽을 제거하는 일) | 改修(かいしゅう) 개수, 수리 | お年寄(としよ)り 노인 | 衰(おとろ)え 쇠함, 쇠퇴 | 加速(かそく) 가속 | 要介護(ようかいご) 간호 및 병구완을 필요로 함

01

1 下がるのであれば　2 下がらないのなら
3 上がったとしたら　4 上がろうとも

알맞은 기능어 찾기 ★★

선택지 해석　1 내려간다면　2 내려가지 않는다면
3 올랐다고 한다면　4 오를지라도

정답 찾기　공란 앞을 보면 물가의 계속적인 하락 현상을 나타내는 デフレ(디플레이션)와 공란 뒤에는 현금으로 가지고 있는 편이 낫다고 적혀 있으므로 下がる(내려가다)와 가정형이 합쳐진 1번이 정답이 된다.

오답분석　디플레이션은 물건의 가격이 떨어지는 것이기 때문에 上がる(오르다)가 사용된 3번, 4번과 下がる의 부정형이 사용된 2번은 문맥상 정답이 아니다.

정답　1

02

1 a IT / b コンピューター
2 a コンピューター / b IT
3 a 手書き / b パソコン
4 a パソコン / b 手書き

알맞은 단어 찾기 ★★

정답 찾기　공란 앞을 보면 문서를 쓰는 경우라고 했으므로 문서작성과 관계있는 3, 4번 중에 정답이 있는데 앞 문장의 요점은 기기를 사용할수록 뇌를 덜 사용한다고 적혀 있으므로 뇌를 가장 많이 사용하는 육필이 먼저 등장하는 3번이 정답이 된다.

오답분석　1, 2번의 IT는 문서작성과 관련이 없으므로 제외시켜야 하고 4번은 순서가 잘못되었으므로 정답이 아니다.

정답　3

03

1 言うのがやっとで　2 言うにおよばず
3 言わんがため　4 言うや否や

알맞은 기능어 찾기 ★★

선택지 해석　1 말하는 것이 고작이어서　2 말할 것도 없이, 물론
3 말하기 위해　4 말하자마자

정답 찾기　이 단락에서는 세 가지의 문서입력 방법 중 휴대 전화가 가장 뇌를 사용하지 않는 이유에 대해 컴퓨터와 비교하면서 설명하고 있다. 그러므로 컴퓨터보다도 더 뇌를 많이 사용하는 육필은 말할 것도 없으므로 당연함을 강조해서 말할 때 사용하는 2번이 정답이 된다.

오답분석　1번 やっと는 겨우, 고작, 3번 ～んがため는 ～하기 위해, 4번 ～や否(いな)や는 ～하자마자 라는 의미이므로 정답이 아니다.

복습 꼭!　～に(は)及(およ)ばない(～하지 않아도 된다. ～에는 미치지 못한다)

정답　2

04

1 それどころか　2 しかも
3 とはいえ　4 さて

알맞은 접속사 찾기 ★★

정답 찾기　선택지를 보면 접속사를 묻는 문제임을 알 수 있는데 앞뒤의 논리적 흐름을 파악해 보면 앞 단락까지는 뇌에 관한 내용이었으나 이 단락에서는 에코 포인트라는 전혀 다른 내용이 등장하므로 앞의 내용을 가볍게 끊고 새로운 내용을 말할 때 사용하는 4번이 정답이 된다.

오답분석 1번은 그뿐 아니라, 그렇기는 커녕, 2번은 게다가, 더구나, 3번은 그렇다고 하더라도 라는 의미이므로 정답이 될 수 없다.

정답 4

05

1 ならねばよいのだが

2 なってもよいのだろうが

3 なるきらいがあるだろう

4 ならなくてよかった

알맞은 표현 찾기 ★★

선택지 해석 1 되지 않으면 좋겠는데 2 되어도 좋을 테지만 3 되는 경향이 있을 것이다 4 되지 않아서 다행이다

정답 찾기 필자는 문장 전반에서 IT기기를 예로 들어 편리함은 오히려 신체를 퇴화시킨다는 것을 근거로 노약자를 위한 배리어프리가 오히려 노약자에게 해가 될 수 있다고 우려하고 있음을 알 수 있으므로 그렇게 되지 않기를 희망하는 의미가 되는 1번이 정답이 된다.

오답분석 정답 외 다른 선택지는 문맥상 정답이 되지 않지만 사용된 표현들을 살펴보면 2번 ～てもいい는 ～해도 된다, ～해도 좋다, 3번 ～きらいがある는 ～하는 경향이 있다, 4번 ～てよかった는 ～해서 다행이다, ～하길 잘했다는 의미이다.

정답 1

시나공 12 만점을 위한 문장 문법력 | 적중 예상 문제 ③

문제 다음 문장을 읽고 문장 전체의 취지에 입각하여 [1]에서 [5] 안에 들어갈 가장 좋은 것을 1·2·3·4 중에서 하나 고르세요.

人間の「心のもち方」や「前向きな考え方」が、ものごとの結果に大きな影響を与えることがよくある。

受験でも、「合格圏内」の生徒が不合格になり、「とても無理」と思われた生徒が合格するケースは実際によくある。そんな時、あとで生徒にどんなミスがあったのか、どんな気持ちで受験したのかを、自然な形で聞き出すようにしている。

[1]言えることは、不合格だった生徒の場合は「もし不合格になったらどうしよう」とか、「はじめに手をつけた問題が難しくパニックに陥ってしまった」、あるいは「不安で、注意力が欠けてケアレスミスをしてしまった」などが原因になっていたことだ。逆に合格した生徒の場合は、もともと合格[2]わからなかったので、いい意味で開きなおって、「とにかく一生懸命、集中して取り組んだ」という答えが多かったのだ。

このことからも、生徒自身の「心のもち方」が結果に影響を与えていることがよくわかる。生徒

해석 사람의 '마음가짐'과 '긍정적 사고방식'이 모든 일의 결과에 큰 영향을 주는 경우가 자주 있다.

시험에서도 '합격권 내'의 학생이 불합격이 되고, '도저히 무리'라고 생각된 학생이 합격하는 경우는 실제로 자주 있다. 그럴 때 나중에 학생에게 어떤 실수가 있었는지, 어떤 마음으로 시험을 쳤는지를 자연스럽게 물어보도록 하고 있다.

[1 대체로] 말할 수 있는 것은 불합격이었던 학생의 경우는 '혹시 불합격이 되면 어떡하지' 라든지 '처음에 푼 문제가 어려워서 패닉 상태에 빠져 버렸다', 또는 '불안해서 주의력이 모자라서 부주의로 인한 실수를 해버렸다' 등이 원인이 되고 있다는 사실이다. 반대로 합격한 학생의 경우는 처음부터 합격[2 할 수 있을지 어떨지] 모르기 때문에 좋은 의미로 태도를 바꾸어 '여하튼 열심히 집중해서 시험에 임했다'는 대답이 많았던 것이다.

이러한 사실로도 학생 자신의 '마음가짐'이 결과에 영향을 주고 있는 것을 잘 알 수 있다. 학생이 '플러스 사고' 인지 '마이너스 사고' 인지에 따라서 눈에는 보이지 않는 '편차치+a'인 힘의 크기는 다른 것 같다. 시험뿐 아니라 이 '+a의 힘'은 장래에 걸쳐서 여러 국면에서 결과에 큰 영향을 [3 주기 마련일 것이다].

[4 예기치 못한] 안 좋은 일을 당했을 때, 그것을 불운이라고 한탄하는 것이 아니라 먼저 냉정하게 받아들여 생각해 본다. '이것은 틀림없이 하느님이 자신에게 무언가를 가르치려고 하고 있는 것이다. 무언가를 배울 기회인 것이다.' 앞에서 말한 것과 다소 비슷하지만 그런 생각을 금방 할 수 있게 되면, 이미 뛰어난 '[5 플러스 사고형]' 인간인 것이다.

が「プラス思考」か「マイナス思考」かによって、目には見えない「偏差値＋α」の力の大きさは異なるようだ。受験だけでなく、この「＋αの力」は、将来にわたっていろいろな局面で、結果に大きな影響を[3]。

[4]出来事にみまわれた時、それを不運と嘆くのではなく、まず冷静に受け止めて考えてみる。「これはきっと、神さまが自分に何かを教えようとしているのだ。何かを学ぶチャンスなのだ」。前述したことと、多少類似しているが、そういう考え方がすぐできるようになれば、もはや優れた「[5]」人間なのだ。

어휘 **前向(まえむ)き** 적극적이고 긍정적인 생각이나 태도 | **ものごと** 세상사, 매사 | **影響(えいきょう)を与(あた)える** 영향을 주다, 영향을 미치다 | **受験(じゅけん)** 수험 | **合格圏内(ごうかくけんない)** 합격권 내 | **ケース** 케이스, 경우 | **聞(き)き出(だ)す** (모르는 것을) 물어서 알아내다, 탐문하다 | **手(て)をつける** 손을 대다, 착수하다 | **パニックに陥(おちい)る** 패닉 상태에 빠지다 | **あるいは** 또는, 혹은 | **注意力(ちゅういりょく)** 주의력 | **欠(か)ける** 부족하다, 모자라다 | **ケアレスミス** 부주의로 인한 실수 | **逆(ぎゃく)に** 거꾸로, 반대로 | **プラス思考(しこう)** 플러스 사고 (모든 일을 긍정적으로 생각하려는 사고방식) | **マイナス思考(しこう)** 마이너스 사고 (모든 일을 부정적으로 생각하려는 사고방식) | **偏差値(へんさち)** 편차치 | **異(こと)なる** 다르다 | **局面(きょくめん)** 국면 | **出来事(できごと)** 일어난 일, 사건 | **みまう** 찾아오다 | **不運(ふうん)** 불운 | **嘆(なげ)く** 한탄하다, 슬퍼하다 | **冷静(れいせい)だ** 냉정하다 | **受(う)け止(と)める** 받아들이다 | **前述(ぜんじゅつ)** 전술 | **類似(るいじ)** 유사, 비슷함

01

1 かりに　　2 おおむね
3 必ずしも　　4 あえて

알맞은 부사 찾기 ★★

정답 찾기 공란의 앞뒤의 내용을 보면 필자가 학생들에게 시험 당시의 상황을 물어보고 들은 대답을 근거로 내린 대략적인 결론이 적혀 있으므로 그 상태가 대부분을 차지한다는 의미인 2번 おおむね(대체로, 일반적으로)가 정답이 된다.

오답분석 3번 必(かなら)ずしも(반드시, 꼭)은 부정문을 수반하므로 제외시켜야 하고 1번은 만약, 만일, 4번은 굳이, 구태여 라는 의미이므로 문맥상 정답이 아니다.

정답 2

02

1 できると思わせたいか
2 できたはずだと
3 できたからだと
4 できるかどうか

알맞은 기능어 찾기 ★★

선택지 해석 1 할 수 있다고 생각하게 하고 싶은지
2 할 수 있었을 거라고
3 할 수 있었기 때문이라고
4 할 수 있을지 어떨지

정답 찾기 앞 문장은 합격이 예상되었던 학생들은 심리적 불안으로 불합격 되었다고 적혀 있으므로 공란이 있는 문장의 첫머리에 있는 逆(ぎゃく)に(반대로)와 공란 뒤의 わからない(모른다)를 통해 원래는 합격하기 어려웠다는 의미가 되어야 함을 알 수 있으므로 불확실함을 나타내는 ～かどうか(～일지 어떨지)가 사용된 4번이 정답이 된다.

오답분석 1번은 희망을 2번은 당연함을 3번은 이유를 나타내므로 문맥상 정답이 아니다.

정답 4

03

1 与えることはなかろう
2 与える可能性は低いだろう
3 与えるものであろう
4 与えないに違いない

알맞은 표현 찾기 ★★

선택지 해석 1 주는 일은 없을 것이다 2 줄 가능성은 낮을 것이다
3 주기 마련일 것이다　4 주지 않을 것임에 틀림없다

정답 찾기 필자는 이 단락에서 학생들의 마음가짐이 결과에 큰 영향을 끼치고 있다는 결론을 내리고 있음을 알 수 있고 공란의 문장 첫머리에 결정적으로 ～だけでなく(～뿐만 아니라)가 사용되고 있으므로 장래의 일에도 같은 원리가 적용되어 당연히 영향을 준다는 의미가 되는 3번이 정답이다.

오답분석 정답을 제외한 나머지는 결국 주지 않는다는 의미가 되므로 정답이 될 수 없다.

정답 3

04

1 予期せぬ　2 予期すべからざる
3 予期すべく　4 予期せず

알맞은 표현 찾기 ★★

선택지 해석 1 예기치 못한　2 예기해서는 안 되는　3 예기하기 위해서　4 예기하지 않고

정답 찾기 공란 뒤에 나오는 ～にみまわれる는 좋지 않는 위기나 재난 등을 당하다는 의미이므로 공란에는 예상하지 못했다는 의미를 가지며 뒤에 나오는 명사 出来事(일, 사건)을 수식할 수 있는 형태가 되어야 하므로 1번 予期せぬ(예기치 못한)가 정답이 된다.

오답분석 3번 ～べく(~하기 위해서)와 4번 ～ず(~않다, ~않고서)는 명사를 수식할 수 없고 2번 ～べからざる는 ~해서는 안 되는 이라는 의미이므로 문맥상 정답이 아니다.

정답 1

05

1 心の持ち方　2 プラス思考型
3 マイナス思考型　4 合格圏内

알맞은 표현 찾기 ★★

정답 찾기 문장의 첫머리를 보면 앞에서 말한 것과 유사하다고 적혀 있으므로 앞 단락 내용을 종합해 보면 필자는 プラス思考와 マイナス思考 두 가지로 구분하고 있다. 그러므로 불운한 일이 생겨도 한탄만 하는 것이 아니라 그속에서 배우려는 자세를 가진 사람은 プラス思考를 가진 인간에 속하므로 2번이 정답이 된다.

오답분석 1번은 마음가짐, 3번 마이너스 사고형, 4번은 합격권 내라는 의미이므로 문맥상 정답이 아니다.

정답 2

시나공 12 만점을 위한 문장 문법력 | 적중 예상 문제 ④

문제 다음 문장을 읽고 문장 전체의 취지에 입각하여 [1]에서 [5] 안에 들어갈 가장 좋은 것을 1 · 2 · 3 · 4 중에서 하나 고르세요.

入館料は500円、高くて千円程度というから、持てる人にとってはそう[1]。東京など大都市の施設では、倍近くかかる場合も珍しくはない。その500円をめぐって高松市美術館が逡巡している。

市美術館が、今は入館無料としている65歳以上の高齢者から、[2]に限って入館料を徴収する方針を示した。それが500～1000円。有識者の検討委員会がまとめた提言に沿った形だ。

ご多分に漏れず、市の財政状況は芳しくはない。加えて入館者も低迷中。わずかであっても財

해석 입관료는 500엔, 비싸도 천 엔 정도라고 하니까, 부자에게 있어서는 그렇게 [1 대단한 금액은 아닐 것이다]. 도쿄 등 대도시의 시설에서는 두 배에 가까이 드는 경우도 드물 않다. 그 500엔을 둘러싸고 다카마츠 시 미술관이 주저하고 있다.

시미술관이 지금은 무료로 입관하고 있는 65세 이상의 고령자로부터 [2 특별전]에 한해서 입관료를 징수할 방침을 밝혔다. 그것이 500~1000 엔. 유식자 검토위원회가 결정한 제언에 따른 형태이다.

다른 시와 마찬가지로 시의 재정상황은 좋지 않다. 게다가 입관자 수도 저조하다. 조금이라도 재원을 확보하려고 생각하는 것도 무리는 아니다. 고령자의 입관자 수는 연간 대략 6천 명. [3 결코 많은 숫자는 아니]지만 그래도 유료로 함으로써 500만 엔 정도의 수입 증대를 기대한다고 한다.

하지만 그것에 반기를 든 것이 역시 유식자들로 구성된 미술관협의회이다. [4 이쪽]의 주장도 이해할 수 있다. 본래 미술관은 시민과 미술을 연결시켜서 문화적 활동을 촉진시키는 역할을 하고 있다.

源を確保できればと考えるのも無理はない。高齢者の入館は年間およそ6千人。 3 が、それでも有料にすることで500万円程度の増収が見込めるという。

しかしそれに待ったをかけたのが、やはり有識者でつくる美術館協議会だ。 4 の主張も理解できる。そもそも美術館は市民と美術を結びつけ、文化的活動を促す役割を果たしている。それを弱めるような方向に進むのが本当にいいのか。

仮に徴収するとしても、税負担をしている市民とそうでない人が同じでいいのか。11年前までは市美術館も市民かどうかで区別し、高齢者を無料としていた。

市が今後どんな結論を出したとしても、有識者のお墨付きを得ていることにはなる。ただ同時に、市がどんな哲学を持っているのか、芸術にどう向き合っているのか、市民が見ていることも 5 。

그것을 약화시키는 방향으로 나아가는 것이 정말로 바람직한 것일까.

가령 징수한다고 해도 세금을 내고 있는 시민과 그렇지 않은 사람에게 같이 적용해도 되는 것일까. 11년 전까지는 시 미술관도 시민 여부를 구별해서 고령자를 무료로 하고 있었다.

시가 앞으로 어떤 결론을 내린다고 해도 유식자의 보증을 받는 결과가 되기는 한다. 다만 한편으로는 시가 어떤 철학을 가지고 있는지, 예술을 어떻게 바라보고 있는지, 시민이 보고 있는 것도 5 알아두어야 할 것이다.

어휘 入館料(にゅうかんりょう) 입관료 | 大都市(だいとし) 대도시 | 施設(しせつ) 시설 | 珍(めずら)しい 드물다 | 高松市(たかまつし)美術館(びじゅつかん) 다카마츠 시(지명) 미술관 | 逡巡(しゅんじゅん)する 주저하다, 머뭇거리다 | 特別展(とくべつてん) 특별전 | 徴収(ちょうしゅう)する 징수하다 | 方針(ほうしん) 방침 | 有識者(ゆうしきしゃ) 유식자 | 検討委員会(けんとういいんかい) 검토위원회 | まとめる 결정하다 | 提言(ていげん) 제언(생각이나 의견을 냄) | 沿(そ)う 따르다 | ご多分(たぶん)に漏(も)れず 예외없이, 남들처럼 | 財政状況(ざいせいじょうきょう) 재정상황 | 加(くわ)える 더하다, 덧붙이다 | 低迷(ていめい) 나쁜 상태에서 헤어나지 못하고 헤맴 | わずかだ 조금, 약간, 사소함, 하찮음 | 財源(ざいげん) 재원 | 確保(かくほ) 확보 | およそ 대략, 대개 | 決(けっ)して 결코, 절대로 | 増収(ぞうしゅう) 증수 | 見込(みこ)む 기대하다, 내다보다 | 待(ま)ったをかける 제동을 걸다 | 美術館協議会(びじゅつかんきょうぎかい) 미술관협의회 | そもそも 처음, 시작, 발단 | 結(むす)びつける 연결시키다 | 役割(やくわり)を果(は)たす 역할을 다하다 | 弱(よわ)める 약하게 하다 | 仮(かり)に 가령, 만약 | 区別(くべつ) 구별 | お墨付(すみつ)き (권력자나 권위자의) 보증(서) | 哲学(てつがく) 철학 | 向(む)き合(あ)う 마주보다, 마주 향하다

01

1 大した額だからであろう
2 大した額ではなかったためだ
3 大した額ではないだろう
4 大した額だったのである

알맞은 표현 찾기 ★★

선택지 해석 1 대단한 금액이기 때문일 것이다
2 대단한 금액은 아니었기 때문이다
3 대단한 금액은 아닐 것이다
4 대단한 금액이었던 것이다

정답 찾기 공란 앞을 보면 어렵지 않게 논리를 찾아낼 수 있는데 입관료는 500엔에서 최고로 비싸도 1,000엔이고 이 금액을 부자의 입장(持てる人にとって)에서 평가하고 있으므로 비싸지 않다는 논리가 되는 3번이 정답이 된다.

오답분석 1번과 4번은 결국 비싸다는 의미가 되므로 정답이 될 수 없고 2번은 이유를 나타내는 ～ためだ(~때문이다)가 사용되어 문맥상 정답이 아니다.

정답 3

02

1 大都市　2 委員会
3 美術館　4 特別展

알맞은 단어 찾기 ★★

정답 찾기 공란 앞을 보면 현재는 고령자의 경우 입관료가 무료이고 뒤에는 입관료를 징수할 방침이라고 적혀 있다. 그리고 공란 뒤에 특별한 상황을 한정하는 ～に限(かぎ)って(~에 한해서)가 사용되고 있으므로 종합해 보면 무료이지만 특별한 경우에만 요금을 징수한다는 의미가 되어야 함을 알 수 있으므로 정답은 4번 特別展(특별전)이 된다.

오답분석 1번은 대도시, 2번은 위원회, 3번은 미술관 이라는 의미이므로 문맥상 정답이 될 수 없다.

정답 4

03

1 決して多い数ではないが
2 果たして少なかったのだろうか
3 全然少なくなかったので
4 まだ多くなりそうだったのに

알맞은 표현 찾기 ★★★

선택지 해석 1 결코 많은 숫자는 아니지만
2 과연 적었던 것일까
3 전혀 적지 않았기 때문에
4 아직 많아질 것 같았는데

정답 찾기 앞 문장을 보면 연간 무료로 입장하는 고령자는 6천 명이라고 적혀 있고 공란 뒤에는 앞 내용을 받아들이면서도 그렇지 않음을 나타낼 때 사용하는 それでも(그래도, 그렇지만)도 사용되고 있어 종합해 보면 필자도 6천 명이라는 숫자는 적다고 인식하고 있음을 알 수 있으므로 정답은 1번이 된다.

오답분석 정답을 제외한 나머지는 표현의 차이는 있지만 결국 많다고 인식하는 결과가 되므로 문맥상 정답이 아니다.

정답 1

04

1 どちら　2 こちら
3 これまで　4 どれほど

알맞은 단어 찾기 ★★

정답 찾기 먼저 앞 단락에서는 고령자의 입장료의 일부 유료화를 감행하려는 미술관의 입장이 적혀 있고 공란 앞에는 유료화에 반대하는 입장의 의견을 적고 있는데 필자가 이해한다고 하는 것은 공란 앞의 주장이므로 바로 앞 문장을 지칭할 때 사용할 수 있는 2번이 정답이 된다.

오답분석 4번(얼마만큼, 얼마나)은 의문문에 사용되므로 우선 제외시켜야 하고 1번은 양쪽의 주장 3번은 지금까지의 주장이라는 의미가 되므로 정답이 될 수 없다.

정답 2

05

1 知っておいたとは思えなかった
2 知っていないはずだろう
3 知るわけにもいかなかった
4 知っておくべきだろう

알맞은 표현 찾기 ★★

선택지 해석 1 알아두었다고는 생각되지 않았다
2 알고 있지 않을 것이다
3 알 수도 없었다
4 알아두어야 할 것이다

정답 찾기 마지막 단락은 주로 필자의 의견, 주장 등이 등장하는데 공란 앞의 시민이 보고 있다는 것을 단서로 시는 전문가의 자문을 통해 행정을 처리하겠지만 시민의 의견도 반영되어야 한다고 주장하고 있음을 알 수 있으므로 당연함이나 의무를 나타내는 ～べきだ(～해야 한다)가 사용된 4번이 정답이 된다.

오답분석 정답 외에는 문맥상 어울리지 않으므로 정답이 될 수 없다. 참고로 1번 ～とは思えない는 ～라고는 생각되지 않는다, 3번 ～わけにもいかない는 ～할 수도 없다는 의미이다.

정답 4

시나공 12 만점을 위한 문장 문법력 | 적중 예상 문제 ⑤

문제 다음 문장을 읽고 문장 전체의 취지에 입각하여 [1]에서 [5] 안에 들어갈 가장 좋은 것을 1・2・3・4 중에서 하나 고르세요.

　アインシュタインは、「[1]、18歳までに身につけた偏見のコレクションのことをいう」という言葉を残しているそうだ。しかしこのアインシュタインの言葉はとても奇妙に感じられる。[2]、常識＝偏見と言っているのだから。常識というのは、広く行き渡った考え方の枠組みだったり基準などのことだし、偏見というのはその真逆で偏った独りよがりの考え方やものの見方の基準のことをいうはずだ。なぜこの相反する二つのものが[3]。実はこう解釈するといいのかもしれない。それは、ある事柄について自分の中で広く行き渡った考え方の枠組みや基準だと信じていることは、ほんの少しだけ立場を変えてみることで独りよがりの偏見とも受け取れるのだと言っているのではないかと思う。

　では、なぜ私たちは常識という偏見をコレクションしてきたのだろうか。それは怖れから自分の身を守るためだったのかもしれない。常識を身にまとい、その枠の中で生きていくことで安全を手に入れられると思っているのだ。常識としてこうする、常識としてこう考える、そうやって生きることが安全と勘違いしてきたのである。それは結局、常識という偏見をベースにした生き方であり、本質的には少しも安泰な生き方ではないということに気づく必要が[4]。自分の中にコレクションしてきてしまった、沢山の常識や非常識というレッテルをできるだけはずしていくことだ。そうすると、自分の中にあった偏見がどんどん減っていき、色めがねで物事を見ることから解放されて、結局は自分自身の人生が解放された気持ちのいいものに[5]。

해석　아인슈타인은 '[1 상식이라는 것은] 18세까지 갖게 된 편견을 모은 것을 말한다.'라는 말을 남겼다고 한다. 하지만 이 아인슈타인의 말은 무척 기묘하게 느껴진다. [2 왜냐하면] 상식=편견이라고 말하고 있기 때문이다. 상식이라는 것은 널리 퍼진 사고의 틀이나 기준 등을 말하며 편견이라고 하는 것은 그 정반대의 편협된 독선적 사고나 사물을 바라보는 기준을 말하는 것일 것이다. 왜 이 상반되는 두 개가 [3 같다고 말하는 것일까?] 실은 이렇게 해석하면 좋을지도 모른다. 그것은 어떤 사항에 관해서 자신의 내면 전체에 퍼져 있는 사고의 틀이나 기준이라고 믿고 있는 것은 아주 조금만 입장을 바꿈으로써 독선의 편견으로도 받아들일 수 있다고 말하고 있는 것은 아닐까 라고 생각한다.

　그럼 왜 우리는 상식이라는 편견을 수집해 온 것일까? 그것은 두려움으로부터 자신의 몸을 지키기 위해서였을지도 모른다. 상식을 몸에 걸치고 그 테두리 안에서 살아감으로써 안전을 손에 넣을 수 있다고 생각하고 있는 것이다. 상식상 이렇게 한다, 상식상 이렇게 생각한다, 그렇게 사는 것이 안전하다고 착각했기 때문이다. 그것은 결국, 상식이라는 편견을 토대로 한 삶이고 본질적으로는 조금도 평안한 삶은 아니라는 것을 알아차릴 필요가 [4 있는 것은 아닐까?] 자신 안에 수집된 많은 상식과 비상식이라는 딱지를 가능한 한 떼어내어야 한다. 그렇게 하면 자신 안에 있었던 편견이 점점 사라져 색안경으로 사물을 보는 것으로부터 해방되고, 결국은 자기 자신의 인생이 해방된 기분 좋은 것으로 [5 바뀌어 갈 것이다].

어휘　アインシュタイン 아인슈타인 | 常識(じょうしき) 상식 | 身(み)につける 가지다, 익히다 | 偏見(へんけん) 편견 | コレクション 수집, 컬렉션 | 奇妙(きみょう)だ 기묘하다, 야릇하다 | 行(ゆ)き渡(わた)る 널리 미치다, 널리 퍼지다 | 枠組(わくぐ)み 틀 | 基準(きじゅん) 기준 | 真逆(まぎゃく) 정반대 | 偏(かたよ)る (한쪽으로) 기울다, 치우치다 | 独(ひと)りよがり 자기 혼자서만 좋다고 믿고, 남의 말에 귀를 기울이지 않음, 독선(적) | 相反(あいはん)する 상반되다 | 等(ひと)しい 똑같다, 동일하다 | 解釈(かいしゃく)する 해석하다 | 事柄(ことがら) 사물의 내용, 사정 | 受(う)け取(と)る 해석하다, 이해하다 | 怖(おそ)れ 두려움, 공포(심) | 枠(わく) 테두리 | 手(て)に入(い)れる 손에 넣다 | 勘違(かんちが)いする 착각하다 | ベース 베이스, 토대, 기준 | 本質的(ほんしつてき) 본질적 | 安泰(あんたい) 안태, 무사태평 | レッテル 상표, 딱지 | 色(いろ)めがね 색안경 | 解放(かいほう) 해방

01

1 常識とは　　2 常識といっても
3 常識では　　4 常識とて

알맞은 기능어 찾기 ★★

정답 찾기　공란 뒤에 나오는 내용을 보면 상식에 대한 개인적인 의견이 적혀 있다는 것을 알 수 있다. 그렇기 때문에 공란에는 정의나 명제 등의 주제를 나타낼 수 있는 표현이 들어가야 하므로 ~とは(~라는 것은, ~란)가 사용된 1번이 정답이 된다.

오답분석 2번은 상식이라고 해도, 3번 상식으로는, 4번은 상식이기 때문에 라는 의미가 되므로 정답이 아니다.

정답 1

02

1 もしかしたら　2 なぜならば
3 とはいえ　4 ゆえに

알맞은 접속사 찾기 ★★

정답 찾기 문미의 ~から(~ 때문에, ~이니까)를 통해 앞 문장에서 필자가 아인슈타인의 상식에 대한 정의를 이상하게 느낀 이유를 말하고 있음을 알 수 있으므로 원인이나 이유를 설명할 때 사용하는 2번이 정답이 된다. 참고로 주로 なぜなら~から, なぜならば ~から 형태로 사용하는 경우가 많다.

오답분석 1번 もしかしたら(어쩌면)는 의심하면서 추정할 때 3번 とはいえ(그렇다고 하더라도)는 앞 사항과 상반되는 내용을 말할 때 4번 ゆえに(그러므로, 따라서)는 앞에서 말한 이유로 나온 결과를 말할 때 사용하므로 문맥상 정답이 아니다.

정답 2

03

1 等しいというのだろうか
2 等しいときもあるほどだ
3 等しくするべきである
4 等しくなるまでもなかろう

알맞은 표현 찾기 ★★

선택지 해석 1 같다고 말하는 것일까 2 같을 때도 있을 정도이다
3 같게 해야 한다 4 같게 될 필요도 없을 것이다

정답 찾기 앞 문장을 보면 앞 단락에서 아인슈타인이 상식과 편견은 동일하다고 한 것에 대해 필자는 상식과 편견은 다르다고 생각하고 있음을 알 수 있다. 그리고 문장 첫머리에 이유나 원인을 물을 때 사용하는 なぜ(왜, 어째서)가 사용되었으므로 의문을 나타내는 의미가 되는 1번이 정답이 된다.

오답분석 정답 외에는 なぜ와 호응할 수 있는 것은 없으므로 정답이 될 수 없는데 중요한 표현만 살펴보면 2번 ~ほどだ는 ~정도이다, 3번 ~べきだ는 ~해야 한다, 4번 ~までもない는 ~할 것까지도 없다, ~할 필요도 없다는 의미이다.

정답 1

04

1 あってもかまわない　2 あったのだろうか
3 あるのではないか　4 あってはなるまい

알맞은 표현 찾기 ★★★

선택지 해석 1 있어도 상관없다 2 있었던 것일까
3 있는 것은 아닐까 4 있어서는 안 될 것이다

정답 찾기 안전한 삶을 위해 쌓은 상식이 편견일 수 있으므로 결국 상식에 근거한 삶이 안전한 삶이 아닐 수 있음을 자각할 필요가 있다고 필자는 말하고 있으므로 완곡히 주장할 때 사용하는 ~のではないか(~것이 아닐까)가 사용된 3번이 정답이 되어야 한다.

오답분석 정답 외에는 필자의 주장을 나타낼 수 있는 '있어야 한다'는 의미가 되는 문장이 없으므로 정답이 아니지만 중요한 표현을 살펴보면 1번 ~てもかまわない는 ~해도 상관없다, 2번 ~だろうか는 ~일까, 4번 ~てはなるまい는 ~てはならないだろう이므로 ~해서는 안 될 것이다는 의미이다.

정답 3

05

1 変えていくだろう　2 変えていくだけである
3 変わっていこうとしない　4 変わっていくはずだ

알맞은 표현 찾기 ★★

선택지 해석 1 바꾸어 갈 것이다 2 바꾸어 갈 뿐이다
3 바뀌어 가려고 하지 않는다 4 바뀌어 갈 것이다

정답 찾기 선택지를 보면 타동사 変える와 자동사 変わる가 사용되고 있는데 대상인 人生 뒤에 조사 が가 있으므로 자동사가 필요함을 알 수 있고 문맥상 좋은 것으로 변해 간다가 되어야 하므로 확신을 나타내는 ～はず(～할 터, ～할 것)가 사용된 4번이 정답이 된다.

오답분석 조사 ～が로 인해 타동사인 1, 2번은 제외시켜야 하고 3번은 ～(よ)うとする(～하려고 하다)가 사용되어 문맥상 정답이 될 수 없다.

정답 4

시나공 12 만점을 위한 문장 문법력 | 적중 예상 문제 ⑥

문제 다음 문장을 읽고 문장 전체의 취지에 입각하여 [1] 에서 [5] 안에 들어갈 가장 좋은 것을 1・2・3・4 중에서 하나 고르세요.

夕日が丘なら赤い夕日がよく見える。[1] なら月の出ない夜にきっと星が良く見えるのだろう。それならば、自由が丘からは何が見えるのだろうか？

試験から解放された学生たちがしばし息抜きに遊ぶ姿とか、校則の許される範囲で、髪の毛を赤くしたりスカート丈を短くしたりとか、[2] 仕事帰りのサラリーマンが、道草をする姿が見られるのかもしれない。

いずれも試験や校則や仕事などのしばりがあって、そこから離れた分だけ自由があるような気がしてくる。つまり髪の毛を赤くした分だけ、あるいはスカート丈を短くした分だけ自由がある。しかしそれにも限度があるので、許される範囲を実際に試しながら模索する。それが自由を [3] 。

今は恋愛も自由。結婚も自由。しかし結婚に踏み切る人は少なくなってきている。自由だと言われると、逆に結婚に踏み切るのが難しくなる。どちらでもかまわないのなら、[4] からだ。しかし、子供が出来ると話が違ってくる。子供とともに世間の目というしばりが生まれ、そのしばりのなかで解決策を探すので、結婚を決めるカップルが増える。

まるで鎖につながれた犬のように、くさりの長さの範囲で自由を味わっているようにみえる。

해석 유히가오카(夕日が丘)라면 붉은 석양이 잘 보인다. [1 호시가오카(星が丘)]라면 달이 뜨지 않은 밤에 틀림없이 별이 잘 보일 것이다. 그렇다면 지유가오카(自由が丘)라면 무엇이 보일까?

시험으로부터 해방된 학생들이 잠시 기분전환을 위해 노는 모습이라든가 교칙이 허용되는 범위에서 머리카락을 붉게 물들이거나 치마 길이를 짧게 한다든가 [2 또는] 귀갓길의 샐러리맨이 도중에 잠시 쉬는 모습을 볼 수 있을지도 모른다.

모두 시험이나 교칙이나 일 등의 속박이 있고, 그것으로부터 벗어난 만큼의 자유가 있을 것 같은 기분이 든다. 즉 머리카락을 붉게 한 만큼, 또는 치마길이를 짧게 한 만큼 자유가 있다. 그러나 그것에도 한도가 있기 때문에 허용된 범위를 실제로 시험하면서 모색한다. 그것이 '자유'를 [3 느낄 수 있는 순간이다].

지금은 연애도 자유. 결혼도 자유. 그러나 결혼하기로 결단을 내리는 사람은 줄고 있다. 자유라고 말하면 반대로 결혼하기로 결단을 내리기가 어려워진다. 어느 쪽이든 상관없다면 [4 지금 이대로가 편하기] 때문이다. 하지만 아이가 생기면 이야기는 달라진다. 아이와 함께 세간의 눈이라는 속박이 생겨 그 속박 안에서 해결책을 찾기 때문에 결혼을 결정하는 커플이 늘어난다.

마치 사슬에 묶여진 개처럼, 사슬 길이의 범위에서 자유를 맛보고 있는 것처럼 보인다. 그러나 개와 인간에게는 결정적인 차이가 있다. 그것은 개는 주인에 의해서 사슬에 묶여졌지만 인간은 스스로 자신을 사슬에 묶었기 때문이다. [5 자신의 의사로] 규칙을 만들고 자신들의 행동범위를 제한하고 있다.

그것은 그편이 보다 '자유'롭게 살아갈 수 있다는 것을 알았기 때문이 아닐까?

어휘 しばし 잠시 | 息抜(いきぬ)き 기분전환, 한숨 돌림 | 校則(こうそく) 교칙 | 許(ゆる)す 허용하다, 허락하다 | 範囲(はんい) 범위 | 丈(たけ) 길이, 기장 | いずれも 모두, 죄다 | しばり 속박, 구속 | つまり 즉, 결국 | 限度(げんど) 한도 | 試(ため)す 시험하여 보다 | 模索(もさく)する 모색하다 | 踏(ふ)み切(き)る 결단을 내리다, 단행하다 | 世間(せけん) 세간, 사회 | 鎖(くさり) 쇠사슬 | 飼(か)い主(ぬし) 가축이나 애완동물을 기르는 사람(사육주)

しかし、犬と人間には決定的な違いがある。それは、犬は飼い主によって鎖につながれたが、人間は自分で自分を鎖につないだからだ。 5 ルールをつくり、自分たちの行動範囲を制限している。

それは、その方がより「自由」にやってゆけるということに気がついたからではなかろうか。

01

1 星が丘　　2 夕日が丘

3 自由が丘　　4 月が丘

알맞은 단어 찾기 ★★

정답 찾기　의미로 찾기 보다는 문장의 전개 패턴을 읽을 수 있어야 하는데 앞 문장을 보면 夕日が丘라는 지명을 가진 곳에서는 夕日(ゆうひ)가 잘 보인다고 적혀 있고 공란이 있는 문장의 문미를 보면 별(星)이 잘 보인다고 적혀 있으므로 공란에 들어가야 할 지명은 당연히 星가 사용된 1번이 된다.

오답분석　정답 외에는 문맥상 맞지 않으므로 정답이 아니다.

정답 1

02

1 すなわち　　2 あるいは

3 といっても　　4 なにしろ

알맞은 접속사 찾기 ★★★

정답 찾기　선택지를 보면 접속사나 부사를 찾는 문제임을 알 수 있는데 이 단락에서는 나열의 ~とか(~라든지, ~든지)가 사용되어 自由が丘에서 볼 수 있을 것 같은 자유로운 모습들을 나열하고 있고 공란 뒤의 모습도 그 중 하나에 속하므로 동류의 사항 중 하나라는 의미를 나타낼 때 사용하는 2번 あるいは(또는, 혹은)가 정답이다.

오답분석　1번은 즉, 다시 말하면, 3번은 그렇다고 해도, 4번은 아무튼, 어쨌든 이라는 의미이므로 문맥상 정답이 아니다.

정답 2

03

1 感じない限度である

2 感じたくない自由だ

3 感じさせる校則である

4 感じられる瞬間だ

알맞은 표현 찾기 ★★★

선택지 해석　1 느끼지 않는 한도이다　2 느끼고 싶지 않는 자유이다
3 느끼게 하는 교칙이다　4 느낄 수 있는 순간이다

정답 찾기　이 단락에서 필자가 말하고자 하는 자유는 무한한 자유가 아닌 한도가 있는 자유를 말하고 있고 それが는 앞 문장의 내용을 지칭하는 것이므로 허용된 범위 내에서 일탈을 할 때 바로 자유를 느낀다고 말하려고 하고 있으므로 4번이 정답이 된다.

오답분석　정답 외에는 문맥상 어울리지 않으므로 정답이 아니다.

정답 4

04

1 今のままの方が楽だ

2 そのまま踏み切ってしまう

3 結婚を決められる

4 子供の方を選んだりする

알맞은 표현 찾기 ★★

선택지 해석　1 지금 이대로가 편하다
2 그대로 결단해 버리다
3 결혼을 결정할 수 있다
4 아이 쪽을 선택하거나 하다

정답 찾기　공란 뒤에 이유를 나타내는 ~からだ(~때문이다)가 있어 앞 문장의 결과에 대한 이유를 나타내고 있음을 알 수 있다. 앞 문장의 내용을 보면 선택이 자유롭다면 결혼을 하지 않는다고 적혀 있으므로 결혼을 하지 않는 이유로서 적절한 1번이 정답이 되어야 한다.

오답분석 정답 외에는 문맥상 어울리지 않으므로 정답이 될 수 없다.

정답 1

05

1 他人の意思で　　2 飼い主の意思で

3 親の意思で　　4 自らの意思で

알맞은 단어 찾기 ★★

정답 찾기 선택지를 보면 누구의 의사인지 그 주체를 묻는 문제임을 알 수 있는데 공란의 문장은 앞 문장의 내용을 다시 한 번 다른 표현으로 부연 설명하고 있다는 것을 파악할 수 있어야 한다. 앞 문장을 보면 스스로 자신을 규정이나 규제, 규칙 등을 의미하는 사슬에 묶었다고 적혀 있으므로 自ら(몸소, 스스로)가 사용된 4번이 정답이 된다.

오답분석 1번은 타인, 2번은 기르는 사람, 3번은 부모 라는 의미이므로 문맥상 정답이 아니다.

정답 4

시나공 12 만점을 위한 문장 문법력 | 적중 예상 문제 ⑦

문제 다음 문장을 읽고 문장 전체의 취지에 입각하여 [1]에서 [5] 안에 들어갈 가장 좋은 것을 1・2・3・4 중에서 하나 고르세요.

「あれ、どうなっている？」と聞かれて、「何とかめどが立ってきました」とか「今週中にはめどを付けるつもりです」などと答えたりする。こんな時、しばしば“めどは立てるのか付けるのか、[1]めどって何?”という疑問がよぎったりする。

大辞林や広辞苑には、目あてや目標を意味し、例文として、「めどが付く」とか「めどが立たない」などが記載されている。慣用句辞典には「目処を付ける」、「目処を取る」の例もあり、[2]目標をはっきりさせること、などとある。これから何か新しいことをやろうというときに、やる気はあっても、何から手をつければ良いのかわからないことが多い。[3]いろいろなところをつついて模索する準備段階が必要になる。そうこうしているうちに、なんとなくやるべきことが見えてきたり、目標がはっきりしてきたり、[4]ときに使う。

「めど」は日本古来の大和言葉で、漢字が入った後に「目処」の字をあてたものと思われる。縫い物をするときには、その準備段階として縫い針の孔に糸を通すが、その針の孔も「針孔」と書いて

해석 '그것, 어떻게 됐어?'라고 질문을 받아서 '가까스로 전망이 섰습니다.'라든지 '이번 주 중으로는 마무리를 지을 생각입니다' 등으로 대답하거나 한다. 이럴 때 종종 めど는 세우는(立てる) 것인가 붙이는(付ける) 것인가, [1 도대체] めど라는 것은 무엇인가?'라는 의문이 문득 들거나 한다.

다이지린(大辞林)이나 고지엔(広辞苑)에는 목적이나 목표를 의미하고 예문으로서 'めどが付く'라던가 'めどが立たない' 등이 기재되어 있다. 관용구사전에는 '目処を付ける', '目処を取る'라는 예도 있어, [2 어렴풋한] 목표를 확실히 하는 것 등으로 적혀 있다. 앞으로 무언가 새로운 것을 하려고 할 때, 할 마음은 있어도 무엇부터 손을 대야 좋을지 모르는 경우가 많다. [3 그래서] 여러 곳을 찔러 모색하는 준비단계가 필요하게 된다. 이럭저럭 하고 있는 사이에 어딘지 모르게 해야 하는 일이 보여 오거나 목표가 확실해지거나 [4 윤곽이 잡힐] 때 사용한다.

'めど'는 옛날부터 내려온 순일본어로 한자가 들어온 후에 '目処'라는 한자로 나타냈다고 생각된다. 바느질을 할 때는 그 준비 단계로 바늘구멍에 실을 꿰는데 그 바늘구멍도 '針孔'라고 쓰고 'めど'라고 부르는 것 같다. 대개의 바늘구멍은 타원형이기 때문에 실을 꿸 때에는 구멍이 상하방향으로 길게 되도록 '針孔를 세우고 나서 실을 꿰게 된다. 만약 바늘에 구멍이 없으면 바늘에 '針孔를 붙이고 나서 실을 꿰게 된다. 이렇게 생각하면 '目処'는 [5 세워도 붙여도] 좋을 것 같다.

어휘 めどが立(た)つ 목표가 서다 | しばしば 자주, 여러 차례 | 疑問(ぎもん) 의문 | よぎる (앞을) 가로지르다, 지나가다 | 大辞林(だいじりん) 다이지린(일본의 국어사전 브랜드) | 広辞苑(こうじえん) 고지엔(일본의 국어사전 브랜드) | 目(め)あて 노리는 것, 목적, 목표 | 記載(きさい)する 기재하다 | 慣用句辞典(かんようくじてん) 관용구(어) 사전 | 目処(めど)を付(つ)ける 목표를 세우다 | 目処(めど)を取(と)る 목표를 세우다 | はっきり 분명히, 확실히 | つつく 찔러보다, 조사하다, 검토하다 | 古来(こらい) 고래, 예로부터 | 大和言葉

「めど」と呼ぶらしい。たいていの針の孔は楕円形であるため、糸を通すときには孔が上下方向に長くなるように「針孔」を立ててから糸を通すことになる。もし針に孔が無いのなら、針に「針孔」を付けてから糸を通すことになる。こう考えると、「目処」は［ 5 ］。

(やまとことば) 순일본어 | 縫(ぬ)い物(もの) 바느질, 재봉 | 準備段階(じゅんびだんかい) 준비단계 | 針孔(めど) 바늘구멍 | 針(はり)の孔(あな) 바늘구멍 | 糸(いと)を通(とお)す (바늘에) 실을 꿰다 | たいてい 대개, 대부분 | 楕円形(だえんけい) 타원형 | 上下方向(じょうげほうこう) 상하방향

01

1 すると　2 むしろ
3 そもそも　4 まして

알맞은 접속사 찾기 ★★

정답 찾기 공란 앞뒤에 의문문이 사용된 점과 문미의 문득 의문이 든다는 내용을 통해 필자가 일상적인 표현에 자주 사용되는 めど의 의미에 대해 의문을 가지고 있음을 알 수 있으므로 3번 そもそも(도대체, 대저)가 정답이 된다.

오답분석 1번은 그러자, 그렇다면, 2번은 오히려, 차라리, 4번은 하물며, 더구나 라는 의미이므로 문맥상 정답이 아니다.

정답 3

02

1 明らかになっていた
2 ぼんやりしていた
3 すでに決めていた
4 例文に書いてあった

알맞은 표현 찾기 ★★

선택지 해석 1 밝혀져 있었던　2 어렴풋한　3 이미 정했던　4 예문에 적혀 있었던

정답 찾기 공란에 들어갈 문장이 뒤에 나오는 명사(目標)를 수식해야 하는데 뒤쪽에 ~목표를 확실히 한다 라고 적혀 있으므로 뭔가를 분명히 하기 위해서는 앞에는 막연하고 불분명한 사항이 들어가야 한다는 것을 짐작할 수 있다. 그러므로 뚜렷하지 않은 모양을 나타내는 ぼんやり(어렴풋이)가 사용된 2번이 정답이 된다.

오답분석 정답 이외에는 문맥상 맞지 않으므로 정답이 아니다.

정답 2

03

1 ところで　2 かえって
3 そこで　4 ただし

알맞은 접속사 찾기 ★★★

정답 찾기 먼저 공란의 뒤를 보면 여러 가지로 조사를 한다고 적혀 있는데 그 이유가 앞 문장에 적혀 있는 무엇을 먼저 해야 하는지 모르기 때문임을 알 수 있으므로 이유, 원인을 나타낼 때 사용하는 3번 そこで(그래서)가 정답이 된다.

오답분석 1번은 그런데, 2번은 오히려, 도리어, 4번은 단, 다만 이라는 의미이므로 문맥상 정답이 아니다.

정답 3

04

1 めどが立たない　2 新しいことをやる
3 辞書に記載する　4 見通しがついた

알맞은 표현 찾기 ★★★

선택지 해석 1 전망이 서지 않다　2 새로운 일을 하다　3 사전에 기재한다　4 윤곽이 잡혔다, 전망이 섰다

정답 찾기 공란 앞을 보면 ~たり~たり(~하거나 ~하거나)가 사용되고 있는데 부조사적으로 사용될 경우 유사한 동작이나 상태들이 열거되어야 하므로 공란에도 비슷한 내용의 사항이 필요하므로 4번이 정답이 된다.

오답분석 정답 외에는 나열된 사항들과의 유사성이 없으므로 정답이 아니다.

정답 4

05

1 立てても付けても良さそうだ

2 立ててもいいけど、付けてはいけない

3 付けたり立てたりしてはだめだ

4 付けてもいいけど、立ててはいけない

알맞은 표현 찾기 ★★★

선택지 해석 1 세워도 붙여서 좋을 것 같다
2 세워도 되지만 붙여서는 안 된다
3 붙이거나 세우거나 해서는 안 된다
4 붙여도 되지만 세워서는 안 된다

정답 찾기 앞 단락을 보면 필자가 궁금해 하는 표현의 유래가 적혀 있는데 바늘구멍(바늘귀)이 있는 경우에는 세우고 없는 경우에는 붙인다고 적혀 있으므로 결국 상황에 따라 동사가 달라지는 것 일뿐 동일한 의미를 가진다는 말이므로 1번이 정답이 된다.

정답 1

시나공 12 만점을 위한 문장 문법력 | 적중 예상 문제 ⑧

문제 다음 문장을 읽고 문장 전체의 취지에 입각하여 [1]에서 [5] 안에 들어갈 가장 좋은 것을 1・2・3・4 중에서 하나 고르세요.

「ありがとう」とお礼を言いたいのに、それがなかなか言えなかったりすることがある。言葉は喉の辺りまで出てきていても、照れくささが言いたい気持ちに蓋をする感じだ。このとき、何が照れくさいのだろうか。

たとえば、親が子供を育てるのは当たり前、あるいはそこにさえ考えが至らないのであれば、当然親に感謝する気持ちも湧いてこないので、お礼を言おうとは[1]。この段階では、「お礼を言いたいのに」というレベルに達していないことになる。

そのうちに「礼」について学校で習ったりする。孔子というえらい人が言ったように、お礼を言いたいと[2]不十分で、その気持ちを口に出して相手に伝える必要がある。それが世の中を丸く治めるコツだと教わったりする。

飲み込みの良い奴は、世の中を丸く治めようとして先走り、愛想を振りまき、要領よく立ち回る人もいるだろう。しかし、この段階でも、心の底から感謝しての行為ではないので、ためらいがない。

結婚式の日に、「お父さん、お母さん。これまで育ててくれてありがとうございます」と、ここでまとめてお礼を言って、嬉し涙で親を泣かせる

해석 '고마워'라고 감사의 말을 하고 싶은데 그것이 좀처럼 할 수 없거나 하는 경우가 있다. 말은 목구멍 근처까지 나와도 쑥스러움이 말하고 싶은 마음에 뚜껑을 덮는 기분이다. 이때, 뭐가 쑥스러운 것일까?

예를 들면 부모가 자식을 키우는 것은 당연하다. 혹은 거기까지조차도 생각이 다다르지 않으면 당연히 부모에게 감사하는 마음도 생기지 않을 것이므로 감사의 말을 하려고는 [1 생각하지 않을 것이다]. 이 단계에서는 '감사의 말을 하고 싶은데'라는 정도에 이르지 않는 것이 된다.

머지않아 '예의'에 관해서 학교에서 배우기도 한다. 공자라는 위대한 사람이 말한 것처럼 감사의 말을 전하고 싶다고 [2 생각하고 있는 것만으로는] 불충분하고 그 마음을 입 밖에 내어서 상대에게 전할 필요가 있다. 그것이 세상을 원만하게 살아가는 요령이다 라고 배우기도 한다.

이해력이 좋은 녀석은 세상을 원만하게 살아가려고 남보다 앞서서 애교를 떨고 요령 있게 처신하는 사람도 있을 것이다. 그러나 이 단계에도 진심으로 감사해서 하는 행위가 아니므로 망설임이 없다.

결혼식 날에, '아버지, 어머니. 지금까지 키워주셔서 감사합니다'라고 이 때 한꺼번에 감사의 말을 하며 기쁨의 눈물로 부모님을 울리는 장면이 자주 있다. 그런 [3 신부] 중에는 감사의 마음은 충분하지 않는데도 부모가 안쓰러워서 남들처럼 '고맙습니다'라고 말해 드리자고 생각하는 사람이 있을지도 모른다. [4 그렇더라도] 이것은 하나의 멋쩍음을 감추려는 것이라고 생각한다.

'고맙습니다'라고 입 밖에 내어서 말하는 것은 '덕분에 저는 사람에게 감사할 수 있는 인간이 되었고 게다가 그 마음을 이렇게 말과 태도로 표현할 수 있을 정도로 성장했습니다'라고 주장하고 있는 것과 같은 것이다. 쑥스러운 것이 [5 당연하다고 생각한다].

어휘 辺(あた)り 근처, 부근 | 照(て)れくさい 멋쩍다, 쑥스럽다 | 蓋(ふた)をする 뚜껑을 덮다 | あるいは 또는, 혹은 | 湧(わ)く 나타나다, 생겨나다, 발생하다 | レベルに達(たっ)する 레벨에 이르다 | 孔子(こうし) 공자 | 口(くち)に出(だ)す 입 밖에 내다, 말하다 | 治(おさ)める 진정시키다, 수습하다, 다스리다 | コツ 요령 | 教(おそ)わる 배우다, 가르침을 받다 | 先走(さきばし)る 남보다 앞질러 나아가다 | 愛想(あいそう)を振(ふ)りまく 애교를 떨다 | 要領(ようりょう) 요령 | 立(た)

場面がよくある。そんな[3]の中には、感謝の気持ちはそこそこでも、親がかわいそうだからと世間並みに「ありがとう」と言ってあげよう、と考える人がいるのかもしれない。[4]これは一つの照れ隠しだと思う。

「ありがとう」と口に出して言うことは、「お陰さまで私は人に感謝することができる人間になり、しかもその気持ちをこのように言葉と態度で表現できるまでに成長しました」と主張していることに等しいのだ。照れくさくて[5]。

ち回(まわ)る 약삭빠르게 움직이다 | **心(こころ)の底(そこ)** 마음속(깊이) | **行為(こうい)** 행위 | **嬉(うれ)し涙(なみだ)** 기뻐서 흘리는 눈물 | **世間並(せけんな)み** 세상 사람과 같은 정도, 평범함, 보통 | **照(て)れ隠(かく)し** 겸연쩍은(쑥스러운) 마음을 숨김

01

1 考えかねないだろう
2 考えてみようともした
3 考えたおかげである
4 考えないはずだ

알맞은 표현 찾기 ★★

선택지 해석 1 생각할 수도 있을 것이다 2 생각해 보려고도 했다 3 생각한 덕분이다 4 생각하지 않을 것이다

정답 찾기 이유, 근거를 나타내는 순접의 접속조사 ~ので가 포인트인데 앞의 내용을 보면 부모에게 감사하는 마음이 솟아나지 않는다고 적혀 있으므로 논리적으로 감사의 말을 하려고 생각하지 않는다는 의미가 되는 4번이 정답이 된다.

오답분석 정답 외에는 문맥상 정답이 아니지만 중요표현을 살펴보면 1번 ~かねない는 ~할지도 모른다, ~할 수도 있다, 2번 ~(よ)うとする는 ~하려고 하다, 3번 ~おかげだ는 ~덕분이다는 의미이다.

정답 4

02

1 思っているだけでは
2 思うだけでも
3 思うようになっては
4 思っていたほどに

알맞은 표현 찾기 ★★

선택지 해석 1 생각하고 있는 것만으로는 2 생각하는 것만으로도 3 생각하게 되어서는 4 생각하고 있었을 만큼

정답 찾기 공란 뒤를 보면 ~만으로는 불충분하고 말로 표현해야 한다고 적혀 있으므로 문맥상 고마움을 생각만 하고 있어서는 안 된다는 의미가 되어야 함을 알 수 있다. 그러므로 정답은 1번이 된다.

오답분석 정답 외에는 문맥상 정답이 될 수 없지만 중요표현만 살펴보면 2번 ~だけでも는 ~만으로도, 3번 ~ようになる는 ~하게 되다, 4번 ~ほどに는 ~정도로, ~만큼이다.

정답 1

03

1 親　2 花嫁
3 結婚式　4 お父さん

알맞은 단어 찾기 ★★

정답 찾기 공란 앞쪽 내용을 보고서도 알 수 있지만 공란 뒤의 내용을 통해 보다 확실하게 정답을 알 수 있는데 결혼식장에서 부모에게 감사의 말을 전하는 주체는 당연히 신부일 것이기 때문에 정답은 2번이 된다.

오답분석 1번은 부모, 3번은 결혼식, 4번은 아버지이므로 문맥상 정답이 될 수 없다.

정답 2

04

1 それどころか　　2 したがって
3 それでも　　4 あるいは

알맞은 접속사 찾기 ★★

정답 찾기 접속사 문제임을 알 수 있는데 앞 문장을 요약해 보면 부모님에게 제대로 감사의 표현을 하지 않는 사람도 있다. 공란 뒤에는 멋쩍음을 감추려는 것이다라고 하였으므로 필자는 잘 표현하지 않는 사람도 단지 쑥스러워 그러는 것이지 진심이 아니라고 생각하고 있음을 알 수 있다. 따라서 앞에서 말한 내용으로부터 예상되어지는 것과는 다른 내용을 말할 때 사용하는 3번 それでも(그렇더라도, 그래도)가 정답이 된다.

오답분석 1번은 그렇기는커녕, 그뿐 아니라, 2번은 따라서, 그러므로, 4번은 혹은, 또는 이라는 의미이므로 정답이 아니다.

정답 3

05

1 当然だと思ってもよかった
2 当然であろうか
3 当然だそうだ
4 当然だと思う

알맞은 표현 찾기 ★★

선택지 해석 1 당연하다고 생각해도 좋았다
2 당연한 것일까
3 당연하다고 한다
4 당연하다고 생각한다

정답 찾기 마지막 단락에는 첫 단락에서 언급한 쑥스러워서 고맙다는 말을 잘 하지 못하는 것에 대한 이유가 적혀 있는데 ありがとう라는 짧은 한마디 말이지만 그 속에는 인생 전반에 관한 큰 의미가 내포되어 있다고 필자는 주장하고 있음을 알 수 있으므로 당연히 말하기 쑥스럽다는 의미가 되는 4번이 정답이다.

오답분석 정답 외에는 문맥상 정답이 될 수 없지만 중요표현을 살펴보면 2번 ～であろうか(～일까)는 반문, 3번 ～そうだ(～라고 한다)는 전문을 나타낸다.

정답 4

시나공 12 만점을 위한 문장 문법력 | 적중 예상 문제 ⑨

문제 다음 문장을 읽고 문장 전체의 취지에 입각하여 [1]에서 [5] 안에 들어갈 가장 좋은 것을 1·2·3·4 중에서 하나 고르세요.

「電気なければただの箱」、どこかで聞いたことのあるこの言葉どおり、朝、目覚めてみると、冷蔵庫がただの箱になっていた。周囲水浸しというおまけつき。真夏まっ只中というダメ押し付きで。もはや絶望を通り越して、笑いが込み上げてきた。冷蔵庫の扉を開ける時は、未知との遭遇にワクワクすらした。庫内の様子は、[1]惨状だった。想定内のこととはいえ、文句を言う相手もなく、広げたゴミ袋の中に溶けた食品を放り込むだけの、ため息の出る作業だった。[2]冷凍食品たち。

해석 '전기가 없으면 그냥 상자', 어디선가 들어본 적이 있는 이 말대로 아침에 눈을 떠보니 냉장고가 그냥 상자가 되어 있었다. 주위가 물바다인 것은 덤. 한여름이라는 결정타. 이제는 절망을 넘어 웃음이 터져 나왔다. 냉장고 문을 열 때는 미지와의 조우에 가슴이 두근거리기까지 했다. 냉장고 안의 모습은, [1 예상한 대로의] 참상이었다. 예상했던 일이라고는 하지만 불평할 상대도 없어 펼쳐놓은 쓰레기봉투 속에 녹은 식품을 던져 넣기만 하는 한숨이 나는 작업이었다. [2 안녕히 가세요] 냉동식품들.

그보다 이 혹서에 냉장고 없이 한시도 지낼 수는 없다. 당장 조달해야겠다고 생각해 동네 전자대리점에 전화로 물었더니 며칠은 걸린다는 대답이었다. 그건 곤란하다, [3 하루라도 기다리고 있을 수 있겠는가]. 시간을 가늠해서 교외의 대형 가전매장에 차를 몰아 개점과 동시에 냉장고 매장으로 돌진. 이왕이면 최신의 다기능인 것이 갖고 싶었지만 현재로서는 그런 선택지 따위는 없다. 무엇이든 좋다, 오늘 중으로 갖고 싶은 것이다. 협의 결과 오늘 중으로 배달되는 것은 전시품 중 한 두가지뿐이었다. 그것은 오래 전시되어 있었던 것 같아 구형에 살짝 먼지마저 뒤집어쓴 듯했다. 그래도 오늘

そんなことより、この猛暑の中、冷蔵庫なしで一時もいられはしない。すぐに調達しなければと思い、近所の電器店に電話で尋ねたら、数日はかかるとの返事だった。それは困る、一日も[3]。時間を見計らって、郊外の大型家電店へ車を走らせ、開店と同時に冷蔵庫売り場へまっしぐら。どうせなら、最新の多機能なものが欲しかったのだが、現状ではそのような選択肢などない。何でもいい、今日中に欲しいのだ。交渉の結果、今日中に届けられるのは、展示品の一、二種に限られた。それは、長く展示されていたらしく、型も古くうっすら埃すら被っているようだった。それでも今日のうちに届く[4]、まあいいか、と即決した。

その日の午後、新しい冷蔵庫はやって来た。

「変な色だなあ」「製氷器が自動じゃないか……」「使い勝手が悪いなあ」、家族の散々な雑言の中、新冷蔵庫は、一言の反論もせず、黙々と仕事を始めた。

昨日までの、隙間もなくぎゅうぎゅう詰めの庫内に比べれば、広びろと明るく、何と自由で爽やかなことだろう。改めて眺めてみれば、茶色のボディーも個性的で素敵ではないか。製氷も、水を入れる一手間だけで、何よりも静かでとても気に入った。

扉の内側に貼ってある説明書を剥がしながら、乾いたタオルで丁寧に、内から外へと拭いた。「[5]」と、扉を静かに閉めた時、「まかせて下さい」と、小麦色の肌の彼女は、力強く答えてくれた。

중에 배달된다[4 고 해서] 뭐 어때 라고 생각해 즉시 결정했다.

그날 오후 새 냉장고가 들어왔다.

"색깔이 이상해" "제빙기가 자동이 아니네…" "쓰기에 불편한데" 가족들의 호된 험담 속에서도 새 냉장고는 한마디 반박도 하지 않고 묵묵히 일을 시작했다.

어제까지 빈틈도 없이 꽉꽉 들어찬 냉장고 안과 비교하면 넓고 밝고 이 얼마나 자유롭고 산뜻한가. 다시 바라보니 갈색 몸체도 개성적이고 멋지지 않은가. 제빙도 물을 넣는 잠깐의 수고뿐이고 무엇보다도 조용해서 매우 마음에 들었다.

문 안쪽에 붙어 있는 설명서를 떼면서 마른 수건으로 꼼꼼히 안과 밖을 닦았다. "[5 앞으로 잘 부탁합니다]"라고 말하며 조용히 문을 닫았을 때 "걱정 마세요" 라고 연한 갈색 피부의 그녀는 힘 있게 대답해 주었다.

어휘 **目覚(めざ)める** 눈뜨다, 잠을 깨다 | **周囲(しゅうい)** 주위 | **水浸(みずびた)し** 물에 잠김 | **おまけつき** 덤이 딸려 있음 | **真夏(まなつ)** 한여름 | **まっ只中(ただなか)** 한가운데, 한복판, 한창 ~할 때, 고비 | **ダメ押(お)し**(틀림없는 것으로 생각되나 확실을 기하기 위해) 다짐함 | **もはや** 벌써, 이미, 어느새 | **絶望(ぜつぼう)** 절망 | **通(とお)り越(こ)す** 넘어서다, 지나쳐 앞지르다 | **込(こ)み上(あ)げる** 복받치다 | **扉(とびら)** 문 | **未知(みち)** 미지 | **遭遇(そうぐう)** 조우 | **惨状(さんじょう)だ** 참상이다 | **想定内(そうていない)** 사전에 예상했던 범위 안에 있는 것 | **文句(もんく)** 불평 | **広(ひろ)げる** 펼치다, 넓히다, 규모를 크게 하다 | **ゴミ袋(ぶくろ)** 쓰레기봉투 | **溶(と)ける** 녹다, 풀리다 | **放(ほう)り込(こ)む** 던져 넣다 | **ため息(いき)** 한숨 | **作業(さぎょう)** 작업 | **冷凍食品(れいとうしょくひん)** 냉동식품 | **猛暑(もうしょ)** 심한 더위, 혹서 | **調達(ちょうたつ)する** 조달하다 | **見計(みはか)らう** 적당히 고르다, 가늠하다 | **郊外(こうがい)** 교외 | **大型(おおがた)** 대형 | **まっしぐらに** 곧장, 쏜살같이 | **選択肢(せんたくし)** 선택지 | **交渉(こうしょう)する** 교섭하다 | **展示品(てんじひん)** 전시품 | **埃(ほこり)** 먼지 | **被(かぶ)る** 뒤집어쓰다 | **即決(そっけつ)する** 즉결하다 | **製氷器(せいひょうき)** 제빙기 | **使(つか)い勝手(がって)が悪(わる)い** 쓰기에 불편하다 | **雑言(ぞうごん・ぞうげん)** 욕설 | **反論(はんろん)** 반론 | **黙々(もくもく)** 묵묵, 아무 말 없음 | **隙間(すきま)** 틈, 겨를, 짬 | **ぎゅうぎゅう詰(づ)め** 빈틈없이 꽉꽉 채워 넣는 모양이나 상태 | **爽(さわ)やかだ** 상쾌하다, 시원하다, 산뜻하다 | **眺(なが)める** 바라보다, 응시하다, 멀리 보다 | **個性的(こせいてき)** 개성적 | **手間(てま)** 품, 수고 | **貼(は)る** 붙이다 | **剥(は)がす** 벗기다, 떼다 | **乾(かわ)く** 마르다 | **丁寧(ていねい)に** 친절하게, 주의 깊고 신중하게 | **拭(ふ)く** 닦다 | **小麦色(こむぎいろ)** 밝고 엷은 다갈색 | **肌(はだ)** 피부, 살결, 표면

01

1 思ってもみなかった　2 想像とは裏腹の
3 想像した通りの　4 思いもよらない

알맞은 표현 찾기 ★★★

선택지 해석 1 생각지도 못했던　2 상상과는 다른
3 예상한 대로의　4 예기치 못한

정답 찾기 공란 앞의 내용을 보면 필자가 냉장고 문을 열 때 두근거리기까지 했다고 반어적으로 말하고 있고 한여름에 냉장고 고장으로 인한 내부 상황은 누구나 어느 정도는 예상할 수 있는데 무엇보다도 결정적인 힌트는 그 다음 문장에 있는 想定内でのこと(예상했던 일)이므로 3번이 정답이다.

오답분석 정답 외에는 모두 예상하지 못했다는 의미가 되므로 문맥상 정답이 아니다.

정답 3

02

1 さよなら　2 おはよう
3 ごちそうさま　4 おかまいなく

알맞은 표현 찾기 ★★★

정답 찾기 앞 문장에서 녹아버린 음식을 필자가 쓰레기봉투에 넣었다고 적혀 있으므로 녹은 냉동식품을 버렸다는 것을 추정할 수 있는데 의인화하고 있으므로 작별에 사용하는 1번 さよなら(안녕히 가세요)가 정답이다.

오답분석 2번은 아침인사, 3번은 식후 인사, 4번은 신경 쓰지 마세요 라는 의미이므로 문맥상 정답이 아니다.

정답 1

03

1 待ってもよかったかもしれない
2 待ちに待ったからである
3 待たないわけにもいかなかった
4 待ってなどいられるものか

알맞은 표현 찾기 ★★★

선택지 해석 1 기다려도 좋았을지도 모른다
2 오랫동안 기다리고 있었기 때문이다
3 기다리지 않을 수도 없었다
4 기다리고 있을 수 있겠는가

정답 찾기 선택지에 待つ가 공통적으로 사용되고 있는데 단락의 첫 부분부터 필자는 냉장고 없이는 한시도 살 수 없어서 당장 구입을 원하고 있다는 것을 알 수 있는데 근처 대리점에서는 며칠 걸린다고 하고 있기 때문에 반문이나 부정을 강하게 나타낼 때 사용하는 ~ものか(~할까 보냐)가 사용된 4번이 정답이 된다.

오답분석 1번 ~かもしれない는 ~일지도 모른다, 2번 待ちに待った는 오랫동안 기다렸던, 학수고대한, 3번 ~わけにもいかない는 ~할 수도 없다 라는 의미이므로 문맥상 정답이 아니다.

정답 4

04

1 からには　2 とあって
3 どころか　4 ばかりでなく

알맞은 기능어 찾기 ★★★

정답 찾기 이왕이면 다기능의 최신 냉장고를 원했던 필자가 구형에 다가 먼지마저 쌓여 있는 전시품일지라도 그날 중으로 배달이 된다는 이유로 전시품 냉장고를 사기로 결정했으므로 이유를 나타내는 2번 ~とあって(~라서, ~라고 해서)가 정답이다.

오답분석 1번은 ~한 이상은, 3번은 ~은커녕, ~은 물론, 4번은 ~뿐만 아니라는 의미이므로 문맥상 정답이 아니다.

복습 꼭! ~とあって(~라고 해서, ~라서)

정답 2

05

1 長い間ご苦労様でした
2 いつまでも壊さないように
3 これから宜しく頼みます
4 一生懸命働いていたのに

알맞은 표현 찾기 ★★★

선택지 해석 1 오랫동안 수고하셨습니다
2 언제까지나 망가뜨리지 않도록
3 앞으로 잘 부탁합니다
4 열심히 일하고 있었는데

정답 찾기 전반적으로 필자는 냉장고를 종종 의인화하고 있다는 것을 알 수 있는데 원하던 냉장고는 아니지만 고장 없이 오래 사용하고 싶은 심정을 담아 말하고 있고 냉장고가 まかせて下さい(맡겨 주세요, 걱정마세요) 라고 답하고 있으므로 부탁하는 의미가 되는 3번이 정답이 된다.

오답분석 정답 외에는 상대에게 부탁하는 표현이 없으므로 정답이 아니다.

정답 3

시나공 12 만점을 위한 문장 문법력 | 적중 예상 문제 ⑩

문제 다음 문장을 읽고 문장 전체의 취지에 입각하여 [1]에서 [5] 안에 들어갈 가장 좋은 것을 1・2・3・4 중에서 하나 고르세요.

少し前のことだが、台所の片隅で3、4本ひと括りしたバナナが黒くなっていた。「もったいない」との思いから、わが子に声をかけたら「いらんよ」、いとも簡単に返ってきた。そうなると、ついいつもの論法が飛び出す。「運動会や遠足のとき、一本のバナナを兄弟で半分ずつ…」と、[1]であったかを解説する。すると、「お父さん、そのバナナ、いくらか知ってる？」、逆に問いかけがくる。「[2]最近、バナナを買ったことがないなぁ」などと思っているうちに、「100円だよ」、予想外の答えが返ってきた。もちろんこの安さは、広告商品としての目玉価格であると解釈するが、スーパーにも100円均一コーナーがあることを、このやり取りによって知ることとなる。「バナナ価値」は暴落だ。

それでも、何かいい話はないものかと昔を振り返る。そうだ。例えば遠足のとき、先生が持参できるお菓子の金額などについて説明すると、「先生、バナナはおやつに入るんですか？」こんな質問が飛び出すことも珍しくなかった。もちろん、これはお笑いのネタなどではなく、質問者は実に大真面目で、「バナナがおやつに含まれるとなると、決められたおやつ代の中で、お菓子の割合が少なくなる。[3]バナナのない遠足などは考えにくい。できることなら、バナナをおやつにカウントしないでほしい。」これは、当時の子供たちにとっては極めて重要な事であり、バナナの存在はさように大きかったのだ。しかし、このような話を持ち出してみても、納得するのはこち

해석 얼마 전 일이지만 부엌 한구석에 네 개 한 묶음의 바나나가 시커멓게 변해 있었다. "아깝다"고 생각해서 아이에게 물었더니 "필요 없어"라고 일언지하에 거절당했다. 그러자 그만 평소의 논법이 튀어나온다. "운동회나 소풍 때, 한 개의 바나나를 형제가 반반씩…"라고 [1 얼마나 귀중한 음식]이었는지를 설명한다. 그러자 "아빠, 그 바나나 얼마인지 알아?" 반대로 질문이 날아든다. "[2 그러고 보니] 요즘 바나나를 산 적이 없구나"라고 생각하고 있는 사이에 "100엔이야" 예상 외의 대답이 돌아왔다. 물론 이렇게 저렴한 것은 광고상품용 미끼상품이기 때문이라고 생각했는데 슈퍼에도 100엔 균일가 코너가 있다는 것을 이 대화를 통해 알게 된다. 바나나 가격은 폭락했다.

그래도 뭔가 좋은 이야기는 없을까 하고 옛날을 회고한다. 맞아. 예를 들면 소풍 때 선생님이 지참할 수 있는 과자의 금액 등에 관해서 설명하면 "선생님, 바나나는 간식에 들어가나요?" 이런 질문이 튀어 나오는 일도 드물지 않았다. 물론, 이것은 만담의 소재 같은 것이 아니고 질문자는 너무 고지식해 "바나나가 간식에 포함된다면 정해진 간식비 중 과자의 비율이 줄어든다. [3 그렇다고 해서] 바나나 없는 소풍은 생각하기 어렵다. 할 수만 있다면 바나나를 과자에 포함시키지 않으면 좋겠다." 이는 당시 어린이들에게는 매우 중요한 일이었고 바나나의 존재는 그렇게 컸던 것이다. 그러나 이런 얘기를 꺼내봤자 납득하는 것은 본인뿐이고 상대에게는 그야말로 '우스운 이야기'의 한 종류에 불과해 목적인 '바나나의 가치'에 대한 [4 설명에는 걸맞지 않다]. 오히려 100엔이라는 알기 쉬운 '가치' 앞에 내가 수긍해버리는 형편이다.

이처럼 '가치'라고 하는 것은 텔레비전의 영향도 물론이지만 시대의 변천에 의해서도 모습을 바꾼다. 하물며 어지럽게 변화하는 현대사회에서는 당연히 '가치관'은 '다양화'되기만 한다. 그런 현상을 눈으로 직접 볼 때 앞서 언급한 '바나나의 가치'는 차치하고 선조로부터 이어 받은 보편적 가치관을 다음 세대로 어떻게 전달할지는 중요한 과제다. '도시개발'의 의미를 '지역의 가치를 창조해 나가는 프로세스'라고 한다면 향후 우리에게 요구되는 것은 지금까지 이상으로 새로운 '가치'를 창조하기 위한 유연한 발상력과 어떤 세상이라도 변하지 않는 '가치관'을 존중할 수 있는 감각을 겸비하는 [5 것이다].

らばかりで、相手にとってはそれこそ「笑いばなし」の類いに過ぎず、目的である「バナナの価値」の[4]。それどころか、逆に100円という分かりやすい「価値」の前にこちらが納得をしてしまう始末だ。

このように「価値」というものは、テレビの影響もさることながら、時代の変遷によっても姿を変える。ましてや、めまぐるしく変化する現代社会においては、まさに「価値観」は「多様化」する一方だ。そうした現状を目の当たりにするとき、前述の「バナナの価値」はさておき、先人から引き継ぐ普遍的な価値観を、次世代へどう繋ぐかは重要な課題だ。「まちづくり」の意味を「地域の価値を創造していくプロセス」とすれば、今後私たちに求められるのは、今まで以上に新たな「価値」を創造するための柔軟な発想力と、いつの世も変わることのない「価値観」を尊重できる感覚を合わせ持つ[5]。

어휘 **片隅(かたすみ)** 한쪽 구석 | **ひと括(くく)り** 한데 묶음, 일괄 | **もったいない** 아깝다 | **声(こえ)をかける** 부르다, 말을 걸다 | **論法(ろんぽう)** 논법 | **飛(と)び出(だ)す** 뛰어나오다, 튀어나오다 | **解説(かいせつ)する** 해설하다 | **すると** 그러자, 그렇다면 | **予想外(よそうがい)** 예상외, 뜻밖 | **広告(こうこく)** 광고 | **目玉(めだま)** 상점 등에서, 손님의 주의를 끌기 위한 특가품 | **解釈(かいしゃく)する** 해석하다 | **均一(きんいつ)コーナー** 균일가 코너 | **やり取(と)り** 주고받음, 교환함 | **価値(かち)** 가치, 값 | **暴落(ぼうらく)** 폭락 | **それでも** 그래도, 그런데도 | **振(ふ)り返(かえ)る** 돌아다보다, 회고하다 | **持参(じさん)する** 지참하다 | **金額(きんがく)** 금액 | **おやつ** 간식 | **珍(めずら)しい** 드물다, 희귀하다, 귀하다 | **ネタ** 이야깃거리, 기삿거리, 자료 | **含(ふく)む** 포함하다, 함유하다 | **おやつ代(だい)** 간식비 | **割合(わりあい)** 비율 | **極(きわ)めて** 극히, 더없이 | **存在(そんざい)** 존재 | **持(も)ち出(だ)す** 가지고 나오다, 반출하다 | **納得(なっとく)** 납득 | **影響(えいきょう)** 영향 | **時代(じだい)** 시대 | **変遷(へんせん)** 변천 | **ましてや** 더구나, 하물며 | **めまぐるしい** 빠르다, 어지럽다, 변화가 빨라 따라갈 수 없다 | **まさに** 틀림없이, 확실히, 바로 | **価値観(かちかん)** 가치관 | **多様化(たようか)** 다양화 | **目(め)の当(あ)たりにする** 눈앞에서 직접 보다 | **前述(ぜんじゅつ)** 전술 | **引(ひ)き継(つ)ぐ** 이어받다, 물려받다, 계승하다 | **普遍的(ふへんてき)** 보편적 | **繋(つな)ぐ** 잇다, 연결하다, 묶다 | **課題(かだい)** 과제 | **創造(そうぞう)する** 창조하다 | **求(もと)める** 바라다, 요구하다 | **新(あら)た** 새로움 | **柔軟(じゅうなん)だ** 유연하다 | **発想力(はっそうりょく)** 발상력 | **尊重(そんちょう)** 존중 | **感覚(かんかく)** 감각 | **合(あ)わせ持(も)つ** (좋은 성질 속성 등을) 겸비하다

01

1 果たして安い果物
2 いかに貴重な食べ物
3 どんなに美味しくないもの
4 どれほど平凡なバナナ

알맞은 표현 찾기 ★★★

선택지 해석 1 과연 싼 과일 2 얼마나 귀중한 음식 3 아무리 맛이 없는 것 4 얼마만큼 평범한 바나나

정답 찾기 앞 내용을 보면 운동회나 소풍 같은 특별한 때에만 하나의 바나나를 형제가 반반씩 나누어 가졌다고 적혀 있으므로 그만큼 바나나가 비싼 고급 과일이라는 뜻이므로 2번이 정답이 되어야 한다.

오답분석 정답 외에는 문맥과 어울리지 않으므로 정답이 아니다.

정답 2

02

1 かえって　2 そういえば
3 ただし　4 おそらく

알맞은 표현 찾기 ★★

정답 찾기 대화의 흐름을 보면 필자가 미리 준비한 말이 아니라 바나나의 가격을 묻는 아이의 돌발적인 질문으로 자신이 최근에 바나나를 산 적이 없다는 사실을 생각하게 된 것이므로 문득 떠오른 내용이나 상대의 말로 인해 생각난 것을 화제로 삼을 때 사용하는 2번 そういえば(그러고 보니)가 정답이 된다.

오답분석 1번은 도리어, 오히려, 3번은 단, 다만, 4번은 아마, 어쩌면 이라는 의미로 문맥상 정답이 될 수 없다.

정답 2

03

1 だからといって　2 だからこそ
3 それゆえに　4 ょっとすると

알맞은 기능어 찾기 ★★

정답 찾기 앞의 문장의 내용을 보면 소풍에 가져갈 수 있는 간식의 금액이 정해져 있으므로 비싼 바나나가 간식에 포함되면 소풍에 필수인 과자를 많이 가져갈 수 없게 되므로 일반적이라면 바나나를 빼

야 하는데 공란 뒤를 보면 바나나도 포기할 수 없다고 말하고 있으므로 보통 예상되는 것을 부정할 때 사용하는 1번 だからといって(그렇다고 해서)가 정답이 된다.

오답분석 2번은 그렇기 때문에, 3번은 그 때문에, 4번은 어쩌면, 혹시 라는 의미이므로 문맥상 정답이 될 수 없다.

정답 1

04

1 説明になりうる　2 説明しようとしない

3 説明に十分であろう　4 説明には程遠い

알맞은 표현 찾기 ★★★

선택지 해석 1 설명이 될 수 있다　2 설명하려 하지 않는다　3 설명하기에 충분할 것이다　4 설명에는 걸맞지 않다

정답 찾기 공란 앞의 내용을 보면 필자가 아무리 자신의 어릴 때 이야기를 통해 바나나의 귀중함을 말해도 경험하지 못한 자신의 아이들의 공감대를 얻지 못할 것이라고 깨닫고 있으므로 설명이 되지 않는다는 의미가 되는 4번이 정답이 된다.

오답분석 정답 외에는 문맥상 맞지 않아 정답이 아니지만 중요표현을 살펴보면 1번 ～うる는 ～할 수 있다, 2번 ～(よ)うとする는 ～하려고 하다, 3번 ～であろう는 ～だろう의 문어체로 ～일 것이다는 의미이다.

정답 4

05

1 ことになってはいけないらしい

2 ことになると考えるはずだ

3 ことにほかならない

4 こともあるべきである

알맞은 표현 찾기 ★★★

선택지 해석 1 ～하게 되어서는 안 되는 것 같다
2 ～하게 될 것이라고 생각할 것이다
3 ～하는 것이다
4 ～하는 경우도 있어야 한다

정답 찾기 바나나로 시작한 이야기이지만 마지막 단락을 보면 필자는 도시개발에 대해 어떤 자세로 임해야 하는지를 말하려고 하는데 새로운 가치를 만들어 내면서 기존의 가치도 소중하게 생각하자고 주장하고 있다. 그러므로 화자의 판단을 강조해서 나타내는 3번이 정답이 된다.

오답분석 정답 외에는 문맥상 부적절하지만 중요표현을 살펴보면 1번 ～ことになる는 ～하게 되다, 2번 ～はずだ는 ～할 터이다, ～할 것이다, 4번 ～べきだ는 ～해야 한다는 의미이다.

정답 3

실전 모의고사
정답과 해설

:: 시나공 문법 ::

정답 한눈에 보기

실전 모의고사 1회

문제 5	01 3	02 4	03 1	04 1	05 1	06 3	07 4	08 1
	09 2	10 3						
문제 6	11 4	12 3	13 1	14 1	15 4			
문제 7	16 3	17 1	18 4	19 2	20 1			

실전 모의고사 2회

문제 5	01 1	02 2	03 4	04 1	05 3	06 1	07 1	08 3
	09 2	10 2						
문제 6	11 4	12 1	13 2	14 1	15 3			
문제 7	16 3	17 2	18 4	19 1	20 3			

실전 모의고사 3회

문제 5	01 2	02 4	03 3	04 1	05 4	06 1	07 3	08 4
	09 2	10 4						
문제 6	11 4	12 1	13 4	14 3	15 1			
문제 7	16 2	17 3	18 1	19 4	20 1			

실전 모의고사 | 1회

문제 5 다음 문장의 ( )에 들어갈 가장 알맞은 말을 1 · 2 · 3 · 4 중에서 하나를 고르세요.

01 震災で、ふるさとを離れて、今なお避難生活( )余儀なくされている人々が約1万人に上っているという。

1 で　2 と
3 を　4 に

적절한 조사 찾기 ★★★

해석 지진재해로 고향을 떠나 지금도 어쩔 수 없이 피난생활**(을)** 하고 있는 사람들이 약 1만 명에 달하고 있다고 한다.

정답 찾기 단순한 조사 문제처럼 보이지만 공란 뒤의 余儀(よぎ)가 결정적인 단서가 되어 다른 방법이 없어, 어쩔 수 없이 ~하다는 의미인 ~を余儀なくされる를 묻고 있음을 알 수 있으므로 3번이 정답이 된다.

오답분석 정답 외에는 문법적으로 맞지 않으므로 정답이 아니다.

복습 꼭! ~を余儀なくされる(어쩔 수 없이 ~하다)

어휘 震災(しんさい) 지진재해 | 離(はな)れる 멀어지다, 떠나다 | 避難(ひなん) 피난 | 上(のぼ)る 오르다, 달하다

정답 3

---

02 不況( )社員の息抜きは欠かせないので、社員旅行を敢行する企業も少なくない。

1 と思いきや　2 なしには
3 にかかわる　4 といえども

적절한 기능어 찾기 ★★

해석 불황**(이라 할지라도)** 사원들의 기분전환은 빠뜨릴 수 없으므로 사원여행을 감행하는 기업도 적지 않다.

정답 찾기 단순히 해석으로 자연스러운 표현을 찾기 보다는 문맥을 잘 파악할 수 있어야 하는데 불황(不況)인 현재 상황과는 어울리지 않게 사원여행(社員旅行)을 감행한다고 말하고 있으므로 역접이나 양보를 나타내는 4번이 정답임을 알 수 있다.

오답분석 1번은 ~라고 생각했더니, ~한 줄 알았는데, 2번은 ~없이는, ~가 없으면, 3번 ~에 관계되는 이라는 의미이므로 문맥상 정답이 아니다.

복습 꼭! ~といえども(~이라 해도, ~이라 할지라도)

어휘 不況(ふきょう) 불황 | 息抜(いきぬ)き 잠시 쉼, 휴식 | 欠(か)かす 빠뜨리다, 거르다 | 敢行(かんこう)する 감행하다 | 企業(きぎょう) 기업

정답 4

---

03 自然を保護するため( )、人の出入りを制限してもやむを得ないと思う。

1 とあれば　2 にもまして
3 ところを　4 とあっても

적절한 기능어 찾기 ★★

해석 자연을 보호하기 위해서**(라면)** 사람의 출입을 제한하더라도 어쩔 수가 없다고 생각한다.

정답 찾기 공란 앞에 있는 목적을 나타내는 ~ため(~위함)를 통해서 주로 ~ため와 함께 A라면 B할 수밖에 없다, ~해야 한다 라고 가정을 나타내는 1번이 정답임을 알 수 있다.

오답분석 2번은 ~을 포함해서, 3번은 ~에 따라서, 4번은 ~라고 해도 라는 의미로 문맥상 정답이 아니다.

복습 꼭! ~とあれば(~라면)

어휘 自然(しぜん) 자연 | 保護(ほご)する 보호하다 | 出入(でい)り

출입 | 制限(せいげん)する 제한하다 | やむを得(え)ない 어쩔 수 없다

정답 1

04 田中君は、時間の経つのも忘れ実験に没頭していたが、笑みをたたえているところを見ると、(　　)実験がうまくいったようだ。

1 どうやら　　2 必ずしも

3 まさか　　4 いったい

적절한 부사 찾기 ★★★

해석 다나카 군은 시간 가는 줄도 모르고 실험에 몰두하고 있었는데 미소를 띠고 있는 것을 보면 **(아무래도)** 실험이 잘 된 것 같다.

정답 찾기 선택지를 보면 부사 문제임을 알 수 있는데 공란 앞의 주관적 추측의 근거를 나타내는 ～ところを見ると와 문미의 불확실한 단정을 나타내는 ～ようだ를 통해 1번 どうやら(아무래도, 아마)가 정답임을 알 수 있다.

오답분석 2번(반드시)은 부정문에, 4번(도대체)은 의문문에 사용되며 3번은 설마 라는 의미이므로 정답이 아니다.

복습 꼭! ～ところを見ると (～한 것을 보면)

어휘 経(た)つ 경과하다 | 実験(じっけん) 실험 | 没頭(ぼっとう)する 몰두하다 | 笑(え)み 웃음, 미소 | たたえる 띄우다, 나타내다

정답 1

05 (手紙で)年末に向け、何かとご多忙のことと(　　)が、皆様健康には十分注意してお過ごしくださいませ。

1 存じます　　2 申し上げます

3 なさいます　　4 おいでになります

적절한 경어동사 찾기 ★★★

해석 (편지에서) 연말을 맞이하여 여러 가지로 바쁘**(시겠지만)** 여러분 건강에는 충분히 주의하며 지내십시오.

정답 찾기 선택지를 보면 경어와 관련된 문제임을 알 수 있는데 경어는 관용적으로 사용되는 형태도 많은데 이 문제에서도 공란 앞의 ～ことと를 통해 ～と思う(～라고 생각한다)를 정중하게 표현할 때 사용하는 ～ことと存(ぞん)じます임을 알 수 있으므로 정답은 1번이다.

오답분석 2번은 言う의 겸양어, 3번은 する의 존경어, 4번은 行く, 来る, いる의 존경어로 문맥상 정답이 아니다.

복습 꼭! 存(ぞん)じる (생각하다, 알다)

어휘 年末(ねんまつ) 연말 | 何(なに)かと 여러 가지로 | 多忙(たぼう) 매우 바쁨 | 健康(けんこう) 건강

정답 1

06 (広告で)本店は専門店(　　)品揃えと接客で、お客様のご期待におこたえいたします。

1 によらず　　2 にあって

3 ならではの　　4 ならともかく

적절한 기능어 찾기 ★★★

해석 (광고에서) 본점은 전문점**(이기에 가능한)** 다양한 제품과 접객 서비스로 손님들의 기대에 부응하겠습니다.

정답 찾기 문제를 보면 자신의 가게가 전문점인 점을 부각시켜 선전하고 있으므로 사람이나 조직, 장소 등에 접속되어 대상을 높이 평가할 때 사용하는 3번이 정답임을 알 수 있다.

오답분석 1번은 ～에 관계없이, ～에 의하지 않고, 2번은 ～에서, ～에 있어서, 4번은 ～라면 몰라도 라는 의미이므로 문맥상 정답이 아니다.

복습 꼭! ～ならではの(～이 아니고서는 안 되는, ～에서 만의)

어휘 広告(こうこく) 광고 | 専門店(せんもんてん) 전문점 | 品揃(しなぞろ)え 상품이 골고루 갖춰져 있음 | 接客(せっきゃく) 접객 | 期待(きたい) 기대

정답 3

07 幼稚園の子供(　　　)自分の身の回りの始末ぐらいは自分でやりなさい。

1 をかわきりに　　2 をもとに
3 にすぎず　　4 じゃあるまいし

적절한 기능어 찾기 ★★★

해석 유치원 아이**(도 아니고)** 자신의 신변 정리 정도는 스스로 해라.

정답 찾기 공란 앞의 子供와 문미의 스스로 해라를 통해 화자가 말하고 있는 대상이 어린이가 아님을 파악할 수 있어야 한다. 그러므로 ~가 아님을 강조하여 비난, 충고, 주의, 명령 등을 나타낼 때 사용하는 4번이 정답이 된다.

오답분석 1번은 ~을 시작으로, ~부터 시작해서, 2번은 ~을 근거로, ~을 기초로, 3번은 ~에 불과하고 라는 의미이므로 문맥상 정답이 아니다.

> 복습 꼭! ~ではあるまいし・~じゃあるまいし(~도 아니고, ~도 아니니까)

어휘 幼稚園(ようちえん) 유치원 | 身(み)の回(まわ)り 신변의 일 | 始末(しまつ) 형편, 처리

정답 4

---

08 この町は紅葉で有名で、シーズン(　　　)山奥にもかかわらず見物客の車やバイクで大変込み合う。

1 ともなれば　　2 をよそに
3 をもって　　4 となるからには

적절한 기능어 찾기 ★★★

해석 이 마을은 단풍으로 유명해서 시즌**(이라도 되면)** 깊은 산속임에도 불구하고 관광객 차량과 오토바이로 대단히 북적거린다.

정답 찾기 선택지 모두 명사에 접속될 수 있으므로 문맥으로 접근해야 하는데 문두에 단풍이 유명하다와 문미의 붐비다를 통해 단풍이 유명한 마을에 상응하는 결과가 묘사되어 있으므로 정답은 1번이 된다.

오답분석 2번은 ~을 아랑곳하지 않고, 3번은 ~으로, ~을 끝으로, 4번은 ~가된 이상은 이라는 의미이므로 문맥상 정답이 아니다.

> 복습 꼭! ~ともなれば・~ともなると(~정도 되면, ~라도 되면)

어휘 紅葉(もみじ) 단풍 | 山奥(やまおく) 깊은 산속 | ~にもかかわらず ~에도 불구하고 | 見物客(けんぶつきゃく) 구경꾼 | 込(こ)み合(あ)う 붐비다

정답 1

---

09 力仕事は若いうちはいいが、いつまでも続けられないので、年を取って自分には出来ないことは他人に(　　　)。

1 やれるに決まっている
2 やってもらうしかない
3 やれないこともない
4 やってしまうきらいがある

적절한 활용형태 찾기 ★★★

해석 힘쓰는 일은 젊을 때는 괜찮지만 언제까지나 계속할 수 없기 때문에 나이를 먹어 자신이 할 수 없는 것은 타인에게 **(부탁할 수밖에 없다)**.

정답 찾기 문맥을 파악해 보면 나이가 들면 힘든 일은 어쩔 수 없이 필연적으로 타인의 도움을 받을 수밖에 없다고 말하고 있음을 알 수 있는데 やる의 주체인 他人(타인) 뒤에 조사 ~に가 있으므로 ~てもらう(~해 받다)와 ~しかない(~할 수밖에 없다)가 합쳐진 2번이 정답이 된다.

오답분석 1번 ~に決(き)まっている는 당연히 ~이다, ~일 것이 틀림없다, 3번은 ~ないこともない는 ~하지 못하는 것도 아니다, ~하기는 하다, 4번 ~きらいがある는 ~하는 경향이 있다는 의미이므로 문맥상 정답이 아니다.

어휘 力仕事(ちからしごと) 힘쓰는 일 | 他人(たにん) 타인

정답 2

10 勉強時間は、(　　　)。十分な睡眠時間を確保しながら短時間にしっかり集中して勉強した方が身につくと思う。

1 長くしようがない
2 長いことだと言ってもおかしくない
3 長ければいいというものではない
4 長いに越したことはない

의미적 호응관계 파악하기 ★★★

해석 공부시간은 **(길다고 좋은 것은 아니다)**. 충분한 수면시간을 확보하면서 단시간에 제대로 집중해서 공부하는 편이 학습이 잘된다고 생각한다.

정답 찾기 선택지를 보면 이미 완성된 형태이므로 문맥을 통해 해결해야 하는데 후문을 보면 화자는 공부는 짧은 시간에 집중해서 하는 편이 좋다고 말하고 있으므로 ～ばいい(～하면 된다, ～하면 좋다)와 어떤 사항에 대한 전면적 부정을 나타내는 ～というものではない(～라는 것은 아니다)가 합쳐진 3번이 정답이 된다.

오답분석 1번은 길게 할 방도가 없다, 2번은 긴 것이라고 해도 이상하지 않다, 4번은 긴 것보다 나은 것은 없다는 의미이므로 문맥상 정답이 될 수 없다.

어휘 睡眠(すいみん) 수면 | 確保(かくほ)する 확보하다 | 短時間(たんじかん) 단시간 | 集中(しゅうちゅう)する 집중하다 | 身(み)につく 익혀지다

정답 3

문제 6 다음의 문장에서 ＿★＿ 안에 들어갈 가장 알맞은 표현을 1·2·3·4 중 한 개만 고르시오.

11 これほど繊細でパワフルに歌える＿＿ ＿★＿ ＿＿ ＿＿いないだろう。

1 おいて　　2 歌手は
3 ほかには　　4 彼を

단어 바르게 배열하기 ★★

문장 배열 これほど繊細でパワフルに歌える 歌手は(2) 彼を(4) おいて(1) ほかには(3) いないだろう。

해석 이렇게 섬세하고 힘있게 노래 부를 수 있는 가수는 그 사람 이외에는 없을 것이다.

정답 찾기 선택지의 1번을 통해 대상을 높이 평가할 때 사용하는 ～をおいて의 끊어진 형태임을 알 수 있으므로 4-1이 되어야 하고 후문에는 ～ほかに(は)～ない 형태가 오는 경우가 많으므로 3번과 연결되어 마지막 칸에 들어가면 된다. 마지막으로 2번은 명사가 필요한 첫 번째 칸에 들어가 주어의 역할을 하도록 하여 전체적으로 나열하면 2-4-1-3이 되어 정답은 4번이다.

복습 꼭! ～をおいて (～이외에는, ～을 제외하고서는)

어휘 繊細(せんさい)だ 섬세하다 | 歌手(かしゅ) 가수

정답 4

12 政府は、訓練が計画どおり、滞りなく行われている＿＿ ＿＿ ＿★＿ ＿＿遺憾を表明した。

1 制限があるかのように
2 にもかかわらず
3 報じられた
4 ことに対して

단어 바르게 배열하기 ★★

문장 배열 政府は、訓練が計画どおり、滞りなく行われている にもかかわらず(2) 制限があるかのように(1) 報じられた(3) ことに対して(4) 遺憾を表明した。

해석 정부는 훈련이 계획대로 차질 없이 진행되고 있음에도 불구하고 제한이 있는 것처럼 보도된 것에 대해 유감을 표명했다.

정답 찾기 먼저 선택지 중에서 비유를 나타내는 ～かのように(～인 것처럼)가 있는 1번 뒤에는 동사가 필요하므로 1-3이 되어 명사인 4번을 수식하게 하면 된다. 그리고 앞 사항과는 상반되는 행위를 나타내는 2번 ～にもかかわらず(～에도 불구하고)는 명사나 보통

형이 필요하므로 첫 번째 칸에 넣어 전체적으로 나열하면 2-1-3-4가 되어 정답은 3번이다.

복습 꼭! ～かのように(～인 것처럼) / ～にもかかわらず(～에도 불구하고)

어휘 政府(せいふ) 정부 | 訓練(くんれん) 훈련 | 滞(とどこお)り 정체, 막힘 | 制限(せいげん) 제한 | 報(ほう)ずる 보답하다, 보도하다 | 遺憾(いかん) 유감 | 表明(ひょうめい)する 표명하다

정답 3

---

13 子供は ＿＿ ＿＿ ★ ＿＿ の感覚が薄いのである。

1 自己防衛　2 幼いが
3 について　4 ゆえに

단어 바르게 배열하기 ★★★

문장 배열 子供は 幼いが(2) ゆえに(4) 自己防衛(1) について(3) の感覚が薄いのである。

해석 아이는 어리기 때문에 자기방어에 관한 감각이 부족한 것이다.

정답 찾기 먼저 이유를 나타내는 4번 ～ゆえに는 용언에 접속되는 경우 ～がゆえに 형태가 되기도 하므로 2-4가 되어야 한다. 그리고 명사가 필요한 3번 ～について(～에 관해서)는 당연히 1번과 짝이 되어 문맥상 마지막 칸에 들어가 뒤에 명사를 수식하는 것이 적절하므로 전체적으로 나열하면 2-4-1-3이 되어 정답은 1번이 된다.

복습 꼭! ～ゆえに(～ 때문에, ～이니까)

어휘 幼(おさな)い 어리다 | 自己(じこ) 자기 | 防衛(ぼうえい) 방위, 방어 | 感覚(かんかく) 감각

정답 1

---

14 企業は社会の ＿＿ ＿＿ ★ ＿＿ 生き残れない。

1 得ること　2 共感を
3 なしには　4 信頼と

단어 바르게 배열하기 ★★★

문장 배열 企業は社会の 信頼と(4) 共感を(2) 得ること(1) なしには(3) 生き残れない。

해석 기업은 사회의 신뢰와 공감을 얻지 않고서는 살아남을 수가 없다.

정답 찾기 3번 ～なしには(～없이는, ～하지 않고서는)는 명사에 접속되지만 동사에 접속되는 경우 ～ことを 필요로 하므로 1-3이 됨을 알 수 있다. 그리고 나열의 ～と가 있는 4번은 2번과 짝이 되어 타동사인 1번의 목적어가 되면 되므로 전체적으로 나열하면 4-2-1-3이 되므로 정답은 1번이다.

복습 꼭! ～なしには・～ことなしには(～없이는, ～하지 않고서는)

어휘 企業(きぎょう) 기업 | 共感(きょうかん) 공감 | 信頼(しんらい) 신뢰 | 得(え)る 얻다 | 生(い)き残(のこ)る 살아남다

정답 1

---

15 パソコンが壊れて、古いノートパソコンを ＿＿ ＿＿ ★ ＿＿ 結局使えなかった。

단어 바르게 배열하기 ★★★

문장 배열 パソコンが壊れて、古いノートパソコンを 引っ張り出してきて(2) 仕事に使おうとしたが(1) 最新のソフトが(4)

1 仕事に使おうとしたが

2 引っ張り出してきて

3 インターネットの設定ができなかったりで

4 最新のソフトが入っていなかったり

入っていなかったり インターネットの設定ができなかったりで 結局使えなかった。

해석 컴퓨터가 고장나 옛날 노트북을 꺼내서 업무에 사용하려고 했지만 최신 소프트웨어가 깔려 있지 않거나 인터넷 설정을 할 수 없거나 해서 결국 사용하지 못했다.

정답 찾기 길고 복잡해 보이지만 기초문법 지식으로 의외로 간단히 나열할 수 있다. 먼저 나열의 ～たり～たりする(～하거나 ～하거나 하다)는 する 대신 ～で를 사용할 수도 있으므로 4-3이 되어야 함을 쉽게 알 수 있다. 그리고 ～を가 있어서 타동사가 필요한 첫 번째 칸에는 1번과 2번이 모두 들어갈 수 있으나 문맥상 2-1이 되는 것이 적절하므로 전체적으로 나열하면 2-1-4-3이 되어 정답은 4번이 된다.

복습 꼭! ～たり～たりする(～하거나 ～하거나 하다)

어휘 壊(こわ)れる 부서지다, 고장 나다 | 引(ひ)っ張(ぱ)り出(だ)す 끌어내다 | 設定(せってい) 설정 | 結局(けっきょく) 결국

정답 4

문제 7 다음 문장을 읽고 문장 전체의 취지에 입각하여 16 에서 20 안에 들어갈 가장 좋은 것을 1·2·3·4 중에서 하나 고르세요.

体験は自分で直接見たり聞いたり触れたりやってみること。だから、たとえば海外旅行に行けば誰でも海外旅行体験者になれる。でも、 16 海外旅行経験者だと胸は張れない。

海外旅行に行ったことはあっても、それが至れり尽くせりのパック旅行だったりすると、チケットの買い方や出入国の仕方、ホテルのチェックインの方法も 17 。しかし個人旅行やカップルで行動する新婚旅行ではそうはいかない。何もできなければ花嫁に愛想をつかされるかもしれない。

経験という場合には、 18 自分でやってみたり感じるだけでは不十分で、そこから知的な何かを掴みとることが必要になる。現場に放り込まれたら、嫌でもそこでやってゆくためにノウハウを身につける必要が出てくる。そうなれば、体験＝経験となる。しかしもちろん、そうならないこともある。

結婚して子供が出来れば親にはなれる。いや結婚しなくても親にはなれる。だが、この段階では親を 19 。よく考えてみると、体験の段階

해석 체험은 스스로 직접 보거나 듣거나 만지거나 해 보는 것. 그러므로 예를 들면 해외여행을 가면 누구라도 해외여행 체험자가 될 수 있다. 그렇지만 16 그것만으로는 해외여행 경험자라고 당당하게 말할 수 없다.

해외여행을 간 적이 있더라도 그것이 모든 것을 대신해주는 패키지여행이거나 하면 티켓을 사는 법이나 출입국 하는 법, 호텔의 체크인 방법도 17 몰라도 되기도 한다. 그러나 개인여행이나 커플로 행동하는 신혼여행에서는 그렇게는 되지 않는다. 아무것도 하지 못하면 신부가 싫어할지도 모른다.

경험이라고 할 경우에는 18 단지 스스로 해 보거나 느끼거나 하는 것으로는 충분하지 않고 그것으로부터 지적인 무엇인가를 얻는 것이 필요하다. 현장에 내던져지면 싫더라도 그곳에서 헤쳐 나가기 위해서 노하우를 익힐 필요가 생겨난다. 그렇게 되면 체험=경험이 된다. 그러나 물론 그렇게 되지 않는 경우도 있다.

결혼해서 아이가 생기면 부모는 될 수 있다. 아니 결혼하지 않아도 부모는 될 수 있다. 그러나 이 단계에서는 부모를 19 체험하고 있는 것에 불과하다. 곰곰히 생각해 보면 체험의 단계에 있는 것은 '부모로서의 자신'뿐만 아니라 '자식으로서의 자신'도 그렇다고 생각한다.

자식을 키우고 있으면 어릴 적의 부모의 마음을 잘 알 수 있다고 말하는 사람이 있다. 그래서 자신이 어릴 적에 부모가 어떤 마음으로 키우고 있었는지를 이해할 수 있게 된다. 이것은 시간이 지나고 나서 '자식으로서의 자신'을 경험하는 결과가 된다.

자식을 체험하고서 어른이 되고, 부모를 체험하면서 '자식을 경험'한다. 그렇다면 부모를 경험할 때는 어떤 때일까? 그것은 자식의 마음을 이해할 수 있을 때인지도 모른다. 그러나 대부분의 경우 부모로서의 경험을 쌓아 육아의 노하우를 20 몸에 익혔을 무렵에는 육아는 끝나 있다.

にあるのは「親としての自分」のみならず、「子供としての自分」もそうなんだと思う。

子供を育てていると、子供の頃の親の気持ちが良く分かる、という人がいる。そこで、自分が子供の頃に、親にどんな気持ちで育てられていたのかが、理解できるようになる。これは時を経てから、「子供としての自分」を経験していることになる。

子供を体験して大人になり、親を体験しながら「子供を経験」する。それならば、親を経験するときはどんなときなのだろうか。それは子供の気持ちを理解できたときかもしれない。しかし多くの場合、親としての経験を積み、子育てのノウハウを［20］には、子育ては終わっている。

어휘 **至(いた)れり尽(つ)くせり** 극진함, 더할 나위 없음, 빈틈없이 짜여 있음 | **パック旅行(りょこう)** 패키지여행 | **出入国(しゅつにゅうこく)** 출국과 입국(출입국) | **チェックイン** 체크인(check in) | **新婚旅行(しんこんりょこう)** 신혼여행 | **花嫁(はなよめ)** 신부 | **愛想(あいそう)をつかす** 정나미가 떨어지다 | **掴(つか)みとる** 손에 넣다, 차지하다 | **放(ほう)り込(こ)む** 던져 넣다, 집어넣다 | **ノウハウ** 노하우, 요령 | **身(み)につける** 습득하다, 익히다 | **積(つ)む** 쌓다 | **子育(こそだ)て** 육아

16

1 それどころか　　2 その結果
3 それだけでは　　4 そういう

알맞은 표현 찾기 ★★★

정답 찾기 문맥을 먼저 파악해 보면 공란 앞에는 앞에서 말한 사항에 대한 반론, 변명, 상반되는 사항 등을 나타내는 접속사 でも(그럴지라도, 그래도)가 있고 문미에는 당당하게 말할 수 없다 라고 적혀있으므로 앞에서 언급한 사항만으로는 부족하다는 의미가 되는 3번 それだけでは(그것만으로는)가 정답이 된다.

오답분석 1번은 그렇기는커녕, 그뿐 아니라, 2번은 그 결과, 4번은 그러한 이라는 의미이므로 문맥상 정답이 될 수 없다.

정답 3

17

1 知らずに済んだりする
2 知らなくて良かった
3 知ってもさしつかえない
4 知り尽くしているだろう

알맞은 표현 찾기 ★★

선택지 해석 1 몰라도 되기도 한다　2 몰라서 다행이었다
3 알아도 상관없다　4 전부 알고 있을 것이다

정답 찾기 앞 문장은 패키지여행에 관한 내용임을 파악할 수 있어야 하는데 패키지여행의 경우 여행사에서 여러 절차를 전부 대신해 주기 때문에 공란 앞에 나오는 출입국, 체크인 방법 등을 모른다는 의미가 되어야 하므로 ~하지 않아도 된다, ~하지 않고서 해결되다, ~하지 않아도 문제는 없다는 것을 나타내는 ~ずに済(す)む가 사용된 1번이 정답이다.

오답분석 2번 ~てよかった는 ~해서 다행이다, ~하길 잘했다, 3번 ~てもさしつかえない는 ~해도 상관없다, ~해도 지장이 없다, 4번 ~尽(つ)くす는 끝까지 ~하다, ~하여 버리다는 의미이므로 문맥상 정답이 될 수 없다.

정답 1

18

1 それなら　　2 その上で
3 ゆえに　　4 ただ

알맞은 부사 찾기 ★★★

정답 찾기 해석을 통해서도 정답을 찾을 수 있지만 공란 뒤에 ~だけでは가 사용되고 있으므로 주로 한정을 나타내는 ~ばかり, ~のみ, ~だけ와 같이 사용되는 4번 ただ(그저, 오직, 오로지)가 정답이 된다.

오답분석 1번은 그렇다면, 그러면, 2번은 그리고 나서, 그런 후에, 3번은 그러므로, 따라서 라는 의미이므로 문맥상 정답이 아니다.

정답 4

19

1 体験してみたくてしかたがない

2 体験しているに過ぎない

3 体験するのかと思った

4 体験させられるおかげだ

알맞은 기능어 찾기 ★★

선택지 해석 1 체험해 보고 싶어 못 견디겠다
2 체험하고 있는 것에 불과하다
3 체험하는 줄 알았다
4 억지로 체험하게 한 덕분이다

정답 찾기 앞 문장의 ～親にはなれる(～부모는 될 수 있다)와 접속사 だが(그러나, 그렇지만)을 통해 문맥상 부모가 될 수는 있지만 충분하지 않다는 의미의 표현이 필요함을 알 수 있으므로 정도의 낮음을 강조하는 ～に過(す)ぎない(～에 불과하다, ～에 지나지 않다)가 사용된 2번이 정답이 된다.

오답분석 1번 ～てしかたがない는 ～해서 어쩔 수가 없다, 매우 ～하다, 3번 ～かと思った는 ～한 줄 알았다, 4번 ～おかげだ는 ～덕분이다는 의미이므로 문맥상 정답이 아니다.

정답 2

20

1 身につける頃

2 身につく前の頃

3 身につけようとする頃

4 身につきもしない頃

알맞은 표현 찾기 ★★★

선택지 해석 1 몸에 익혔을 무렵 2 몸에 익기 전 무렵
3 몸에 익히려고 할 무렵 4 몸에 익지도 않을 무렵

정답 찾기 문맥을 살펴보면 공란 앞의 육아의 노하우와 문미의 육아는 끝나 있다를 통해 육아의 노하우를 습득해 육아를 정말 잘 할 수 있게 되었을 때는 아이러니하게 이미 아이가 성장해 버려 그 노하우를 사용하지 못한다는 말이므로 1번이 정답이 되어야 한다.

오답분석 공란 앞에 목적격 조사 ～を가 있으므로 자동사인 身(み)につく(익혀지다, 제것이 되다)가 사용된 2번과 4번은 제외시켜야 하고 3번 ～(よ)うとする는 ～하려고 하다는 의미이므로 문맥상 정답이 아니다.

정답 1

실전 모의고사 | 2회

문제 5 다음 문장의 (　　　)에 들어갈 가장 알맞은 말을 1 · 2 · 3 · 4 중에서 하나를 고르세요.

01 ファン(　　　)プロ野球だから、球団は利益追求のみを目標にしてはいけない。

1 あっての　　2 なくしては
3 でありつつも　　4 であろうが

적절한 기능어 찾기 ★★★

해석 팬**(이 있어야 존재할 수 있는)** 프로야구이기 때문에 구단은 이익 추구만을 목표로 해서는 안 된다.

정답 찾기 공란 앞뒤에 등장하는 두 명사의 관계를 파악할 수 있어야 하는데 앞 명사가 뒤에 있는 명사의 필수조건이라는 것을 알 수 있다. 그러므로 ~가 있어야 성립한다, ~가 있어야 가능하다는 의미를 나타내는 1번이 정답이 된다.

오답분석 2번은 ~가 없이는, ~가 없으면, 3번은 ~이면서도 4번은 ~일 테지만, ~일지라도 라는 의미이므로 문맥상 정답이 아니다.

복습 꼭! ～あっての(~이 있어야 성립하는, ~이 있어서 가능한)

어휘 野球(やきゅう) 야구 | 球団(きゅうだん) 구단 | 利益(りえき) 이익 | 追求(ついきゅう) 추구 | 目標(もくひょう) 목표

정답 1

02 この会社は、創業約90年にわたり、伝統を(　　　)添加物を一切使用せずに商品を作るよう、心掛けてきたという。

1 守りうる　　2 守るべく
3 守ろうとも　　4 守るにせよ

적절한 기능어 찾기 ★★★

해석 이 회사는 창업 후 약 90년에 걸쳐 전통을 **(지키기 위해)** 첨가물을 일절 사용하지 않고 제품을 만들도록 유의해 왔다고 한다.

정답 찾기 선택지에 守る가 공통적으로 사용되고 있으므로 결국 전통을 지키다와 공란 뒤의 첨가물을 사용하지 않는다의 관계를 살펴보면 전통을 지키기 위해서 임을 알 수 있다. 그러므로 목적을 나타내는 ~べく가 사용된 2번이 정답이 된다.

오답분석 1번 ~うる는 ~할 수 있다, 3번 ~(よ)うとも는 ~하든, ~하더라도, 4번 ~にせよ는 ~해도, ~하든 이라는 의미이므로 정답이 아니다.

복습 꼭! ～べく(~하기 위해, ~하고자)

어휘 創業(そうぎょう) 창업 | ~にわたり ~에 걸쳐서 | 伝統(でんとう) 전통 | 守(まも)る 지키다 | 添加物(てんかぶつ) 첨가물 | 一切(いっさい) 전부, 전혀 | 使用(しよう)する 사용하다 | 商品(しょうひん) 상품 | 心掛(こころが)ける 유의하다, 명심하다

정답 2

03 ナトリウムと高血圧との関係はよく論じられるが、1日10グラム以下の摂取量では人の健康に(　　　)影響はないといわれている。

1 あまりにも　　2 かりに
3 なにも　　4 なんら

적절한 부사 찾기 ★★★

해석 나트륨과 고혈압과의 관계는 자주 거론되지만 하루 10g 이하의 섭취량으로는 사람의 건강에 **(아무런)** 영향은 없다고 알려져 있다.

정답 찾기 선택지를 보면 부사 문제임을 알 수 있는데 공란 뒤를 보면 영향은 없다고 적혀 있으므로 부정의 표현을 수반하여 조금도, 아무런 이라는 의미를 가지는 4번이 정답이다.

오답분석 3번(굳이, 특별히, 일부러)도 부정문을 수반하지만 특별히 그렇게 한정할 필요가 없다는 것을 나타내므로 문맥상 정답이 될 수 없고 1번(너무나도)은 강조를, 2번(만일, 만약)은 가정을 나타내므로 정답이 아니다.

어휘 高血圧(こうけつあつ) 고혈압 | 論(ろん)ずる 논하다 | 摂取量(せっしゅりょう) 섭취량 | 健康(けんこう) 건강 | 影響(えいきょう) 영향

정답 4

04 昨日行った神社は、さすが日本一の神社だけあって、多くの初詣客でいっぱいで、はやく(　　　)歩けない状態だった。

1 歩こうにも　　2 歩いては
3 歩くには　　4 歩かずとも

문법적 호응관계 찾기 ★★★

해석 어제 간 신사는 과연 일본 제일의 신사답게 많은 새해 참배객으로 넘쳐나서 빨리 **(걸으려고 해도)** 걸을 수가 없는 상태였다.

정답 찾기 선택지를 보면 동일한 동사(歩く)가 사용되고 있으므로 공란에 歩く가 들어가고 공란 뒤에도 歩く가 반복적으로 사용되고 있는 점을 단서로 ~하고 싶어도 어떤 방해 요소로 ~할 수 없다는 것을 나타내는 ~(よ)うにも~ない를 묻는 문제임을 알 수 있으므로 청유형인 1번이 정답이 된다.

오답분석 2번 ~ては는 ~해서는, 3번 ~には는 ~하기에는, 4번 ~ずとも는 ~하지 않더라도 라는 의미로 정답이 아니다.

복습 꼭! ~ようにも~ない(~하려고 해도 ~할 수 없다)

어휘 神社(じんじゃ) 신사 | ~だけあって ~한 만큼, ~하므로 더욱 | 初詣客(はつもうできゃく) 정월 첫 참배객 | 状態(じょうたい) 상태

정답 1

05 生徒のため(　　　)、先生は時には厳しい指摘もするのだ。

1 と思うことなく　　2 と思うまじき
3 と思えばこそ　　4 と思いきや

적절한 기능어 찾기 ★★★

해석 학생들을 위해서라고 **(생각하기 때문에)** 선생님은 때때로는 엄하게 지적하는 것이다.

정답 찾기 선택지를 보면 이미 동사가 사용되고 있으므로 문맥을 통해 해결해야 하는데 선생님이 지적하는 것은 학생을 위해서임을 알 수 있으므로 이유를 강조할 때 사용하는 ~ばこそ가 사용된 3번이 정답이 된다.

오답분석 1번 ~ことなく는 ~하지 않고, 2번 ~まじき는 주로 ある에 접속되어 ~해서는 안 되는, 4번 ~と思いきや는 ~라고 생각했더니, ~한 줄 알았는데 라는 의미이므로 정답이 아니다.

복습 꼭! ~ばこそ(~이기 때문에, ~이기에)

어휘 生徒(せいと) 학생 | 厳(きび)しい 엄하다 | 指摘(してき) 지적

정답 3

06 このごろ、急に夏日で暑くなったり、(　　　)突然寒くなったり、天候が不安定で困る。

1 そうかと思えば　　2 そうだと思って
3 こうかと見れば　　4 こうだと見て

적절한 기능어 찾기 ★★★

해석 요즘 갑자기 기온이 올라 더워지다가 **(그런 줄 알았는데)** 갑자기 추워지기도 하고 날씨가 불안정해서 곤란하다.

정답 찾기 정형화된 문법이 사용되고 있으므로 선택지만으로도 어느 정도 정답을 예측할 수 있지만 문맥을 통해 확인해 보면 공란 앞의 덥다는 내용과 공란 뒤의 갑자기 춥다는 내용을 통해 화자의 생각과는 다른 상황이 일어났음을 알 수 있으므로 예상과는 반대의 결과를 나타내는 ~(か)と思いきや와 유사한 표현인 ~(か)と思えば가 사용된 1번이 정답이 된다.

오답분석 見る도 생각하다, 추정하다는 의미로 사용할 수 있지만 앞에 언급한 내용을 지칭할 때는 そう를 사용해야 하므로 3번과 4번은 제외시켜야 하고 2번은 그렇다고 생각해서 라는 의미로 문맥상 정답이 아니다.

복습 꼭! ～(か)と思いきや・～(か)と思うと・～(か)と思えば・～(か)と思ったら(~라고 생각했더니, ~한 줄 알았는데)

어휘 夏日(なつび) 25도 이상의 더운 날 | 突然(とつぜん) 돌연, 갑자기 | 天候(てんこう) 날씨 | 不安定(ふあんてい)だ 불안정하다

정답 1

---

07 子育てや夫の転勤によって、彼女は自分の意志に反して退職を(　　　)。

1 余儀なくされた　　2 余儀がなければした
3 余儀なくさせた　　4 余儀がさせた

적절한 기능어 찾기 ★★★

해석 육아와 남편의 전근으로 인해서 그녀는 자신의 의지와는 상관없이 (어쩔 수 없이) 퇴직**(하게 되었다)**.

정답 찾기 이 문제는 선택지만 보고도 정답을 찾을 수 있어야 한다. 왜냐하면 余儀(よぎ)와 관련된 문법은 ～を余儀なくされる과 ～を余儀なくさせる뿐인데 ～させる는 이유나 원인이 문장의 주어가 될 때 사용하므로 정답은 1번이 된다.

오답분석 2번과 4번은 사용하지 않는 형태이므로 제외시켜야 하고 퇴직의 이유나 원인이 되는 사항이 문장의 주어가 아니므로 3번을 사용할 수 없다.

복습 꼭! ～を余儀なくされる (어쩔 수 없이 ~하다)

어휘 子育(こそだ)て 육아 | 転勤(てんきん) 전근 | 意志(いし) 의지 | ～に反(はん)して ~에 반하여 | 退職(たいしょく) 퇴직

정답 1

---

08 日本人の麺食文化の代名詞(　　　)うどんは全国各地で愛され続け、いまや和食として世界に誇れる逸品になっている。

1 でもなるような　　2 にするべく
3 ともいうべき　　4 があるらしい

의미적 호응관계 파악하기 ★★★

해석 일본인의 면식문화의 대명사**(라고도 할 수 있는)** 우동은 전국 각지에서 꾸준히 사랑 받아 이제는 일식으로서 세계에 자랑할 수 있는 음식이 되었다.

정답 찾기 정형화된 문법 외에도 기초적인 문법지식을 묻는 문제도 가끔 출제되기도 하는데 공란 앞뒤에 나오는 대명사와 우동의 관계를 살펴보면 우동이 일본 면요리의 대명사라고 말하고 있음을 알 수 있으므로 당연함을 나타내는 ～べし의 명사 수식형인 ～べき(~해야 하는)가 사용된 3번이 정답이 된다.

오답분석 1번은 ~라도 될 것 같은, 2번은 ~로 하기 위해, 4번은 ~가 있는 모양이다는 의미가 되므로 문맥상 정답이 아니다.

복습 꼭! ～べき(~해야 하는)

어휘 麺(めん) 면 | 食文化(しょくぶんか) 식문화 | 代名詞(だいめいし) 대명사 | 各地(かくち) 각지 | 愛(あい)する 사랑하다 | 誇(ほこ)る 자랑하다 | 逸品(いっぴん) 일품

정답 3

---

09 電車の中で隣の高校生の会話を(　　　)聞いていたら、学校の先生の悪口だった。

1 聞かないともかぎらなく　　2 聞くともなしに
3 聞いているはずがなく　　4 聞かれないように

적절한 기능어 찾기 ★★

해석 전차 안에서 옆자리의 고등학생들의 대화를 **(무심코)** 들었더니 학교 선생님의 험담이었다.

정답 찾기 선택지와 공란 뒤에 聞く가 사용되고 있는 점이 가장 중요한 단서가 된다. 즉 聞く, 見る, 考える 등의 동사 기본형에 접속되어 특별히 ~하려고 하지 않고 ~하다, 무의식적으로 ~하다고 할 때 사용하는 ～ともなしに가 사용된 2번이 정답이 된다.

오답분석 1번 ～とも限(かぎ)らない는 ~라고도 할 수 없다, 3번 ～はずがない는 ~할 리가 없다, 4번 ～ように는 ~하도록 이라는 의미로 문맥상 정답이 아니다.

복습 꼭! ～ともなしに・～ともなく(무심코~, 문득~)

어휘 悪口(わるくち) 욕, 험담

정답 2

---

10 このリゾートは、温かく親切な専門スタッフが毎日身の回りの世話をしてくれるので、完璧(　　　)滞在を満喫することができる。

1 と言ってもしかたがない

2 としか言いようがない

3 とすら言おうとしない

4 とでも言えばいい

의미적 호응관계 파악하기 ★★★

해석 이 리조트는 따뜻하고 친절한 전문 직원이 매일 일상을 돌봐 주기 때문에 완벽하다**(고밖에 말할 수 없는)** 체류를 만끽할 수 있다.

정답 찾기 길고 복잡해 보이지만 요점만 잘 파악하면 쉽게 해결할 수 있는데 결국 여러 서비스가 만족스러워 완벽하다는 내용이므로 한정을 나타내는 ～しか(~밖에)와 불가능을 나타내는 ～ようがない가 합쳐져 강조를 나타내는 2번이 정답이 된다.

오답분석 1번은 ~라고 말해도 어쩔 수가 없다, 3번은 ~라고 조차도 말하려고 하지 않는다, 4번은 ~라고 라도 말하면 된다는 의미가 되므로 문맥상 정답이 아니다.

복습 꼭! ～ようがない(~할 수가 없다)

어휘 親切(しんせつ)だ 친절하다 | 専門(せんもん) 전문 | 身(み)の回(まわ)り 신변의 일 | 完璧(かんぺき)だ 완벽하다 | 滞在(たいざい) 체재, 체류 | 満喫(まんきつ)する 만끽하다

정답 2

문제 6 다음의 문장에서 ＿★＿안에 들어갈 가장 알맞은 표현을 1・2・3・4 중 한 개만 고르시오.

11 今年は、金融市場がさらに活況を呈し、日本経済の再生を＿＿ ＿★＿ ＿＿ ＿＿である。

1 やまない次第　　2 牽引する

3 ことを願って　　4 きっかけになる

단어 바르게 배열하기 ★★

문장 배열 今年は、金融市場がさらに活況を呈し、日本経済の再生を 牽引する(2) きっかけになる(4) ことを願って(3) やまない次第(1) である。

해석 올해는 금융시장이 더욱더 활황을 띠어 일본경제의 재생을 견인하는 계기가 될 것을 바라 마지않는 바이다.

정답 찾기 화자의 강한 감정을 나타내는 1번 ～やまない(~해 마지않다, 진심으로 ~하다)는 동사 て형에 접속되기 때문에 3-1이 되어야 하고 동사는 명사를 수식할 수 있으므로 2-4가 되어 목적격 조사 ～を가 있어 타동사가 필요한 첫 번째 칸에 들어가면 된다. 전체적으로 나열하면 2-4-3-1이 되어 정답은 4번이다.

복습 꼭! ～やまない(~해 마지않다, 진심으로 ~하다)

어휘 金融市場(きんゆうしじょう) 금융시장 | 活況(かっきょう) 활황 | 呈(てい)する 비치다, 보이다 | 経済(けいざい) 경제 | 再生(さいせい) 재생 | 牽引(けんいん) 견인 | きっかけ 계기, 동기 | ～次第(しだい)だ ~하는 바이다

정답 4

12 全国から大勢の若者が歌手 ＿＿ ＿＿ ★ ＿＿ オーディションに挑戦した。

1 叶える　2 夢を
3 べく　4 になる

단어 바르게 배열하기 ★★★

문장 배열 全国から大勢の若者が歌手 になる(4) 夢を(2) 叶える(1) べく(3) オーディションに挑戦した。

해석 전국에서 많은 젊은이들이 가수가 되는 꿈을 이루려고 오디션에 도전했다.

정답 찾기 우선 선택지 중에서 목적을 나타내는 3번 ～べく는 동사 기본형이 필요하므로 1번이나 4번과 짝이 될 수 있지만 문맥상 타동사인 1번과 짝을 이루는 것이 적절하고 4번은 첫 번째 칸에 들어가야 한다. 마지막으로 목적어인 2번을 타동사인 1번 앞에 넣어 전체적으로 나열하면 4-2-1-3이 되어 정답은 1번이다.

복습 꼭! ～べく(～하기 위해)

어휘 全国(ぜんこく) 전국 | 大勢(おおぜい) 많은 사람 | 歌手(かしゅ) 가수 | 夢(ゆめ)を叶(かな)える 꿈을 이루다 | 挑戦(ちょうせん)する 도전하다

정답 1

---

13 昨夜起きた地震で ＿＿ ＿＿ ★ ＿＿ が崩れ、多くの命が失われた。

1 ビル　2 ごとく
3 夢の　4 一瞬の

단어 바르게 배열하기 ★★★

문장 배열 昨夜起きた地震で 一瞬の(4) 夢の(3) ごとく(2) ビル(1) が崩れ、多くの命が失われた。

해석 어젯밤에 일어난 지진으로 한순간의 꿈같이 빌딩이 무너져 많은 생명이 사라졌다.

정답 찾기 먼저 비유를 나타내는 2번 ～ごとく(～처럼)는 명사에 접속될 경우 명사の 형태로 접속되므로 3번이나 4번이 올 수 있지만 문맥상 3번이 적절하며 문맥상 4번은 3번을 수식하는 것이 좋다. 마지막으로 명사가 필요한 마지막 칸에 1번을 넣어 주어가 되도록 해서 전체적으로 나열하면 4-3-2-1이 되어 정답은 2번이다.

복습 꼭! ～ごとく(～같이)

어휘 昨夜(さくや) 어젯밤 | 地震(じしん) 지진 | 一瞬(いっしゅん) 일순 | 崩(くず)れる 무너지다, 허물어지다 | 失(うしな)う 잃다

정답 2

---

14 この化粧水は ＿＿ ＿＿ ★ ＿＿ 肌に潤いを与えて肌荒れを防いでくれる。

1 とした　2 使用感で
3 さっぱり　4 ありながらも

단어 바르게 배열하기 ★★★

문장 배열 この化粧水は さっぱり(3) とした(1) 使用感で(2) ありながらも(4) 肌に潤いを与えて肌荒れを防いでくれる。

해석 이 화장수는 산뜻한 사용감이면서도 피부에 수분을 공급하여 피부가 거칠어지는 것을 막아준다.

정답 찾기 먼저 역접을 나타내는 4번 ～ながらも에 이미 ある가 붙어 있지만 여기서 ある는 동사가 아닌 ～である(～이다)의 일부분임을 알 수 있으므로 2-4가 되어야 한다. 그리고 부사에는 동작이나 상태를 나타내는 조사 ～と가 붙은 형태로 자주 사용되므로 3-1이 되어 문맥상 명사인 2번을 수식해야 한다. 전체적으로 나열하면 3-1-2-4가 되어 정답은 1번이다.

복습 꼭! ～ながらも(～이면서도, ～하면서도)

어휘 化粧水(けしょうすい) 화장수 | さっぱり 산뜻하고 깔끔한 모양 | 使用感(しようかん) 사용감 | 肌(はだ) 피부 | 潤(うるお)い 습기, 이익 | 肌荒(はだあ)れ 피부가 거칠어짐 | 防(ふせ)ぐ 막다

정답 1

15 温度は生物的 ＿＿ ＿＿ ★ ＿＿ 極めて重要な環境因子である。

1 反応に影響を及ぼす　2 非生物的の

3 あらゆる　4 いかんによらず

단어 바르게 배열하기 ★★

문장 배열 温度は生物的 非生物的の(2) いかんによらず(4) あらゆる(3) 反応に影響を及ぼす(1) 極めて重要な環境因子である。

해석 온도는 생물적 비생물적 여하에 관계없이 모든 반응에 영향을 미치는 매우 중요한 환경인자이다.

정답 찾기 먼저 무관함을 나타내는 4번 ～いかんによらず(～여하에 관계없이)는 명사나 명사の에 접속되므로 2-4가 되어 의미적으로 상반되는 단어가 나오는 첫 번째 칸에 들어가야 함을 쉽게 알 수 있고 연체사인 3번 뒤에는 명사가 필요하므로 3-1이 되어야 한다. 전체적으로 나열하면 2-4-3-1이 되므로 정답은 3번이다.

어휘 温度(おんど) 온도 | 生物的(せいぶつてき) 생물적 | 非(ひ)～ 비～ | あらゆる 온갖, 모든 | 反応(はんのう) 반응 | 影響(えいきょう) 영향 | 及(およ)ぼす 미치다, 끼치다 | 極(きわ)めて 극히, 매우 | 環境(かんきょう) 환경 | 因子(いんし) 인자

정답 3

문제 7 다음 문장을 읽고 문장 전체의 취지에 입각하여 [16] 에서 [20] 안에 들어갈 가장 좋은 것을 1・2・3・4 중에서 하나 고르세요.

ある日の夕方、ターミナル駅の始発電車に乗り込んだ。七人掛けのロングシートに僅かな隙間があり、何とか座れるだろうと思ってそこに腰を下ろした。ところが意外なことが起きた。すんなりと [16] 。特に両脇の人が大きく譲ってくれたわけでもないようだ。そのとき思ったのは、自分は思ったより小さいということだった。これはまさに自分が自分に対して抱いているイメージが想像より小さいことを意味する。

通常、席の隙間に座ろうとするとき、人はそこにイメージした自分を座らせ、それが無理がないかどうかのシミュレーションを行う。瞬時に行われるこのシミュレーションの結果によって、席に座るかどうかを決定している。席に着くかどうかは、ここで描く自己イメージが大きくかかわっていることがわかる。

それから数日後、やはり夕方の同じ電車で、私の横に座っていた若い女性が途中駅で降りた。

해석 어느날 저녁, 터미널역에서 출발하는 전차에 올라탔다. 7인용 긴 의자에 약간의 빈틈이 있어 그럭저럭 앉을 수 있을 것이라고 생각해 그곳에 앉았다. 그런데 의외의 일이 일어났다. 수월하게 [16 앉을 수 있었던 것이다]. 특별히 양옆의 사람들이 많이 양보해 준 것도 아닌 듯 했다. 그때 생각한 것은 자신은 생각한 것보다 작다는 사실이었다. 이것은 바로 자신이 자신에 대해서 가지고 있는 이미지가 상상보다 작다는 것을 의미한다.

보통 자리의 빈틈에 앉으려고 할 때 사람들은 그곳에 이미지화한 자신을 앉혀 그것이 무리가 없을지 어떨지 시뮬레이션을 한다. 순식간에 이루어지는 이 시뮬레이션의 결과에 따라서 자리에 앉을지 어떨지를 결정한다. 자리에 앉을지 어떨지는 이때 그리는 자신의 이미지가 크게 관계된다는 사실을 알 수 있다.

그로부터 며칠 후 역시 저녁에 같은 전차에서 내 옆에 앉아 있던 젊은 여성이 도중 역에서 내렸다. 그 후 쇼핑을 하고 귀가하는 듯이 보이는 좀 소란스러운 아주머니들 중 한 사람이 빈 그 자리에 앉았다. 그런데 이것이 상당히 비좁다. 힘차게 아주머니는 엉덩이를 밀어붙였다.

[17 자주 있는] 이런 장면에 맞닥뜨리면 이 세상의 아주머니들은 약간의 빈틈이라도 있으면 앉으려는 뻔뻔한 사람들이라고 생각하는 사람이 있을지도 모른다. 그러나 나는 그때 이것은 [18-a 뻔뻔함]의 문제가 아니고 [18-b 자기 이미지]의 문제라고 생각했다.

그 아주머니도 도중 역에서 젊은 여성이 자리에서 일어섰을 때 그 빈 틈새에 자신이 앉을 수 있을지 어떨지 시뮬레이션을 했을 것임에 틀림없다. 즉 젊은 여성 대신에 먼저 이미지화한 자신을 앉혀 그 결과 앉을 수 있다는 결론 [19 에 도달했을 것이다]. 그런데 실제

その後、買い物帰りらしいちょっと騒がしいおばさんたちの中の一人が空いたその席に腰を降ろした。ところが、これが結構きつい。ぐいぐいとおばさんはおしりを押し付けてきた。

[17]こんな場面に出くわしたら、世のおばさんたちは、僅かな隙間でもあれば座ろうとする図々しい人たちだと考える人がいるかもしれない。しかし私はその時、これは[18-a]の問題ではなく[18-b]の問題なのだと思った。

そのおばさんも、途中駅で若い女性が席を立ったとき、その空いた隙間に自分が座れるかどうかシミュレーションをしたに違いない。つまり若い女性の代わりにまずイメージした自分を座らせ、その結果、座れるという結論[19]。ところが実際は思ったよりきつかった。この食い違いの原因は何なのか。それが自己イメージの問題、つまり実際の自分はイメージしている自分より太いことになるが、それを[20]、いや認めたくないのが女心というもの。おしりを押し込む行為には、こうした自己イメージへの願望が込められているような気がする。

로는 생각한 것보다 비좁았다. 이 불일치의 원인은 무엇인가. 그것이 자신의 이미지의 문제, 즉 실제의 자신은 이미지화한 자신보다 뚱뚱하다는 말이지만 그것을 [20 인정할 수는 없다], 아니 인정하고 싶지 않는 것이 여성의 마음인 것이다. 엉덩이를 억지로 밀어 넣는 행위에는 이러한 자신의 이미지에 대한 소망이 담겨져 있는 것 같은 생각이 든다.

어휘 ターミナル駅(えき) 터미널역 | 始発(しはつ) 출발 | 乗(の)り込(こ)む 올라타다 | 七人掛(ななにんか)け 7명이 앉을 수 있는 의자 | 僅(わず)かだ 근소하다, 조금이다 | 隙間(すきま) 빈틈 | 腰(こし)を下(お)ろす 자리에 앉다 | 意外(いがい)だ 의외다 | 両脇(りょうわき) 양옆 | 譲(ゆず)る 양보하다 | 想像(そうぞう) 상상 | シミュレーション 시뮬레이션 | 瞬時(しゅんじ) 순식간 | 席(せき)に着(つ)く 자리에 앉다 | 描(えが)く 그리다, 상상하다 | 自己(じこ) 자기, 자신 | イメージ 이미지 | かかわる 관계되다 | 騒(さわ)がしい 소란스럽다 | きつい 꼭 끼다 | ぐいぐい 힘차게 잡아당기거나 미는 모양 | 押(お)し付(つ)ける 밀어붙이다 | 出(で)くわす 맞닥뜨리다 | 図々(ずうずう)しい 뻔뻔하다 | 押(お)し込(こ)む 밀어넣다 | 行為(こうい) 행위 | 願望(がんぼう) 소망

16

1 座れるのだろうか　　2 座ろうと思った

3 座れたのだ　　4 座ってほしい

알맞은 표현 찾기 ★★★

선택지 해석 1 앉을 수 있을까　2 앉으려고 생각했다　3 앉을 수 있었던 것이다　4 앉았으면 좋겠다

정답 찾기 내용을 요약하면 필자는 자리가 좁을 것이라고 예상하고 앉았기 때문에 意外のこと(의외의 일)와 일이 순조롭게 진행되는 모양을 나타내는 부사 すんなりと(수월하게, 쉽게)를 단서로 3번이 정답이 됨을 알 수 있다.

오답분석 정답 외에는 문맥상 적절하지 않다

정답 3

17

1 あってはならない　　2 ありがちな

3 あるがままの　　4 ありながらも

알맞은 기능어 찾기 ★★

선택지 해석 1 있어서는 안 되는　2 자주 있는　3 있는 그대로의　4 있으면서도

정답 찾기 공란 앞뒤의 내용을 살펴보면 아주머니들은 전차 등의 좁은 자리도 상관하지 않고 억지로 앉으려고 한다는 일반적으로 많이 접하는 장면을 묘사하고 있으므로 어떤 경향, 상태가 많음을 나타내는 ～がち가 사용된 2번이 정답이 된다.

오답분석 1번 ～てはならない는 ～해서는 안 된다, 3번 ～がままは ～대로, 4번 ～ながらも는 ～하면서도 라는 의미이므로 문맥상 정답이 아니다.

정답 2

18

1 a 騒がしさ / b おばさん

2 a おばさん / b 騒がしさ

3 a 自己イメージ / b 図々しさ

4 a 図々しさ / b 自己イメージ

알맞은 단어 찾기 ★★★

정답 찾기 앞 단락의 내용을 요약하면 필자는 자신의 경험을 예로 들면서 자신의 이미지(가상의 자신)와 실제의 자신이 일치하지 않는 경우가 있다고 말했고 문장의 첫머리에 역접의 접속사 しかし가 있으므로 아주머니의 경우 일반인이 생각하는 것처럼 뻔뻔해서가 아니라 자신의 이미지를 잘못 그렸기 때문이라는 논리가 되어야 하므로 정답은 4번이다.

오답분석 정답 외에는 문맥상 부적절하므로 정답이 아니다.

정답 4

19

1 に達したのだろう 2 に達したかなんだ

3 に達してもよかろう 4 に達していなかった

알맞은 표현 찾기 ★★

선택지 해석 1 ~에 도달했을 것이다
2 ~에 도달했는가이다
3 ~에 도달해도 좋을 것이다
4 ~에 도달하지 않았다

정답 찾기 공란 앞의 その結果가 중요한 단서가 되는데 앞 문장의 내용을 보면 아주머니가 그 자리에 앉기 위해 사전에 자신을 이미지화 하는 과정을 거쳤을 것이라고 적혀 있으므로 문맥상 그 결과 앉을 수 있다는 결론에 도달했기 때문에 앉았다는 의미가 되어야 하므로 1번이 정답이다.

오답분석 정답 외에는 문맥상 맞지 않으므로 정답이 아니다.

정답 1

20

1 認めたに相違ない

2 認めずには済まなかった

3 認めるわけにはいかない

4 認めたかのようだ

알맞은 기능어 찾기 ★★

선택지 해석 1 인정했음에 틀림없다 2 반드시 인정해야 했다
3 인정할 수는 없다 4 마치 인정한 것 같았다

정답 찾기 단락 전체를 해석해서 정답을 찾을 수도 있지만 공란 뒤의 いや가 중요한 단서가 되는데 いや는 자신이 말한 것, 생각한 것을 부정하고 좀 더 정확하게 나타낼 때 사용하므로 認めたくない(인정하고 싶지 않다)와 유사하게 인정하지 않는다는 의미가 되는 3번이 정답임을 알 수 있다.

오답분석 1번 ~に相違(そうい)ない는 ~임에 틀림없다, 2번 ~ずには済(す)まない는 ~하지 않고서는 해결되지 않는다, 반드시 ~해야 한다, 4번 ~かのようだ는 마치 ~하는 것 같다는 의미이므로 문맥상 정답이 아니다.

정답 3

실전 모의고사 | 3회

문제 5 다음 문장의 (　　　)에 들어갈 가장 알맞은 말을 1 · 2 · 3 · 4 중에서 하나를 고르세요.

01 これは幼少期に勉強を許されなかったケニアのある女性が90歳(　　　)初めて小学校に入り、卒業のため奮闘する日々を追ったドキュメンタリーである。

1 にあって　　2 にして
3 となれば　　4 につき

적절한 기능어 찾기 ★★★

해석 이것은 어린 시절 공부를 할 수 없었던 케냐의 한 여성이 90세 **(가 되어)** 처음으로 초등학교에 들어가 졸업을 위해 분투하는 일상을 추적한 다큐멘터리다.

정답 찾기　90세에 초등학교에 들어갔다는 말이므로 공란 앞의 90歳를 단서로 횟수, 연령 등의 명사와 함께 그 단계가 되어서 처음으로 어떤 일이 일어났음을 강조할 때 사용하는 2번이 정답이 된다. 참고로 뒤에 ようやく(겨우, 간신히), 初めて(처음, 비로소) 등의 부사를 수반하는 경우가 많은 점도 중요한 힌트가 된다.

오답분석　1번은 ~에서, ~에 있어서, 3번은 ~이 되면, ~라고 가정했을 경우, 4번은 ~이므로, ~ 때문에 라는 의미로 문맥상 정답이 아니다.

복습 꼭! ~にして(~에 와서, ~이 되어서)

어휘 幼少期(ようしょうき) 어린 시기 | 許(ゆる)す 허락하다, 허용하다 | 奮闘(ふんとう) 분투 | 追(お)う 쫓다

정답 2

---

02 信頼できる製品を選べばいいと口で言うのは簡単だが、では、何(　　　)信頼できると判断するのかは難しいと思う。

1 はともかく　　2 といえば
3 にむけて　　4 をもって

적절한 기능어 찾기 ★★★

해석 신뢰할 수 있는 제품을 선택하면 된다고 말로 하는 것은 쉬운데 그렇다면 무엇**(으로)** 신뢰할 수 있다고 판단할 것인지는 어렵다고 생각한다.

정답 찾기 문맥상 신뢰할 수 있다고 판단할 수 있는 방법이나 기준을 나타낼 수 있는 문형이 필요하므로 기한이나 방법, 기준을 나타낼 때 사용하는 4번이 정답이 된다. ~をもって는 수단, 방법, 기준, 원인, 이유, 기한 등 많은 의미로 사용되므로 접속되는 명사의 종류가 중요한 힌트가 되는 경우가 많다.

오답분석　1번은 ~은 어쨌든, 2번은 ~라고 하면, 3번은 ~을 향해서, ~을 목표로 라는 의미로 정답이 될 수 없다.

복습 꼭! ~をもって(~으로, ~로써)

어휘 信頼(しんらい) 신뢰 | 製品(せいひん) 제품 | 判断(はんだん)する 판단하다

정답 4

---

03 多様な用途に応じる注文家具を短時間に作るこの工房の能力は、日本最高峰といっても(　　　)過言ではないだろう。

1 はたして　　2 どうやら
3 あえて　　4 いっさい

적절한 부사 찾기 ★★★

해석 다양한 용도에 맞는 주문 가구를 단시간에 만드는 이 공방의 능력은 일본 최고라고 말해도 **(결코)** 과언이 아닐 것이다.

정답 찾기 선택지를 보면 부사를 찾는 문제인데 공방을 높이 평가하고 있음을 알 수 있으므로 부정문을 수반하여 특별히 다룰 필요가 없거나 부정을 강조할 때 사용하는 3번 あえて(결코, 조금도, 전혀, 구태여)가 정답이다. 참고로 ~過言ではない(과언이 아니다), ~にはあたらない(~할 필요는 없다)와 함께 사용하는 경우가 많다.

오답분석 1번 果たして(과연, 정말)는 주로 果たして~だろうか・~であろうか(~일까) 형태로 사용하며 2번은 아무래도, 어쩐지, 4번은 일절, 전혀 라는 의미로 문맥상 정답이 아니다.

어휘 多様(たよう) 다양 | 用途(ようと) 용도 | 家具(かぐ) 가구 | 工房(こうぼう) 공방 | 能力(のうりょく) 능력 | 最高峰(さいこうほう) 최고봉 | 過言(かごん) 과언

정답 3

---

04 自然豊かな北海道には、動物本来の習性を活かして展示する北海道(　　　)動物園や水族館が多いのも魅力の一つである。

1 ならではの　　2 とあっては

3 とばかりの　　4 なくして

적절한 기능어 찾기 ★★★

해석 자연이 풍부한 홋카이도에는 동물 본래의 습성을 살려 전시하는 홋카이도**(만의)** 동물원과 수족관이 많은 것도 매력 중 하나이다.

정답 찾기 홋카이도를 설명하면서 홋카이도만이 가지고 있는, 다른 곳에서는 볼 수 없는 매력을 말하고 있으므로 화자의 높은 평가를 나타낼 때 사용하는 1번이 정답이 된다.

오답분석 2번은 ~라는 상황이라면, ~라고 하면, 3번 ~라고 말하는 듯한, 4번 ~없이 라는 의미로 문맥상 정답이 될 수 없다.

> 복습 꼭! ~ならではの(~이 아니고서는 안 되는, ~만의)

어휘 自然(しぜん) 자연 | 豊(ゆた)かだ 풍부하다 | 本来(ほんらい) 본래 | 習性(しゅうせい) 습성 | 活(い)かす 살리다 | 展示(てんじ) 전시 | 水族館(すいぞくかん) 수족관 | 魅力(みりょく) 매력

정답 1

---

05 この会社に入ってから、自分の中に眠っていた可能性や、自分が(　　　)もしなかった適性を見いだし広げることができた。

1 気づこう　　2 気づか

3 気づいて　　4 気づき

적절한 접속형태 찾기 ★★★

해석 이 회사에 들어오고 나서 자신 안에 잠들어 있었던 가능성이나 자신이 **(깨닫지)**도 못한 적성을 발견하여 펼칠 수가 있었다.

정답 찾기 선택지를 보면 접속형태를 묻는 문제임을 알 수 있는데 해석으로는 해결할 수가 없기 때문에 공란의 앞뒤를 보고 힌트를 찾아내야 한다. 이 문제는 공란 뒤의 ~もしない를 통해 부정을 강조할 때 사용하는 동사 ます형+はしない・もしない(~하지는 않다・~하지도 않다)임을 알 수 있으므로 정답은 4번이 된다.

오답분석 정답 외에는 접속형태가 맞지 않으므로 정답이 아니다.

> 복습 꼭! ~はしない・~もしない(~하지는 않는다・~하지도 않는다)

어휘 眠(ねむ)る 잠자다 | 可能性(かのうせい) 가능성 | 適性(てきせい) 적성 | 見(み)いだす 찾아내다, 발견하다 | 広(ひろ)げる 펴다, 펼치다

정답 4

---

06 (チラシで)新春福袋を事前予約制で販売させていただきます。数量限定につき、なくなり次第終了となりますので、予めご了承(　　　)。

1 願います　　2 なさいます

3 くださいます　　4 致します

적절한 경어동사 찾기 ★★★

해석 (전단지에서) 신춘 복주머니를 사전예약제로 판매하고 있습니다. 한정수량이므로 매진 되는대로 종료하오니 미리 양해 **(부탁드립니다)**.

정답 찾기 선택지를 통해 경어 문제임을 알 수 있는데 먼저 행위의 주체를 살펴보면 了承(양해, 승낙, 납득)를 하는 주체는 상대이므로 상대가 ~하기를, ~해 주기를 자신이 바랄 때 사용하는 1번이 정답이 되어야 한다.

오답분석 겸양공식에 사용하는 4번 いたす는 일단 제외해야 하고 양해하는 것은 상대이기 때문에 존경어나 존경공식을 사용할 수 있으나 2번과 3번은 부탁이나 의뢰가 아닌 단순히 ~하시다는 서술형이 되어버리므로 문맥상 정답이 아니다.

복습 꼭! お・ご~願う(~하시기 바라다)

어휘 **新春(しんしゅん)** 신춘 | **福袋(ふくぶくろ)** 복주머니 | **事前(じぜん)** 사전 | **予約制(よやくせい)** 예약제 | **販売(はんばい)** 판매 | **数量(すうりょう)** 수량 | **限定(げんてい)** 한정 | **~につき** ~때문에, ~이므로 | **~次第(しだい)** ~하는대로 | **終了(しゅうりょう)** 종료 | **予(あらかじ)め** 미리 | **了承(りょうしょう)** 양해

정답 1

07 25センチもある新しいマットレスを注文したので、さぞかし配送も大きな(　　　)圧縮されてくるくる丸められていて一人でも簡単に運べた。

1 荷物ってわけがないから
2 荷物ではなかろうが
3 荷物だろうと思いきや
4 荷物とも限らなく

적절한 기능어 찾기 ★★★

해석 25센티나 되는 새 매트리스를 주문했기 때문에 필시 배송도 큰 **(짐일 것이라고 생각했더니)** 압축되어 둘둘 말려 있어서 혼자서도 쉽게 옮길 수 있었다.

정답 찾기 내용상 매트리스이기 때문에 화자는 부피가 클 것이라고 예상했는데 실제로는 크지 않았다는 내용이므로 예상과는 반대의 결과에 사용하는 3번 ~と思いきや(~라고 생각했더니)가 정답이 된다. 참고로 1번은 ~というわけがない(~일 리가 없다)의 축약 형태이고 2번은 ~ではないだろうが(~이지는 않을 테지만)의 문어체 표현이며 4번 ~ともかぎらない는 ~라고도 할 수 없다는 의미이다.

오답분석 1번 ~わけがない는 ~할 리가 없다, 2번 ~ではなかろう는 ~ではないだろう이므로 ~이지 않을 것이다, 4번 ~とも限(かぎ)らない는 ~라고도 할 수 없다는 의미가 되므로 문맥상 정답이 아니다.

복습 꼭! ~と思いきや(~라고 생각했더니, ~한 줄 알았는데)

어휘 **配送(はいそう)** 배송 | **圧縮(あっしゅく)する** 압축하다 | **丸(まる)める** 둥글게 하다

정답 3

08 昨日初めて炊き込みご飯に挑戦してみた。若干少な目の水加減(　　　)、野菜からの水分のせいか、かなりの柔らか目になってしまった。

1 になろうともかまわず
2 にしたくないにも関わらず
3 になってはならないが
4 にしたつもりだったが

적절한 기능어 찾기 ★★★

해석 어제 처음으로 다키코미밥에 도전해 봤다. 물을 약간 적을 정도로 맞춰**(다고 생각했는데)** 야채의 수분 탓인지 상당히 질게 되어 버렸다.

정답 찾기 내용을 살펴보면 화자는 고두밥을 지으려고 물을 좀 적게 넣었다고 생각했지만 결과는 자신의 생각과는 다르게 진밥이 되었다는 내용이다. 그러므로 과거형에 접속되면 자신의 의도와는 반대의 결과를 나타내는 ~つもり가 사용된 4번이 된다.

오답분석 참고로 1번 ~もかまわず는 ~도 상관없이, 2번 ~にもかかわらず는 ~임에도 불구하고, 3번 ~てはならない는 ~해서는 안 된다는 의미로 문맥상 정답이 아니다.

복습 꼭! ~つもり(だ)(~한 셈치다 ~라고 여기다, ~라고 생각하다)

어휘 炊(た)き込(こ)みご飯(はん) 다키고미밥 | 挑戦(ちょうせん)する 도전하다 | 若干(じゃっかん) 약간 | 水加減(みずかげん) 물 맞춤 | 水分(すいぶん) 수분 | 柔(やわ)らかい 부드럽다, 무르다

정답 4

---

09 映画に字幕をつける際、日本語にある微妙なニュアンスや文化を英語に翻訳することの難しさ(　　　)。

1 といったところだった
2 といったらない
3 といいようもない
4 といったかいがある

적절한 기능어 찾기 ★★★

해석 영화에 자막을 넣을 때 일본어에 있는 미묘한 뉘앙스나 문화를 영어로 번역하는 것은 정말 어렵다.

정답 찾기 문맥을 파악해 보면 화자는 일본어를 영어로 번역할 때의 어려움을 강조하고 있으므로 감탄, 불만, 괴로움 등을 강조할 때 사용하는 2번이 정답이 된다.

오답분석 1번 ～といったらところだ는 ～정도이다, 2번 ～ようもない는 ～할 수도, ～할 방법도 없다, 4번 ～かいがある는 ～한 보람이 있다 라는 의미로 정답과는 거리가 멀다.

복습 꼭! ～といったらない(매우 ～하다)

어휘 字幕(じまく) 자막 | ～際(さい) ～할 때, 즈음 | 微妙(びみょう)だ 미묘하다 | 翻訳(ほんやく)する 번역하다

정답 2

---

10 明らかな事実を自分の好きなように考えるわけにはいかない。ありのままに(　　　)だろう。

1 受け取ったらそれまで
2 受け取らずにすむ
3 受け取りがたいこと
4 受け取るよりほかはない

적절한 기능어 찾기 ★★★

해석 명백한 사실을 내 마음대로 생각할 수는 없다. 있는 그대로를 받아들이는 수밖에 없을 것이다.

정답 찾기 문맥을 잘 파악해야 하는데 이 문제에서는 결국 그대로 받아들여야 한다는 것을 말하려고 하고 있으므로 ～이외의 다른 방법이 없어 그럴 수밖에 없다는 의미를 나타내는 ～よりほか(は)ない가 사용된 4번이 정답이다.

오답분석 1번 ～たらそれまでだ는 ～하면 그것으로 끝장이다, 2번 ～ずに(ないで)済(す)む는 ～하지 않고 해결되다, ～하지 않고 끝나다, 3번 ～がたい는 ～하기 어렵다 라는 의미가 되므로 문맥상 정답이 아니다.

복습 꼭! ～よりほか(は)ない・～ほかない・～よりしかたがない(～할 수밖에 없다)

어휘 明(あき)らか 분명함 | 事実(じじつ) 사실 | ～わけにはいかない ～할 수는 없다 | 受(う)け取(と)る 수취하다, 받아들이다

정답 4

문제 6 다음의 문장에서 ＿★＿ 안에 들어갈 가장 알맞은 표현을 1・2・3・4 중 한 개만 고르시오.

11 骨は硬いのでそう簡単には折れない。加齢に伴い ＿＿ ＿＿ ＿★＿ ＿＿ 運動選手はよほどの衝撃が加わらない限り骨折が生じることはあまりない。

단어 바르게 배열하기 ★★★

문장 배열 骨は硬いのでそう簡単には折れない。加齢に伴い 骨がもろくなっている(3) 高齢者なら(2) ともかく(4) 日頃身体を鍛えている(1) 運動選手はよほどの衝撃が加わらない限り骨折が生じることはあまりない。

1 日頃身体を鍛えている

2 高齢者なら

3 骨がもろくなっている

4 ともかく

해석 뼈는 단단하므로 그렇게 간단히는 부러지지 않는다. 나이가 들어감에 따라 뼈가 약해져 있는 고령자라면 몰라도 평소 신체를 단련하고 있는 운동선수는 웬만한 충격이 가해지지 않는 한 골절이 되는 경우는 별로 없다.

정답 찾기 4번 ともかく는 ～ならともかく(~라면 몰라도) 형태로 사용할 수 있으므로 2-4가 되어야 하며 비례변화를 나타내는 ～に伴(ともな)い(~에 따라)는 ~이 변화하면 따라서 뒤도 변화한다고 할 때 사용하므로 첫 번째 칸에는 논리상 3번이 적절하며 동시에 명사인 2번을 수식하게 하면 된다. 나머지 1번을 마지막 칸에 넣어 전체적으로 나열하면 3-2-4-1이 되어 정답은 4번이다.

복습 꼭! ～に伴い・～に伴って(~에 따라)

어휘 硬(かた)い 단단하다 | 折(お)れる 접히다, 부러지다 | 加齢(かれい) 나이를 먹음 | もろい 약하다, 무르다 | 高齢者(こうれいしゃ) 고령자 | 身体(しんたい) 신체 | 鍛(きた)える 단련하다 | 衝撃(しょうげき) 충격 | 加(くわ)える 가하다 | ～ない限(かぎ)り ~하지 않는 한 | 骨折(こっせつ) 골절 | 生(しょう)ずる 나다, 생기다

정답 4

---

12 弁護士が凶悪犯に愛想が尽き、弁護の余地はないと ＿＿ ＿＿ ＿★＿ ＿＿ 処分を受けるという。命と人権はこうしてまで保護され、尊重されているのである。

1 あるまじき　　2 弁護士に

3 態度として　　4 放棄すれば

단어 바르게 배열하기 ★★★

문장 배열 弁護士が凶悪犯に愛想が尽き、弁護の余地はないと 放棄すれば(4) 弁護士に(2) あるまじき(1) 態度として(3) 処分を受けるという。命と人権はこうしてまで保護され、尊重されているのである。

해석 변호사가 흉악범에게 정나미가 떨어져 변호의 여지는 없다고 포기해 버리면 변호사가 해서는 안 되는 태도로서 처분을 받는다고 한다. 생명과 인권은 이렇게까지 보호되고 존중되고 있는 것이다.

정답 찾기 선택지 중에서 1번 ～まじき는 현대에서는 제한적으로 관용표현처럼 사용되는데 대부분 ～にしてあるまじき・～としてあるまじき＋명사로 사용하므로 2-1-3이 됨을 쉽게 알 수 있다. 그리고 가정을 나타내는 4번은 내용상 첫 번째 칸에 들어갈 수밖에 없으므로 전체적으로 나열하면 4-2-1-3이 되어 정답은 1번이다.

복습 꼭! ～まじき(~해서는 안 되는)

어휘 弁護士(べんごし) 변호사 | 凶悪犯(きょうあくはん) 흉악범 | 愛想(あいそ)が尽(つ)きる 정나미가 떨어지다 | 余地(よち) 여지 | 放棄(ほうき)する 포기하다 | 態度(たいど) 태도 | 処分(しょぶん) 처분 | 人権(じんけん) 인권 | 保護(ほご)する 보호하다 | 尊重(そんちょう)する 존중하다

정답 1

---

13 ある企業の商品広告がインターネット上に掲載されると事故を連想させる ＿＿ ＿＿ ＿★＿ ＿＿ 非難コメントが殺到した。

1 不愉快　　2 広告といった

3 として　　4 極まりない

단어 바르게 배열하기 ★★★

문장 배열 ある企業の商品広告がインターネット上に掲載されると事故を連想させる として(3) 不愉快(1) 極まりない(4) 広告といった(2) 非難コメントが殺到した。

해석 한 기업의 상품광고가 인터넷상에 게재되자 사고를 연상시키는 불쾌하기 짝이 없는 광고라는 등의 비난 댓글이 쇄도했다.

정답 찾기 정도가 대단히 심한 것을 나타내는 4번 ~極(きわ)まりない는 な형용사의 어간에 접속되므로 1-4가 되어야 하고 내용상 명사인 2번을 수식하게 하면 된다. 마지막으로 3번 ~として(~라고 해서)를 첫 번째 칸에 넣어 후문의 이유가 되도록 하여 전체적으로 나열하면 3-1-4-2가 되므로 정답은 4번이 된다.

복습 꼭! ~極(きわ)まりない(~하기 짝이 없다, 너무 ~하다)

어휘 商品(しょうひん) 상품 | 広告(こうこく) 광고 | 掲載(けいさい)する 게재하다 | 事故(じこ) 사고 | 連想(れんそう)する 연상하다 | 不愉快(ふゆかい) 불쾌 | ~といった ~와 같은, ~라고 하는 | 非難(ひなん) 비난 | 殺到(さっとう)する 쇄도하다

정답 4

---

14 自然災害は ____ ____ ★ ____ 努力次第でかなり防げる部分があるはずだ。

1 防ぎようが　　2 察知できたら
3 人災は危険を事前に　　4 ないものの

단어 바르게 배열하기 ★★★

문장 배열 自然災害は 防ぎようが(1) ないものの(4) 人災は危険を事前に(3) 察知できたら(2) 努力次第でかなり防げる部分があるはずだ。

해석 자연재해는 방지할 수가 없지만 인재는 위험을 미리 알아차릴 수 있으면 노력에 따라 상당 부분 막을 수 있을 것이다.

정답 찾기 먼저 1번을 통해 불가능을 강조하는 ~ようがない라는 문형이 되어야 함을 알 수 있으므로 1-4가 되어야 한다. 그리고 자연재해는 인간이 어쩔 수 없지만 인재는 사전에 어느 정도 예방할 수 있다는 내용이므로 3-2가 되어 마지막 칸에 들어가면 된다. 전체적으로 나열하면 1-4-3-2가 되므로 정답은 3번이다.

복습 꼭! ~ようがない(~할 수가 없다, ~할 방도가 없다)

어휘 自然災害(しぜんさいがい) 자연재해 | 防(ふせ)ぐ 막다 | ~ものの ~하지만, ~이지만 | 人災(じんさい) 인재 | 危険(きけん) 위험 | 事前(じぜん) 사전 | 察知(さっち) 헤아려 앎 | 努力(どりょく) 노력 | ~次第(しだい)で ~에 따라서 | 部分(ぶぶん) 부분

정답 3

---

15 生きる力を養うとは、非合理や理不尽に ____ ____ ★ ____ 人間に成長することである。

1 真っ正面から立ち向かい
2 負ける
3 乗り越える
4 ことなく

단어 바르게 배열하기 ★★★

문장 배열 生きる力を養うとは、非合理や理不尽に 負ける(2) ことなく(4) 真っ正面から立ち向かい(1) 乗り越える(3) 人間に成長することである。

해석 살아가는 힘을 기른다고 하는 것은 비합리와 부당함에 지지 않고 정면으로 맞서 극복하는 인간으로 성장하는 것을 말한다.

정답 찾기 먼저 4번 ~ことなく는 동사 기본형에 접속하므로 2-4가 되어야 하고 이기고(勝つ) 지는(負ける) 것에는 대상이 필요하므로 대상을 나타낼 수 있는 조사 ~に(~에, ~에게, ~한테)가 있는 첫 번째 칸에 넣어주면 된다. 그리고 내용상 당당히 맞서서 극복하다가 되어야 하기 때문에 1-3이 된다. 전체적으로 나열하면 2-4-1-3이 되어 정답은 1번이다.

복습 꼭! ~ことなく(~하지 않고)

어휘 養(やしな)う 기르다, 배양하다 | ～とは ～라는 것은, ～란 | 非合理(ひごうり) 비합리 | 理不尽(りふじん) 부당함 | 真(ま)っ正面(しょうめん) 정면 | 立(た)ち向(む)かう 맞서다, 대항하다 | 乗(の)り越(こ)える 극복하다 | 成長(せいちょう)する 성장하다

정답 1

문제 7 다음 문장을 읽고 문장 전체의 취지에 입각하여 [16]에서 [20] 안에 들어갈 가장 좋은 것을 1 · 2 · 3 · 4 중에서 하나 고르세요.

クレームを言うお客様が、往々にして[16]セリフの一つが「上司を出せ！」だ。自分の意見、要求を受け入れてもらえない場合や、役所側の説明や回答に納得が行かない場合に言われることが多い。クレームを言う人は、自らの言い分に正当性があると思っている。だから、自分の言い分が通らない、何らかの制限や条件が付くと不満になる。また、圧力をかけることで議論を有利に展開したいと考える。

クレームを言う人にとっては、自分の意見、主張、要求を通してくれない職員は、ものわかりの悪い人ということになる。他にものわかりがよい人がいないのか、ということで上司との面会を要求してくる。少なくとも、担当者レベルの人よりは、上司の方が自分を理解してくれるだろう、[17]例外を認めてくれるかもしれない、という意識がある。上司であれば、例外を認める権限があるだろうという感覚もある。

いくら「上司を出せ」と言われても、こちらは、すぐに「はい、呼んできます[18]。すべてのクレームやトラブルに、いちいち上司が出ていては、組織は成り立たない。業務にはそれぞれ担当者がいるのだから、上司は原則として出ない、出さないことが常識だ。

今回の状況のように、お客様が始めから怒鳴って来るような場合は、こちらはまだ何も説明しているわけではない。だから、このお客さまは、今回のこちら側の対応について不満があるわけではなく、このこと以前に何らかの事情を抱えているのだろうと思われる。このような場合、まずは

해석 클레임을 제기하는 고객이 왕왕 [16 하는] 말 중 하나가 "상사를 불러와!" 이다. 자신의 의견, 요구를 들어주지 않거나 관공서 측의 설명이나 답변이 납득이 가지 않을 때 사용하는 경우가 많다. 클레임을 제기하는 사람은 자신의 주장에 정당성이 있다고 생각한다. 그렇기 때문에 자신의 주장이 통하지 않는 어떤 제한이나 조건이 붙으면 불만이 생긴다. 또 압력을 가함으로써 논쟁을 유리하게 전개하고 싶다고 생각한다.

클레임을 제기하는 사람에게 있어서는 자신의 의견, 주장, 요구를 관철시켜 주지 않는 직원은 이해력이 떨어지는 사람이다. 다른 이해력이 좋은 사람이 없는가 해서 상사와의 면회를 요구해 온다. 적어도 담당자 레벨의 사람보다는 상사가 자신을 이해해 줄 것이다, [17 어쩌면] 예외를 인정해 줄지도 모른다는 의식이 있다. 상사라면 예외를 인정할 권한이 있을 것이라는 감각도 있다.

아무리 상사를 불러 오라고 해도 이쪽은 바로 "네, 불러 오겠습니다" [18 라고 할 수도 없다]. 모든 이의 제기나 분쟁에 일일이 상사가 나서서는 조직은 성립되지 않는다. 업무에는 각자 담당자가 있으므로 상사는 원칙적으로 나서지 않는 것이 상식이다.

이번 상황과 같이 고객이 처음부터 고함치는 경우는 이쪽은 아직 아무런 설명도 하지 않았다. 그렇기 때문에 이 고객은 이번의 대응에 불만이 있는 것은 아니고 이 일 이전에 어떤 사정이 있을 것이라고 생각된다. 이럴 경우 우선 그 점을 물어볼 필요가 있다. "어떤 건으로 오셨습니까?" "상사에게 전하려고 해도 용건을 [19 여쭈어 보지 않고서는] 어떻게 할 수가 없습니다" "우선은 저에게 용건을 말씀해 주시겠습니까?" 라고 물어 본다.

상대방이 바로 반응하지 않아도 정중하고 끈기 있게 계속 묻는다. 그리고 나서 상사를 부르지 그 전에 누군가 적임자가 있는지를 판단한다. 현실적으로는 어지간한 사정이 없는 한 곧바로 직접 상사를 대면시키지 않아도 되고 [20 그럴 필요도 없을 것이다].

어휘 クレーム 클레임, 불만, 이의 제기 | 往々(おうおう)にして 왕왕, 때때로 | セリフ 대사, 틀에 박힌 말 | 上司(じょうし) 상사 | 意見(いけん) 의견 | 要求(ようきゅう) 요구 | 受(う)け入(い)れる 수용하다 | 役所(やくどころ) 주어진 직위, 역할 | 納得(なっとく)が行(ゆ)く 납득이 가다 | 言(い)い分(わけ) 말의 가려 쓰기 | 正当性(せいとうせい) 정당성 | 制限(せいげん) 제한 | 条件(じょうけん) 조건 | 付(つ)く 붙다, 달라붙다, 묻다 | 不満(ふまん) 불만 | 圧力(あつりょく)をかける 압력을 가하다 | 議論(ぎろん) 의론 | 有利(ゆうり)に 유리하게 | 展開(てんかい)する 전개하다 | 主張(しゅちょう) 주장 | 職員(しょくいん) 직원 | ものわかり 사물의 이해(력) | 面会(めんかい) 면회 | 少(すく)なくとも 적어도 | 担当者(たんとうしゃ) 담당자 | 理解(りかい)する 이해하다 | 例外(れいがい) 예외 | 認(みと)める 인정하다 | 意識(いしき) 의식 | 権限(けんげん) 권한 | 感覚(かんかく) 감각 | トラブル 트러블, 분쟁, 말썽.

その点を聞いてみる必要がある。「どのような、ご用件でいらっしゃいましたか」「上司に取り次ぐにしても、用件を[19]何ともできません」「まずは、私にご用件をおっしゃってくださいませんか」などと、聞いてみる。

相手が、にわかに反応しなくても、丁寧に粘り強く聞き続ける。その上で、上司を呼ぶか、その前に誰か適任者がいるかを判断する。現実には、よほどの事情がない限り、すぐに直接上司に引き合わせることはないし、[20]。

고장 | **組織(そしき)** 조직 | **成(な)り立(た)つ** 이루어지다 | **業務(ぎょうむ)** 업무 | **担当者(たんとうしゃ)** 담당자 | **原則(げんそく)** 원칙 | **常識(じょうしき)** 상식 | **状況(じょうきょう)** 상황 | **怒鳴(どな)る** 큰소리로 부르다, 고함치다, 호통치다 | **対応(たいおう)** 대응 | **事情(じじょう)** 사정 | **用件(ようけん)** 용건 | **取(と)り次(つ)ぐ** 윗분에게 전하다 | **にわかに** 갑자기 | **反応(はんのう)する** 반응하다 | **粘(ねば)り強(づよ)い** 끈기 있다, 끈질기다, 달라붙는 성질이 강하다 | **適任者(てきにんしゃ)** | **判断(はんだん)する** 판단하다 | **現実(げんじつ)** 현실 | **よほど** 상당히, 대단히 | **直接(ちょくせつ)** 직접 | **引(ひ)き合(あ)わせる** 대면시키다

16

1 目にする　　2 口にする

3 耳にする　　4 手にする

알맞은 표현 찾기 ★★★

정답 찾기 공란 뒤의 セリフ(말투, 대사, 말)가 결정적인 힌트가 되기 때문에 말하다는 의미의 표현이 필요하다. 그러므로 2번 口にする(말하다, 먹다, 마시다)가 정답이 된다. 참고로 신체부위+にする는 그 신체부위로 하는 행위를 뜻한다.

오답분석 1번은 보다, 3번은 듣다, 4번은 들다, 소유하다는 의미가 되므로 문맥상 정답이 될 수 없다.

정답 2

17

1 とはいえ　　2 実は

3 もしかしたら　　4 確かに

알맞은 부사 찾기 ★★★

정답 찾기 공란 뒤를 보면 가능성을 나타내는 ~かもしれない(~일지도 모른다)가 사용되고 있으므로 가장 잘 어울리는 것은 반신반의하면서 추정할 때 사용하는 부사인 もしかしたら(어쩌면, 혹시)이므로 정답은 3번이다.

오답분석 1번은 그렇다고 하더라도, 2번은 실은, 사실은, 4번은 확실히, 분명히 라는 의미이므로 정답과 거리가 멀다.

정답 3

18

1 というわけにもいかない

2 といったらきりがない

3 といわないでいられない

4 といったに違いない

알맞은 기능어 찾기 ★★★

선택지 해석 1 ~라고 할 수도 없다
2 ~라고 하면 끝이 없다
3 ~라고 말하지 않을 수 없다
4 ~라고 말했음에 틀림없다

정답 찾기 정답의 힌트가 다음 문장에 있는데 각각의 업무에는 담당자가 있기 때문에 모든 일에 상사가 나설 수는 없다고 적혀 있으므로 사회적, 보편적, 심리적 상황 등으로 그렇게 할 수 없음을 나타내는 1번이 정답이 된다.

오답분석 2번 ~きりがない는 끝이 없다, 3번 ~ないではいられない는 ~하지 않을 수 없다 4번 ~に違(ちが)いない는 ~임에 틀림없다는 의미가 되므로 정답이 아니다.

복습 꼭! ~わけにはいかない(~할 수는 없다)

정답 1

19

1 おっしゃらなくても

2 申し上げる前は

3 お越しにならなくては

4 伺わないことには

알맞은 표현 찾기 ★★★

선택지 해석 1 말씀하지 않아도 2 말씀드리기 전에는 3 오시지 않고서는 4 여쭈어 보지 않고서는

정답 찾기 선택지를 통해 경어 문제임을 알 수 있는데 공란 앞의 用件(ようけん)を(용건을)를 통해서 상대가 용건을 말하다(존경어) 또는 자신이 용건을 묻다, 듣다(겸양어)가 되어야 함을 알 수 있다. 그러므로 A하지 않고서는 B할 수 없다를 나타내는 ～ないことには와 듣다, 묻다의 겸양어인 伺(うかが)う가 합쳐진 4번이 정답이 된다.

오답분석 1번은 ～なくても(～하지 않아도), 2번은 言う의 겸양어인 申(もう)し上(あ)げる가 사용되어 정답이 될 수 없고 3번 お越(こ)しになる는 来る의 존경어이므로 문맥상 정답이 아니다.

정답 4

20

1 その必要もないだろう

2 この必要も十分あるだろう

3 必要であるか否かはわかるまい

4 必要であるに決まっている

알맞은 표현 찾기 ★★★

선택지 해석 1 그럴 필요도 없을 것이다
2 이럴 필요도 충분히 있을 것이다
3 필요한지 아닌지는 모를 것이다
4 필요할 것임에 틀림없다

정답 찾기 전체적인 내용을 봐도 알 수 있지만 よほどの事情がない限(かぎ)り(어지간한 사정이 없는 한)를 통해서 논리상 뒤에는 상사를 부르지 않아도 된다가 되어야 함을 알 수 있으므로 1번이 정답이 된다. 참고로 ～ない限り(～하지 않는 한) 뒤에는 일반적으로 부정문이 오는 경우가 많다.

오답분석 정답 외에는 문맥상 정답이 아니지만 중요표현을 살펴보면 3번 ～か否(いな)かは ～할지 않을지, ～인지 아닌지, 4번 ～に決(き)まっている는 ～임에 틀림없다, 반드시 ～이다 라는 의미이다.

정답 1